山西考古报告

晋阳古城晋源苗圃考古发掘报告

山西省考古研究所
太原市文物考古研究所　编著
晋源区文物旅游局

科学出版社
北京

内 容 简 介

2013～2015年，为配合晋阳古城“国家考古遗址公园”规划建设，山西省考古研究所等单位在山西省太原市晋源区晋源镇古城营村与北街村之间的晋源苗圃内开展了较大规模的考古工作，发掘了东西总长1150米和南北各长280、340米的七段探沟，发现了14处建筑基址、10处夯土、2条道路、27座灶址、4处水渠等遗迹，出土了从东周至清代各类材质的遗物数千件，清晰地揭示出2500年以来此区域的文化层堆积及城市变迁状况，为进一步认识晋阳古城城市布局提供了重要的资料。

本书适宜考古学、历史学及其相关专业研究人员及高等院校相关专业师生阅读、参考。

图书在版编目（CIP）数据

晋阳古城晋源苗圃考古发掘报告 / 山西省考古研究所，太原市文物考古研究所，晋源区文物旅游局编著. —北京：科学出版社，2018.10

ISBN 978-7-03-058757-2

Ⅰ. ①晋… Ⅱ. ①山… ②太… ③晋… Ⅲ. ①苗圃－文化遗址－发掘报告－山西 Ⅳ. ①K878.05

中国版本图书馆CIP数据核字（2018）第206541号

责任编辑：樊 鑫 / 责任校对：邹慧卿

责任印制：肖 兴 / 封面设计：金舵手世纪

科学出版社 出版

北京东黄城根北街16号

邮政编码：100717

http://www.sciencep.com

中国科学院印刷厂 印刷

科学出版社发行 各地新华书店经销

*

2018年10月第 一 版 开本：889×1194 1/16

2018年10月第一次印刷 印张：31 1/4 插页：72

字数：950 000

定价：520.00 元

（如有印装质量问题，我社负责调换）

主　　编

韩炳华

执　　笔

韩炳华　王普军

绘　　图

赵鹏飞

拓　　片

赵鹏飞

摄　　影

赵　辉　石　力

目　录

插图目录

图 版 目 录

第一章　绪　　论

第一节　发掘整理概况

2010年，晋阳古城被列入国家文物局首批立项的国家考古遗址公园名单（图版一）。为了推进遗址公园的建设，为遗址公园的保护规划提供基础资料，由山西省文物局组织山西省考古研究所、太原市文物考古研究所和晋源区文物旅游局三家单位成立了晋阳古城考古工作队。为了尽快摸清晋阳城市布局，队伍组成以后，我们即对晋阳古城西部和东部两个区域进行了考古勘探。由于西部区域地下埋藏较多的建筑材料，常规的考古勘探不能有效发挥作用。在多次专家咨询会议基础上，我们使用探地雷达等物理性勘测工具和便携式地质钻机进行试验，但是都以失败告终。后来，经过多方讨论，我们选择“探井式”调查方法，即对整个西部区域进行设计规划，按照统计学的系统抽样调查原则，布设若干探井，按照探井调查结果统计分析，确定西部区域的基本埋藏情况。但是，统计学的抽样调查解决的是普遍性问题，而我们要解决的是城市详细的布局以及道路、宫殿等具体位置问题。况且，抽样方法在实际工作中面临不确定的征地问题，这些都是考古队无法解决的。经过再三斟酌，在时任所长谢尧亭的支持下，我们决定在“探井式”发掘方法的基础上，采用连续的探沟解剖模式，有效地解决西部区域晋阳城市的布局问题。

我们最初的规划是在东西和南北方向各布两条探沟，形成一个“井”字形，东西向“北探沟”西起晋阳古城西城墙东侧墙基，穿越“小殿台”，向东过古城营村“大殿台”南，再向东至新晋祠路，全长3090米；东西向的“南探沟”西起晋阳古城西城墙东侧墙基，向东穿越侨友化工厂南，再向东至新晋祠路，全长2800米；南北向的“西探沟”自唐城公路南侧，过古城营村奶牛场西侧，向南至南城墙，全长2851米；南北向的“东探沟”自唐城公路南侧古城营村内，经古城营村，过明太原县城，至南城墙，全长2940米。但是，在实际工作中，征地遇到了最大麻烦，除太原市园林局晋源苗圃是国有土地外，其他区域根本无法协调（图一；图版二）。为了方便工作，先实施设计探沟调查方案的一部分，即整个调查探沟缩短为较短的“一横两纵”形状（图二）。因此，2013 ~ 2014年对晋阳古城西部区域的考古调查和发掘，仅仅限于晋源苗圃区域内。

本区域的考古工作除前期做了部分勘探外，主要以试掘为主。在实际工作中，为防止塌方，我们将所有探沟都以10米为一段，作为一个探沟的编号，东西向的以单数开头，南北向的以双数开头，以便在整理时方便识别资料。在遇到现在道路无法完成发掘时，我们就以道路

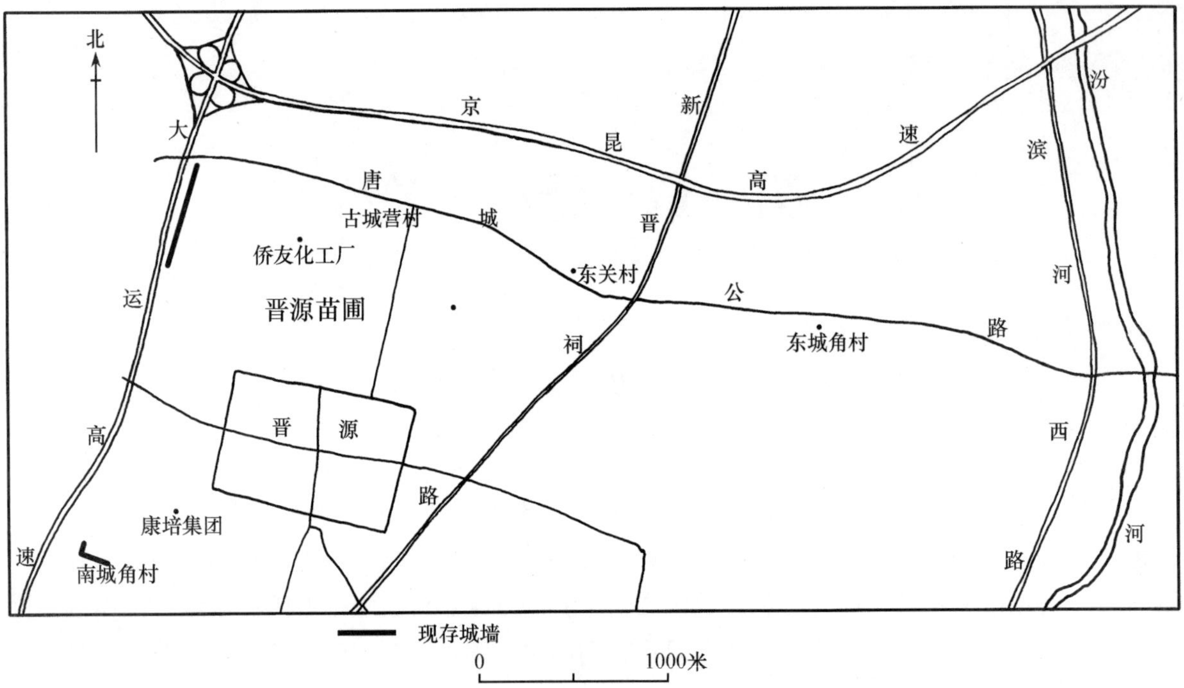

图一　晋源苗圃位置示意图

为界，分置不同的发掘段，每一段单独组织管理。每一段的长短并不固定，按照当前田野中实际的道路分划，南北向的探沟分别为独立的 2 段，东西向的这条探沟较长，分为 5 段。因此所有探沟共分为 7 段，也就是本报告中的第二至八章的内容。每一段探沟的位置、长度和发掘面积在相关的章节里都有详述。每一个单独编号的探沟，都是一个独立的发掘单位，在探沟的右侧发掘至晚唐五代文化层时，为了尽可能地保护遗迹，我们停止发掘右侧，仅对探沟左侧进行发掘，除遇到重要遗迹外，我们尽量将左侧发掘至生土。所以，文中所说的发掘面积仅是探沟开口的面积，发掘的深度也是左侧发掘最深的深度（图版三，1）。

发掘工作 2013 年开始，2014 年结束，历时近两年。前后分为两个阶段。第一阶段为 2013 年 8 ~ 11 月。当时，为了尽快完成山西省文物局交代的任务，考古工作队在当时代所长张庆捷的帮助下，组织了四个考古队对该区域进行试掘。四个考古队的组成如下：

第一队，队长李永敏，发掘区段为第一段探沟；

第二队，队长吉琨璋，发掘区段为第六段探沟；

第三队，队长韩炳华，发掘区段为第二至五段探沟；

第四队，队长薛新明，发掘区段为第七段探沟。

按照发掘计划，每个考古队须在 11 月底完成 20 条探沟的发掘。实际上 2013 年共发掘探沟 80 条。2014 年，山西省考古研究所领导班子重新调整，发掘计划做了修改，联合考古队解散，最后未完成的工作由原来的第三队继续完成。

2014 年 3 ~ 11 月，是第二阶段发掘。这次发掘主要人员有山西省考古研究所韩炳华、石力和赵辉，山西大学武艺晶、刘威、张恒、徐雅婧、李菲，中央民族大学本科生陈璇等。这一阶段共发掘探沟 40 条，另外，还在第一阶段第一、二和四队发掘不清楚的地方重新进行了解

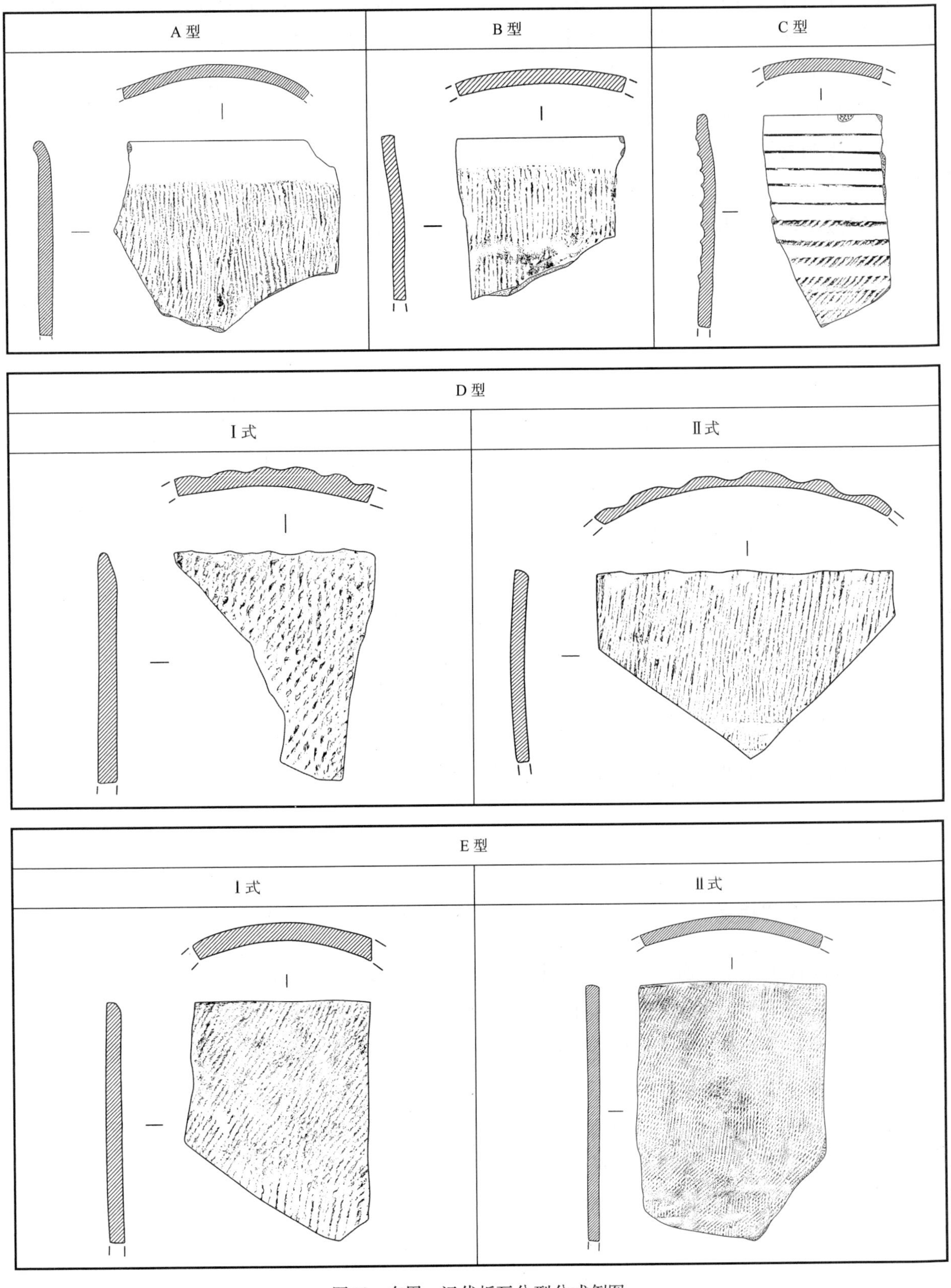

图三　东周、汉代板瓦分型分式例图

Ⅰ式 粗绳纹（标本 TG1116H103：3）。

Ⅱ式 细绳纹（标本 TG1109 ⑤ a：3）。

E 型 模制，瓦体薄。凸面饰绳纹，凹面饰方格纹、菱形网格纹或布纹。根据绳纹粗细分为二式。

Ⅰ式 粗绳纹（标本 TG1068H51：1）。

Ⅱ式 细绳纹（标本 TG1112H99：4）。

2. 魏晋十六国板瓦

魏晋十六国板瓦出土数量较少，截面呈弧形，瓦体较厚，凸面饰绳纹、篮纹或素面拍印文字，凹面饰布纹。纹饰相对于汉代趋于简单，根据凸面纹饰分为三型（图四）。

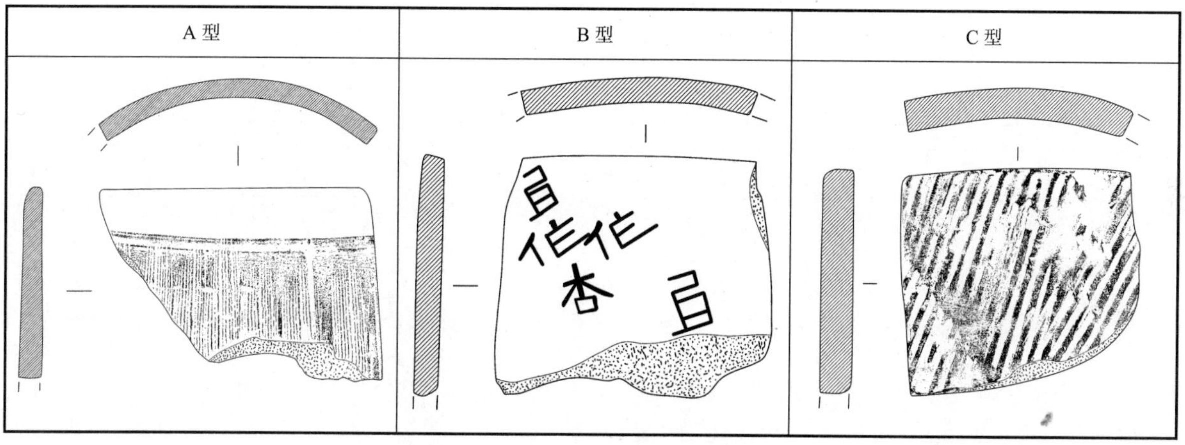

图四 魏晋十六国板瓦分型例图

A 型 绳纹板瓦，模制，瓦体厚。凸面饰成组状绳纹，凹面饰布纹（标本 TG1113H101：1）。

B 型 文字板瓦，模制，瓦体厚。凸面拍印竖向阳文，文字内容有“杏瓦作”“瓦作”等；凹面饰布纹，有明显褶皱痕迹，瓦端齐平（标本 TG1114H101：8）。

C 型 篮纹板瓦，模制，瓦体厚。凸面饰段状斜篮纹，篮纹有粗篮纹和细篮纹两种，凹面饰布纹，瓦端齐平（标本 TG1114H101：13）。

3. 北朝至五代板瓦

北朝至五代板瓦出土数量很多，截面呈弧形，均为模制。根据板瓦形制分为三型（图五）。

A 型 花边板瓦。根据花边和制作工艺不同分为三亚型。

Aa 型 单层花边，凸面为素面，凹面为布纹（标本 TG1067H49：9）。

Ab 型 单层花边，凸面和凹面均为青掍磨光（标本 TG1079 ⑤ a：1）。

Ac 型 双层花边（标本 TG1080 ⑤ a：6）。

B 型 普通板瓦。根据制作工艺不同分为二亚型。

Ba 型 凸面为素面，凹面为布纹（标本 TG1115 ④ a：1）。

Bb 型 凸面和凹面均为青掍磨光（标本 TG1004 ④ a：5）。

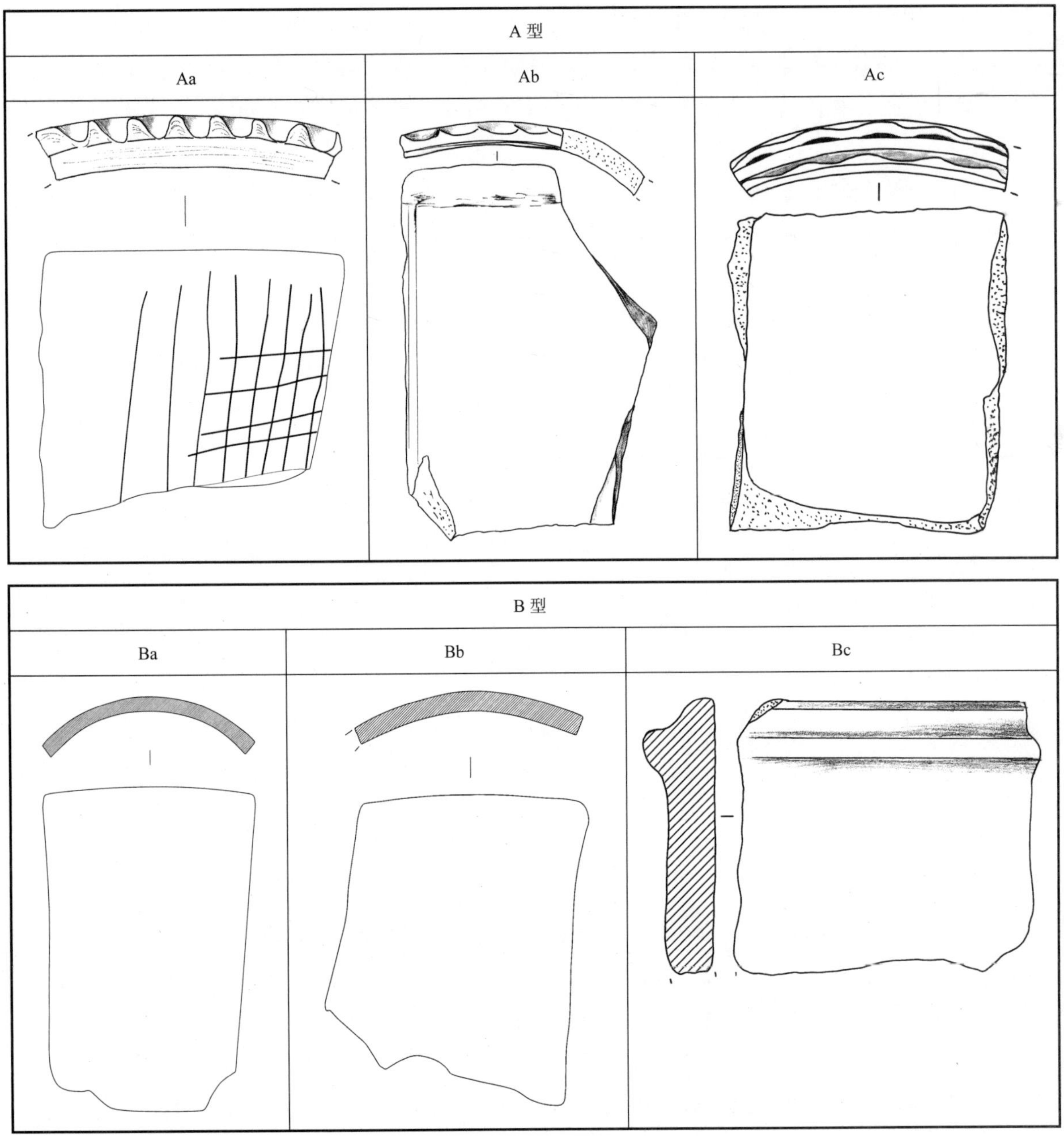

图五　北朝至五代板瓦分型例图

C 型　异型板瓦，板瓦凸面上端有一横向凸棱（标本 TG1037H36：3）。

（二）筒瓦

1. 东周、汉代筒瓦

东周、汉代筒瓦出土数量较少。根据制法、纹饰、瓦舌的不同特征分为三型（图六）。

A 型　手制，瓦舌较长，瓦舌上有被抹平绳纹痕迹，凸面饰竖向细绳纹，凹面素面，侧棱外切，切痕较宽（标本 TG1064⑥：1）。

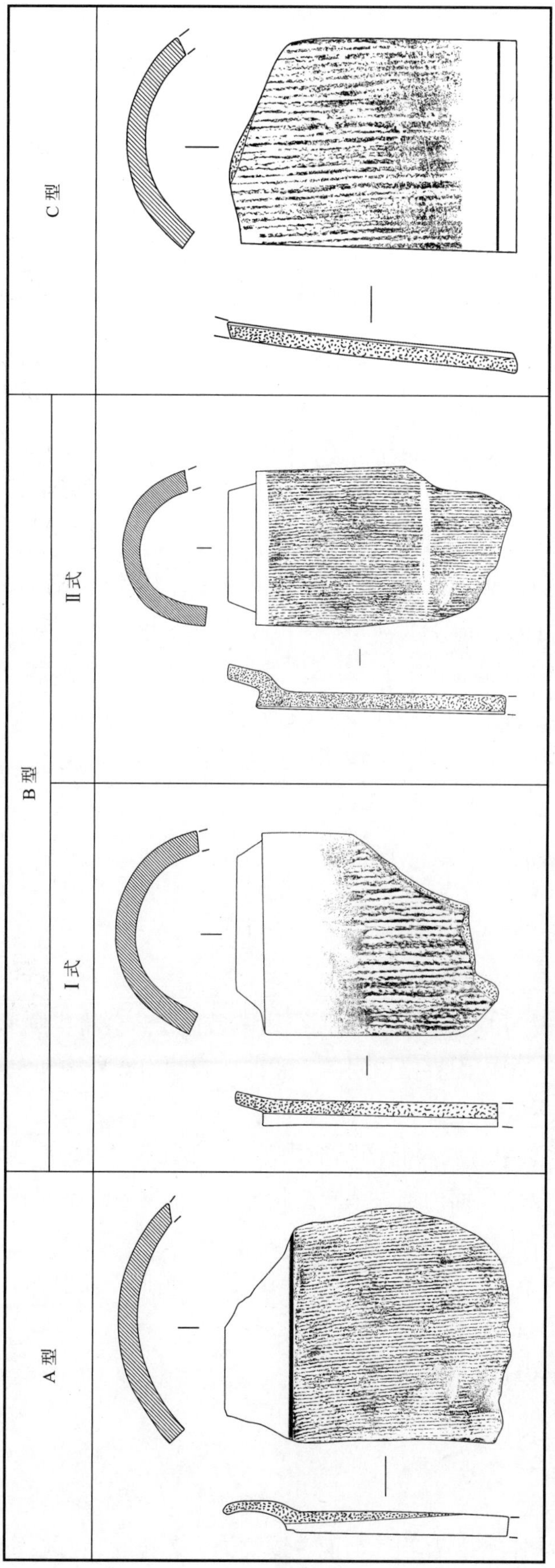

图六 东周、汉代筒瓦分型分式例图

B型　模制，凸面饰绳纹，凹面饰布纹，侧棱外切。依据瓦舌和瓦端的特征分为二式。

Ⅰ式　瓦舌短，瓦端齐平，有的可见切割瓦端痕迹。凸面饰粗绳纹，靠近瓦舌的部分有横向抹平痕迹，凹面饰布纹（标本TG1015⑥：2）。

Ⅱ式　瓦舌较Ⅰ式长，瓦端略曲，凹面明显可分出瓦舌与体部。凸面饰竖向粗绳纹，凹面饰布纹（标本TG1112H99：3）。

C型　模制，侧棱内切，切痕较浅，仅存瓦尾部。凸面饰竖向粗绳纹，尾端绳纹被抹平，凹面饰布纹（标本TG1011⑤a：1）。

2. 北朝至五代筒瓦

北朝至五代筒瓦出土数量最多，截面呈半圆形。根据筒瓦制作工艺不同分为三型（图七）。

A型　青掍筒瓦，凸面为青掍磨光，凹面饰布纹。根据瓦舌的长短不同分二式。

Ⅰ式　瓦舌较长（标本TG1114H101：6）。

Ⅱ式　瓦舌较短（标本TG1084④a：4）。

B型　普通筒瓦，凸面为素面，凹面为布纹。根据瓦舌的长短不同分二式。

Ⅰ式　瓦舌较长（标本TG1026H16：11）。

Ⅱ式　瓦舌较短（标本TG1084④a：5）。

C型　小型筒瓦，凸面为青掍磨光，凹面为布纹（标本TG4011⑤a：6）。

（三）瓦当

1. 东周、汉代瓦当

东周、汉代瓦当均为乳钉云纹瓦当，当面主题纹饰为乳钉卷云纹，由四组或两组卷云纹构成。根据形制不同和纹饰差异，分为二型（图八）。

A型　半瓦当。边轮较窄，边轮内由两条凸线弦纹和一条直线凸棱将半圆形瓦当括成内、外两个半圆。外圈饰蘑菇形云纹，由内圈界格中间向上卷曲；内圈由双界格和左右各一小乳钉构成（标本TG1111⑤a：5）。

B型　圆瓦当。边轮内由两条单线弦纹将圆括成内外两个圆圈。内圈中心饰高凸的乳钉纹，外圈由界隔分为四个扇面，每个扇面内饰一朵蘑菇状云纹。根据界隔不同和纹饰差异，分为三亚型。

Ba型　双线界隔，扇面内每朵蘑菇云纹中心上下或下部饰三角形（标本TG1112H99：2）。

Bb型　双线界隔（标本TG1114H101：2）。

Bc型　单线界隔（标本TG4011⑥：1）。

2. 北朝至五代瓦当

（1）莲花纹瓦当

莲花纹瓦当为北朝至五代时期典型的瓦当。当面主题纹饰为莲花纹，当心分莲蓬和宝珠两

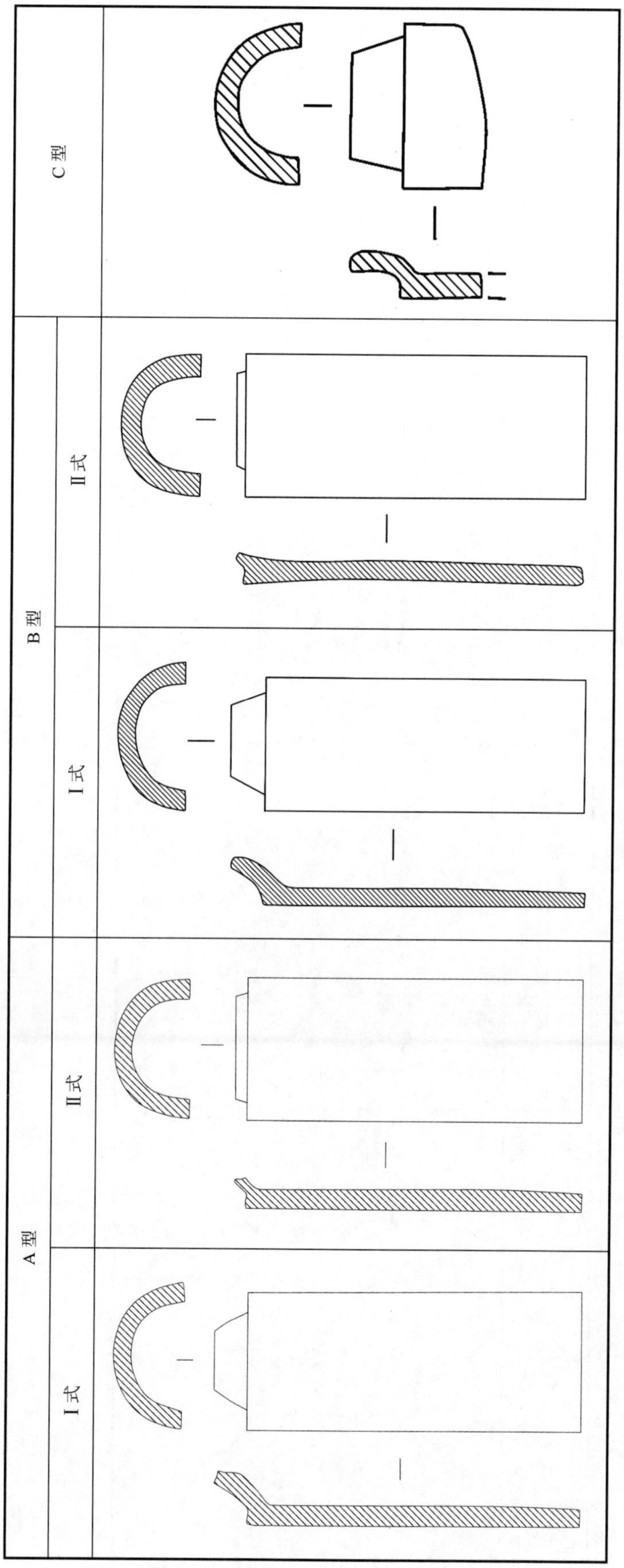

图七　北朝至五代筒瓦分型分式例图

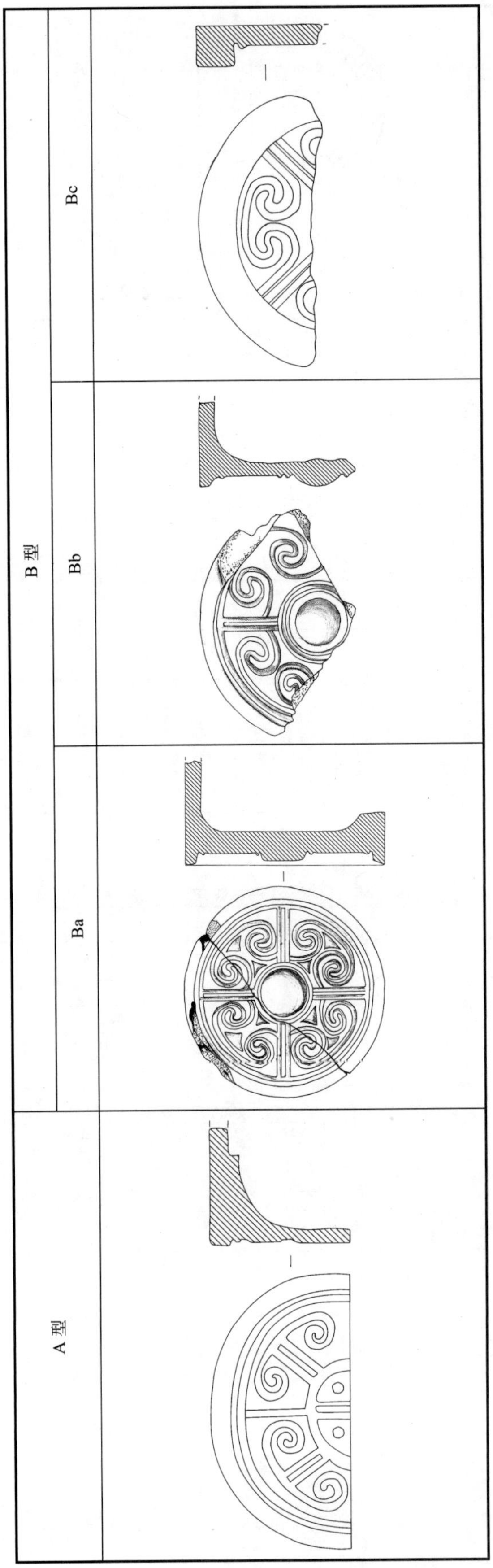

图八　东周、汉代瓦当分型例图

形、椭圆形或瘦长
凸线纹和无装饰三
的两种。根据莲瓣

: 2)。
面纹饰高于边轮,

棱相隔。根据莲瓣

本 TG1114H101 :

G1036 ⑤ a : 5)。
瘦长椭圆形,边轮

边轮不同分二式。

纹装饰(标本

4015 ⑤ a : 1)。
凸棱相隔(标本

G2008 ⑤ a : 7)。

呈高浮雕状;当
排齿和单排齿两
种。根据兽面牙

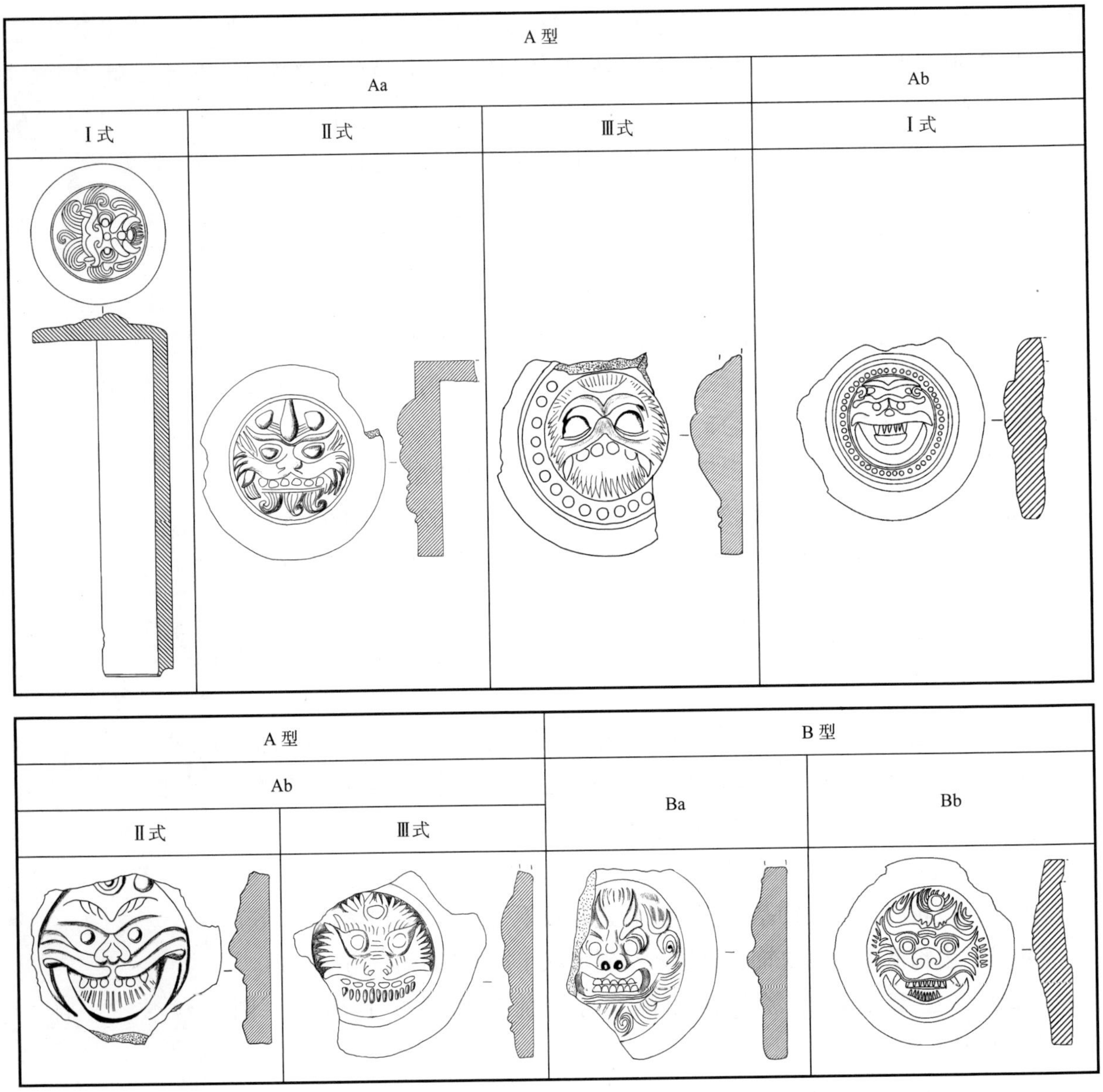

图一〇　北朝至五代兽面纹瓦当分型分式例图

Ⅱ式　竖犄（标本TG1100H80：9）。

Ⅲ式　无犄（标本TG1096④a：2）。

Ab型　带衔环兽面单排齿瓦当。根据犄角特征的不同分三式。

Ⅰ式　横犄（标本T10604H31：6）。

Ⅱ式　挑犄（标本TG4011③a：1）。

Ⅲ式　无犄（标本TG4005H116：11）。

B型　双排齿兽面纹瓦当。兽面额前凸，额上饰有宝珠纹，有的宝珠外有凸弦纹，有的没有；有的鬓毛卷曲，有的则为辐射状；有的眉粗壮上扬，有的呈横向至梢端则上翘的弯眉等。依据牙齿下有无衔环分为二亚型。

Ba型　普通兽面双排齿瓦当（标本TG4015④a：1）。

Bb 型　带衔环兽面双排齿瓦当（标本 T10405 ④ a：36）。

（四）砖

1. 东周、汉代砖

东周、汉代砖出土数量较多，有正方形砖和长方形砖两种。正方形砖表面饰有动物形象和几何纹等，背面多素面；长方形砖表面素面，背面为绳纹。

（1）正方形砖

出土数量较少，均为印纹正方形砖。表面模印纹饰，背面素面。根据模印纹饰不同，分为二型（图一一）。

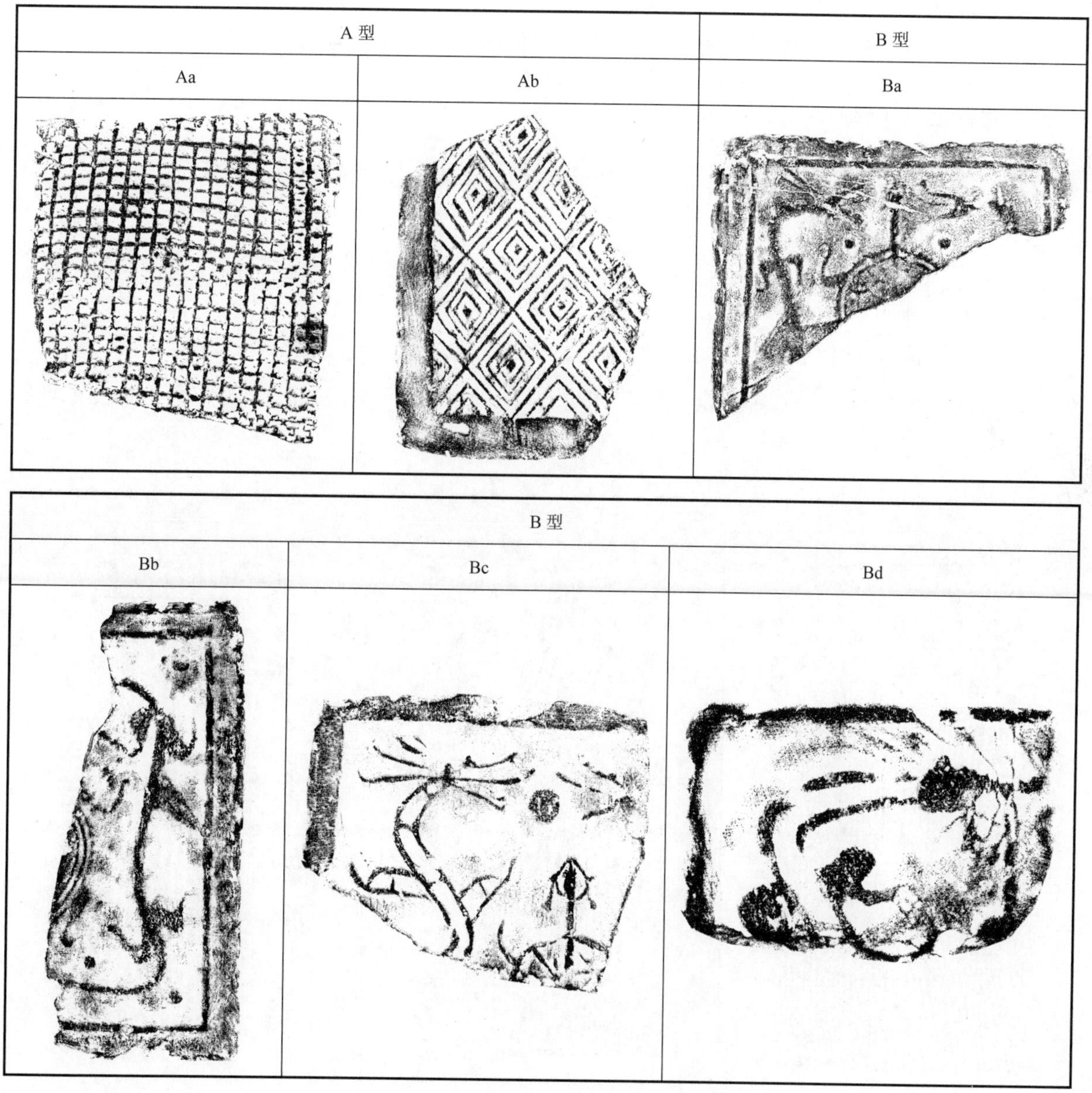

图一一　东周、汉代正方形砖分型例图

A 型　几何纹正方形砖。表面砖边内凹方框，方框内模印几何纹。根据几何纹的不同分为二亚型。

Aa 型　方格纹（标本 TG1116H103：5）。

Ab 型　网格纹（标本 TG1114H101：19）。

B 型　动物形象正方形砖。表面砖边饰凸线方框或内凹方框，方框内模印对称双龙中间饰一龟形象。根据方框的不同分为四亚型。

Ba 型　凸直线方框（标本 TG1112H99：6）。

Bb 型　凸直线方框，方框四角各饰一乳钉纹（标本 TG1114H101：25）。

Bc 型　方框内凹（标本 TG1114H101：23）。

Bd 型　无方框（标本 TG1114H101：28）。

（2）长方形砖

长方形砖出土数量极少，表面素面，背面饰绳纹（标本 TG1045L1：1）。

2. 北朝至五代砖

北朝至五代砖出土数量较多，有长方形砖，正方形砖和长方形空心砖三种。

（1）长方形砖

出土数量较多，表面素面，背面饰绳纹。根据砖的砖体大小、绳纹粗细、绳纹方向和砖的颜色、质地的特征不同分为三型（图一二）。

A 型　砖体厚大（长 34、宽 16、厚 6 ~ 7 厘米），绳纹较粗，绳径 0.3 ~ 0.5 厘米。绳纹不规则，斜向，不平整。泥胎含少量细砂粒和小石砾，胎色青灰偏白，部分砖体有粉状侵蚀现象（标本 TG1031 ⑤ a：7）。

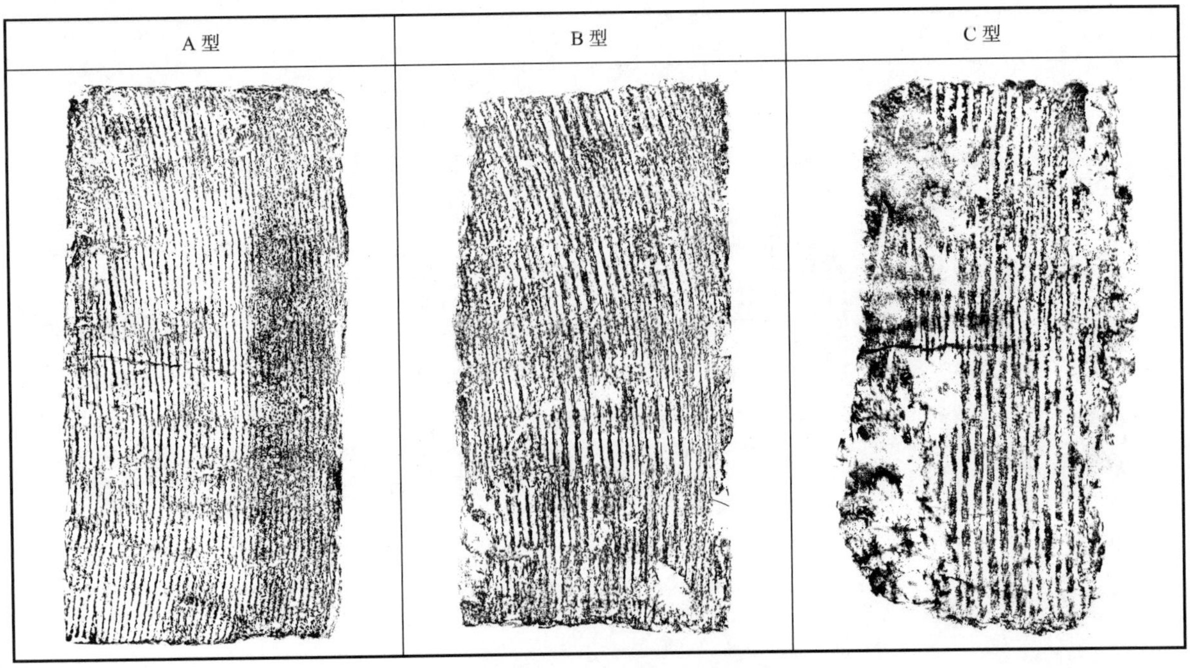

图一二　北朝至五代长方形砖分型例图

B 型 砖体稍小（长 30、宽 15、厚 5 ~ 6 厘米），绳纹较粗，绳径 0.3 ~ 0.5 厘米。绳纹不太规则，部分呈段状、弧状，不平整，多见不规则小坑。泥胎较纯净，胎色青灰，砖体致密（标本 TG1116 ④ a：5）。

C 型 砖体小（长 29、宽 14、厚 4.5 ~ 5.5 厘米），绳纹较细，绳径 0.2 ~ 0.3 厘米。绳纹规整，有竖向垂直和横向垂直两种。泥胎纯净，胎色青灰，砖体致密（标本 TG1030 ⑤ a：5）。

（2）正方形砖

出土数量较少，有的表面为素面，有的表面模印莲花纹，背面饰绳纹。根据表面有无纹饰分为二型（图一三）。

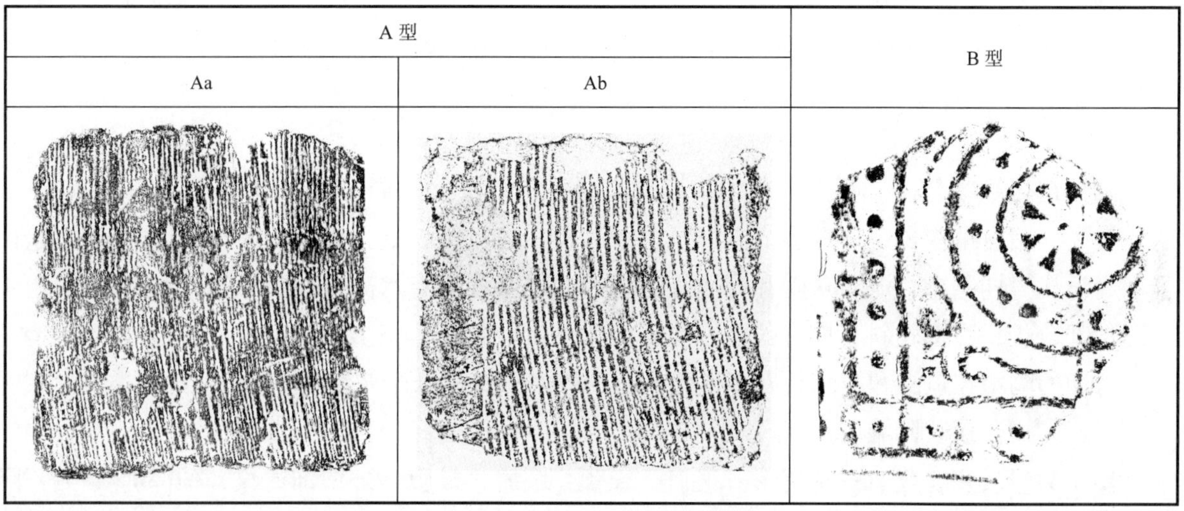

图一三 北朝至五代方砖分型例图

A 型 素面正方形砖。表面素面，背面饰绳纹。根据砖的砖体大小、绳纹粗细、绳纹方向和砖的颜色、质地的特征不同分二亚型。

Aa 型 砖体厚大（边长 39、厚 7 厘米），绳纹较粗，绳径 0.3 ~ 0.5 厘米。绳纹不规则，弧状，不平整。泥胎含少量细砂粒，胎色青灰偏白，部分砖体有粉状侵蚀现象（标本 TG4007 ④ a：2）。

Ab 型 砖体稍小（边长 30、厚 5 厘米），绳纹较粗，绳径 0.3 ~ 0.5 厘米。绳纹不规则，不平整。泥胎较纯净，胎色青灰，砖体致密（标本 TG4027 ③ a：2）。

B 型 莲花纹方砖。表面饰莲花、蔓草和乳钉等的组合纹饰（标本 TG4002 ④ a：2）。

（3）长方形空心砖

砖面通体青掍磨光，边缘为环带穿壁龙纹，内饰有方形四叶变形忍冬纹、圆形同心弦纹、圆形八瓣复瓣莲花纹以及双翼神兽纹；砖面模印的文字有楷书或篆书“千秋”“富贵”“万岁”“吉利”等，更有双行七字篆书或楷书的“大魏兴和二年造”“大齐天保元年造”的纪年款识，该款识多为篆书，楷书较少（标本 TG1113 ⑥：1）。

二、生 活 用 品

生活用品主要有陶器、瓷器、釉陶器等。其中陶器、瓷器出土数量较多，以下仅对主要器物进行分类。

（一）陶器

陶器常见的器形有罐、盆、瓮、钵、碗、盘、豆、砚、甑、纺轮、扑满、支钉等。因有些器物出土较少，不够全面，仅对罐、盆、瓮、钵、碗、盘、盂、砚、豆进行分类。

1. 陶罐

陶罐出土数量较多。每个时代的陶罐又有自己的特征，东周、汉代时期的陶罐器形较大，胎质较硬，胎色偏灰白，外壁多饰有绳纹，颈较长，腹较圆；魏晋十六国时期的陶罐器形稍小于东周汉代时期陶罐，泥质灰陶和泥质红陶均有，外壁多饰有水波纹和弧形篦纹；北朝时期的陶罐颈部较长，腹部较斜直亦有弧腹，腹长多大于口径数倍，壁多饰戳点纹、水波纹等；唐至五代时期的陶罐在口沿和腹部具有多样化，器形较多，壁多饰暗弦纹等。

（1）东周、汉代陶罐

出土数量较少，仅有一种器形。侈口，长颈，圆肩，鼓腹，外壁饰绳纹，颈部绳纹被抹平（标本 TG2007H104：4）。

（2）魏晋十六国陶罐

出土数量较少，根据口部和腹部特征分为四型（图一四）。

A 型　直口小罐（标本 TG1035H33：1）。

B 型　侈口罐。根据颈部特征分为二式。

Ⅰ式　长颈（标本 TG1110 ⑤ a：3）。

Ⅱ式　短颈（标本 TG1053 ⑤ a：1）。

C 型　敛口罐（标本 TG1062 ④ a：2）。

D 型　盘口罐（标本 TG1039 夯 4：1）。

（3）北朝至五代陶罐

出土数量很多，器形丰富。口部有盘口、侈口、敞口和敛口四种；颈部有长颈、短颈，束颈和无颈四种；腹部有直腹、弧腹和鼓腹三种。根据口部和颈部特征不同分为四型（图一五）。

A 型　盘口罐（标本 TG1035H32：2）。

B 型　侈口罐，长颈平沿。根据腹部特征不同分为三式。

Ⅰ式　斜直腹（标本 TG1067 ⑤ a：1）。

Ⅱ式　斜弧腹（标本 TG1089 ④ a：3）。

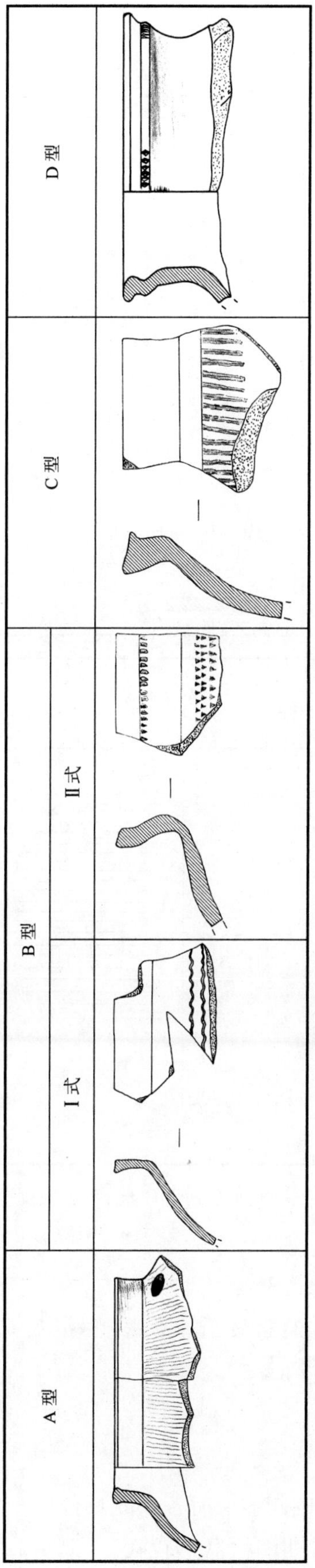

图一四 魏晋十六国陶罐分型分式例图

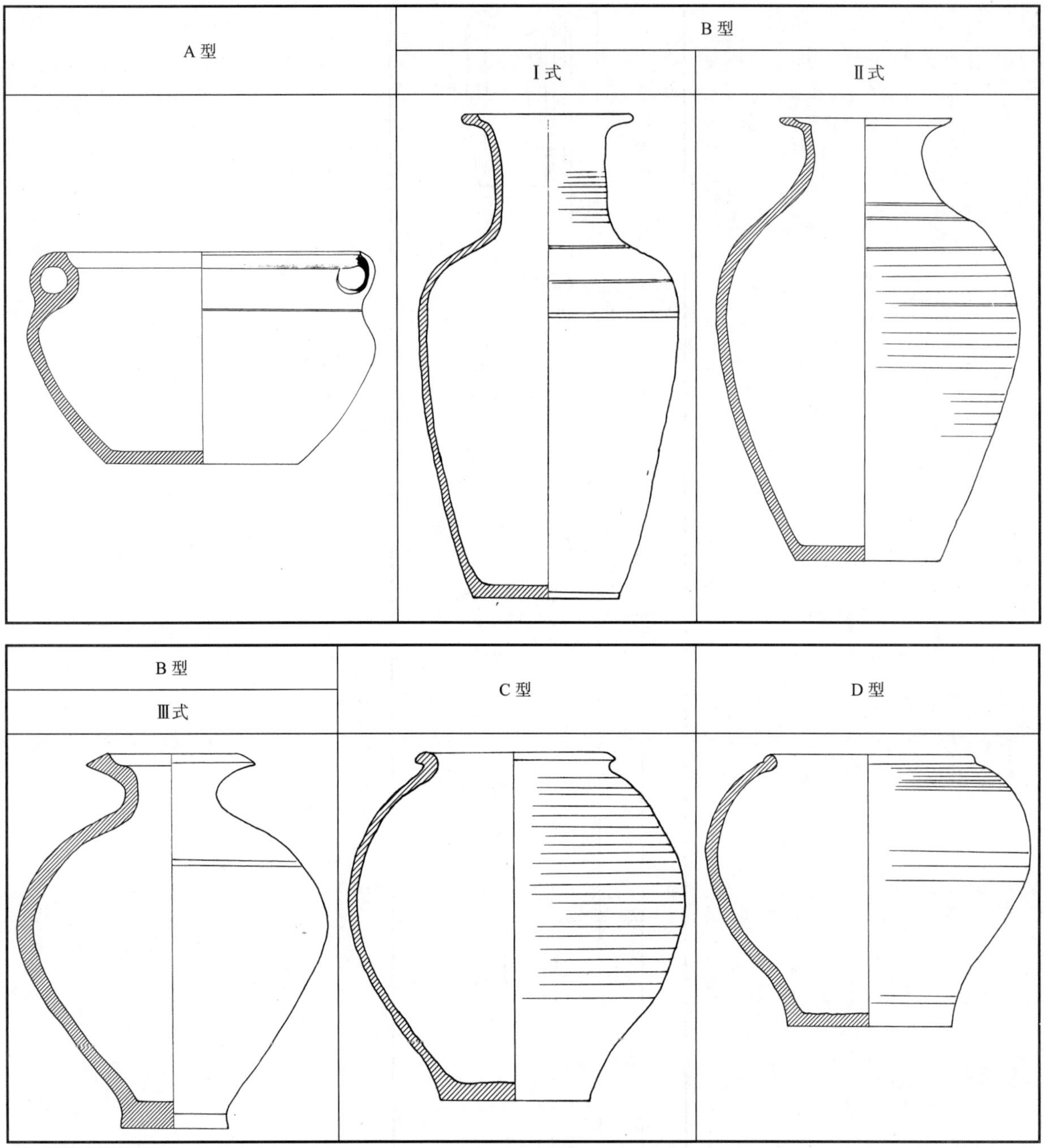

图一五　北朝至五代陶罐分型分式例图

Ⅲ式　鼓腹（标本 TG1086④a：3）。

C型　敞口束颈罐（标本 TG1031④a：1）。

D型　敛口罐（标本 TG1031④a：5）。

2. 陶盆

陶盆出土数量较多。每个时代的陶盆又有各自的特征，东周、汉代时期的陶盆多侈口、折沿，多饰有绳纹和斜线纹；魏晋时期陶盆器形较大，多侈口、平沿，外壁饰绳纹或附加堆纹等；北朝至五代时期的陶盆口沿和腹部特征很明显，北朝时期多外折平沿，沿上饰一周凹槽，斜直腹，多饰有斜“回”形纹、双圈戳印纹、水波纹等；唐至五代时期的陶盆在口沿和腹部具有多样化，形制较多，并多饰暗弦纹等。

（1）东周、汉代陶盆

出土数量较少。根据口沿特征不同分为三型（图一六）。

A型 侈口，沿外撇（标本TG1071H54：1）。

B型 敞口，外折平沿。根据沿的宽窄分为二亚型。

Ba型 宽平沿（标本TG1112⑥：2）。

Bb型 窄平沿（标本TG1060H44：1）。

C型 敞口，卷沿（标本TG1035H32：1）。

（2）魏晋十六国陶盆

出土数量很少。根据口沿特征不同分为三型（图一七）。

A型 侈口，沿外撇（标本TG1085④a：4）。

B型 敞口，外折平沿（标本TG4019⑥：1）。

C型 侈口，斜折沿（标本TG1081H61：1）。

（3）北朝至五代陶盆

出土数量很多，形制较多。唇有方唇、斜方唇、圆唇、尖圆唇和尖唇五种；沿有平沿、坡折沿、外折沿、卷沿和双沿五种；口有直口、侈口、敛口和敞口四种；腹有斜直腹、斜弧腹、弧腹、鼓腹和直腹五种。根据口沿特征不同分为八型（图一八）。

A型 敞口平沿盆。根据沿的宽窄和细部特征不同分三式。

Ⅰ式 窄平沿（标本TG1086④a：4）。

Ⅱ式 宽平沿（标本T10604G4：1）。

Ⅲ式 平沿，斜腹，内壁及口沿磨光，并饰有暗弦纹（标本TG4015④a：8）。

B型 坡折沿。根据口的特征不同分二式。

Ⅰ式 敞口（标本TG1015④a：8）。

Ⅱ式 敛口（标本T10403④a：1）。

C型 侈口外折沿盆。根据折沿的程度和细部特征分二式。

Ⅰ式 外折程度小（标本T10103④a：3）。

Ⅱ式 外折程度大且饰暗弦纹（标本T10103④a：5）。

D型 敛口卷沿盆。根据沿和腹部特征不同分二式。

Ⅰ式 沿微卷，斜弧腹（标本TG4014④a：2）。

Ⅱ式 深卷沿，鼓腹（标本TG2019⑤a：2）。

E型 折沿花口盆（标本TG4015④a：12）。

F型 敛口双沿盆（标本T40104④b：1）。

G型 侈口卷沿盆（标本TG1085④a：14）。

H型 直口盆（标本T10504④a：2）。

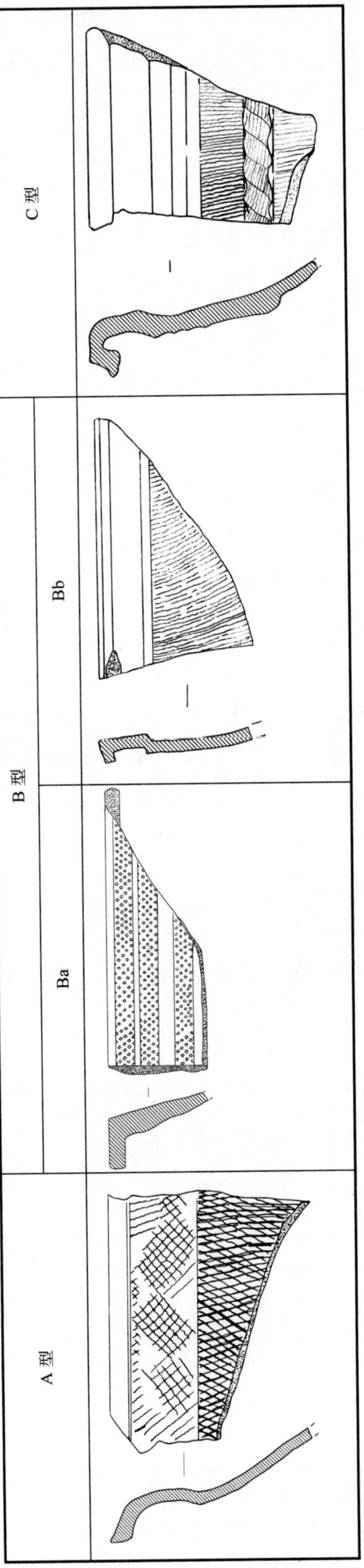

图一六　东周、汉代陶盆分型例图

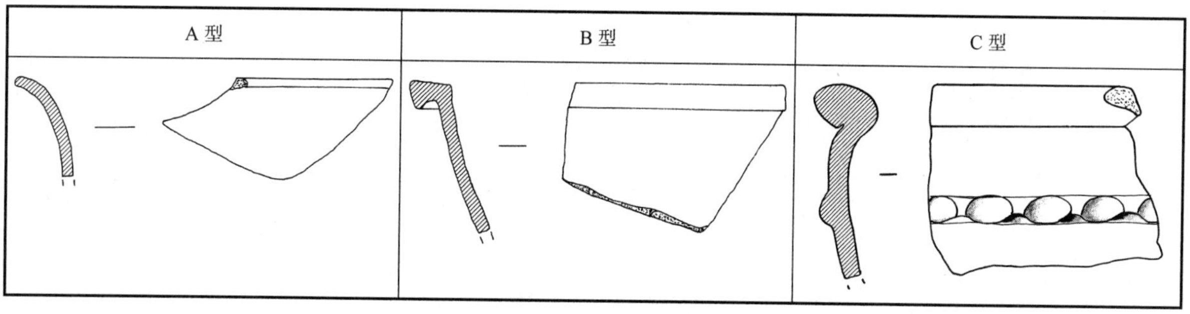

图一七 魏晋十六国陶盆分型例图

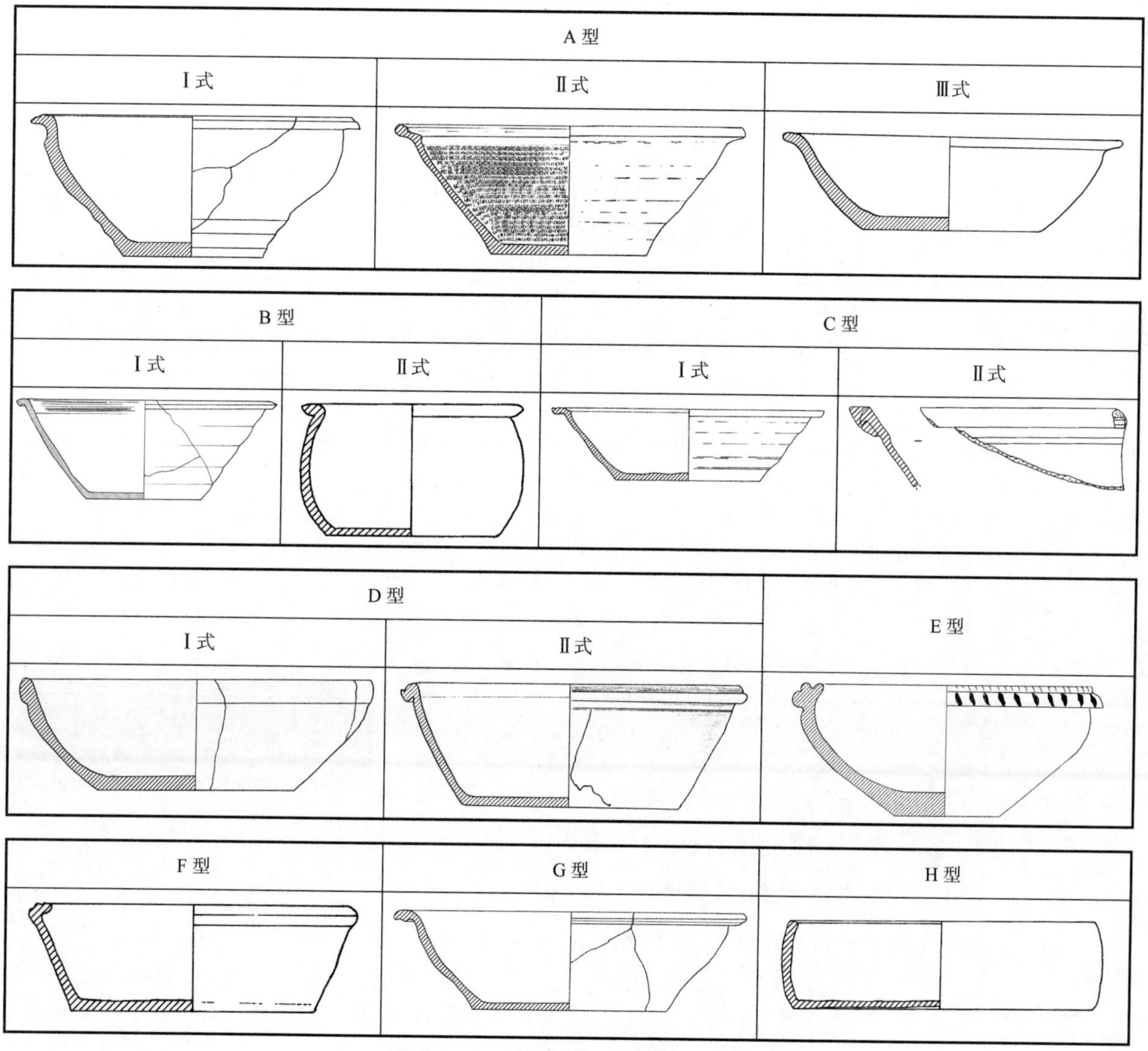

图一八 北朝至五代陶盆分型分式例图

3. 陶瓮

（1）东周、汉代陶瓮

东周、汉代陶瓮出土数量较少，体形较大，均为残口，外壁饰绳纹。根据口沿特征不同分为三型（图一九）。

A 型　直口瓮（标本 TG2005 ⑤ a：1）。

B 型　直口平沿瓮（标本 TG1046 ⑤ a：1）。

C 型　侈口瓮（标本 TG1108 ⑤ a：2）。

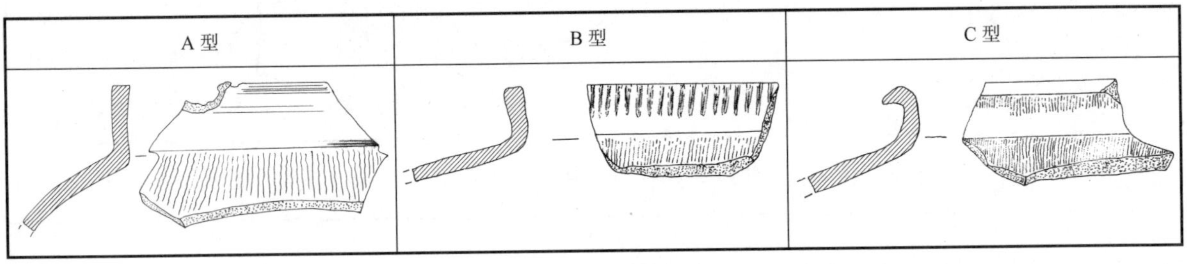

图一九　东周、汉代陶瓮分型例图

（2）北朝至五代陶瓮

北朝至五代时期出土陶瓮很多。体形有大有小，外壁有的饰有附加堆纹，有的素面，有的饰暗弦纹。根据口沿特征不同分为二型（图二〇）。

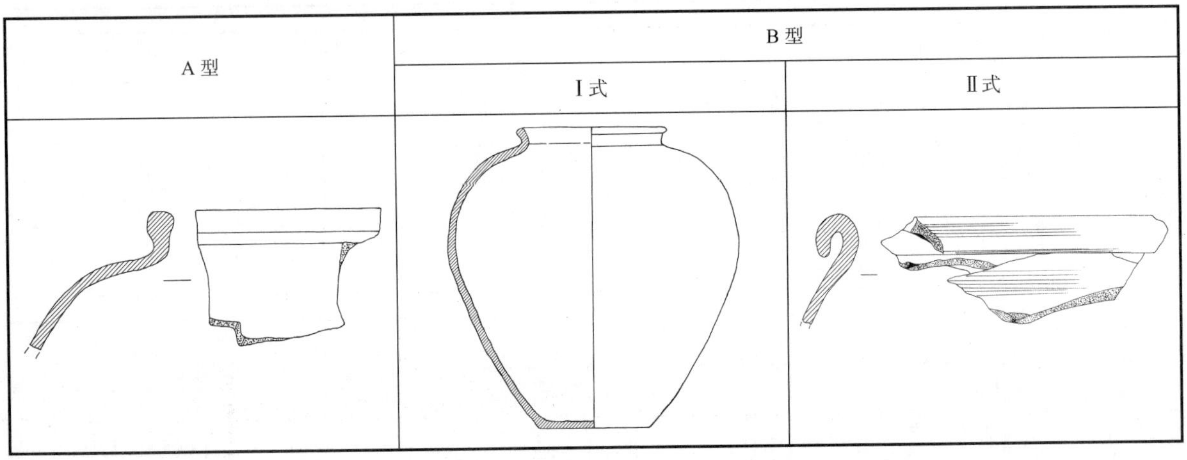

图二〇　北朝至五代陶瓮分型分式例图

A 型　直口瓮（标本 TG1003 ④ a：4）。

B 型　卷沿瓮。根据口的不同特征分为二式。

Ⅰ式　侈口矮领瓮（标本 TG1067H49：11）。

Ⅱ式　敛口无领瓮（标本 TG1003 ④ a：3）。

4. 陶钵

陶钵出土数量较多，均为北朝至五代时期。陶钵有泥质红陶和泥质灰陶两种；口有花口、直口和敛口三种；腹有弧腹、斜腹和折腹三种；底有平底和圜底两种。根据口部和底部特征分为三型（图二一）。

A 型　花口钵（标本 TG4015 ④ a：10）。

B 型　直口钵（标本 TG1003 ④ a：2）。

C 型　敛口钵（标本 TG4014 ⑤ a：3）。

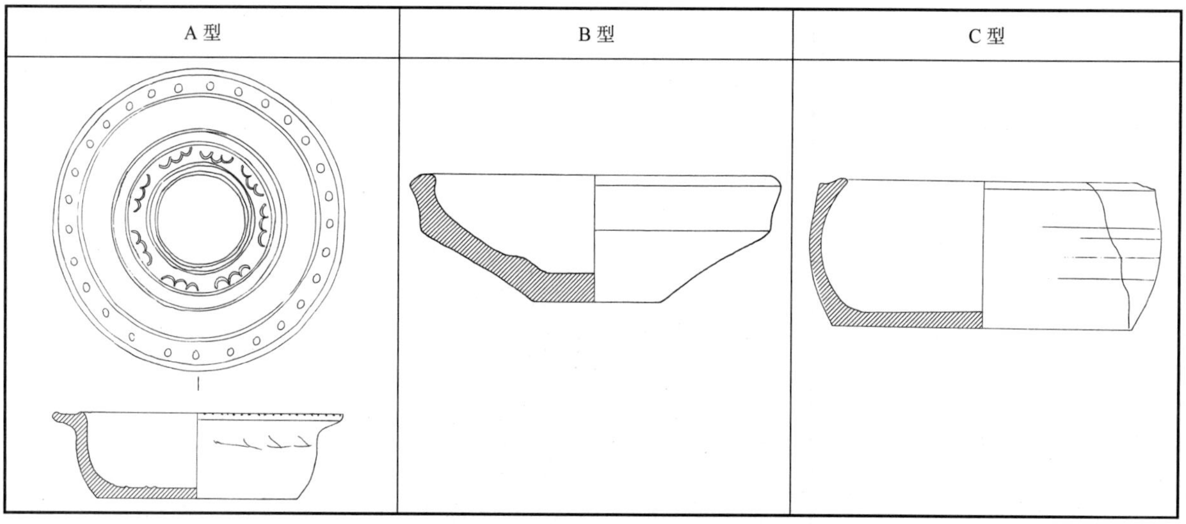

图二一 北朝至五代陶钵分型例图

5. 陶碗

陶碗出土较多，自北朝至五代均有，以北朝时期为多。胎体规整，多为泥质红陶，部分饰一周或数周凸棱。根据陶色分为二型（图二二）。

A 型 泥质红陶碗。饼形足，足心内凹，有的足外棱削平。根据口和腹壁特征不同分为二式。

Ⅰ式 直口深腹碗，腹较直（标本 TG1067H49：2）。

Ⅱ式 侈口浅腹碗，斜弧腹（标本 TG1054H43：1）。

B 型 泥质灰陶碗。有的饼形足，有的平底。根据腹壁和底的特征不同分二式。

Ⅰ式 深腹饼形足碗（标本 TG1111H93：2）。

Ⅱ式 浅腹平底碗（标本 TG2020⑤a：5）。

6. 陶盘

陶盘出土数量较多，自北朝至五代时期均有。均为泥质灰陶，多为模制，并饰有鱼纹、莲花纹、竖条纹、麦粒纹、圆点纹、手捏纹等纹饰的组合纹。根据足部和腹部特征分为二型（图二三）。

A 型 三足盘，盘内印花（标本 TG1034③a：1）。

B 型 浅腹折沿盘（标本 T10503G4：17）。

7. 陶盂

陶盂出土数量很少，自北朝至五代时期均有。均为泥质灰陶、侈口、短颈。根据腹部特征不同分为二型（图二四）。

A 型 深腹（标本 T10603④a：6）。

B 型 浅腹（标本 T10503G4：15）。

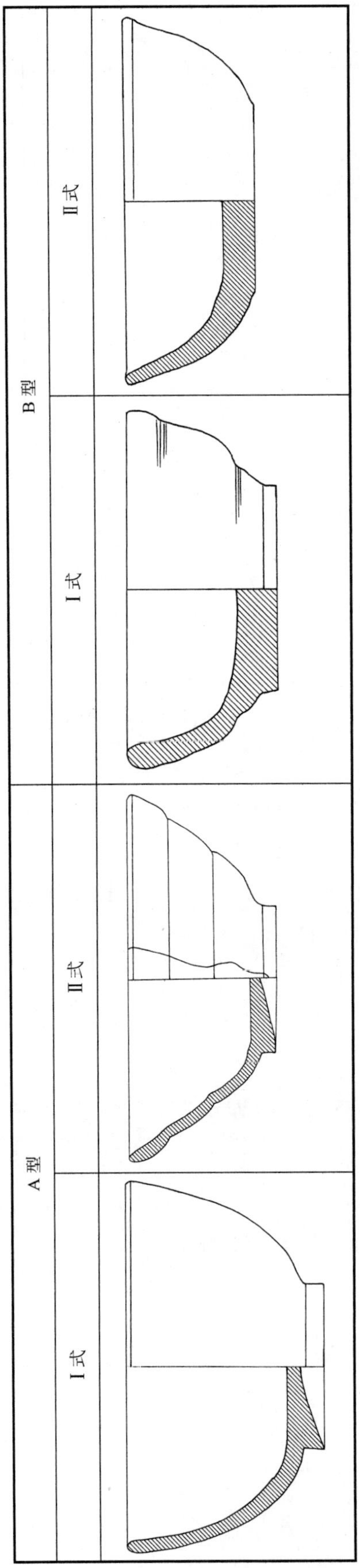

图二二　北朝至五代陶碗分型分式例图

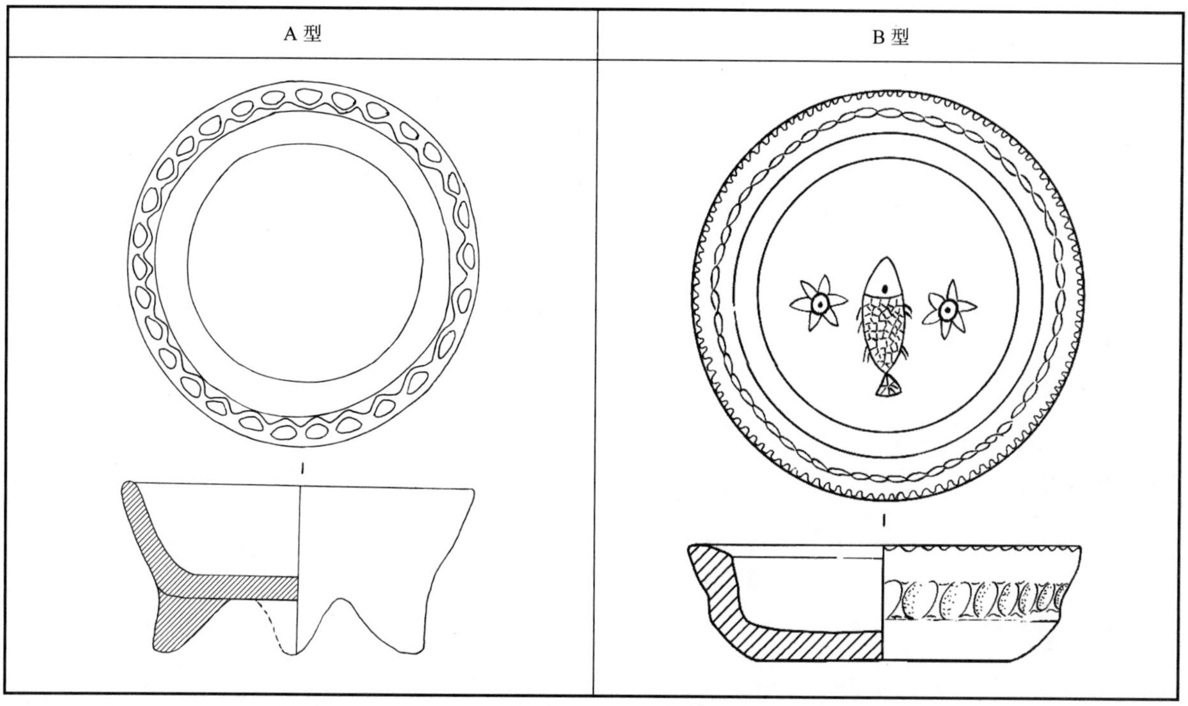

图二三　北朝至五代陶盘分型例图

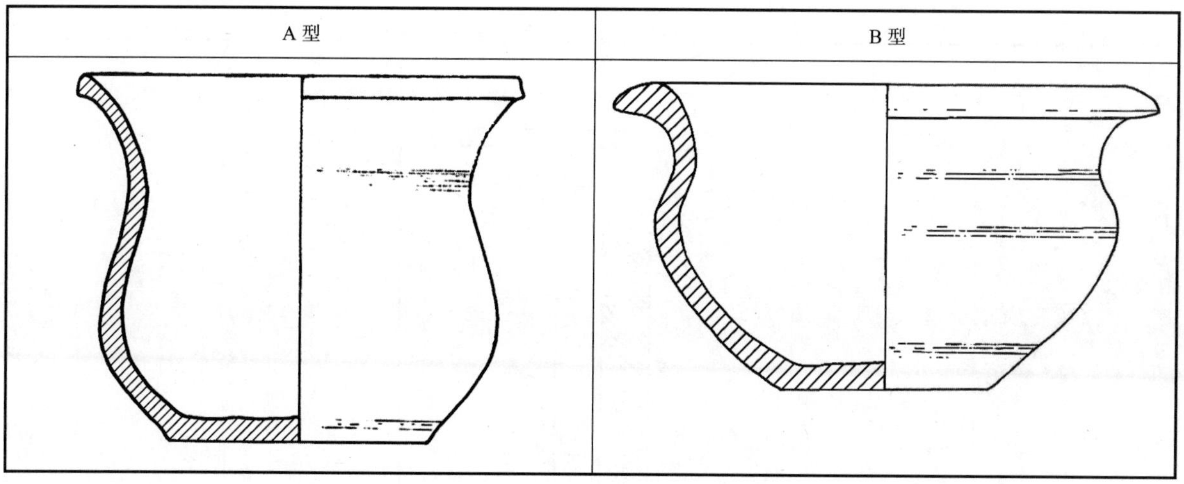

图二四　北朝至五代陶盂分型例图

8. 陶砚

出土数量较少，自北朝至五代时期均有。均为泥质灰陶，胎体致密，部分器物模制痕迹明显。根据形制特征不同分为二型（图二五）。

A 型　“风”字形砚（标本 T10404H30：1）。

B 型　圆形砚（标本 T10405 ④ a：6）。

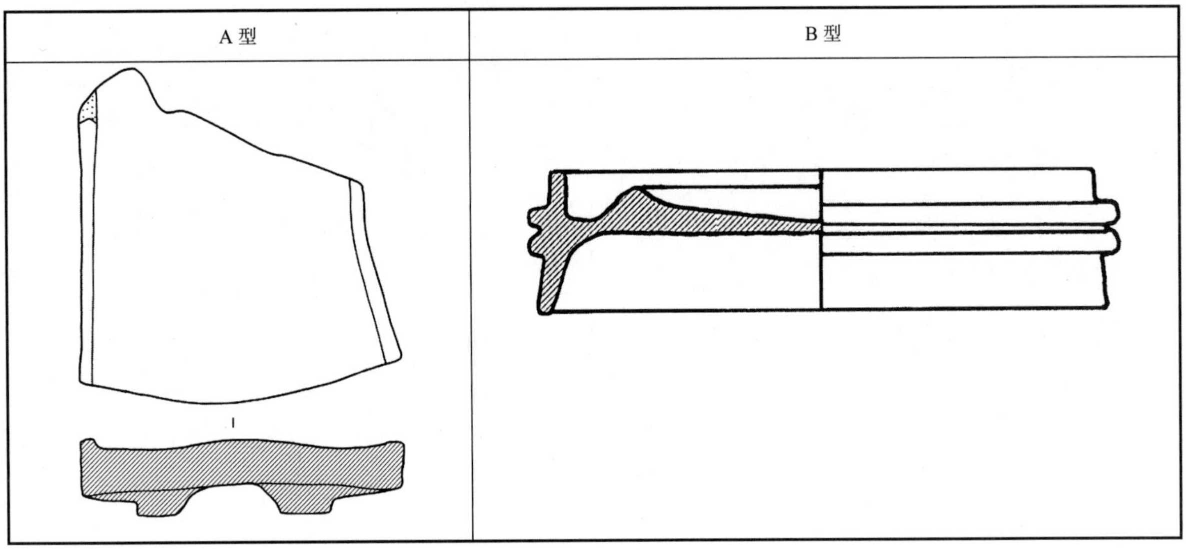

图二五　北朝至五代陶砚分型例图

9. 陶豆

出土数量较少，多为东周、汉代时期。侈口，豆盘有深有浅，豆柄中空，喇叭形足。根据豆盘深浅等特征不同分为三式（图二六）。

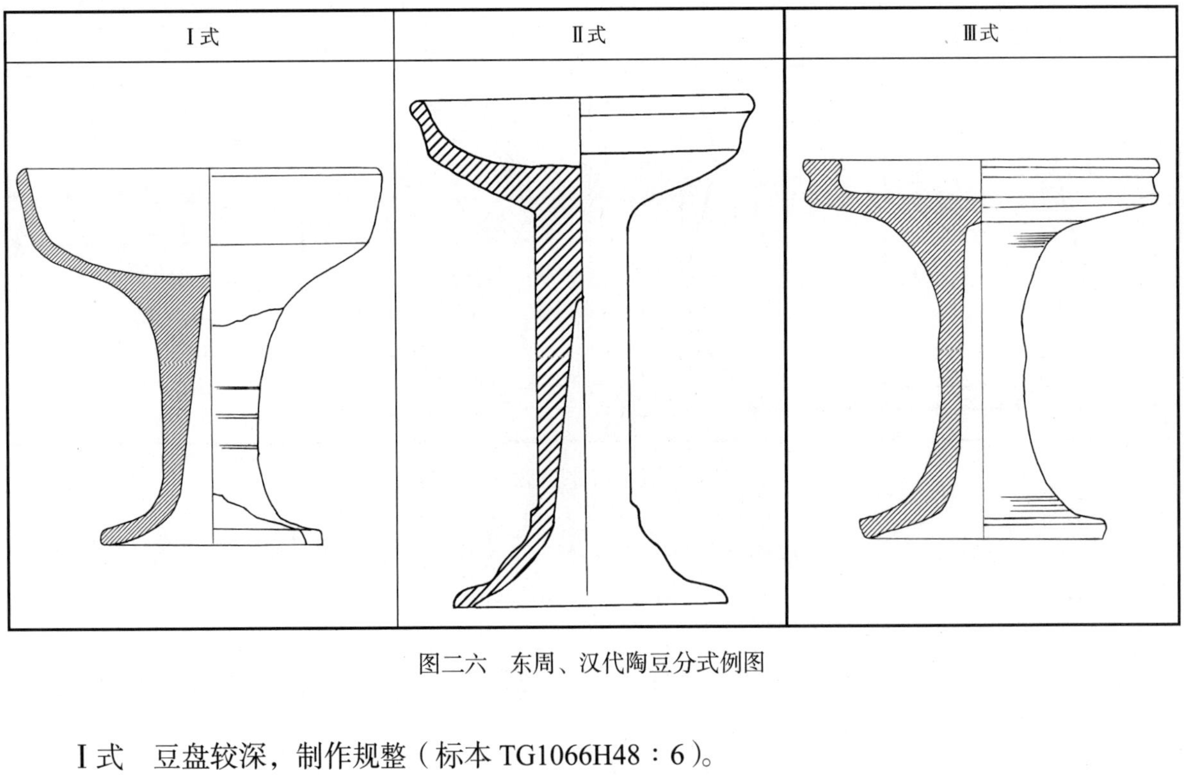

图二六　东周、汉代陶豆分式例图

Ⅰ式　豆盘较深，制作规整（标本 TG1066H48：6）。

Ⅱ式　豆盘较浅，制作较粗糙（标本 TG1016⑥：3）。

Ⅲ式　豆盘很浅，制作粗糙（标本 TG1108⑥：1）。

（二）瓷器

1. 瓷碗

瓷碗出土数量最多，全为北朝至五代时期。器形具有多样化，釉色有白釉、酱釉、双色釉等，其中白釉瓷碗出土数量最多，双色釉瓷碗次之，酱釉瓷碗最少。根据腹部特征不同分为二型（图二七）。

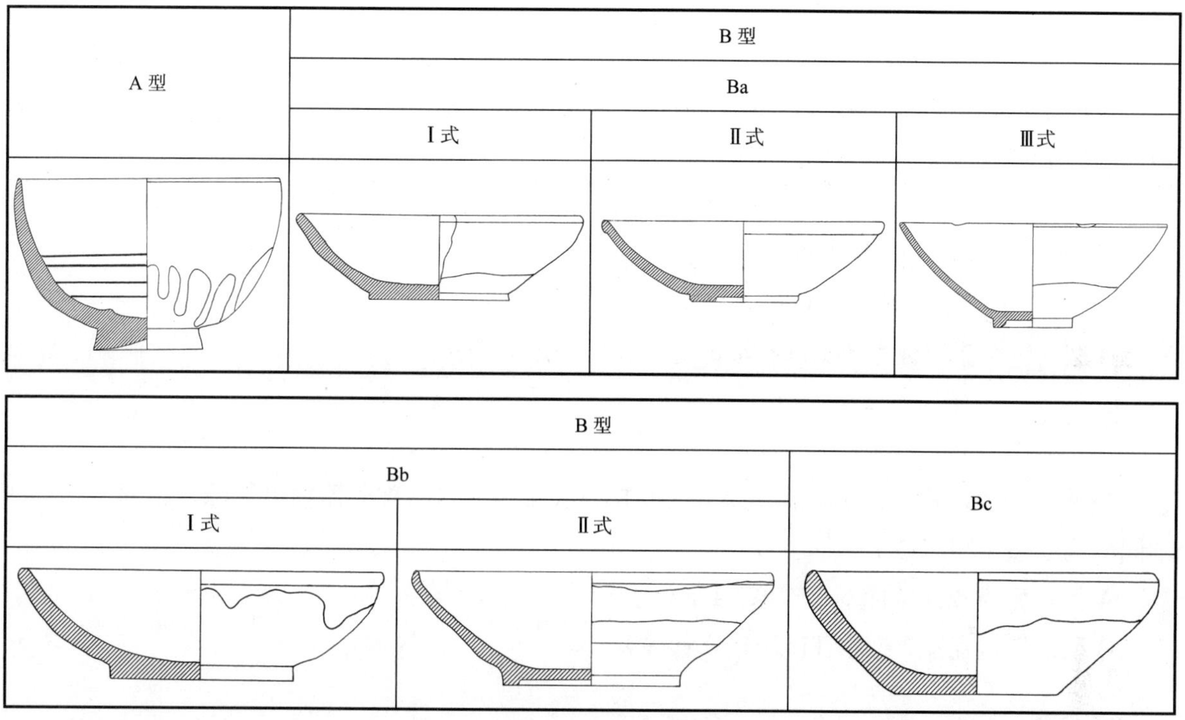

图二七　北朝至五代瓷碗分型分式例图

A 型　深腹瓷碗，饼形足，足心内凹，直口，腹壁较直（标本 TG1040H38 : 4）。

B 型　浅腹型。根据釉色不同分为三亚型。

Ba 型　白釉瓷碗。根据底足不同分为三式。

Ⅰ式　饼形足（标本 TG1100H81 : 1）。

Ⅱ式　玉璧形足（标本 TG1116 ④ a : 1）。

Ⅲ式　圈足（标本 TG4020H143 : 2）。

Bb 型　双色釉瓷碗。内壁及口沿施白釉，外壁施黄釉、褐釉、黑釉等。根据底足不同分为二式。

Ⅰ式　饼形足（标本 TG4031 ⑤ b : 3）。

Ⅱ式　圈足（标本 TG1067 ④ a : 4）。

Bc 型　酱釉瓷碗，侈口，斜腹，平底（标本 TG4009 ⑤ a : 1）。

2. 瓷盘

瓷盘出土数量较少，均为北朝至五代时期。根据口沿和形状特征不同分为二型（图二八）。

A型　方形盘（标本T10305④a：10）。

B型　圆形盘。根据盘口形状不同分为二亚型。

Ba型　花口（标本T10603G4：2）。

Bb型　圆口（标本T10603④a：19）。

3. 瓷罐

瓷罐出土数量较少，多为北朝至五代时期。釉色有白釉、褐釉等，白釉瓷罐最多。根据器物形制特征不同分为二型（图二九）。

A型　无系罐。根据口的大小分为二亚型。

Aa型　大口罐（标本T10603G4：3）。

Ab型　小口罐（标本T10603④a：22）。

B型　带系罐（标本TG2007⑤a：1）。

4. 瓷钵

瓷钵出土数量较多，多为北朝至五代时期。大多为残口，部分器物可复原。根据口部特征不同分为二型（图三〇）。

A型　侈口瓷钵（标本T10403④a：25）。

B型　敛口瓷钵（标本T10504④a：9）。

5. 瓷盒

瓷盒数量较多，由盒盖和盒底两部分组成，盒盖大同小异，盒底型别具有多样化，釉色有白釉、青釉、黑釉、褐釉等，其中白釉瓷盒出土数量最多，褐釉瓷盒次之，黄釉、青釉、黑釉瓷盒最少。根据器物形制特征不同分三型（图三一）。

A型　多格套盒（标本T10303H48：1）。

B型　高圈足花口盒（标本T10404④a：3）。

C型　直腹。根据底部特征的不同分三式。

Ⅰ式　平底（标本TG1035④a：2）。

Ⅱ式　饼形足（标本T10104Z1：2）。

Ⅲ式　圈足（标本TG1116⑤a：1）。

6. 瓷瓶

瓷瓶出土数量较少，多为北朝至五代时期。釉色有白釉、褐釉、黑釉等，以褐釉最多。根据器物特征不同分为二型（图三二）。

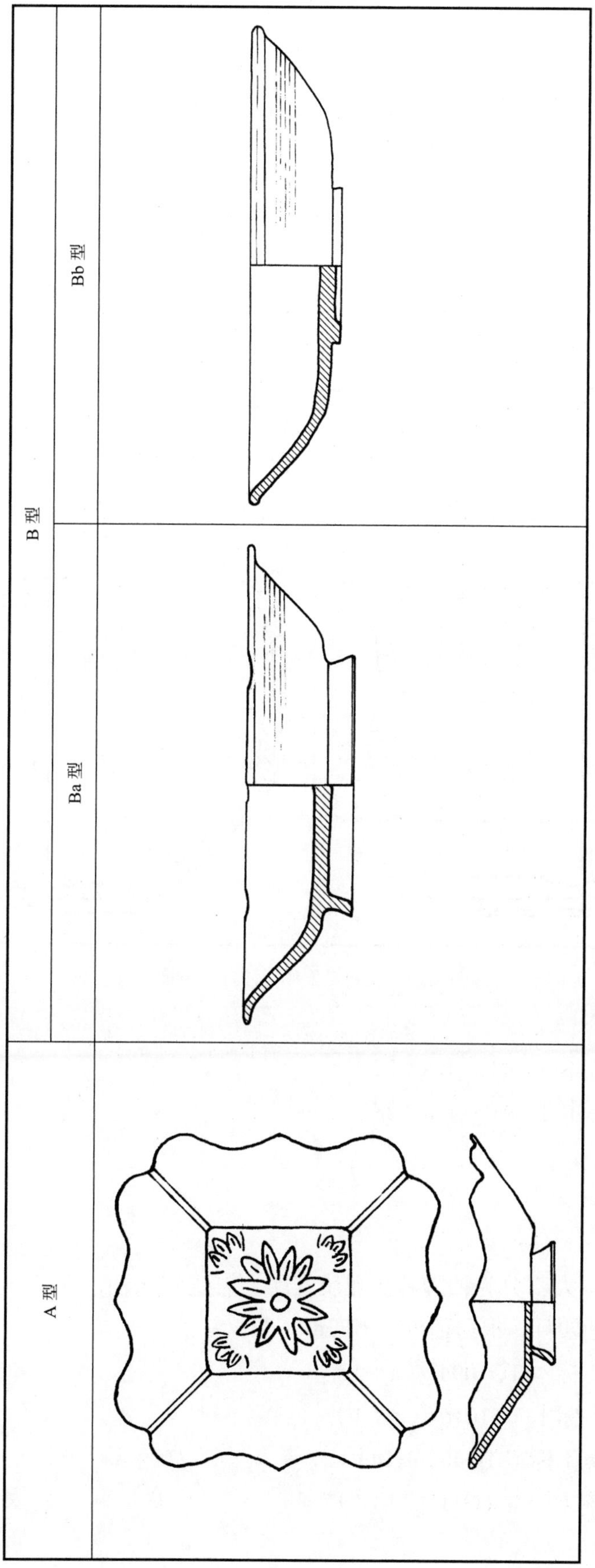

图二八 北朝至五代瓷盘分型例图

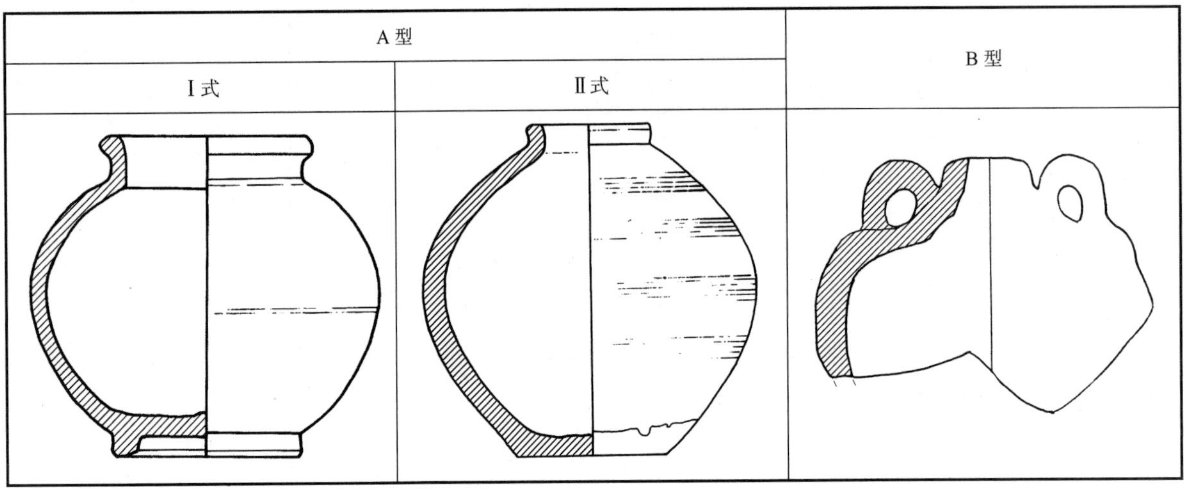

图二九　北朝至五代瓷罐分型分式例图

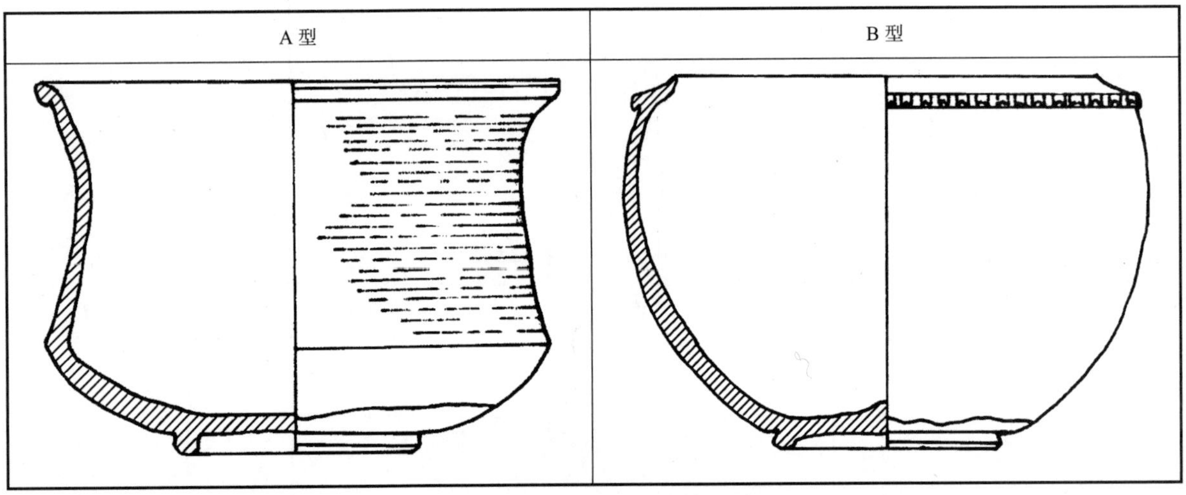

图三〇　北朝至五代瓷钵分型例图

A型　带系瓶（标本T10603④a：27）。

B型　深腹瓶（标本T10603④a：28）。

（三）釉陶器

釉陶器出土较少，大部分为釉陶碗。泥质红陶。内壁施满釉，外壁施釉不到底，有黄釉、绿釉、红褐釉和黑褐釉四种。根据釉色分为四型（图三三）。

A型　黄釉陶碗（标本TG1094④a：1）。

B型　绿釉陶碗（标本TG1016⑤a：1）。

C型　红褐釉陶碗（标本TG4020H143：1）。

D型　黑褐釉陶碗（标本TG1116Z18：1）。

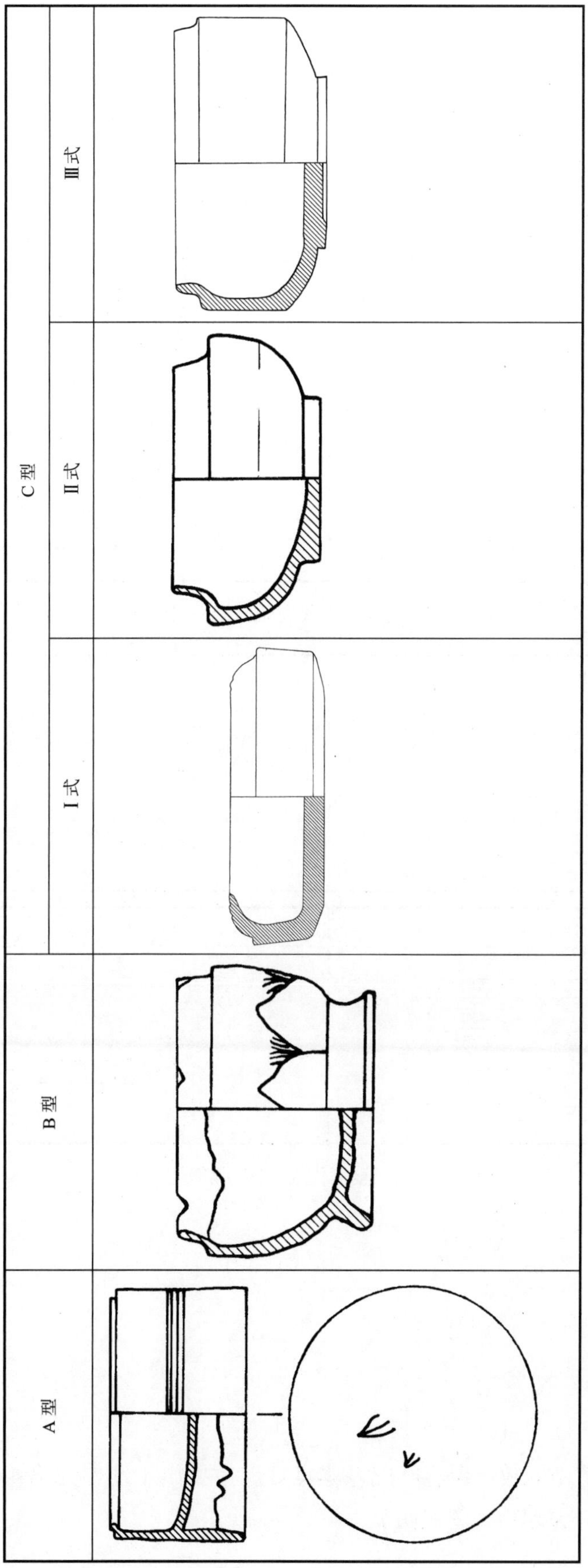

图三一　北朝至五代瓷盒分型分式例图

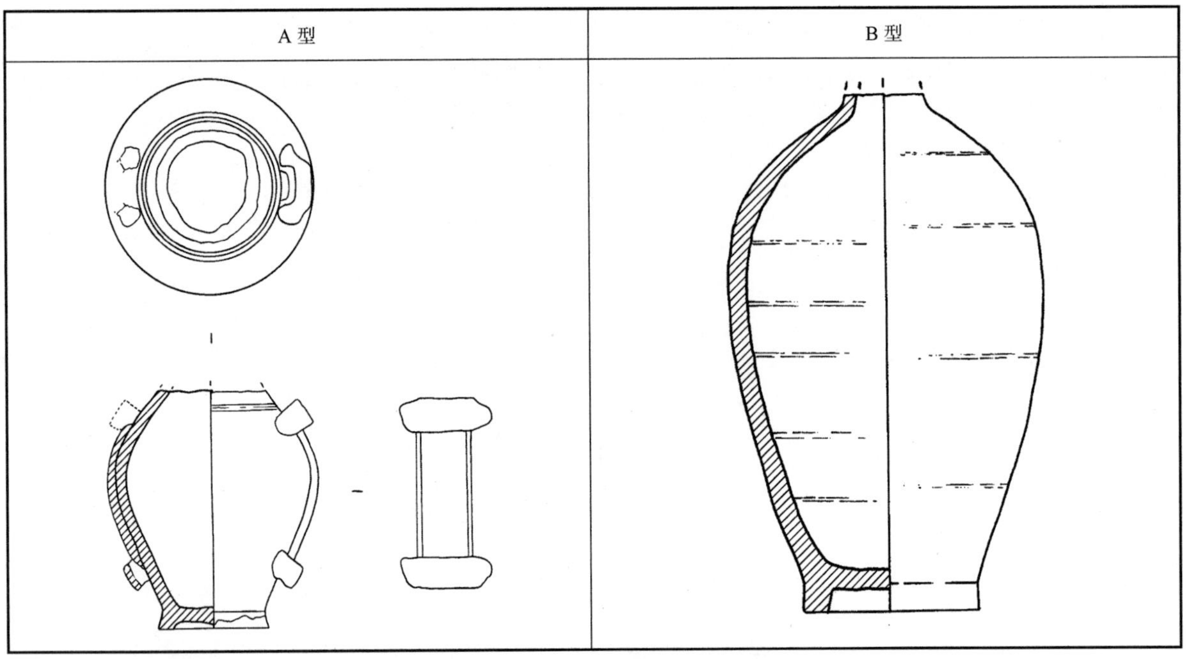

图三二　北朝至五代瓷瓶分型例图

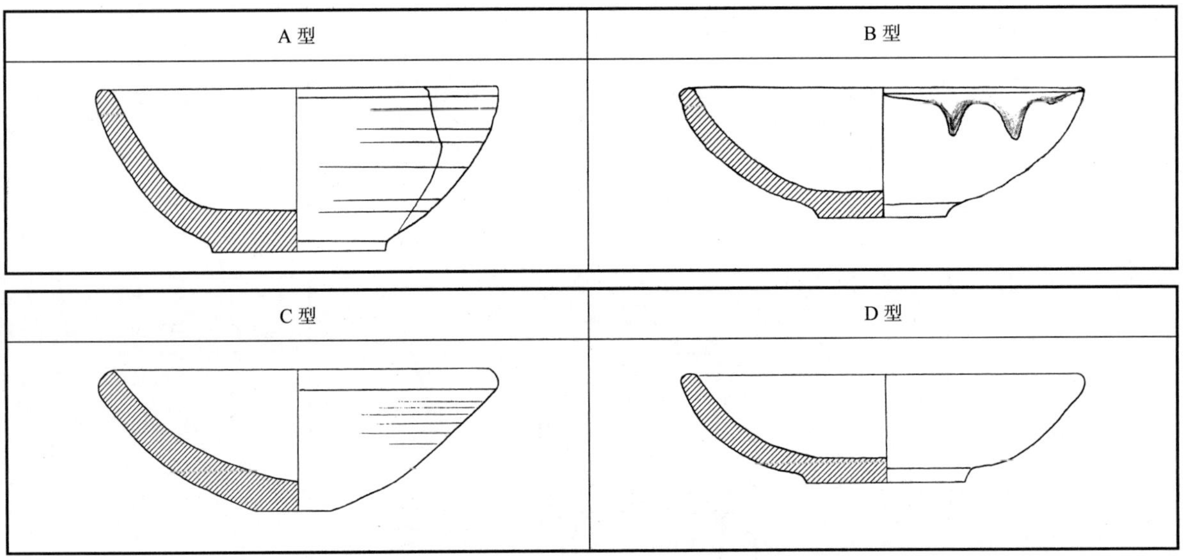

图三三　北朝至五代釉陶碗分型例图

（四）其他

铜钱共 175 枚。

（1）开元通宝

共出土“开元通宝”166 枚，保存状况基本良好。主要出土地层为第 4a 层和第 5a 层，根据背面特征和材质差别分为四型（图三四）。

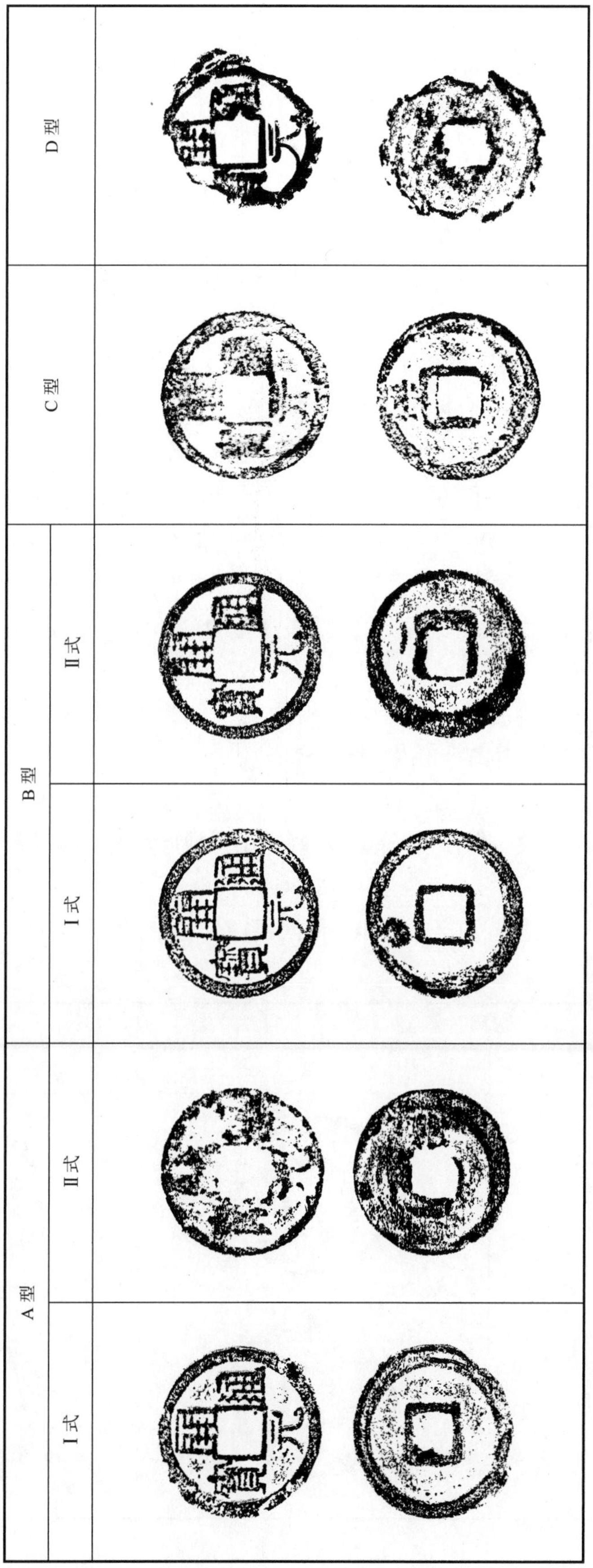

图三四 开元通宝铜钱分型分式例图

A 型　背面素面，根据钱径和钱文分为二式。

Ⅰ式　钱径 2.4 ~ 2.5 厘米，穿径 0.6 ~ 0.7 厘米，郭宽 0.2 厘米；钱文清晰、规整，穿郭俱佳，铜质优良，铸造工艺考究（标本 TG4017 ④ a：12）。

Ⅱ式　钱径 2.2 ~ 2.3 厘米，穿径 0.6 厘米，郭宽 0.1 ~ 0.3 厘米；钱文不甚清晰、规整，穿郭较差，铜质粗劣，铸造工艺较差。尤其是钱径为 2.2 厘米的钱币，钱文模糊几乎分辨不出，铜质很差，锈蚀严重（标本 TG4017 ④ a：46）。

B 型　与 A 型基本相同，不同为背面加铸掐痕或圆珠纹，有的背面穿上下各有一掐痕，以钱径 2.5 厘米的居多。根据钱径和钱文不同分为二式。

Ⅰ式　钱径 2.4 ~ 2.5 厘米，穿径 0.7 厘米，郭宽 0.2 厘米；钱文清晰、规整，穿郭俱佳，铜质优良，铸造工艺考究（标本 TG4017 ④ a：11）。

Ⅱ式　钱径 2.3 厘米，穿径 0.6 厘米，郭宽 0.2 厘米；钱文有的清晰、规整，有的模糊，有的穿郭俱佳，有的较差，铜质和铸造工艺不如Ⅰ式（标本 TG4017 ④ a：44）。

C 型　背面加铸州名或钱监名，有的在穿之上，有的在穿之下，有一枚为穿上“京”穿下掐痕。加铸有“洛”“梁”“京”“洪”“昌”等，钱径 2.3 ~ 2.4 厘米，穿径 0.6 厘米，郭宽 0.15 ~ 0.3 厘米，钱文有的清晰、规整，有的模糊，有的穿郭俱佳，有的较差，铜质和铸造工艺一般（标本 TG4017 ④ a：26）。

D 型　铅制钱。钱径 2.5 厘米，穿径 0.7 厘米，郭宽 0.2 厘米；钱文清晰、规整，穿较差，钱体轮郭稍残，保存较差（标本 TG4017 ⑤ a：52）。

（2）乾元重宝

共出土“乾元重宝”9 枚，保存情况基本良好。出土地层均为第 4a 层，根据背面有无加铸掐痕分为二型（图三五）。

A 型　背面素面，钱文规范，穿郭俱佳。根据钱径分为二式。

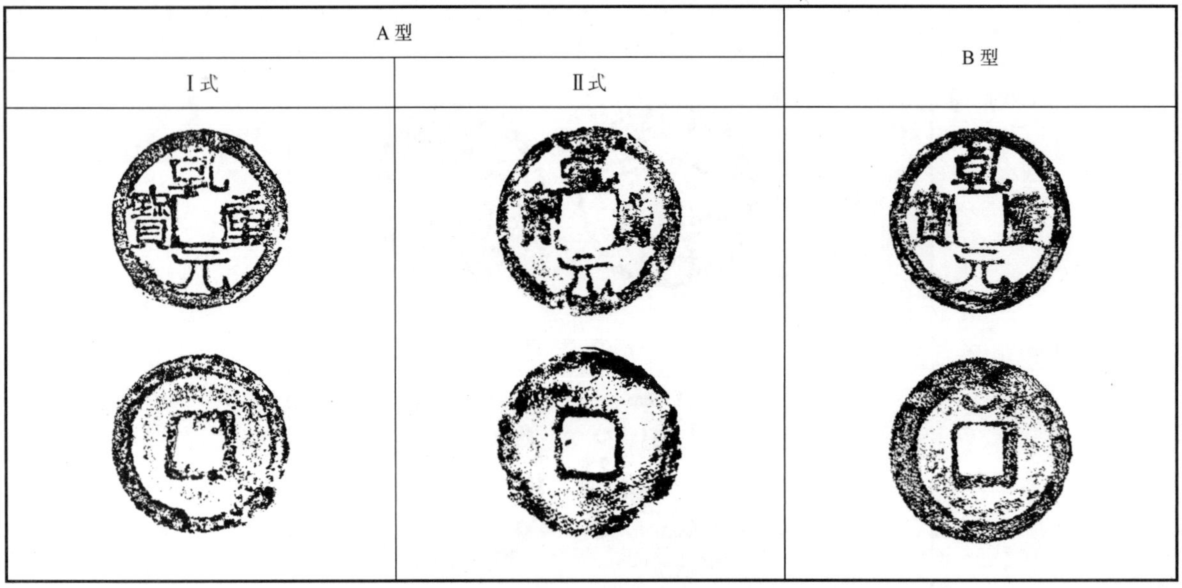

图三五　乾元重宝铜钱分型分式例图

Ⅰ式 钱径 2.4 ~ 2.5 厘米，穿径 0.7 厘米，郭宽 0.2 厘米；钱文清晰、规整，有的字体较大，呈扁宽形，有的字体偏小，呈瘦长形，穿郭俱佳，铜质优良，铸造工艺考究（标本TG4017④a：15）。

Ⅱ式 钱径 2.3 厘米，穿径 0.6 厘米，郭宽 0.2 厘米；钱文模糊、不规整，字体偏小，呈瘦长形，穿郭较差，铜质粗劣，铸造工艺一般（标本 TG4017④a：43）。

B型 与A型Ⅰ式基本相同，不同为背面加铸掐痕，有的在穿之上，有的在穿之下。钱径 2.5 厘米，穿径 0.7 厘米，郭宽 0.2 ~ 0.3 厘米；钱文清晰、规整，字体较大，呈扁宽形，穿郭俱佳，铜质优良，铸造工艺考究（标本 TG4017④a：42）。

第二章　第一段探沟

第一段探沟位于晋阳古城西城墙中段，自城墙东基槽开始向东至第一条南北向现代道路西侧止。共布探沟 31 个，因 TG1001 位于现代建筑下未能发掘，因此第一段探沟实际发掘自 TG1002 起至 TG1031 止，共计 30 个探沟。每个探沟均为 10 米 ×2 米，总长 300 米，实际发掘面积 534 平方米，方向 104°（图版五，1）。

第一节　地 层 堆 积

第一段探沟发掘区的地势情况为西高东低，高差 3.9 米。第一段探沟发掘总长 300 米，最深 4.5 米，最浅 1.85 米，平均深度 2.9 米。自 TG1002 开始至 TG1020 西部止，文化层下多为河卵石层。在 TG1002 中部和 TG1008 中部都向下解剖了 2 米，出土有少量陶片，但未发现灰坑、地层等，依然为河卵石层，推测这些陶片非原生堆积，为二次搬运。

第一段探沟共发掘 8 层文化堆积层：第 1 层为近现代耕土层；第 2 层为明清文化层；第 3 层为宋元文化层，该层分两个亚层，分别为第 3a 层和第 3b 层；第 4 层为晚唐五代文化层，分两个亚层，分别为第 4a 层和第 4b 层；第 5a 层为唐代文化层；第 6 层为北朝文化层，其下为河卵石层或生土层。TG1002 至 TG1020 中部遗迹不丰富，主要有灰坑 5 座、灶址 1 个；TG1020 中部至 TG1031 遗迹丰富，主要有灰坑 19 座、灶址 4 个、夯土建筑基址 3 处、水渠 1 处。从地层上来看，遗迹多数都处于第 4a 层下、河卵石或生土以上（图三六、图三七；图版五，2）。

第 1 层：近现代耕土层。灰褐色黏土，质地松软，较杂乱；包含植物根系、碎砖瓦块、小石块等；厚 0.2 ~ 1.2 米。因现在为苗木培育地，有很多树坑。地势为西高东低，高差 3.9 米。自 TG1002 至 TG1009 地势下降 1.3 米，从 TG1010 至 TG1013 地势较缓平，下降了 0.4 米，自 TG1014 至 TG1025 下降了 2.1 米，从 TG1026 地势开始缓慢上升，至 TG1029 上升了 0.6 米，自 TG1030 直至第一段最后一条探沟（TG1031）地势下降了 0.7 米。TG1006 东部有一现代水井，开口于第 1 层，打破第 1、2、3a、3b、4a、4b 层和河卵石层；TG1014 西部有一现代水井，开口于第 1 层，打破第 1、2、3a、4a、5a、6 层和河卵石层；TG1017 西部有一现代灌溉池，开口于第 1 层，打破第 1、2、3a、4a、5a 层和河卵石层；TG1022 西部有一现代灌溉池，开口于第 1 层，打破第 1、2、3a、4a、夯 1 和生土；TG1024 中部有一现代水井，开口于第 1 层，打破第 1、2、3a、4a、5a、H11 和生土。

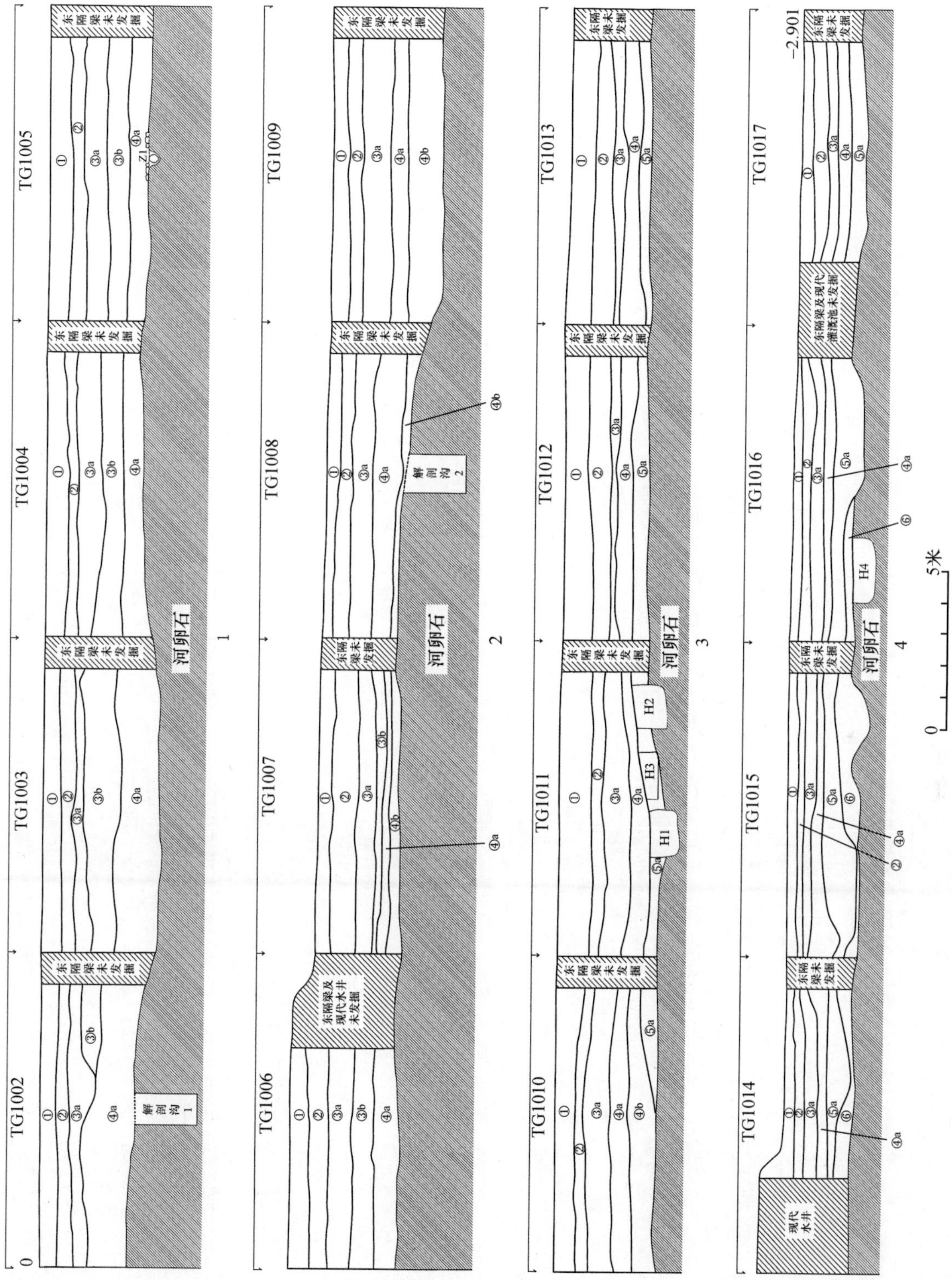

图三六　TG1002～TG1017北壁剖面图

1. TG1002～TG1005　2. TG1006～TG1009　3. TG1010～TG1013　4. TG1014～TG1017

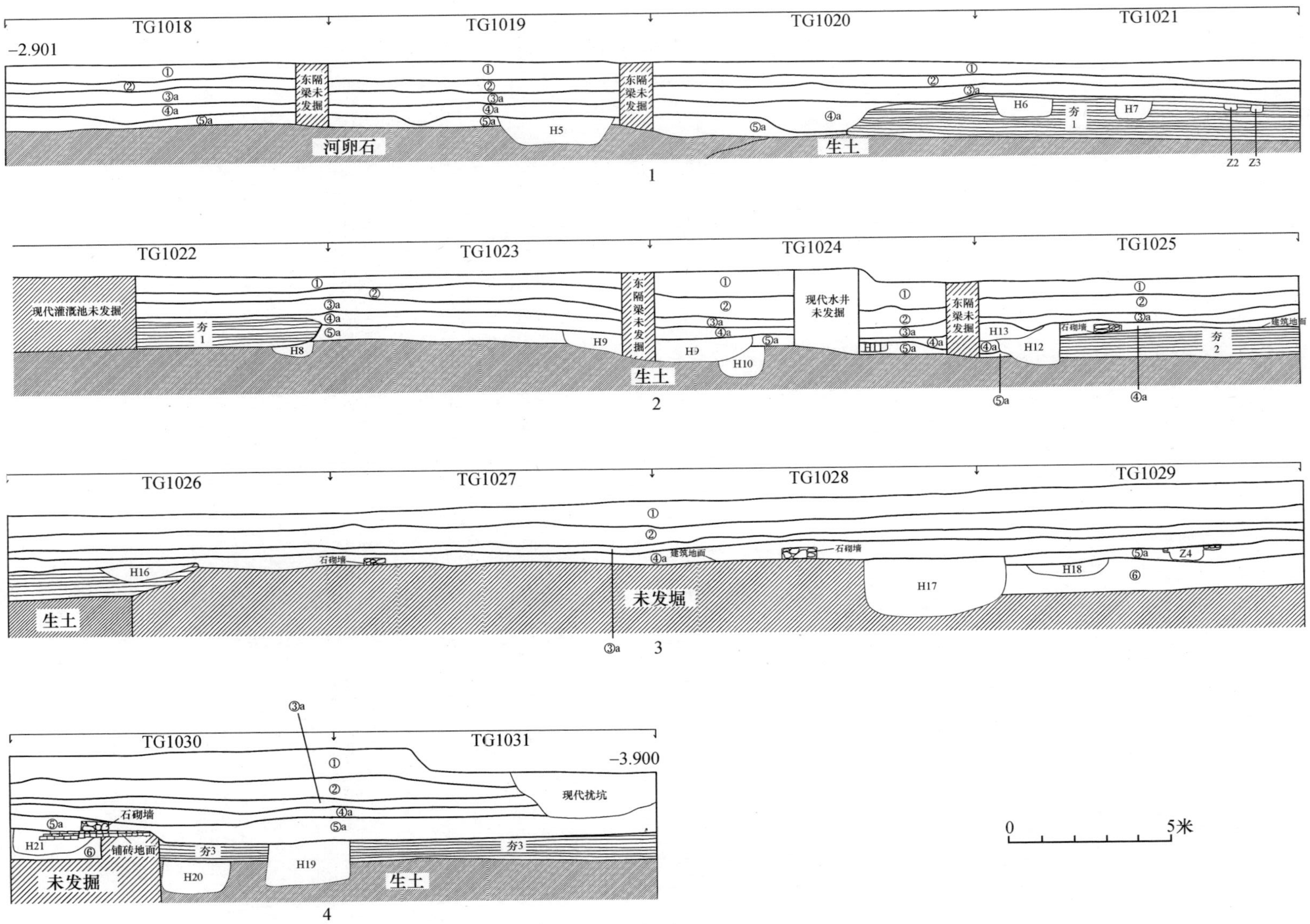

图三七　TG1018～TG1031 北壁剖面图

1. TG1018～TG1021　2. TG1022～TG1025　3. TG1026～TG1029　4. TG1030～TG1031

第 2 层：明清文化层。浅灰色黏土，质地较硬；包含较多砖瓦块、红烧土粒和少量青花瓷碎片；厚 0.2 ~ 0.75 米，距地表 0.2 ~ 1.2 米。第 2 层总体地势呈西高东低状，东西高差 1.74 米，自 TG1002 至 TG1005 基本水平，下降了 0.1 米，从 TG1006 开始下降，至 TG1025 下降了 2.03 米，自 TG1026 开始上升，至 TG1019 上升了 0.64 米，从 TG1030 直至第一段探沟最后一条探沟（TG1031）地势下降 0.25 米，无重要遗迹现象。

第 3a 层：宋元文化层。深黄褐色砂土，质地疏松，较干净；包含少量瓷片、陶片、碎砖瓦块等；厚 0.18 ~ 1 米，距地表 0.55 ~ 1.66 米。地势西高东低，东西高差 2 米，自 TG1002 开始下降，至 TG1025 下降了 2.64 米，从 TG1026 至 TG1029 上升了 0.64 米，从 TG1030 直至第一段探沟最后一条探沟（TG1031）地势呈水平状。无重要遗迹现象。

第 3b 层：宋元文化层。黄褐色砂质黏土，质地较疏松；包含陶残片、红烧土粒、卵石块；厚 0.2 ~ 1.2 米，距地表 1.3 ~ 2 米。自 TG1002 中部开始至 TG1007 东部结束。地势西高东低，东西高差 0.6 米。无重要遗迹现象。

第 4a 层：晚唐五代文化层。灰黑褐色砂质黏土，质地疏松，较杂乱；包含大量建筑构件、陶瓷残片、木炭屑、红烧土等；厚 0.25 ~ 1.75 米，距地表 1 ~ 1.9 米。地势西高东低，高差 2.14 米。自 TG1002 开始下降，至 TG1025 下降了 2.54 米，从 TG1026 至 TG1029 上升了 0.5 米，从 TG1030 直至第一段探沟最后一条探沟（TG1031）下降 0.1 米。第一段探沟第 4a 层下开口的夯土有两段，分别为夯 1、夯 2。夯 1 自 TG1020 东部至 TG1022 东壁，总长度为 24 米；夯 2 自 TG1025 西部至 TG1026 西部，总长度为 14 米。夯 2 西端上残存南北和东西向墙基，东西向墙延伸向东至 TG1028 中部，为一大型建筑基址。

第 4b 层：晚唐五代文化层。浅黑褐色砂质黏土，质地疏松；包含大量陶瓷片、砖瓦块、木炭屑等；厚 0.15 米 ~ 1.1 米，距地表 2.2 ~ 2.6 米。自 TG1007 东部开始至 TG1010 结束。地势西高东低，高差 0.65 米。自 TG1007 开始至 TG1009 下降了 0.9 米，从 TG1010 西部至东部上升了 0.25 米。无重要遗迹现象。

第 5a 层：唐代文化层。红褐色黏土，质地较硬；包含石块、炭灰、少量陶片、少量瓷片等；厚 0.2 ~ 1 米，距地表 1.4 ~ 2.15 米。自 TG1010 西部出现，直至最后一条探沟（TG1031）。地势西高东低，高差 1.22 米。自 TG1010 地势开始上升，至 TG1013 东部上升 0.9 米，从 TG1014 开始下降，至 TG1025 东部下降了 2.42 米，自 TG1026 至 TG1029 地势上升 0.5 米，从 TG1030 直至第一段探沟最后一条探沟（TG1031）下降 0.1 米。第一段探沟第 5a 层下开口的夯土有一段，为夯 3。夯 3 自 TG1030 西部延伸至 TG1031 东壁下，可见全长 16.5 米，夯 3 西端有一南北向墙基和少量铺地砖，由此可见夯 3 应为第 5a 层下开口的建筑基址。

第 6 层：北朝文化层。黄褐色粉砂土，质地疏松，较干净；包含建筑构件、陶瓷残片等；厚 0.2 ~ 1 米，距地表 2.15 ~ 3.1 米。第 6 层文化堆积层自 TG1014 西部至 TG1016 西部和自 TG1029 西部至 TG1030 西部发现有两段，地势基本较缓平。无重要遗迹现象。

第二节　遗　迹

第一段探沟共发现35处遗迹现象，其中建筑基址2处、夯土3段、水渠1处、灰坑24座、灶址5个。

一、建筑基址

第一段探沟发现两处建筑基址，其中一处位于TG1025～TG1028中，开口于第4a层下；另一处位于TG1030内，开口于第5a层下，仅发现一段墙基及少量铺地砖。

（一）TG1025—TG1028建筑基址

TG1025—TG1028建筑基址距地表约1.85米，总长度约为32米。地层堆积自上而下依次为近现代耕土层、明清文化层、宋元文化层、晚唐五代文化层，根据该建筑两端探沟地层堆积情况，可推测该建筑基址其下应该为初唐至中唐文化层，再其下为生土。建筑基址整体平面布局从门道来看为南北向，其中轴线的方向与晋阳古城西城墙的方向大体一致，为18°左右，因发掘面积太小，暂不知其建筑形状和布局（图三八，1；图版六～图版八）。

由于发掘面积太小且后期破坏比较严重，通面阔及开间不明，仅可见5道墙基以及门道等。该墙的做法是外用碎瓦片和大块的残砖垒砌，内用小石块、残砖块砌成，墙内壁用0.5～1厘米的黄泥抹墙装饰。

Q1自TG1025西部至TG1028西部，东西向，宽0.8米，残高0.15～0.25米，可见残长28米；由石块和砖瓦碎块垒砌，红褐色泥填充，在墙基附近偶见白灰墙皮。Q1共发现3个砂岩柱础石，极为简单，方形，边长0.38米，厚0.15米。在Q1西向东9米处有一宽3米的门道，该门道高出地面0.12米，内外为灰褐色路土。

Q2位于Q1西端，与Q1垂直，Q2南北向，宽0.8米，残高0.15米，可见残长2米。由碎砖瓦块和石头垒砌，红褐色泥填充。应为该建筑的西墙。

Q3位于Q2东4米，与Q2平行，宽0.6米，残高0.15米，可见残长1米。由碎砖瓦块和石头垒砌，红褐色泥填充。应为该建筑的房间隔墙。

Q4位于Q3东13米，于Q3平行，宽0.6米，残高0.2米，可见残长2米。由碎砖瓦块和石头垒砌，红褐色泥填充。

Q5位于Q4东12.5米，与Q4平行。宽1米，高0.25米，可见残长1.5米。由碎砖瓦块和石头垒砌，红褐色泥填充。根据地层和出土遗物推测该建筑应为晚唐五代建筑，规模较大。因该建筑基址破坏严重且发掘面积太小，未能知其建筑布局和用途，有待下一步发掘。

（二）TG1030 建筑基址

TG1030 建筑基址位于 TG1030 西部向东延伸，因后期破坏较严重，仅存一墙基和少量铺地砖。该建筑基址地层堆积自上而下依次为近现代耕土层、明清文化层、宋元文化层、晚唐五代文化层、隋至中唐文化层，该建筑基址下为北朝文化层，再其下为生土。仅存的一道墙基为南北向，宽 1 米，残高 0.25，可见残长 2 米。由碎砖瓦块和石头垒砌，红褐色泥填充。墙周围为长 32、宽 15、厚 7 厘米的长方形砖铺设，上下三层顺砖平砌。墙基向东有一水渠遗迹，推测应为该建筑排水设施。根据地层推测该建筑为唐代建筑，由于发掘面积较小，暂无法做太多分析，有待下一步的发掘（图三八，2）。

二、夯　　土

第一段探沟共发现三段夯土，其中两段开口于第 4a 层下，另一段开口于第 5a 层下，在这三段夯土中两段有建筑遗迹，判断这三段夯土分别为不同时期的两个建筑台基和一道夯墙。因发掘面积太小，暂不知该建筑台基的具体布局及规格。现分别概述如下。

（一）夯 1

夯 1 位于 TG1020 东部至 TG1022 东壁，宽 24 米，可见长 2 米。根据地理位置和夯 2 判断夯 1 应为南北向夯墙。夯 1 开口于第 4a 层下，打破第 5a 层、H8 和生土，且被现代灌溉池、H6、H7、Z2 和 Z3 打破。夯 1 残存夯层共 12 层，上 6 层为黑灰色砂质黏土，下 6 层为黄褐色砂质黏土，每层夯层厚 6 ~ 15 厘米，总厚度 1 ~ 1.4 米；夯 1 夯窝呈圆形，直径 4 ~ 7 厘米，深 2 ~ 3 厘米。夯 1 土质致密，较硬；出土遗物有陶罐残片和陶豆残片（图三九，1；图版九，1、2）。

（二）夯 2

夯 2 位于 TG1025 西部至 TG1026 西部，全长 14 米，可见宽 2 米，根据夯土上的建筑墙基可判断夯 2 应为建筑台基。夯 2 开口于第 4a 层下，打破第 5a 层和生土且被 H12、H16 打破。夯 2 残存夯层共 9 层，每层夯层厚 6 ~ 15 厘米，总厚度 0.9 ~ 1 米；夯 2 夯窝呈圆形，直径 4 ~ 7 厘米，深 2 ~ 3 厘米。夯 2 为红褐色砂质黏土，土质致密，较硬；无遗物出土（图三九，2）。

（三）夯 3

夯 3 位于 TG1030 东部至 TG1031 东壁，可见长度为 16.5 米，可见宽度 2 米，根据夯土上的水渠可判断夯 3 为建筑台基，因延伸至现代马路下未能发掘，暂不知夯 3 的具体形制及规

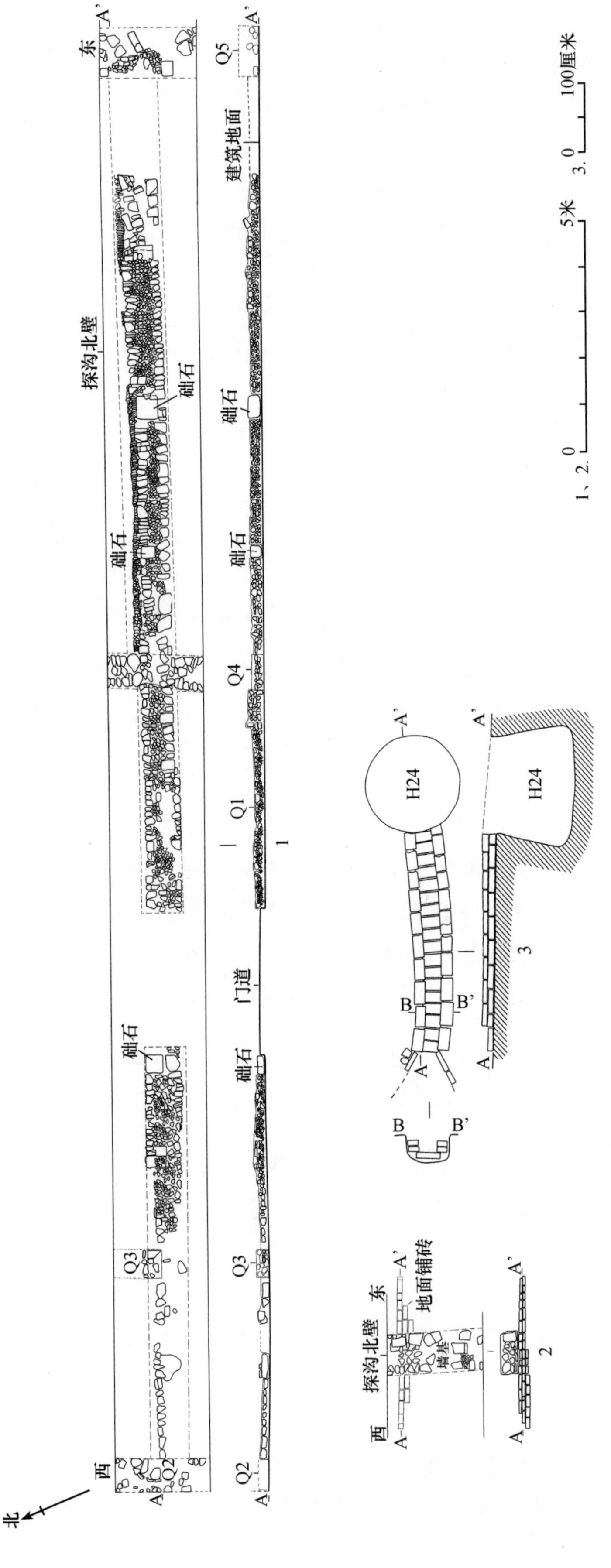

图三八　第一段探沟建筑基址和水渠平、剖面图

1. TG1025—TG1028 建筑基址　2. TG1030 建筑基址　3. TG1031S1

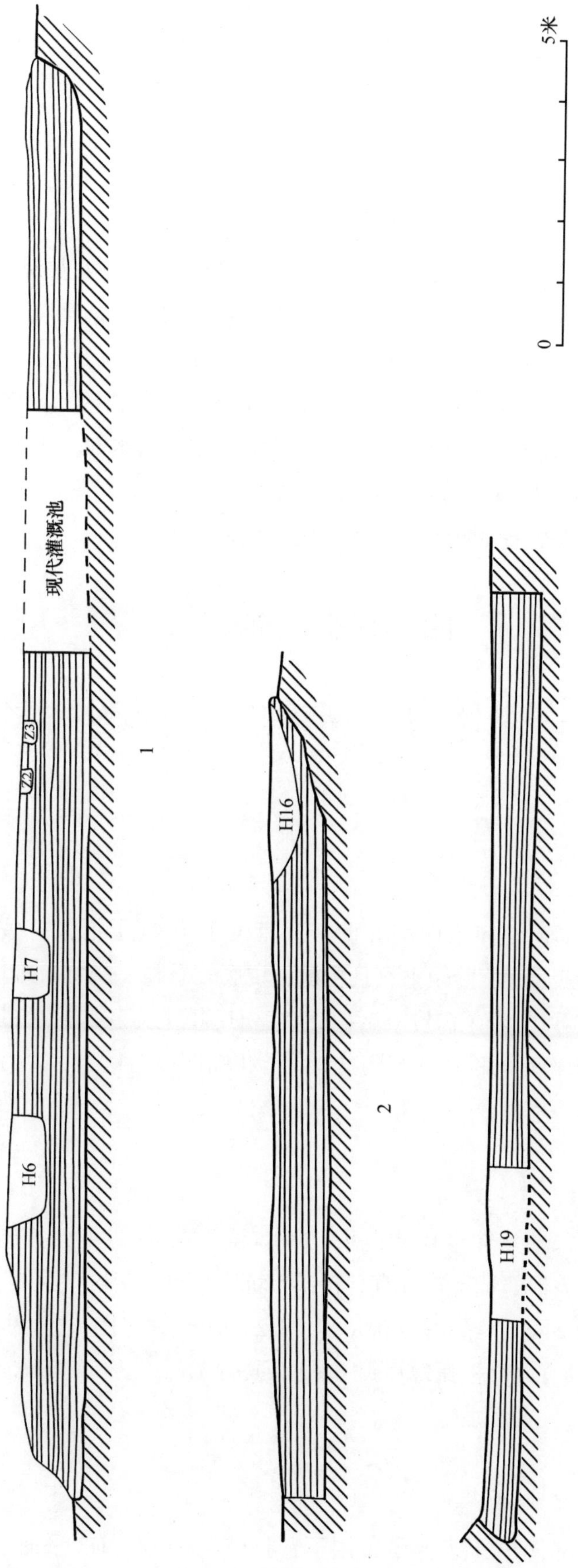

图三九　夯1～夯3剖面图

1. 夯1　2. 夯2　3. 夯3

模。夯3开口于第5a层下，打破H20、第6层和生土且被H19、H23、H24打破。夯3残存夯层共6层，每层夯层厚6～15厘米，总厚度0.5米；夯3夯层较清晰夯窝不明显。夯3为红褐色黏土，土质较致密，较硬；无遗物出土（图三九，3）。

三、水　渠

S1位于TG1031中西部，开口于第5a层下，在夯3上建筑，由排水渠和蓄水池（H24）两部分组成，排水渠现存可见东西长5.1米，南北宽0.5米。排水渠破坏较严重，现存3.45米，西端呈喇叭状，南北两侧各有45°角的长方形砖侧面朝上垒砌，作用应为引流；排水渠南北两壁用长30、宽15、厚7厘米的长方形转上下两层顺平垒砌，底部为同规格砖东西向由南北两侧砖叠压两边平铺。排水渠西高东低，落差10厘米，东段紧接蓄水池。蓄水池（H24）打破夯3，平面呈圆形，剖面呈袋状，口小底大，坑壁自上而下，向外倾斜且光滑，坑底较平。因为S1发掘面积较小且破坏较严重暂不知该水渠为明渠或暗渠（图三八，3；图版九，3）。

四、灰　坑

数量最多的遗迹是灰坑，共24座，因为探沟发掘面积较小，大部分灰坑不完整。现将灰坑简要介绍如下。

（一）H1

H1位于TG1011中北部，延伸至探沟北壁，开口位于第4a层下，打破第5a层和生土。H1平面近长方形，剖面呈方形，坑壁较垂直且粗糙，坑底较平整。灰坑口距地表2.6～2.7米，东西延伸为1.33米，南北宽1.2米，深度0.6～0.8米。H1填土为灰黑褐色砂质黏土，土质较疏松，水平状堆积；出土遗物有陶罐残片和陶盆口沿等（图四〇，1）。

（二）H2

H2位于TG1011东北部，延伸至探沟北壁，开口位于第4a层下，打破第5a层和生土。H2平面呈近方形，剖面呈方形，坑壁较垂直且粗糙，坑底平整。灰坑口距地表2.05～2.25米，东西延伸1.3米，南北宽0.24米，深0.3～0.52米。H2的填土为灰黑褐色砂质黏土，土质较疏松，水平状堆积；出土遗物有绳纹板瓦残片等（图四〇，2）。

（三）H3

H3位于TG1011中北部，开口位于第4a层下，打破第5a层。H3平面近椭圆形，剖面近

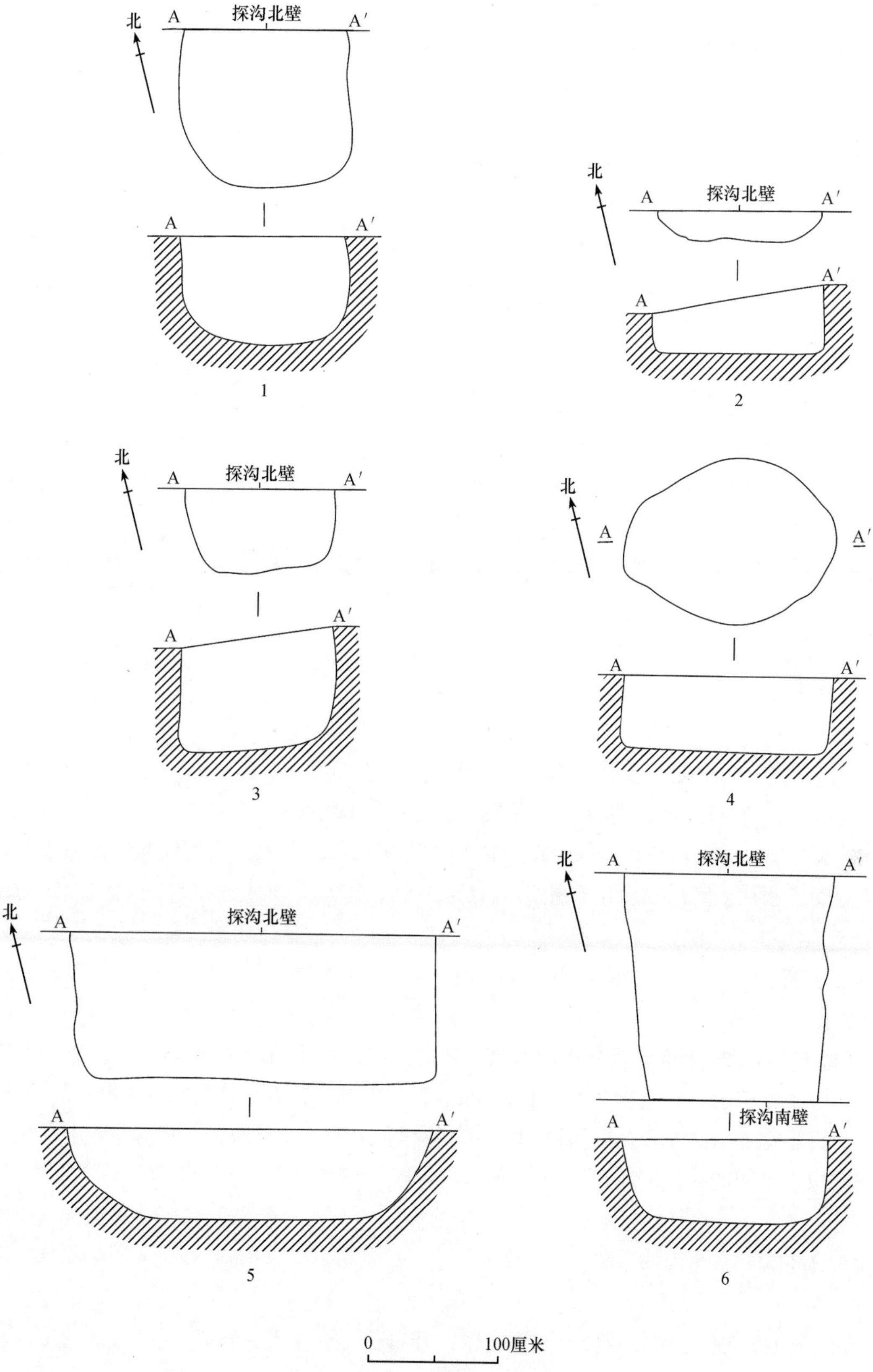

图四〇 H1～H6平、剖面图

1. H1 2. H2 3. H3 4. H4 5. H5 6. H6

梯形，坑壁较垂直且粗糙，坑底平整。H3 开口距地表 2.3 ~ 2.5 米，东西延伸 1.16 米，南北宽 0.6 米，深 0.7 ~ 0.85 米。H3 的填土为灰黑褐色黏土，土质较松；无遗物出土（图四〇，3）。

（四）H4

H4 位于 TG1016 西北部，开口于第 6 层下，打破生土。H4 平面近椭圆形，剖面呈长方形，坑壁较垂直且加工光滑，坑底平整。东西延伸 1.66 米，南北延伸 1.24 米，深 0.57 米。H4 的填土为灰褐色砂质黏土，土质较密，包含小炭粒、烧土块；出土遗物有陶罐残片、陶豆残片和陶鬲残片等（图四〇，4）。

（五）H5

H5 位于 TG1019 东北部，延伸至探沟北壁，开口于第 4a 层下，打破第 5a 层和生土。H5 平面呈长方形，剖面呈不规则形，坑壁呈坡状且加工光滑，坑底较平。H5 距地表 1.65 米，东西延伸 2.8 米，南北宽 1.12 米，深 0.7 米。H5 填土为灰黑褐色砂质黏土，质地较硬，包含小炭粒；出土遗物有大量陶片和瓷片等（图四〇，5）。

（六）H6

H6 位于 TG1021 西部，贯穿探沟南北，开口位于第 4a 层下，打破夯 1。H6 平面呈近长方形，剖面呈近方形，坑壁较垂直且粗糙，坑底较平。H6 开口距地表 1.2 ~ 1.3 米，东西延伸 1.3 ~ 1.6 米，南北可见宽 2 米，深 0.55 ~ 0.6 米。H6 填土为灰黑褐色黏土，土质较疏松；出土遗物有陶盆残片、陶罐残片、筒瓦残片等（图四〇，6）。

（七）H7

H7 位于 TG1021 中部，贯穿探沟南北，开口位于第 4a 层下，打破夯 1。H7 平面为不规则长方形，剖面呈近方形，坑壁较垂直且粗糙，坑底较平。H7 开口距地表 1.3 米，东西延伸 1.2 米，南北可见宽 2 米，深 0.7 米。H7 填土为灰黑褐色黏土，土质较松，包含木炭粒、白灰粒；未有遗物出土（图四一，1）。

（八）H8

H8 位于 TG1022 东部，延伸至探沟北壁，开口位于夯 1 下，打破生土。H8 的平面呈近方形，剖面呈不规则形，坑壁较垂直，坑底呈坡状，西高东低。H8 开口距地表为 2.15 米，东西延伸 0.75 米，南北宽 1 米，深 0.3 ~ 0.5 米。H8 填土为灰黑色砂质黏土，土质较硬，内含木炭

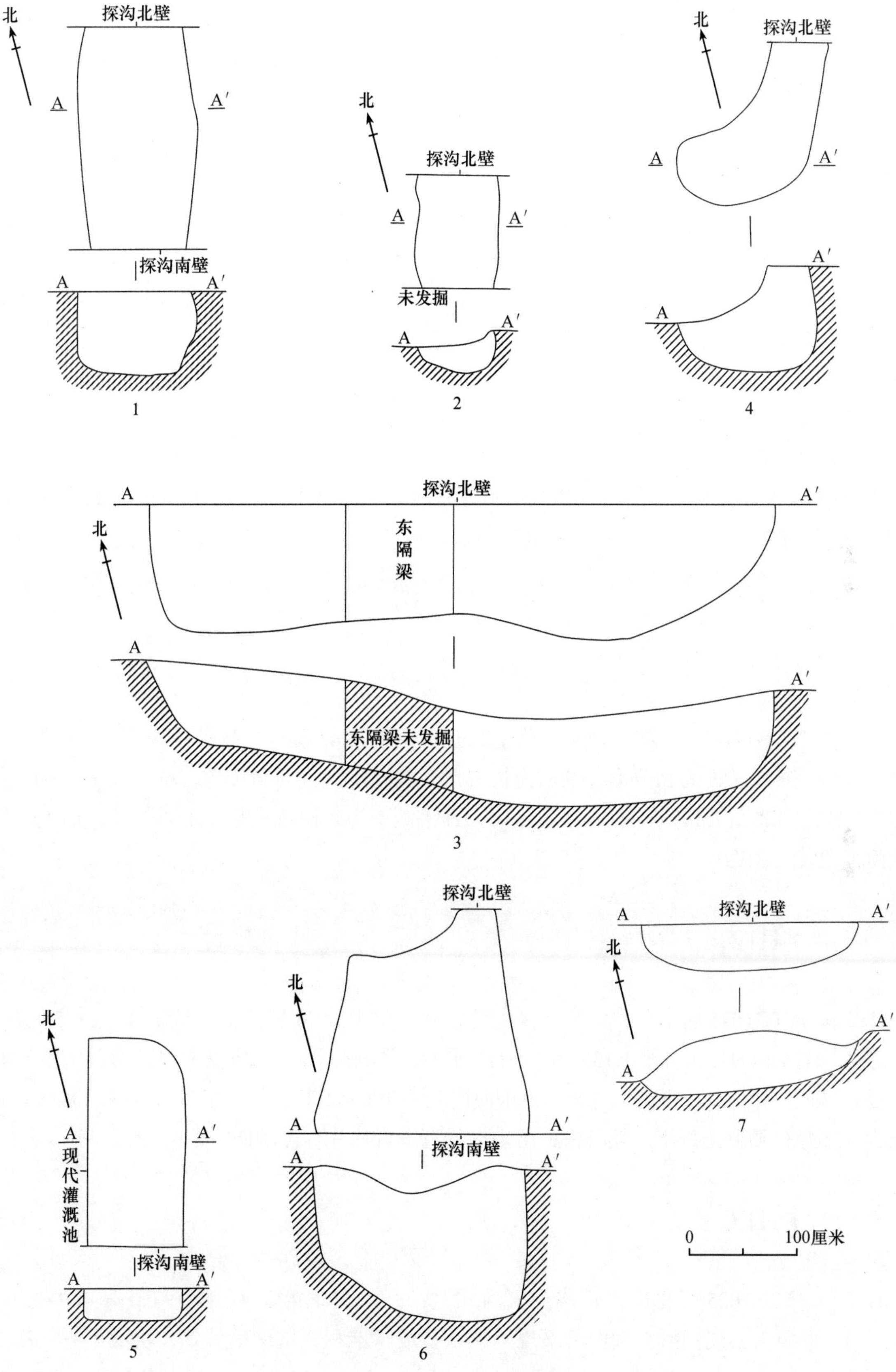

图四一　H7～H13平、剖面图

1. H7　2. H8　3. H9　4. H10　5. H11　6. H12　7. H13

颗粒；出土遗物有陶盆残片、陶豆残片、陶罐残片、筒瓦残片等（图四一，2）。

（九）H9

H9位于TG1023东部和TG1024西部，延伸至北壁，开口位于第4a层下，打破第5a层、H10和生土。H9平面为不规则形，剖面也呈不规则形，坑壁呈斜坡状，且沾满灰膏，坑底不平，西高东低。H9东西延伸为5.7米，南北宽1.25米，深0.75米。H9填土为灰黑色黏土，土质较硬，内含木炭颗粒；出土遗物有陶罐、板瓦、瓦当等（图四一，3）。

（一〇）H10

H10位于TG1024西北部，延伸至北壁下，开口位于第5a层下，被H9打破且打破生土。H10平面呈不规则形，剖面近袋状，口小底大，坑壁呈坡状，坑底不平。H10东西延伸1.2米，南北宽1.5米，深1米。H10填土为黄褐色砂土，土质较疏松；出土遗物有瓦当、板瓦等（图四一，4）。

（一一）H11

H11位于TG1024东北部，延伸至北壁，开口位于第4a层下，打破第5a层，且被现代灌溉水池打破。H11平面为长方形，剖面为长方形，坑壁垂直且沾满灰膏，坑底较平。H11东西延伸0.7米，南北宽1.8米，深0.3～0.35米。H11填土为灰褐色黏土，土质较硬；出土遗物有砖和筒瓦残片（图四一，5）。

（一二）H12

H12位于TG1025西南部，贯穿探沟南北，开口位于第3a层下，打破第4a层、5a层、生土、夯2、H14和H15，且被H13打破。H12平面为不规则形，剖面呈不规则形，坑壁呈坡状且粗糙，坑底不平。H12距地表1.5米，东西向延伸1.3～2米，南北宽2米，深1.35米。H12填土为黄褐色砂质黏土，土质较疏松；出土遗物有陶罐残片等（图四一，6）。

（一三）H13

H13位于TG1025西北部，延伸至探沟北壁，开口位于第3a层下，打破第4a层、H12、H15。H13平面为不规则形，剖面呈不规则形，呈坡状堆积，坑壁呈坡状，坑底不平。H13距地表1.5米，东西延伸1.95米，南北宽0.4米，深0.6米。H13填土为黄褐色砂质黏土，土质较疏松；出土遗物有陶罐残片等（图四一，7）。

（一四）H14

H14位于TG1025西南部，延伸至探沟南壁，开口位于第4a层下，被H12打破。H14为不规则椭圆形，剖面呈不规则方形，坑东壁较垂直，西壁自上而下呈坡状，坑底较平。H14东西延伸1米，南北宽1.1米，深0.5米。H14填土为灰黑色砂质黏土，土质较疏松；出土遗物有陶盆残片和筒瓦残片等（图四二，1）。

（一五）H15

H15位于TG1025西北部，开口位于第4a层下，被H13打破。H15平面为不规则方形，坑壁呈坡状，坑底较平。H15东西延伸0.8米，南北延伸0.5米，深0.5米。H15填土为灰黑色黏土，土质较疏松；无重要遗物出土（图四二，2）。

（一六）H16

H16位于TG1026中部，延伸至北壁，开口于第4a层下，打破夯2。H16平面形状为不规则形，坑壁呈斜坡状，且较光滑，坑底高低不平。H16距地表1.45米，东西延伸3.25米，南北可见宽1.05米，深0.3～1.5米。H16堆积分上、下两层，上层填土为红褐色土，质地较硬，无出土遗物，下层填土为灰色土，质地较疏松，内含较多木炭屑，并夹杂砖块、瓦块等，出土一筒瓦较为完整（图四二，3）。

（一七）H17

H17位于TG1028东部和TG1029西部，贯穿探沟南北，开口于第4a层下，打破第5a层、第6层和生土。H17平面呈不规则形，剖面近长方形，坑壁较垂直壁，坑底呈坡状，西低东高。H17东西延伸4.35米，南北可见宽2米，深1.85～2米。H17填土为红褐色炉渣土，呈颗粒状分布，内含较多白灰墙皮；出土遗物有陶盆残片、陶罐残片、瓷罐残片和筒瓦残片等（图四二，4）。

（一八）H18

H18位于TG1029西北部，延伸至北壁，开口于第5a层下，打破第6层和生土。H18平面呈不规则形，剖面呈半椭圆形，坑壁呈坡状，坑底不平整。H18东西延伸2.5米，南北宽0.6～1.2米，深0.55米。H18填土为煤渣，质地疏松；无遗物出土（图四二，5）。

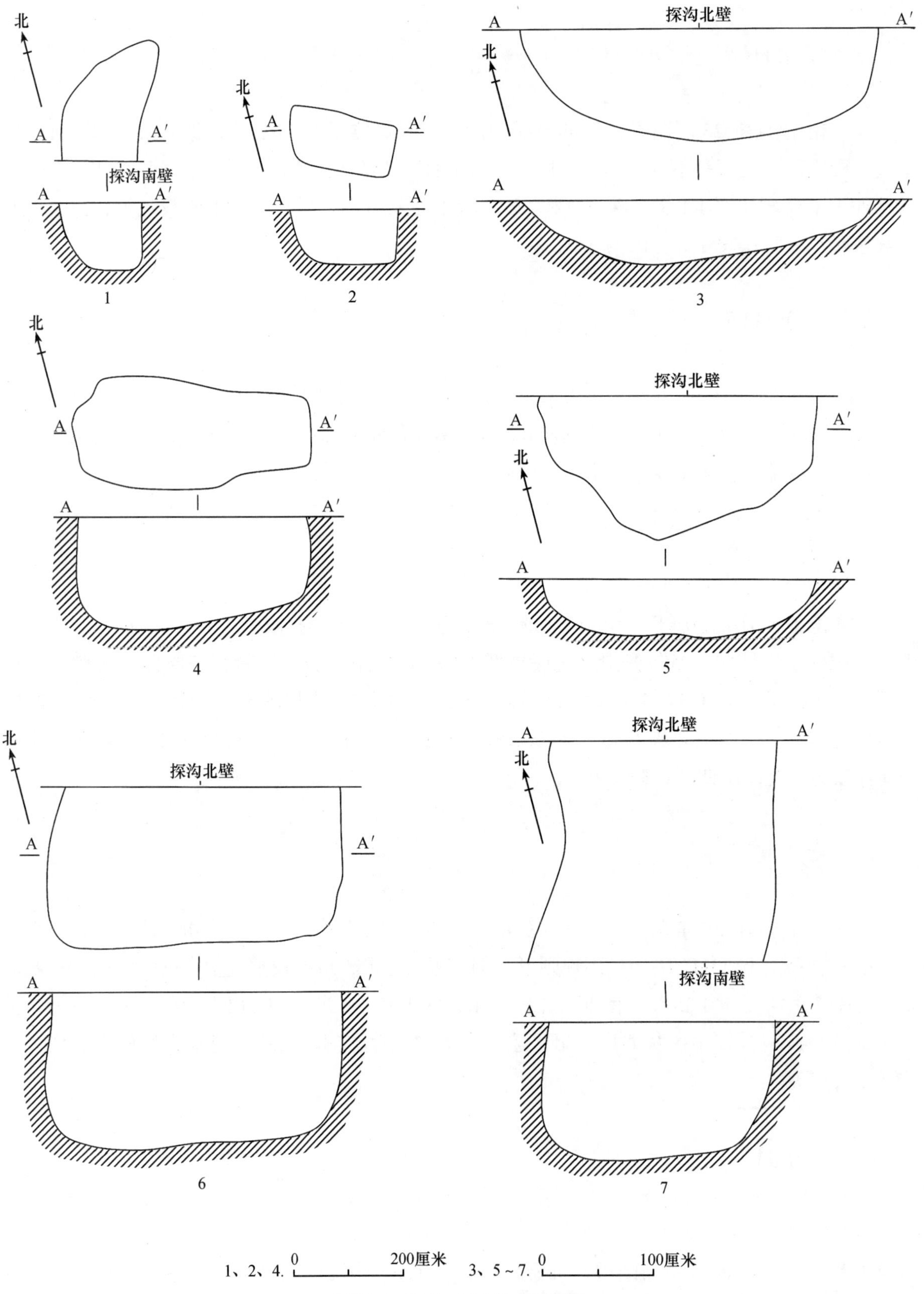

图四二　H14～H20平、剖面图

1. H14　2. H15　3. H16　4. H17　5. H18　6. H19　7. H20

（一九）H19

H19位于TG1030东部和TG1031西部，延伸至探沟北壁，开口于第5a层下，打破夯3和生土。H19平面呈不规则形，剖面呈近方形，坑壁较垂直，坑底呈坡状，西低东高。H19东西延伸2.6～2.7米，南北宽1.5米，深1.4米。H19填土为灰褐色炉渣土，质地疏松；出土遗物有陶罐残片、陶盆残片、瓦当残片等（图四二，6）。

（二〇）H20

H20位于TG1030东部，贯穿探沟南北，开口于夯3下，打破生土。H20平面呈不规则长方形，剖面呈近方形，坑壁较垂直且光滑，坑底较平。H20东西延伸2.1米，南北可见宽2米，深1.05米。H20填土为灰黑褐色黏土，土质较疏松；出土遗物有陶盆残片、陶罐残片、陶豆残片、板瓦残片等（图四二，7）。

（二一）H21

H21位于TG1030西部，延伸至探沟北壁，开口于第5a层下，打破第6层且被第4a层下建筑基址打破。H21平面呈不规则长方形，剖面呈不规则形，坑西壁较垂直，东壁呈坡状，坑底不平。H21东西延伸2.7米，南北宽约1.15米，深0.75～0.8米。H21填土为灰黑色黏土，土质较疏松；出土遗物有陶盆残片和板瓦残片等（图四三，1）。

（二二）H22

H22位于TG1031南部，延伸至探沟南壁，开口于第4a层下，打破第5a层。H22平面形状近长方形，剖面呈近方形，坑壁较垂直且光滑，坑底较平。H22东西延伸1.15米，南北宽约0.6米，深0.95米。H22填土为灰黑色黏土，土质较硬，内含大量黑炭粒；出土遗物有陶盆残片和板瓦等（图四三，2）。

（二三）H23

H23位于TG1031的中部，开口于第5a层下，打破夯3和生土。H23平面呈圆形，剖面呈袋状，口小底大，坑壁自上而下，向外倾斜且光滑，坑底较平。H23东西延伸0.7米，南北宽0.65米，深1米。H23填土为黑褐色黏土，土质较疏松；无出土遗物（图四三，3）。

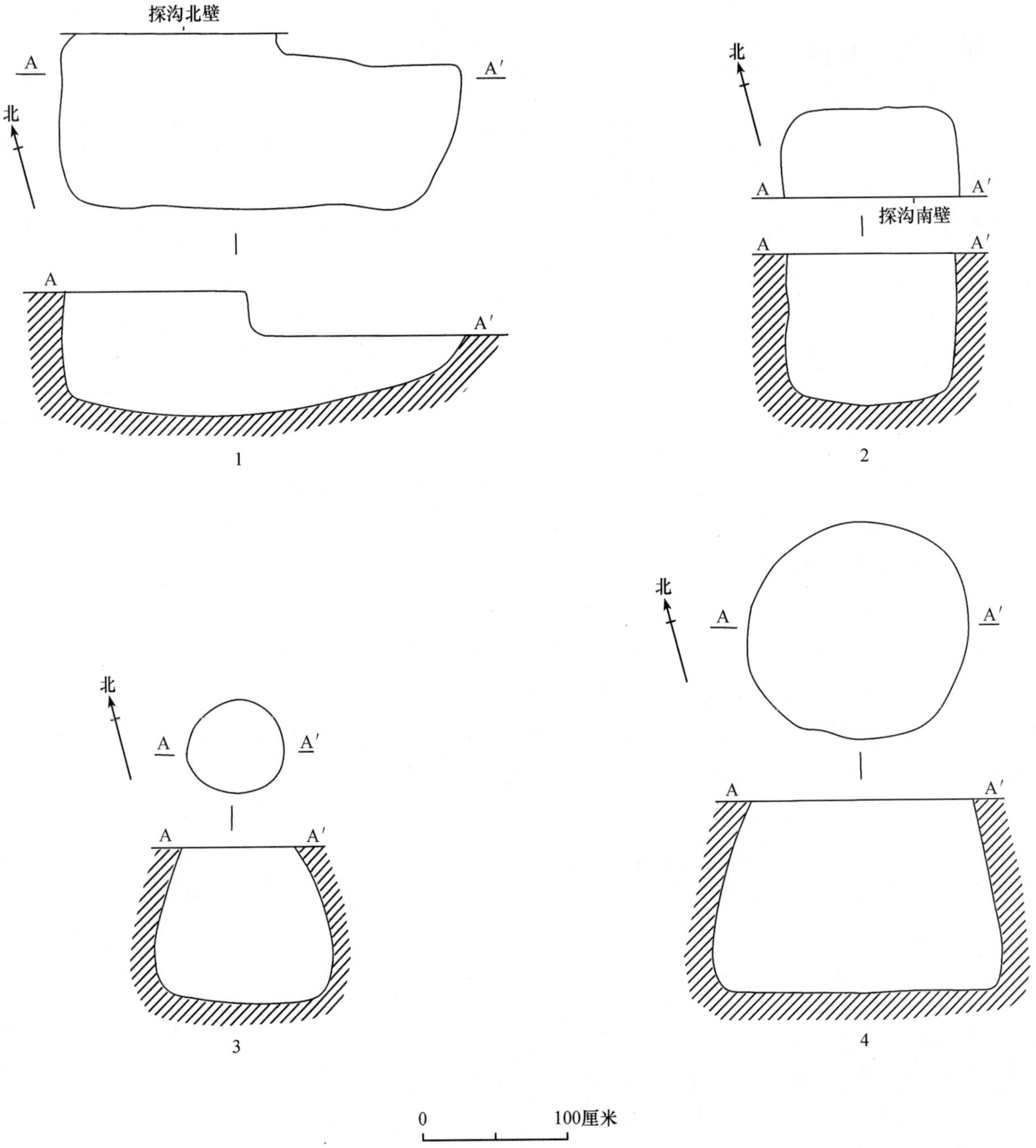

图四三　H21～H24平、剖面图

1. H21　2. H22　3. H23　4. H24

（二四）H24

H24位于T1031的中部偏东，开口位于第5a层下，打破夯3和生土。H24平面呈圆形，剖面呈袋状，口小底大，坑壁自上而下，向外倾斜且光滑，坑底较平。H24东西向延伸1.45米，南北宽1.45米，深1.25米。H24填土为红褐黏土，土质较疏松；出土遗物有陶罐残片和陶盆残片（图四三，4）。

五、灶　址

灶在第一段探沟内发现5处，其中2处在夯土上，2处在建筑基址地面上，其余1处位于活动面上。这5处灶的结构多有差别，现分别概述如下。

（一）Z1

Z1位于TG1005中东部，延伸至探沟北壁，开口于第4a层下，向下打破卵石淤积层。Z1灶口近圆形，周围平铺残砖和石块，残砖和石块无规律平铺，灶膛为一无底陶罐，口朝下，底朝上。Z1距地表3.25米，东西延伸1.3米，南北可见宽0.5米，灶口口径约0.25米，灶深0.3米，周围有一圈0.1～0.12米的红烧土。Z1内充满炉渣，结构松散，内含大量炭粒和红烧土粒；无遗物出土（图四四，1）。

（二）Z2

Z2位于TG1021东北部，边缘延伸至探沟北壁，开口于第4a层下、夯1上，向下打破夯1上部两层夯土。Z2东临Z3，灶口近圆形，直接在夯1上挖成，制作较粗，应为临时灶。Z2距地表1.4米，东西延伸0.46米，南北宽0.52米，灶深0.24米，周围及灶膛内有一层0.05米的红烧土。Z2填土为红烧土块和灰烬，土质疏松，内含大量炭粒；无遗物出土（图四四，2；图版一〇，1）。

（三）Z3

Z3位于TG1021东北部，边缘延伸至探沟北壁，开口于第4a层下、夯1上，向下打破夯1上部两层夯土。Z3西临Z2，灶口近椭圆形，直接在夯1上下挖形成，制作较粗，应为临时灶。Z3距地表1.4米，东西延伸0.36米，南北宽0.5米，灶深0.3米，周围及灶膛内有一层0.07米的红烧土。Z3填土为红烧土块和灰烬，土质疏松，内含大量炭粒；无遗物出土（图四四，3；图版一〇，1）。

（四）Z4

Z4位于TG1029中东部，延伸至探沟北壁，开口于第4a层下，打破第5a层。Z4南临Z5，灶口形状为长方形，周围平铺长方形砖，铺设规整；膛壁光滑，膛底较平缓。Z4距地表1.95米，东西延伸1.4米，南北可见宽0.22米，灶深约0.36米，周围有一圈0.1米的红烧土。Z4填土为灰黑褐色砂质黏土，土质疏松，内含大量炭粒；无遗物出土（图四四，4；图版一〇，2）。

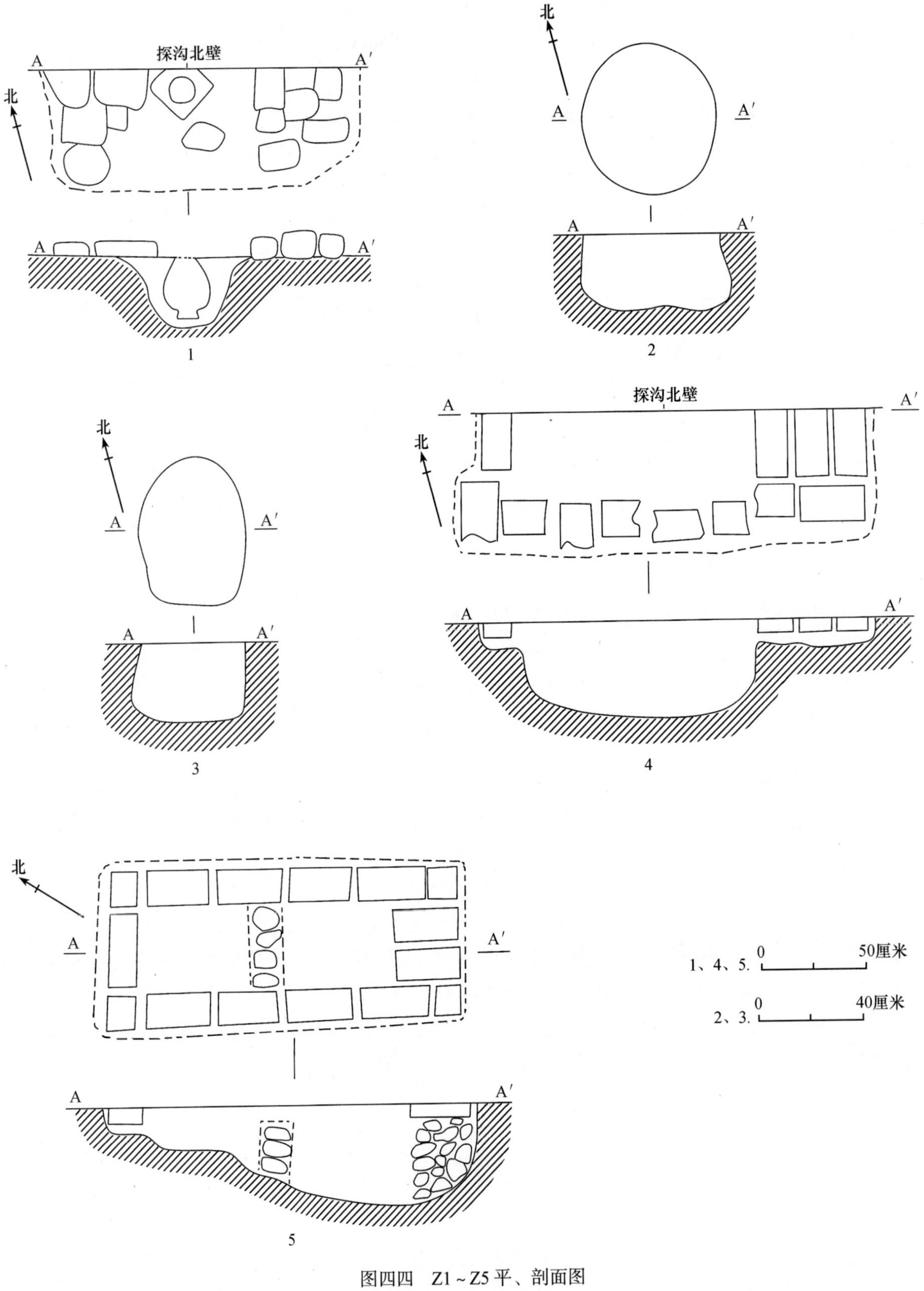

图四四　Z1～Z5平、剖面图

1. Z1　2. Z2　3. Z3　4. Z4　5. Z5

（五）Z5

Z5位于TG1029中部，开口于第4a层下，打破第5a层。Z5北临Z4，平面为长方形，周围平铺长方形砖，铺设规整；由炉灰池、灶膛两部分构成，灶膛和灰池间用石块垒砌分隔，灶膛东壁用小石块垒砌，灶膛口部分亦用砖垒砌成正方形。Z5距地表2米，东西延伸1.25米，南北宽约0.52米，深0.15～0.36米，周围有一圈0.8米的红烧土。Z5填土为灰黑褐色砂质黏土，土质疏松，内含大量炭粒和小石块；无遗物出土（图四四，5；图版一〇，2）。

第三节　遗　　物

本段探沟出土遗物比较丰富，有建筑构件、陶器、瓷器、釉陶器等。共出土标本遗物238件，其中东周、汉代标本遗物出土19件，北朝至五代标本遗物出土210件，宋至清代标本遗物出土9件。

一、东周、汉代遗物

共出土19件标本遗物，其中包括建筑构件5件和陶器14件。

（一）建筑构件

共出土标本遗物5件，其中有板瓦2件和筒瓦3件。

1. 板瓦

E型Ⅰ式　共2件。均为泥质灰陶，模制，瓦体薄。侧棱内切，凸面饰粗绳纹，凹面饰布纹。

标本TG1002④a：4，残存板瓦上端部分。凸面饰斜粗绳纹，绳径0.5厘米，端头绳纹有宽约2厘米被抹平，且抹平处有数道横向细凹槽；凹面饰布纹，有明显褶皱痕。板瓦上端端面有一凹槽。灰白色。残长16、残宽11.5、厚0.9～1.3厘米；切痕深0.3厘米（图四五；图版一一，1）。

标本TG1030H20：1，残存板瓦上端部分。凸面饰竖向粗绳纹，绳径0.4～0.5厘米，端头绳纹有宽约5.5厘米被抹平；凹面饰布纹，瓦体布纹有数条上下弧形被抹平。板瓦上端端面有一浅凹槽。灰白色。残长9.5、残宽14.5、厚1.3～1.6厘米；切痕深0.2厘米（图四六；图版一一，2）。

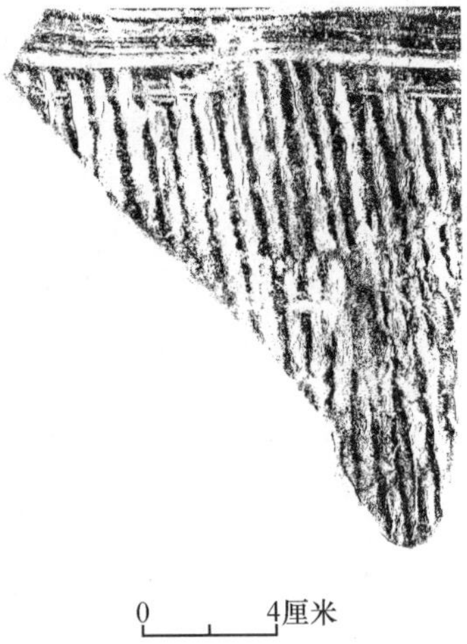

图四五　东周、汉代E型Ⅰ式板瓦
（TG1002④a：4）纹饰拓本

图四六　东周、汉代E型Ⅰ式板瓦
（TG1030H20：1）纹饰拓本

2. 筒瓦

共3件。

B型Ⅰ式　共2件。均为泥质灰陶，模制，制作较规整。瓦舌较短，侧棱外切，瓦舌与瓦体部相接处齐平，凸面饰竖向粗绳纹，瓦上端有部分绳纹被抹平。

标本TG1015⑥：2，残存上端部分。浅灰色。凸面饰粗绳纹，绳径0.7厘米，体部有宽约6.5厘米的绳纹被横向抹平；凹面饰布纹，有褶皱痕。残长16.9、残宽13.3、厚0.8～1.6厘米；瓦舌长1.5、宽9、厚0.8厘米，切痕深0.7厘米（图四七、图四八；图版一一，3）。

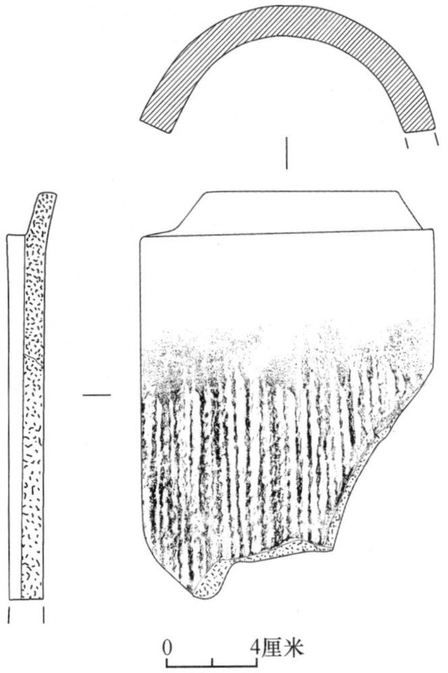

图四七　东周、汉代B型Ⅰ式筒瓦
（TG1015⑥：2）

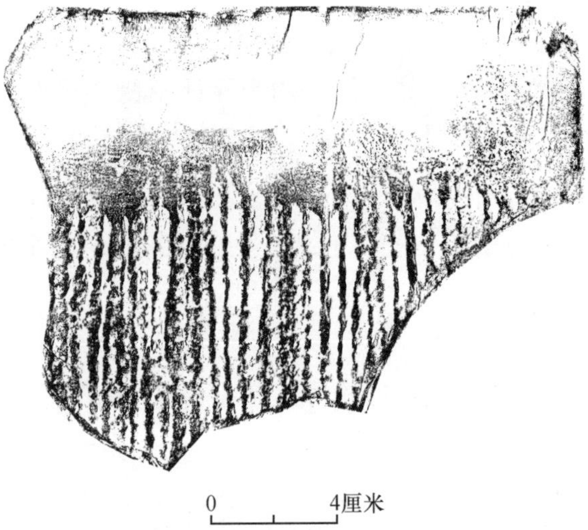

图四八　东周、汉代B型Ⅰ式筒瓦
（TG1015⑥：2）纹饰拓本

标本 TG1016⑤a∶6，残存上端部分。青灰色。凸面饰粗绳纹，绳纹规整，绳径 0.5 厘米，体部有宽约 6 厘米的绳纹被抹平；凹面饰布纹。残长 18.4、残宽 11.8、厚 1.5 厘米；瓦舌长 2、残宽 9.5、厚约 1 厘米，切痕深 0.5 ~ 1 厘米。

C 型　共 1 件。

标本 TG1011⑤a∶1，残存下端部分。泥质灰陶，模制，制作较规整。浅灰色。瓦尾略上翘，侧棱内切。凸面饰竖向粗绳纹，绳径 0.4 ~ 0.5 厘米，瓦尾处有宽约 5 厘米的绳纹被抹平；凹面饰布纹。残长 16、残宽 12、厚 1.1 厘米；切痕深 0.2 厘米（图四九）。

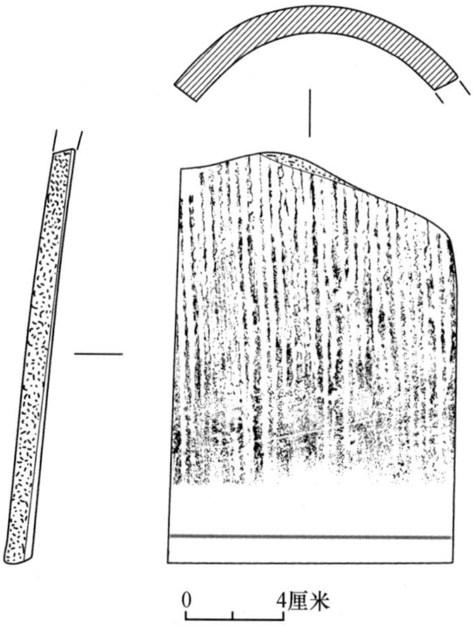

图四九　东周、汉代 C 型筒瓦（TG1011⑤a∶1）

（二）陶器

共出土遗物标本 14 件。其中陶罐 2 件、陶盆 2 件、陶豆 6 件、陶鬲 2 件、陶甑 1 件和陶鼎 1 件。

1. 陶罐

共 2 件。均为泥质灰陶。方唇，斜沿，沿上有一周凹槽，侈口，长颈，肩微鼓。

标本 TG1016H4∶1，残。外壁饰竖向细绳纹，绳径 0.1 ~ 0.5 厘米，肩部以上绳纹被抹平。口径 14、残高 10.3、厚 0.6 ~ 0.9 厘米（图五〇；图版一一，4）。

标本 TG1022④a∶1，残。外壁饰竖向细绳纹。口径 11、残高 5.5、厚 0.8 厘米。

2. 陶盆

C 型　共 2 件。均为泥质灰陶。方唇，卷沿，侈口。

标本 TG1015⑥∶1，残。沿上有一周凹槽。外壁饰斜向粗绳纹，绳径 0.3 厘米，且有数周宽约 0.7 厘米的绳纹被抹平。口径 48、残高 10.1、厚 0.8 厘米（图五一；图版一一，5）。

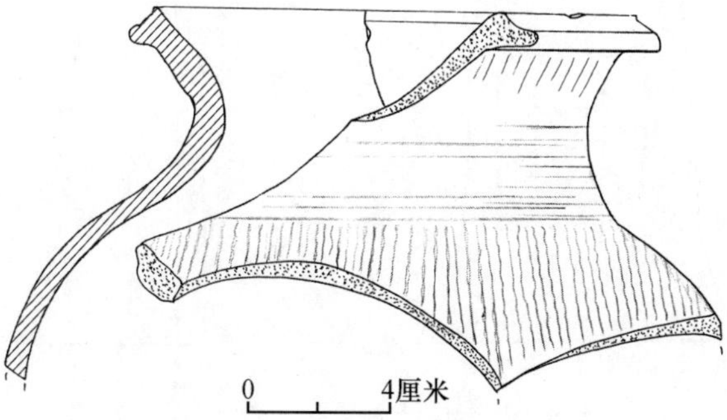

图五〇　东周、汉代陶罐（TG1016H4∶1）

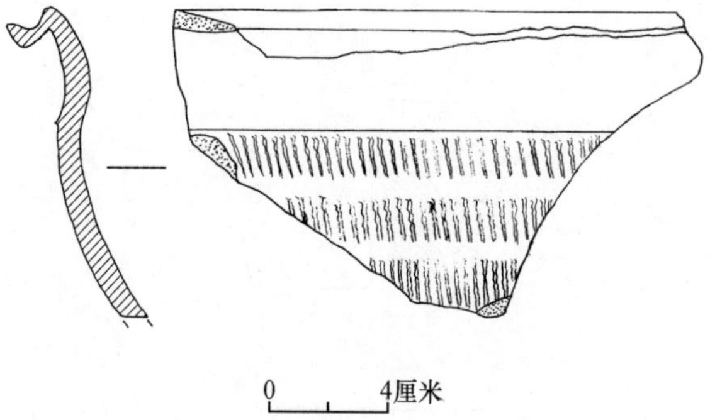

图五一　东周、汉代 C 型陶盆（TG1015⑥∶1）

标本 TG1030 ⑥：2，残。外壁饰细绳纹，绳径 0.2 厘米，有宽约 0.4 厘米的绳纹被抹平。口径约 35、残高约 7.5、厚 0.6 ~ 0.7 厘米。

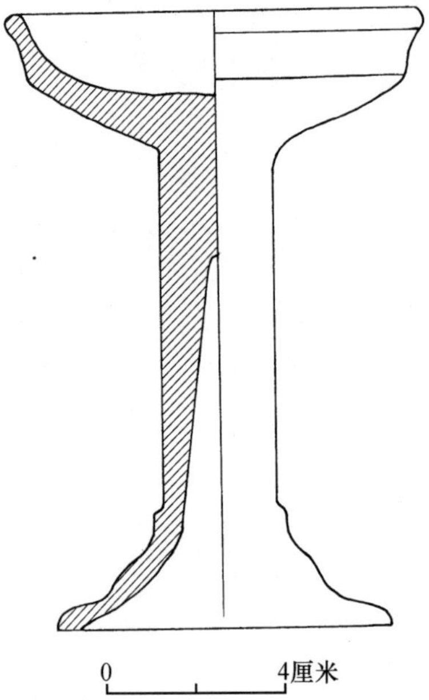

图五二　东周、汉代Ⅱ式陶豆（TG1016 ⑥：3）

3. 陶豆

共 6 件，可复原 1 件。均为泥质灰陶。

Ⅰ式　共 1 件。

标本 TG1002 ④ a：3，残。尖圆唇，侈口，豆盘深，豆柄制作规整且中空。豆盘口径 12、残高 7、厚 0.4 ~ 1.1 厘米（图版一二，1）。

Ⅱ式　共 2 件。

标本 TG1016 ⑤ a：3，残。圆唇、侈口，盘身略浅，豆柄粗糙且中空。口径约 15、柄径约 3、残高 10.1 厘米。

标本 TG1016 ⑥：3，可复原。圆唇、侈口，盘身略浅，豆柄粗糙且中空，喇叭形足。豆盘口径约 9.6、足径 7.6、高 13.5 厘米（图五二；图版一二，2）。

Ⅲ式　共 1 件。

标本 TG1031 ⑤ a：1，残。圆唇，侈口，折腹，盘身很浅。口径 11、残高 5 厘米（图五三）。

陶豆残件　共 2 件。

标本 TG1022 夯 1：1，残豆柄。豆柄制作规整且中空，豆柄上模印文字“[illegible]”。残高 6 厘米（图五四；图版一二，3）。

标本 TG1022H8：1，残足。喇叭形足制作规整，豆柄中空。底径约 8.2、残高 4.6、厚 0.5 ~ 1 厘米。

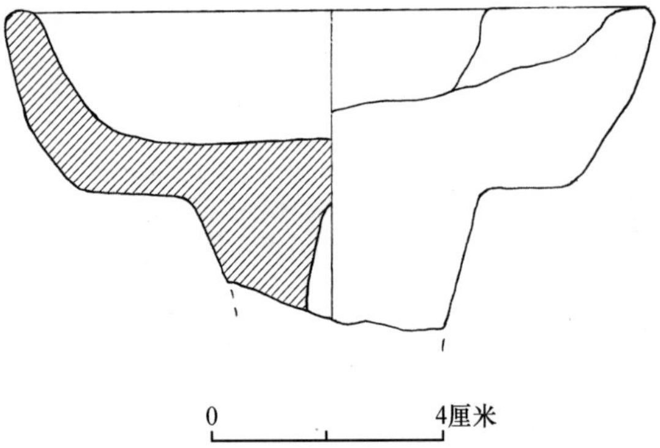

图五三　东周、汉代Ⅲ式陶豆（TG1031 ⑤ a：1）

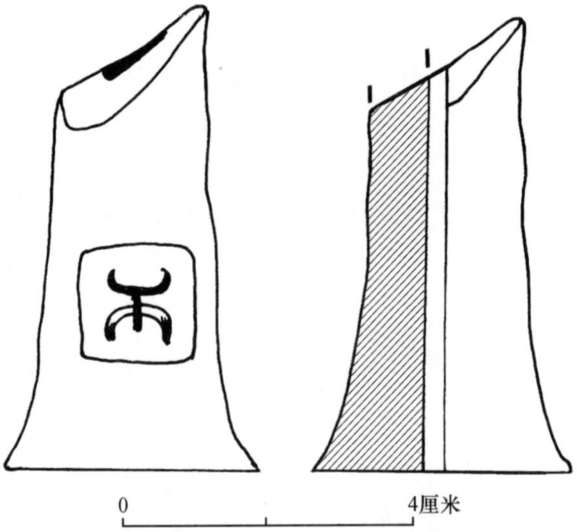

图五四　东周、汉代陶豆柄（TG1022 夯 1：1）

4. 陶鬲

共 2 件。均为夹砂灰陶。

标本 TG1016⑥：1，残。尖圆唇，平沿，沿上有一周凹槽，侈口，短颈，折肩，鼓腹。外壁饰交错斜细绳纹，绳径 0.1～0.2 厘米，肩部以上绳纹被抹平。口径 29.4、残高 6、厚 0.3～0.7 厘米（图五五；图版一二，4）。

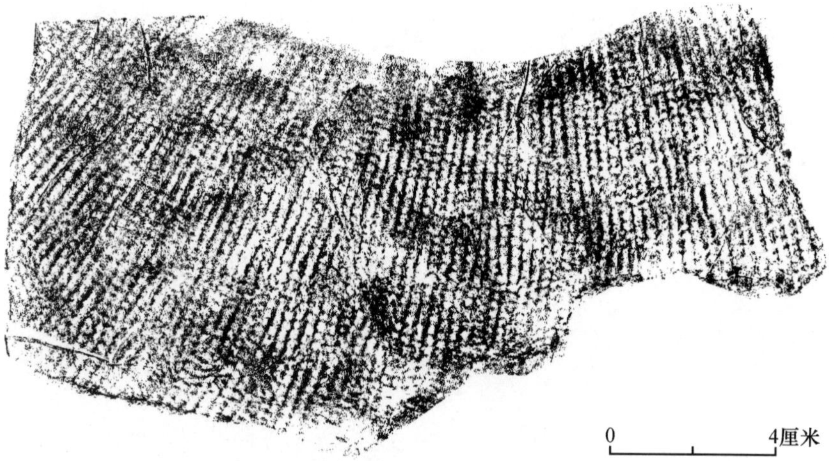

图五五　东周、汉代陶鬲（TG1016⑥：1）纹饰拓本

标本 TG1016④a：1，残足。袋状锥足，外壁饰交错粗绳纹，绳径 0.8～1.3 厘米。残宽约 12.7、残高约 13、厚 0.6～0.9 厘米。

5. 陶甑

共 1 件。

标本 TG1016⑤a：2，残。泥质灰陶。斜腹，平底，底上有穿孔。残宽 11、残高约 4.5、厚 0.8～1.1 厘米（图五六；图版一二，5）。

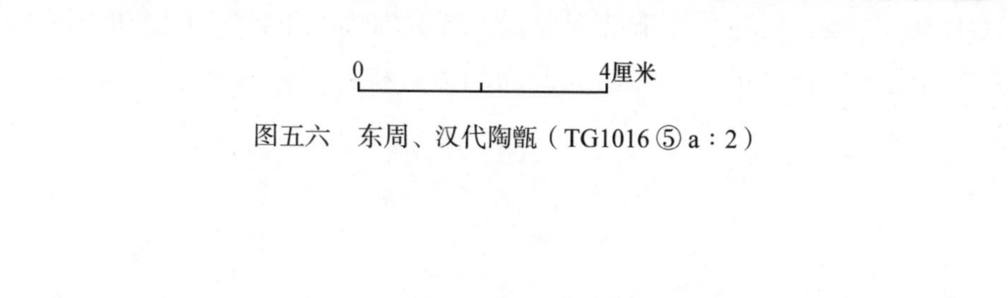

图五六　东周、汉代陶甑（TG1016⑤a：2）

6. 陶鼎

标本 TG1008 ④ a：2，残足。夹云母灰陶。蹄状足。残宽约 12.7、残高约 13、厚 0.6 ~ 0.9 厘米（图版一三，1）。

二、北朝至五代遗物

出土标本遗物 210 件，有建筑构件 73 件、陶器 55 件、瓷器 50 件、釉陶器 5 件和其他 27 件。

（一）建筑构件

共出土 73 件标本遗物，有板瓦 10 件、筒瓦 11 件、瓦当 40 件、砖 6 件、脊头瓦 5 件和脊兽 1 件。

1. 板瓦

共 10 件。

Aa 型　共 1 件。

标本 TG1028H17：3，残存板瓦下端部分。泥质灰陶，模制，瓦体厚，制作规整。下端端面饰手捏斜向波浪纹花边。凸面为素面；凹面饰布纹，部分布纹被抹平。青灰色。残长 6.7、残宽 13.4、厚 1.9 ~ 2.1 厘米（图五七；图版一三，2）。

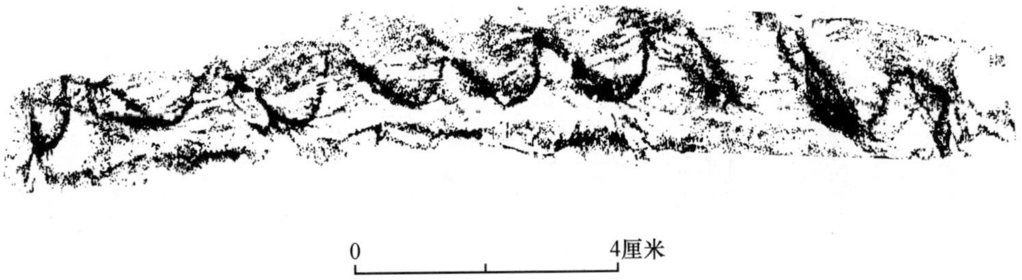

图五七　北朝至五代 Aa 型板瓦（TG1028H17：3）端面纹饰拓本

Ac 型　共 5 件。均为泥质灰陶，模制，瓦体厚。下端端面饰上下两层花边，侧棱内切。

标本 TG1008 ④ a：3，残存板瓦下端部分。下端端面饰上下两层手捏和刀削的正向波浪纹花边，上层花边较下层花边突出。凸面和凹面均为青掍磨光，且凸面较凹面更黑亮。断面颜色深灰色。残长 11.8、残宽 15.2、厚 1.8 厘米（图五八；图版一三，3）。

标本 TG1030 ⑥：2，残存板瓦下端部分。下端端面饰上下两层手捏和刀削的正向波浪纹花边，下层花边较上层花边突出。凸面和凹面均为青掍磨光。深灰色。残长 15.6、残宽 16、厚 1.7 ~ 2 厘米。

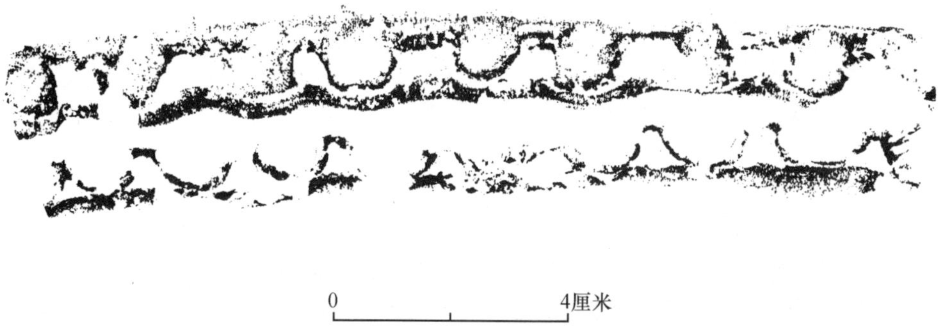

图五八　北朝至五代 Ac 型板瓦（TG1008④a：3）端面纹饰拓本

标本 TG1024H11：2，残存板瓦下端部分。下端端面饰上下两层手捏和刀削的正向波浪纹花边。凸面为素面，瓦端花边处有一道横向凹槽；凹面青掍磨光。凸面颜色青灰，凹面颜色深灰。残长 12.9、残宽 11.4、厚 1.7～2.2 厘米；切痕深 0.6 厘米（图五九）。

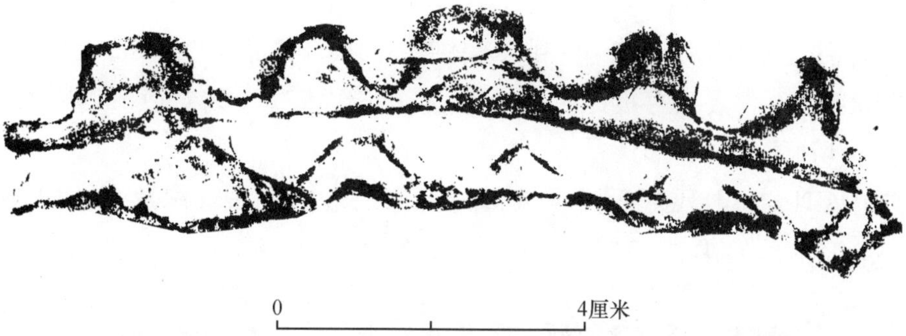

图五九　北朝至五代 Ac 型板瓦（TG1024H11：2）端面纹饰拓本

标本 TG1009④a：11，残存板瓦下端部分。下端端面饰上下两层手捏和刀削的斜向波浪纹花边，上下两层中间的凹槽较深。凸面素面，瓦头花边处有两道横向凹槽；凹面素面，不平整。青灰色。残长 7、残宽 11、厚 1.4～2.3 厘米（图六〇）。

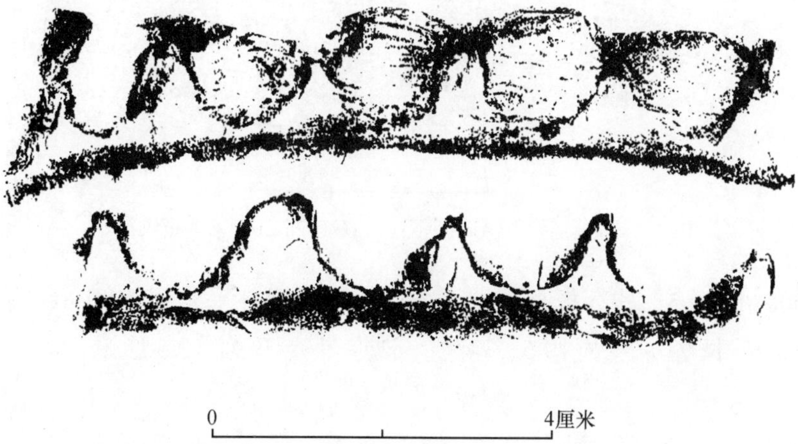

图六〇　北朝至五代 Ac 型板瓦（TG1009④a：11）端面纹饰拓本

标本 TG1009④a：10，残存下端部分。下端端面饰上下两层手捏和刀削的正向波浪纹花边。凸面青掍磨光，瓦头花边处有一道横向凹槽；凹面青掍磨光。深灰色。残长 11.3、残宽 11.2、厚 1.3 ~ 2.3 厘米；切痕深 0.4 厘米（图六一）。

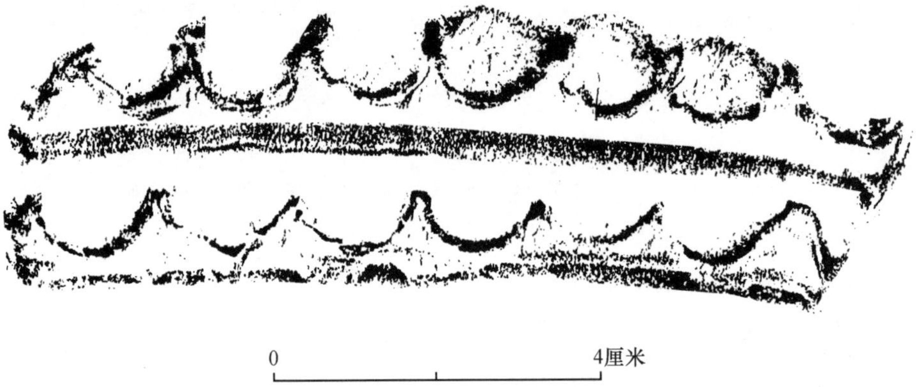

图六一　北朝至五代 Ac 型板瓦（TG1009④a：10）端面纹饰拓本

Ba 型　共 3 件。均为泥质灰陶，模制，瓦体厚。凸面为素面，凹面饰布纹，侧棱内切。

标本 TG1004④a：6，残存板瓦上端部分。瓦端端面齐平。青灰色。残长 25、残宽 17.5、厚 2 ~ 2.4 厘米；切痕深 0.7 厘米。

标本 TG1026H16：8，残存板瓦下端部分。瓦端端面齐平。深灰色。残长 17.9、残宽 10.2、厚 1.3 ~ 2 厘米；切痕深 0.7 厘米（图六二；图版一三，4）。

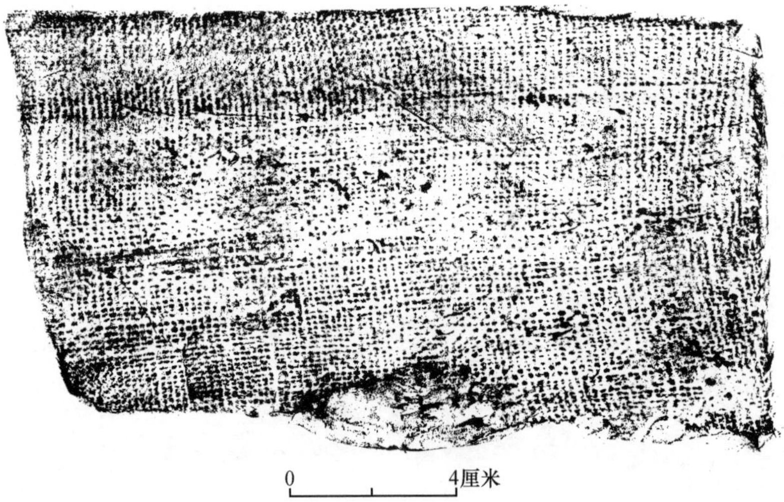

图六二　北朝至五代 Ba 型板瓦（TG1026H16：8）布纹拓本

标本 TG1006④a：5，残存板瓦下端部分。瓦端端面齐平，瓦体部布纹有一道宽 0.7 厘米被抹平。浅灰色。残长 21、残宽 19.5、厚 1.7 ~ 2 厘米；切痕深 0.5 厘米。

Bb 型　共 1 件。

标本 TG1004④a：5，残存下端部分。泥质灰陶，模制，制作规整。下端端面齐平，侧棱内切。凸面素面；凹面青掍磨光，瓦头残留有宽约 2 厘米的布纹。深灰色。残长 24、残宽 18、厚 1.6～1.7 厘米；切痕深 0.4 厘米（图版一三，5）。

2. 筒瓦

共 11 件。

A 型Ⅰ式　共 4 件。均为泥质灰陶，模制，凸面青掍磨光，凹面饰布纹，瓦舌较长（2.5～4.5 厘米），侧棱内切。

标本 TG1002 ④ a：5，残存上端部分。黑灰色，瓦舌呈圆弧形，坡状向前端下斜，端面内斜削；布纹有明显褶皱痕。残长 26.5、宽 17.8、厚 2.5 厘米；瓦唇长 3.5、残宽 12.5、厚约 1.8 厘米；侧棱切痕深约 2.6 厘米（图版一四，1）。

标本 TG1031 ⑤ a：6，残存上端部分。黑灰色，瓦舌呈圆弧形，坡状向前端下斜，端面内斜削；布纹有明显褶皱痕。残长 24.5、宽 13、厚 1～1.5 厘米；瓦舌长 3.4、宽 10.5、厚 1.1～1.3 厘米；侧棱切痕宽 0.1～0.2 厘米。

标本 TG1025 ⑤ a：4，残存上端部分。黑灰色，瓦舌呈圆弧形，坡状向前端下斜，端面内斜削；布纹有明显褶皱痕。残长 30.5、宽 15、厚 2 厘米；瓦舌残长 8、宽 3、厚 1.5 厘米；侧棱切痕深 0.3～1.4 厘米。

标本 TG1028H17：4，残存上端部分。黑灰色，瓦舌呈圆弧形，坡状向前端下斜，端面齐平；布纹有明显褶皱痕。残长 18.7、宽 14、厚 1.3～1.9 厘米；瓦舌长 4、宽 10.8、高 4、厚 1.2 厘米；侧棱切痕深 0.3～0.9 厘米。

A 型Ⅱ式　共 1 件。

标本 TG1002 ④ a：6，残存上端部分。泥质灰陶，黑灰色，模制。凸面青掍磨光，瓦舌呈圆弧形，坡状向前端下斜，端面齐平；凹面饰布纹，有明显褶皱痕。残长 23.4、宽 15.2、厚 2.1 厘米；瓦舌长 1.6、残宽 6.6、厚约 1.3 厘米；侧棱切痕深约 0.4 厘米（图版一四，2）。

B 型Ⅰ式　共 4 件。均为泥质灰陶，模制。凸面素面，凹面饰布纹，瓦舌较长（2.5～4.5 厘米），侧棱内切。

标本 TG1026H16：11，完整。浅灰色，瓦舌呈圆弧形，坡状向前端下斜，端面内斜削；布纹部分被抹平，有明显褶皱痕。残长 35、宽 14.7、厚 1.5～2.3 厘米；瓦舌长 3、宽 11.2、厚 0.5～0.8 厘米；侧棱切痕深 0.2～0.6 厘米（图版一四，3）。

标本 TG1026H16：9，残存上端部分。浅灰色，瓦舌呈圆弧形，坡状向前端下斜，端面内斜削；布纹有明显褶皱痕。残长 25、宽 14、厚 1～1.6 厘米；瓦舌长 4、宽 12、厚 1～1.3 厘米；侧棱切痕深 0.3～0.7 厘米。

标本 TG1025H13：1，残存上端部分。青灰色，瓦舌呈圆弧形，坡状向前端下斜，端面内斜削；布纹有明显褶皱痕。残长 31.3、宽 14.6、厚 1.6～2 厘米；瓦舌长 4、宽 11.5、厚 1.6 厘米；侧棱切痕深 0.6～1.1 厘米。

标本 TG1026H16：10，完整。青灰色，瓦舌呈圆弧形，端面内斜削；布纹有明显褶皱痕。长 37、宽 13.5～14.4、厚 1.2～2.5 厘米；瓦舌长 2.8、宽 10.3、厚 1～1.3 厘米；侧棱切痕深

图六三　北朝至五代 B 型Ⅱ式筒瓦（TG1028⑤a：2）布纹拓本

0.2～0.8 厘米（图版一四，4）。

B 型Ⅱ式　共 2 件。均为泥质灰陶，模制。凸面素面，凹面饰布纹，瓦舌较短，侧棱内切。

标本 TG1006④a：6，下端略残。青灰色，瓦舌呈圆弧形，端面齐平；布纹有明显褶皱痕。残长 20、宽 13.6～14.3、厚 1.9～2.2 厘米；瓦舌长 1.8、宽 10.3、厚 1.7 厘米；侧棱切痕深 2～2.5 厘米（图版一四，5）。

标本 TG1028⑤a：2，残存上端部分。深灰色，瓦舌呈圆弧形，端面齐平；布纹有明显褶皱痕。瓦舌呈方形。残长 31、宽 14、厚 1.8～2.5 厘米；瓦舌长 1.6、宽 10.5、厚 1.5 厘米；侧棱切痕深 0.3 厘米（图六三）。

3. 瓦当

共出土瓦当标本 40 件，其中莲花纹瓦当 39 件和兽面纹瓦当 1 件。

（1）莲花纹瓦当

Ab 型Ⅰ式　共 1 件。

标本 TG1006④a：4，残存二分之一。泥质灰陶。黑灰色，当面青掍磨光。当面主题纹饰为宝装单瓣莲花纹，莲蓬凸台状，内饰 9 个莲籽状纹饰，莲花共 9 个花瓣，莲瓣呈肥硕椭圆形，以弧形凸棱包裹，莲花外饰一周圆圈凸线纹，当面纹饰高于边轮，边轮较窄，呈斜坡状，背面较为平整。面径 16、边厚 1.3～1.6、边轮宽 1.5～1.8 厘米（图六四、图六五；图版一五，1）。

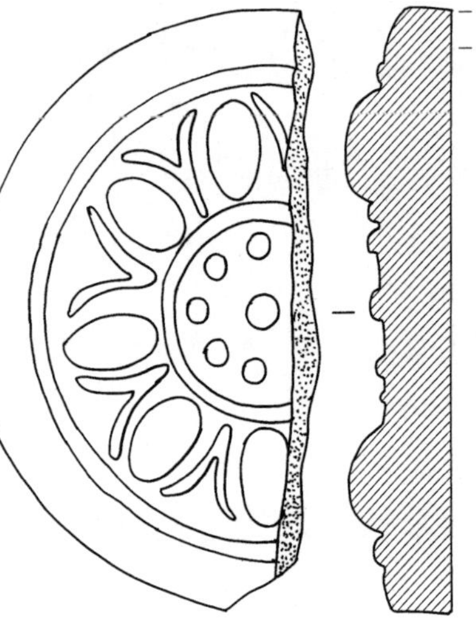

图六四　北朝至五代 Ab 型Ⅰ式莲花纹瓦当（TG1006④a：4）

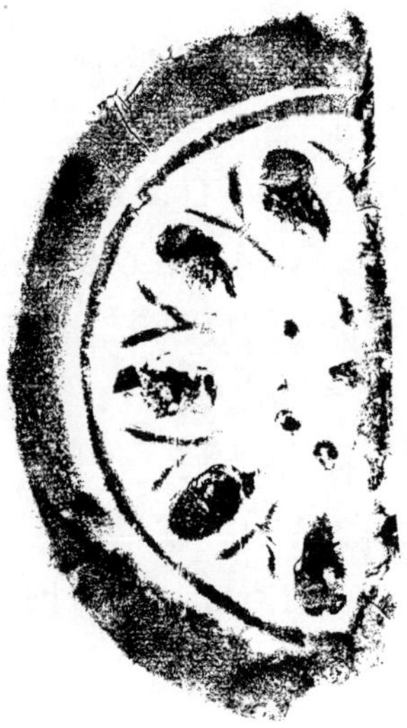

图六五　北朝至五代 Ab 型Ⅰ式莲花纹瓦当（TG1006④a：4）纹饰拓本

Ab 型Ⅱ式　共 2 件。泥质灰陶，模制。当面主题为宝装单瓣莲花纹，莲蓬无凸台，以圆圈凸线为莲蓬界边，莲瓣近圆形，以弧形凸棱包裹，莲瓣间以“T”字形凸棱相隔，莲花外饰一周凸线，边轮低于当面纹饰，呈斜坡状。

标本 TG1024H11：1，基本完整。浅灰色，莲蓬内饰宝珠，宝珠外饰 7 个莲籽状纹饰，莲花共 6 个花瓣，莲瓣间以“T”字形凸棱相隔，莲瓣及“T”字形凸棱有压痕。背面不平整。面径 14.2、边厚 1.3 ~ 1.8、边轮宽 2 ~ 2.4 厘米（图六六、图六七；图版一五，2）。

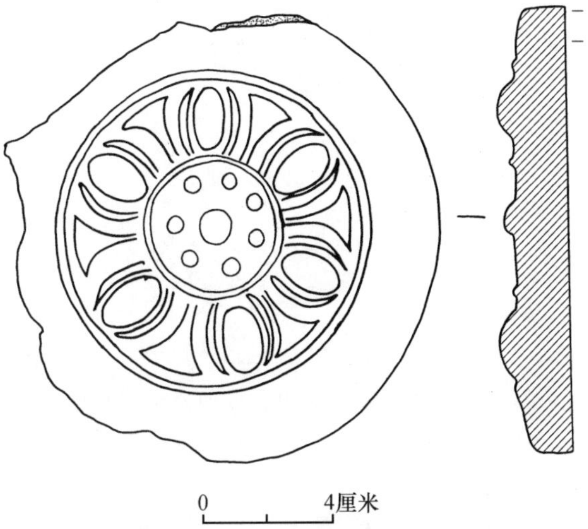

图六六　北朝至五代 Ab 型Ⅱ式莲花纹瓦当（TG1024H11：1）

图六七　北朝至五代 Ab 型Ⅱ式莲花纹瓦当（TG1024H11：1）纹饰拓本

标本 TG1029⑤a：6，基本完整。浅灰色，莲蓬内饰宝珠，宝珠外饰 7 个莲籽状纹饰，莲花共 6 个花瓣，莲瓣间以“T”字形凸棱相隔，凸棱较窄，部分莲瓣及“T”字形凸棱有压痕。背面较平整。面径 14、边厚 1 ~ 1.2、边轮宽 2.5 厘米（图六八；图版一五，3）。

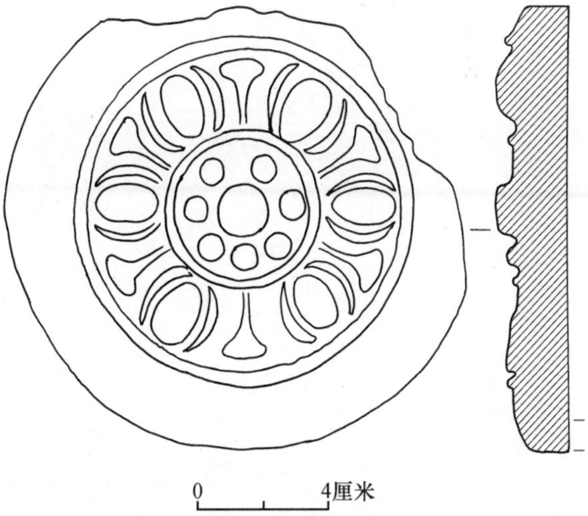

图六八　北朝至五代 Ab 型Ⅱ式莲花纹瓦当（TG1029⑤a：6）

Ba 型　共 8 件。均为泥质灰陶，模制。当面主题纹饰为普通莲花纹，莲蓬无凸台，以圆圈凸线为莲蓬界边，内饰宝珠和莲籽状纹饰，莲瓣呈椭圆形，莲瓣间以“T”字形或“I”字形凸棱相隔。

标本 TG1009④a：2，边轮略残。黑灰色，莲蓬内饰宝珠，宝珠外饰 13 个莲籽状纹饰，莲花共 13 个花瓣，“T”字形凸棱较窄，边轮较宽，呈斜坡状，背面较平整，与筒瓦粘接处有泥刀刻划的痕迹。面径 14.4、边厚 1.3 ~ 1.7、边轮宽 2 厘米（图六九、图七〇；图版一五，4）。

标本 TG1009④a：4，残存二分之一。黑灰色，莲蓬内饰宝珠，宝珠外饰 13 个莲籽状纹饰形，莲花共 13 个花瓣，莲瓣呈瘦长椭圆形，“T”字形凸棱较窄，边轮较宽，呈斜坡状，背面较平整。面径约 13、边厚 1.2 ~ 1.5、边轮宽 2 厘米（图七一、图七二）。

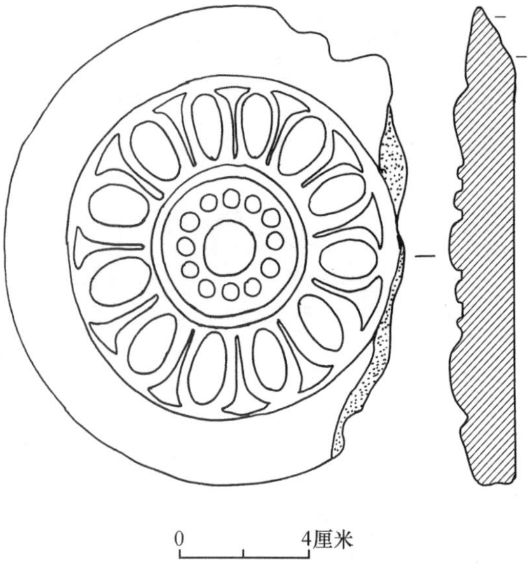

图六九　北朝至五代 Ba 型莲花纹瓦当（TG1099 ④ a：2）

图七〇　北朝至五代 Ba 型莲花纹瓦当（TG1099 ④ a：2）纹饰拓本

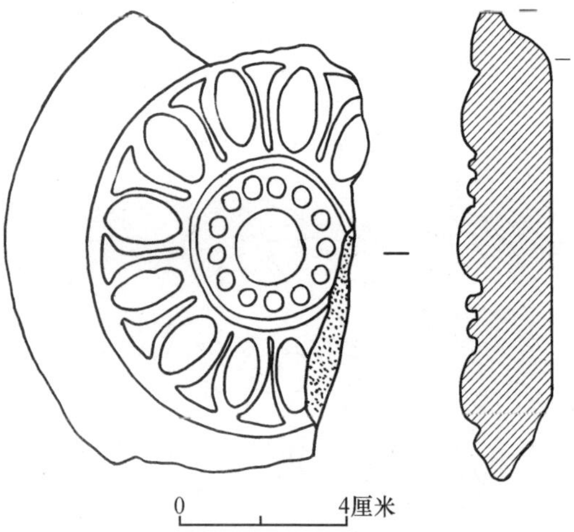

图七一　北朝至五代 Ba 型莲花纹瓦当（TG1009 ④ a：4）

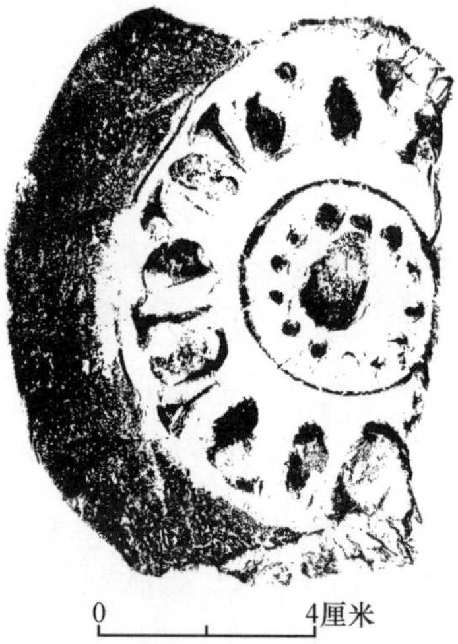

图七二　北朝至五代 Ba 型莲花纹瓦当（TG1009 ④ a：4）纹饰拓本

标本 TG1015 ④ a：7，边轮略残。浅灰色，莲蓬内饰宝珠，宝珠外饰 12 个莲籽状纹饰，莲花共 16 个花瓣，莲瓣瘦长椭圆形，“I”字形凸棱较窄，当面纹饰有压痕，边轮较宽，呈斜坡状，背面较平整，与筒瓦粘接处有泥刀刻划的痕迹。面径约 15、边厚 1.4 ~ 1.7、边轮宽 2 厘米（图七三、图七四；图版一五，5）。

标本 TG1031 ⑤ a：5，残存二分之一。浅灰色，莲蓬内饰宝珠，宝珠外饰 10 个莲籽状纹饰，莲花共 12 个花瓣，“T”字形凸棱较窄，莲瓣有压痕，边轮较宽且平，背面不平整，与筒瓦粘接处有泥刀刻划的痕迹。面径 14、边厚 1.6、边轮宽 1.7 厘米。

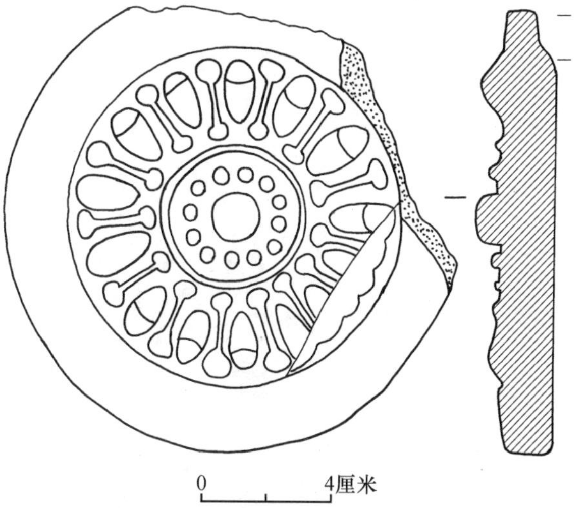

图七三　北朝至五代 Ba 型莲花纹瓦当（TG1015④a：7）

图七四　北朝至五代 Ba 型莲花纹瓦当（TG1015④a：7）纹饰拓本

标本 TG1014③a：1，残存四分之三。浅灰色，莲蓬内饰宝珠，宝珠外饰 13 个莲籽状纹饰，莲花共 10 个花瓣，"I" 字形凸棱较窄，莲瓣有压痕，边轮较宽且平，背面不平整，与筒瓦粘接处有泥刀刻划的痕迹。面径 13、原长约 14、边厚 1.1、边轮宽 1.9 厘米（图七五、图七六）。

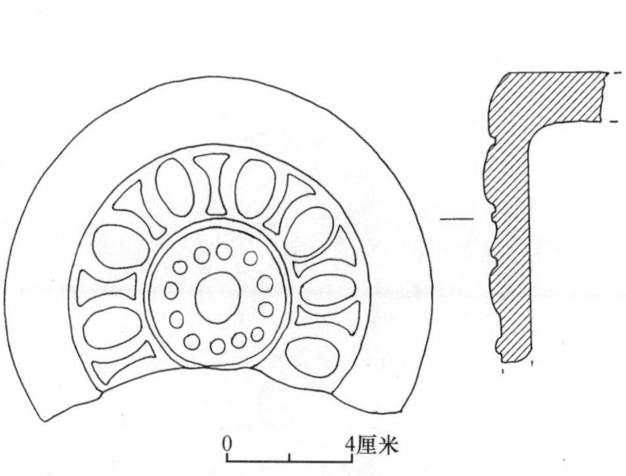

图七五　北朝至五代 Ba 型莲花纹瓦当（TG1014③a：1）

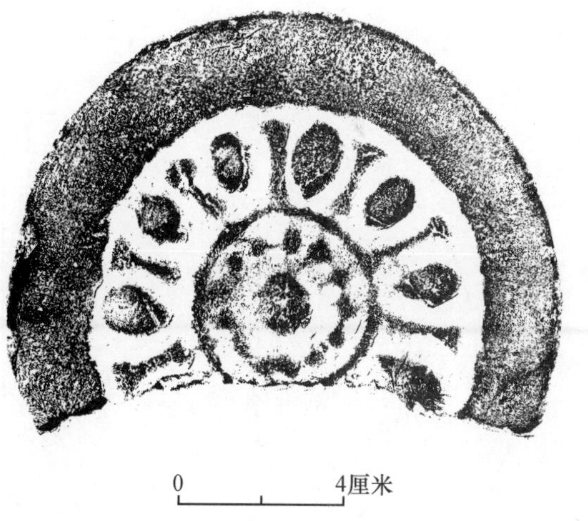

图七六　北朝至五代 Ba 型莲花纹瓦当（TG1014③a：1）纹饰拓本

标本 TG1009④a：3，残存二分之一。浅灰色，莲蓬内饰宝珠，宝珠外饰 13 个莲籽状纹饰，莲花共 13 个花瓣，"T" 字形凸棱较窄，莲瓣及 "T" 字形凸棱有压痕，边轮较宽，呈斜坡状，背面不平整。面径约 14.2、边厚 1.6、边轮宽 2 厘米（图七七、图七八）。

标本 TG1018⑤a：5，残存二分之一。深灰色，莲蓬内饰宝珠，宝珠外饰 10 个莲籽状纹饰，莲花共 10 个花瓣，"T" 字形凸棱较窄，莲瓣及 "T" 字形凸棱有压痕，边轮较宽且平，背面不平整。面径约 13、边厚 1.8、边轮宽 1.8 厘米。

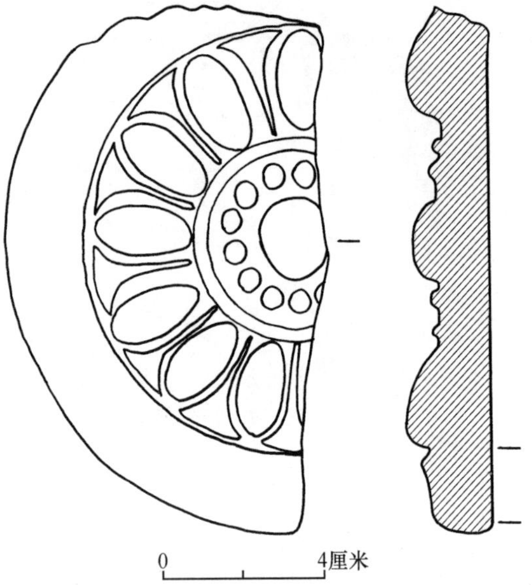

图七七　北朝至五代 Ba 型莲花纹瓦当
（TG1009 ④ a：3）

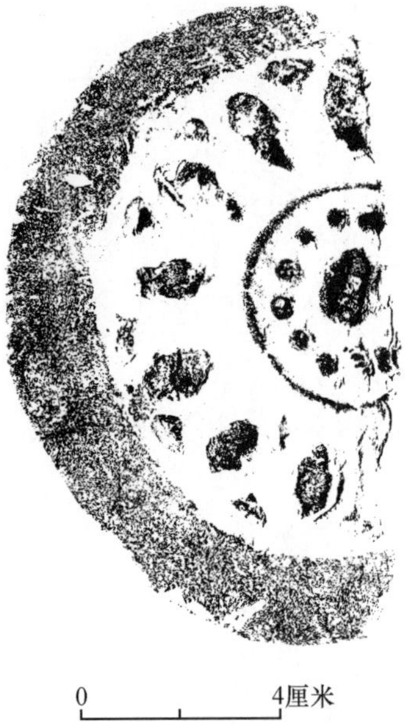

图七八　北朝至五代 Ba 型莲花纹瓦当
（TG1009 ④ a：3）纹饰拓本

标本 TG1031 ④ a：4，残存二分之一。浅灰色，莲蓬内饰莲籽状纹饰，莲花共 16 个花瓣，莲瓣呈肥硕椭圆形，“I”字形凸棱较窄，莲瓣及“I”字形凸棱有压痕，边轮较宽，呈斜坡状，背面不平整，与筒瓦粘接处有泥刀刻划的痕迹。残长 13.5、原长约 14.5、边厚 1.5、边轮宽 2.1 厘米（图七九、图八〇）。

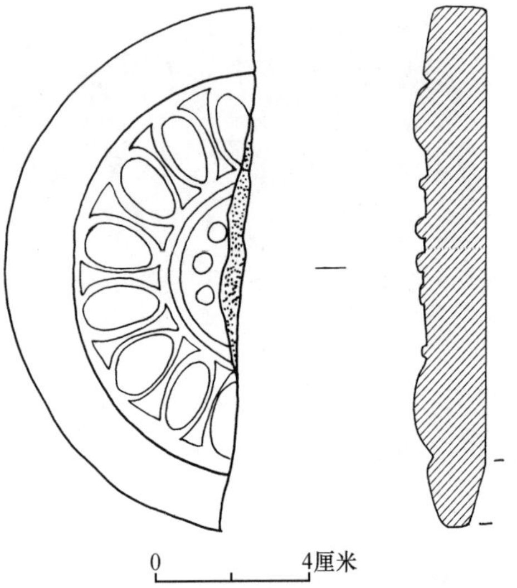

图七九　北朝至五代 Ba 型莲花纹瓦当
（TG1031 ④ a：4）

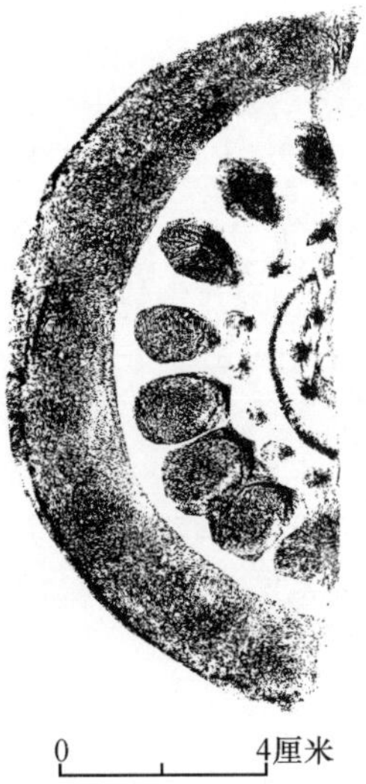

图八〇　北朝至五代 Ba 型莲花纹瓦当
（TG1031 ④ a：4）纹饰拓本

Bb 型 Ⅰ 式　共 3 件。均为泥质灰陶，模制。当面主题纹饰为普通单瓣莲花纹，莲蓬凸台状，凸台较高，莲瓣呈椭圆形，莲瓣间以“T”字形凸棱相隔。边轮略高于当面纹饰。

标本 TG1018 ⑤ a：4，残存二分之一。深灰色，莲蓬高凸并饰 7 个莲籽状纹饰，莲花共 9

个花瓣，花瓣呈椭圆形且中间有捏合线呈脊状，莲瓣较瘦，“T”字形凸棱较宽，边轮较窄且平，背面较平整，与筒瓦粘接处有泥刀刻划的痕迹。面径约 14.、边厚 1.8、边轮宽 1.5 厘米（图八一；图版一六，1）。

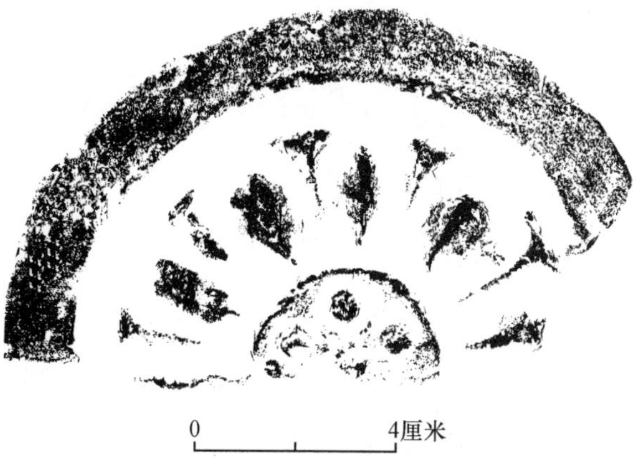

图八一　北朝至五代 Bb 型Ⅰ式莲花纹瓦当（TG1018⑤a：4）纹饰拓本

标本 TG1005④a：10，残存二分之一。深灰色，莲蓬高凸并饰 7 个莲籽状纹饰，莲花共 8 个花瓣，花瓣呈肥硕椭圆形且中间有捏合线，呈脊状，“T”字形凸棱较宽，边轮较宽且平，背面较平整，与筒瓦粘接处有泥刀刻划的痕迹。面径 14、边厚 1.8 ~ 2.9、边轮宽 1.8 ~ 2 厘米（图八二、图八三；图版一六，2）。

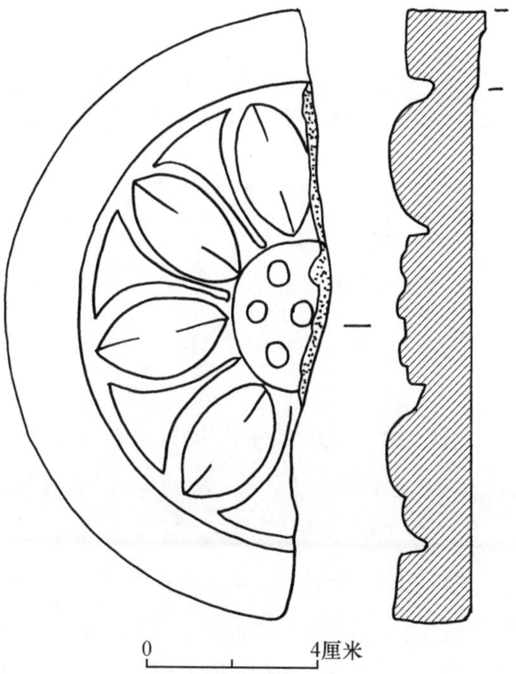

图八二　北朝至五代 Bb 型Ⅰ式莲花纹瓦当（TG1005④a：10）

图八三　北朝至五代 Bb 型Ⅰ式莲花纹瓦当（TG1005④a：10）纹饰拓本

标本 TG1031⑤a：4，残存近二分之一。深灰色，莲蓬高凸并饰 6 个莲籽状纹饰，莲蓬中间有一圆形穿孔，莲花共 9 个花瓣，花瓣呈肥硕椭圆形且中间有捏合线，呈脊状，“T”字形凸棱较窄，边轮较宽且平，背面较平整，与筒瓦粘接处有泥刀刻划的痕迹。面径约 14、边厚 1.7、边轮宽 1.6 厘米。

Bb 型Ⅱ式　共 6 件。均为泥质灰陶，模制。当面主题纹饰为普通单瓣莲花纹，莲蓬凸台状，凸台较低，莲瓣呈椭圆形，莲瓣间以“T”字形凸棱相隔。边轮低于当面纹饰。

标本 TG1025⑤a：3，残近二分之一。深灰色，莲蓬饰 8 个莲籽状纹饰，莲花共 9 个花瓣，花瓣呈肥硕椭圆形，“T”字形凸棱较窄，边轮较窄且平，背面较平整，与筒瓦粘接处有泥刀刻划的痕迹。面径约 13.6、边厚 1.9、边轮宽 1.5 厘米（图八四；图版一六，3）。

标本 TG1024 ⑤ a：2，残存二分之一。青灰色，莲蓬凸台较低并饰 8 个莲籽状纹饰，莲花共 9 个花瓣，花瓣呈椭圆形，“T”字形凸棱较窄，边轮较宽且平，背面较平整，与筒瓦粘接处有泥刀刻划的痕迹。面径约 13.4、边厚 1.5 ~ 1.7、边轮宽 2 厘米（图八五；图版一六，4）。

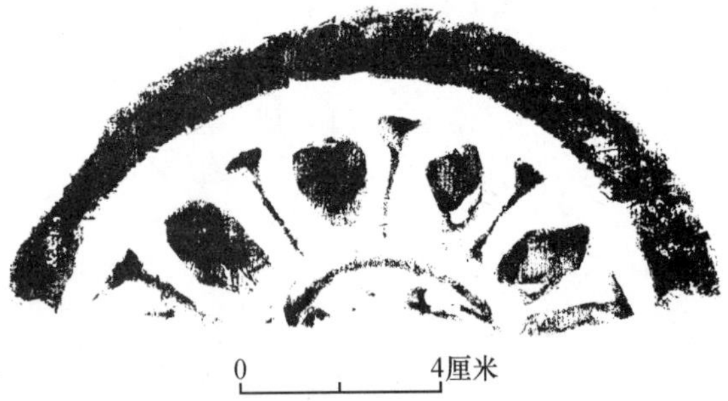

图八四　北朝至五代 Bb 型Ⅱ式莲花纹瓦当（TG1025 ⑤ a：3）纹饰拓本

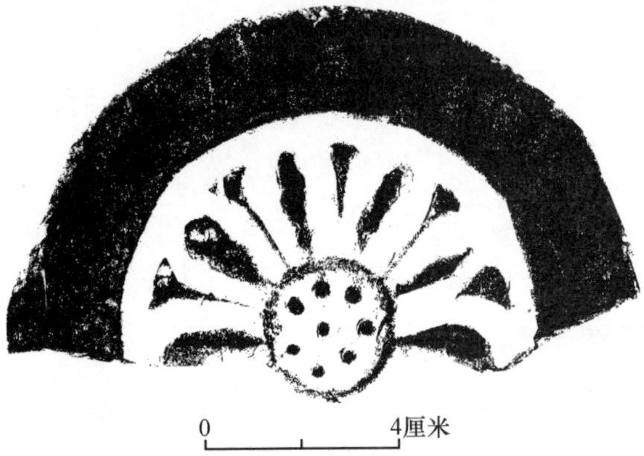

图八五　北朝至五代 Bb 型Ⅱ式莲花纹瓦当（TG1024 ⑤ a：2）纹饰拓本

标本 TG1026H16：4，仅残存当心部分。黑灰色，莲蓬微内凹并饰 8 个莲籽状纹饰，莲花共 9 个花瓣，花瓣呈肥硕椭圆形，“T”字形凸棱较窄，背面较平整。残长 8、边厚 1 厘米。

标本 TG1026H16：3，残存面积不足二分之一。深灰色，莲花共 9 个花瓣，花瓣呈肥硕椭圆形，“T”字形凸棱较窄，边轮较宽且平，背面不平整，与筒瓦粘接处有泥刀刻划的痕迹。面径 13、边厚 1.6 ~ 2、边轮宽 1.7 ~ 1.8 厘米。

标本 TG1011 ⑥：1，残存五分之二。黑灰色，莲蓬凸台较低，莲花共 9 个花瓣，花瓣呈椭圆形且中间有捏合线，呈脊状，“T”字形凸棱较窄，边轮较宽且平，背面较平整，与筒瓦粘接处有泥刀刻划的痕迹。面径 14、边厚 1 ~ 1.4、边轮宽 1.8 ~ 1.9 厘米。

标本 TG1025 ④ a：1，残存三分之二。深灰色，莲花共 9 个花瓣，花瓣呈椭圆形，“T”字形凸棱较窄，当面纹饰有压痕，边轮较宽且平，背面不平整。面径约 14、边厚 1.3、边轮宽 2 厘米（图八六）。

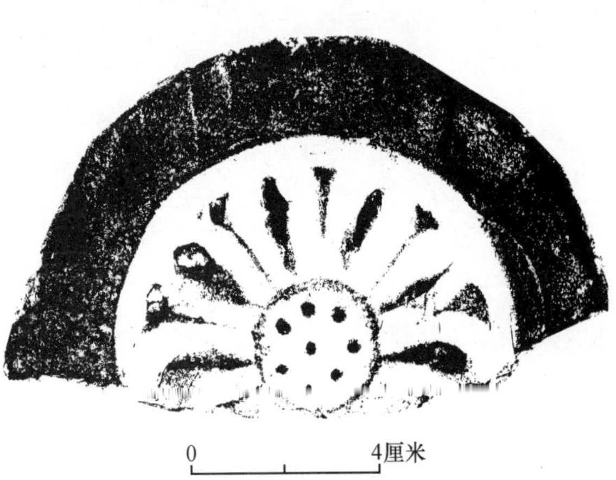

图八六　北朝至五代 Bb 型Ⅱ式莲花纹瓦当（TG1025 ④ a：1）纹饰拓本

Bb 型Ⅲ式　共 5 件。均为泥质灰陶，模制。当面主题纹饰为普通单瓣莲花纹。莲蓬无凸台，以圆圈凸线为莲蓬界边，凸线内饰莲籽状纹饰，莲瓣呈椭圆形，莲瓣间以“T”字形凸棱相隔。边轮低于当面纹饰，呈斜坡状。

标本 TG1028 ④ a：4，基本完整。浅灰色，莲蓬饰 13 个莲籽状纹饰，莲花共 16 个花瓣，花瓣呈椭圆形，“T”字形凸棱较窄，莲瓣及“T”字形凸棱有压痕，边轮较宽，斜坡程度较大，背面不平整，与筒瓦粘接处有泥刀刻划的痕迹。瓦当边轮和当心有3个穿孔。面径14.3、边厚1.5～1.6、边轮宽1.7～2.2厘米（图版一六，5）。

标本TG1009④a：5，残存不到二分之一。浅灰色，莲蓬饰7个莲籽状纹饰，莲花共9个花瓣，花瓣呈椭圆形，“T”字形凸棱较窄，莲瓣有压痕，边轮较宽，背面较平整。面径约14、边厚1.4、边轮宽2厘米。

标本TG1009④a：6，残存三分之一。深灰色，莲花共9个花瓣，花瓣呈椭圆形，“T”字形凸棱较窄，莲瓣及“T”字凸棱有压痕，边轮较宽，背面较平整，与筒瓦粘接处有泥刀刻划的痕迹。面径约14、边厚0.9～1.2、边轮宽1.8厘米。

标本TG1028⑤a：1，残存三分之一。浅灰色，莲花共12个花瓣，花瓣呈椭圆形，“T”字形凸棱较窄，当面纹饰有压痕，边轮较宽，背面不平整。面径14、边厚约2、边轮宽2.3～2.4厘米。

标本TG1007④a：2，残存三分之一。浅灰色，莲蓬饰7个莲籽状纹饰，莲蓬外有一周联珠纹和凸线纹，莲花共16个花瓣，花瓣呈瘦长椭圆形，“T”字形凸棱较窄，当面纹饰有压痕，边轮较宽，背面不平整。面径14、边厚0.9～1.7、边轮宽1.9～2.2厘米（图八七、图八八；图版一六，6）。

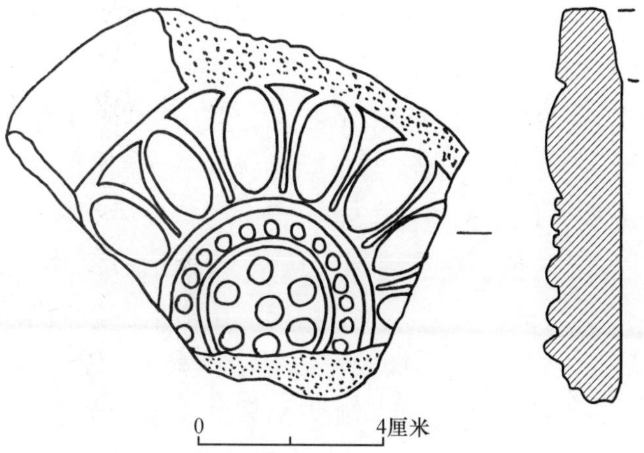

图八七　北朝至五代Bb型Ⅲ式莲花纹瓦当（TG1007④a：2）

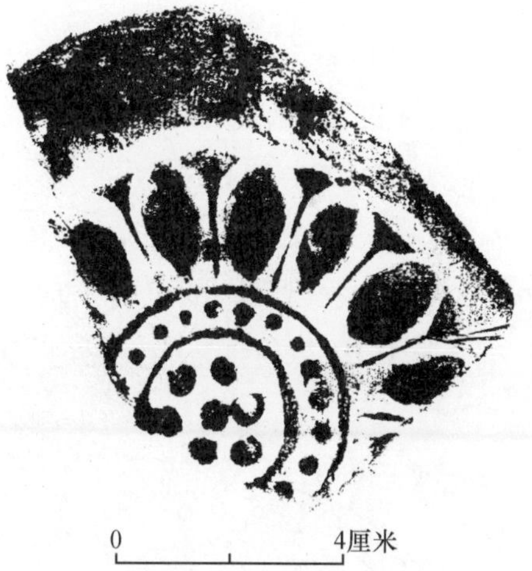

图八八　北朝至五代Bb型Ⅲ式莲花纹瓦当（TG1007④a：2）纹饰拓本

Bc型Ⅰ式　共5件。均为泥质灰陶，模制。当面主题纹饰为普通单瓣莲花纹。莲蓬无凸台，以圆圈凸线为莲蓬界边，内饰宝珠和莲籽状纹饰，莲瓣呈椭圆形，莲瓣间以“T”字形、“I”字形或“Y”字形凸棱相隔，莲花外饰一周联珠纹。边轮基本与当面纹饰相平。

标本TG1015④a：5，残存近二分之一。浅灰色，莲花共16个花瓣，花瓣呈瘦长椭圆形，“I”字形凸棱较窄，当面纹饰有压痕，边轮较宽，背面较平整，与筒瓦粘接处有泥刀刻划的痕迹。面径约15、边厚1.5～1.8、边轮宽2厘米（图八九、图九〇；图版一七，1）。

标本TG1029⑤a：7，残存四分之一。浅灰色，莲花共14个花瓣，花瓣呈瘦长椭圆形，

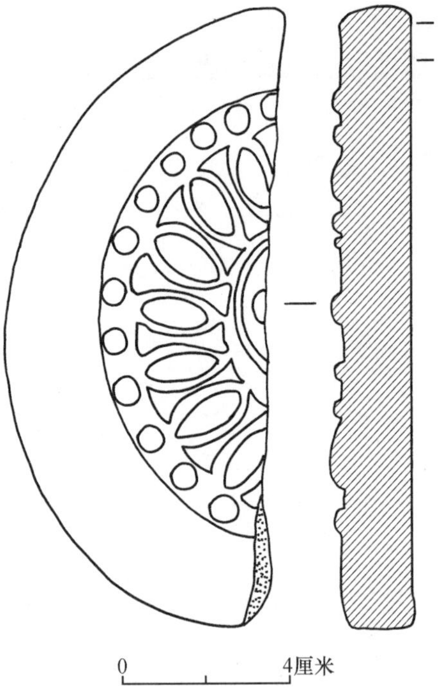

图八九　北朝至五代 Bc 型Ⅰ式莲花纹瓦当（TG1015④a：5）

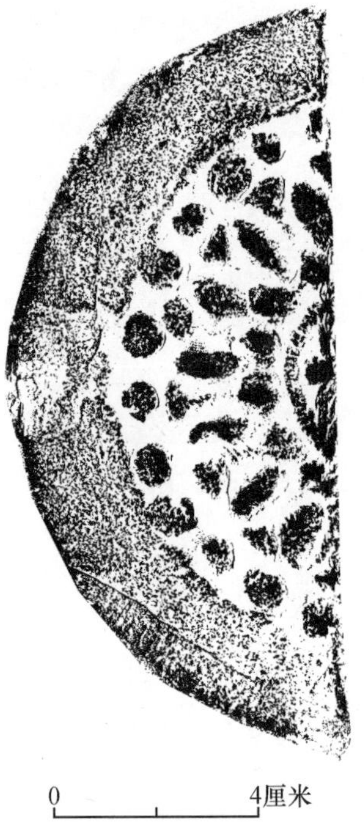

图九〇　北朝至五代 Bc 型Ⅰ式莲花纹瓦当（TG1015④a：5）纹饰拓本

“T”字形凸棱较窄，当面纹饰有压痕，边轮较宽，背面较平整，与筒瓦粘接处有泥刀刻划的痕迹。面径 13、边厚约 1.5、边轮宽 1.8 ~ 1.9 厘米。

标本 TG1030⑤a：3，残存不足二分之一。深灰色，莲蓬内饰宝珠，宝珠外饰 8 个莲籽状纹饰，莲花共 8 个花瓣，花瓣呈肥硕椭圆形，“T”字形凸棱较窄，边轮较宽，背面不平整，与筒瓦粘接处有泥刀刻划的痕迹。面径 15、边厚约 1.5、边轮宽 1.5 ~ 1.8 厘米。

标本 TG1025⑤a：2，残存四分之一。黑灰色，莲蓬内饰宝珠，宝珠外饰 7 个莲籽状纹饰，莲花共 8 个花瓣，花瓣呈肥硕椭圆形，“Y”字形凸棱较宽，边轮较宽，背面较平整，与筒瓦粘接处有泥刀刻划的痕迹。面径约 14、边厚 1.5 ~ 2、边轮宽 2 厘米。

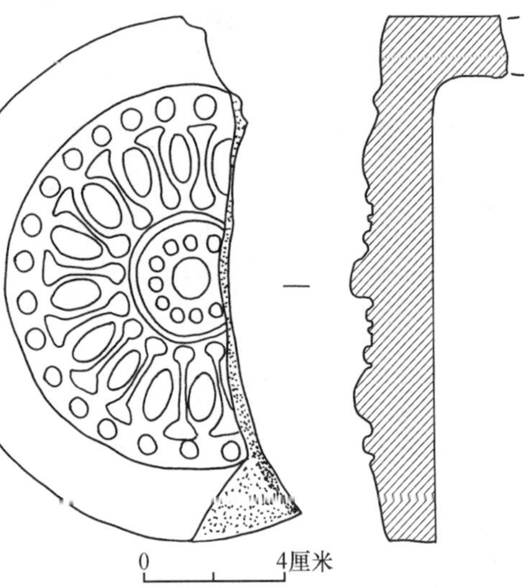

图九一　北朝至五代 Bc 型Ⅰ式莲花纹瓦当（TG1016④a：6）

标本 TG1016④a：6，残存五分之三。深灰色。莲蓬内饰宝珠，宝珠外饰 12 个莲籽状纹饰，莲花共 16 个花瓣，花瓣呈瘦长椭圆形，“I”字形凸棱较宽，边轮较宽，背面较平整，与筒瓦粘接处有泥刀刻划的痕迹。面径 14.4、边厚 1.8、边轮宽 1.8 ~ 2.3 厘米（图九一；图版一七，2）。

Bc 型Ⅱ式　共 6 件。均为泥质灰陶，模制。当面主题纹饰为普通单瓣莲花纹，莲蓬无凸台，以圆圈凸线为莲蓬界边，内饰宝珠和莲籽状纹饰，或无界边，莲瓣近圆形，莲瓣间以“T”字形、“I”字形或“V”字形凸棱相隔，莲花外饰一周联珠纹。边轮低于当面纹饰，呈斜坡状。

标本TG1016④a：5，残存近二分之一。浅灰色，莲蓬无界边，内饰圆圈凸线包裹的宝珠，宝珠外饰圆圈凸线纹，宝珠外饰14个莲籽状纹饰，莲花共10个花瓣，“I”字形凸棱较宽，边轮较宽，背面不平整，与筒瓦粘接处有泥刀刻划的痕迹。面径约13、边厚1.2～1.3、边轮宽1.8～2.2厘米（图九二、图九三；图版一七，3）。

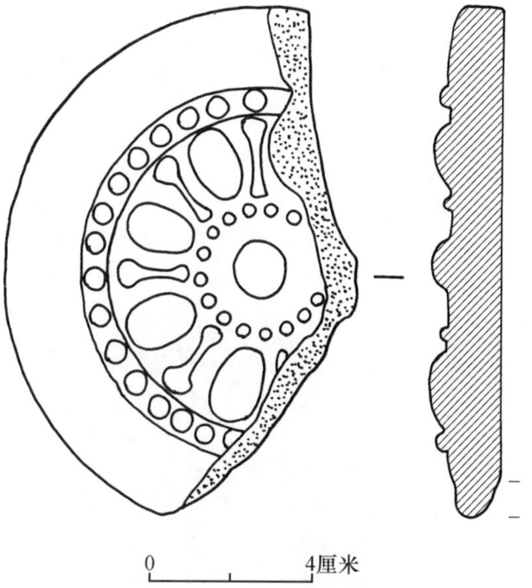

图九二　北朝至五代Bc型Ⅱ式莲花纹瓦当（TG1016④a：5）

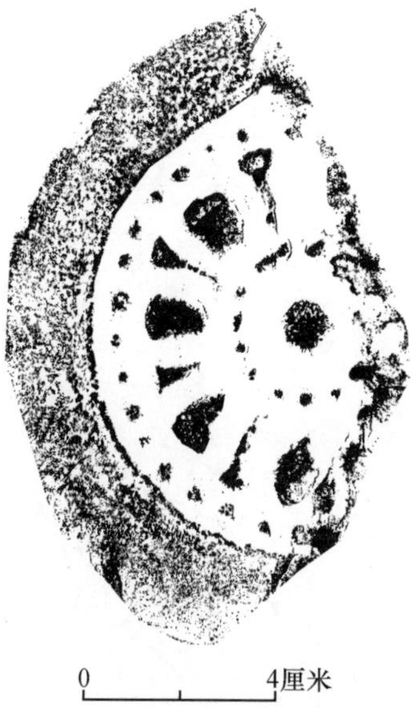

图九三　北朝至五代Bc型Ⅱ式莲花纹瓦当（TG1016④a：5）纹饰拓本

标本TG1024④a：1，边轮略残。深灰色，莲蓬无凸台，以圆圈凸线为莲蓬界边，凸线内饰宝珠，宝珠外饰8个莲籽状纹饰，莲花共13个花瓣，莲瓣间无界隔，联珠纹内外各饰一圆圈凸线纹，边轮较宽，背面不平整，与筒瓦粘接处有泥刀刻划的痕迹。面径14.8、边厚1.3～1.7、边轮宽1.8厘米（图九四、图九五；图版一七，4）。

标本TG1016④a：7，残存近二分之一。青灰色，莲蓬无凸台，以圆圈凸线为莲蓬界边，凸线内饰宝珠，宝珠外饰9个莲籽状纹饰，莲花共8个花瓣，“V”字形凸棱较宽，边轮较宽，背面较平整，与筒瓦粘接处有泥刀刻划的痕迹。面径约13、边厚1.5～2、边轮宽2厘米（图九六、图九七）。

标本TG1015④a：4，残存二分之一。浅灰色，莲蓬无凸台，以圆圈凸线为莲蓬界边，凸线内饰宝珠，宝珠外饰7个莲籽状纹饰，莲花共9个花瓣，“T”字形凸棱较窄，边轮较宽且斜坡程度较大，背面较平整，与筒瓦粘接处有泥刀刻划的痕迹。面径约14.2、边厚1.5～1.8、边轮宽2厘米（图九八、图九九）。

标本TG1015④a：6，残存二分之一。浅灰色，莲蓬无凸台，以圆圈凸线为莲蓬界边，凸线内饰宝珠，宝珠外饰9个莲籽状纹饰，莲花共9个花瓣，“V”字形凸棱较宽，边轮较

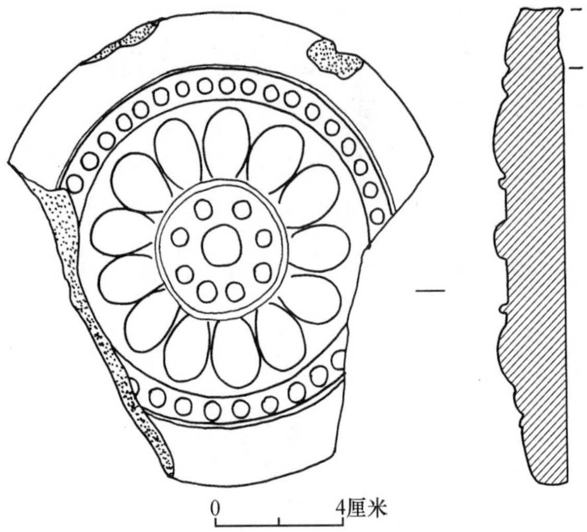

图九四　北朝至五代 Bc 型Ⅱ式莲花纹瓦当（TG1024④a∶1）

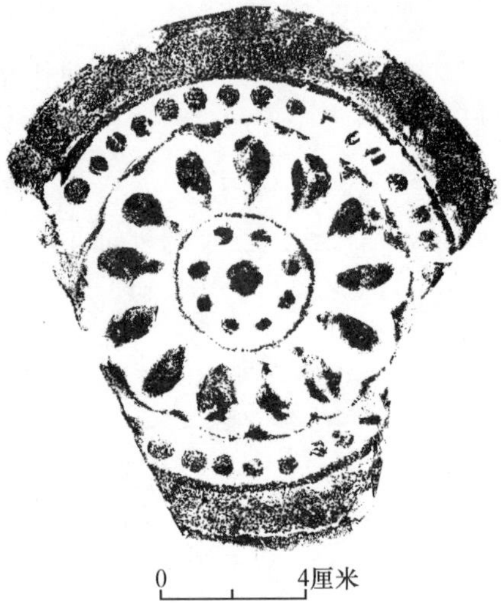

图九五　北朝至五代 Bc 型Ⅱ式莲花纹瓦当（TG1024④a∶1）纹饰拓本

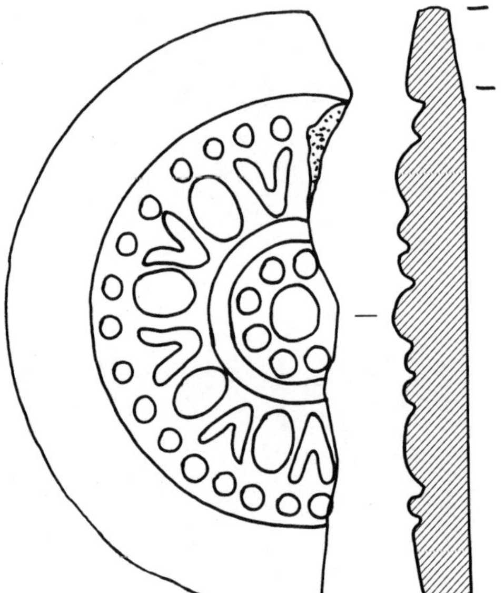

图九六　北朝至五代 Bc 型Ⅱ式莲花纹瓦当（TG1016④a∶7）

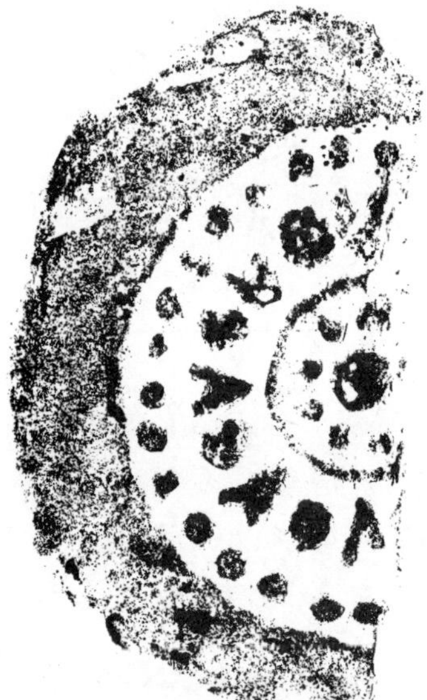

图九七　北朝至五代 Bc 型Ⅱ式莲花纹瓦当（TG1016④a∶7）纹饰拓本

宽，背面较平整，与筒瓦粘接处有泥刀刻划的痕迹。面径约 14、边厚 1.4 ~ 1.8、边轮宽 2 厘米。

标本 TG1017⑤a∶3，边轮略残。浅灰色，莲蓬无凸台，以圆圈凸线为莲蓬界边，凸线内饰宝珠，宝珠外饰 9 个莲籽状纹饰，莲花共 8 个花瓣，“V”字形凸棱较宽，边轮较宽，背面较平整，与筒瓦粘接处有泥刀刻划的痕迹。面径 13、边厚 1.2 ~ 1.5、边轮宽 1.8 ~ 2.2 厘米（图一〇〇、图一〇一；图版一七，5）。

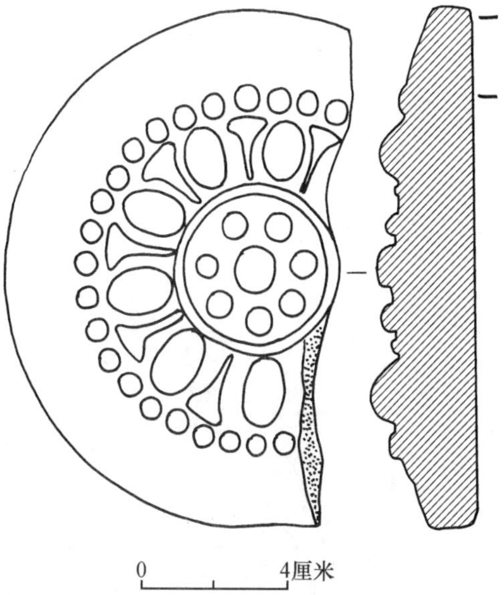

图九八　北朝至五代 Bc 型Ⅱ式莲花纹瓦当（TG1015④a：4）

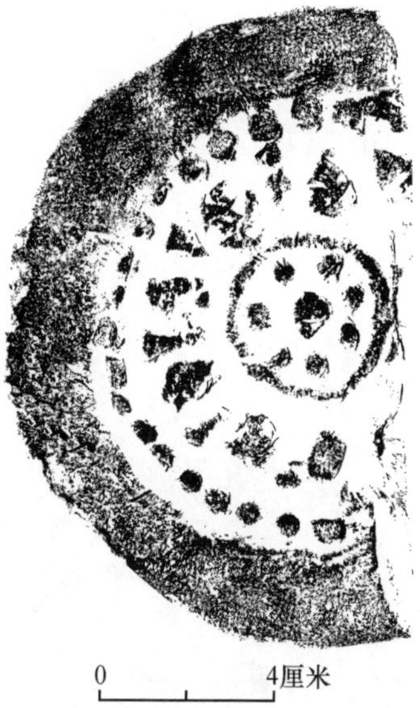

图九九　北朝至五代 Bc 型Ⅱ式莲花纹瓦当（TG1015④a：4）纹饰拓本

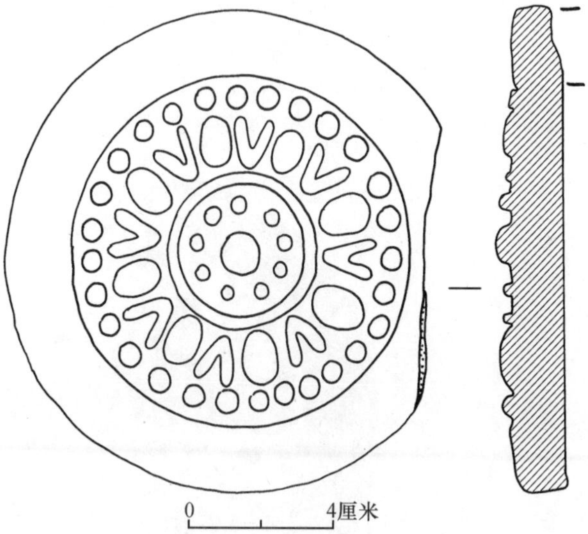

图一〇〇　北朝至五代 Bc 型Ⅱ式莲花纹瓦当（TG1017⑤a：3）

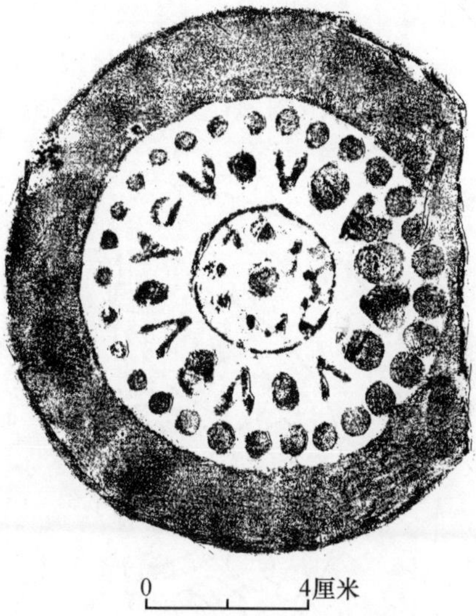

图一〇一　北朝至五代 Bc 型Ⅱ式莲花纹瓦当（TG1017⑤a：3）纹饰拓本

Bd 型　共 3 件。均为模制，当面主题纹饰为普通单瓣莲花纹。蓬无凸台，以圆圈凸线为莲蓬界边，凸线内饰莲籽状纹饰，莲瓣近圆形或近圆形，莲瓣间以短竖凸棱相隔，每个莲瓣和短竖凸棱上都有一圆珠纹装饰。边轮低于当面纹饰，边轮呈斜坡状。

标本 TG1004④a：4，残存三分之一。黑灰色，当面青掍磨光。莲花共 8 个花瓣，花瓣呈肥硕椭圆形，短竖凸棱较宽，边轮较宽，背面较平整，留有泥刀刻划的痕迹。面径 15、边厚 1.3、边轮宽 2～2.2 厘米（图一〇二；图版一八，1）。

标本 TG1026H16：5，残存二分之一。黑灰色，当面青掍磨光。莲蓬饰 11 个莲籽状纹饰，莲花共 10 个花瓣，花瓣近圆形，短竖凸棱较窄，当面纹饰有压痕，边轮较宽，背面较平整，与筒瓦粘接处有泥刀刻划的痕迹。面径约 11.5、边厚 1.3 ~ 1.5、边轮宽 1.8 ~ 1.9 厘米（图一〇三）。

标本 TG1031⑤a：5，残存二分之一。黑灰色，当面青掍磨光。莲蓬饰 11 个莲籽状纹饰，莲花共 10 个花瓣，花瓣近圆形，短竖凸棱较窄，当面纹饰有压痕，边轮较宽，背面较平整，与筒瓦粘接处有泥刀刻划的痕迹。面径 11.5、边厚 1.6、边轮宽 1.7 厘米（图一〇四、图一〇五；图版一八，2）。

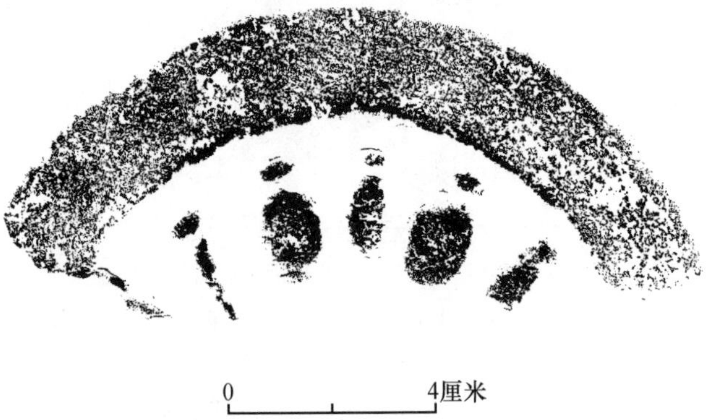

图一〇二　北朝至五代 Bd 型莲花纹瓦当（TG1004④a：4）纹饰拓本

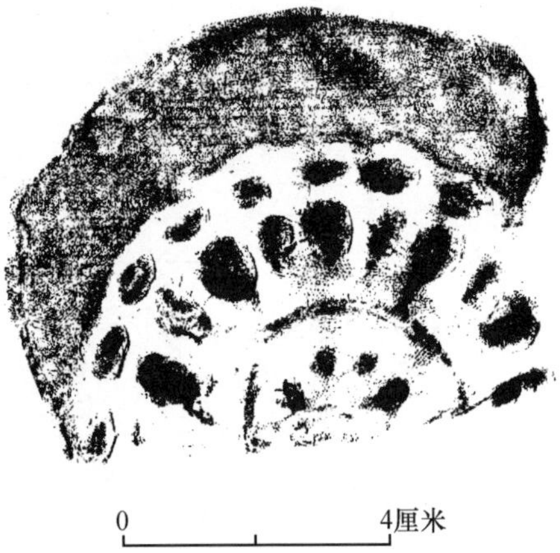

图一〇三　北朝至五代 Bd 型莲花纹瓦当（TG1026H16：5）纹饰拓本

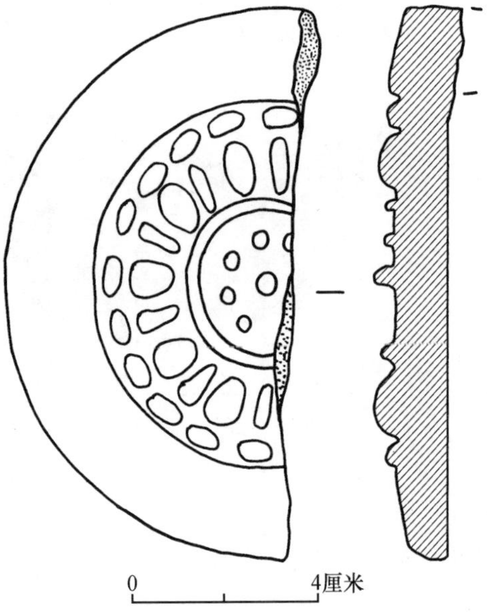

图一〇四　北朝至五代 Bd 型莲花纹瓦当（TG1031⑤a：5）

图一〇五　北朝至五代 Bd 型莲花纹瓦当（TG1031⑤a：5）纹饰拓本

（2）兽面纹瓦当

Ab 型Ⅱ式　共 1 件。

标本 TG1018④a：1，泥质灰陶，制作较规整，残存四分之三。模制，边轮较宽，宽 2.3 厘米，兽面上部和边轮部分残缺。当面二重纹饰，外重为圆弧凸棱纹，内重为兽面纹。兽面高凸，线条清晰，兽头双挑犄，犄不甚清晰，贝状塌耳，额中饰宝珠且有鬓，两眉粗壮呈倒“八”字形，怒目圆睁，三角形鼻，有鼻翼，眼和鼻两侧饰弧状须，单排齿，嘴角边饰两颗獠牙，下衔一近三角形的环，齿下饰辐状须。背面不平。胎质较粗，掺杂有少量小砂粒，胎体致密。面径14.8、厚2.8厘米（图一〇六、图一〇七；图版一八，3）。

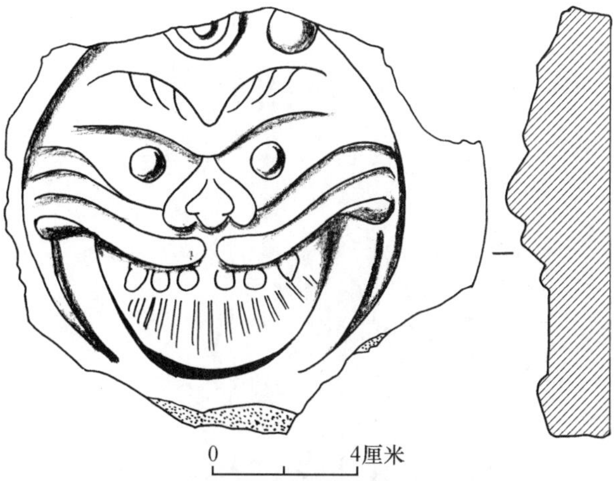

图一〇六　北朝至五代Ab型Ⅱ式兽面纹瓦当（TG1018④a：1）

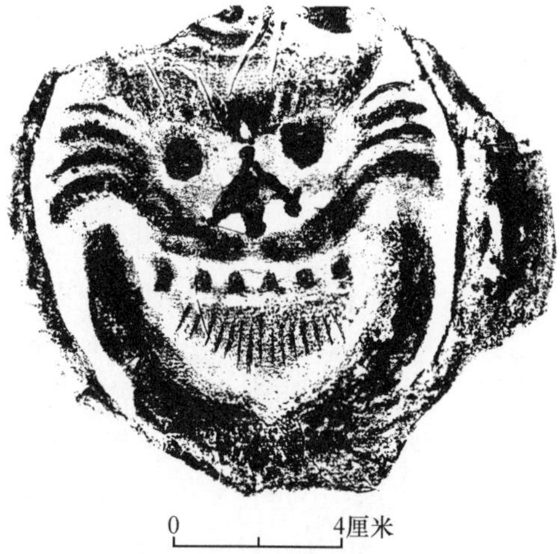

图一〇七　北朝至五代Ab型Ⅱ式兽面纹瓦当（TG1018④a：1）纹饰拓本

4. 砖

共6件。

（1）长方形砖

共5件。

A型　共3件。均为夹砂灰陶，模制，制作较规整。四边齐平，砖体厚大。除背面饰绳纹外其余皆素面。

标本TG1015⑤a：3，完整。绳纹较粗，绳径0.4厘米，绳纹不规则，斜向。泥胎含少量细沙粒和小石砾。胎色青灰偏白。长32、宽16、厚6厘米。

标本TG1015⑤a：4，完整。绳纹较粗，绳径0.3～0.5厘米，绳纹不规则，斜向。泥胎含少量细沙粒和小石砾。胎色青灰偏白，砖体有粉状侵蚀现象。长34.3、宽17、厚5厘米。

标本TG1031⑤a：7，完整。绳纹较粗，绳径0.4厘米，绳纹不规则，斜向。泥胎含少量细沙粒和小石砾。胎色青灰。长38、宽20、高7.5厘米（图一〇八；图版一八，4）。

C型　共2件。均为泥质灰陶，模制，制作较规整。四边齐平，砖体较小。除背面饰绳纹外，其余皆素面。

标本TG1030⑤a：5，完整。绳纹较细，绳径0.2～0.3厘米，绳纹规整，绳纹为竖向垂直，不平整。泥胎纯净，胎色青灰，砖体致密。长30.5、宽14.8、厚4～4.5厘米（图一〇九）。

标本TG1026H16：7，完整。绳纹较细，绳径0.2厘米，绳纹规则，绳纹为竖向垂直，不平整。泥胎较纯净，胎色青灰，砖体致密。长30.5、宽14.5、厚4.5厘米。

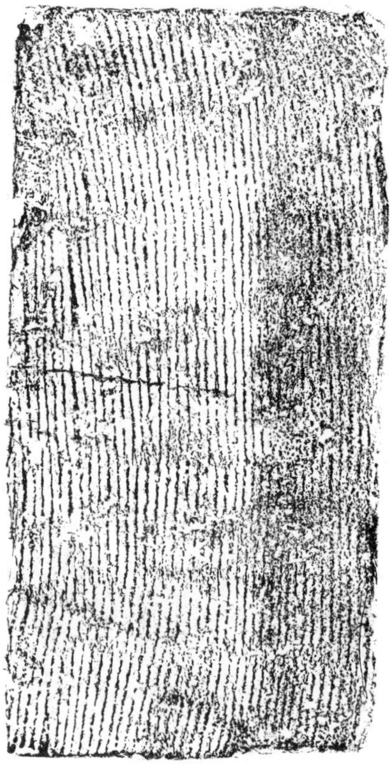

图一〇八　北朝至五代A型长方形砖（TG1031⑤a：7）拓本

图一〇九　北朝至五代C型长方形砖（TG1030⑤a：5）拓本

图一一〇　北朝至五代Ab型正方形砖（TG1031⑤a：8）拓本

（2）正方形砖

Ab型　共1件。

标本TG1031⑤a：8，泥质灰陶，模制，制作规整。砖边齐平，砖体较小。除背面饰绳纹外，其余皆素面。绳纹较粗，绳径0.3～0.5厘米。绳纹不太规则，弧状，不平整。泥胎较纯净，胎色青灰，砖体致密。边长34、厚6厘米（图一一〇）。

5. 脊头瓦

共5件。

标本TG1009④a：7，仅残存左上角兽耳。泥质灰陶，模制。瓦体呈长方形，高浮雕状。残长11、残宽9.8厘米。

标本TG1026H16：6，残。泥质灰陶，模制。瓦体略呈长方形，表面为高浮雕状，背面平坦，浮雕兽面立体感强。兽面上下顶天立地，左右两边留有窄边。鼻梁以上部分残缺大鼻头，张口吐舌，牙齿外露，舌尖呈三角形，方下颌，面部周围饰卷毛发。残长约13.3、残宽约

13.3、厚约2厘米（图一一一；图版一八，5）。

标本TG1009④a：8，残。泥质灰陶，模制。瓦体呈长方形，高浮雕状，口大张，吻部凸起，牙齿外露，面部周围饰卷毛发。残长10.8、残宽9厘米。

标本TG1009④a：9，残。泥质灰陶，模制。瓦体呈长方形，高浮雕状，兽面怒目而视，大鼻头，张口吐舌，牙齿外露，舌部残，面态狰狞。残长8、残宽13厘米（图一一二）。

图一一一 脊头瓦（TG1026H16：6）

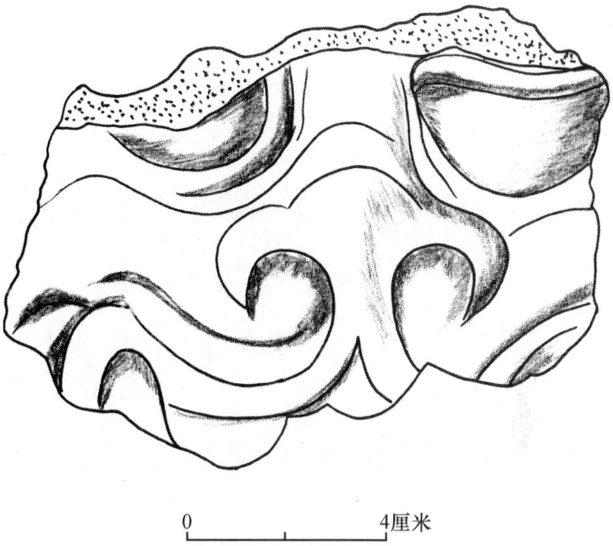

图一一二 脊头瓦（TG1009④a：9）

标本TG1013④a：2，仅残存左上角，泥质灰陶，模制。板瓦形底座，表面为高突的兽面。怒目而视，两目之间饰一圆形宝珠，眉呈倒“八”字形，眉间有一圆形钉孔，桃形耳，额际有三道皱纹，鬃毛内卷。残长14.2、残宽10.9、厚2～5.3厘米（图一一三；图版一八，6）。

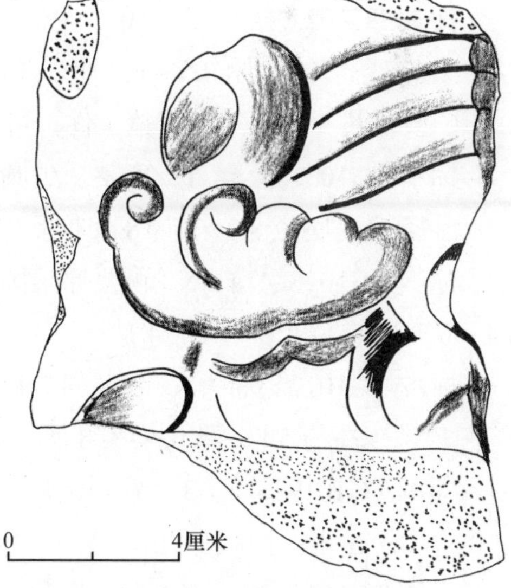

图一一三 脊头瓦（TG1013④a：2）

6. 脊兽

共1件。

标本TG1012⑤a：6，仅残存下颌部。泥质灰陶，模制。嘴大张，舌已残，獠牙外露，下齿三颗。残长13、残宽约11.8、高约4厘米。

（二）陶器

共出土遗物标本55件，其中有陶罐13件、陶盆10件、陶瓮3件、陶钵8件、陶碗4件、陶盂1件、陶盘1件、陶纺轮1件、陶支钉1件、陶扑满2件和陶片11件。

1. 陶罐

共13件，其中完整器物2件，可复原2件。

A型　共1件。

标本TG1030④a：1，残。泥质灰陶。盘口，短颈，圆肩。泥条系自口沿接于肩部，外壁饰小三角形戳点纹。残宽5.9、残高7.7、厚0.6～0.9厘米（图一一四；图版一九，1）。

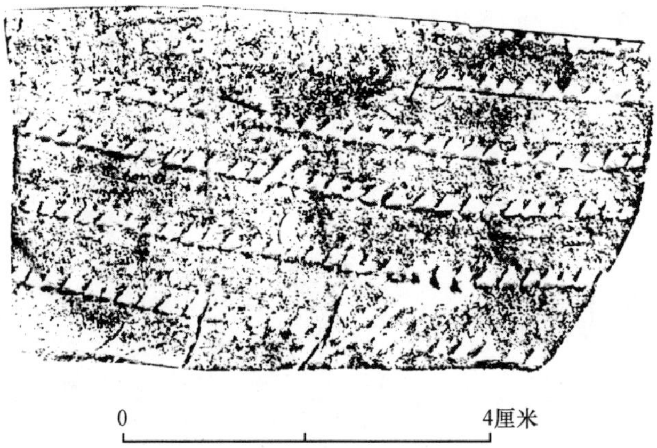

图一一四　北朝至五代A型陶罐（TG1030④a：1）纹饰拓本

B型Ⅱ式　共2件。均为泥质灰陶。长颈。

标本TG1023H9：1，残。方唇，平沿，侈口。外壁磨光，口沿及颈部内外壁饰数周暗弦纹。残高6.6、厚0.5～1.2厘米。

标本TG1022夯1：2，残。斜方唇，坡折沿，侈口。口沿及内壁磨光并饰数周暗弦纹。口径约12、残高4.2、厚0.5～0.7厘米（图版一九，2）。

C型　共5件，其中完整1件，可复原1件。均为泥质灰陶。敞口，短颈，鼓腹。

标本TG1031④a：1，完整。尖圆唇，卷沿，溜肩，平底。口沿及外壁磨光并饰数周暗弦纹。口径11、底径8.3、高18.4厘米（图一一五；图版一九，3）。

标本TG1028④a：5，可复原。圆唇，平沿，溜肩，平底。口径10.4、底径8、高16、厚0.4～0.7厘米（图版一九，4）。

标本TG1012⑤a：3，残。斜方唇，外折沿，圆肩。口沿及内外壁磨光并饰数周暗弦纹。口径17、残高约5.8、厚0.5～0.8厘米。

标本TG1019⑤a：3，残。圆唇，溜肩。双泥条系自口沿接于肩部。口径8、残高8.2、厚0.5～0.7厘米（图版一九，5）。

标本TG1018⑤a：3，残。圆唇，溜肩。双泥条系自口沿接于肩部。口径18、残高4.8、厚0.5～0.8厘米。

D型　共5件，其中完整1件，可复原1件。均为泥质灰陶。敛口，无颈。

标本TG1031④a：5，完整。圆唇，圆肩，弧腹，平底。外壁饰有数周暗弦纹。口径15.5、底径9、高20、厚0.4～0.9厘米（图一一六；图版一九，6）。

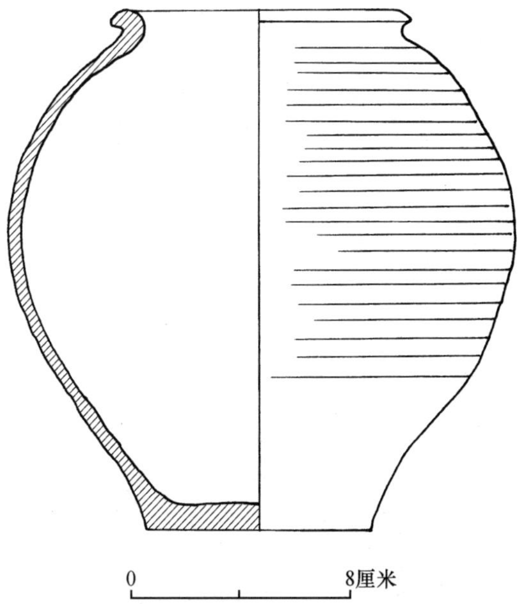

图一一五　北朝至五代 C 型陶罐（TG1031 ④ a：1）

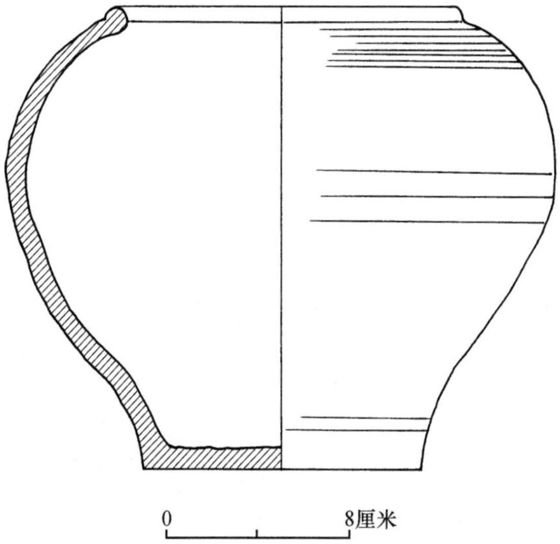

图一一六　北朝至五代 D 型陶罐（TG1031 ④ a：5）

标本 TG1017 ⑤ a：2，残。圆唇，圆肩。外壁饰有数周暗弦纹，内壁饰有拉坯弦纹。口径 22、残高 5.4、厚 0.7 ~ 1.5 厘米。

标本 TG1030 ⑤ a：1，残。方唇，卷沿，圆肩。外壁有一穿孔，内壁口沿下有拉坯痕迹。口径 19、残高 4.6、厚 0.4 ~ 0.6 厘米。

标本 TG1016 ⑤ a：4，残。圆唇，内折沿，折肩，弧腹。外壁肩部和腹部饰凹弦纹。口径 12、残高 14.4、厚 0.7 ~ 0.8 厘米。

标本 TG1030 ④ a：4，可复原。圆唇，内折沿，折肩，鼓腹，平底。外壁饰有暗弦纹。口径 33、底径 23、高 31、厚 1 ~ 1.5 厘米。

2. 陶盆

共出土 10 件，可复原 2 件。

A 型 Ⅰ 式　共 2 件。尖圆唇，外折平沿，敞口，斜腹。

标本 TG1031 ⑤ a：2，残。泥质红陶。外壁有拉坯痕，内壁饰有数周带状双圈纹。残长 9、残高 9.5、厚 0.9 ~ 1.1 厘米（图一一七、图一一八）。

标本 TG1014 ⑤ a：2，残。泥质灰陶。斜弧腹，外壁口沿下有一周凹槽，内壁饰有数周带状斜“回”形纹。残长 8.5、残高 6.6、厚 0.7 ~ 0.9 厘米（图一一九）。

A 型 Ⅱ 式　共 3 件。均为泥质灰陶。外折宽平沿，口沿外缘向上翘起呈一周凸棱状，侈口，斜腹。

标本 TG1031 ⑤ a：3，残。圆唇。内壁饰有数周带状斜“回”形纹，两组纹饰相接的部分被抹平，纹饰细密规整。残长 20.3、残高 9、厚 0.7 ~ 0.9 厘米（图一二〇；图版二〇，1）。

标本 TG1019 ⑤ a：2，残。方唇，口沿下有一穿孔。内壁饰有数周带状斜“回”纹，两组纹饰相接的部分被抹平，纹饰较粗糙。残长 13.8、残高 9.2、厚 0.7 ~ 1.4 厘米。

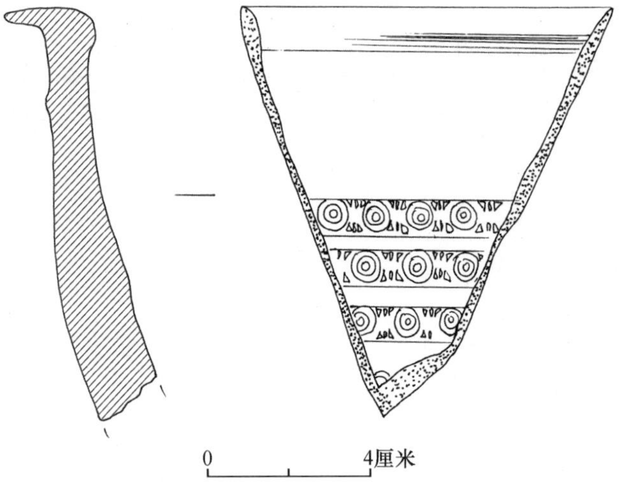

图一一七　北朝至五代 A 型 Ⅰ 式陶盆（TG1031 ⑤ a : 2）

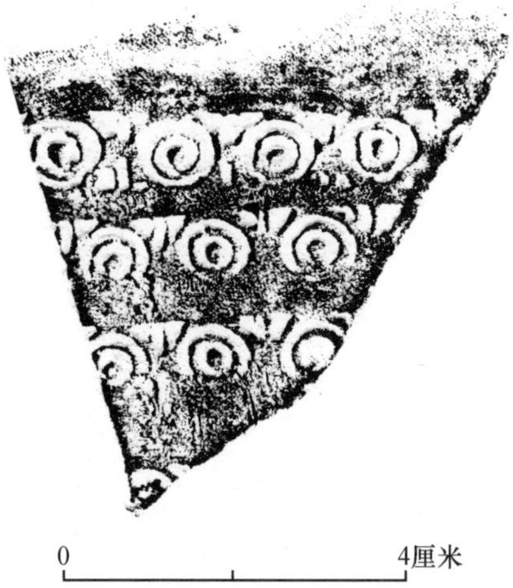

图一一八　北朝至五代 A 型 Ⅰ 式陶盆（TG1031 ⑤ a : 2）纹饰拓本

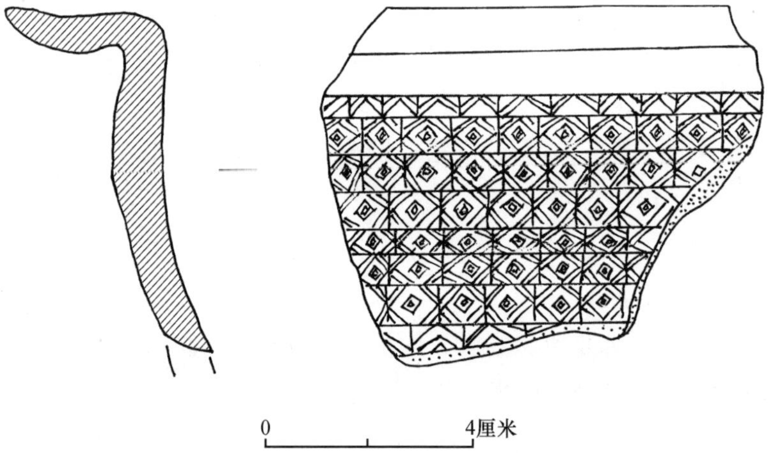

图一一九　北朝至五代 A 型 Ⅰ 式陶盆（TG1014 ⑤ a : 2）

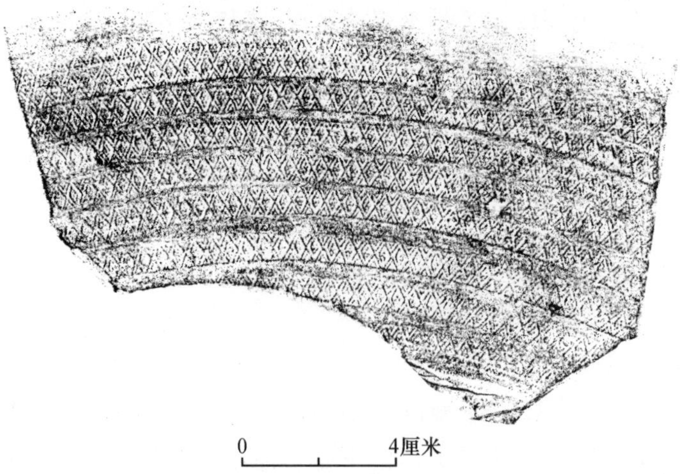

图一二〇　北朝至五代 A 型 Ⅱ 式陶盆（TG1031 ⑤ a : 3）纹饰拓本

标本 TG1028H17：1，残。圆唇。内壁饰有数周带状斜“回”纹，两组纹饰相接的部分被抹平，纹饰细密规整。残宽约 15.8、残高约 10、厚 0.6 ~ 0.9 厘米（图一二一）。

A 型Ⅲ式　共 2 件。均为泥质灰陶。尖圆唇，外折平沿，斜腹，内壁及口沿磨光并饰有暗弦纹。

标本 TG1012 ⑤ a：2，残。外壁腹部饰有数周瓦棱纹。口径 45、残高 8、厚 0.5 ~ 1.1 厘米（图版二〇，2）。

标本 TG1012 ⑤ a：1，残。口径 49、残高 7.5、厚 0.5 ~ 1.3 厘米。

B 型Ⅰ式　共 1 件。

标本 TG1015 ④ a：8，可复原。泥质灰陶。斜方唇，坡折沿，侈口，斜直腹。外壁腹部饰有瓦棱纹，内壁及口沿磨光并饰有暗弦纹。口径 44、底径 18、高 14.5、厚 0.4 ~ 0.9 厘米（图一二二；图版二〇，3）。

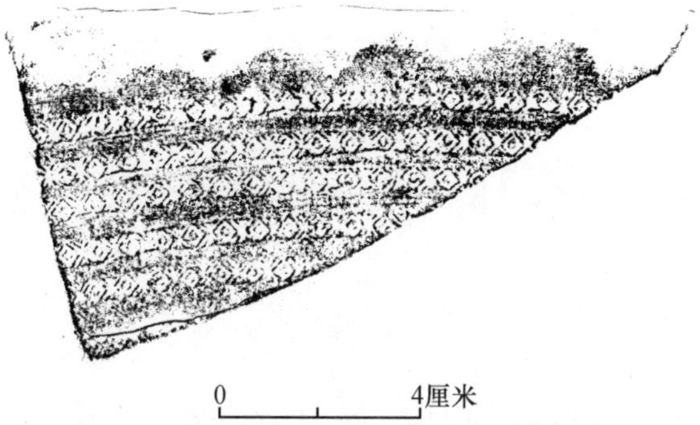

图一二一　北朝至五代 A 型Ⅱ式陶盆（TG1028H17：1）纹饰拓本

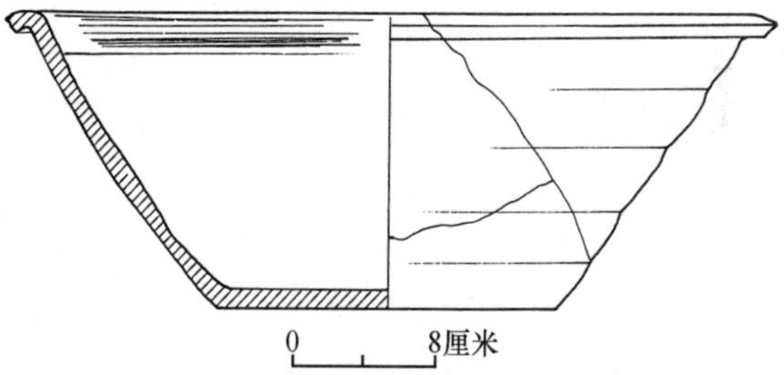

图一二二　北朝至五代 B 型Ⅰ式陶盆（TG1015 ④ a：8）

E 型　共 1 件。

标本 TG1024 ⑤ a：1，残。泥质灰陶。尖唇，平沿，敛口。口沿上饰锯齿纹，唇上捏饰花边和锯齿纹。口径 32、残高 5.8 厘米（图版二〇，4）。

F 型　共 1 件。

标本 TG1012 ⑤ a：7，可复原。圆唇，双沿，内沿上翘，敛口，斜腹，平底。外壁饰有瓦棱纹，内壁磨光并饰有暗弦纹。口径 30.5、底径 13.4、高 12、厚 0.4 ~ 0.7 厘米（图版二〇，5）。

3. 陶瓮

共出土 3 件。

A 型　共 1 件。

标本 TG1003 ④ a：4，残。泥质灰陶。圆唇，直口，鼓腹。口径 32、厚 0.7 ~ 1.2 厘米（图一二三；图版二一，1）。

B 型Ⅱ式　共 2 件。均为泥质灰陶。方唇，卷沿，敛口，鼓腹。

TG1003 ④ a：3，残。口沿及外壁磨光并饰数周暗弦纹。口径 11、厚 0.5 ~ 1 厘米（图一二四；图版二一，2）。

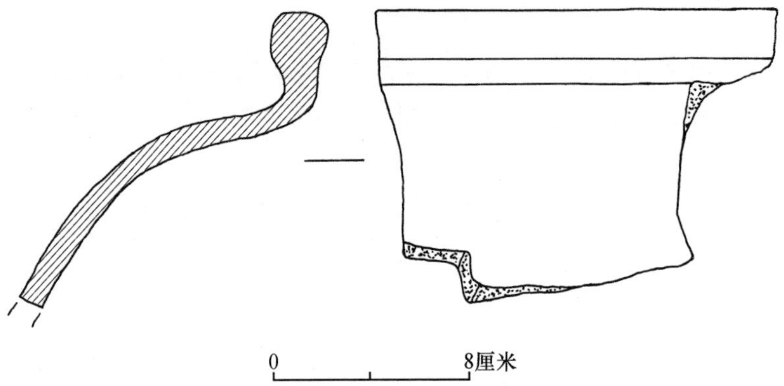

图一二三　北朝至五代 A 型陶瓮（TG1003 ④ a：4）

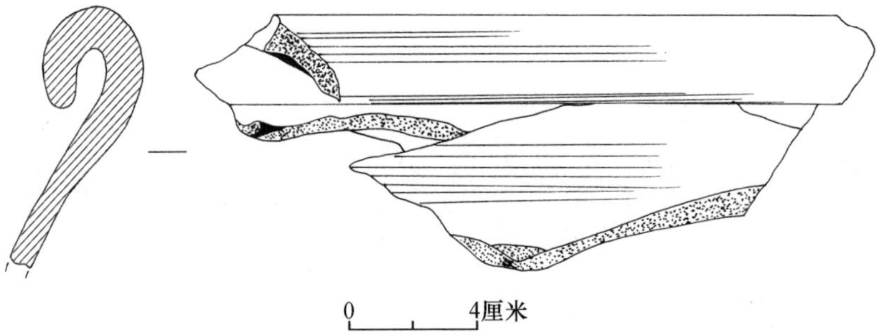

图一二四　北朝至五代 B 型Ⅱ式陶瓮（TG1003 ④ a：3）

标本 TG1003 ④ a：1，残。口沿卷曲程度较大。外壁口沿下饰两周短竖条纹。口径 40、厚 0.9 ~ 1.2 厘米。

4. 陶钵

共 8 件，其中可复原 3 件。

A 型　共 5 件。均为泥质灰陶。含少量云母，外折沿，口沿外缘向上翘起呈凸棱状，侈口。

标本 TG1020 ⑤ a：1，残。方唇，唇边饰锯齿纹，斜腹。内壁饰数周麦穗纹。口径 12、残高 4.5、厚 0.5 ~ 0.7 厘米。

标本 TG1017 ④ a：1，残。尖圆唇，唇边饰锯齿纹，斜腹。内壁饰有麦穗纹，纹饰不清。口径 13、残高 4、厚 0.7 ~ 1.4 厘米。

标本 TG1020 ⑤ a：2，残。尖圆唇，唇边饰锯齿纹，外折平沿，沿上饰有莲花纹，弧腹。口径 16、残高 4.3、厚 0.3 ~ 0.5 厘米。

标本 TG1012 ⑤ a：4，残。方唇，唇边饰锯齿纹，斜腹。内壁饰数周麦穗纹。口径 11、残高 4.9、厚 0.5 ~

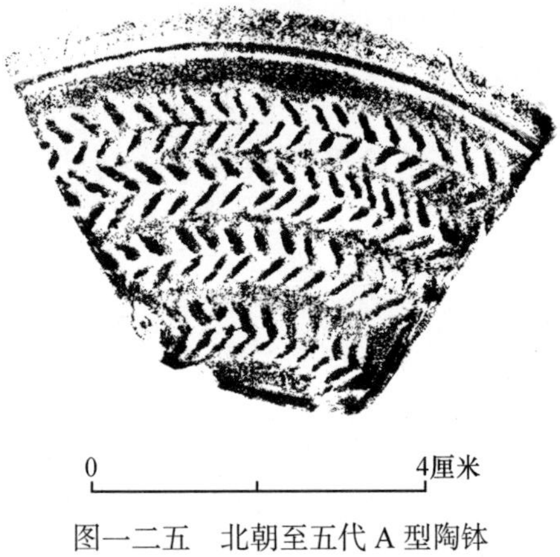

图一二五　北朝至五代 A 型陶钵（TG1012 ⑤ a：4）纹饰拓本

0.9厘米（图一二五；图版二一，3）。

标本TG1031④a：2，可复原。方唇，弧腹，平底。内底饰有莲花纹饰。口径10.8、底径5、高3.1、厚0.4～0.7厘米（图一二六；图版二一，4）。

B型　共1件，可复原。

标本TG1003④a：2，可复原。泥质灰陶。圆唇，直口，折腹，平底。口径13.5、底径4.8、高4.5（图一二七；图版二一，5）。

C型　共2件。泥质灰陶。内折沿，弧腹。

标本TG1026H16：2，残。泥质灰陶。圆唇，沿上有一周凹槽，敛口，弧腹。口径25、残高3、厚0.5厘米。

标本TG1028④a：1，可复原。方唇，敛口，内折平沿，弧腹，饼足。口径18.2、底径13.3、高7.7、厚0.6～0.7厘米（图一二八；图版二一，6）。

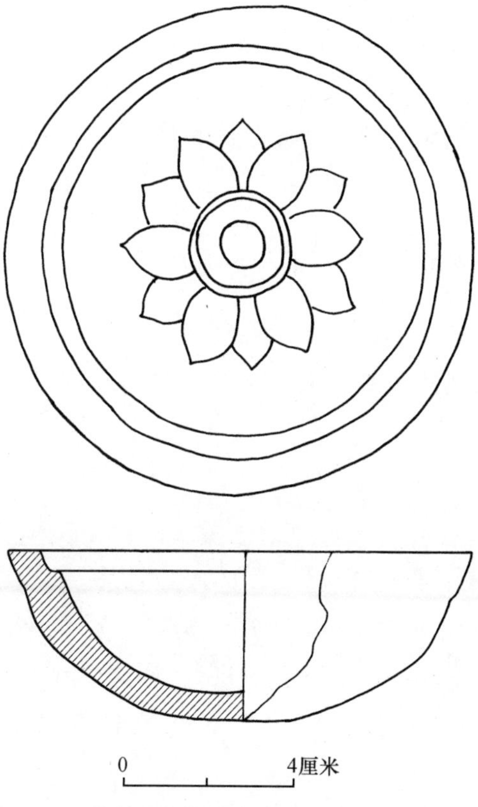

图一二六　北朝至五代A型陶钵（TG1031④a：2）

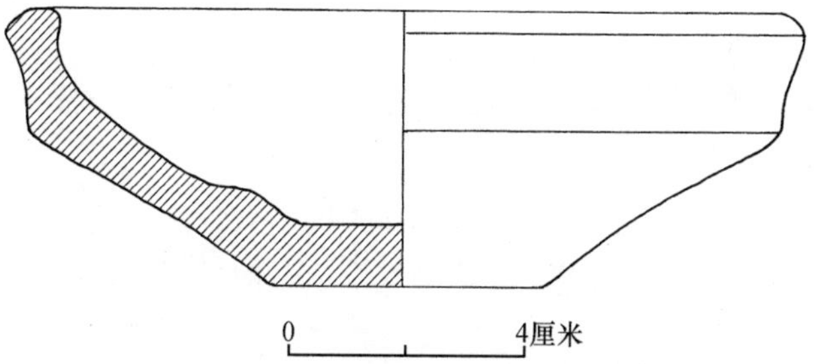

图一二七　北朝至五代B型陶钵（TG1003④a：2）

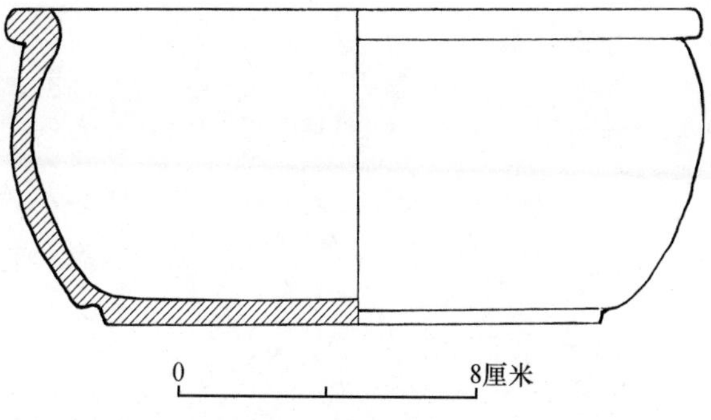

图一二八　北朝至五代C型陶钵（TG1028④a：1）

5. 陶碗

共4件，其中可复原2件。

A型Ⅰ式　共1件。

标本TG1026H16：1，残。泥质红陶。饼形足，足心内凹，直腹。底径6.4、残宽约10、厚0.5～0.7厘米（图版二二，1）。

A 型Ⅲ式　共 1 件。

标本 TG1027 ④ a：3，残。泥质红陶。窄圈足，足心较平，圈足外斜削，腹部有一周折棱。底径 10、残宽约 12.5、厚 0.7 ~ 1 厘米。

B 型Ⅱ式　共 2 件。均可复原。均为泥质灰陶。圆唇，侈口。

标本 TG1012 ⑤ a：5，口沿下有一周凹槽，弧腹，平底，底心微内凹。口径 18、底径 7、高 6.8、厚 0.7 ~ 0.8 厘米（图版二二，2）。

标本 TG1029 ④ a：2，斜腹，平底。外壁有数周凸棱。口径 18.7、底径 9、高 7、厚 0.7 ~ 1.2 厘米。

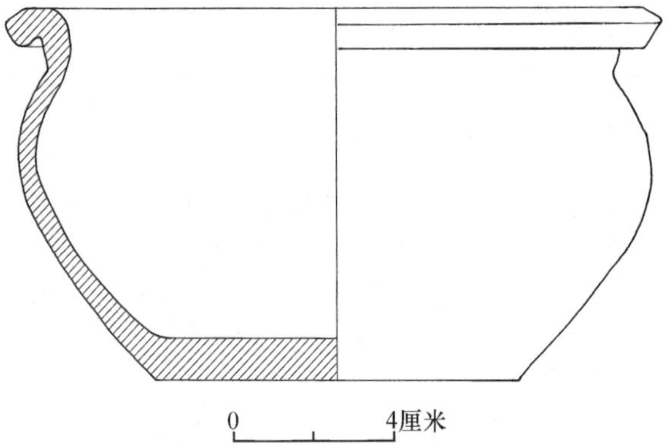

图一二九　北朝至五代 A 型陶盂（TG1028 ④ a：2）

6. 陶盂

A 型　共 1 件。

标本 TG1028 ④ a：2，可复原。泥质灰陶。斜方唇，坡折沿，侈口，束颈，鼓腹，平底。外壁有明显拉坯痕迹，内壁及口沿磨光并饰有暗弦纹。口径 16、底径 9、高 8.5、厚 0.4 ~ 0.8 厘米（图一二九；图版二二，3）。

7. 陶盘

A 型　共 1 件。

标本 TG1029 ⑤ a：4，残。泥质灰陶。盘内底模印莲花花纹。盘底较平，盘下残存两个锥形足。残高 3.4、厚 0.3 ~ 0.5 厘米（图版二二，4）。

8. 陶纺轮

共 1 件。

标本 TG1014 ⑤ a：3，可复原。泥质灰陶。扁圆形，中心有一圆形孔。直径 5.2、内径 1、厚 0.9 ~ 1 厘米（图一三〇；图版二二，5）。

9. 陶支钉

共 1 件。

标本 TG1004 ④ a：7，完整。泥质夹砂红陶。锥形，平底。底径 2.8、高 3.1 厘米（图一三一）。

10. 陶扑满

共 2 件。均为泥质灰陶。圜顶，圆肩，斜弧腹，平底，顶部开一条形孔，腹部偏下有一圆孔。

标本 TG1028 ④ a：18，可复原。肩部饰数周凹弦纹，底部有明显拉坯弦纹。底径 4、高

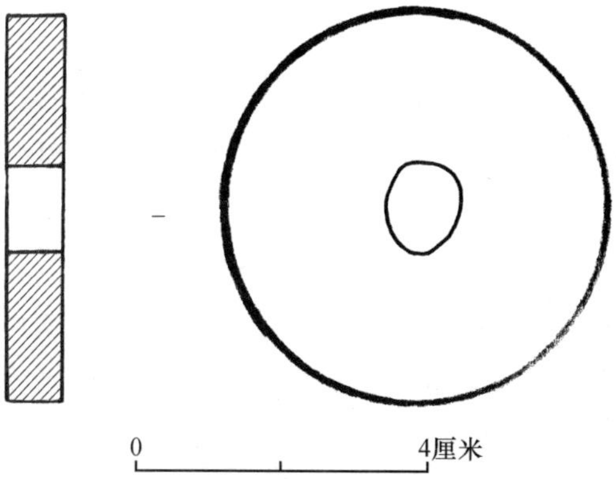

图一三〇　陶纺轮（TG1014⑤a：3）

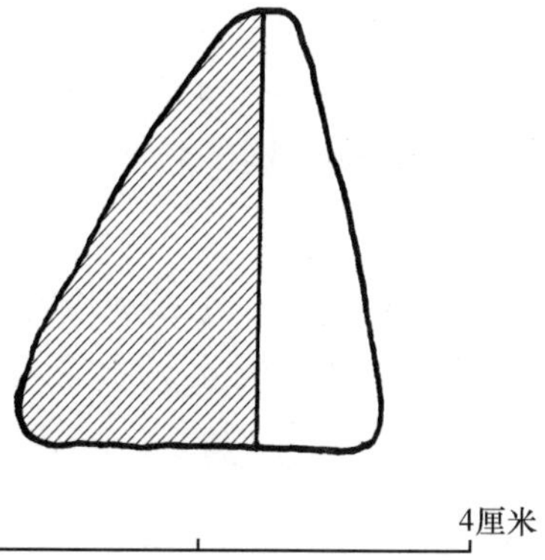

图一三一　陶支钉（TG1004④a：7）

10.5、厚 0.4 厘米（图版二三，1）。

标本 TG1031④a：6，完整。肩部和腹部各饰数周凹弦纹，底部中心残缺。底径 7、高 15、厚 0.5 ~ 1 厘米（图一三二；图版二三，2）。

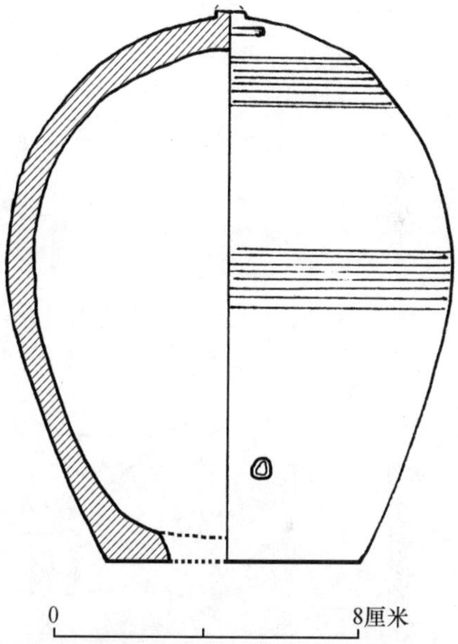

图一三二　陶扑满（TG1031④a：6）

11. 陶片

共 11 件。

标本 TG1015⑤a：1，泥质夹砂灰陶。外壁饰有数周水波纹及附加堆纹，内壁有明显拉坯弦纹并饰水波纹。残长 9.3、残高 8.3、厚 0.8 ~ 1 厘米（图一三三、图一三四；图版二三，3）。

标本 TG1015⑤a：2，陶盆残片。泥质灰陶，平底。内壁及器底饰有菱形纹。残高 3.3、厚 0.6 ~ 1 厘米（图一三五）。

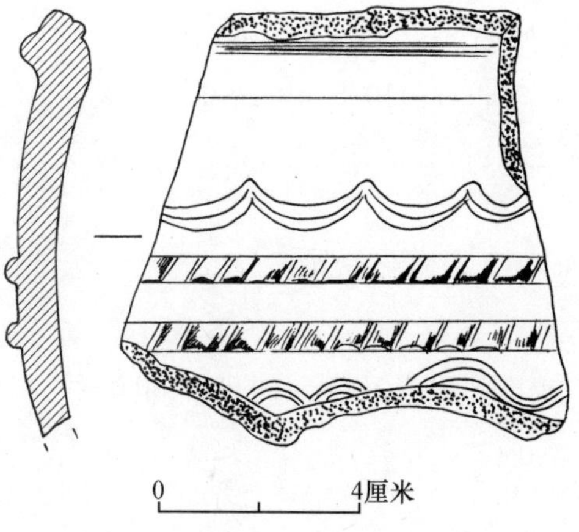

图一三三　陶片（TG1015⑤a：1）

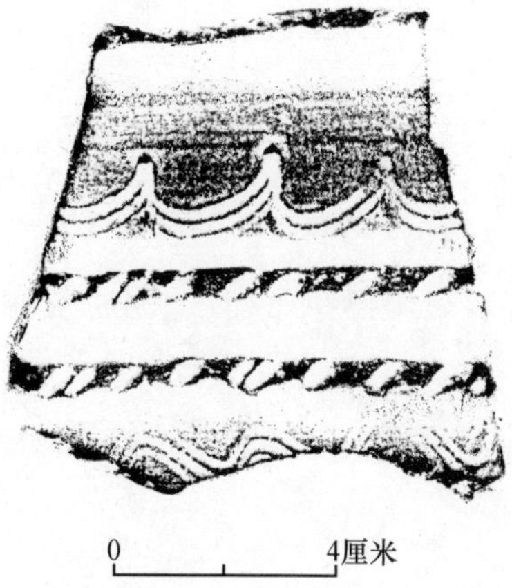

图一三四　陶片（TG1015⑤a：1）纹饰拓本

标本 TG1018 ⑤ a：2，陶盆残片。泥质红陶，方唇，侈口，斜腹。口径 15.4、残高 8.8、厚 0.8 ~ 1.2 厘米。

标本 TG1029 ⑤ a：5，泥质红陶。外壁磨光并饰一周附加堆纹。残宽 12.3、残高 8、厚 1 ~ 1.2 厘米。

标本 TG1028 ④ a：3，泥质红陶。外壁饰一周六条凹水波纹为一组的纹饰，其上下各有一周四条凹弦纹。残宽约 9、残高约 6.5、厚 0.4 ~ 0.5 厘米（图一三六）。

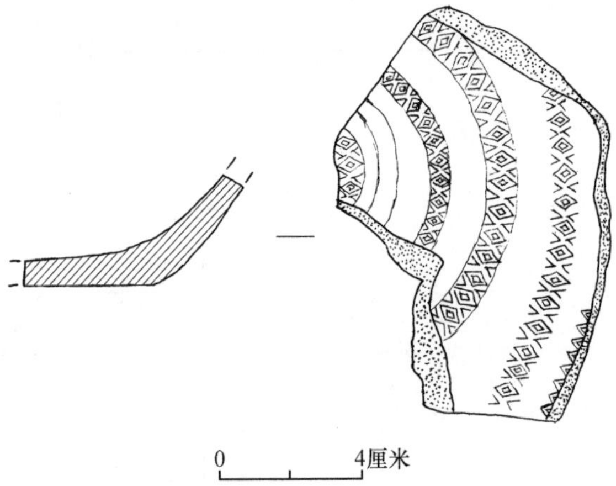

图一三五　陶片（TG1015 ⑤ a：2）

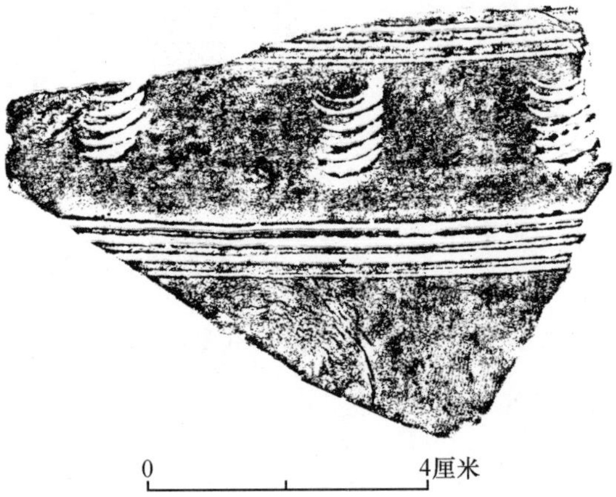

图一三六　陶片（TG1028 ④ a：3）纹饰拓本

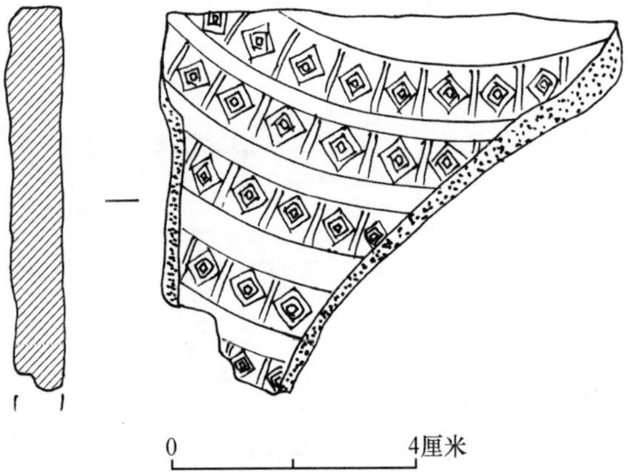

图一三七　陶片（TG1011 ④ a：3）

标本 TG1011 ④ a：3，陶盆残片。泥质灰陶，平底，内底饰有数周斜“回”纹。残长 7.5、残宽 6.3、厚 0.6 ~ 0.7 厘米（图一三七）。

标本 TG1029 ⑤ a：3，泥质灰陶。圆唇，敛口，弧腹。内外壁磨光呈黑色。口径 26、残宽 9、残高 4.8、厚 0.5 厘米。

标本 TG1016 ④ a：2，泥质灰陶。圆唇，内折沿，敛口，直腹下收。口径约 23、残宽 11.5、残高 5.3、厚 0.4 ~ 0.7 厘米。

标本 TG1030 ⑤ a：2，陶罐残片。泥质灰陶。方唇，外折平沿，侈口。外壁磨光并饰数周暗弦纹。口径约 10、残宽 8、残高 3、厚 0.5 ~ 0.8 厘米。

标本 TG1013 ④ a：1，泥质灰陶。平底。内底模印花纹较模糊。底径 11、厚 0.4 ~ 0.8 厘米。

标本 TG1016 ④ a：3，泥质灰陶。外壁饰两周附加堆积纹，内壁饰粗绳纹。厚 0.9 厘米。

（三）瓷器

共出土标本遗物50件。其中有瓷碗10件、瓷盘3件、瓷罐6件、瓷钵7件、瓷碾钵2件、瓷盒1件、瓷壶1件、瓷灯盏1件和瓷片19件。

1. 瓷碗

共出土10件，可复原9件。

A型　共1件。

标本TG1028H17：2，残。尖圆唇，敞口，深腹且较直。内壁施满釉，外壁施釉不到底，釉层较厚，有积釉现象，釉面有细碎开片。釉色青中泛白，胎色灰黄，胎质较粗。口径16、残高6.5、厚0.3～0.8厘米（图版二三，4）。

Ba型Ⅰ式　共1件。

标本TG1006④a：1，可复原。圆唇，侈口，弧腹，饼形足，碗心较平。内壁施满釉，外壁施釉至腹部。釉色白中泛黄；胎色黄白，胎质较粗。口径9.5、底径4.6、高3.4、厚0.6～0.7厘米（图版二三，5）。

Ba型Ⅲ式　共1件。

标本TG1013④a：3，可复原。圆唇，侈口，弧腹，圈足，碗心残存一支钉痕。内壁施满釉，外壁施釉不到底。釉色洁白；胎色洁白，胎质细腻。口径22、底径10、高6.5、厚0.2～0.5厘米。

Bb型Ⅰ式　共3件，均可复原。圆唇，侈口，饼形足。

标本TG1002④a：1，斜弧腹，碗心较圜，有小支钉痕。内壁施满釉，釉色白中泛黄；外壁施釉不到底，有流釉现象，釉色灰褐；胎色黄白，胎质较粗。口径12.7、底径7、高3.9、厚0.6～0.8厘米（图版二三，6）。

标本TG1005④a：1，弧腹，碗心较平。内壁及外壁口沿施白釉，釉色白中泛黄；外壁施满釉，釉色黑褐；胎色黄白，胎质较粗。口径10.9，底径6.4，高3.3、厚0.5～1.1厘米（图版二四，1）。

标本TG1004⑤a：1，斜腹，碗心较平，残存有支钉痕。内壁及口沿施满釉，釉色白中泛青；外壁施釉不到底，釉色黑褐；胎色黄白，胎质较粗。口径10.6、底径4.3、高3、厚0.5～0.7厘米。

Bb型Ⅱ式　共1件。

标本TG1002④a：2，可复原，圆唇，侈口，斜弧腹，玉璧底足，碗心较平，有明显支钉痕。内壁及口沿施满釉，釉色白中泛黄；外壁施满釉，釉色灰褐；胎色黄白，胎质较粗。口径14.9、底径7.3、高4.3、厚0.6～0.8厘米（图版二四，2）。

Bc型　共3件，均可复原。圆唇，侈口，平底。

标本TG1029④a：1，斜弧腹，碗心较平。内壁施满釉，外壁施釉至腹部，且有流釉现象；釉色灰褐；胎色红褐，胎质较粗。口径 11.2、底径 4.7、高 3.5、厚 0.4 ~ 0.8 厘米（图版二四，3）。

标本 TG1005 ④ a：9，浅腹微曲，碗心微凸。内壁施满釉，外壁施釉不到底；釉色黝黑；胎色黄白，胎质较粗。口径 10.3、底径 5.6、高 3.2、厚 0.5 ~ 1 厘米（图版二四，4）。

标本 TG1015 ④ a：1，斜腹，碗心较圜。内壁施满釉，外壁施釉不到底，且有流釉现象；釉色灰褐；胎色红褐，胎质较粗。口径 10.5，底径 4.3、高 3.4、厚 0.5 ~ 0.6 厘米。

2. 瓷盘

Bb 型　共 3 件。圆唇。

标本 TG1004 ④ a：2，残。直口，斜腹。口及内壁先施化妆土，再施白釉，内壁施满釉；外壁施釉至口沿下；釉色白中泛青；胎色青灰，胎质较粗。厚 0.3 ~ 0.4 厘米。

标本 TG1005 ④ a：2，残。直口，斜腹。先施化妆土再施白釉，内壁施满釉，外壁施釉不到底；釉色白中泛青；胎色灰白，胎质较粗。口径 13、厚 0.3 ~ 0.4 厘米。

标本 TG1014 ④ a：3，残。侈口，折腹。内外壁皆施满釉；釉色白中泛青，胎色洁白，胎质较细。口径 17、残高 1.8、厚 0.2 ~ 0.4 厘米。

3. 瓷罐

共 6 件。

Aa 型　共 3 件。大口。

标本 TG1004 ④ a：3，残。尖圆唇，侈口，圆肩，鼓腹。内壁施釉至腹部，外壁施满釉，釉面有细小开片，有剥釉现象；釉色黄中泛青，胎色黄褐，胎质较粗。口径 11、厚 0.5 ~ 0.6 厘米（图版二四，5）。

标本 TG1027 ④ a：1，残。圆唇，直口，弧腹。内外壁皆施满釉，口沿未施釉；釉色漆黑，釉层较厚，有积釉现象；胎色灰白，胎质较粗，胎釉结合较紧密。口径 15、残宽 4.2、残高 5、厚 0.3 ~ 0.4 厘米。

标本 TG1006 ④ a：3，残。圆唇，卷沿，侈口，圆肩。内外皆施满釉。釉色黑亮，釉面有细小红褐色铁锈斑；胎色黄白，胎质较粗。口径 9、厚 0.3 ~ 0.4 厘米。

Ab 型　共 2 件。小口，圆唇。

标本 TG1014 ④ a：5，残。敛口，圆肩，鼓腹。内壁施满釉，釉色红褐，外壁施满釉，釉色灰褐；胎色黑褐，胎质较粗。残长 7.7、残高 6、厚 0.3 ~ 0.5 厘米。

标本 TG1014 ④ a：4，残。圆唇，侈口，溜肩，鼓腹。内外壁皆满釉。釉色白中泛青；胎色洁白，胎质较细。残长 11.5、残高 8.5、厚 0.4 ~ 0.5 厘米（图一三八）。

C 型　共 1 件。

标本 TG1019H5：3，残。尖圆唇，敛口，溜肩，鼓腹。外壁口沿下饰有两周凸弦纹，有残系。内外壁皆施满釉。釉色白中泛青；胎色青灰，胎质较细。残长 5.8、残高 4、厚 0.3 ~ 0.4 厘米（图一三九）。

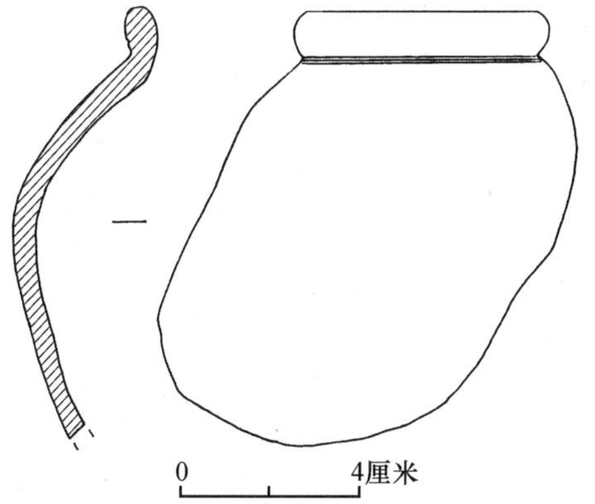

图一三八　北朝至五代 Ab 型瓷罐（TG1014④a：4）

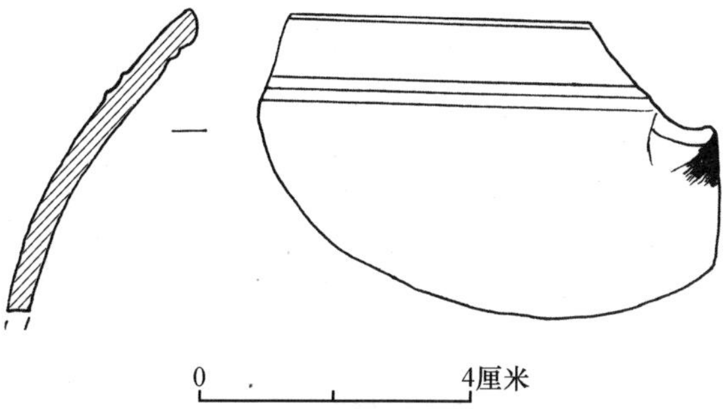

图一三九　北朝至五代 C 型瓷罐（TG1019H5：3）

4. 瓷钵

共7件。

A型　共2件。尖圆唇，侈口。

标本TG1019H5：4，残。弧腹。外壁有拉坯弦纹。内外壁皆施满釉；釉色白中泛黄；胎色黄灰，胎质较细。残长8.5、残高7.7、厚0.3~0.6厘米（图一四〇）。

标本TG1009④a：1，残。折腹。内外壁皆施满釉，釉面有细小开片；釉色白中泛青；胎色灰白，胎质较细。残长9、残高6.5、厚0.4~0.6厘米（图一四一）。

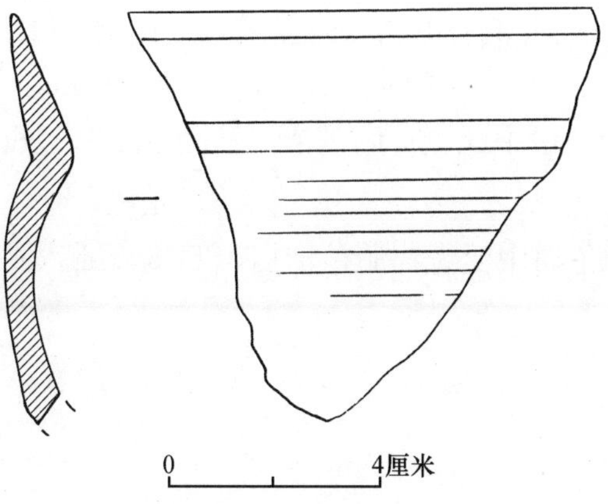

图一四〇　北朝至五代 A 型瓷钵（TG1019H5：4）

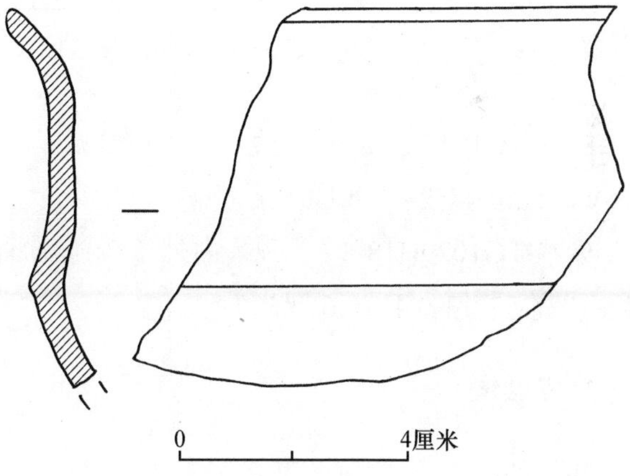

图一四一　北朝至五代 A 型瓷钵（TG1009④a：1）

B型　共5件。尖圆唇，内折沿，敛口，弧腹，口缘处有一周凸棱，棱上饰一周波浪花边。

标本TG1019⑤a：1，残。外壁有拉坯弦纹。内外壁皆施满釉；釉色白中泛青；胎色灰白，胎质较细。残长9.5、残高5.6、厚0.3~0.5厘米（图一四二）。

标本TG1005④a：6，内外施满釉，釉面有细小开片；釉色白中泛青；胎色灰白，胎质较细。口径15、厚0.3厘米。

标本TG1014④a：6，残。内外壁皆施满釉；釉色洁白；胎色洁白，胎质较细。残长6、残高3.2、厚0.4~0.7厘米（图一四三）。

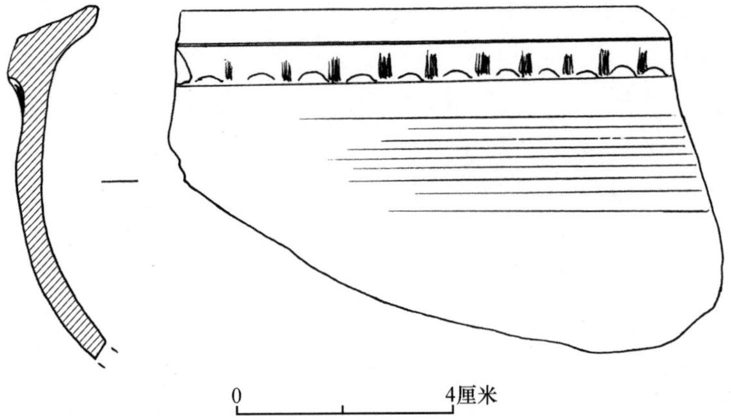

图一四二　北朝至五代 B 型瓷钵（TG1019 ⑤ a：1）

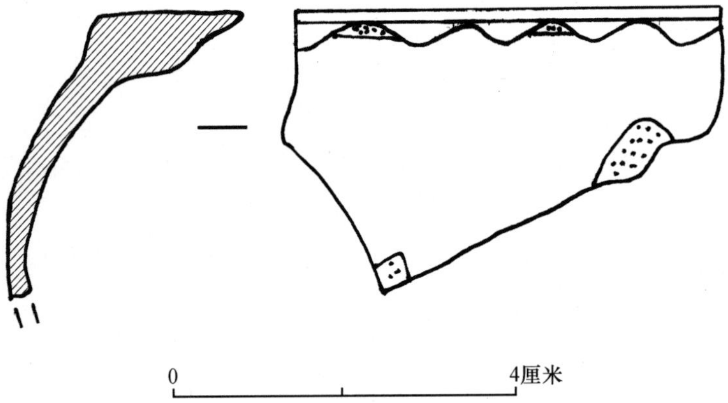

图一四三　北朝至五代 B 型瓷钵（TG1014 ④ a：6）

标本 TG1017 ⑤ a：1，残。内外壁皆施满釉；釉色白中泛青；胎色洁白，胎质较细。残长 5、残高 5、厚 0.2 ~ 0.4 厘米。

标本 TG1029H18：1，残。内外壁皆施满釉；釉色白中泛青；胎色洁白，胎质较细。残长 4.4、残高 5、厚 0.4 ~ 0.6 厘米。

5. 瓷碾钵

共 2 件。

标本 TG1008 ④ a：1，残。圆唇，侈口。内腹刻划深条纹。口沿施釉，内壁未施釉，外壁施釉不到底；釉色白中泛青；胎色灰白，胎质较细。残长 5、残高 2.1、厚 0.3 ~ 0.6 厘米。

标本 TG1005 ④ a：4，残。圆唇外撇，侈口，斜腹。内壁饰凹弦纹。内壁施满釉，外壁先施化妆土再施白釉，施釉不到底；釉色白中泛青黄；胎色红褐，胎质较粗。厚 0.3 ~ 0.4 厘米。

6. 瓷盒

共 1 件。

标本 TG1005④a：3，瓷盒底，残。圆唇，直口，折肩，直腹。除外壁口沿外皆施满釉，露胎处呈红褐色；釉色青中泛灰；胎色青灰，胎质较细。厚 0.3 ~ 0.5 厘米。

7. 瓷壶

共 1 件。

标本 TG1011④a：2，残。束颈，溜肩，肩部有一残流。外壁及内壁颈部施釉；釉色灰褐；胎色黄白，胎质较细。残长 8.1、残高 5.1、厚 0.4 ~ 0.9 厘米。

8. 瓷灯盏

共 1 件。

标本 TG1005④a：5，可复原。圆唇，侈口，浅腹，饼形足。内外壁皆未施釉；胎色黄白，胎质较粗。口径 5、底径 2.6、高 1.7、厚 0.4 ~ 0.6 厘米（图一四四）。

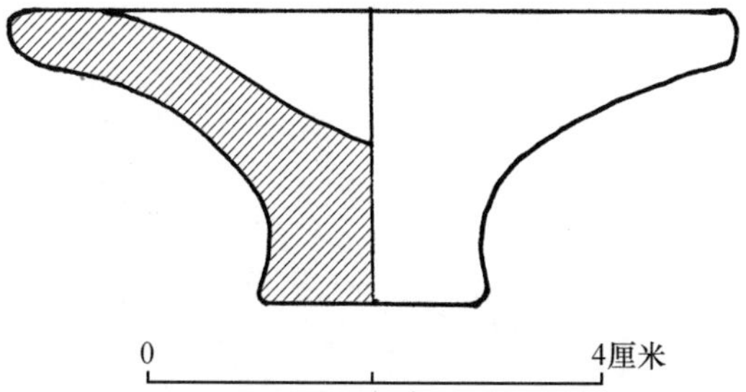

图一四四　北朝至五代瓷灯盏（TG1005④a：5）

9. 瓷片

共 19 件。

标本 TG1019H5：1，瓷碗残片。圆唇，侈口，口缘作花口状。内外壁皆施满釉。釉色白中泛青；胎色灰白，胎质较细。残长 8.8、残高 5.2、厚 0.3 ~ 0.4 厘米。

标本 TG1029⑤a：1，瓷碗残片。圆唇，侈口，口缘作花口状。内外壁皆施满釉，釉层较薄；釉色白中泛青；胎色洁白，胎质较细。口径 29、残宽 2.2、残高 6.5、厚 0.3 ~ 0.8 厘米。

标本 TG1019H5：2，瓷碗残片。圆唇，侈口，口缘作花口状。内壁施满釉，外壁自口沿下未施釉；釉色青灰；胎色青灰，胎质较细。残长 7、残高 4.1、厚 0.3 ~ 0.4 厘米。

标本 TG1005④a：7，瓷器残片。圆唇，侈口。内外皆施满釉，釉面有细小开片；釉色青中泛白，光洁莹润；胎色青灰，胎质较细。口径 9、厚 0.4 ~ 0.5 厘米。

标本 TG1007④a：1，瓷碗残底。宽圈足外撇，足心较平，碗心有支钉痕。内壁施满釉，有剥釉现象，外壁施釉不到底；釉色白中泛黄；胎色黄白，胎质较粗。足径 7.5、残高约 1.9、厚 0.5 ~ 0.7 厘米。

标本 TG1014④a：1，瓷碗残底。窄圈足，挖足较浅，足心微凸，足心墨书“廣”字。内壁施满釉，外壁施釉至圈足。釉色洁白；胎色洁白，胎质较细。底径 4.8、残高 2、厚 0.4 ~ 0.5 厘米（图一四五）。

标本 TG1015④a：2，瓷碗残底。窄圈足，底刻“晋”字。内外壁皆施白釉，足底未施釉；釉色青灰；胎色灰白，胎质较细。底径 5.8、残高 1.8、厚 0.5 ~ 0.6 厘米（图一四六；图版二五，1）。

标本 TG1014④a：2，瓷碗残底。窄圈足，挖足较浅，足心较平。内壁施满釉，外壁施釉至圈足；釉色白中泛青灰；胎色灰白，胎质较细。底径 5.3、残高 2、厚 0.4 ~ 0.6 厘米（图版二五，2）。

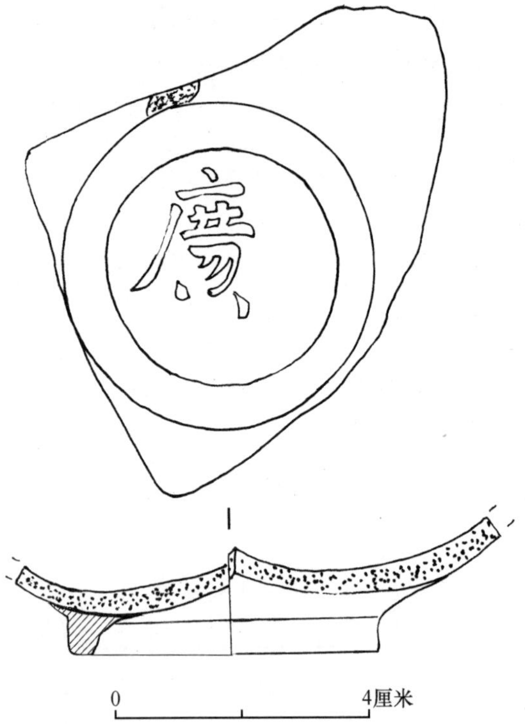

图一四五　北朝至五代瓷片（TG1014④a：1）

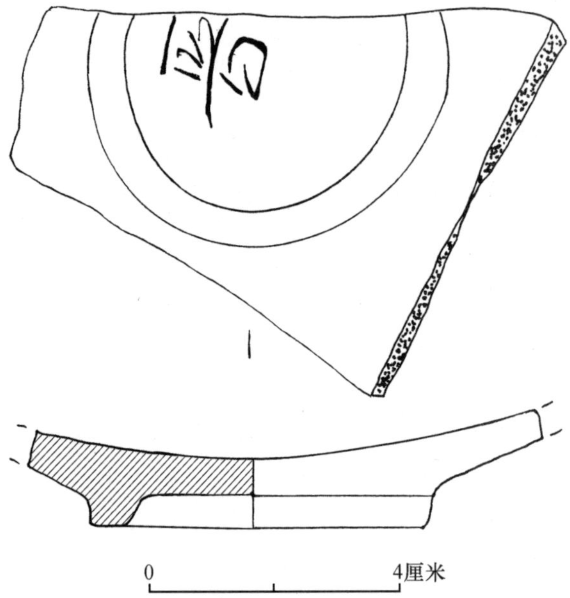

图一四六　北朝至五代瓷片（TG1015④a：2）

标本TG1004④a：1，瓷碗残底。饼形足，足心内凹。内壁施满釉，有刮釉现象，外壁未施釉；釉色白中泛黄；胎色黄白，胎质较粗。底径4.8、残高2.5、厚0.2～0.4厘米。

标本TG1015④a：3，瓷碗残底。饼形足。内壁施满釉，外壁施釉不到底；釉色白中泛青；胎色洁白，胎质较细。底径4.3、残高1.9、厚0.5厘米。

标本TG1010④a：2，瓷碗残底。窄圈足外撇，挖足较深。内壁施满釉，外壁施釉至圈足；釉色洁白；胎色洁白，胎质较细。底径7、残高3.2、厚0.4～0.6厘米。

标本TG1019④a：1，瓷碗残底。玉璧底足，足心稍凸。除底足外皆施满釉；釉色洁白；胎色洁白，胎质较细。底径6、残高1.5、厚0.5～0.7厘米。

标本TG1006④a：2，瓷碗残底。玉璧底足，底足稍内凹。除底足外皆施满釉；釉色洁白莹润；胎色洁白，胎质较细。底径7、残高1.8、厚0.3～0.5厘米。

标本TG1011④a：1，瓷碗残片。尖圆唇，侈口。内外壁皆施满釉，釉面有细小开片；釉色白中泛青；胎色洁白，胎质较细。口径13、残长4.8、残高5、厚0.3～0.8厘米。

标本TG1011④a：3，瓷碗残片。圆唇，侈口深腹。内壁施满釉，外壁施釉不到底；釉色白中泛青；胎色洁白，胎质较细。高8、厚0.3～1厘米。

标本TG1005④a：8，瓷瓶残底。圈足外撇，底足较宽内斜削。内壁施满釉，外壁施釉至足；釉色黑亮，遍布红褐色小点；胎色红褐，胎质较粗，含有细小沙粒。足径12、厚0.4～0.7厘米。

标本TG1014④a：7，残执壶柄。执柄为扁条状，上宽下窄，泥条上饰竖条纹；釉色白中泛黄，部分施翠绿色釉；胎色黄褐，胎质较粗。残长7厘米、厚0.6厘米（图一四七）。

标本TG1030⑤a：4，瓷塑，残。骑俑，俑的头部、马的头部和四腿均已缺失。俑呈骑状，双腿弯曲骑于马背，双手置于马颈下的鬃毛上。马颈下可见一周凸雕鬃毛，马身健硕强劲，腹部微内曲，马尾粗壮自然下垂。釉色洁白，胎质细腻。残高 2.7 厘米（图版二五，3）。

标本 TG1010 ④ a：1，瓷器残片。束颈，溜肩，肩部有两周凹弦纹，弧腹，外壁腹部釉下装饰席纹。外壁先施白色化妆土，再施黄釉；釉色黄白；胎色黄褐，胎质较粗。残长 6.8、残高 6.1、厚 0.5 ~ 0.7 厘米（图一四八）。

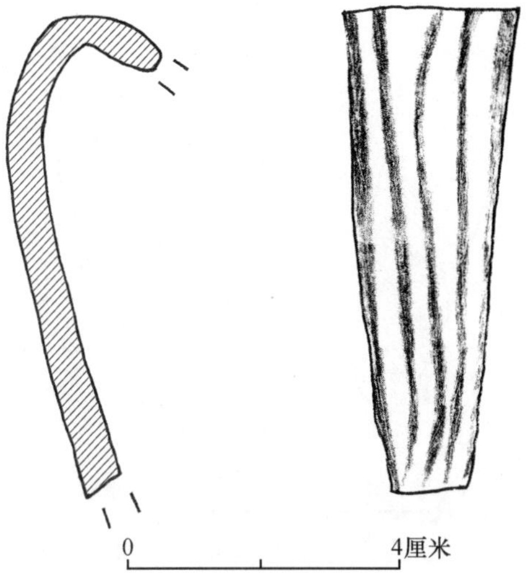

图一四七　北朝至五代瓷片（TG1014 ④ a：7）

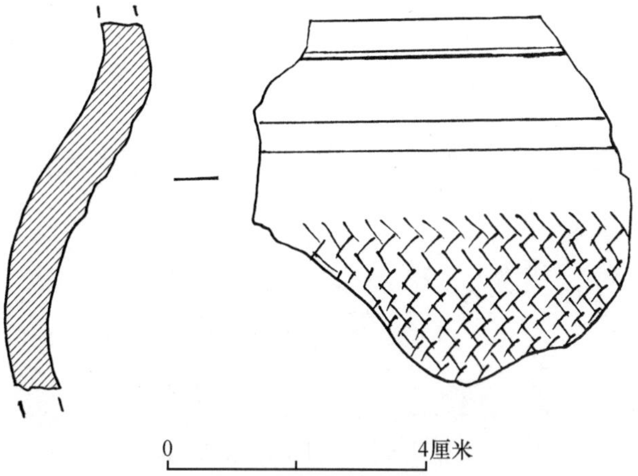

图一四八　北朝至五代瓷片（TG1010 ④ a：1）

（四）釉陶器

出土遗物标本共 5 件，可复原 1 件。

1. 釉陶碗

共 3 件，其中 1 件可复原。

A 型　共 2 件。均为泥质红陶，陶质细腻。

标本 TG1025 ⑤ a：1，残。尖圆唇，侈口。内壁及口沿施黄釉，外壁未施釉；釉色姜黄色。残高 3、厚 0.5 ~ 0.8 厘米。

标本 TG1030 ⑥：1，残。饼形足，底足外斜削。施黄釉，釉层基本剥落，外壁有流釉现象。底径 8、残宽约 7.5、厚 0.4 ~ 0.8 厘米。

B 型　共 1 件。

标本 TG1016 ⑤ a：1，可复原。圆唇，侈口，弧腹，平底。内壁及口沿施满釉，釉色灰褐，外壁有流釉现象；釉色暗绿色；胎色红褐，胎质较粗。口径 9.8、底径 3.5、高 2.8、厚 0.4 ~ 0.5 厘米（图一四九；图版二五，4）。

2. 釉陶片

标本 TG1018 ⑤ a：1，釉陶碗残底。饼形足，足底有明显支钉痕。外壁施满釉，圈足外斜削。外壁施满釉，内壁未施釉；釉色墨绿；胎色白中泛黄，胎质细腻。底径 7.8、残高 3、厚 0.6 ~ 0.7 厘米。

标本 TG1014 ⑤ a：1，残执壶柄。执柄为双圆泥条，被一周横泥条粘接。上饰条纹。施黄褐色釉；胎色黄白，胎质较细。厚 1.6 厘米（图一五〇）。

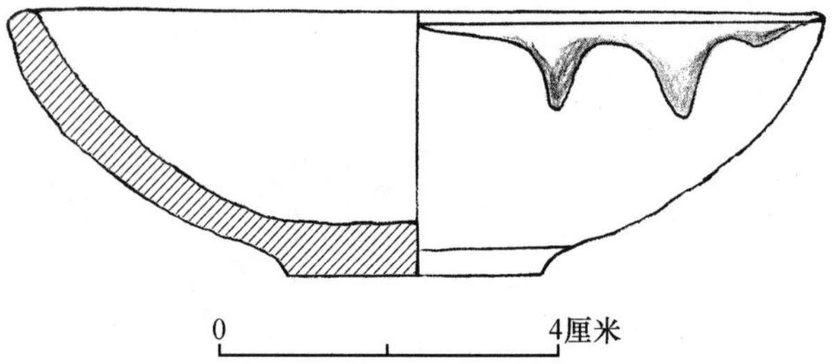

图一四九　北朝至五代 B 型釉陶碗（TG1016 ⑤ a：1）

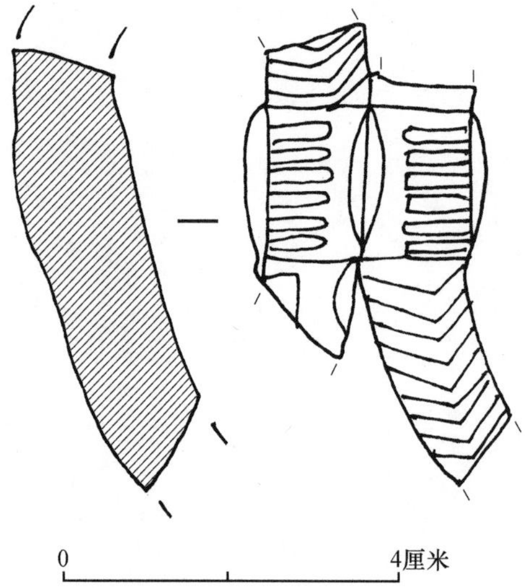

图一五〇　北朝至五代低温釉陶片（TG1014 ⑤ a：1）

（五）其他

共 27 件，有铜器 2 件、铁器 5 件、石器 2 件、蚌器 1 件和钱币 17 件。

1. 铜器

（1）佛像

共 1 件。

标本 TG1031 ⑤ a：9，铜鎏金佛造像，完整。背光，头戴璎珞，身披袈裟，面相圆润，仪容端庄，身呈 “S” 形站姿，即 “三段屈曲式”，站于莲台之上，右手上抬至肩膀，左手在身体外侧，自然垂下，通体鎏金，鎏金保存较完好，部分地方鎏金剥落。高 4.6 厘米（图版二六，1）。

（2）铜镞

共 1 件。

标本 TG1015 ⑥：4，残。铤部残缺，呈三棱锥状，双面刃且锋利，两刃间有内凹血槽。残长 4 厘米（图版二六，2）。

2. 铁器

共 5 件，有铁钉和铁饰件。

（1）铁钉

共 3 枚，腐蚀较严重。

标本 TG1031⑤a：10，残。圆形钉帽，钉身圆锥状，上粗下细，下部弯曲且尖部缺失。残长 5、粗 0.4 ~ 0.7 厘米。

标本 TG1031⑤a：11，残。椭圆形钉帽，钉身方锥状，上粗下细，尖部缺失。残长 8、宽 0.4 ~ 1.5、厚 0.4 ~ 1.5 厘米。

标本 TG1031⑤a：12，残。长方形钉帽，钉身呈长方柱状，上粗下细，尖部缺失。残长 11.5、宽 0.6、厚 0.3 厘米。

（2）铁饰

共 2 件。

标本 TG1029⑤a：7，完整。呈半圆空心形，锈蚀较严重。直径 1.7、厚 0.2 厘米。

标本 TG1030⑥：3，残。呈半椭圆形，正面平整，背面内空，有三个小铜钉穿过正面在背面呈三角状分布。锈蚀较严重。高 1.5、长 3.5、宽 4、厚 0.2 ~ 0.5 厘米。

3. 石器

共 2 件。

标本 TG1019H5：5，石雕佛像，残。灰白色砂岩，颈部以上，腰部以下已缺失。颈部和肩部饰瓔珞，腰部饰有裙带；左手持一椭圆形器物上曲至胸部，右手前曲抓一圆形器物。残高 7.5 厘米（图版二六，3）。

标本 TG1015⑥：3，带刃石器，残，青灰色燧石。残存呈不规则形，一边齐平，一边为内曲形双面刃，刃部较锋利。打磨光滑，制作较精细。残长 18.8、宽 7.9 厘米（图版二六，4）。

4. 蚌器

共 1 件。

标本 TG1031④a：3，蚌壳残片。扇形，表面光泽较亮，内外壁洁白，外壁三周槽线相互平行，距离相等。残长 7、厚 0.3 ~ 0.4 厘米。

5. 钱币

共 17 枚，因大多腐蚀较严重，字迹不明显，所以仅对部分铜钱做简单描述。

（1）开元通宝

A 型Ⅰ式　共 2 枚。背面素面，钱文清晰、规整，穿郭俱佳，铜质优良，铸造工艺考究。

标本 TG1029④a：4，钱径 2.4、穿径 0.6、郭宽 0.3 厘米（图一五一）。

标本 TG1031④a：8，钱径 2.5、穿径 0.7、郭宽 0.2 厘米。

B 型Ⅰ式　共 1 枚。

标本 TG1019⑤a：4，背面穿上加铸掐痕，钱文清晰、规整，穿郭俱佳，铜质优良，铸造工艺考究。钱径 2.5、穿径 0.7、郭宽 0.2 厘米（图一五二）。

（2）乾元重宝

A 型Ⅰ式　共 1 枚。

标本 TG1031 ④ a：7，背面素面，正面钱文较大，呈扁宽形。钱文清晰、规整，穿郭俱佳，铜质优良，铸造工艺考究。钱 2.5、穿径 0.7、郭宽 0.2 厘米（图一五三）。

图一五一　开元通宝钱币（TG1029 ④ a：4）拓本

图一五二　开元通宝钱币（TG1019 ⑤ a：4）拓本

图一五三　乾元通宝钱币（TG1031 ④ a：7）拓本

三、宋至清代遗物

共出土标本遗物 9 件。其中有瓷器 8 件和其他 1 件。

（一）瓷器

共出土遗物标本 8 件。其中有瓷碗 4 件、瓷盘 2 件和瓷灯盏 2 件。

1. 瓷碗

共 4 件。

标本 TG1013 ③ a：1，残。窄圈足内斜削，足心微凸，挖足较深。内壁施满釉，釉色白中泛青，外壁施釉至圈足，釉色黑褐；胎色灰白，胎质较粗。底径 4.5、厚 0.4 ~ 0.7 厘米。

标本 TG1006 ③ a：1，残。宽圈足外撇，足心微凸。内壁除碗心刮釉外皆施满釉，外壁施釉不到底；釉色黑亮；胎色灰白，胎质较粗。底径 7.4、残高 2.6、厚 0.6 ~ 0.7 厘米。

标本 TG1012 ②：1，残。窄圈足内斜削，挖足较深。内外壁皆施满釉。釉色白中泛黄；胎色灰白，胎质较粗。足径 8、残高 2.4、厚 0.8 ~ 0.9 厘米。

标本 TG1030 ③ a：1，残。窄圈足。内壁除碗心刮釉外皆施满釉，器物内壁印宝相花纹饰，外壁施满釉；釉色青黄；胎色黄白，胎质较粗。底径约 15、残高 3.5、厚约 0.4 ~ 0.5 厘米（图一五四）。

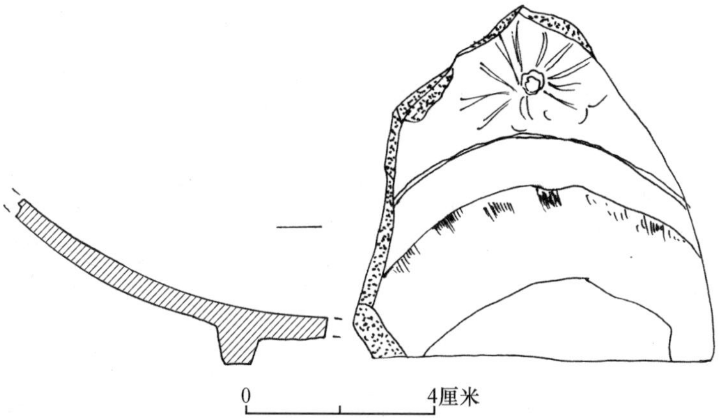

图一五四　瓷碗（TG1030③a：1）

2. 瓷盘

共2件。

标本TG1006③a：2，残。圆唇，口沿上折，直口，斜腹。外壁施釉至口沿下，内壁施满釉，碗心白釉下绘褐彩纹饰。釉色白中泛黄；胎色黄白，胎质较粗。口径15、厚0.2～0.6厘米。

标本TG1028②：1，残。圆唇，侈口，折腹。内外壁皆施满釉，口沿及内壁施白釉，外壁施褐釉，釉层较薄；胎色灰白，胎质较细。口径10、残宽约5.7、残高约3、厚0.4～0.5厘米。

3. 瓷灯盏

共2件，均可复原。

标本TG1006③a：3，圆唇，侈口，斜弧腹，平底。内壁部分施釉，釉色灰褐，外壁及口沿未施釉，胎色灰黄，胎质较粗。口径5.6、底径3.4、高2.3、厚0.6～0.7厘米。

标本TG1029②：1，尖圆唇，侈口，斜腹，平底。内壁部分施釉，釉色灰褐，外壁及口沿未施釉，胎色灰黄，胎质较粗。口径6.1、底径3.6、高2.8、厚0.4～0.7厘米。

（二）其他

钱币

共1枚。

标本TG1003③a：1，元丰通宝。背面素面，正面钱文草书。钱文清晰，穿郭俱佳，铜质优良，制作工艺考究。钱径2.5、穿径0.6、郭宽0.2厘米（图一五五）。

图一五五　元丰通宝钱币（TG1003③a：1）拓本

第三章　第二段探沟

第二段探沟（TG1032 ~ TG1048）位于第一段探沟东部，向东至第二条南北向现代道路西侧止。共布探沟17个，因TG1032位于现代道路下未能发掘，因此第二段探沟实际发掘为自TG1033起至TG1048止，共计16个探沟。每个探沟均为10米 ×2米，总长160米，实际发掘面积313.5平方米（TG1039—TG1040建筑基址扩方5米 ×5.5米），方向104°（图版二七，1）。

第一节　地 层 堆 积

第二段探沟发掘区的地势情况为西高东低，高差2.2米。第二段探沟发掘总长160米，最深4.4米，最浅1.9米，平均深度2.75米。第1层为近现代耕土层；第2层为明清文化层；第3a层为宋元文化层；第4层为晚唐五代文化层，分两个亚层，分别为第4a层和第4b层；第5a层为唐代文化层；第6层为北朝文化层。从TG1040东部至TG1048遗迹不丰富，主要是灰坑3座、墓葬1座、道路1条；从TG1033至TG1040中部遗迹比较丰富，主要是灰坑14座、建筑基址2处。从地层上来看，处于第1层下的遗迹有H39、M1，处于第2层下的遗迹有H41，处于第3a层下的遗迹有H34，处于第4a层下的遗迹有H25、H27、H36，处于第4b层下的遗迹有H28、H29、H32、H33、H35、H37、TG1036—TG1037建筑基址，处于第5a层下的遗迹有H26、H30、H31、H38、H40、TG1039—TG1040建筑基址和L1（图一五六；图版二七，2）。

第1层：近现代耕土层。灰褐色黏土，质地松软，较杂乱；包含植物根系、碎砖瓦块、小石块等；厚0.2 ~ 0.95米。因现在作为苗木培育地，有很多树坑。地势西高东低，高差2.2米。自TG1033西部至TG1040东部，地势下降1.9米，从TG1041直至最后一条探沟（TG1048）地势较缓平，下降了0.3米。TG1033东部和TG1034西部，有一现代水管开口于第1层，打破第1、2、3a、4a、4b、5a层；TG1041西部有一现代墓葬M1，开口于第1层下，打破第2、3a、4a、5a层和L1；TG1041中部有一灰坑H39，开口于第1层下，打破第2、3a、4a层。

第2层：明清文化层。浅灰色黏土，质地较硬；包含较多砖瓦块、红烧土粒和少量青花瓷碎片；厚0.18 ~ 0.9米，距地表0.35 ~ 0.95米。第2层堆积西高东低，高差1.15米，自TG1033至TG1040堆积下降了1.02米，从TG1041西部至TG1044东部堆积上升了0.12米，自TG1045直至最后一条探沟（TG1048），堆积较缓平，下降了0.25米。该层的遗迹现象较少，仅有H41。

第3a层：宋元文化层。深黄褐色砂土，质地疏松，较干净；包含少量瓷片、陶片、碎砖

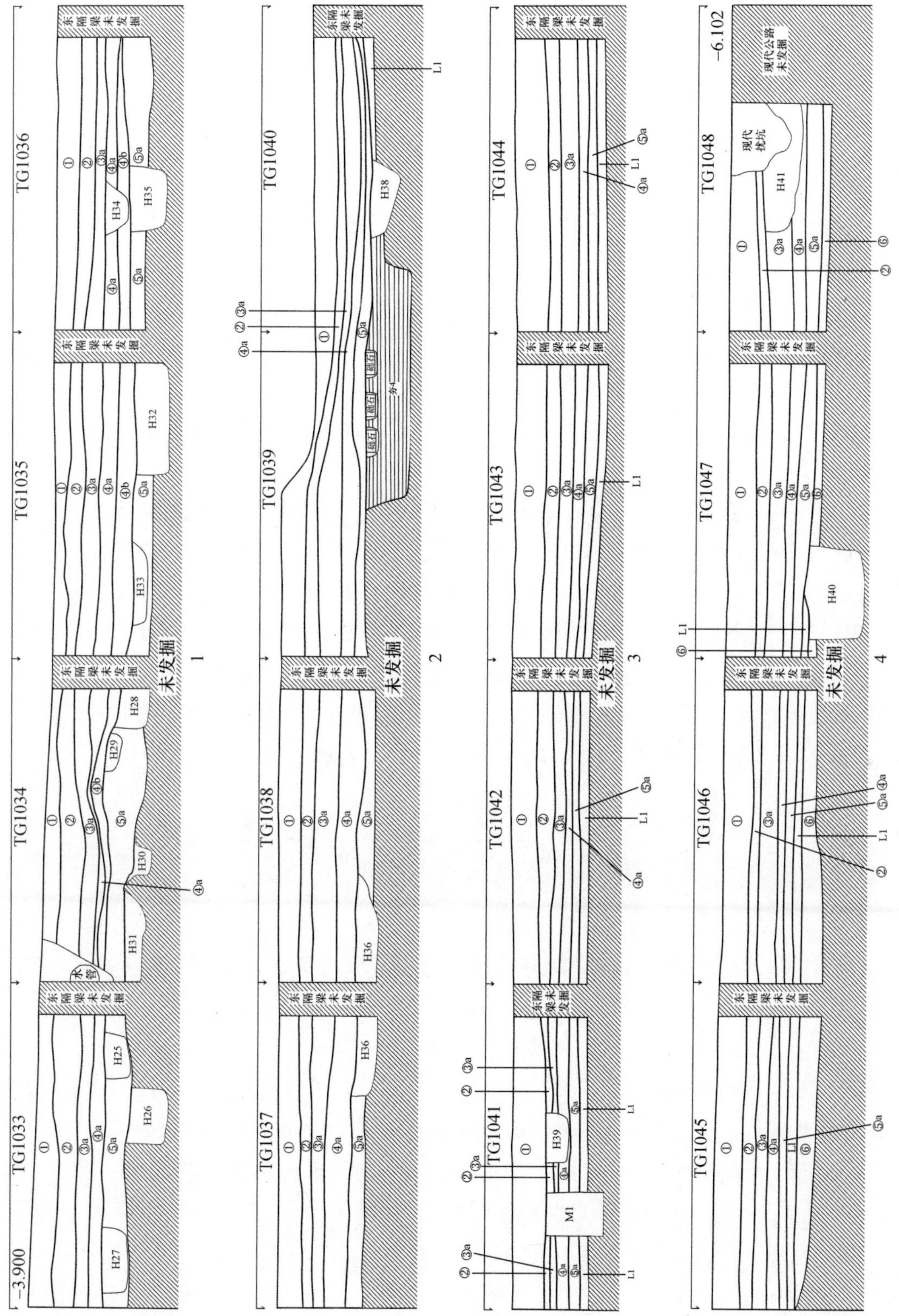

图一五六　TG1033～TG1048北壁剖面图

1. TG1033～TG1036　2. TG1037～TG1040　3. TG1041～TG1044　4. TG1045～TG1048

瓦块等；厚 0.2 ~ 0.75 米，距地表 0.75 ~ 1.3 米。第 3a 层总体堆积西高东低，高差 1.5 米。自 TG1033 至 TG1040 下降了 1.26 米，从 TG1041 直至最后一条探沟（TG1048），堆积较缓平，下降了 0.24 米。该层的遗迹现象较少，仅有 H34。

第 4a 层：晚唐五代文化层。灰黑褐色砂质黏土，质地疏松，较杂乱；包含大量建筑构件、陶瓷残片、木炭屑、红烧土等；厚 0.05 ~ 0.85 米，距地表 1.2 ~ 2 米。第 4a 层总体堆积呈西高东低，高差 2.15 米。自 TG1033 直至最后一条探沟（TG1048），下降了 2.15 米。该层遗迹较不丰富，有 H25、H27、H36。

第 4b 层：晚唐五代文化层。浅黑褐色砂质黏土，质地疏松；包含大量陶瓷片、砖瓦块、木炭屑等；厚 0.1 ~ 0.55，距地表 1.5 ~ 2 米。第 4b 层自 TG1034 始至 TG1036 止，全长 29 米，总体地势堆积西高东低，高差 0.5 米，从 TG1034 至 TG1036 下降了 0.5 米。该层的遗迹现象较丰富，有 H28、H29、H32、H33、H35、H37、TG1036 ~ TG1037 建筑基址。TG1036 ~ TG1037 建筑基址仅发现两个石柱础，柱心相距 4.8 米，柱础尺寸为 0.7 米 ×0.6 米 ×0.25 米。

第 5a 层：唐代文化层。红褐色黏土，质地较硬；包含石块、炭灰、少量陶片、少量瓷片等；厚 0.1 ~ 1.3 米，距地表 1.35 ~ 2.5 米。第 5 层总体堆积呈西高东低，高差 1.65 米。自 TG1033 至 TG1036 东部上升 0.5 米，从 TG1037 至 TG1040，地势较缓平，缓慢下降 0.12 米，自探沟 TG1041 直至最后一条探沟（TG1048），下降了 1.03 米。该层的遗迹现象丰富，H26、H30、H31、H38、H40、TG1039 ~ TG1040 建筑基址和 L1。TG1039 ~ TG1040 夯土建筑基址，经过扩方发现 5 个砂岩质地柱础石和建筑活动面，推测为一处较大的唐代建筑基址。

第 6 层：北朝文化层。黄褐色粉砂土，质地疏松，较干净；包含建筑构件、陶瓷残片等；厚 0.1 ~ 0.75 米，距地表 2.8 米。第 6 层文化自 TG1045 西部至 TG1048 东部，全长 40 米，总体地势堆积西高东低，高差 0.65 米。在 TG1047 西部被 H40 打破。未发现遗迹现象。

第二节　遗　迹

第二段探沟共发现 21 处遗迹现象，其中灰坑 17 座、建筑基址 2 处、路 1 条、墓葬 1 座。

一、建筑基址

第二段探沟发现两处建筑基址，其中一处位于 TG1036 ~ TG1037 内，开口于第 4a 层下，另一处位于 TG1039 ~ TG1040 中，开口于第 5a 层下，仅发现一段夯土及少量柱础石。

（一）TG1036—TG1037 建筑基址

TG1036—TG1037 建筑基址位于 TG1036 ~ TG1037 中，开口于第 4a 层下，建筑基址距地表约 2.25 米。地层堆积自上而下依次为近现代耕土层、明清文化层、宋元文化层、晚唐五代文化层。因发掘面积较小及破坏较严重，仅存两块柱础石。柱础石呈长方形，砂质岩石，长0.7米，宽0.6米，厚0.25米，柱心距4.8米。推测此处应为一建筑基址。由于发掘面积较小，暂时无法做太多判断，有待进一步发掘考证（图一五七；图版二八，1）。

（二）TG1039—TG1040建筑基址

TG1039—TG1040建筑基址位于TG1039～TG1040中，开口于第5a层下，建筑基址距地表2.2～2.6米。地层堆积自上而下依次为近现代耕土层、明清文化层、宋元文化层、晚唐五代文化层、唐代文化层，该建筑基址下未发掘。因后期破坏较严重，仅存一段夯土和五块柱础石。

五块柱础石自西向东，自北至南排列，依次命名为础1、础2、础3、础4、础5。础1～础3的柱心距均为1.1米，在础2和础3之间南侧有一柱状铁器。础1长0.7米，宽0.6米，厚0.5米；础2长0.75米，宽0.7米，厚0.4～0.6米，该柱础的东南角有一缺口；础3长0.5米，宽0.9米，厚0.4～0.5米，该柱础的西南角也有一缺口，推测础2和础3可能是门道两旁的础石。础4和础5的柱心距为4米，础4长0.7米，宽0.65米，厚0.3米；础5呈方形，边长0.65米，厚0.25米。由于发掘面积较小，暂时无法做太多判断，有待进一步发掘考证（图一五八；图版二八，2；图版二九，1）。

二、夯　　土

第二段探沟发现1段夯土，因发掘面积较小，暂不知该建筑台基的具体布局。现简要介绍如下。

夯4位于TG1039东部和TG1040西部，全长8.5米，可见宽0.8～1米。夯4开口于第5a层下。夯4残存夯层共10层，为浅红褐色砂质黏土，每层夯层厚10厘米，总厚度1.5～1.7米；夯窝呈圆形，直径3～4厘米。夯4上有三块柱础石，为TG1039—TG1040建筑基址的夯土台基，由于发掘面积较小，暂不自其具体形制大小。出土遗物有陶罐口沿、陶盆口沿、陶碗残片、陶纺轮、绳纹板瓦、素面筒瓦和铁器等（图版二九，2；图版三〇，1）。

三、墓　　葬

M1位于TG1041西侧，开口于第1层下，打破第2、3a、4a、5层、L1和生土。M1为长方形竖穴式，直壁。墓口距地表0.9米，深度1.6米。M1的填土为灰褐色黏土，土质较松；砖砌墓室，为近现代墓葬。因探沟面积所限，未进行全部发掘，未有遗物出土。

四、路

第二段探沟发现1条路。现简要介绍如下。

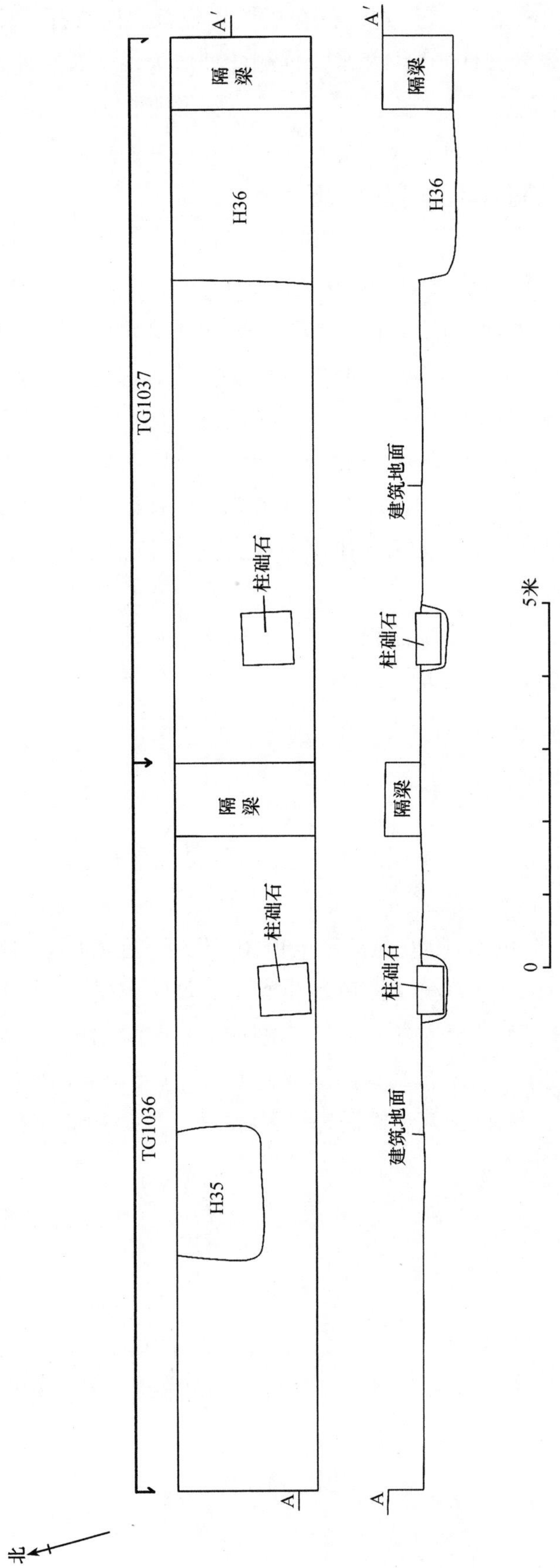

图一五七　TG1036—TG1037 建筑基址平、剖面图

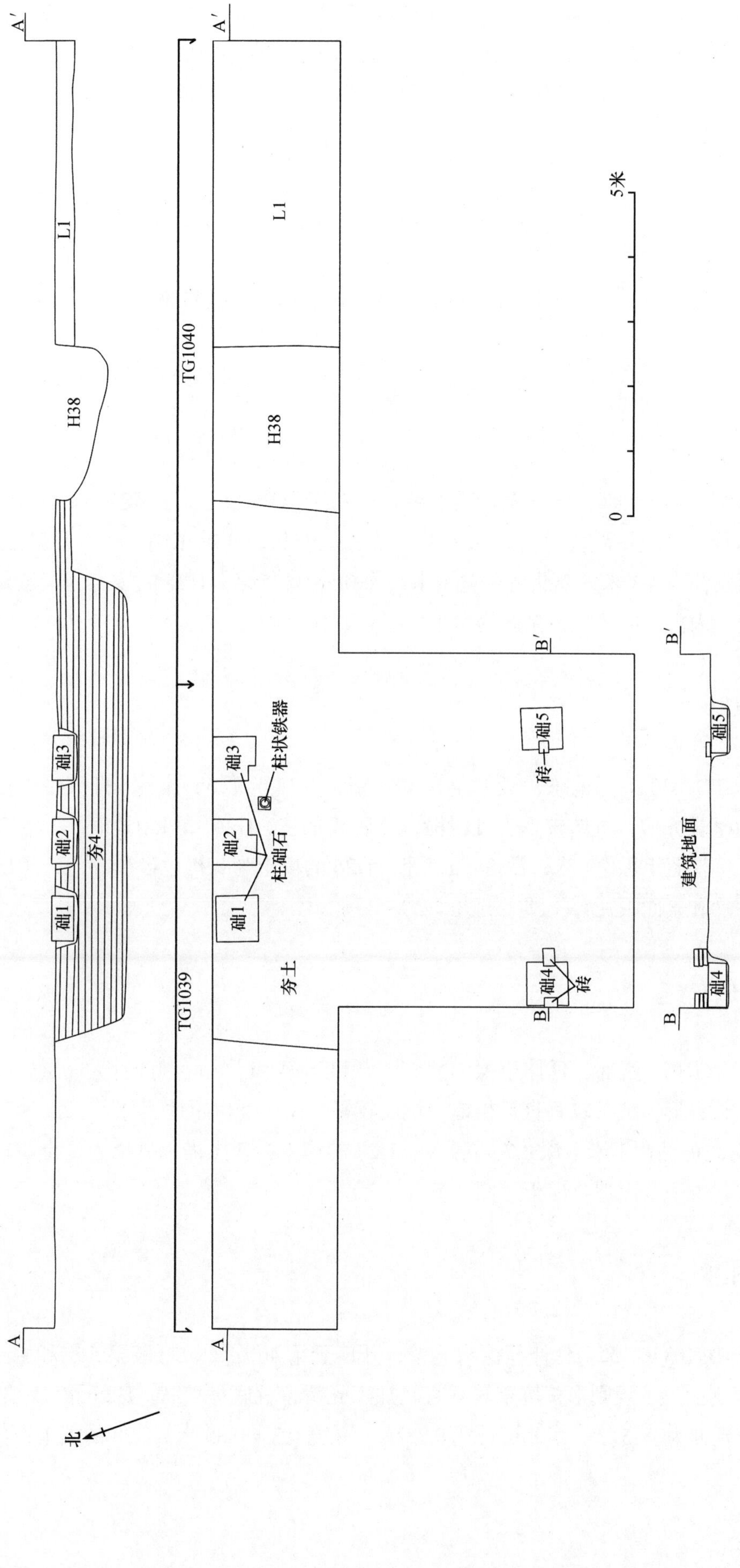

图一五八　TG1039—TG1040 建筑基址平、剖面图

L1 位于 TG1041 至 TG1047 西部，开口于第 5a 层下，西高东低，距地表 1.7 ~ 2 米。东西向，全长 60.8 米，可见宽 1 米，厚 0.1 ~ 0.25 米。路土灰褐色，内含大量沙砾、小石子，致密度高，很硬，由 0.1 厘米的板结面相叠组成。因发掘面积小，路面破坏较严重，具体形制暂不知（图版三〇，2、3）。

五、灰　坑

数量最多的遗迹是灰坑，共 17 座，因为探沟发掘面积较小，大部分灰坑不完整。现将灰坑简要介绍如下。

（一）H25

H25 位于 TG1033 东部，延伸至探沟北壁，开口于第 4a 层下，打破第 5a 层。H25 平面近方形，剖面呈梯形，坑壁较垂直且加工光滑，坑底呈坡状，西低东高。H25 开口距地表 2.1 ~ 2.18 米，东西延伸为 1.3 米，南北可见宽 1 米，深 0.5 ~ 0.75 米。H25 的填土为灰黑褐色砂质黏土，土质较硬，内含一层炭粒；无遗物出土（图一五九，1）。

（二）H26

H26 位于 TG1033 中部偏东，延伸至探沟北壁，开口于第 5a 层下，打破生土。H26 平面近梯形，剖面呈长方形，坑壁较垂直且粗糙，坑底较平整。H26 开口距地表 2.75 ~ 3 米，东西延伸为 1.6 米，南北可见宽 1 米，深 1 ~ 1.2 米。H26 的填土为灰褐色砂质黏土，土质较疏松；出土遗物有陶片和素面板瓦等（图一五九，2）。

（三）H27

H27 位于 TG1033 西部，延伸至探沟北壁，开口于第 4a 层下，打破第 5a 层。H27 平面近梯形，剖面呈长方形，坑壁较垂直且粗糙，坑底较平。H27 开口距地表 2.1 ~ 2.2 米，东西延伸为 1.85 米，南北可见宽 1 米，深 0.7 ~ 0.9 米。H27 的填土为灰黑褐色砂质土，土质较硬，含较多草木灰，坡状堆积；无遗物出土（图一五九，3）。

（四）H28

H28 位于 TG1034 东部，延伸至探沟北壁，开口于第 4b 层下，打破第 5 层和生土。H28 平面近长方形，剖面呈不规则形，坑壁较垂直且加工光滑，坑底呈坡状。H28 开口距地表 2 ~ 2.4 米，东西可见延伸为 1.15 米，南北可见宽 0.85 米，深度 0.7 ~ 0.85 米。H28 的填土为灰褐色砂质

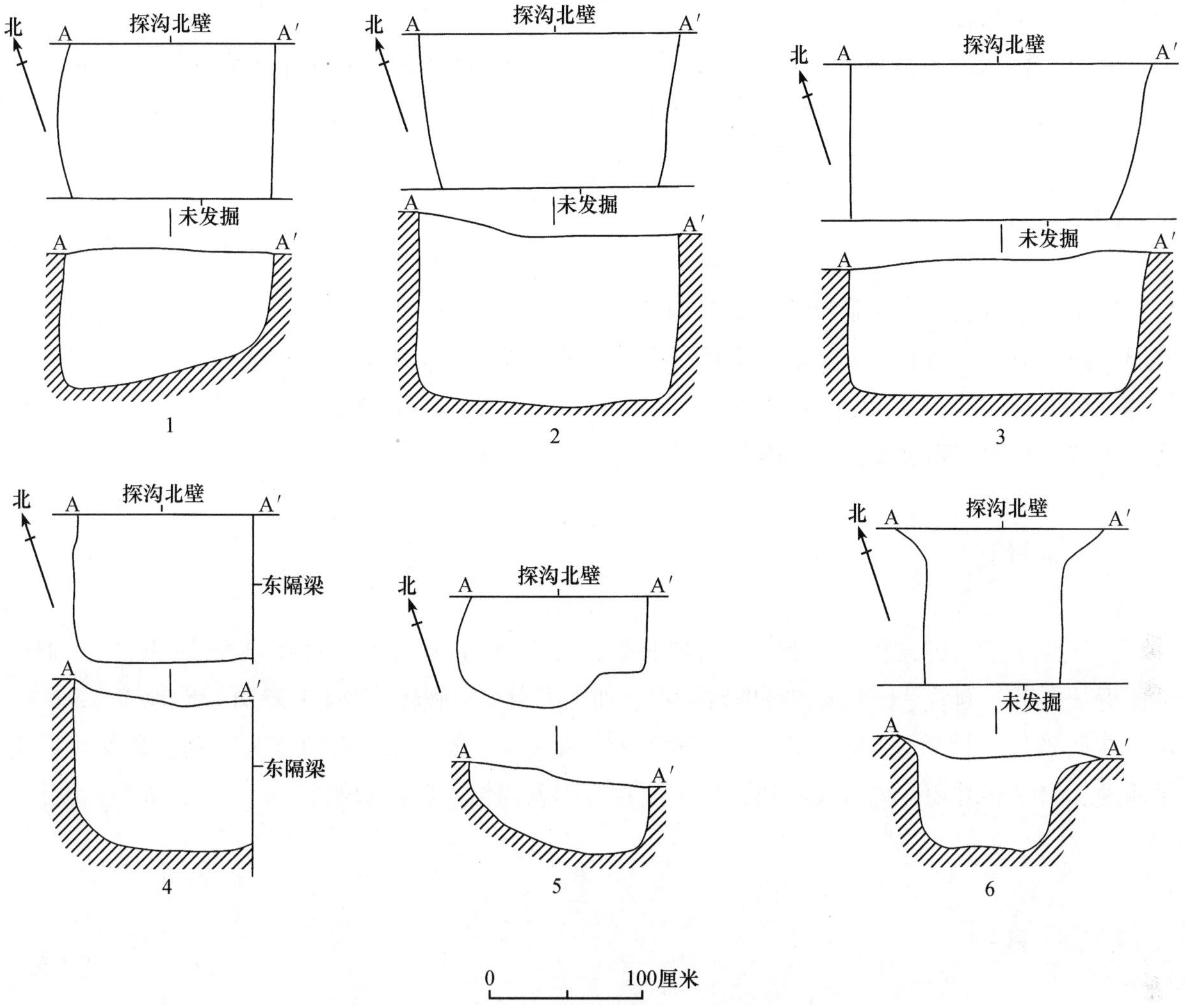

图一五九　H25～H30平、剖面图

1. H25　2. H26　3. H27　4. H28　5. H29　6. H30

土，土质较硬，内含一层炭粒和草木灰，厚0.06～0.21米；出土遗物有素面板瓦（图一五九，4）。

（五）H29

H29位于TG1034东部，开口于第4b层下，打破第5a层。H29平面和剖面均为不规则形，坑壁较垂直且加工粗糙，坑底呈坡状，西高东低。H29开口距地表1.85～2米，东西延伸为1.2米，南北可见宽0.66米，深度0.15～0.4米。H29的填土为灰褐色砂质土，包含大量的炭粒；出土遗物有陶片若干和开元通宝1枚（图一五九，5）。

（六）H30

H30位于TG1034中部偏西，延伸至探沟北壁，开口于第5a层下，打破生土。H30平面和剖面均为不规则形，坑壁较垂直且加工较粗糙，坑底较不平整。H30 开口距地表 2.6 ~ 3 米，东西延伸为 1.35 米，南北可见宽 1 米，深度 0.55 米。H30 的填土为灰褐色砂质土，土质较疏松，内含大量草木灰和炭屑；无遗物出土（图一五九，6）。

（七）H31

H31 位于 TG1034 西部，延伸至探沟北壁，开口于第 5a 层下，打破生土。H31 平面近长方形，剖面呈不规则形，坑壁呈坡状且较粗糙，坑底较平整。H31 开口距地表 2.6 ~ 2.8 米，东西可见延伸为 2.8 米，南北可见宽 1 米，深 0.6 ~ 0.8 米。H31 的填土为灰褐色砂质土，土质较硬，含较多草木灰和炭屑，坡状堆积；出土遗物有陶罐 1 件（图一六〇，1）。

（八）H32

H32 位于 TG1035 东部，延伸至探沟北壁，开口于第 4b 层下，打破第 5a 层和生土。H32 平面近长方形，剖面呈长方形，坑壁较垂直且加工光滑，坑底较平整。H32 开口距地表 2.5 ~ 2.7 米，东西可见延伸为 3.3 米，南北可见宽 1 米，深度 1.1 米。H32 的填土为灰褐土砂质土，土质较硬，水平状堆积，含有大石块；出土遗物有陶盆口沿、陶罐口沿、陶豆口沿和绳纹板瓦等（图一六〇，2）。

（九）H33

H33 位于 TG1035 西部，延伸至探沟北壁，开口于第 4b 层下，打破第 5a 层。H33 平面呈长方形，剖面呈半椭圆形，坑壁呈斜坡状且加工较粗糙，坑底微圜。H33 开口距地表 2.6 ~ 2.75 米，东西延伸为 2.65 米，南北可见宽 0.75 米，深度 0.5 ~ 0.6 米。H33 的填土为灰褐色砂质土，土质较硬，底部有一层较厚的碎炭屑和草木灰；出土遗物有陶罐、素面筒瓦和素面板瓦等（图一六〇，3）。

（一〇）H34

H34 位于 TG1036 中部偏西，延伸至探沟北壁，开口于第 3a 层下，打破第 4a 和第 4b 层。H34 平面近椭圆形，剖面呈锅底状，坑壁呈坡状且加工粗糙，坑底较平整。H34 开口距地表 1.5 ~ 1.6 米，东西延伸为 1.8 米，南北可见宽约 0.8 米，深度 0.75 米。H34 的填土为黄褐色砂质黏土，土质较松；出土遗物有筒瓦和板瓦等（图一六〇，4）。

（一一）H35

H35 位于 TG1036 西部，延伸至探沟北壁，开口于第 4b 层下，打破第 5a 层和生土。H35

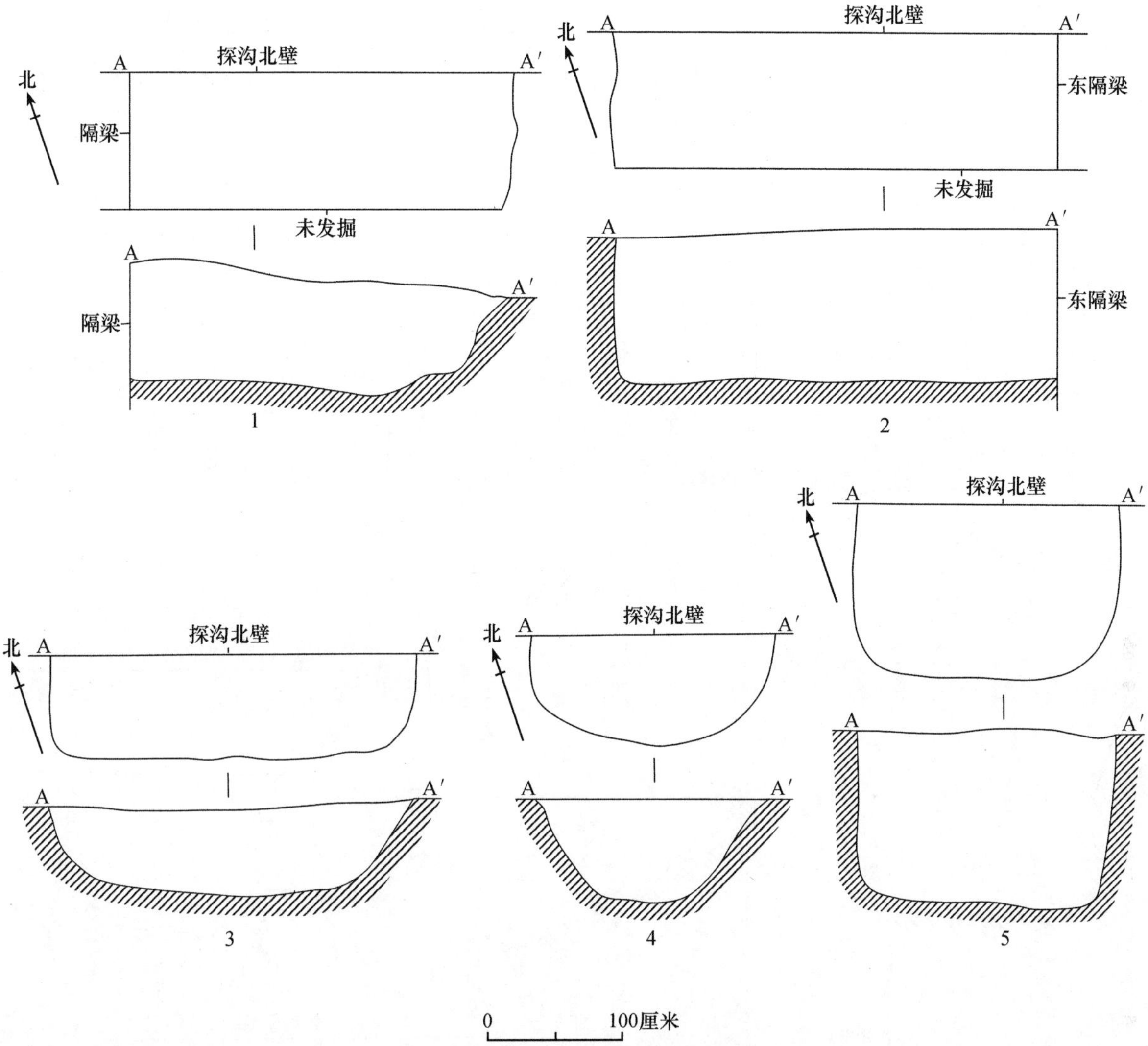

图一六〇　H31～H35平、剖面图

1. H31　2. H32　3. H33　4. H34　5. H35

平面近长方形，剖面呈长方形，坑壁较垂直且加工较光滑，坑底较平。H35开口距地表2.2～2.4米，东西延伸为1.95米，南北可见宽1.2米，深1.1～1.3米。H35的填土为灰褐色砂质黏土，土质较硬；无遗物出土（图一六〇，5）。

（一二）H36

H36位于TG1037西部和TG1038的东部，贯穿探沟南北，开口于第4a层下，打破第5a层和生土。H36平面近长方形，剖面呈不规则形，坑壁呈坡状且粗糙，坑底不平整。H36开口距地表2.3～2.4米，东西延伸为6.6米，南北可见宽2米，深度0.4～0.7米。H36填土为灰黑褐色黏土，土质疏松；出土遗物有陶钵、筒瓦、素面板瓦和莲花纹瓦当等（图一六一，1）。

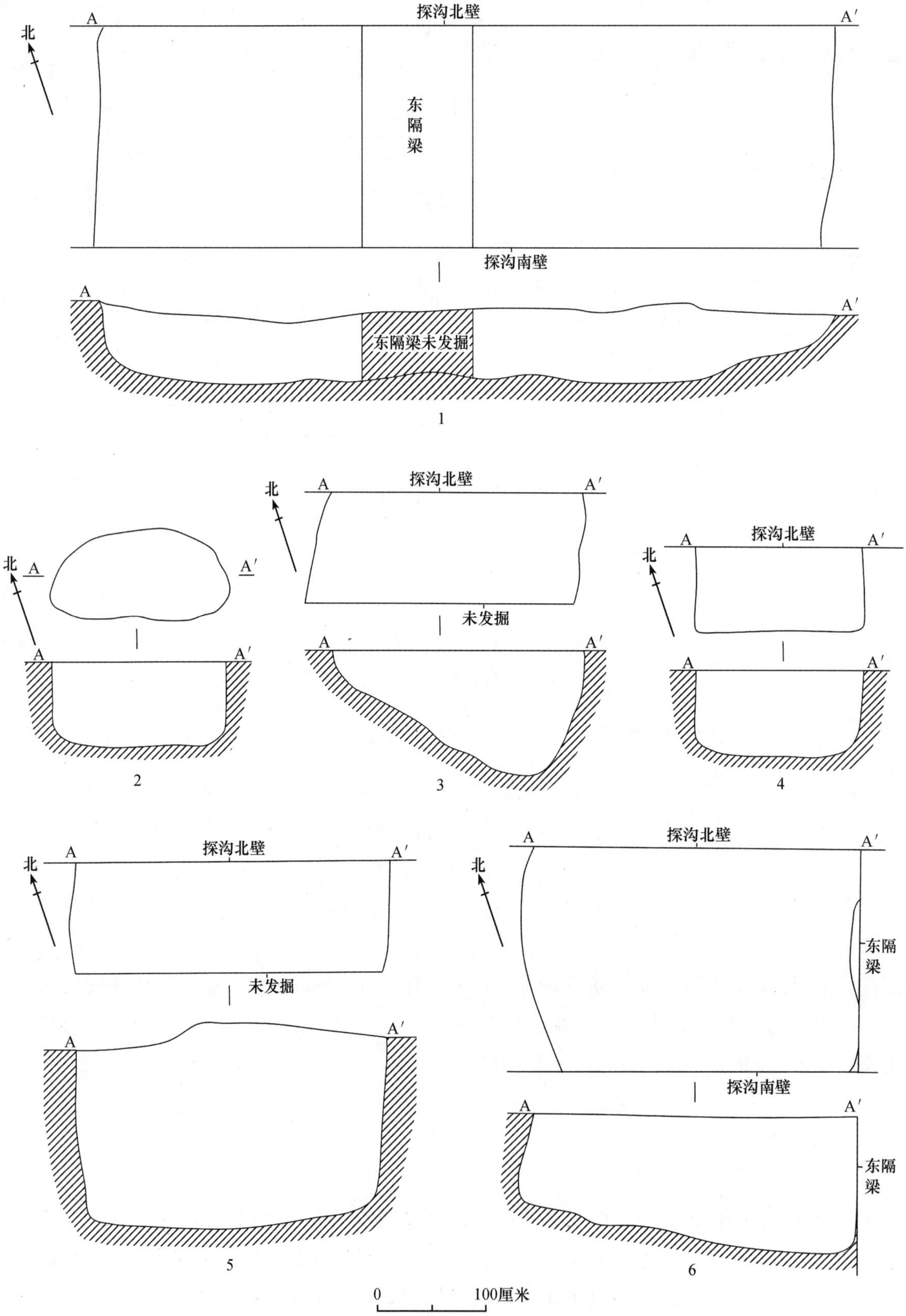

图一六一　H36～H41平、剖面图

1. H36　2. H37　3. H38　4. H39　5. H40　6. H41

（一三）H37

H37位于TG1039西部，开口于第4b层下，打破第5a层。H37平面呈不规则形，剖面近长方形，坑壁较垂直且粗糙，坑底较平整。H37开口距地表1.7～1.8米，东西延伸为1.6米，南北宽0.75米，深度0.75米。H37填土为灰黑褐色黏土，土质疏松；无遗物出土（图一六一，2）。

（一四）H38

H38位于TG1040中部偏西，延伸至探沟北壁，开口于第5a层下，打破L1、夯4和生土。H38平面近梯形，剖面呈不规则形，坑壁呈斜坡状且粗糙，坑底不平整。H38开口距地表2～2.1米，东西延伸为2.55米，南北可见宽1米，深度0.35～1.1米。H38填土为灰黑褐色黏土，土质较松；出土遗物有陶盆口沿、陶罐口沿和陶甑残底等（图一六一，3）。

（一五）H39

H39位于TG1041中部偏东，延伸至探沟北壁，开口于第1层下，打破第2、3a、4a层。H39平面近长方形，剖面呈长方形，坑壁较垂直且粗糙，坑底较平整。H39东西延伸为1.6米，南北可见宽约0.7米，深度0.75米。H39的填土为灰褐色黏土，土质较松；无遗物出土（图一六一，4）。

（一六）H40

H40位于TG1047西部，延伸至探沟北壁，开口于第5a层下，被L1叠压，打破第6层和生土。H40平面近长方形，剖面呈不规则形，坑壁较垂直且加工平滑，坑底平整。H40开口距地表2.5～2.7米，东西延伸为3.05米，南北可见宽1米，深度1.5～1.8米。H40的填土为灰褐色土，土质疏松，内含木炭颗粒；无遗物出土（图一六一，5）。

（一七）H41

H41位于TG1048东部，开口于第2层下，打破第3a、4a层。H41呈不规则性，剖面呈不规则形，坑壁呈斜坡状且粗糙，坑底不平整，西高东低。H41东西可见延伸为3.15米，南北可见宽2米，深度0.8～1.2米。H41填土为灰褐色土，土质疏松，内含木炭粒；无遗物出土（图一六一，6）。

第三节　遗　　物

本段探沟出土遗物比较丰富，有建筑构件、陶器、瓷器、釉陶器等。共出土遗物 99 件，其中东周、汉代遗物 14 件，魏晋十六国遗物 4 件，北朝至五代遗物 71 件，宋至清代遗物 10 件。

一、东周、汉代遗物

共出土标本遗物 14 件，其中建筑构件 4 件、陶器 10 件。

（一）建筑构件

共出土标本遗物 4 件，其中有板瓦 3 件和砖 1 件。

1. 板瓦

共 3 件。

C 型　共 1 件。

标本 TG1044 ④ a : 2，残存上端部分。泥质灰陶，模制，制作规整。瓦端呈尖圆形且微上翘。凸面饰斜绳纹，绳径 0.3 厘米，瓦头绳纹被抹平 2.5 厘米，瓦体部有数条宽 0.7 ~ 1.1 厘米的横向抹平痕；凹面为素面。青灰色。残长 8、残宽 12.6、厚 1 ~ 1.2 厘米（图一六二；图版三一，1）。

E 型 Ⅰ 式　共 2 件。均为泥质灰陶，模制，瓦体薄。

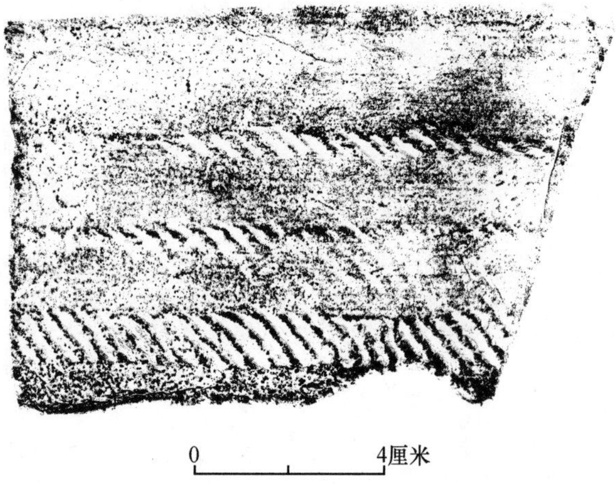

图一六二　东周、汉代 C 型板瓦（TG1044 ④ a : 2）纹饰拓本

标本 TG1043L1 : 1，残存下端部分。凸面饰斜粗绳纹，先饰竖向绳纹，绳径 0.4 厘米，再饰斜向绳纹，绳径 0.3 厘米；凹面饰布纹，近端头处有宽约 10.5 厘米的布纹被抹平。深灰色。残长 17、残宽 9 ~ 14、厚 1.2 ~ 1.5 厘米（图一六三；图版三一，2）。

标本 TG1035H32 : 4，残存下端部分。凸面饰竖向粗绳纹，绳径 0.6 厘米，端头约有 2.7 厘米的绳纹被轻微抹平；凹面饰布纹。瓦端齐平，侧棱内切，切痕深 0.3 厘米。青灰色。残长 15.5、残宽 7.4、厚 0.8 ~ 1.3 厘米。

2. 砖

长方形砖　共 1 件。

标本 TG1045L1：1，残存近半。泥质灰陶，模制，制作规整。砖边齐平，砖体小。除背面饰绳纹外其余皆素面。绳纹较粗，绳径 0.3 ~ 0.4 厘米。绳纹规则，斜向。泥胎较纯净，胎色青灰偏白。残长 13、宽 16.8、厚 4.8 厘米（图一六四）。

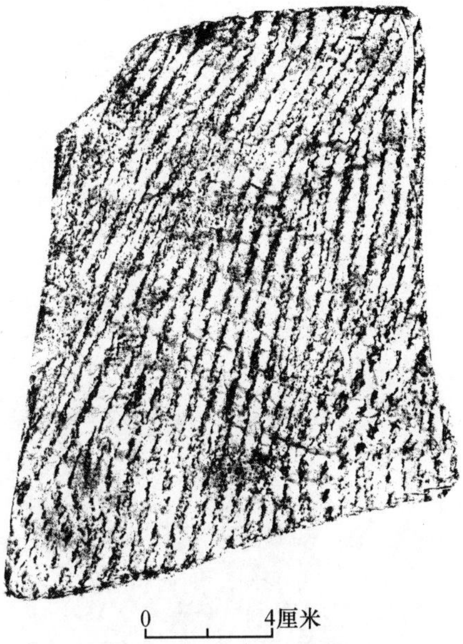

图一六三　东周、汉代 E 型Ⅰ式板瓦（TG1043L1：1）纹饰拓本

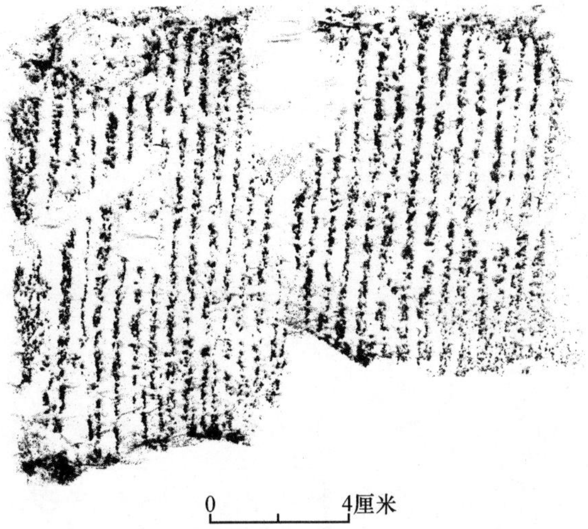

图一六四　长方形砖（TG1045L1：1）纹饰拓本

（二）陶器

共出土标本遗物 10 件。其中有陶罐 1 件、陶盆 2 件、陶瓮 1 件、陶豆 3 件、陶鬲 2 件和陶甑 1 件。

1. 陶罐

共 1 件。

标本 TG1046⑥：1，残。泥质灰陶。尖唇，侈口，短颈。外壁饰有绳纹。厚 0.6 厘米（图一六五；图版三一，3）。

2. 陶盆

共 2 件，均为泥质灰陶。

Bb 型　共 1 件。

标本 TG1039 夯 4：3，残。方唇，侈口，外折窄平沿。外壁饰有绳纹，且有数周抹平痕。

残长 15.3、残高 8.8、厚 0.6～1 厘米（图一六六；图版三一，4）。

C 型　共 1 件。

标本 TG1035H32：1，残。尖圆唇，侈口，卷沿，斜腹。外壁饰有绳纹和附加堆纹，且有四周抹平痕。残长 10.2、残高 11.8、厚 0.9～1 厘米（图一六七、图一六八；图版三一，5）。

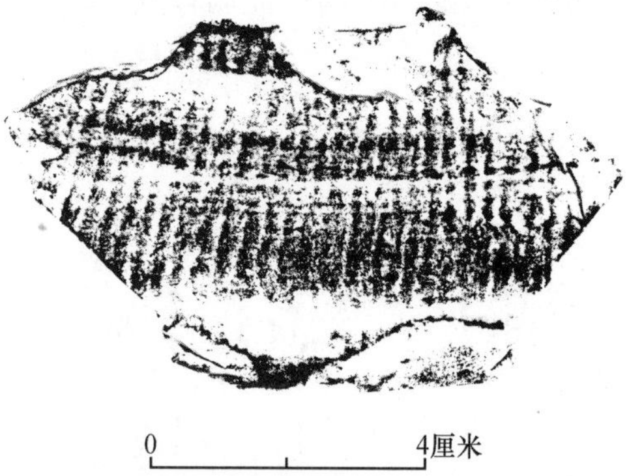

图一六五　陶罐（TG1046⑥：1）纹饰拓本

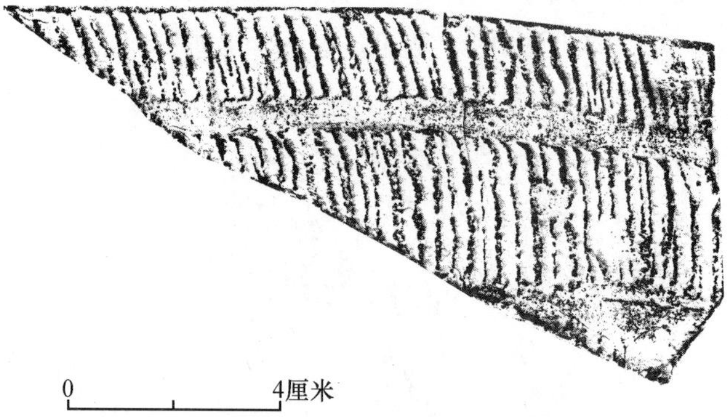

图一六六　东周、汉代 Bb 型陶盆（TG1039 夯 4：3）纹饰拓本

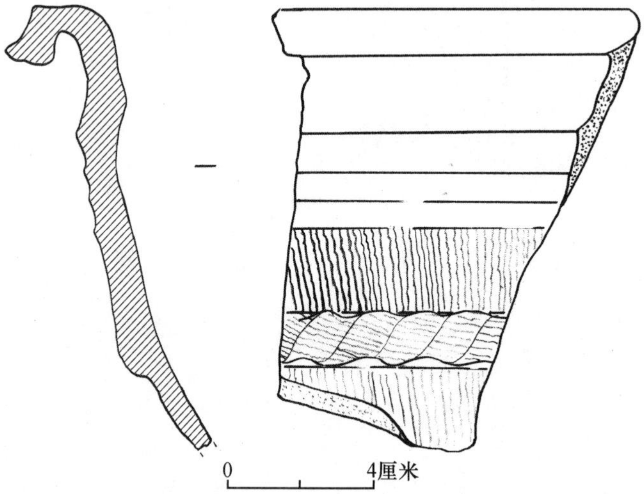

图一六七　东周、汉代 C 型陶盆（TG1035H32：1）

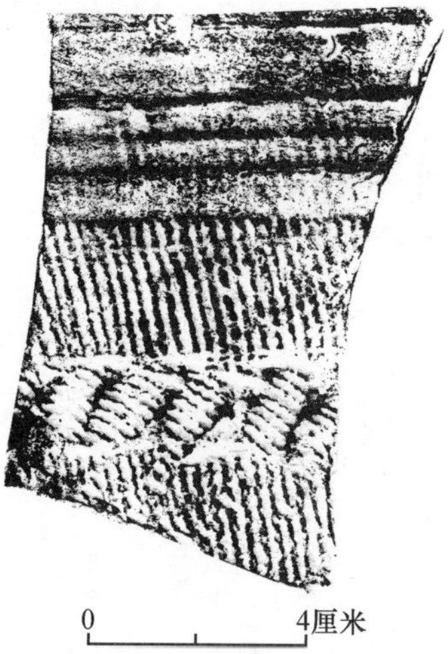

图一六八　东周、汉代 C 型陶盆（TG1035H32：1）纹饰拓本

3. 陶瓮

B 型　共 1 件。

标本 TG1046⑤a：1，残。泥质灰陶。方唇，侈口，短颈。外壁饰有绳纹。口径约 31、厚 1 厘米（图一六九）。

4. 陶豆

Ⅰ式　共 3 件。均为泥质灰陶。豆盘深，豆柄中空，制作规整。

标本 TG1035H32：2，残。圆唇，侈口，腹较深。内壁饰有暗弦纹，外壁饰有拉坯弦纹。残长 7、残高 2.2、厚 04～0.6 厘米。

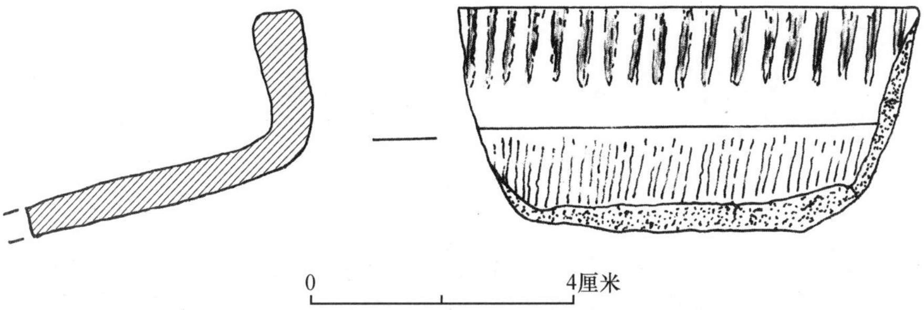

图一六九　东周、汉代B型陶瓮（TG1046⑤a：1）

标本TG1047H40：1，残。圆唇，直口，折腹。口径约13、厚0.4～0.7厘米。

标本TG1045⑥：1，残底。喇叭形底。残高6.5厘米、厚0.7～1厘米。

5. 陶鬲

共2件。均为夹砂灰陶。尖圆唇，平沿，侈口，短颈。

标本TG1040H38：1，残。唇上有一周凹槽，鼓腹。外壁饰有绳纹。残长13.6、残高6.4、厚0.5～0.9厘米（图一七〇；图版三一，6）。

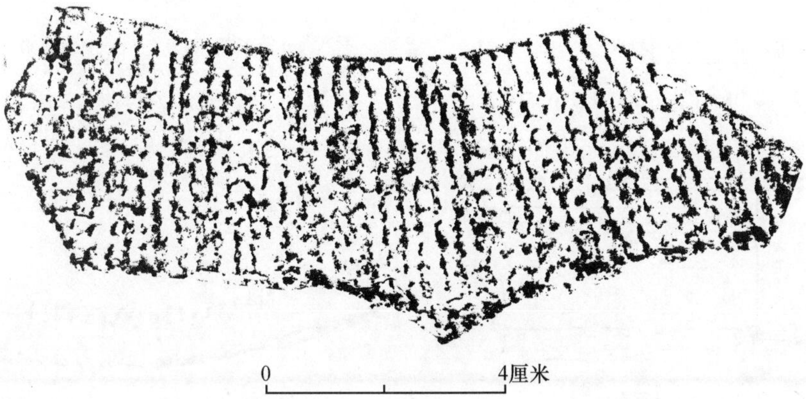

图一七〇　陶鬲（TG1040H38：1）纹饰拓本

标本TG1034H31：1，残。唇上有一周凹槽，圆肩。外壁饰有绳纹。残长10、残高4.8、厚0.7厘米。

6. 陶甑

共1件。

标本TG1040H38：2，残底。泥质灰陶。底部残留有一孔。残高3.2、厚0.3～1.2厘米。

二、魏晋十六国遗物

共出土标本遗物4件，其中有陶罐3件和陶盆1件。

1. 陶罐

共 3 件。

A 型　共 1 件。

标本 TG1035H33：1，残。泥质灰陶。方唇，直口，平沿，圆肩。肩部有一圆形穿孔，外壁饰有绳纹。口径 13.2、残高 5.5、厚 0.7 ~ 0.8 厘米（图一七一、图一七二；图版三二，1）。

D 型　共 2 件。均为泥质灰陶。盘口，短颈。

标本 TG1039 夯 4：1，残。方唇，折肩。外壁口沿下饰一周锯齿纹，肩部饰戳点纹。口径 13、残高 4.5、厚 0.6 厘米（图一七三、图一七四；图版三二，2）

TG1039 夯 4：2，残。圆肩，短颈。外壁饰有戳点纹。口径 14、残高 10.6、厚 0.5 ~ 0.9 厘米（图一七五；图版三二，3）。

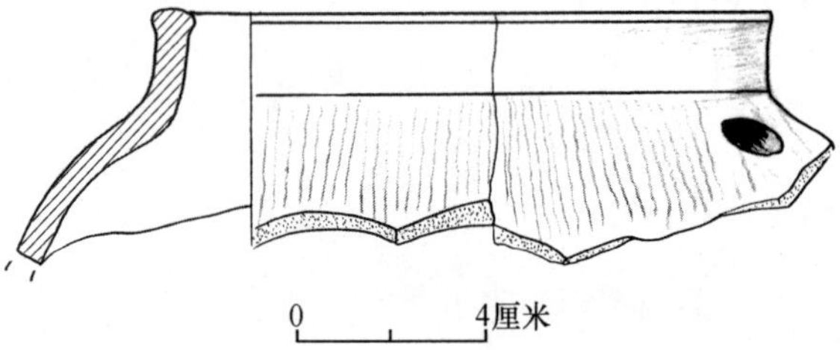

图一七一　魏晋十六国 A 型陶罐（TG1035H33：1）

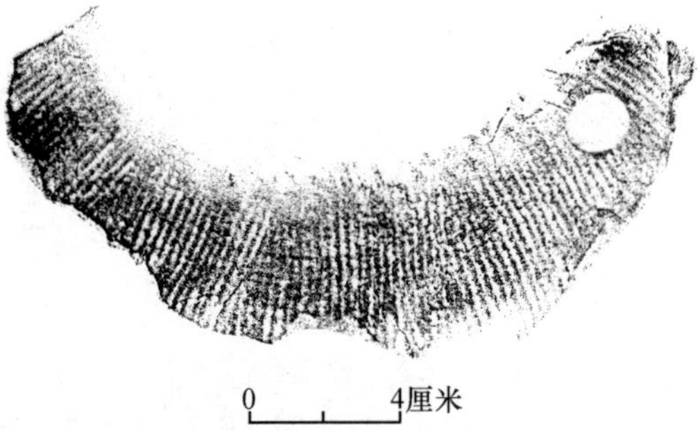

图一七二　魏晋十六国 A 型陶罐（TG1035H33：1）纹饰拓本

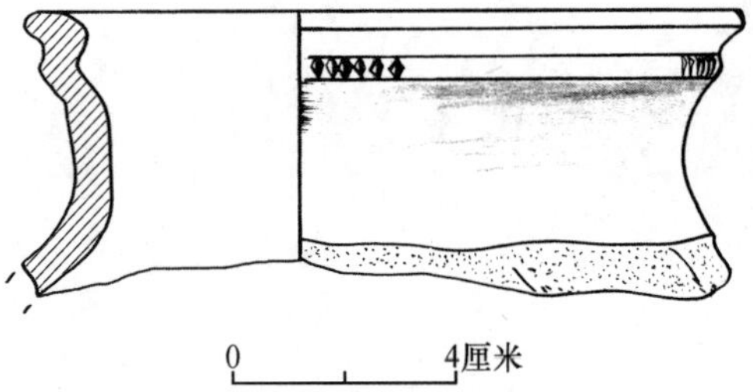

图一七三　魏晋十六国 D 型陶罐（TG1039 夯 4：1）

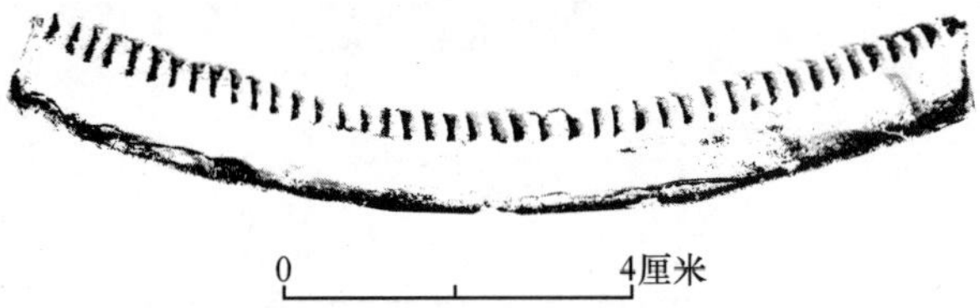

图一七四　魏晋十六国 D 型陶罐（TG1039 夯 4：1）纹饰拓本

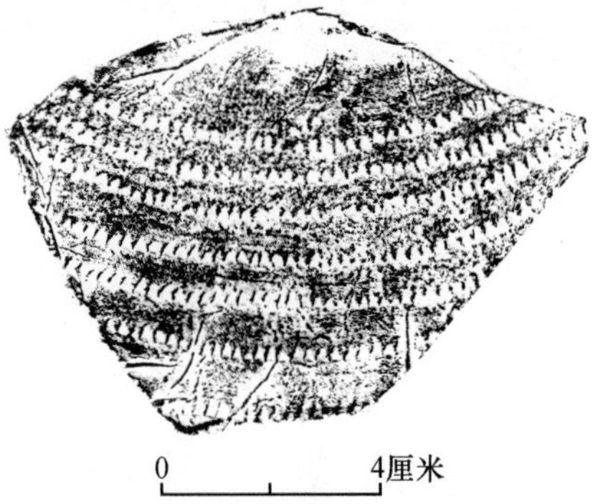

图一七五　魏晋十六国 D 型陶罐（TG1039 夯 4：2）纹饰拓本

2. 陶盆

C 型　共 1 件。

标本 TG1034④a：1，残。泥质灰陶。方唇，坡折沿，敞口，弧腹。残长 20、残高 8.5、厚 0.6 ~ 0.7 厘米。

三、北朝至五代遗物

出土标本遗物共 71 件，其中有建筑构件 28 件、陶器 27 件、瓷器 10 件、釉陶器 3 件和其他 3 件。

（一）建筑构件

共出土标本遗物 28 件，其中有板瓦 10 件、筒瓦 9 件和瓦当 9 件。

1. 板瓦

共 10 件，均为泥质灰陶。

Aa 型　共 1 件。

标本 TG1045L1：3，残存下端部分。模制，制作规整。凸面素面，下端端面上层饰手捏斜向波浪纹花边；凹面饰布纹，瓦头处有宽约 2 厘米的抹平痕。侧棱内切，切痕深 0.2 厘米。浅灰色。残长 12.4、残宽 14.5、厚 1.8 厘米（图一七六、图一七七；图版三二，4）。

Ab 型　共 2 件。均为模制，瓦体较厚，凸面和凹面均为青掍磨光，下端端面饰单层花边。

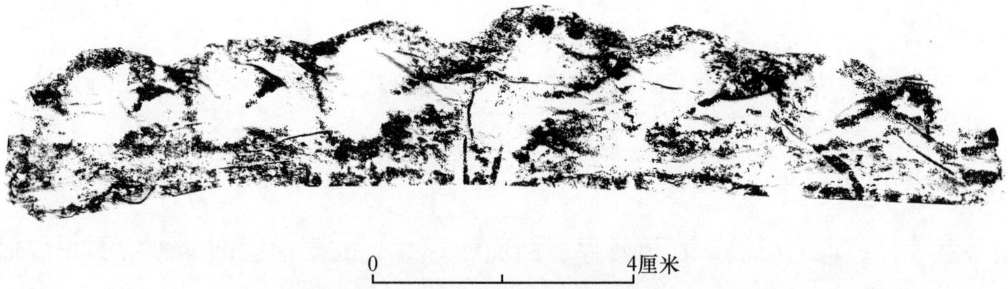

图一七六　北朝至五代 Aa 型板瓦（TG1045L1：3）端面纹饰拓本

图一七七　北朝至五代 Aa 型板瓦（TG1045L1：3）布纹拓本

标本 TG1045⑥：2，残存下端部分。下端端面饰手捏单层斜向波浪纹花边。侧棱内切，切痕深 0.2 厘米。黑灰色。残长 12.3、残宽 16、厚 2.1 厘米（图一七八；图版三二，5）。

标本 TG1038H36：3，残存下端部分。下端端面饰手捏单层斜向波浪纹花边；凹面瓦头有宽约 3 厘米的麻布纹，剩余部分皆被青掍磨光。侧棱内切，切痕深 0.9 ~ 1 厘米。黑灰色。残长 14.9、残宽 24、厚 2 ~ 2.2 厘米（图一七九）。

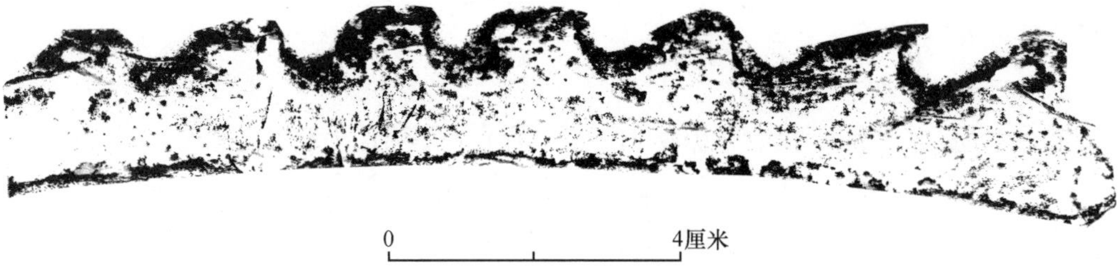

图一七八　北朝至五代 Ab 型板瓦（TG1045⑥：2）端面纹饰拓本

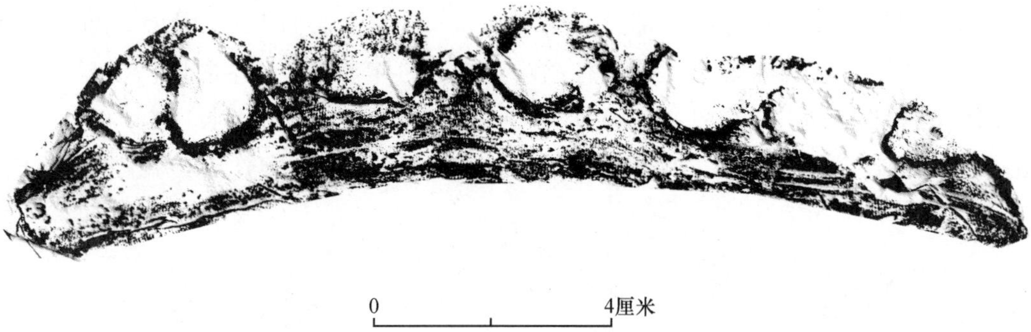

图一七九　北朝至五代 Ab 型板瓦（TG1038H36：3）端面纹饰拓本

Ac 型　共 5 件。均为模制，瓦体较厚，凸面青掍磨光或素面；凹面青掍磨光或饰布纹，下端端面饰双层花边。

标本 TG1043⑤a：1，残存下端部分。凸面青掍磨光，下端端面饰手捏和刀削出上下两层正向波浪纹花边；凹面青掍磨光。板瓦侧棱内切，切痕深 0.6 厘米。黑灰色。残长 8、残宽 8.2、厚 1.6 厘米。

标本 TG1046⑤a：4，残存下端部分。凸面素面，下端端面饰手捏刀削出上下两层正向波浪纹花边。瓦头花边处有泥片粘接痕；凹面饰布纹，瓦头处有宽约 5 厘米的抹平痕。深灰色。残长 9.7、残宽 9.5、厚 1.4 ~ 1.9 厘米。

标本 TG1047④a：4，残存下端部分。凸面青掍磨光，下端端面饰手捏上下两层正向波浪纹花边；凹面饰布纹。侧棱内切，切痕深 0.7 厘米。黑灰色。残长 13.6、残宽 18.7、厚 2 ~ 2.3 厘米（图一八〇；图版三二，6）。

标本 TG1039⑤a：1，残存下端部分。凸面素面，下端端面饰手捏上下两层斜向波浪纹花边；凹面饰布纹，瓦头处有宽约 1 厘米的抹平痕。黑灰色。残长 11.4、残宽 13、厚 1.7 ~ 2 厘米。

图一八〇　北朝至五代 Ac 型板瓦（TG1047④a：4）端面纹饰拓本

标本 TG1036H34：2，残存下端部分。凸面素面，下端端面饰手捏和刀削出上下两层正向波浪纹和锯齿纹花边，瓦头花边微上翘；凹面饰布纹，瓦头处有宽约 6 厘米的抹平痕。深灰。残长 14.9、残宽 13.7、厚 2～2.2 厘米（图一八一、图一八二；图版三二，7）。

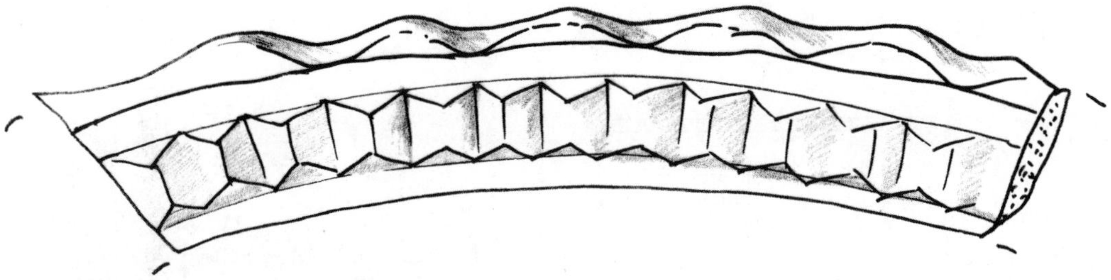

图一八一　北朝至五代 Ac 型板瓦（TG1036H34：2）

图一八二　北朝至五代 Ac 型板瓦（TG1036H34：2）端面纹饰拓本

Ba 型　共 1 件。

标本 TG1033H26：2，残存板瓦上端部分。模制，制作规整。凸面为素面，瓦尾端面较圆；凹面饰布纹，瓦体部分磨光。侧棱内切，切痕深 0.6 厘米。残长 12、残宽 10.8、厚 1.5～1.7 厘米。

C 型板瓦　共 1 件。

标本 TG1037H36：3，残存上端部分。模制，制作规整。凸面素面，距瓦头 2 厘米处有一道宽 0.8、高 1.5 厘米的横向凸棱装饰，端面齐平；凹面饰布纹。侧棱内切，切痕深 0.5 厘米。深灰色。残长 11、残宽 11.8、厚 1.5 ~ 2.1 厘米（图一八三；图版三二，8）。

2. 筒瓦

共 9 件。

A 型 Ⅰ 式　共 5 件。均为泥质灰陶，模制。凸面青掍磨光，凹面饰布纹，瓦舌较长（2.5 ~ 4.5 厘米），侧棱内切。

标本 TG1034 ④ b：2，残存上端部分。黑灰色，瓦舌呈圆弧形，坡状向前端下斜，端面齐平；布纹有明显褶皱痕。残长 13.6、宽 13.3、厚 1.6 ~ 2.5 厘米；瓦舌长 2.7、宽 10.2、厚 0.8 ~ 1 厘米；侧棱切痕深 0.2 ~ 0.8 厘米。

标本 TG1035H33：2，残存上端部分。黑灰色，瓦舌呈圆弧形，坡状向前端下斜，端面内斜削；布纹有明显褶皱痕。残长 9、宽 13 ~ 14.5、厚 1.5.2 ~ 2.2 厘米；瓦舌长 9、残宽 2.5、厚 1 厘米；侧棱切痕深 0.7 ~ 1 厘米（图一八四）。

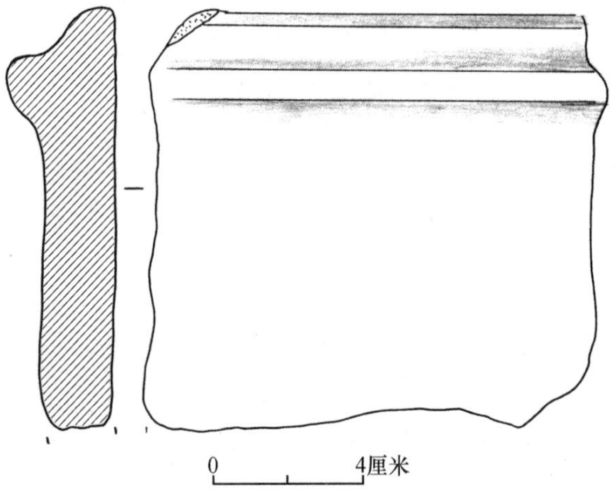

图一八三　北朝至五代 C 型板瓦（TG1037H36：3）

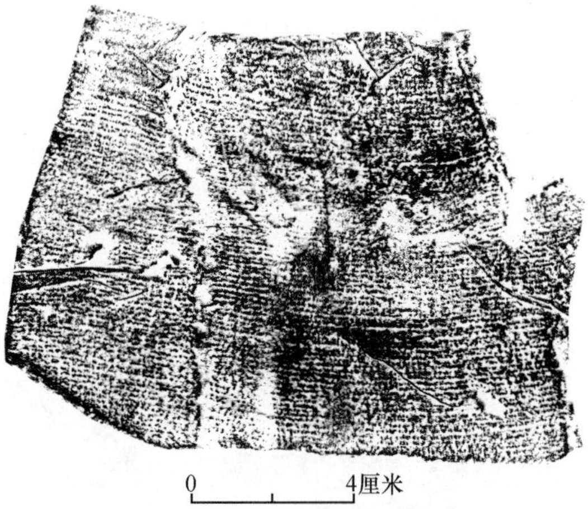

图一八四　北朝至五代 A 型 Ⅰ 式筒瓦（TG1035H33：2）布纹拓本

标本 TG1045L1：2，残存上端部分。黑灰色，瓦舌呈圆弧形，坡状向前端下斜，端面内斜削。残长 16.5、残宽 1.7 ~ 10.4、厚 1.9 ~ 2.1 厘米；瓦舌长 3.5、残宽 7.5、厚 1.1 厘米；侧棱切痕深 0.2 ~ 0.4 厘米（图一八五）。

标本 TG1045 ④ a：2，残存上端部分。黑灰色，瓦舌呈圆弧形，端面内斜削，布纹有明显褶皱痕。残长 10、残宽 9.5、厚 1.5 ~ 2.4 厘米，瓦舌长 2.6、宽 6.7、厚 1.2 厘米；侧棱切痕深 0.2 厘米。

标本 TG1042L1：1，残存上端部分。黑灰色，瓦舌呈圆弧状，坡状向前端下斜，端面内斜削。端面内斜削；布纹有明显褶皱痕。残长 18、残宽 9.5 ~ 10、厚 2 ~ 2.2 厘米；瓦舌长 3.5、宽 5、厚 1.3 厘米；侧棱切痕深 0.2 ~ 0.3 厘米（图一八六；图版三三，1）。

B 型 Ⅰ 式　共 4 件。均为泥质灰陶，模制。凸面素面，凹面饰布纹，瓦舌较长（2.5 ~ 4.5

图一八五　北朝至五代A型Ⅰ式筒瓦（TG1045L1：2）布纹拓本

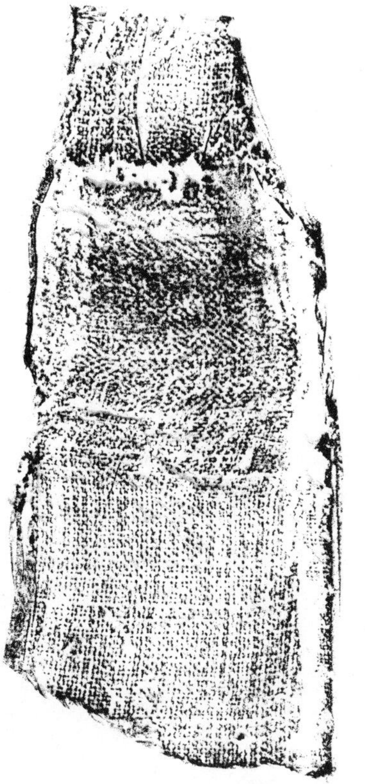

图一八六　北朝至五代A型Ⅰ式筒瓦（TG1042L1：1）布纹拓本

厘米），侧棱内切。

标本TG1040夯4：1，残存上端部分。青灰色，瓦舌呈圆弧形，坡状向前端下斜，端面内斜削。残长11.3、残宽8.8、厚2.2～2.1厘米；瓦舌长3.8、残宽6.4、厚1.2厘米；侧棱切痕深1～1.7厘米。

标本TG1037④a：3，残存上端部分。青灰色，瓦舌呈圆弧，坡状向前端下斜，端面内斜削；布纹有明显褶皱痕。残长12.9、宽13.6、厚1.5～2.5厘米；瓦舌长2.5、残宽9.3、厚1.1～1.5厘米；侧棱切痕深0.4～0.6厘米。

标本TG1038H36：2，残存上端部分。青灰色，瓦舌呈圆弧，坡状向前端下斜，端面齐平；布纹有明显褶皱痕。残长20.1、宽15.4、厚1.6～2.2厘米；瓦舌长2.6、宽11.7、厚1.1～1.2厘米；侧棱切痕深0.2～0.8厘米（图一八七；图版三三，2）。

图一八七　北朝至五代B型Ⅰ式筒瓦（TG1038H36：2）布纹拓本

标本 TG1036H34：1，残存上端部分。青灰色，瓦舌呈圆弧，坡状向前端下斜，端面内斜削；布纹有明显褶皱痕。残长 18.3、宽 15.2、厚 2.2 ~ 2.5 厘米；瓦舌长 2.6、宽 12.3、厚 1.4 厘米；侧棱切痕深 0.2 ~ 0.6 厘米 。

3. 瓦当

共 9 件，均为莲花纹瓦当。

Ba 型　共 1 件。

标本 TG1034④a：5，残存二分之一。泥质灰陶，青灰色，模制。当面主题纹饰为普通单瓣莲花纹，莲蓬无凸台，以圆圈凸线为莲蓬界边，凸线内饰宝珠，宝珠外饰 12 个莲籽状纹饰，莲花共 16 个花瓣，莲瓣呈椭圆形，莲瓣间以窄“I”字形凸棱相隔，当面纹饰有压痕，边轮较宽，呈斜坡状，背面较平整，与筒瓦粘接处有泥刀刻划的痕迹。面径 14、厚 1.4、边轮宽 2.4 厘米（图一八八、图一八九；图版三三，3）。

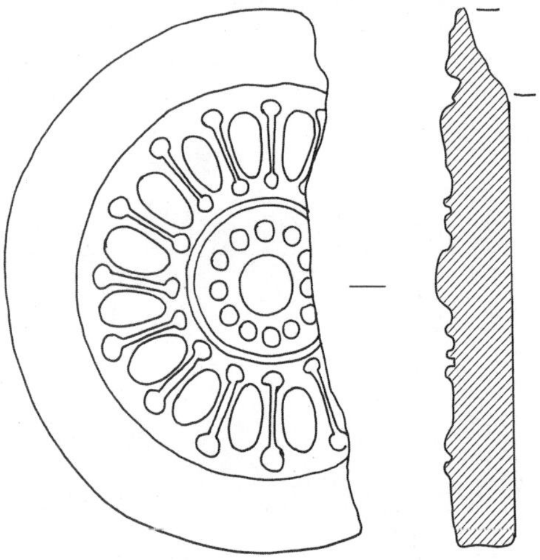

图一八八　北朝至五代 Ba 型莲花纹瓦当（TG1034④a：5）

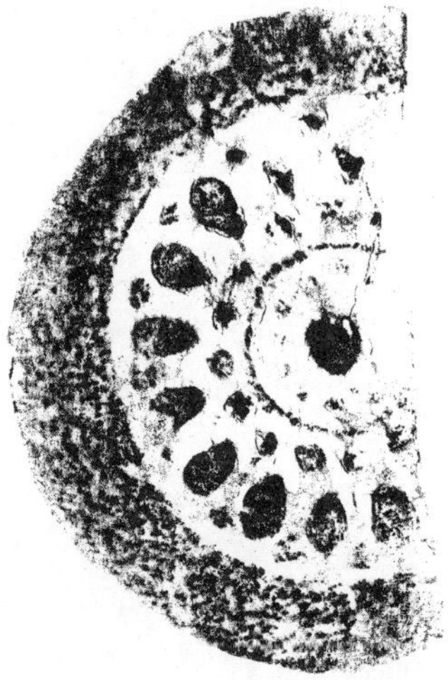

图一八九　北朝至五代 Ba 型莲花纹瓦当（TG1034④a：5）纹饰拓本

Bb 型Ⅰ式　共 1 件。

标本 TG1034④a：6，残存近三分之二。 泥质灰陶，深灰色，模制。当面主题纹饰为普通单瓣莲花纹，莲蓬凸台状，凸台较高并饰 6 个莲籽状纹饰，莲花共 8 个花瓣，莲瓣呈椭圆形，花瓣呈肥硕椭圆形且中间有捏合线，呈脊状，莲蓬较花瓣略低，莲瓣较大，莲瓣间以“T”字形凸棱相隔，“T”字形凸棱较宽。边轮略高于当面纹饰。边轮较宽且平，背面较平整。残长 13、厚 1.5、边轮宽 1.6 厘米（图一九〇、图一九一；图版三三，4）。

Bb 型Ⅱ式　共 2 件。均为泥质灰陶，模制。当面主题纹饰为普通单瓣莲花纹，莲蓬凸台状，凸台较低，莲瓣呈椭圆形，莲瓣间以“T”字形凸棱相隔。边轮低于当面纹饰。

标本 TG1036⑤a：5，残存近三分之二。黑灰色，莲蓬微内凹并饰 8 个莲籽状纹饰，莲花共9个花瓣，花瓣呈椭圆形，且中间有捏合线呈脊状，"T"字形凸棱较宽，边轮较宽且平，背面较平整，与筒瓦连接处有泥刀刻划的痕迹。面径13、边厚0.6～1.3、边轮宽1.6～1.8厘米（图一九二、图一九三；图版三三，5）。

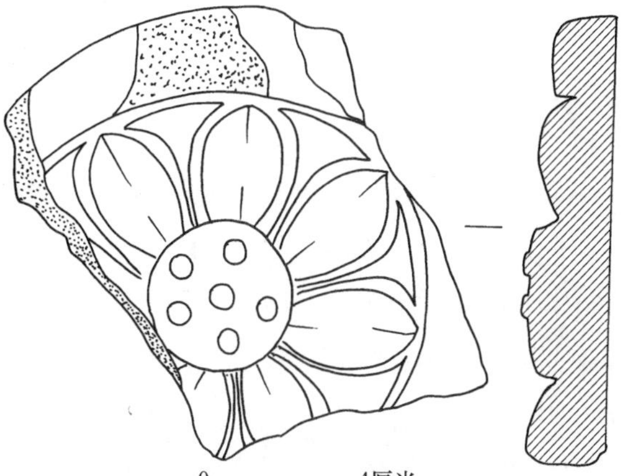

图一九〇　北朝至五代Bb型Ⅰ式莲花纹瓦当（TG1034④a：6）

图一九一　北朝至五代Bb型Ⅰ式莲花纹瓦当（TG1034④a：6）纹饰拓本

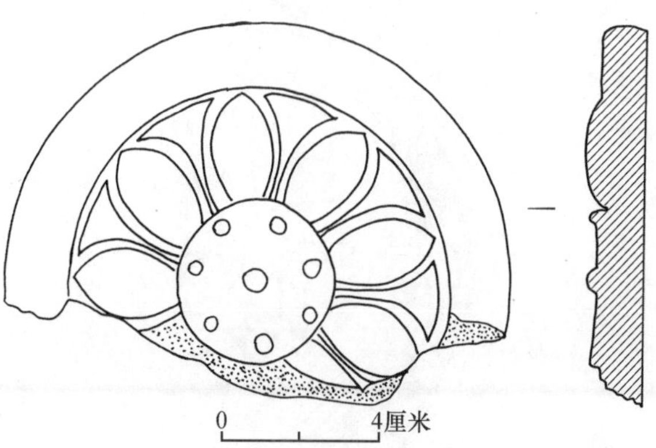

图一九二　北朝至五代Bb型Ⅱ式莲花纹瓦当（TG1036⑤a：5）

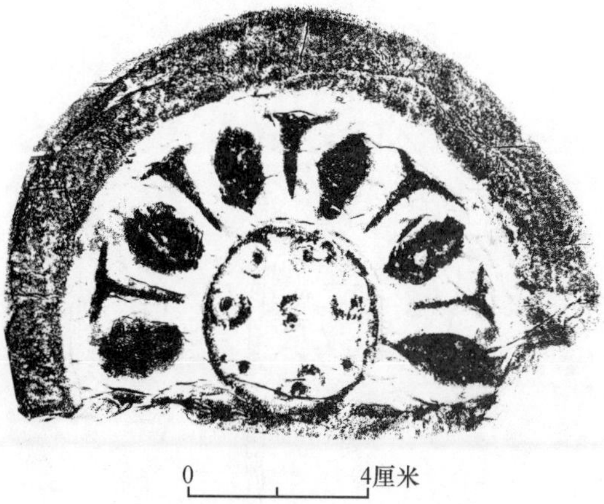

图一九三　北朝至五代Bb型Ⅱ式莲花纹瓦当（TG1036⑤a：5）纹饰拓本

标本TG1036⑤a：4，残存四分之一。青灰色，莲蓬微内凹并饰8个莲籽状纹饰，莲花共9个花瓣，花瓣呈椭圆形，且中间有捏合线，呈脊状，"T"字形凸棱较宽，边轮较宽且平，背面较平整，与筒瓦连接处有泥刀刻划的痕迹。面径13、边厚0.6～1.3、边轮宽1.6～1.7厘米（图一九四）。

Bb型Ⅲ式　共5件。均为泥质灰陶，模制。当面主题纹饰为普通单瓣莲花纹。莲蓬无凸台，以圆圈凸线为莲蓬界边，凸线内饰莲籽状纹饰，莲瓣呈椭圆形，莲瓣间以"T"字形凸棱相隔。边轮低于当面纹饰，呈斜坡状。

标本TG1038④a：1，残存二分之一。浅灰色，莲蓬饰7个莲籽状纹饰，莲花共10个花

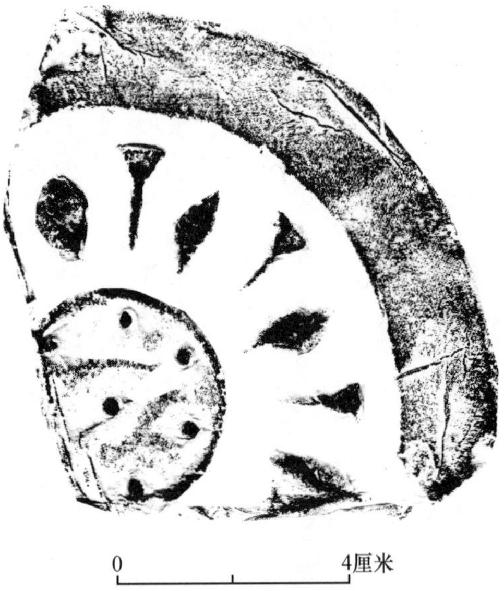

图一九四　北朝至五代 Bb 型Ⅱ式莲花纹瓦当（TG1036 ⑤ a：4）纹饰拓本

瓣，花瓣呈椭圆形，“T”字形凸棱较宽，边轮较宽，背面不平整，与筒瓦连接处有泥刀刻划的痕迹。面径 14、边厚 0.8 ~ 1.6、边轮宽 1.8 ~ 2.3 厘米（图一九五、图一九六；图版三三，6）。

标本 TG1037H36：2，残存五分之二。浅灰色，莲蓬饰 7 个莲籽状纹饰，莲花共 10 个花瓣，花瓣呈椭圆形，“T”字形凸棱较窄，部分莲瓣及“T”字形凸棱有压痕，边轮斜坡程度较大，背面较平整。面径 13、边厚 0.6 ~ 1.2、边轮宽 1.8 ~ 2.3 厘米（图一九七）。

标本 TG1045L1：4，残存近三分之一。深灰色，莲花共 10 个花瓣，花瓣呈瘦长椭圆形，“T”字形凸棱较宽，边轮较窄，背面较平整。面径约 15、边厚 1.5 ~ 17、边轮宽 1.4 厘米（图一九八）。

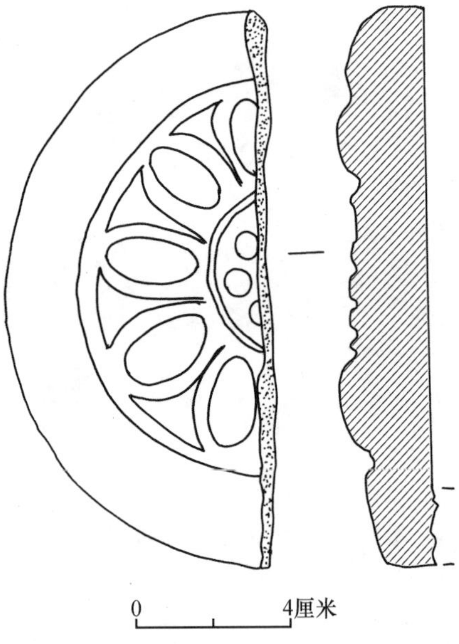

图一九五　北朝至五代 Bb 型Ⅲ式莲花纹瓦当（TG1038 ④ a：1）

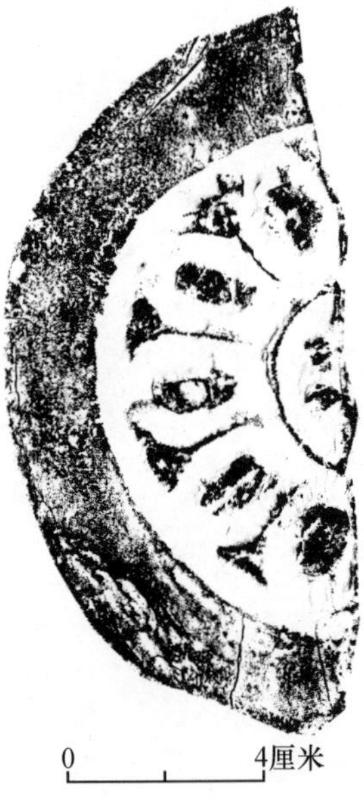

图一九六　北朝至五代 Bb 型Ⅲ式莲花纹瓦当（TG1038 ④ a：1）纹饰拓本

标本 TG1037H36：1，残存四分之一。浅灰色，莲蓬饰 8 个莲籽状纹饰，莲花共 10 个花瓣，花瓣呈椭圆形，“T”字形凸棱较窄，部分莲瓣及“T”字形凸棱有压痕，边轮斜坡程度较大，背面较平整。面径 14、边厚 0.7 ~ 1.5、边轮宽 2.2 ~ 2.5 厘米（图一九九）。

标本 TG1043 ③ a：1，残存边轮一角。浅灰色，莲花共 9 个花瓣，花瓣呈椭圆形，“T”字形凸棱较窄，背面不平整。面径 15、边厚 1.5、边轮宽 2 厘米（图二〇〇）。

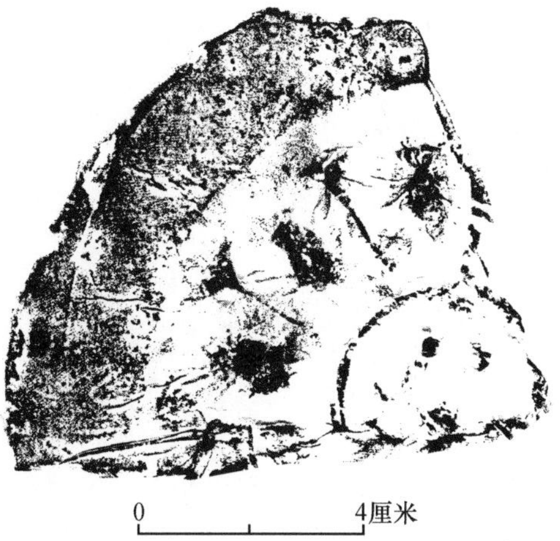

图一九七　北朝至五代Bb型Ⅲ式莲花纹瓦当（TG1037H36：2）纹饰拓本

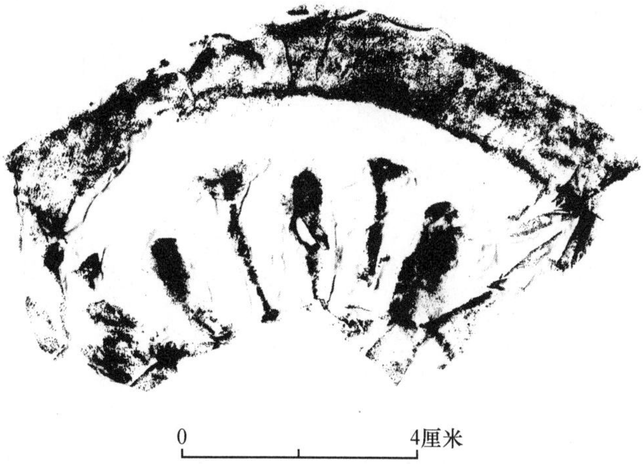

图一九八　北朝至五代Bb型Ⅲ式莲花纹瓦当（TG1045L1：4）纹饰拓本

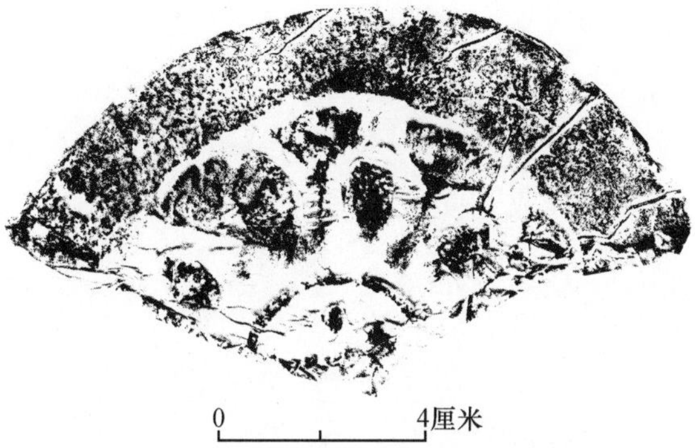

图一九九　北朝至五代Bb型Ⅲ式莲花纹瓦当（TG1037H36：1）纹饰拓本

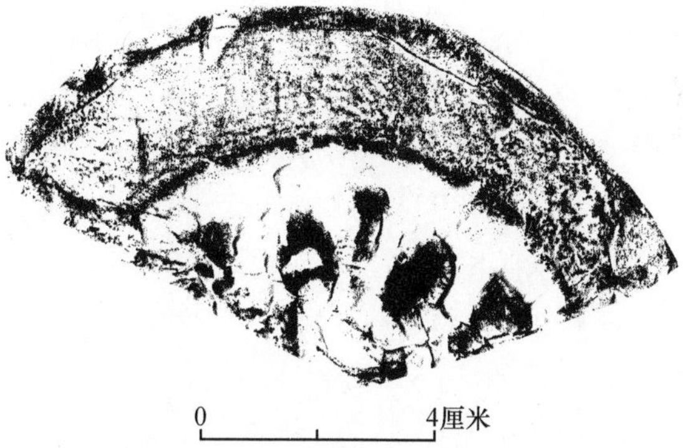

图二〇〇　北朝至五代Bb型Ⅲ式莲花纹瓦当（TG1043③a：1）纹饰拓本

（二）陶器

共出土标本遗物27件。其中有陶罐4件、陶盆10件、陶钵3件、陶碗2件、陶盘1件、陶支钉1件、陶纺轮1件和陶片5件。

1. 陶罐

共4件。

A型　共1件。

标本TG1035H32：3，可复原。泥质灰陶，方唇，折沿，盘口，短颈，圆肩，鼓腹，平底。肩部有对称双耳。口径18.6、底径12.5、高12.2、厚0.7～1.1厘米（图二〇一；图版三四，1）。

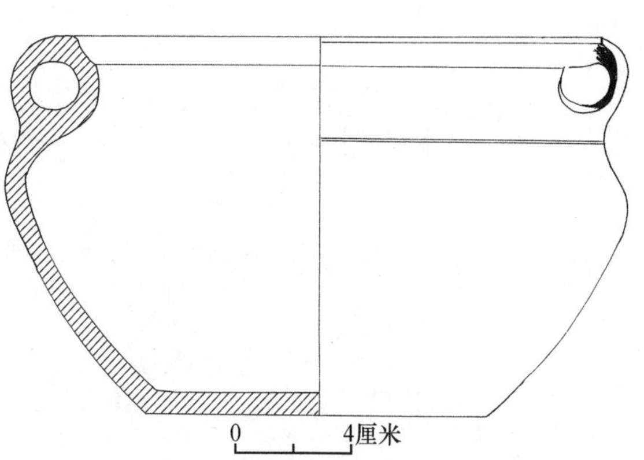

图二〇一　北朝至五代A型陶罐（TG1035H32：3）

B型Ⅱ式　共1件。

标本 TG1036⑤a：2，残。泥质灰陶。圆唇，外折平沿，侈口，长颈。内外壁饰有暗弦纹。口径 12、残高 7.1、厚 0.5～1.3 厘米（图版三四，2）。

C 型　共 2 件。均为泥质灰陶。卷沿，敞口，束颈，圆肩，鼓腹。

标本 TG1034④a：2，残。圆唇，短颈。内壁饰有拉坯弦纹，外壁饰有暗弦纹。残长 15.3、残高 11、厚 0.5～0.8 厘米（图版三四，3）。

标本 TG1034④a：4，残。卷沿，短颈。内壁饰有拉坯弦纹，外壁饰有暗弦纹。残长 9.5、残高 4、厚 0.5～0.7 厘米。

2. 陶盆

共 10 件。

A 型Ⅰ式　共 1 件。

标本 TG1040H38：3，可复原。泥质灰陶。方唇，外折窄平沿，沿上有两周凹槽，敛口，斜直腹，平底。口径 29.4、底径 16.8、高 9、厚 0.7～0.9 厘米（图版三四，4）。

A 型Ⅱ式　共 2 件。均为泥质灰陶。外折宽平沿，侈口，口缘向上翘起呈凸棱状，斜腹。

标本 TG1039④a：1，残。圆唇。内壁饰有数周带状双圆圈纹。残长 11.6、残高 6.1、厚 0.5～2 厘米（图二〇二、图二〇三）。

标本 TG1042④a：1，残。方唇。内壁饰有数周带状多层菱形纹，外壁有明显的拉坯痕。残长 41、残高 14.2、厚 0.7～1.2 厘米。

C 型Ⅰ式　共 3 件。方唇，外折沿，折沿呈坡状，侈口。

标本 TG1038⑤a：1，残。泥质红陶。沿上有一周凹槽，弧腹。内壁饰有数周带状斜“回”纹。残长 15.5、残高 6.2、厚 0.9～1.6 厘米（图版三四，5）。

标本 TG1047H40：2，残。泥质灰陶。沿上有一周凹槽，弧腹。内壁饰数周带状斜“回”纹。口径约 42、厚 0.5～0.7 厘米。

标本 TG1039 夯 4：5，残。泥质灰陶。沿上有一周凹槽，弧腹。内壁饰有数周带状斜“回”纹。残长 18.5、残高 11.5、厚 0.7～1.2 厘米（图二〇四）。

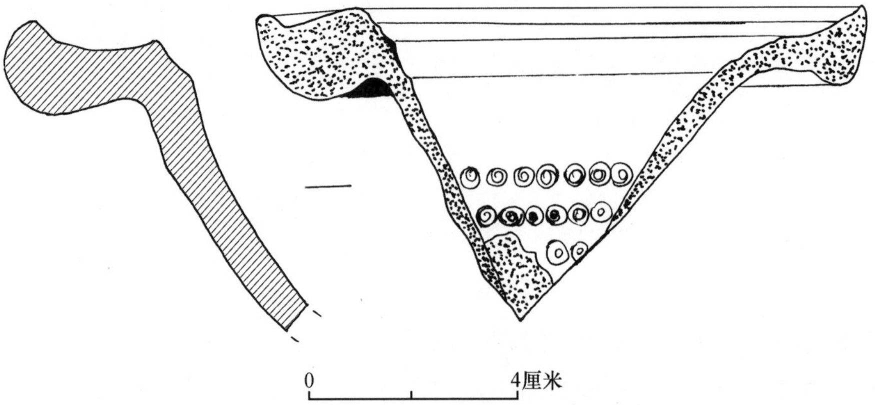

图二〇二　北朝至五代 A 型Ⅱ式陶盆（TG1039④a：1）

图二〇三　北朝至五代A型Ⅱ式陶盆（TG1039④a：1）纹饰拓本

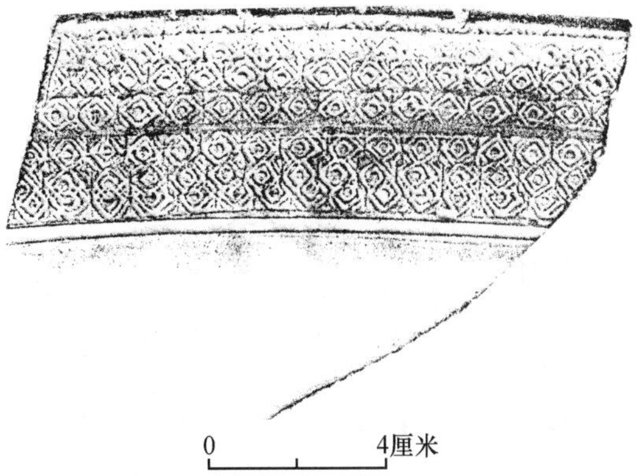

图二〇四　北朝至五代C型Ⅰ式陶盆（TG1039夯4：5）纹饰拓本

C型Ⅱ式　共2件。均为泥质灰陶。外折沿，折沿较窄，呈坡状，侈口，内壁饰暗弦纹。

标本TG1037④a：2，残。方唇，外壁饰有拉坯弦纹。残长13、残高5.2、厚0.7～1.6厘米。

标本TG1042④a：2，残。尖圆唇。残长18.3、残高6.2、厚0.5～0.7厘米。

D型Ⅰ式　共1件。

标本TG1034④a：3，残。泥质灰陶。方唇，卷沿，敛口，弧腹斜收。内壁及口沿饰有暗弦纹。残长15.3、残高13.2、厚0.6～0.7厘米（图版三四，6）。

F型　共1件。

标本TG1047④a：3，残。泥质灰陶。圆唇，双沿，内沿上翘，敛口，斜腹。内壁及口沿饰有暗弦纹。口径约38、厚0.6～0.8厘米（图版三五，1）。

3. 陶钵

B型　共3件，均可复原。均为泥质红陶。圆唇，直口，直腹下收，圜底。

标本TG1047H40：3，口径15、底径10、高5.4、厚0.4～0.5厘米。

标本TG1047H40：4，口径18.2、底径13、高7.5、厚0.4～0.9厘米（图版三五，2）。

标本TG1047H40：5，口径15.3、底径11、高5.6、厚0.5～0.6厘米。

4. 陶碗

共2件，均可复原。

A型Ⅰ式　共1件。

标本TG1036⑤a：3，泥质红陶。圆唇，直口，直腹下收，腹部有一周宽凹槽，饼形足，足心微凹。口径19.5、底径8.6、高9.1、厚0.6～1厘米（图二〇五；图版三五，3）。

B型Ⅱ式　共1件。

标本TG1033③a：1，泥质灰陶。方唇，侈口，斜弧腹，平底。口径13.4、底径6.5、高5.3、厚0.7～1.3厘米（图版三五，4）。

5. 陶盘

A 型　共 1 件，可复原。

标本 TG1034 ③ a：1，泥质灰陶。方唇，平沿，沿上饰有一周莲瓣纹，侈口，腹较浅，底部有三个锥形足。口径 9.5、底径 7.5、高 4.2、厚 0.4 ~ 0.6 厘米（图二〇六；图版三五，5）。

6. 陶支钉

共 1 件。

标本 TG1046 ⑤ a：2，泥质红陶。平底，锥形。底径 2.8、高 3.9 厘米（图二〇七）。

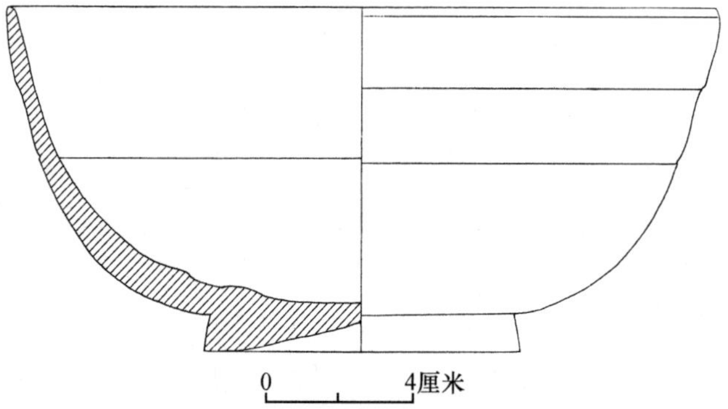

图二〇五　北朝至五代 A 型Ⅰ式陶碗
（TG1036 ⑤ a：3）

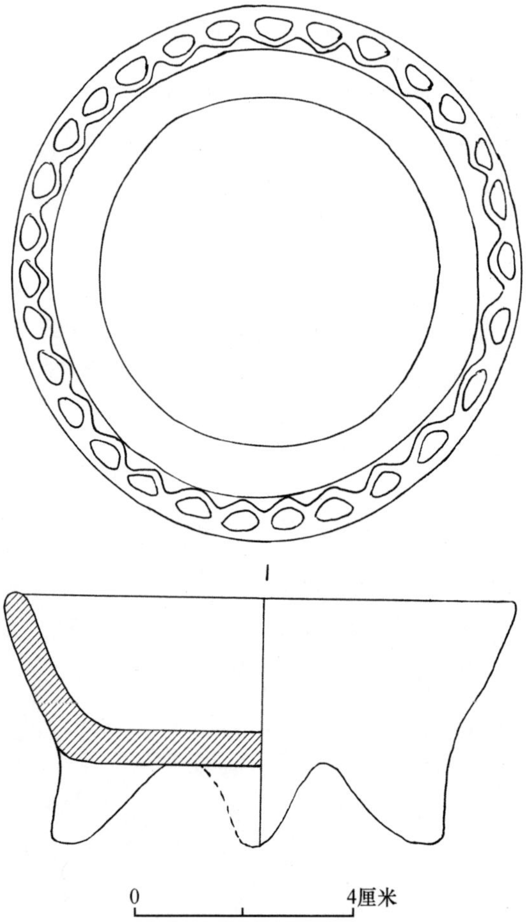

图二〇六　北朝至五代 A 型陶盘
（TG1034 ③ a：1）

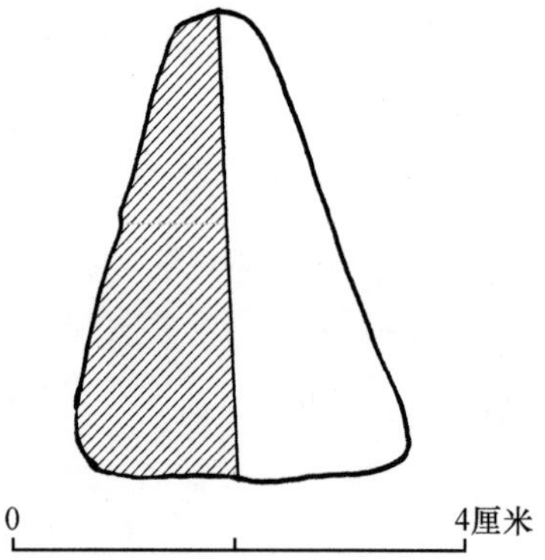

图二〇七　陶支钉（TG1046 ⑤ a：2）

7. 陶纺轮

共 1 件。

标本 TG1039 夯 4：4，泥质灰陶。圆形，中间有一圆形孔，平底。直径 3、孔径 1、高 1.5 厘米（图二〇八）。

8. 陶器残片

共 5 件。

标本 TG1034H29：1，残底。泥质灰陶。平底。内壁饰有篦纹。底径 10、厚 0.5 ~ 1.3 厘米。

标本 TG1038H36：1，泥质灰陶。方唇，直口，弧腹。残长 7、残宽 5.9、厚 0.5 ~ 0.8 厘米。

标本 TG1039 夯 4：6，泥质灰陶。圆唇，外折沿，盘口。残长 6.5、残高 5、厚 0.5 ~ 0.8 厘米。

标本 TG1045 ⑤ a：1，泥质灰陶。方唇，内折沿，子母口，斜腹。外壁饰数周凸棱。残长 6、残高 6.4、厚 1 ~ 1.2 厘米（图二〇九）。

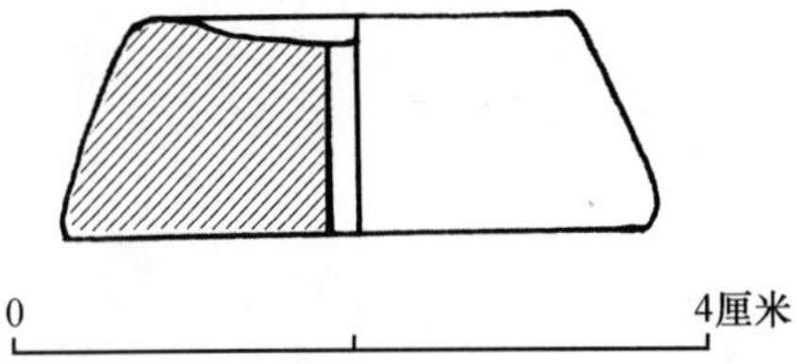

图二〇八　陶纺轮（TG1039 夯 4：4）

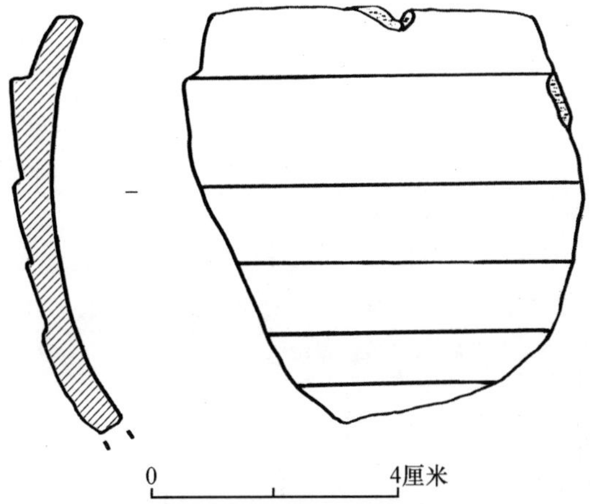

图二〇九　陶片（TG1045 ⑤ a：1）

标本 TG1033H26：1，泥质灰陶。外壁残留两条凸棱，凸棱上刻有锯齿纹。厚 1 ~ 1.2 厘米。

（三）瓷器

共出土遗物 10 件。其中有瓷碗 3 件、瓷盒 1 件、瓷灯盏 2 件、瓷纺轮 1 件和瓷片 3 件。

1. 瓷碗

共 3 件，均可复原。

A 型　共 1 件。

标本 TG1040H38：4，尖唇，直口，深腹下收，饼形足内凹。内壁釉面下有数周暗弦纹，内底有 3 个支钉痕，底足有粘砂现象。内壁施满釉，外壁施釉不到底，有流釉现象，呈泪滴状，釉面有细碎开片；釉色青灰；胎色灰白，胎质细腻。口径 13.5、底径 5.5、高 8.5、厚 0.2 ~ 0.6 厘米（图二一〇；图版三五，6）。

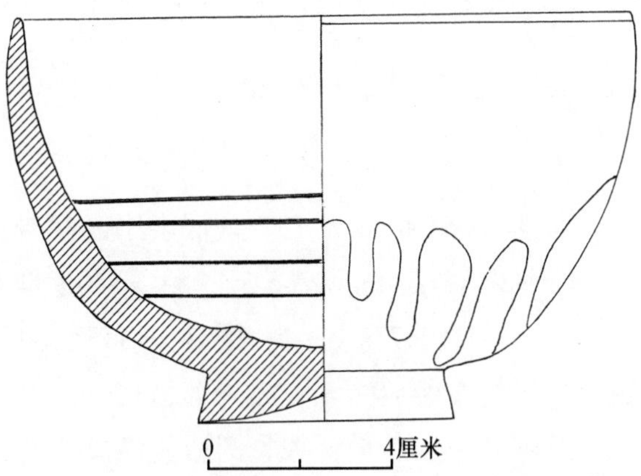

图二一〇　北朝至五代 A 型瓷碗（TG1040H38：4）

Ba 型Ⅰ式　共 1 件。

标本 TG1035 ④ a：1，圆唇，侈口，弧腹，饼形足。内壁施满釉，外壁施釉不到底；釉色白中泛黄；胎色青灰，胎质较粗。口径 12.2、底径 6.3、高 4、厚 0.4 ~ 0.9 厘米（图版三六，1）。

Bb 型Ⅰ式　共 1 件。

标本 TG1034 ④ b：1，圆唇，侈口，弧腹，饼形足。内壁及口沿施满釉，且有流釉现象，釉面有细小开片，釉色白中泛青灰；外壁施釉到底部，釉色为黑褐色；胎色青灰，胎质较粗。口径 12.5、底径 6.3、高 3.5、厚 0.6 ~ 0.9 厘米（图版三六，2）。

2. 瓷盒

C 型Ⅰ式　共 1 件，可复原。

标本 TG1035 ④ a：2，圆唇，敛口，折肩，直腹，平底。内壁施满釉，外壁施釉不到底；釉色白中泛青；胎色灰白，胎质较细。口径 9.8、底径 10.5、高 4.7、厚 0.6 ~ 0.8 厘米（图二一一；图版三六，3）。

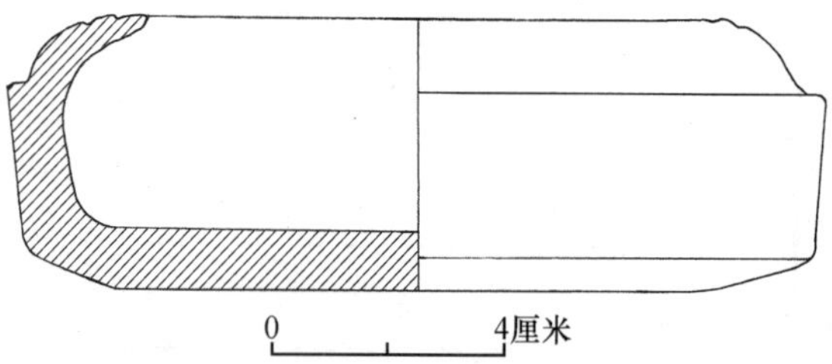

图二一一　北朝至五代 C 型Ⅰ式瓷盒（TG1035 ④ a：2）

3. 瓷灯盏

共 2 件，均可复原。尖唇，敛口，斜腹很浅，平底。

标本 TG1044 ④ a：1，盏心微凹。内壁施满釉，外壁施釉不到底，且有流釉现象；釉色白中泛青；胎色黄白，胎质较粗。口径 5、足径 4、厚 0.4 ~ 0.5 厘米。

标本 TG1045 ④ a：1，盏心微凹。内壁施满釉，外壁施釉不到底；釉色白中泛黄；胎色黄白，胎质较粗。口径 3.6、底径 3.4、高 0.9、厚 0.4 ~ 0.5 厘米。

4. 瓷纺轮

共 1 件。

标本 TG1036 ⑤ a：1，碗底改制成的纺轮，圆形，中间有一圆形孔，平底，底心内凹。仅上下面施釉；胎色灰白，胎质较粗。直径 3.5、孔径 0.6、高 1.3 厘米（图版三六，4）。

5. 瓷片

共 3 件。

标本 TG1040 ④ a：1，残底。窄圈足外撇。内外壁皆施满釉；釉色白中泛青；胎色洁白，胎质较细。底径 9、残高 5.5、厚 0.4 ~ 0.9 厘米。

标本 TG1047 ④ a：1，圆唇，侈口。内外壁皆施白釉；釉色白中泛黄；胎色黄白，胎质较粗。口径约 12、厚 0.3 ~ 0.5 厘米。

标本 TG1037 ④ a：2，圆唇，侈口。内壁施满釉，外壁施釉不到底；釉色白中泛青；胎色洁白，胎质较细。残长 5.5、残高 3、厚 0.3 ~ 0.5 厘米。

（四）釉陶器

共3件。

标本TG1048③a：2，釉陶琉璃砖，残。泥质红陶。正面施绿釉，残存四颗乳钉。残长7.6、残宽6.9、厚3.6厘米（图版三六，5）。

标本TG1035④a：3，釉陶钵，残。圆唇，外折平沿，侈口。外壁及内壁口沿施青釉，釉面有细小开片，釉色青黄，胎色红褐，胎质较细。残长8、残高3.4、厚0.2～0.3厘米。

标本TG1047③a：1，残底。窄圈足外撇，外斜削。除内壁外皆施绿釉；釉色黄白，胎质较细。底径约7.5、残高2.9、厚0.4～0.7厘米。

（五）其他

共3件。

1. 铜簪

共1件。

标本TG1039⑤a：3，细圆柱形簪身，簪尾较尖圆，锈蚀较严重。长12厘米（图版三六，6）。

2. 骨梳

共1件。

标本TG1039⑤a：2，由四片拼合而成，拼合后呈圆角方形。梳齿尽残缺，仅存梳背和部分梳齿。片与片之间有子母卡槽相衔接，中间两片上下各有一对横向相对的穿孔，孔内残留铜丝和铜绿锈沁。残长6、残宽6.5、厚0.1、梳齿宽0.1、梳齿间距0.02厘米（图版三六，7）。

3. 陶模具

共1件。

标本TG1041L1：1，残。泥质红陶。圆形，正面内凹，雕有一人脸形纹样。直径9.5、高3厘米（图版三六，8）。

四、宋至清代遗物

共出土标本遗物10件，其中有瓷器9件和其他1件。

（一）瓷器

共出土遗物9件，其中瓷罐2件、瓷灯盏1件和瓷片6件。

1. 瓷罐

共2个，完整。均为黑釉，圆唇，直口，鼓腹，圈足。

标本TG1040②：1，内壁施满釉，外壁施釉不到底；釉色黑褐；胎色青灰，胎质较粗。口径5、底径3.8、高5.8、厚0.4～0.7厘米（图二一二）。

标本TG1040②：2，内壁施满釉，外壁施釉不到底；釉色黑褐；胎色青灰，胎质较粗。口径5、底径3.8、高5.8、厚0.4～0.7厘米（图二一三）。

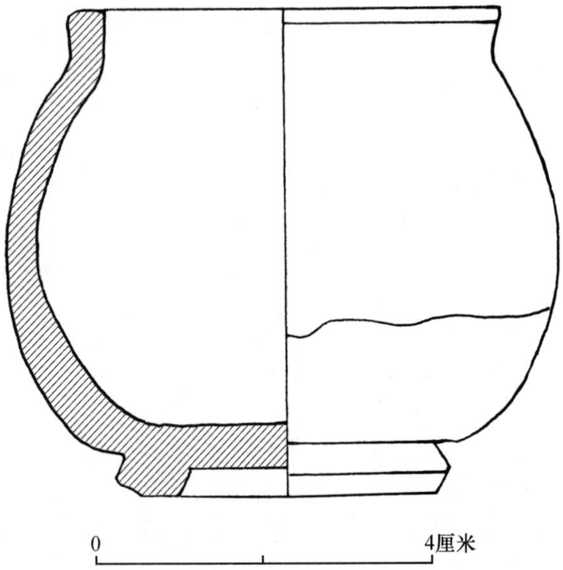

图二一二　瓷罐（TG1040②：1）

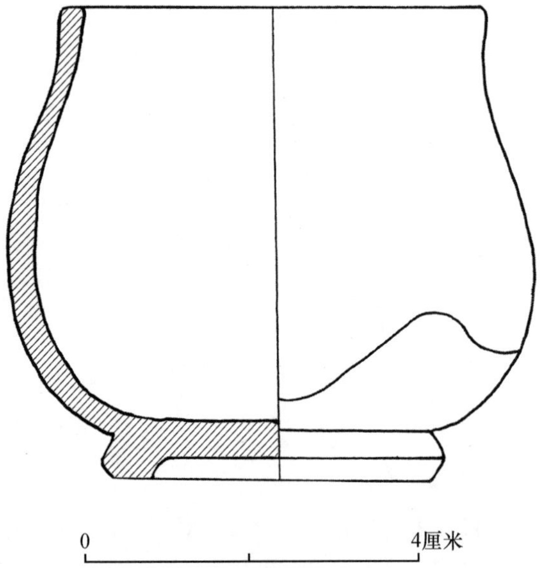

图二一三　瓷罐（TG1040②：2）

2. 瓷灯盏

共1件，可复原。

TG1033②：1，圆唇，侈口，弧腹，平底。仅内底部施灰褐釉。釉色灰褐；胎色青灰，胎质较粗。口径5.1、底径2.7、高2.9、厚0.4～0.5厘米 。

3. 瓷片

共6件。

标本TG1048③a：1，瓷碗残片。圆唇，侈口，弧腹。内壁及外壁口沿施白釉，釉色白中泛青；外壁自腹部以下施黑褐釉，釉色黑亮；胎色黄灰，胎质较粗。厚0.4～0.7厘米。

标本TG1047②：1，瓷碗残底。窄圈足。内外壁皆施透明青釉，釉下饰“寿”字；釉色匀净；胎色洁白，胎质较细。底径6、残高3.2、厚0.3～1厘米。

标本TG1044②：2，瓷碗残片。尖圆唇，侈口。内外壁施满釉，并饰青花花草图案；釉质匀净；胎色灰白，胎质较细。残长2.9、残高1.8、厚0.2厘米。

标本TG1046②：1，瓷碗残底。宽圈足，内斜削。除底足外皆施釉，内壁施白釉，釉色白中泛黄；外壁及碗底饰黑褐色釉；胎色灰白，胎体较粗。底径约7、残高2.3、厚0.6～0.9厘米。

标本TG1044②：1，瓷盘残片。圆唇，侈口。内外壁皆施满釉，内壁口沿下部饰有褐彩纹饰；釉色白中泛黄；胎色黄白，胎质较粗。口径12、厚0.4厘米。

标本TG1037③a：1，瓷瓶残底。饼形足外撇。内壁施满釉，外壁施釉不到底；釉色黝黑；胎色黄白，胎质较粗。足径2.5、残高2.7、厚0.3～0.8厘米。

（二）其他

铜烟袋

共1件。

标本TG1041②：1，木杆和烟嘴已缺失。圆形锅，下接空心圆柱形杆。残长11.5厘米。

第四章　第三段探沟

第三段探沟（TG1049 ~ TG1076）位于第二段探沟东部，向东至第三条南北向现代道路西侧止。共布探沟 28 个，因 TG1049 和 TG1050 位于现代建筑下未能发掘，因此第三段探沟实际发掘为自 TG1051 起至 TG1076 止，共计 26 个探沟。每个探沟均为 10 米 ×2 米，总长 260 米，实际发掘面积 468 平方米，方向 104°（图版三七，1）。

第一节　地层堆积

第三段探沟发掘区的地势情况为西高东低，高差 2.512 米。第三段探沟发掘总长 260 米，最深 6.9 米，最浅 1.9 米，平均深度 3.3 米。第 1 层为近现代耕土层；第 2 层为明清文化层；第 3a 层为宋元文化层；第 4 层为晚唐五代文化层，分两个亚层，分别为第 4a 层和第 4b 层；第 5a 层为唐代文化层；第 6 层为北朝文化层。从 TG1051 东部至 TG1059 遗迹不丰富，主要是灰坑 2 座、道路 1 条；从 TG1060 至 TG1076 遗迹较丰富，主要是灰坑 16 座、井 1 口；从地层上来看，处于第 3a 层下的遗迹有 H55、H59，处于第 4a 层下的遗迹有 H54、H56、J1，处于第 5a 层下的遗迹有 H42、H43、H44、H45、H46、H47、H49、H53、L2，处于第 6 层下的遗迹有 H48、H50、H51、H52、H57、H58（图二一四、图二一五；图版三七，2；图版三八，1）。

第 1 层：近现代耕土层。灰褐色黏土，质地松软，较杂乱；包含植物根系、碎砖瓦块、小石块等；厚 0.72 ~ 1.85 米。堆积西高东低，高差 2.512 米，TG1051 至 TG1058 缓慢下降 0.712 米，从 TG1059 至 TG1062 上升 0.6 米，TG1063 至 TG1070 下降了 1.1 米，TG1071 直至最后一条探沟（TG1076）基本水平，上升了 0.1 米。未发现遗迹现象。

第 2 层：明清文化层。浅灰色黏土，质地较硬；包含较多砖瓦块、红烧土粒和少量青花瓷碎片；厚 0.15 ~ 0.75 米，距地表 0.72 ~ 1.8 米。第 2 层总体堆积西高东低，高差 1.4 米。自 TG1051 至 TG1062 下降 1.65 米，从 TG1063 至 TG1066 上升了 0.12 米，自 TG1067 至 TG1070 下降了 0.25 米，从 TG1071 至 TG1074 上升了 0.38 米，自 TG1075 直至最后一条探沟（TG1076）呈水平状。未发现遗迹现象。

第 3 层：宋元文化层。深黄褐色砂土，质地疏松，较干净；包含少量瓷片、陶片、碎砖瓦块等；厚 0.1 ~ 1.26 米，距地表 1.15 ~ 2 米。第 3a 层总体堆积西高东低，高差 1.91 米。自 TG1051 米至 TG1062 下降了 2.04 米，从 TG1063 至 TG1066 呈水平状，自 TG1067 至 TG1070 下降了 0.12 米，从 TG1071 至 TG1074 上升了 0.25 米，自 TG1075 直至最后一条探沟

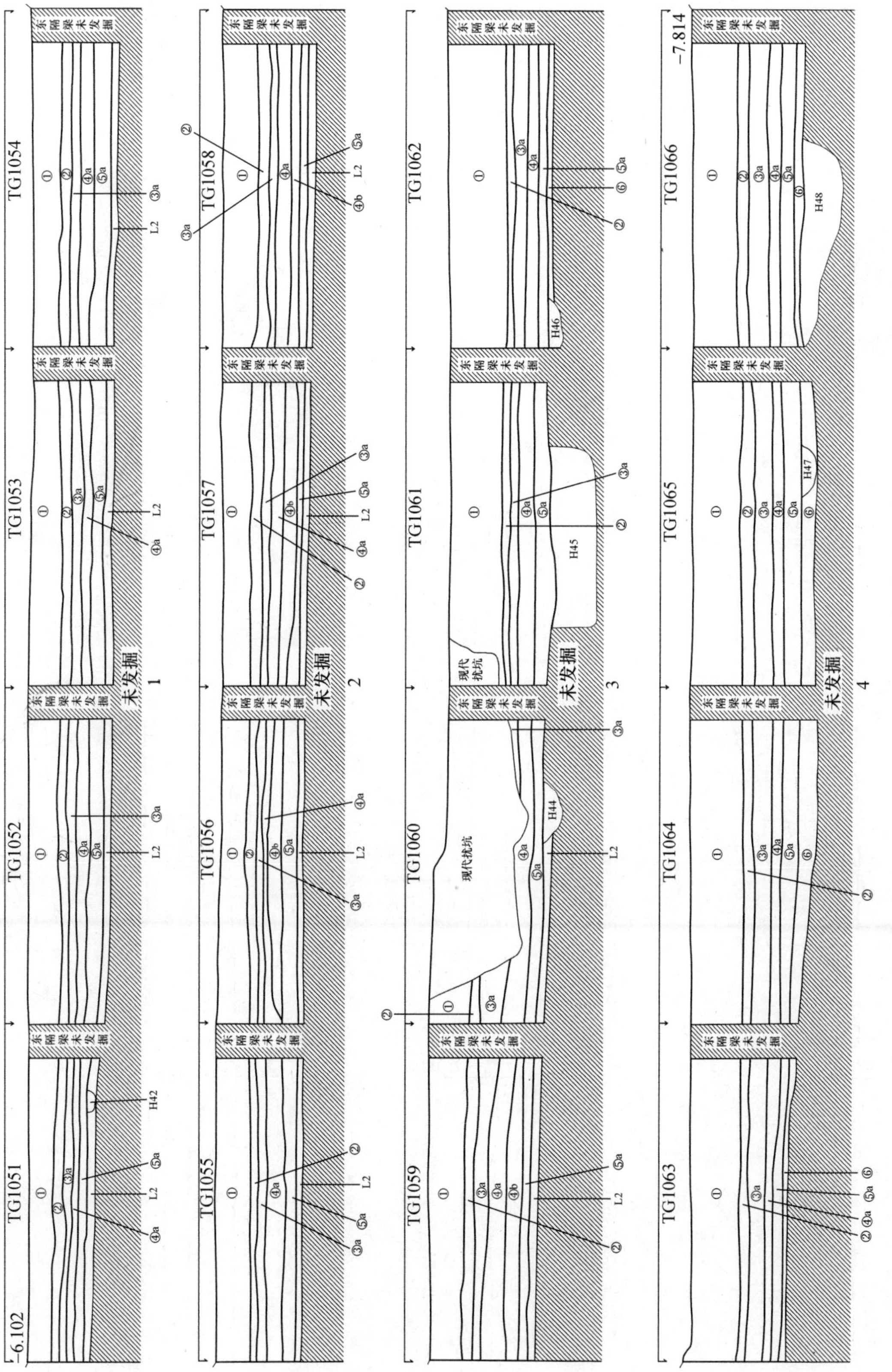

图二一四　TG1051～TG1066北壁剖面图

1. TG1051～TG1054　2. TG1055～TG1058　3. TG1059～TG1062　4.TG1063～TG1066

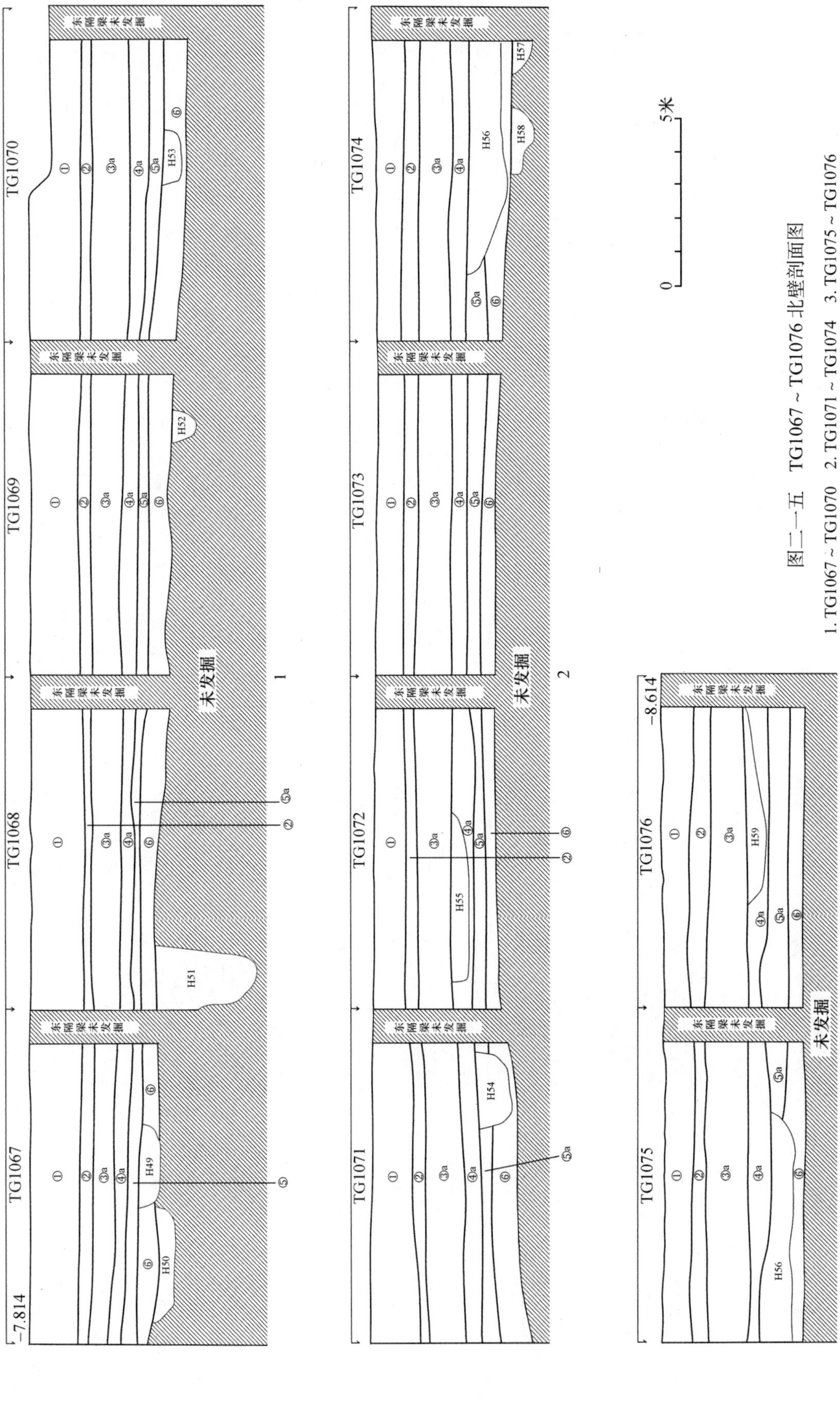

图二一五　TG1067～TG1076北壁剖面图

1. TG1067～TG1070　2. TG1071～TG1074　3. TG1075～TG1076

（TG1076）呈水平状。该层的遗迹现象较少，仅有 H55 和 H59。

第 4a 层：晚唐五代文化层。灰黑褐色砂质黏土，质地疏松，较杂乱；包含大量建筑构件、陶瓷残片、木炭屑、红烧土等；厚 0.05 ~ 0.75 米，距地表 1.4 ~ 3.05 米。第 4a 层总体堆积呈西高东低，高差 2.28 米。自 TG1051 至 TG1070 下降了 2.91 米，从 TG1071 直至最后一条探沟（TG1076）上升了 0.63 米。该层的遗迹现象较少，有 H54、H56 和 J1。

第 4b 层：晚唐五代文化层。浅黑褐色砂质黏土，质地疏松；包含大量陶瓷片、砖瓦块、木炭屑等；厚 0.18 ~ 0.4，距地表 1.5 ~ 2.6 米。第 4b 层自 TG1056 始至 TG1059 止，全长 40 米，堆积西高东低，自 TG1056 至 TG1059 下降了 0.37 米。未发现遗迹现象。

第 5a 层：唐代文化层。红褐色黏土，质地较硬；包含石块、炭灰、少量陶片、少量瓷片等；厚 0.15 ~ 0.9 米，距地表 1.31 ~ 3.5 米。第 5a 层总体堆积呈西高东低，高差 2.66 米。自 TG1051 至 TG1070 下降了 2.79 米，从 TG1071 至 TG1074 缓慢上升了 0.38 米，自 TG1075 直至最后一条探沟（TG1076）下降了 0.25 米。该层的遗迹现象丰富，遗迹有 H42、H43、H44、H45、H46、H47、H49、H53、L2。

第 6 层：北朝文化层。黄褐色粉砂土，质地疏松，较干净；包含建筑构件、陶瓷残片等；厚 0.1 ~ 0.9 米，距地表 2.8 米。第 6 层文化堆积被 TG1062 西部的 H48 打破后出现，自 TG1062 西部至 TG1076 东壁，全长 148.5 米，堆积呈西高东低，高差 1.39 米，自 TG1062 至 TG1070 下降了 1.52 米，从 TG1071 至 TG1074 上升了 0.38 米，自 TG1075 直至最后一条探沟（TG1076）下降了 0.25 米。该层的遗迹现象丰富，遗迹有 H48、H50、H51、H52、H57、H58。

第二节　遗　　迹

第三段探沟共发现 19 处遗迹现象，其中灰坑 18 座，路 1 条。

一、路

L2 位于 TG1051 至 TG1060 东部，L2 开口于第 5a 层下。L2 为东西向路，全长 95.5 米，可见宽 1 米，土色呈红褐色，土质密度高、很硬。L2 呈长条状，水平分布，路面西高东低。在 TG1054 中发现有明显的车辙痕迹，车辙宽 15 ~ 25 厘米，深 5 ~ 10 厘米，间距约 30 厘米。路土上部保存较差，推测是因为使用年限较长，呈颗粒状，含砂，向下 3 ~ 4 厘米处出现一层保存较好的路土，由 0.1 厘米的板结面相叠组成的路土，总厚约 0.25 米，质地坚硬。在 TG1055 中也发现有明显的车辙痕迹，车辙宽约 30 厘米，深 8 ~ 10 厘米，车辙至中部不明显；L2 东端为石块，路面较硬，有明显的分层。L2 出土遗物有陶钵残口、陶罐残口。由于发掘面积较小，无法判断其形制等（图二一六；图版三八，2、3；图版三九）。

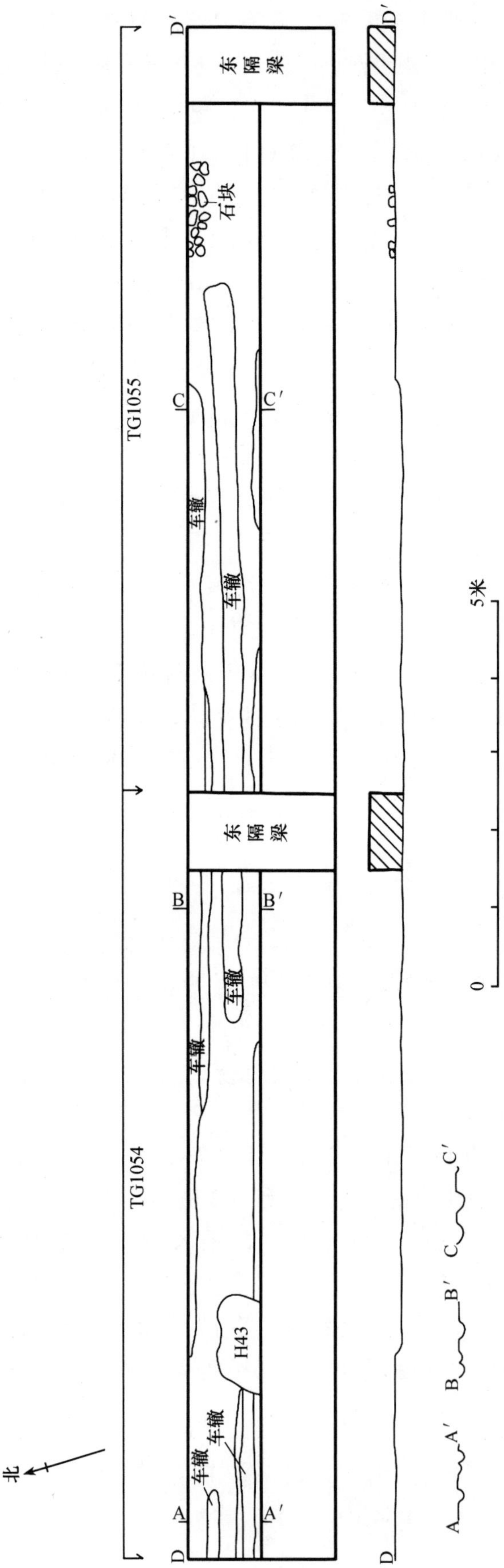

图二一六　TG1054～TG1055 内 L2 局部及车辙平、剖面图

二、灰　坑

数量最多的遗迹是灰坑，共18座，因为探沟发掘面积较小，大部分灰坑不完整。现将灰坑简要介绍如下。

（一）H42

H42位于TG1051东部，延伸至探沟北壁，开口于第5a层下，打破L2。H42平面近长方形，剖面呈椭圆形，口大底小，坑壁呈斜坡状且粗糙，坑底不平整。H42开口距地表1.7米，东西延伸为0.75米，南北可见宽0.35米，深0.35米。H42的填土为灰黑色砂质黏土，土质较松；无遗物出土（图二一七，1）。

（二）H43

H43位于TG1054中部偏西，开口于第5a层下，打破L2。H43平面呈不规则形，剖面近半、椭圆形，坑壁呈斜坡状且粗糙，坑底呈坡状，西高东低。H43开口距地表2～2.2米，东西延伸为1.4米，南北可见宽0.55～0.75米，深度0.25～0.45米。H43的填土为灰褐色黏土，土质较松；出土遗物有陶碗残片等（图二一七，2）。

（三）H44

H44位于TG1060东部，延伸至探沟北壁，开口于第5a层下，打破L2和生土。H46平面近梯形，剖面呈锅底状，坑壁呈斜坡状且加工较光滑，坑底较圜。H44开口距地表2.7～2.75米，东西延伸为1.8米，南北可见宽1米，深度0.6米。H44的填土为灰褐色黏土，土质较松；出土遗物有陶罐残片等（图二一七，3）。

（四）H45

H45位于TG1061中部，延伸至探沟北壁，开口于第5a层下，打破生土。H45平面近长方形，剖面呈长方形，坑壁垂直且粗糙，坑底较平整。H45开口距地表3.2～3.4米，东西延伸为5.3米，南北可见宽1米，深度1.2～1.3米。H45的填土为红褐色砂质黏土，质地疏松；无遗物出土（图二一七，4）。

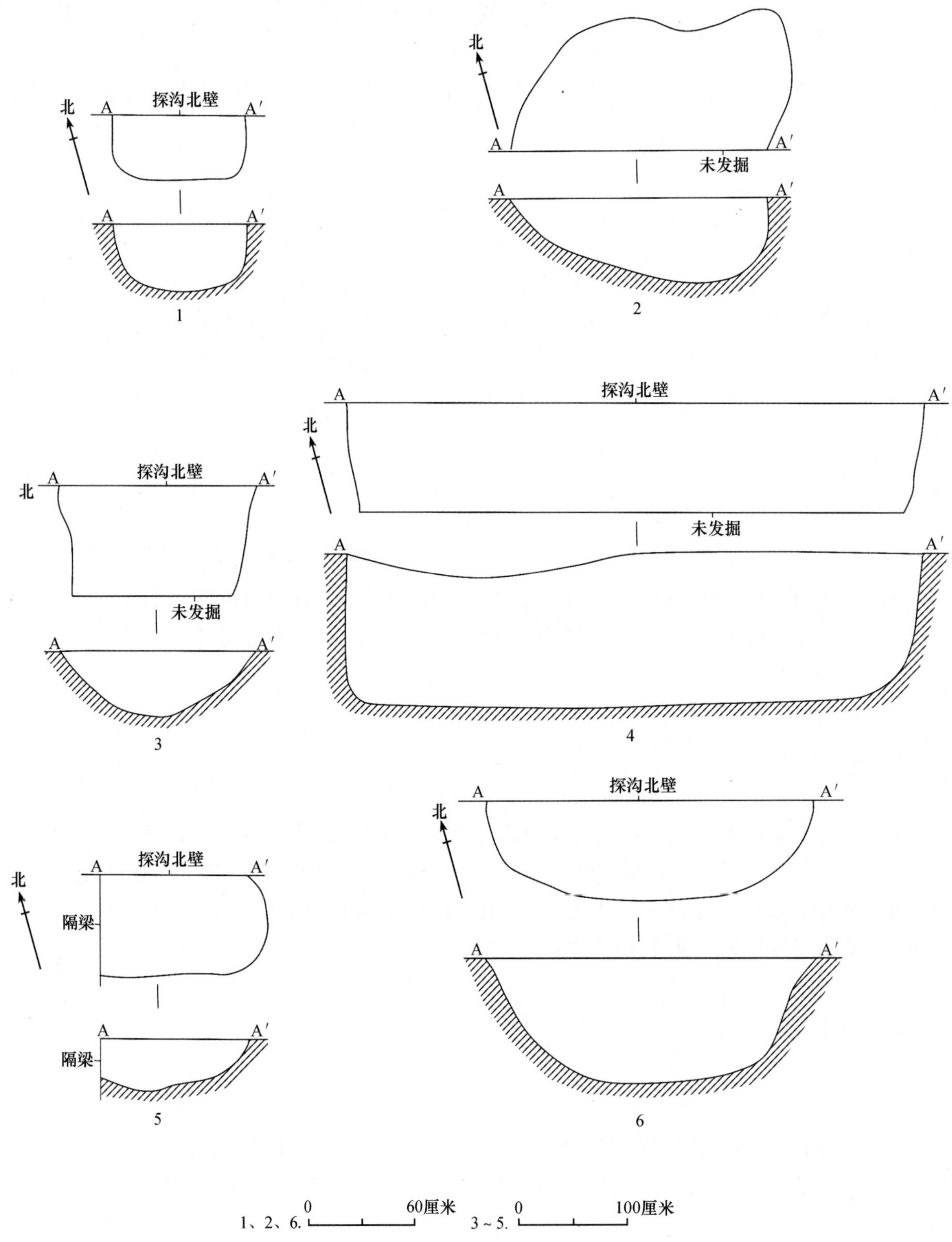

图二一七　H42～H47平、剖面图

1. H42　2. H43　3. H44　4. H45　5. H46　6. H47

（五）H46

H46位于TG1062西部，延伸至探沟北壁，开口于第5a层下，打破第6层和生土。H46平面和剖面均呈不规则形，坑壁呈斜坡状且粗糙，坑底不平整。H46开口距地表3.15～3.2米，东西可见延伸为1.55米，南北可见宽0.9米，深度0.45米。H46的填土为灰色粉砂土，土质疏松；无遗物出土（图二一七，5）。

（六）H47

H47位于TG1065中部偏东，延伸至探沟北壁，开口于第5a层下，打破第6层。H47平面近椭圆形，剖面呈半椭圆形，坑壁呈斜坡状且粗糙，坑底不平整。H47开口距地表3.3～3.4米，东西延伸为1.8米，南北可见宽0.53米，深0.66米。H47填土为灰褐色砂质黏土，土质疏松；出土遗物有陶罐等（图二一七，6）。

（七）H48

H48位于TG1066中西部，开口于第5a层下，打破第6层和生土。H48平面和剖面均呈不规则形，坑壁呈斜坡状且粗糙，坑底不平整，西高东低。H48开口距地表3.25～3.5米，东西延伸为6米，南北可见宽0.7～1米，深度0.6～1.15米。H48填土为深褐色粉砂土，土质较松，包含许多石块；出土遗物有陶罐残片、陶豆残片和陶甑残片等（图二一八，1）。

（八）H49

H49位于TG1067东部，延伸至探沟北壁，开口于第5a层下，打破第6层和生土。H49平面近长方形，剖面呈半椭圆形，坑壁呈斜坡状且粗糙，坑底不平整。H49开口距地表3.25～3.4米，东西延伸为2.7米，南北可见宽1米，深度0.55～0.6米。H49填土为红褐色砂质黏土，土质较松；出土遗物有瓷碗、陶罐、陶钵和板瓦等（图二一八，2）。

（九）H50

H50位于TG1067中西部，延伸至探沟北壁，开口于第6层下，打破生土。H50平面近长方形，剖面呈不规则形，坑壁呈坡状且粗糙，坑底不平整。H50开口距地表3.8～3.9米，东西延伸为3.3米，南北可见宽1米，深度0.5～0.7米。H50填土为红褐色粉砂土，土质较松；出土遗物有陶罐、陶豆、莲花纹瓦当和板瓦等（图二一八，3）。

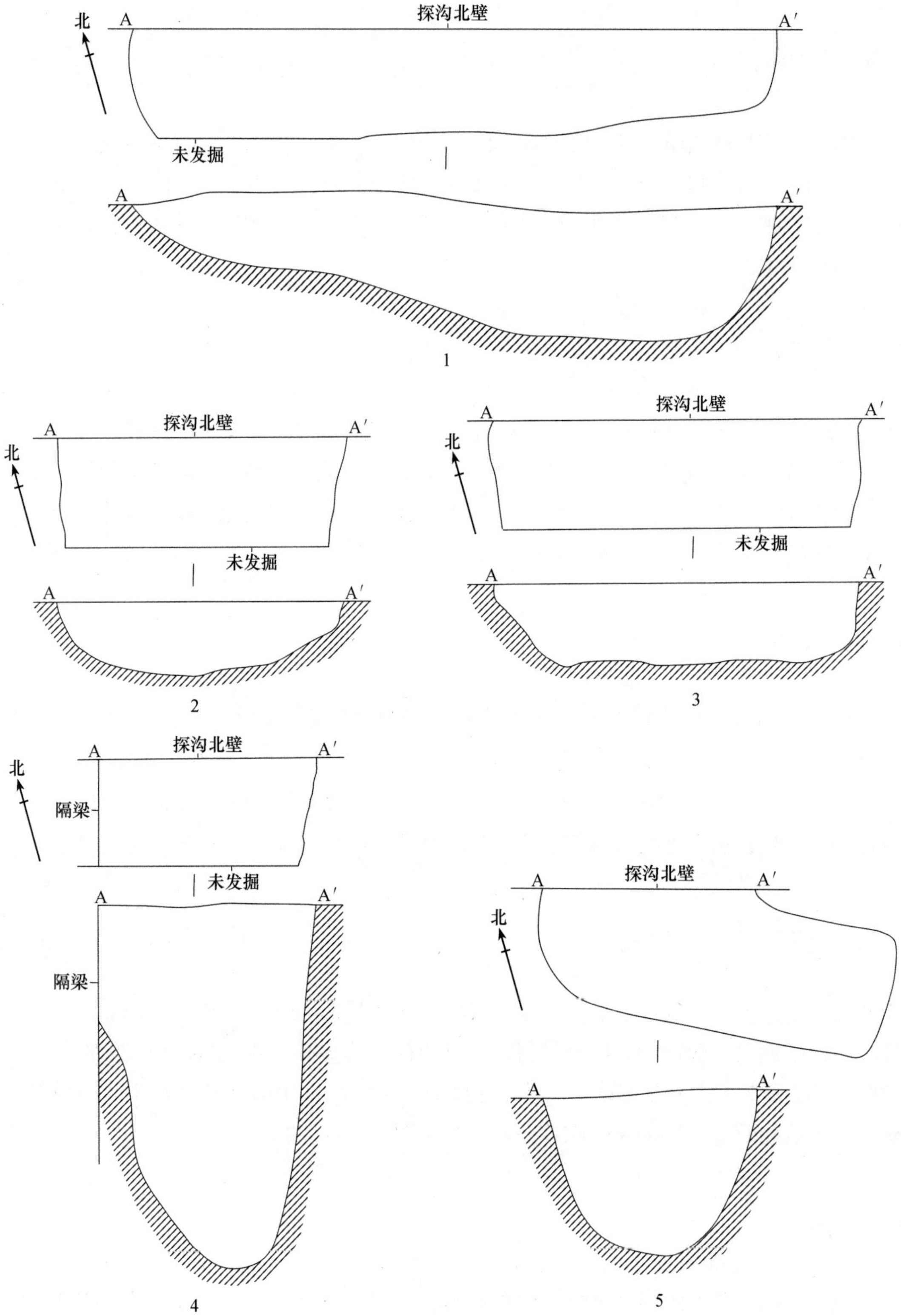

1～4. 0　100厘米　5. 0　50厘米

图二一八　H48～H52平、剖面图

1. H48　2. H49　3. H50　4. H51　5. H52

（一〇）H51

H51位于TG1068西部，延伸至探沟西壁，开口于第6层下，打破生土。H51平面呈不规则形，剖面呈袋状，口大底小，坑壁较垂直且粗糙，坑底不平整。H51开口距地表3.8～3.85米，东西可见延伸为2.05米，南北可见宽1米，深度3.25米。H51的填土为灰褐色粉砂土，土质较松；出土遗物有板瓦和上水石等（图二一八，4）。

（一一）H52

H52位于TG1068东部，延伸至探沟北壁，开口于第6层下，打破生土。H52平面呈不规则形，剖面呈锅底状，坑壁呈斜坡状且加工光滑，坑底较圜。H52开口距地表4.25～4.35米，东西延伸为1.6米，南北可见宽0.6米，深度0.7米。H52填土为灰褐色土，土质较硬，缓坡状堆积；出土遗物有陶罐残片和陶豆残片等（图二一八，5）。

（一二）H53

H53位于TG1070的中部，延伸至探沟北壁，开口于第5a层下，打破第6层。H53平面呈不规则形，剖面呈半椭圆形，坑壁呈斜坡状且较粗糙，坑底较不平整。H53开口距地表3.5米，东西延伸为2.5米，南北可见宽1米，深度0.5～0.6米。H53的填土为黑褐色土，土质较硬；出土遗物有陶盆残片、莲花纹瓦当和石狮子等（图二一九，1）。

（一三）H54

H54位于TG1071东部，延伸至探沟北壁，开口于第4a层下，打破第5a层。H54平面和剖面均为不规则形，坑壁呈坡状且粗糙，坑底不平整，西低东高。H54开口距地表3.3～3.4米，东西延伸为2.25米，南北可见宽0.85～0.95米，深度0.9～1.05米。H54的填土为灰褐色黏土，土质较松；出土遗物有陶罐残片和陶豆残片等（图二一九，2）。

（一四）H55

H55位于TG1072中西部，延伸至探沟北壁，开口于第3a层下，打破第4a层。H55平面近长方形，剖面呈不规则形，坑壁呈斜坡状且粗糙，坑底较不平整。H55开口距地表2.5～2.6米，东西延伸为5.1米，南北可见宽1米，深度0.55～0.65米。H55的填土为灰褐色砂质黏土，土质较疏松，包含石块、炭渣、烧土颗粒；出土遗物有陶罐残片和陶盆残片等（图二一九，3）。

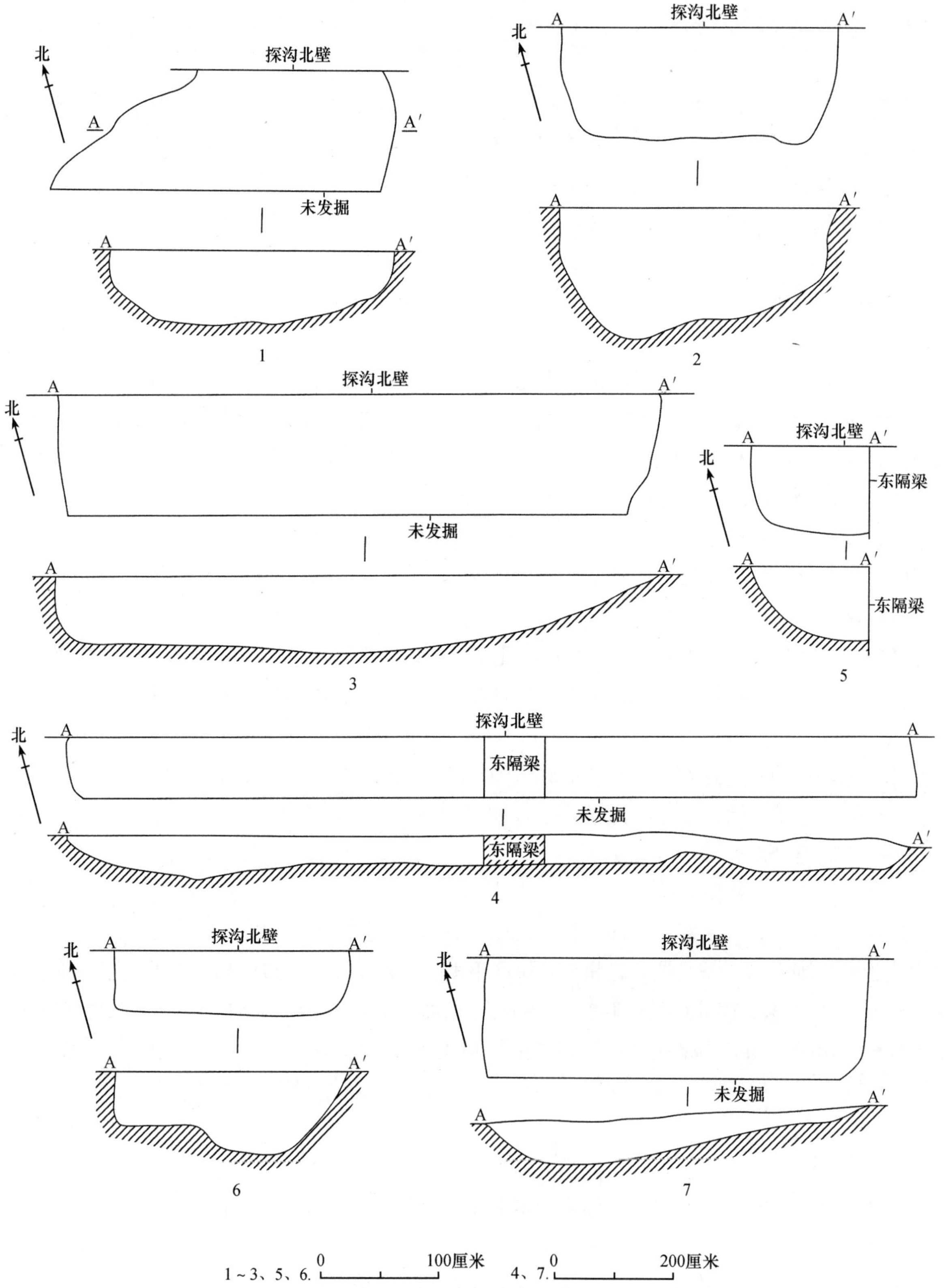

图二一九　H53～H59平、剖面图

1. H53　2. H54　3. H55　4. H56　5. H57　6. H58　7. H59

（一五）H56

H56位于TG1074中东部，延伸至TG1075内，开口于第4a层下，打破第5a、6层。H56平面为不规则形，剖面近椭圆形，坑壁呈斜坡状且粗糙，坑底不平整。H56开口距地表3～3.8米，东西延伸为14.3米，南北可见宽1米，深度0.5～0.7米。H56的填土为浅褐色砂质黏土，土质较硬，包含木炭、白灰粒、石块和动物骨骼等；无遗物出土（图二一九，4）。

（一六）H57

H57位于TG1074东部，延伸至探沟北壁和东隔梁，开口于第6层下，打破生土。H57平面近半椭圆形，剖面呈不规则形，坑壁呈斜坡状且粗糙，坑底不平整。H57开口距地表4.25～4.35米，东西可见延伸为1米，南北可见宽0.7米，深度0.6米。H57的填土为浅黄褐色粉砂土，土质较硬；无遗物出土（图二一九，5）。

（一七）H58

H58位于TG1074中部偏东，延伸至探沟北壁，开口于第6层下，打破生土。H58平面近长方形，剖面呈不规则形，西壁较垂直，东壁呈坡状，坑壁粗糙，坑底不平整。H58开口距地表4.25～4.3米，东西延伸为2米，南北可见宽0.5米，深度0.45～0.65米。H58的填土为浅黄褐色粉砂土，土质较硬；无遗物出土（图二一九，6）。

（一八）H59

H59位于TG1076中东部，延伸至探沟东隔梁，开口于第3a层下，打破第4a层。H59平面近长方形，剖面呈不规则形，坑壁呈斜坡状且粗糙，坑底不平整，西低东高。H59开口距地表2.5～2.75米，东西延伸为6.4米，南北可见宽2米，深度0.25～0.75米。H59填土为灰黑褐色黏土，土质较硬；出土遗物有板瓦（图二一九，7）。

第三节　遗　　物

本段探沟出土遗物比较丰富，有建筑构件、陶器、瓷器、三彩器等。共出土标本遗物172件，其中东周、汉代遗物30件，魏晋十六国遗物2件，北朝至五代遗物122件，宋至清代遗物18件。

一、东周、汉代遗物

出土标本遗物30件，其中建筑构件7件和陶器23件。

（一）建筑构件

共7件，其中板瓦3件和筒瓦4件。

1. 板瓦

共3件。

B型　共1件。

标本TG1067⑥：7，残存下端部分。泥质灰陶，手制，制作较为规整。瓦端齐平。凸面饰竖向粗绳纹，绳径0.3厘米，瓦头绳纹被抹平3.3厘米，瓦体部有约1厘米宽的带状抹平痕；凹面饰戳点纹。残长15、残宽10、厚0.7～0.9厘米（图二二〇、图二二一；图版四〇，1）。

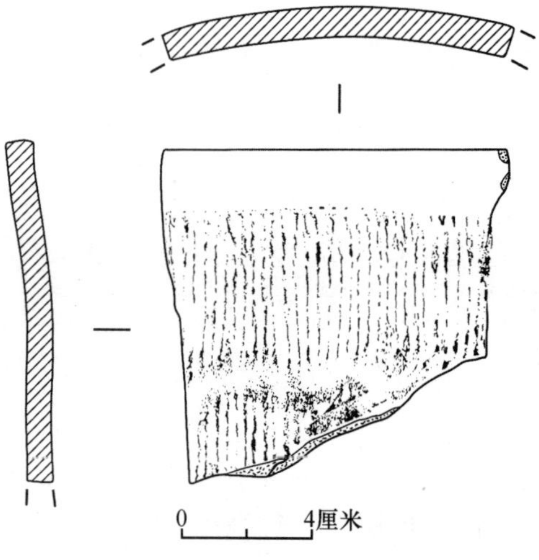

图二二〇　东周、汉代B型板瓦（TG1067⑥：7）

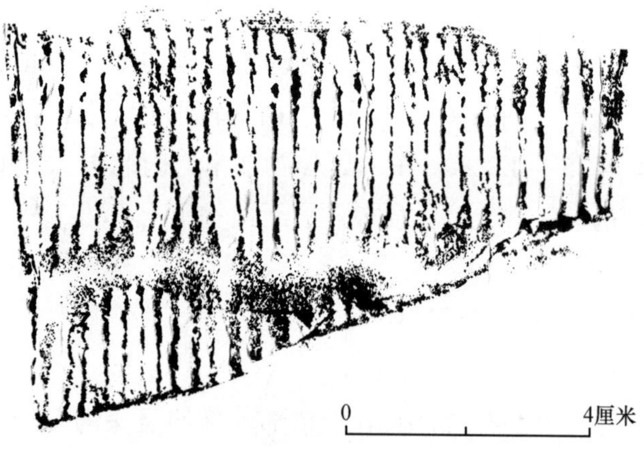

图二二一　东周、汉代B型板瓦（TG1067⑥：7）纹饰拓本

E型Ⅰ式　共2件。均为泥质灰陶，模制，制作较为规整。凸面饰粗绳纹，瓦体有抹平痕；凹面饰布纹，瓦尾部有抹平痕。瓦端齐平，侧棱内切。

标本TG1068H51：1，残存上端部分。凸面先饰竖向绳纹，绳径0.6厘米，后又饰斜向绳纹，绳径0.4厘米；凹面饰布纹，瓦尾部有10.8厘米的轻微抹平痕。残长20.8、残宽14.2、厚1～1.5厘米；切痕深约0.5厘米（图二二二、图二二三；图版四〇，2）。

标本TG1054⑤a：2，残存下端部分。凸面饰竖向绳纹，绳径0.5～0.7厘米，瓦头处有三道宽约1.5厘米的横向抹平痕；凹面饰布纹。残长12.4、宽16.3、厚0.6～1.1厘米；切痕深0.2厘米（图二二四、图二二五；图版四〇，3）。

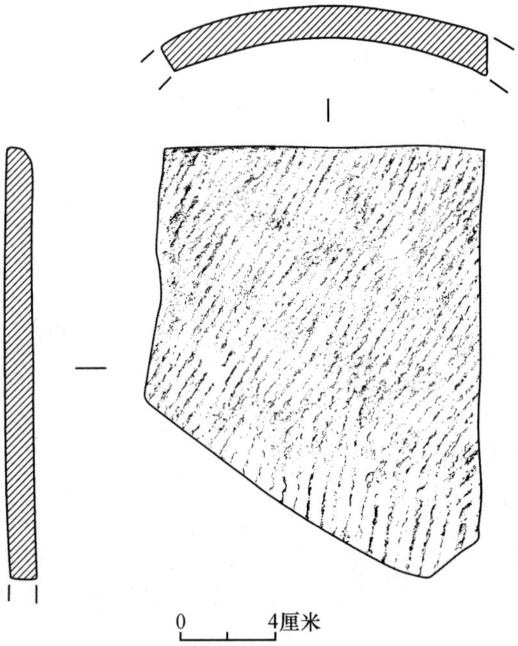

图二二二　东周、汉代E型Ⅰ式板瓦
（TG1068H51：1）

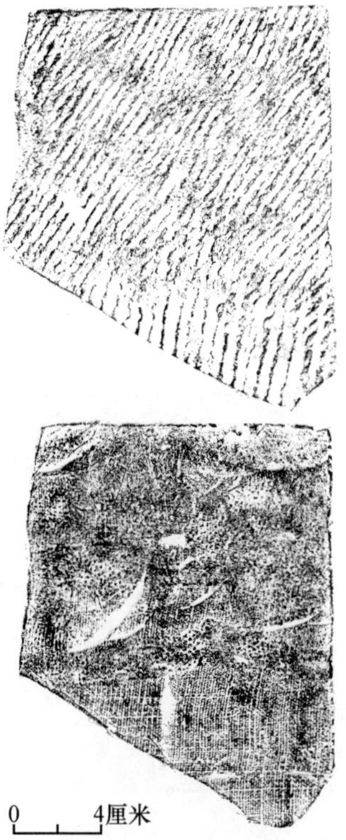

图二二三　东周、汉代E型Ⅰ式板瓦
（TG1068H51：1）纹饰拓本

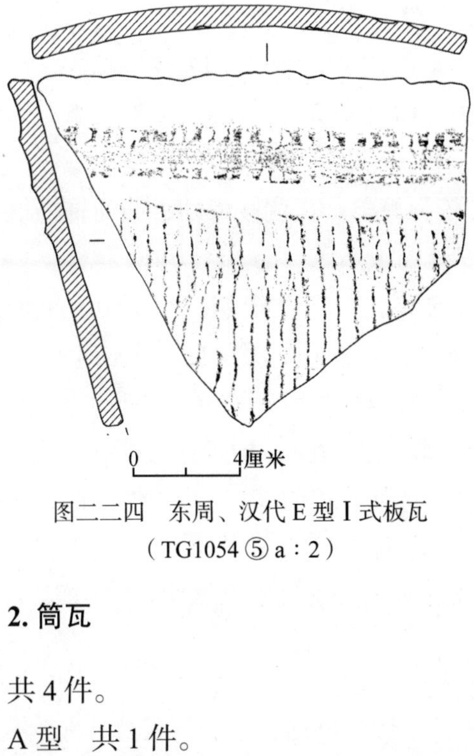

图二二四　东周、汉代E型Ⅰ式板瓦
（TG1054⑤a：2）

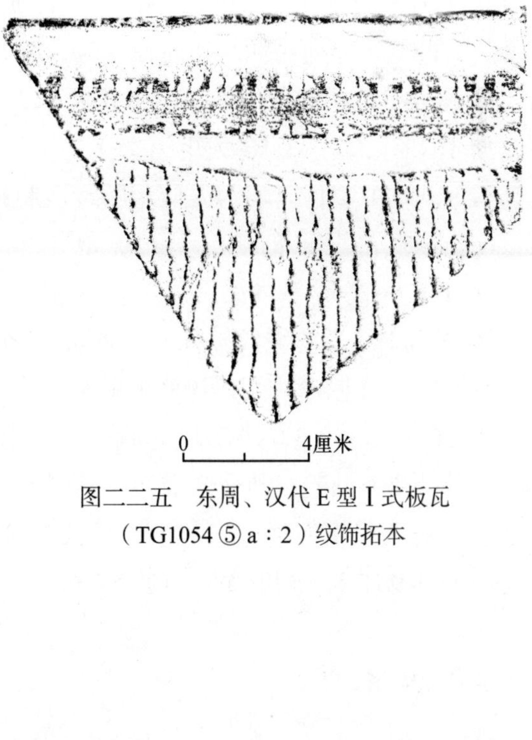

图二二五　东周、汉代E型Ⅰ式板瓦
（TG1054⑤a：2）纹饰拓本

2. 筒瓦

共4件。

A型　共1件。

标本TG1064⑥：1，残存上端部分。泥质灰陶，手制，制作较规整。浅灰色。瓦舌较长，侧棱外切几乎切透，瓦体较扁平。凸面饰绳纹，绳纹较细，绳径0.2厘米，体部有一周宽0.2～

0.4 厘米的刀削凹槽；凹面有明显的手捏痕。残长 16.3、残宽 13.3、厚 1.2 ~ 1.4 厘米；瓦舌长 3.7、残宽 9.5、厚 0.6 ~ 1 厘米；切痕深 1.1 厘米（图二二六、图二二七；图版四〇，4）。

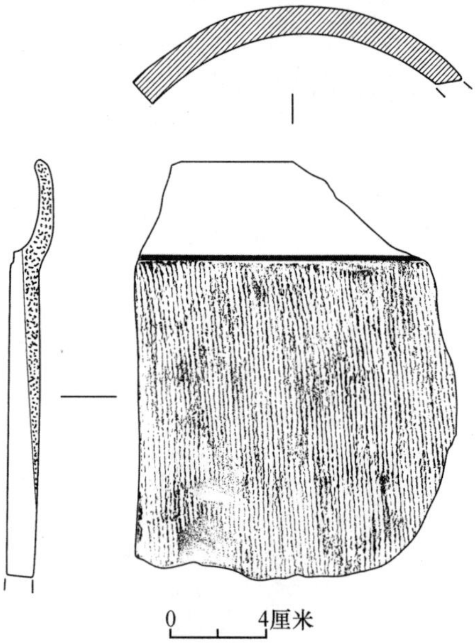

图二二六　东周、汉代 A 型筒瓦
（TG1064 ⑥：1）

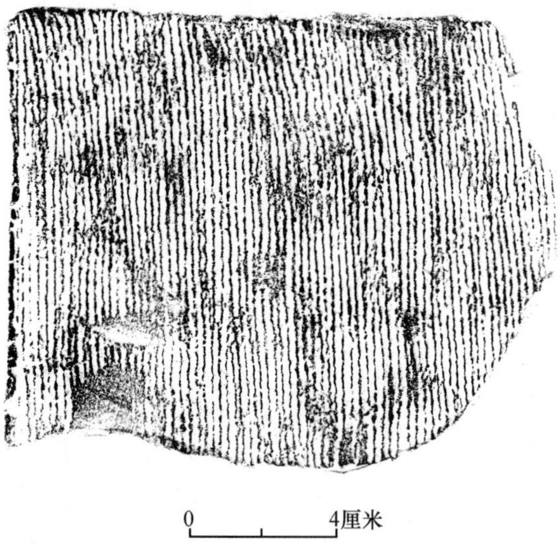

图二二七　东周、汉代 A 型筒瓦
（TG1064 ⑥：1）纹饰拓本

B 型Ⅰ式　共 1 件。

标本 TG1073 ⑥：1，残存上端部分。泥质灰陶，模制，制作较规整。浅灰色。瓦舌较短，侧棱外切。凸面饰竖向粗绳纹，绳径 0.6 ~ 0.8 厘米，体部有宽约 4 厘米的绳纹被抹平；凹面饰布纹。残长 14.5、宽 11.2、厚 1.1 ~ 1.4 厘米；瓦舌残长 1.6、残宽 6、厚 0.7 ~ 1 厘米；切痕深 0.4 ~ 1 厘米（图二二八；图版四〇，5）。

B 型Ⅱ式　共 2 件。均为泥质灰陶，模制，制作较为规整。瓦侧棱外切，凸面饰绳纹，肩部有横向抹平痕，凹面饰布纹。

标本 TG1067 ⑥：5，瓦舌残缺。深灰色。凸面饰绳纹，绳纹较粗，绳径 0.3 厘米，体部有数周宽约 1 厘米的绳纹被抹平；凹面饰布纹，有明显褶皱痕。深灰色。残长 18.5、残宽 10.5、厚 1.1 ~ 1.2 厘米；切痕深 0.5 厘米。

标本 TG1071 ⑥：3，残存上端部分。青灰色。瓦舌较长且微曲，端面有切割痕，瓦舌与瓦体部相接部分略有凸起。凸面饰细绳纹，绳径 0.2 厘米，体部有宽约 3.5 厘米的绳纹被抹平；凹面饰布纹，有明显褶皱痕。深灰色。残长 13.8、宽 11.5 、厚 0.9 ~ 1.4 厘米；瓦舌长 2.3、残宽 7.7、厚 0.7 ~ 0.9 厘米；切痕深 0.2 厘米（图二二九；图版四〇，6）。

（二）陶器

共出土标本遗物 23 件，可复原 2 件。其中陶罐 1 件、陶盆 10 件、陶瓮 2 件、陶豆 6 件、陶鬲 2 件和陶甑 2 件。

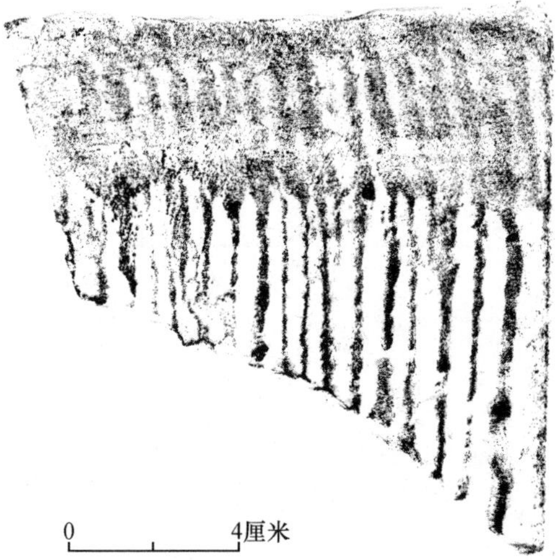

图二二八　东周、汉代B型Ⅰ式筒瓦（TG1073⑥：1）纹饰拓本

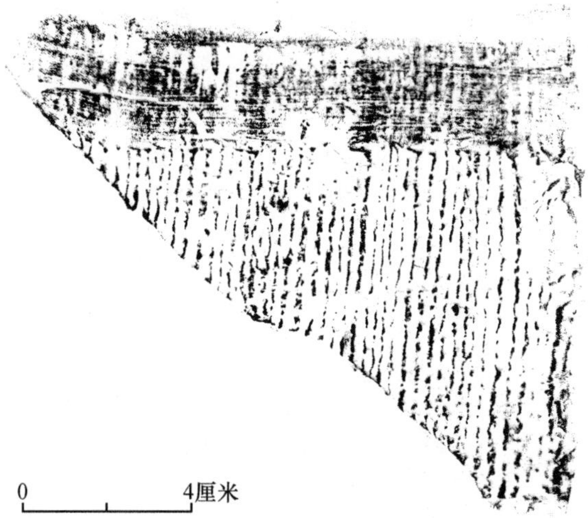

图二二九　东周、汉代B型Ⅱ式筒瓦（TG1071⑥：3）纹饰拓本

1. 陶罐

共1件。

标本TG1069H52：2，残。泥质灰陶。方唇，斜沿，沿上有一周凹槽，侈口，长颈。内壁较不平整，外壁饰细绳纹。口径11.2、残高4.6、厚1.2厘米（图二三〇；图版四一，1）。

2. 陶盆

共10件。

A型　共3件。均为泥质灰陶。斜沿，侈口，斜弧腹。

标本TG1069H52：1，残。尖圆唇，沿上有一周凹槽。外壁饰竖向细绳纹，口沿下部绳纹被抹平。口径30、残高11.8、厚0.7厘米（图二三一；图版四一，2）。

标本TG1071H54：1，残。尖唇。外壁饰交错细绳纹，口沿下部绳纹被抹平。口径37、残宽14、残高10、厚0.6～0.7厘米（图二三二、图二三三）。

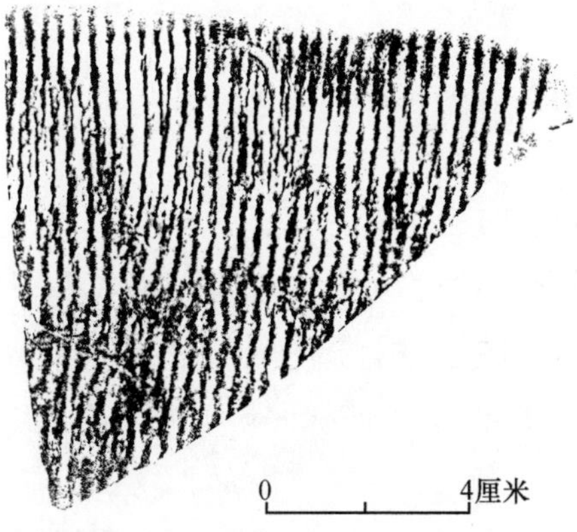

图二三〇　陶罐（TG1069H52：2）纹饰拓本

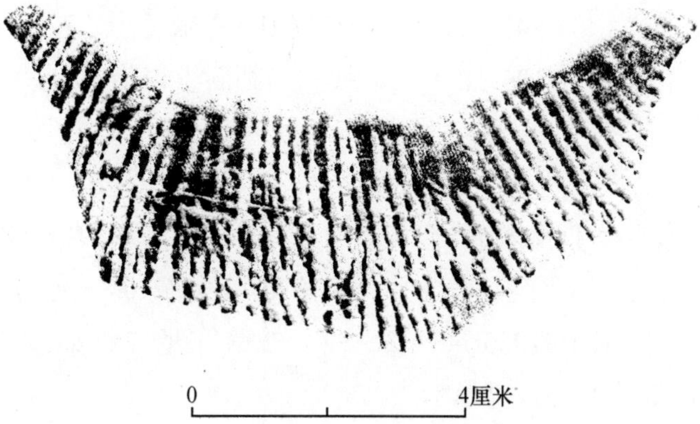

图二三一　东周、汉代A型陶盆（TG1069H52：1）纹饰拓本

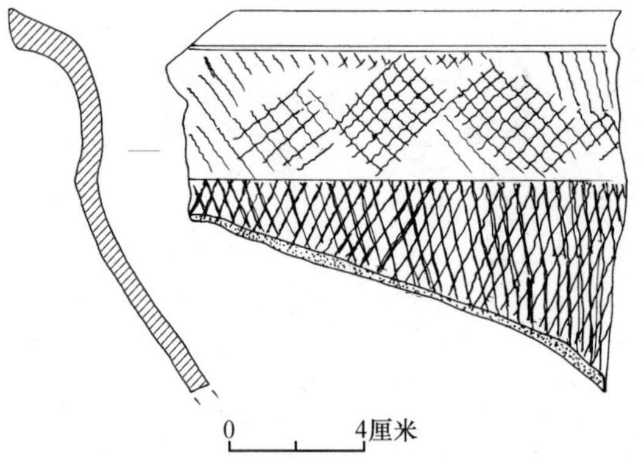

图二三二　东周、汉代 A 型陶盆
（TG1071H54：1）

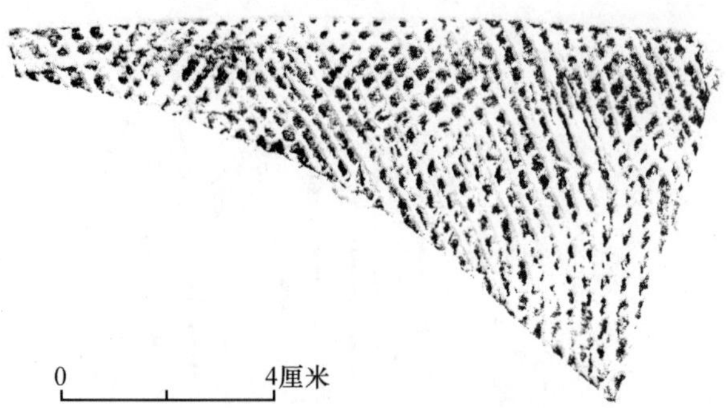

图二三三　东周、汉代 A 型陶盆
（TG1071H54：1）纹饰拓本

标本 TG1067H50：2，残。尖圆唇，斜沿，口沿上有两周凹槽。内壁有拉坯的痕迹，外壁有凸弦纹和竖向细绳纹，口沿下部绳纹被抹平。口径 40、残高 8.8、厚 0.6 ~ 0.7 厘米（图二三四、图二三五）。

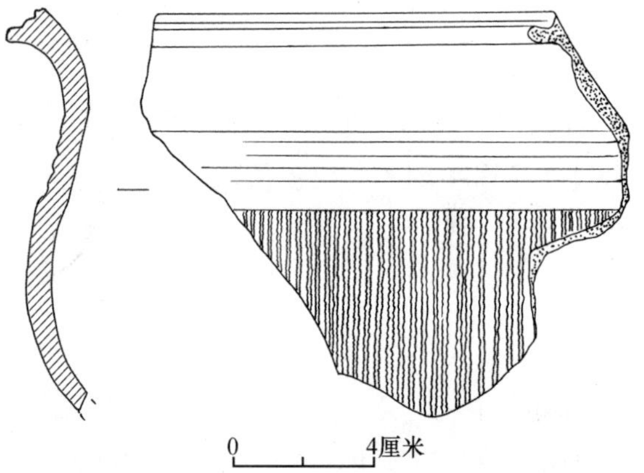

图二三四　东周、汉代 A 型陶盆（TG1067H50：2）

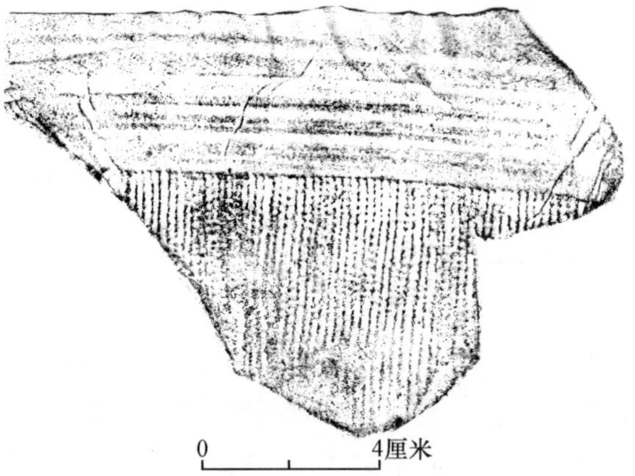

图二三五　东周、汉代 A 型陶盆
（TG1067H50：2）纹饰拓本

Bb 型　共 2 件，均为泥质灰陶。侈口，外折窄平沿，斜弧腹。

标本 TG1060H44：1，残。方唇。内壁有拉坯的痕迹，外壁饰斜向粗绳纹，口沿下部绳纹被抹平。口径 43、残高 10.1、厚 0.9 厘米（图二三六）。

标本 TG1067H50：1，残。尖圆唇，口沿上有一周凹槽。外壁饰斜向细绳纹，口沿下部绳纹被抹平。口径 34、残高 9.3、厚 0.8 ~ 1 厘米。

C 型　共 5 件。均为泥质灰陶。方唇，卷沿，侈口，斜弧腹。

标本 TG1066H48：1，残。口沿上有一周凹槽。内壁有暗弦纹，外壁饰竖向粗绳纹和附加堆纹，口沿下绳纹被抹平。口径 40、残高 10.8、厚 0.5 厘米（图二三七；图版四一，3）。

标本 TG1066H48：2，残。外壁饰竖向细绳纹，口沿下部绳纹被抹平。口径 34、残高 13.3、厚 0.6 ~ 0.9 厘米。

标本 TG1065⑥：1，残。口沿上有一周凹槽。方外壁饰竖向粗绳纹，口沿下绳纹被抹平，腹部绳纹有数周被抹平。口径约 37、厚 0.5 ~ 0.7 厘米。

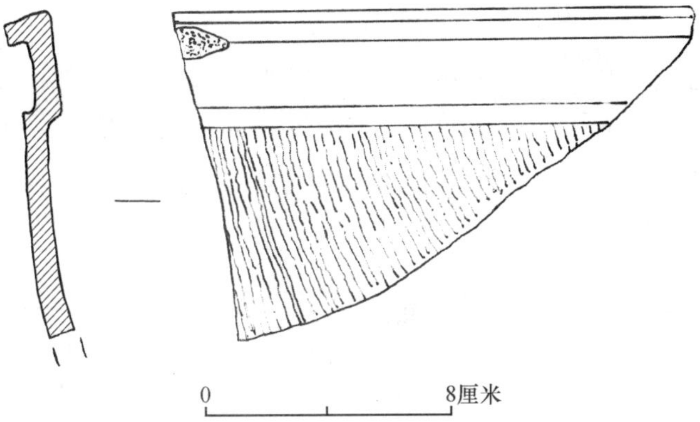

图二三六　东周、汉代 Bb 型陶盆（TG1060H44：1）

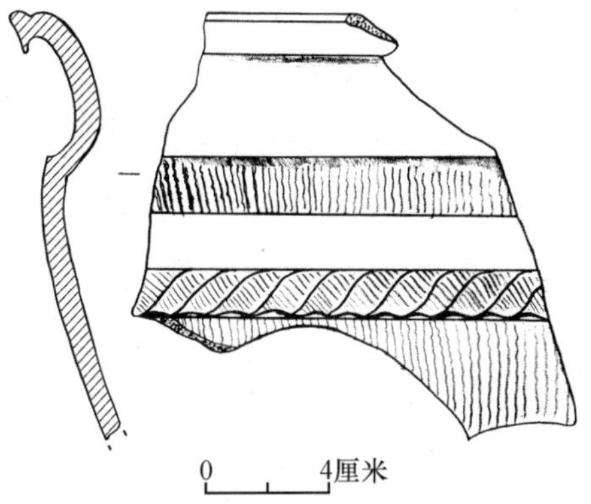

图二三七　东周、汉代 C 型陶盆（TG1066H48：1）

标本 TG1071⑥：1，残。口沿上有一周凹槽。外壁竖向粗绳纹，口沿下绳纹被抹平，腹部绳纹有数周被抹平。口径 35、残宽 19、残高 9.5、厚 0.6～0.7 厘米（图二三八；图版四一，4）。

标本 TG1060H44：2，残。口沿上有一周凹槽。外壁斜向粗绳纹，口沿下绳纹被抹平，腹部绳纹有数周被抹平。口径 36、残高 11、厚 0.8～1 厘米。

3. 陶瓮

B 型　共 2 件。均为泥质灰陶。方唇，平沿，直口，圆肩。

标本 TG1066H48：3，残。泥质灰陶。口沿饰斜向细绳纹，外壁饰竖向交错细绳纹。口径 33、残高 7、厚 0.5～0.8 厘米（图二三九；图版四一，5）。

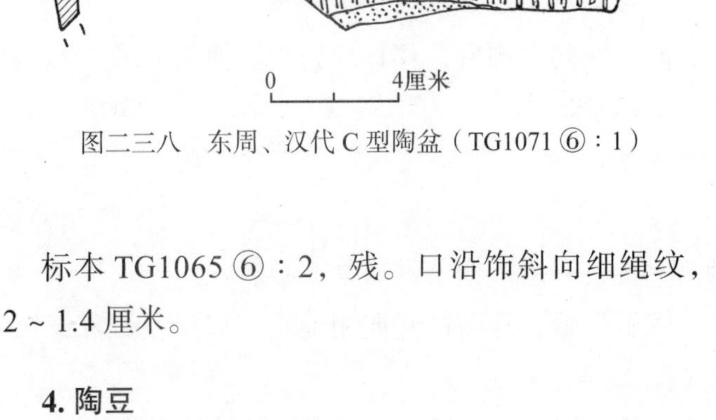

图二三八　东周、汉代 C 型陶盆（TG1071⑥：1）

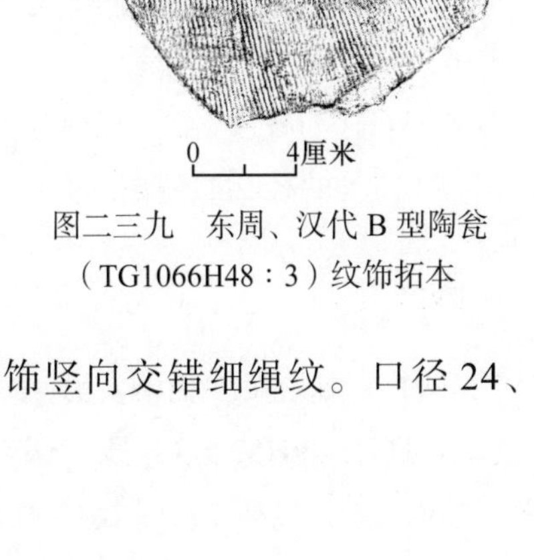

图二三九　东周、汉代 B 型陶瓮（TG1066H48：3）纹饰拓本

标本 TG1065⑥：2，残。口沿饰斜向细绳纹，外壁饰竖向交错细绳纹。口径 24、厚 1.2～1.4 厘米。

4. 陶豆

共 6 件。

Ⅰ式　共4件。均为泥质灰陶。圆唇，侈口，豆盘深，制作规整。

标本TG1066H48：6，可复原。弧腹，豆柄中空，喇叭形底。口径12.2、底径7.5、高12.5、厚0.5～0.9厘米（图二四〇；图版四一，6）。

标本TG1066H48：7，可复原。弧腹，豆柄中空，喇叭形足。内壁有数周凹弦纹。口径13.7、底径8.6、高11.8、厚0.5～0.7厘米（图二四一；图版四一，7）。

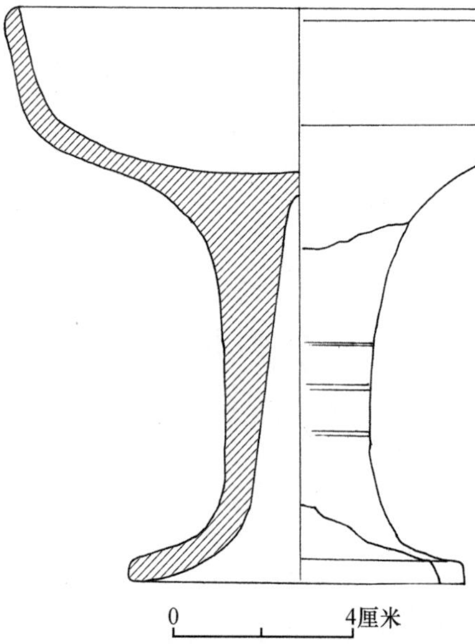

图二四〇　东周、汉代Ⅰ式陶豆（TG1066H48：6）

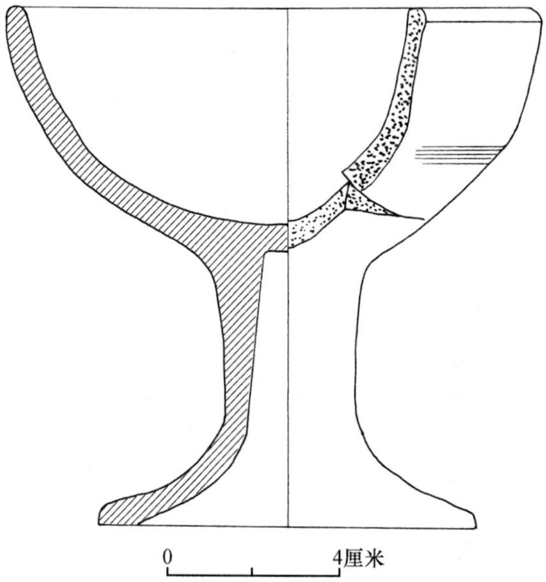

图二四一　东周、汉代Ⅰ式陶豆（TG1066H48：7）

标本TG1067H50：3，残存盘身部分。折腹。盘内底有数周暗弦纹，弦纹外围有一周折线纹。口径13.2、残高5.1厘米。

标本TG1069H52：5，残存盘身部分。折腹。内壁有数周凹弦纹。口径12.4、残高5.3、厚0.6～1.2厘米。

Ⅱ式　共1件。

标本TG1069H52：4，残存盘身部分。泥质灰陶。圆唇，侈口，折腹，盘身较浅。外壁有拉坯的痕迹。口径10.7、残高4.2、厚0.7～1.3厘米。

Ⅲ式　共1件。

标本TG1071H54：2，残存盘身部分。泥质灰陶。圆唇，侈口，折腹，盘身很浅，豆柄中空。口径8.7、柄径2.4、残高4.3、厚0.5～0.6厘米。

5. 陶鬲

共2件。均为夹砂灰陶。方唇，平沿，沿上有一周凹槽，圆肩，鼓腹。

标本TG1069H52：3，残。侈口。内壁较不平整，外壁饰竖向粗绳纹，口沿及颈部绳纹被抹平。口径21、残高7、厚0.3～0.7厘米（图二四二）。

标本TG1066H48：4，残。直口。外壁饰竖向绳纹，口沿及颈部绳纹被抹平。口径31、残高11.5、厚0.7～0.9厘米（图二四三）。

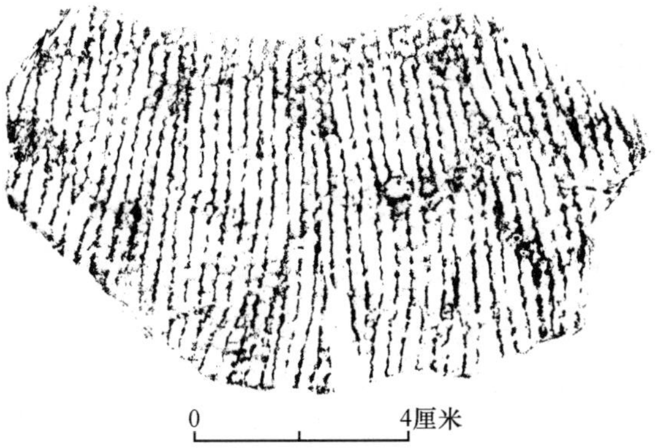

图二四二　陶鬲（TG1069H52：3）纹饰拓本

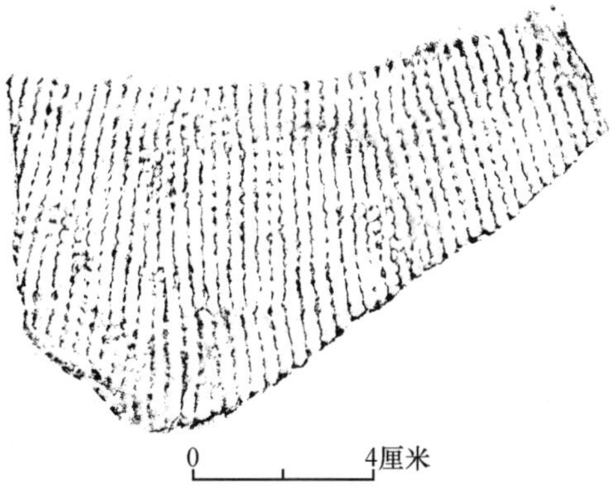

图二四三　陶鬲（TG1066H48：4）纹饰拓本

6. 陶甑

共2件。

标本TG1066H48：5，残底。泥质灰陶。斜腹，平底，足底残留有四个穿孔。底径24、高4.2、厚0.5～0.7厘米。

标本TG1071⑥：2，残底。泥质灰陶。斜直腹，平底，底上有七个穿孔。底径21、残宽13.9、残高3、厚0.6～0.7厘米（图二四四）。

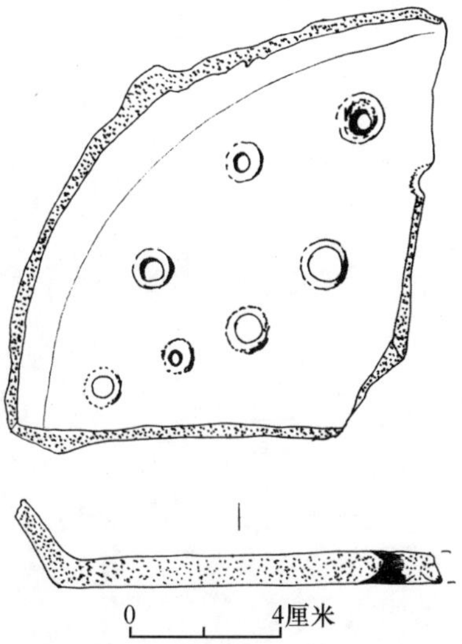

图二四四　陶甑（TG1071⑥：2）

二、魏晋十六国遗物

共出土标本遗物2件。

陶罐

B型Ⅱ式　共1件。

标本TG1053⑤a：1，残。泥质灰陶。方唇，侈口，短颈。口沿下部及腹部饰有数周三角形戳点纹。口径11、残高4、厚0.4～0.9厘米（图二四五；图版四一，8）。

C型　共1件。

标本TG1062④a：2，残。泥质红陶含有云母片。方唇，窄平沿，敛口。口径22、残高7、厚0.8～1厘米（图二四六）。

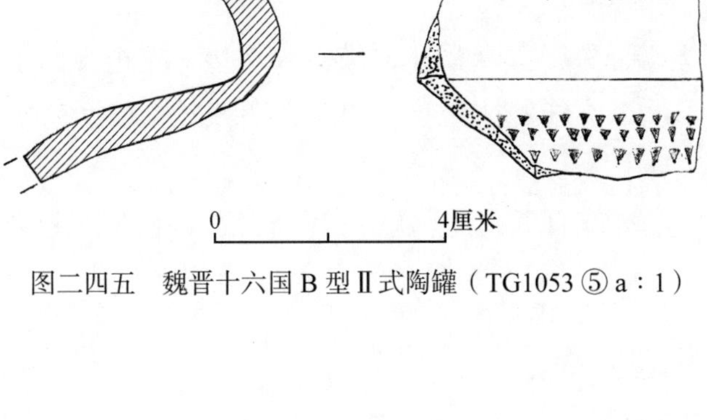

图二四五　魏晋十六国B型Ⅱ式陶罐（TG1053⑤a：1）

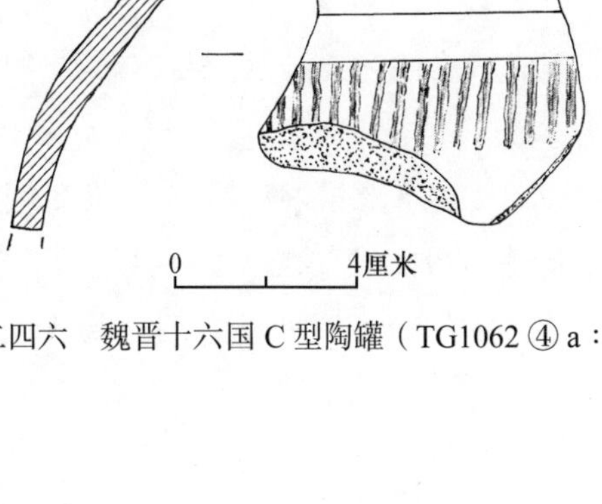

图二四六　魏晋十六国C型陶罐（TG1062④a：2）

三、北朝至五代遗物

共出土标本遗物 122 件。其中有建筑构件 39 件、陶器 48 件、瓷器 27 件、三彩器 2 件和其他 6 件。

（一）建筑构件

共出土标本遗物 39 件。其中板瓦 11 件、筒瓦 5 件、瓦当 21 件和其他 2 件。

1. 板瓦

共 11 件。

Aa 型　共 6 件。均为泥质灰陶，模制，制作规整。瓦体较厚，凸面素面，凹面饰布纹，下端端面上层饰单层花边，侧棱内切。

标本 TG1067H49：9，残存下端部分。下端端面饰手捏单层斜向波浪纹花边。凸面素面，有方格形泥刀划痕；凹面饰布纹，有明显褶皱痕。深灰色。残长 10.5、残宽 13.5、厚 1.8 ~ 2.1 厘米；切痕深 0.7 厘米（图二四七；图版四二，1）。

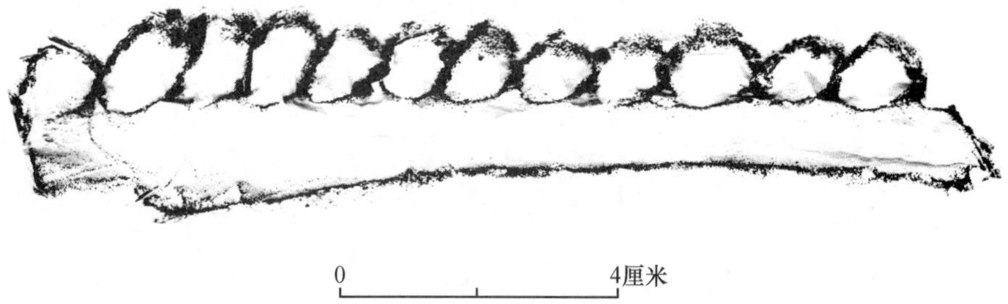

图二四七　北朝至五代 Aa 型板瓦（TG1067H49：9）端面纹饰拓本

标本 TG1068 ⑤ a：5，残存下端部分。下端端面饰手捏单层斜向波浪纹花边。凸面素面；凹面饰布纹，有明显褶皱痕。青灰色。残长 9.3、残宽 15.6、厚 2.4 ~ 2.6 厘米；切痕深 0.7 厘米（图二四八、图二四九）。

标本 TG1068 ⑤ a：6，残存下端部分。下端端面饰手捏单层正向波浪纹花边，下端端面花边下刀削一道细凹槽。凸面素面；凹面饰布纹。浅灰色。残长 17.2、残宽 15、厚 1.8 厘米；切痕深 0.8 厘米（图二五〇）。

标本 TG1072 ⑥：3，残存下端部分。下端端面饰手捏单层正向波浪纹花边，花边突出于下端端面。凸面素面，颜色黑灰色；凹面饰布纹，有细的褶皱痕。黑灰色。残长 20.3、残宽 12.8、厚 3.5 厘米；切痕深 1.2 厘米（图二五一）。

标本 TG1072 ⑤ a：2，残存下端部分。下端端面饰手捏单层斜向波浪纹花边，下端端面花边下有两道细刀削凹槽。凸面素面，不太光滑，留有泥刀痕；凹面饰布纹，有明

图二四八　北朝至五代 Aa 型板瓦（TG1068 ⑤ a：5）

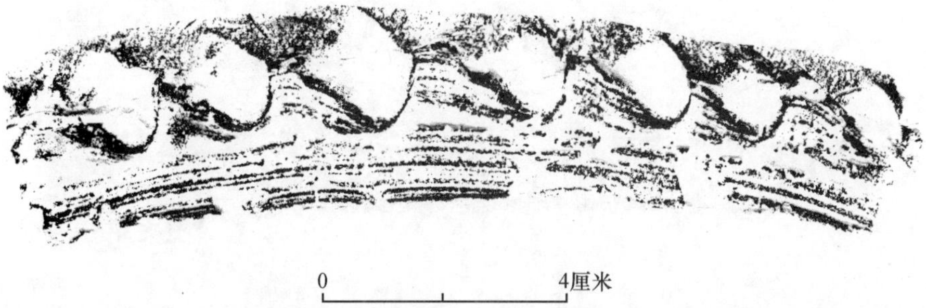

图二四九　北朝至五代 Aa 型板瓦（TG1068 ⑤ a：5）端面纹饰拓本

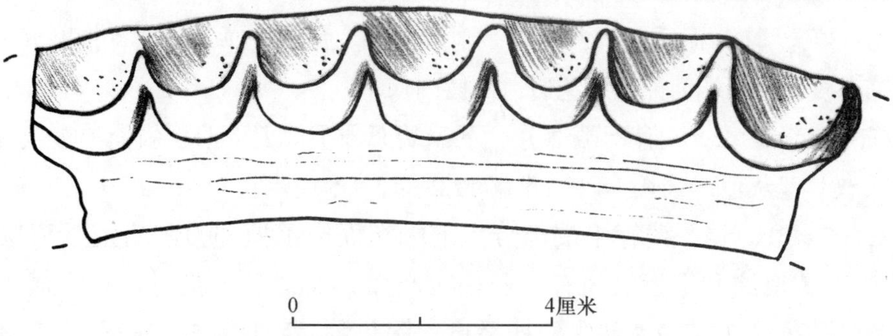

图二五〇　北朝至五代 Aa 型板瓦（TG1068 ⑤ a：6）

显褶皱痕，瓦头有宽约 1.1 厘米的抹平痕。浅灰色。残长 18、残宽 25、厚 1.7 ~ 2.3 厘米；切痕深 0.3 ~ 0.7 厘米。

标本 TG1070 ⑤ a：1，残存下端部分。下端端面饰手捏单层正向波浪纹花边，波浪纹间隔 1 ~ 2.5 厘米。凸面素面，不太光滑，留有泥刀痕；凹面饰布纹，有明显褶皱痕，瓦头有宽约

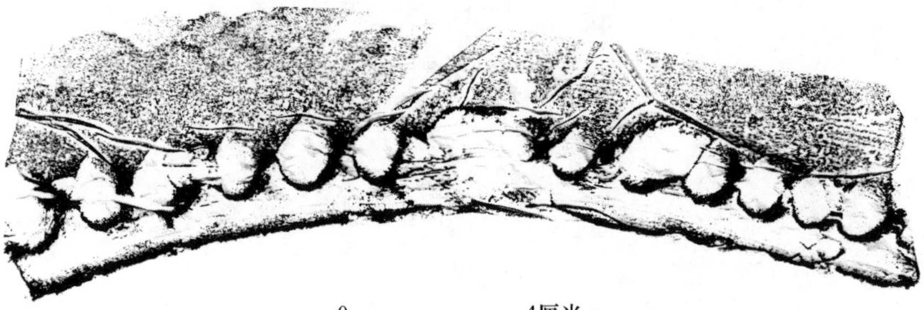

图二五一　北朝至五代 Aa 型板瓦（TG1072 ⑥：3）端面纹饰拓本

3.5 厘米的抹平痕。黑灰色。残长 19、残宽 24、厚 1.5 ~ 2.4 厘米。

Ab 型　共 1 件。

标本 TG1067H50：5，残存下端部分。泥质灰陶，模制，制作较为规整。瓦体较厚，下端端面手捏单层正向波浪纹花边，并有一周凹槽，侧棱内切，直接切透。凸面和凹面均为青掍磨光，侧棱内切。残长 14.8、残宽 9.8、厚 2.3 ~ 2.4 厘米；切痕深 2.4 厘米（图二五二；图版四二，2）。

图二五二　北朝至五代 Ab 型板瓦（TG1067H50：5）端面纹饰拓本

Ac 型　共 3 件。均为泥质灰陶，模制，制作规整。瓦体较厚，凸面青掍磨光或素面，凹面青掍磨光或饰布纹，下端端面饰双层花边，侧棱内切。

标本 TG1066 ⑤ a：2，残存下端部分。下端端面饰手捏上下双层斜向波浪纹花边。凸面素面；凹面饰布纹。浅灰色。残长 18.1、残宽 12.2、厚 1.5 厘米。

标本 TG1074 ④ a：4，残存下端部分。下端端面饰手捏和刀削出上下双层正向波浪纹和锯齿纹花边，波浪纹和锯齿纹间有一凸棱。凸面素面，瓦头花边处有一横向刀削凹槽；凹面饰布纹，瓦头处有宽约 2.4 厘米的抹平痕。深灰色。残长 9.5、残宽 11.5、厚 1.8 ~ 2 厘米；切痕深 0.6 厘米（图二五三）。

标本 TG1074 ④ a：3，残存下端部分。下端端面饰手捏和刀削出上下两层斜向波浪纹花边，瓦头花边上翘。凸面磨光；凹面青掍磨光。青灰色。残长 6.6、残宽 14、厚 1.7 ~ 2.3 厘米（图二五四）。

C 型　共 1 件。

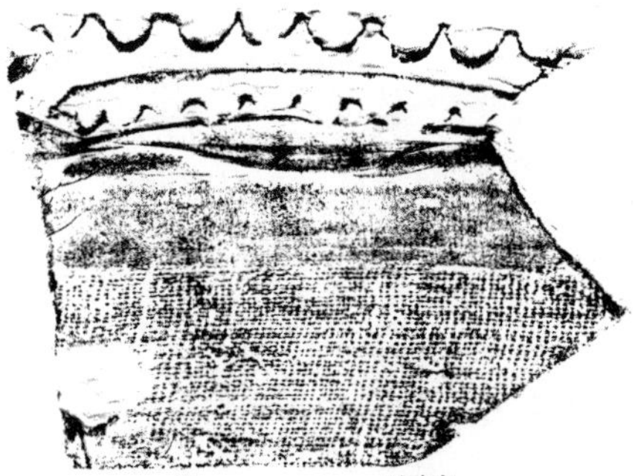

图二五三 北朝至五代 Ac 型板瓦（TG1074④a：4）端面及凹面纹饰拓本

图二五四 北朝至五代 Ac 型板瓦（TG1074④a：3）端面纹饰拓本

标本 TG1076H59：1，残存下端部分。泥质灰陶，模制，制作规整。下端端面齐平。凸面磨光，距下端端面 2 厘米处有一道宽 1、高 2 厘米的横向凸棱装饰；凹面饰布纹。深灰色。残长 10、厚 0.9 ~ 2.5 厘米。

2. 筒瓦

共 5 件。

A 型Ⅰ式 共 3 件。均为泥质灰陶，模制。凸面青掍磨光，凹面饰布纹，瓦舌较长，侧棱内切。

标本 TG1055③a：1，残存上端部分。黑灰色，瓦舌呈圆弧形，端面齐平。残长 15.1、宽 9.5、厚 1.2 ~ 2.3 厘米；瓦舌长 4.2、残宽 5.4、厚 1.1 ~ 1.3 厘米；侧棱切痕深 0.2 ~ 1 厘米。

标本 TG1067⑥：6，残存上端部分。黑灰色，瓦舌呈圆弧形，端面齐平。残长 9.3、宽 10.4、厚 1.5 ~ 1.6 厘米；瓦舌长 4.5、残宽 8.8、厚 1 厘米；侧棱切痕深 0.2 ~ 1 厘米。

标本 TG1071⑤a：2，残存上端部分。黑灰色，瓦唇呈圆弧形，端面齐平。残长 11.1、宽 7.5、厚 2.2 ~ 3 厘米；瓦唇长 5.2、残宽 5、厚 1.2 ~ 1.5 厘米。

B 型Ⅰ式 共 2 件。均为泥质灰陶，模制，凸面素面，凹面饰布纹，瓦舌较长，侧棱内切。

标本 TG1071⑥：4，残存上端部分。青灰色，瓦舌呈圆弧形，坡状向前端下斜，端面内斜削；布纹有明显褶皱痕。残长 21、宽 10 、厚 1.5 ~ 1.7 厘米；瓦舌长 4.5、残宽 6、厚 0.5 厘米；侧棱切痕深 0.2 ~ 0.3 厘米。

标本 TG1055⑤a：1，残存上端部分。浅灰色，瓦舌呈圆弧形，坡状向前端下斜，端面内斜削；布纹有明显褶皱痕。残长 15.4、宽 12.2、厚 0.9 ~ 1.6 厘米；瓦舌残长 4.4、残宽 10.2、厚 0.5 ~ 1.3 厘米。

3. 瓦当

共出土瓦当 21 件，均为莲花纹瓦当。

Aa 型 共 1 件。

标本 TG1069 ⑥：1，残存边轮一角。泥质灰陶。青灰色，模制。当面主题纹饰为宝装双瓣莲花纹，略低于边轮，花瓣呈椭圆形，以弧形凸棱包裹，间以“◇”形凸棱相隔，当心残，边轮较窄且平，背面较平整，与筒瓦粘接处有泥刀刻划的痕迹。面径 14、边厚 1.7、边轮宽 1.3 ~ 1.5 厘米（图二五五、图二五六）。

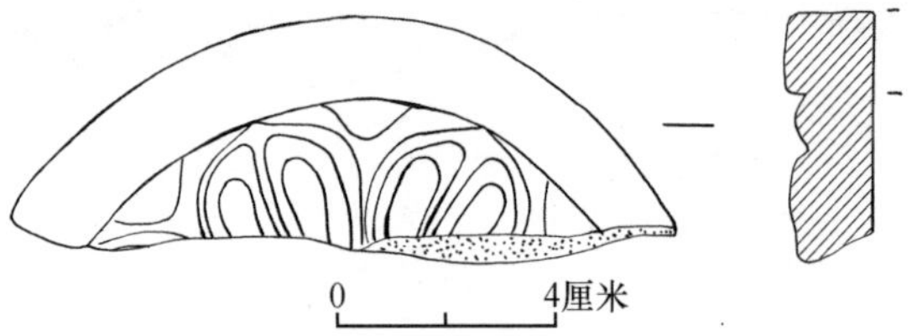

图二五五　北朝至五代 Aa 型Ⅰ式莲花纹瓦当（TG1069 ⑥：1）

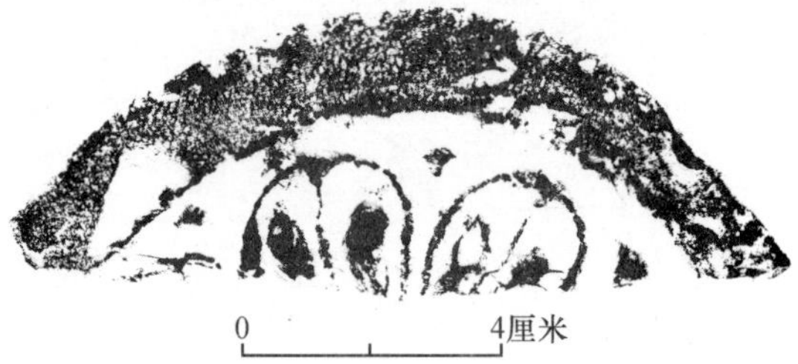

图二五六　北朝至五代 Aa 型Ⅰ式莲花纹瓦当（TG1069 ⑥：1）纹饰拓本

Ab 型Ⅰ式　共 8 件。均为泥质灰陶，模制。当面主题纹饰为宝装单瓣莲花纹，莲蓬凸台状，莲瓣椭圆形，莲瓣间以“T”字形或“Y”字形凸棱间隔。

标本 TG1054 ④ a：4，残存四分之三。浅灰色，莲蓬内饰 9 个莲籽状纹饰，莲花共 8 个花瓣，莲瓣呈肥硕椭圆形，以细凸棱包裹，“T”字形较窄，当面纹饰有压痕，边轮较宽，呈斜坡状，背面较平整。面径 14、边厚 1.5、边轮宽 1.9 厘米（图二五七、图二五八；图版四二，3）。

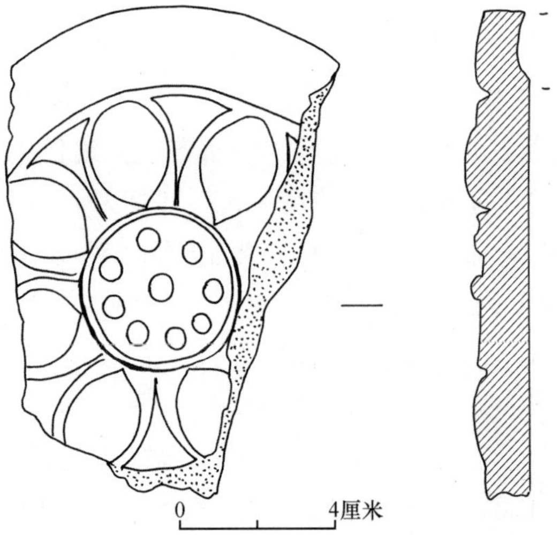

图二五七　北朝至五代 Ab 型Ⅰ式莲花纹瓦当（TG1054 ④ a：4）

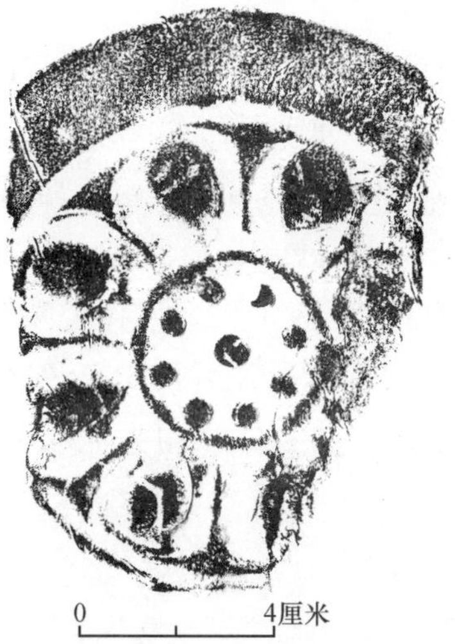

图二五八　北朝至五代 Ab 型Ⅰ式莲花纹瓦当（TG1054 ④ a：4）纹饰拓本

标本 TG1055 ④ a：1，残存边轮一角。青灰色，莲花共 8 个花瓣，莲瓣呈瘦长椭圆形，以细凸棱包裹，“T”字形凸棱很宽大，莲花外饰一周短小凸线纹，当面纹饰低于边轮，几乎无边轮，背面较平整。面径 17、边厚 2、边轮宽 0.4 厘米（图二五九、图二六〇）。

标本 TG1054 ④ a：3，残存边轮一角。青灰色，莲花共 8 个花瓣，莲瓣呈瘦长椭圆形，以细凸棱包裹，“T”字形凸棱很宽大，莲花外饰一周短小凸线纹，当面纹饰低于边轮，边轮较窄且平，背面较平整。面径 17、边厚 2.8、边轮宽 0.9 ~ 1 厘米（图二六一、图二六二）。

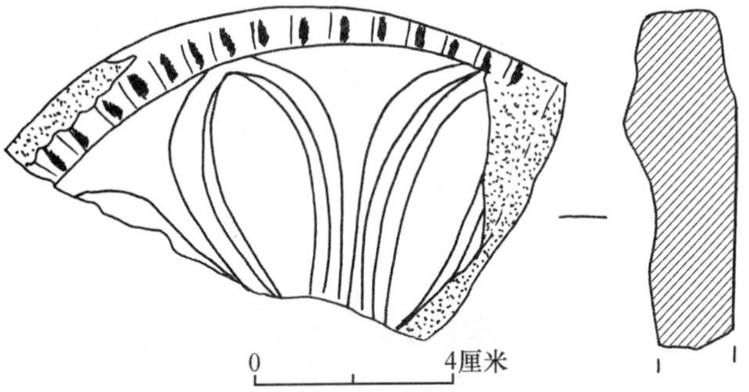

图二五九　北朝至五代 Ab 型 I 式莲花纹瓦当
（TG1055④a：1）

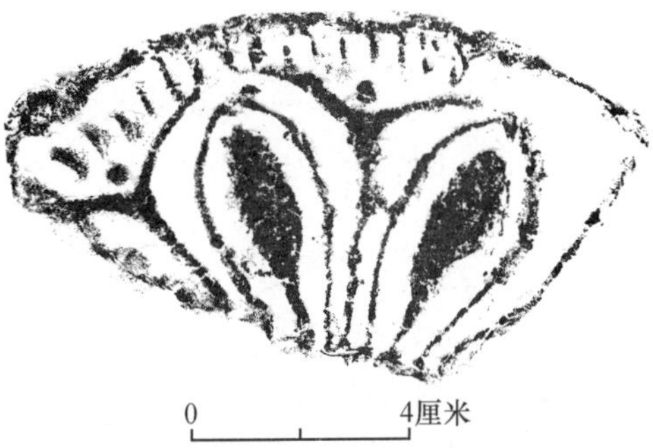

图二六○　北朝至五代 Ab 型 I 式莲花纹瓦当
（TG1055④a：1）纹饰拓本

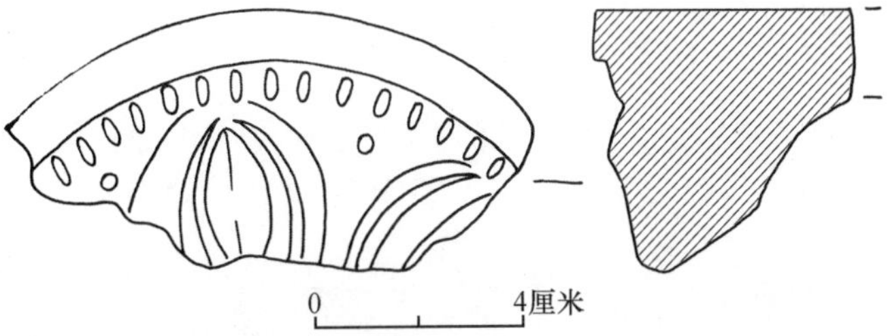

图二六一　北朝至五代 Ab 型 I 式莲花纹瓦当
（TG1054④a：3）

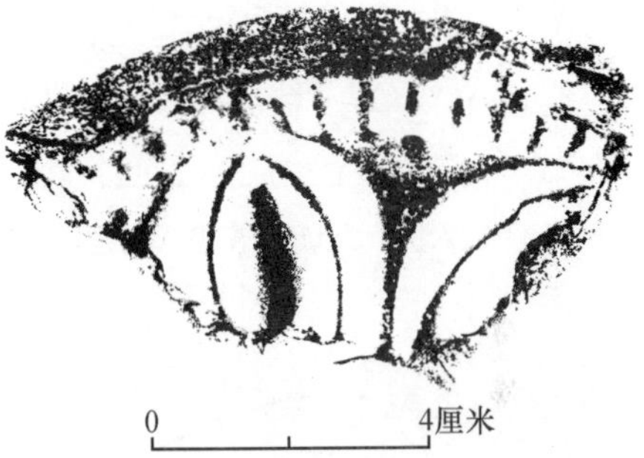

图二六二　北朝至五代 Ab 型 I 式莲花
纹瓦当（TG1054④a：3）纹饰拓本

标本 TG1067H50：4，残存四分之一。青灰色，莲花共 8 个花瓣，莲瓣呈瘦长椭圆形，以细凸棱包裹，“Y”字形凸棱很宽大，当面纹饰低于边轮，边轮较窄且平，背面较平整。面径 15、边厚 2.2、边轮宽 1.5 厘米（图二六三、图二六四）。

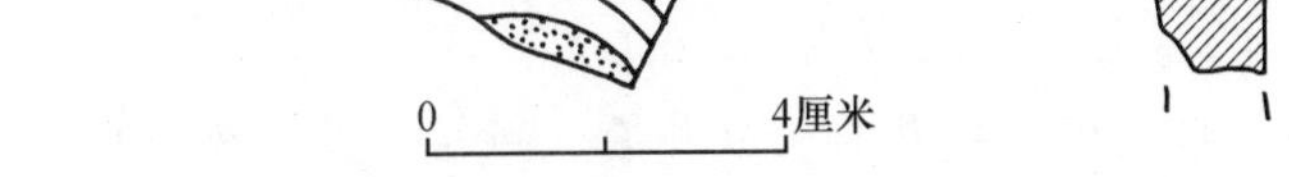

图二六三　北朝至五代 Ab 型 I 式莲花纹瓦当
（TG1067H50：4）

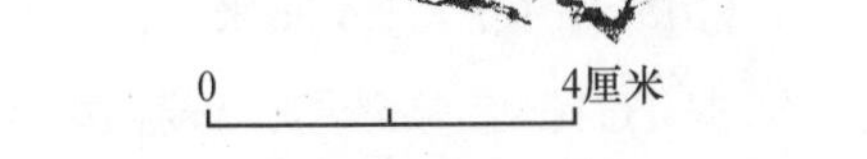

图二六四　北朝至五代 Ab 型 I 式莲
花纹瓦当（TG1067H50：4）纹饰拓本

标本 TG1067⑥：2，残存三分之一。青灰色，莲蓬凸台状，凸台较高并饰 5 个莲籽状纹饰，外饰两周圆圈凸线纹，莲花共个 9 花瓣，莲瓣呈瘦长椭圆形，以细凸棱包裹，莲瓣间以竖凸棱相隔。边轮高于当面纹饰。背部不平整，与筒瓦粘接处有泥刀刻划的痕迹。面径 14、边厚 1.4～2、边轮宽 0.4～0.7 厘米（图二六五、图二六六；图版四二，4）。

标本 TG1067⑥：3，残存三分之一。青灰色，莲蓬凸台状，凸台较高并饰 5 个莲籽状纹饰，外饰两周圆圈凸线纹，莲花共个 9 花瓣，莲瓣呈瘦长椭圆形，以细凸棱包裹，莲瓣间以竖凸棱相隔。边轮高于当面纹饰。背部不平整。面径 13、边厚 1.4 ~ 1.8、边轮宽 0.8 厘米（图二六七、图二六八）。

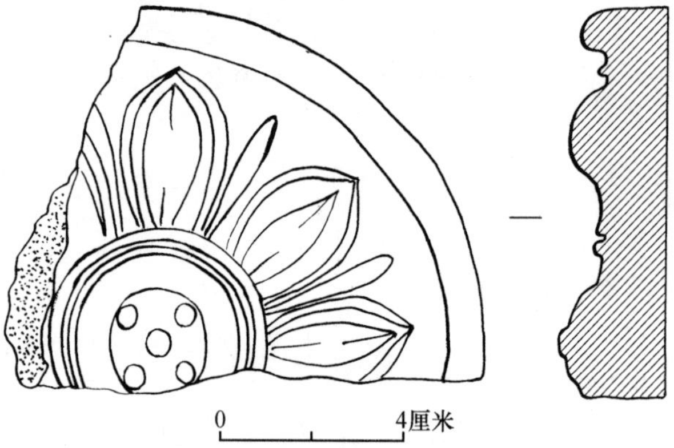

图二六五　北朝至五代 Ab 型Ⅰ式莲花纹瓦当（TG1067⑥：2）

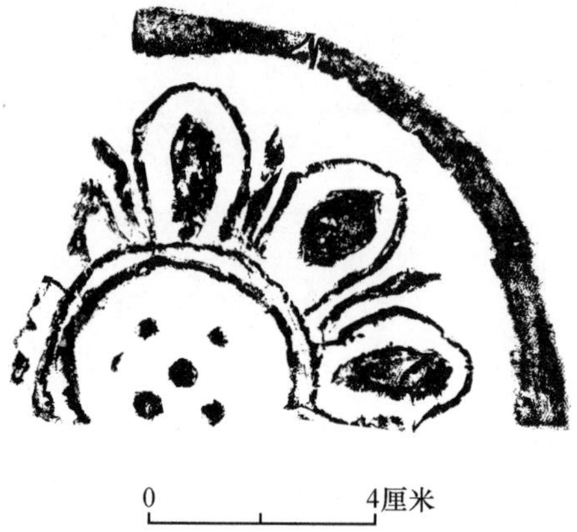

图二六六　北朝至五代 Ab 型Ⅰ式莲花纹瓦当（TG1067⑥：2）纹饰拓本

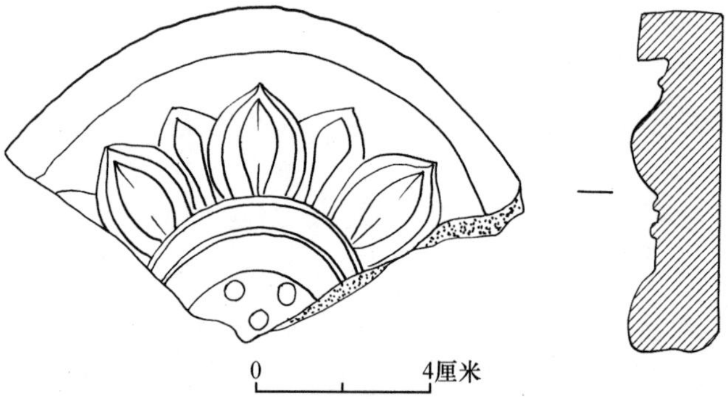

图二六七　北朝至五代 Ab 型Ⅰ式莲花纹瓦当（TG1067⑥：3）

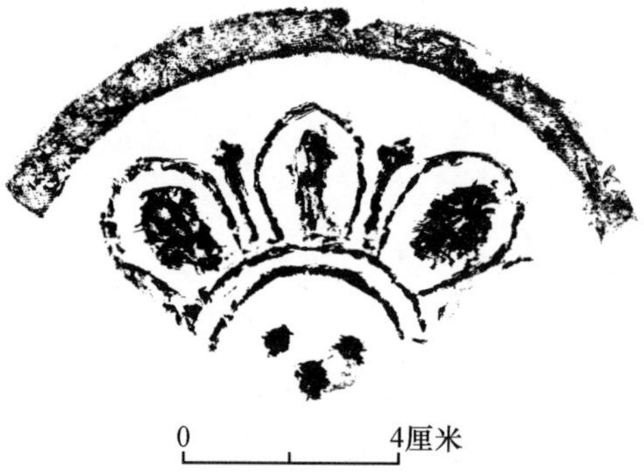

图二六八　北朝至五代 Ab 型Ⅰ式莲花纹瓦当（TG1067⑥：3）纹饰拓本

标本 TG1067⑥：4，残存三分之一。青灰色，莲蓬凸台状，凸台较高并饰 5 个莲籽状纹饰，外饰两周圆圈凸线纹，莲花共个 9 花瓣，莲瓣呈瘦长椭圆形，以细凸棱包裹，莲瓣间以竖凸棱相隔。边轮高于当面纹饰。背部不平整，与筒瓦粘接处有泥刀刻划的痕迹。面径 13.5、边厚 1.5、边轮宽 0.8 ~ 1.4 厘米（图二六九、图二七〇；图版四二，5）。

标本 TG1069④a：8，残存边轮一角。青灰色，莲花共个 9 花瓣，莲瓣呈瘦长椭圆形，以细凸棱包裹，莲瓣间以竖凸棱相隔。边轮高于当面纹饰。背部稍内凹，背面有泥刀刻划的痕迹。残长 7.3、边厚 0.8 ~ 1.2、边轮宽 1 厘米。

Bb 型Ⅰ式　共 3 件。均为泥质灰陶，模制。当面主题纹饰为普通单瓣莲花纹，莲蓬凸台状，莲瓣椭圆形，莲瓣间以“T”字形凸棱间隔。

标本 TG1065③a：2，残存不足四分之一。青灰色，莲蓬凸台较高并饰 6 个莲籽状纹饰，莲花共个 9 花瓣，莲瓣呈瘦长椭圆形，“T”字形凸棱较宽且中间一凹槽。边轮略高于当面纹

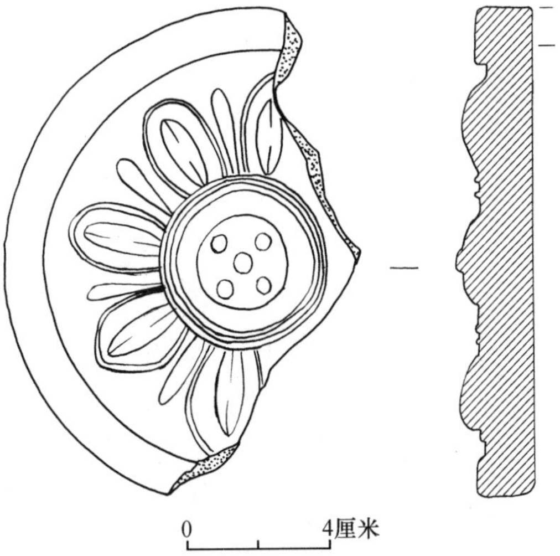

图二六九　北朝至五代 Ab 型Ⅰ式莲花纹瓦当（TG1067⑥：4）

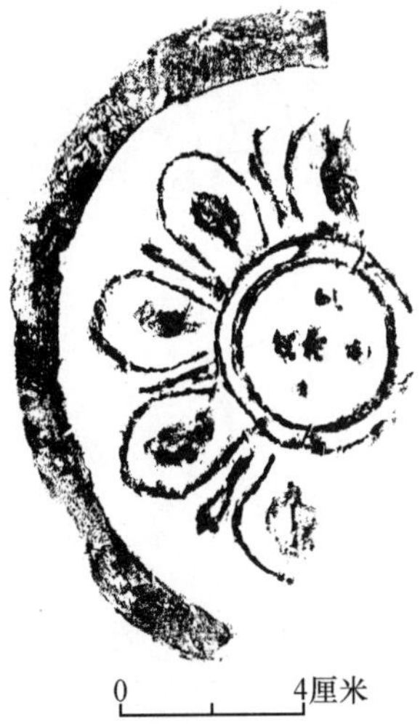

图二七〇　北朝至五代 Ab 型Ⅰ式莲花纹瓦当（TG1067⑥：4）纹饰拓本

饰。背部较平整，与筒瓦粘接处有泥刀刻划的痕迹。面径约 13、边厚 1.8、边轮宽 1.5 ~ 1.7 厘米（图二七一、图二七二；图版四二，6）。

标本 TG1058⑤a：2，残存边轮一角。深灰色，花瓣呈肥硕椭圆形，间以“T”字形凸棱相隔。背面较不平整，与筒瓦粘接处有泥刀刻划的痕迹。面径 16、厚 0.6 ~ 1.3 厘米。边轮宽 2.1 厘米（图二七三、图二七四）。

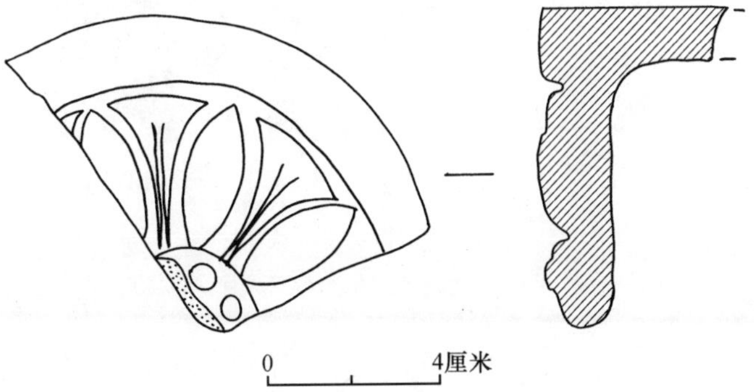

图二七一　北朝至五代 Bb 型Ⅰ式莲花纹瓦当（TG1065③a：2）

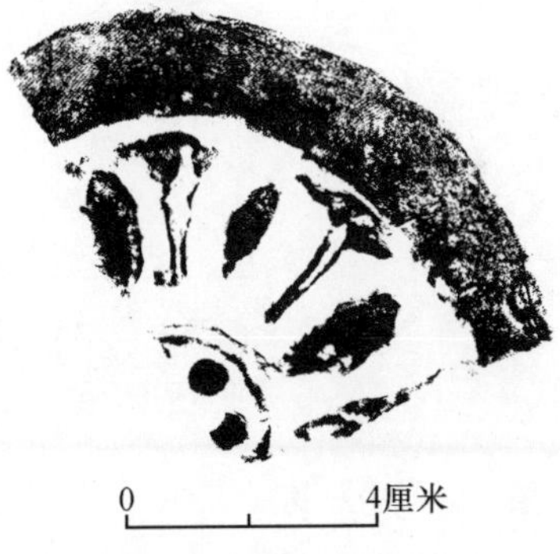

图二七二　北朝至五代 Bb 型Ⅰ式莲花纹瓦当（TG1065③a：2）纹饰拓本

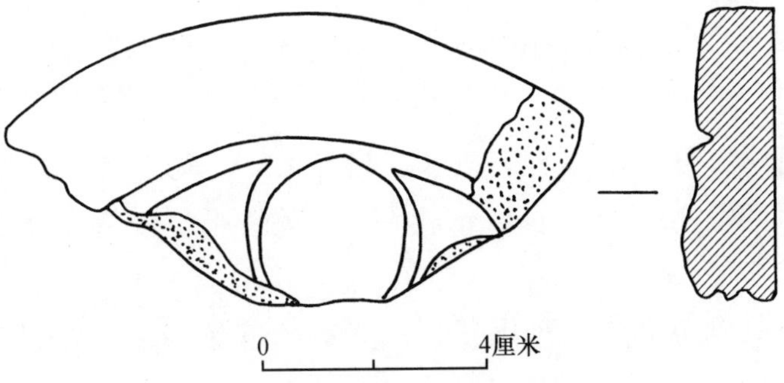

图二七三　北朝至五代 Bb 型Ⅰ式莲花纹瓦当（TG1058⑤a：2）

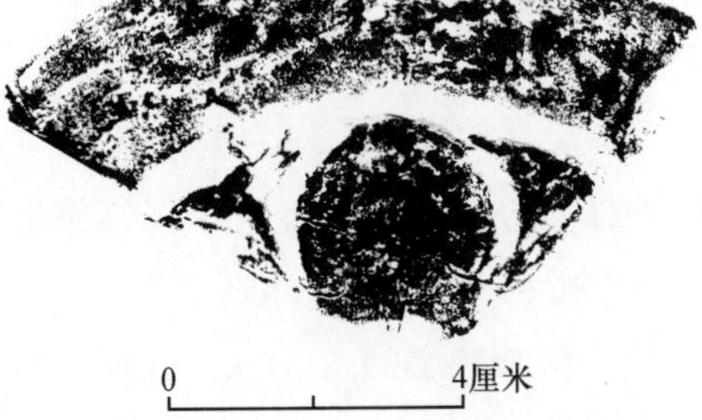

图二七四　北朝至五代 Bb 型Ⅰ式莲花纹瓦当（TG1058⑤a：2）纹饰拓本

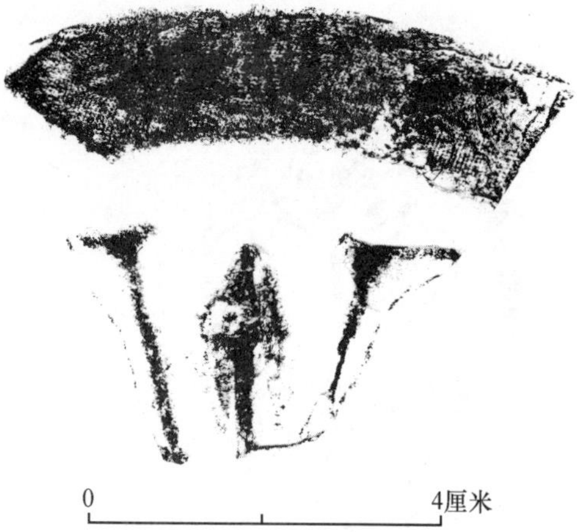

图二七五　北朝至五代 Bb 型Ⅱ式莲花纹瓦当（TG1066 ④ a：1）纹饰拓本

标本 TG1056 ④ a：1，残存边轮一角。深灰色，花瓣呈肥硕椭圆形，间以“T”字形凸棱相隔。背面较不平整，与筒瓦粘接处有泥刀刻划的痕迹。残长 5.4、边厚 1.5、边轮宽 1.7 厘米。

Bb 型Ⅱ式　共 1 件。

标本 TG1066 ④ a：1，残存边轮一角。泥质灰陶，深灰色，模制。当面主题纹饰为普通单瓣莲花纹，莲瓣呈椭圆形，且中间有捏合线，呈脊状，莲瓣间以“T”字形凸棱相隔，边轮低于当面纹饰，边轮较窄且平，背面较平整，有泥刀刻划的痕迹。残长 6.5、厚 1.8、边轮宽 1.5 厘米（图二七五）。

Bb 型Ⅲ式　共 1 件。

标本 TG1068 ⑤ a：4，残存边轮一角。泥质灰陶，模制。当面主题纹饰为普通单瓣莲花纹。莲瓣呈椭圆形，莲瓣间以“T”字形凸棱相隔，中间有一道凹槽。边轮低于当面纹饰，呈斜坡状，背面较平整。面径 14、边厚 0.8 ~ 1.2、边轮宽 1.8 ~ 1.9 厘米（图二七六、图二七七；图版四三，1）。

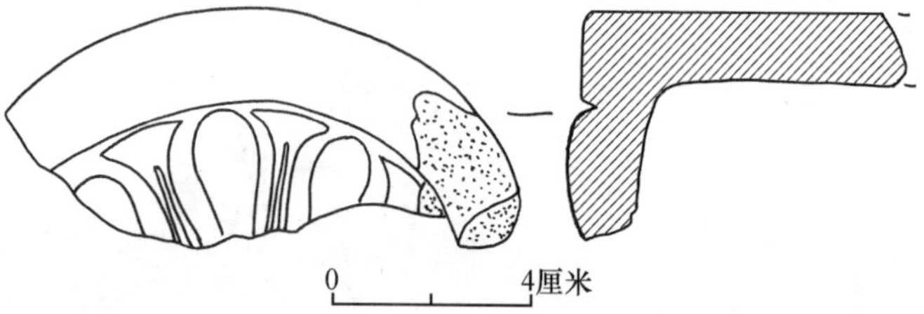

图二七六　北朝至五代 Bb 型Ⅲ式莲花纹瓦当（TG1068 ⑤ a：4）

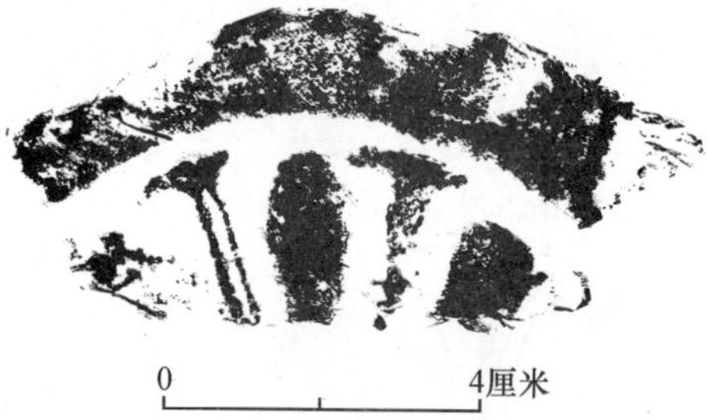

图二七七　北朝至五代 Bb 型Ⅲ式莲花纹瓦当（TG1068 ⑤ a：4）纹饰拓本

Bd 型　共 1 件。

标本 TG1067 ④ a：11，残存四分之一。泥质灰陶，浅灰色，模制。当面主题纹饰为普通单瓣莲花纹，莲蓬无凸台，以圆圈凸线为莲蓬界边，凸线内饰 13 个莲籽状纹饰，莲瓣近圆形或近圆形，莲瓣间以短竖凸棱相隔，每个莲瓣和短竖凸棱上都有一圆珠纹装饰，莲花外有两周凸线纹装饰，边轮低于当面纹饰，边轮较宽且平，背面较不平整。面径 14、边厚 1、边轮宽 2.2 厘米（图二七八；图版四三，2）。

D 型　共 6 件。均为泥质灰陶，模制。当面主题纹饰为普通双瓣莲花纹，莲蓬凸台状，莲瓣呈细长形，莲瓣间以“个”字形凸棱相隔，边轮与当面纹饰相平，边轮较平。莲蓬凸台较高，并饰 6 个莲籽状纹饰。

标本 TG1069 ⑤ a：1，残存三分之一。黑灰色，莲花共个 10 花瓣，背部较平整，与筒瓦粘接处有泥刀刻划的痕迹。面径 14、边厚 1.5 ~ 1.6、边轮宽 1.4 ~ 1.6 厘米（图二七九）。

标本 TG1068 ⑤ a：2，残存边轮一角。黑灰色，莲花共个 10 花瓣，背部较平整，与筒瓦

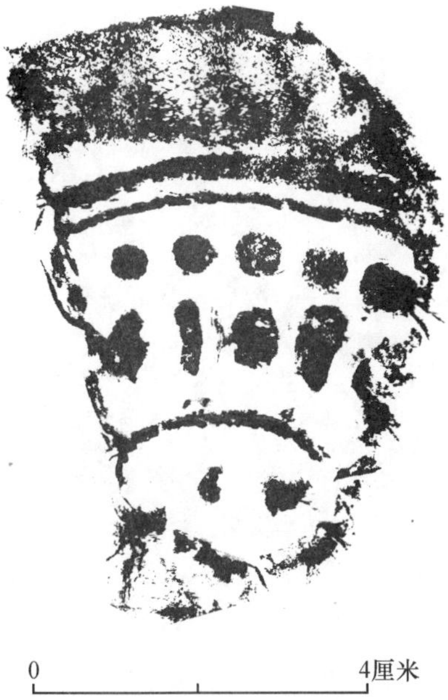

图二七八　北朝至五代 Bd 型莲花纹瓦当（TG1067④a：11）纹饰拓本

粘接处有泥刀刻划的痕迹。面径 14、边厚 1.7 ~ 2.5、边轮宽 1.3 ~ 1.5 厘米（图二八〇）。

标本 TG1068⑤a：3，残存近二分之一。黑灰色，莲蓬凸台较高并饰 7 个莲籽状纹饰，莲花共个 10 花瓣，背部较平整，与筒瓦粘接处有泥刀刻划的痕迹。面径 14、边厚 1.4 ~ 1.5、边轮宽 1.5 ~ 1.7 厘米（图二八一）。

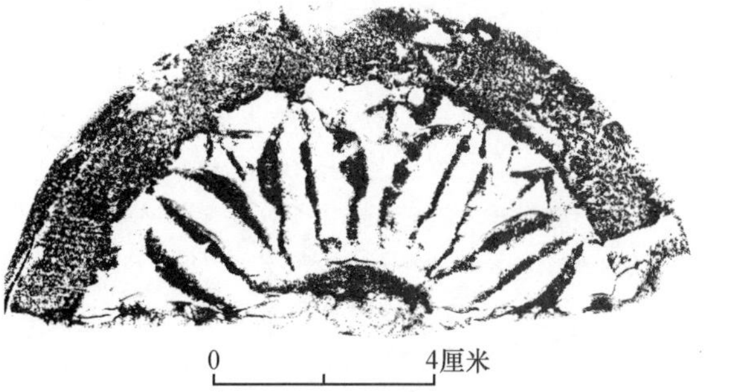

图二七九　北朝至五代 D 型莲花纹瓦当（TG1069⑤a：1）纹饰拓本

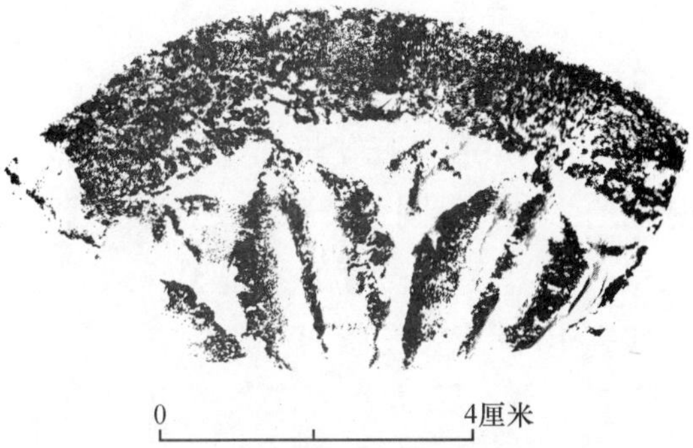

图二八〇　北朝至五代 D 型莲花纹瓦当（TG1068⑤a：2）纹饰拓本

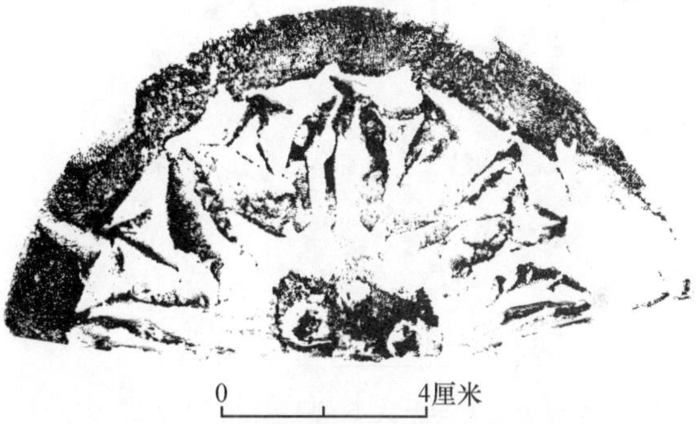

图二八一　北朝至五代 D 型莲花纹瓦当（TG1068⑤a：3）纹饰拓本

标本 TG1072⑥：2，完整。黑灰色，莲蓬凸台较高并饰 7 个莲籽状纹饰，莲花共个 10 花瓣，背部较平整，与筒瓦粘接处有泥刀刻划的痕迹。面径 14、边厚 1.5 ~ 1.6、边轮宽 1.2 ~ 1.6 厘米（图二八二、图二八三；图版四三，3）。

标本 TG1069⑤a：2，残存二分之一。黑灰色，莲蓬凸台较高并饰 7 个莲籽状纹饰，每个莲籽周围有一周凹槽，莲花共个 10 花瓣，背部较平整，与筒瓦粘接处有泥刀刻划的痕迹。面径 15.2、边厚 1.5 ~ 1.6、边轮宽 1.9 厘米（图二八四）。

标本 TG1059⑤a：1，残存二分之一。黑灰色，莲花共个 10 花瓣，背部较平整，与筒瓦粘接处有泥刀刻划的痕迹。面径 14、边厚 1.6 厘米、边轮宽 1.5 厘米。

4. 其他

共 2 件。

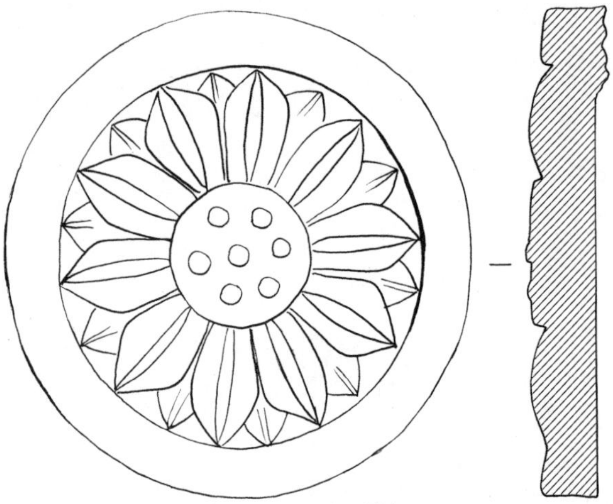

图二八二　北朝至五代D型莲花纹瓦当（TG1072⑥：2）

图二八三　北朝至五代D型莲花纹瓦当（TG1072⑥：2）纹饰拓本

图二八四　北朝至五代D型莲花纹瓦当（TG1069⑤a：2）纹饰拓本

标本TG1067H49：13，鸱尾，残。表面青掍磨光，大部分剥落，尾端上翘，两侧有羽状叠层；背面不平整。残长36、残宽34、残高25厘米（图版四三，4）。

标本TG1067H49：14，屋脊，残存端头部分。表面青掍磨光，中间呈圆形脊状，两侧坡状下斜，端头平整呈“凸”字形；背面不平整。残长40、残宽26、残高18厘米（图版四三，5）。

（二）陶器

共出土标本遗物48件。其中有陶罐7件、陶盆8件、陶瓮3件、陶钵2件、陶碾钵1件、陶碗5件、陶杯4件、陶纺轮1件、匣钵1件、陶支钉8件和陶片8件。

1. 陶罐

共7件。

A型　共1件。

标本TG1067④a：8，残。泥质灰陶。方唇，外折沿，盘口，束颈。外壁有一耳。口径27、厚0.3～0.6厘米（图二八五；图版四三，6）。

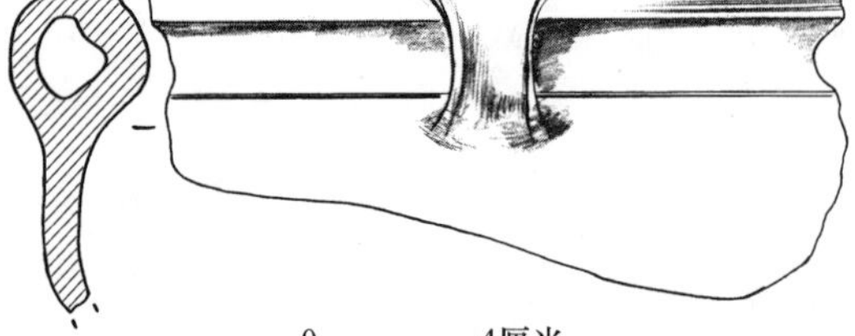

图二八五　北朝至五代A型陶罐（TG1067④a：8）

B型Ⅰ式　共1件。

标本TG1067⑤a：1，可复原。泥质灰陶。口微残，圆唇，外折平沿，侈口，长颈，溜肩，斜直腹，平底。外壁有拉坯痕迹。口径9.8、底径8、高25.5、厚0.4～0.7厘米（图二八六；图版四四，1）。

B型Ⅱ式　共1件。

标本TG1072H55：2，残。泥质灰陶。斜方唇，平沿，侈口，长颈。口径13.4、残宽13.5、残高5.5、厚0.6～0.8厘米。

C型　共2件。均为泥质灰陶。卷沿，敞口，束颈，圆肩，鼓腹。

标本TG1076④a：3，残。外壁及口沿饰有暗弦纹。口径23、厚0.6～1厘米。

标本TG1060⑤a：1，残。口径21、残高8、厚0.5～0.7厘米。

D型　共2件。均为泥质灰陶。敛卷，沿口。

标本TG1068⑤a：2，残。方唇。口径12、残高6、厚0.6～0.7厘米。

标本TG1060L2：3，残。圆唇。残高3.1、厚0.7～1.1厘米。

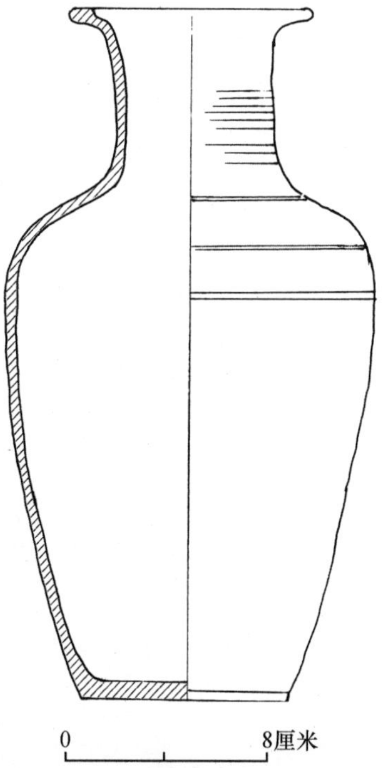

图二八六　北朝至五代B型Ⅰ式陶罐（TG1067⑤a：1）

2. 陶盆

共8件。

A型Ⅰ式　共1件。

标本TG1072⑥：1，残。泥质灰陶。方唇，外折窄平沿，侈口，弧腹。内壁饰带状麦穗纹。口径36.4、残宽13.5、残高5.9、厚0.6～0.9厘米（图版四四，2）。

A型Ⅱ式　共2件。均为泥质灰陶。外折宽平沿，侈口，口缘向上翘起呈凸棱状，斜弧腹。

标本TG1067⑥：1，残。尖圆唇。外壁饰一周凸棱，棱上饰锯齿纹。残长17、残高14、厚0.6～0.7厘米（图二八七、图二八八；图版四四，3）。

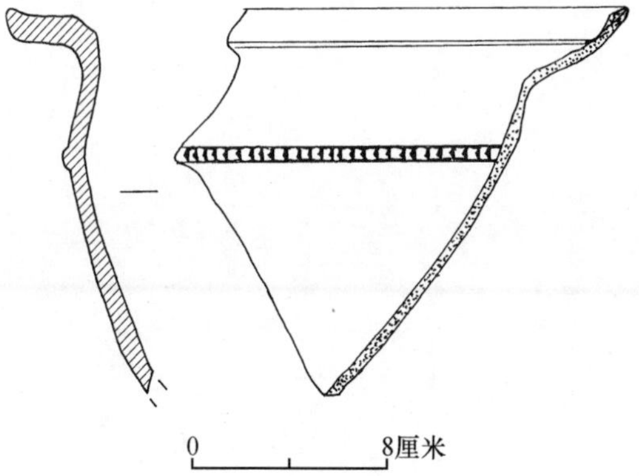

图二八七　北朝至五代A型Ⅱ式陶盆（TG1067⑥：1）

标本TG1054⑤a：1，残。尖圆唇。外壁饰一周水波状凸棱。残长18.5、残高12.4、厚0.7～1.4厘米（图二八九、图二九〇）。

图二八八　北朝至五代A型Ⅱ式陶盆（TG1067⑥：1）纹饰拓本

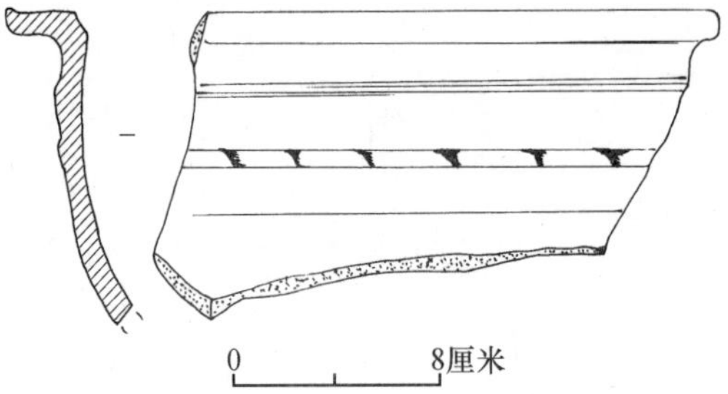

图二八九　北朝至五代A型Ⅱ式陶盆（TG1054⑤a：1）

B型Ⅰ式　共1件。

标本TG1062④a：3，残。泥质灰陶。斜方唇，坡折沿，侈口。内壁饰暗弦纹，外壁饰瓦棱纹。口径约40、厚0.6～0.8厘米（图版四四，4）。

B型Ⅱ式　共1件。

标本TG1072H55：1，残。泥质灰陶。方唇，坡折沿，敛口，弧腹。口径39、残宽9.4、残高7.5、厚0.5～0.9厘米（图版四四，5）。

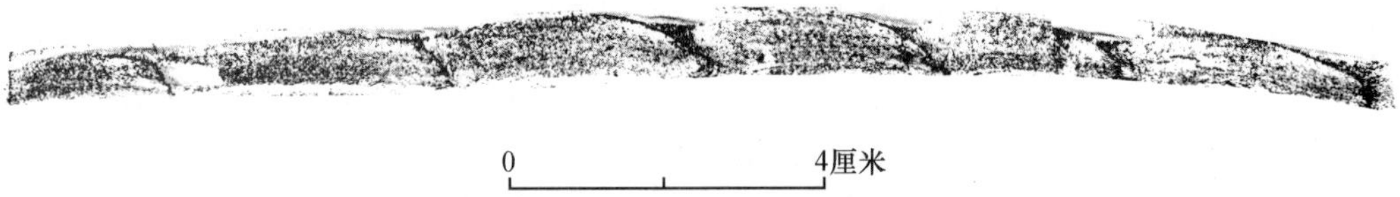

图二九〇　北朝至五代A型Ⅱ式陶盆（TG1054⑤a：1）纹饰拓本

C型Ⅰ式　共1件。

标本TG1070H53：1，残。泥质灰陶。方唇，外折沿，沿上有一周凹槽，侈口。内壁饰带状斜“回”纹。口径40、残高3.5、厚0.5～1厘米（图二九一）。

C型Ⅱ式　共2件。均为泥质灰陶。外折沿，折沿较窄，呈坡状，侈口。

标本TG1074④a：1，残。方唇。内壁及口沿饰暗弦纹。口径37.4、残宽13.4、残高6、厚0.9～1厘米（图版四四，6）。

标本TG1076④a：2，残。方唇。外壁口沿下有一周凸棱。残长15.7、厚0.7～1.4厘米（图二九二）。

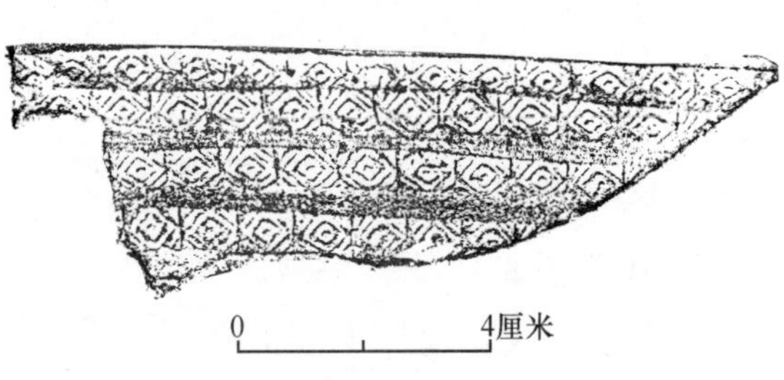

图二九一　北朝至五代C型Ⅰ式陶盆（TG1070H53：1）纹饰拓本

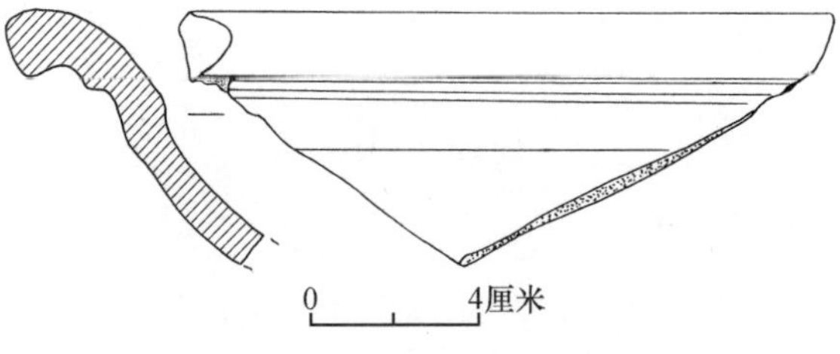

图二九二　北朝至五代C型Ⅱ式陶盆（TG1076④a：2）

3. 陶瓮

共3件。

A型　共1件。

标本TG1071⑤a：1，残。泥质灰陶。方唇，平沿，直口，短颈，圆肩。外壁及口沿饰有暗弦纹。口径20、残宽14、残高6.2、厚0.8～1.3厘米。

B型Ⅰ式　共2件。均为泥质灰陶。圆唇，卷沿，侈口，圆肩，鼓腹，平底。

标本TG1067H49：11，可复原。沿下有一折棱，外壁有明显的拉坯痕迹。口径24.4、底径19、高51.5、厚1.2～1.5厘米（图二九三）。

标本TG1072⑤a：1，残。外壁饰有拉坯弦纹。口径21、残宽17.2、残高6.3、厚0.9～1.1厘米。

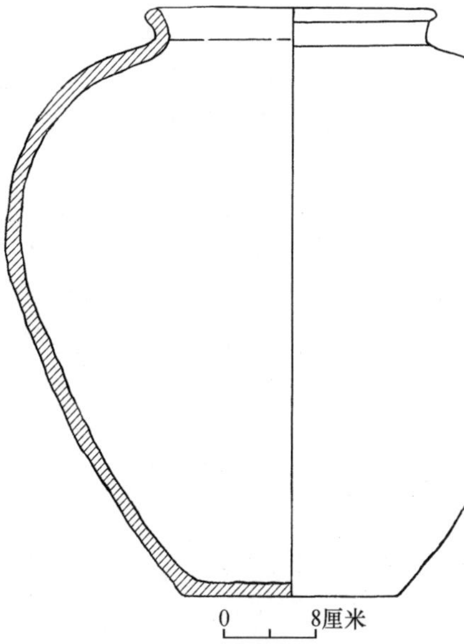

图二九三　北朝至五代B型Ⅰ式陶瓮（TG1067H49：11）

4. 陶钵

A型　共1件。

标本TG1071③a：2，残。泥质灰陶。圆唇，侈口，斜直腹。唇上饰有戳印纹，内壁饰麦穗纹。口径13、残宽7、残高5.5、厚0.5～0.6厘米（图二九四、图二九五）。

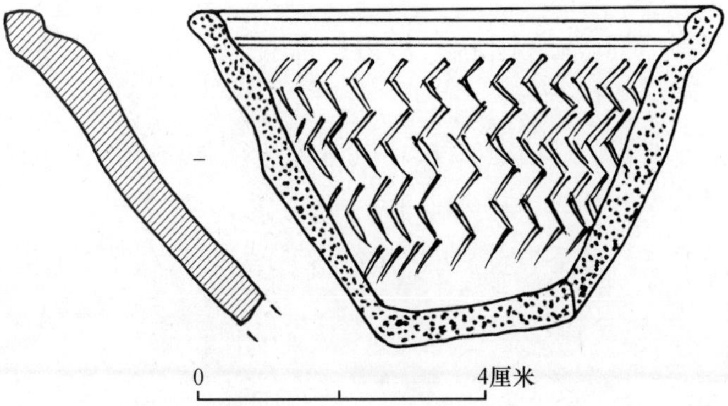

图二九四　北朝至五代A型陶钵（TG1071③a：2）

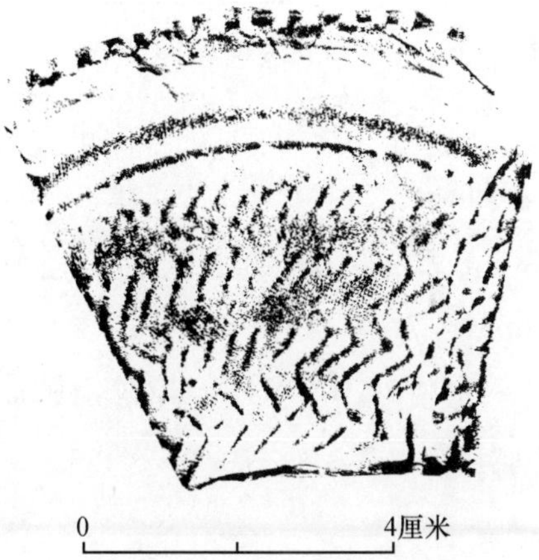

图二九五　北朝至五代A型陶钵（TG1071③a：2）纹饰拓本

B型　共1件。

标本TG1060L2：1，残。泥质红陶。方唇，直口，斜弧腹，外壁有一周凹槽。残长8、残高4.8、厚0.6～0.7厘米。

5. 陶碾钵

共1件。

标本TG1068③a：1，残。泥质红陶。尖圆唇，内折沿，敛口。内壁饰有篦纹。口径19、残长7.9、残高6.3、厚0.7～0.9厘米。

6. 陶碗

共 5 件。

A 型 Ⅰ 式　共 3 件，均可复原。均为泥质红陶。圆唇，直口，弧腹下收，饼形足，足心内凹。

标本 TG1054H43：2，口径 13.3、底径 6.2、高 6.5、厚 0.5 ~ 0.7 厘米（图版四五，1）。

标本 TG1054H43：3，口径 16、底径 7、高 8、厚 0.4 ~ 0.7 厘米（图二九六；图版四五，2）。

标本 TG1067H49：2，口径 14.4、底径 6.5、高 8、厚 0.4 ~ 0.9 厘米（图二九七；图版四五，3）。

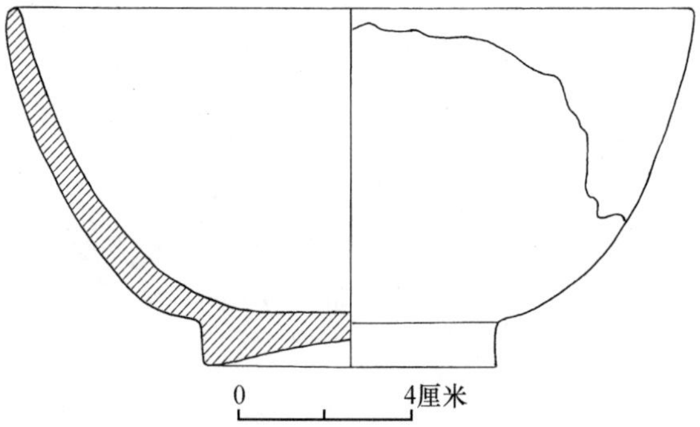

图二九六　北朝至五代 A 型 Ⅰ 式陶碗（TG1054H43：3）

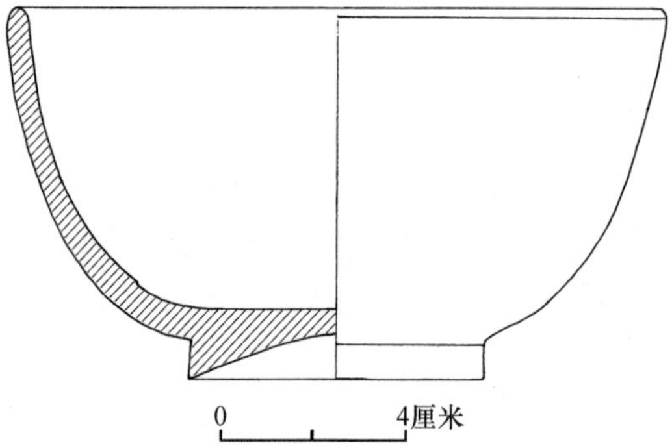

图二九七　北朝至五代 A 型 Ⅰ 式陶碗（TG1067H49：2）

A 型 Ⅱ 式　共 2 件，均可复原。均为泥质红陶。圆唇，侈口，曲腹，饼形足，有的足心内凹。

标本 TG1061 ③ a：3，口径 10.6、底径 5.7、高 4.1、厚 0.4 ~ 0.6 厘米（图二九八；图版四五，4）。

标本 TG1054H43：1，腹有弧曲。口径 17.5、底径 7、高 7.2、厚 0.6 ~ 1.2 厘米（图二九九；图版四五，5）。

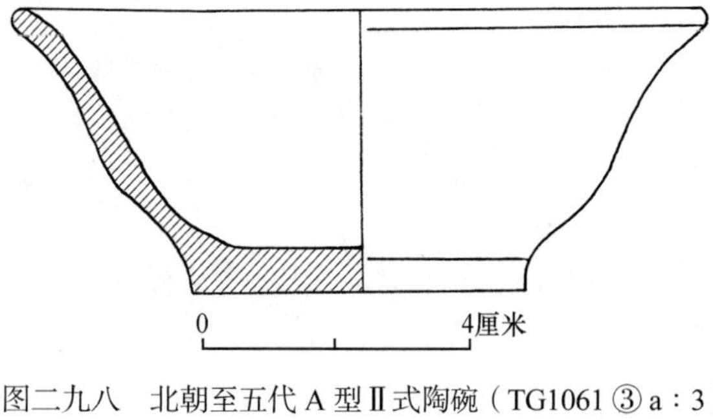

图二九八　北朝至五代 A 型 Ⅱ 式陶碗（TG1061 ③ a：3）

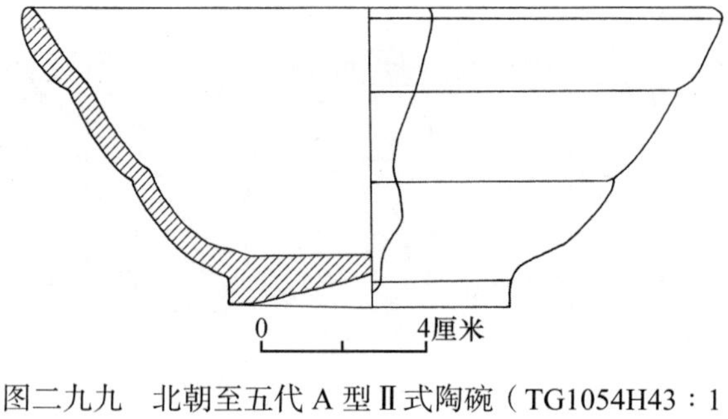

图二九九　北朝至五代 A 型 Ⅱ 式陶碗（TG1054H43：1）

7. 陶杯

共 4 件，均可复原。均为泥质红陶。圆唇，直口，直腹下收，饼形足，有的足心内凹。

标本 TG1067H49：3，口径 14.4、底径 6.5、高 8、厚 0.4 ~ 0.9 厘米（图三〇〇；图版四五，6）。

标本TG1067H49：4，口径14.4、底径6.5、高8、厚0.4～0.9厘米（图三〇一；图版四五，7）。

标本TG1067H49：5，口径14.4、底径6.5、高8、厚0.4～0.9厘米（图三〇二；图版四五，8）。

标本TG1067H49：6，口径14.4、底径6.5、高8、厚0.4～0.9厘米。

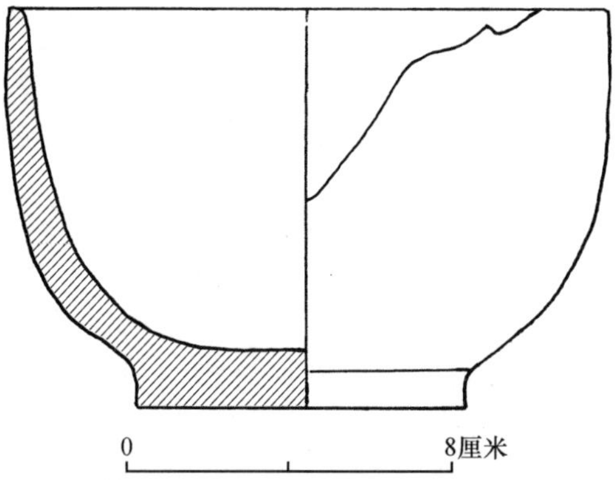

图三〇〇　陶杯（TG1067H49：3）

8. 陶纺轮

共1件。

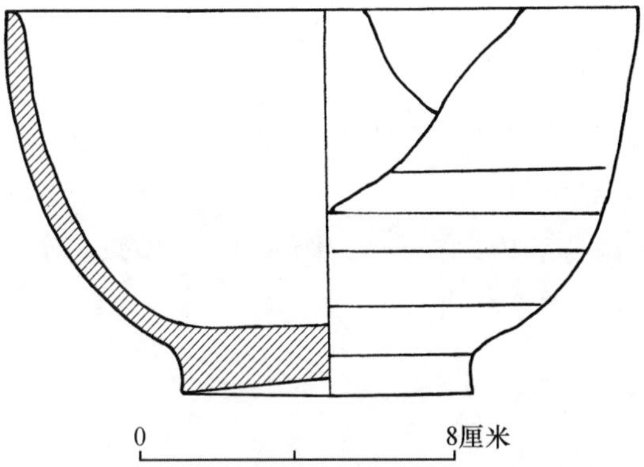

图三〇一　陶杯（TG1067H49：4）

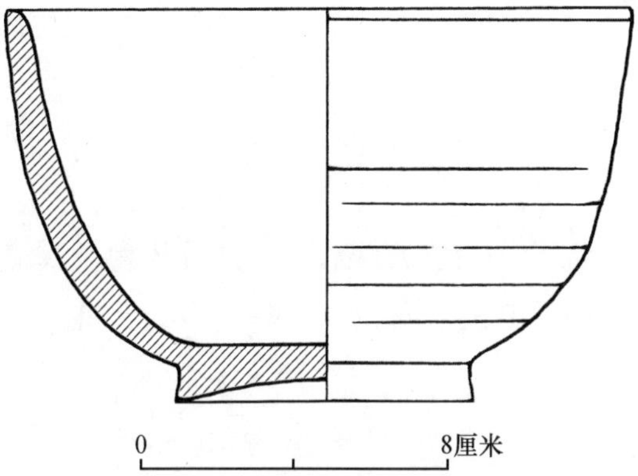

图三〇二　陶杯（TG1067H49：5）

图三〇三　陶纺轮（TG1068③a：2）纹饰拓本

标本TG1068③a：2，完整。泥质灰陶。圆形，八周弦纹呈辐射状排列，中部有圆形穿孔。底径5.1、穿孔直径1、高2厘米（图三〇三）。

9. 匣钵

共1件。

标本TG1076③a：1，泥质红陶夹砂。方唇，直口，折腹。口径19、厚0.7～1.9厘米。

10. 陶支钉

共8个，完整。均为泥质红陶。锥形，平底。

标本TG1069④a：2，底径2、高3.7厘米。

标本TG1069④a：3，底径1.8、高3.8厘米。

标本TG1069④a：4，底径2.2、高3.5厘米。

标本TG1069④a：5，底径1.9、高3.3厘米。

标本TG1069④a：6，底径2.5、高3.6厘米。

标本 TG1069 ④ a：7，底径 1.8、高 3.9 厘米。

标本 TG1067 ④ a：9，底径 2.5、高 3.6 厘米。

标本 TG1067 ④ a：10，底径 2.4、高 3.5 厘米。

11. 陶片

共 8 件。

标本 TG1074 ④ a：2 ，泥质灰陶。外壁饰水波纹，其上下各有一周四条为一组的凹弦纹。厚 1 ~ 1.2 厘米（图三〇四、图三〇五）。

标本 TG1058 ⑤ a：1，泥质灰陶。方唇，侈口，折腹。外腹部可见拉坯弦纹。残长 7.2、残高 3.5、厚 0.3 ~ 0.5 厘米。

标本 TG1065H47：1，泥质灰陶。方唇，侈口，折腹。外壁有两周凸棱。口径约 14、厚 0.6 ~ 0.8 厘米（图三〇六）。

标本 TG1067H49：7，泥质灰陶。斜腹，平底。内壁饰有五个凹圆圈花纹。残长 7.7、残高 3.7、厚 0.6 ~ 0.7 厘米（图三〇七）。

标本 TG1067H49：8，泥质灰陶。圜底。内壁皆有数周凸弦纹，中间有模印的莲花纹图案。残长 9.6、残高 4.1、厚 0.3 ~ 0.5 厘米（图三〇八、图三〇九）。

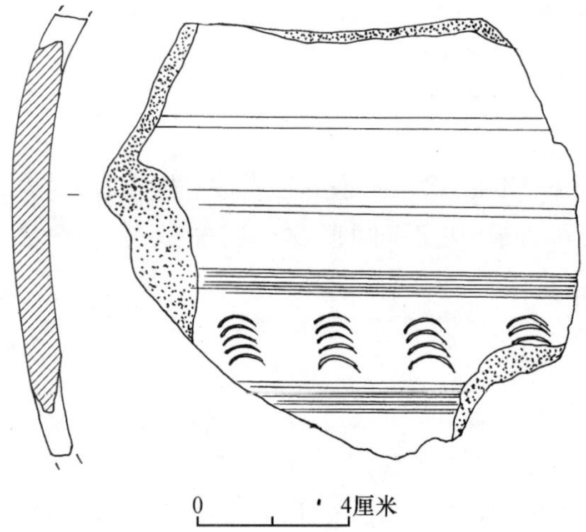

图三〇四　陶片（TG1074 ④ a：2）

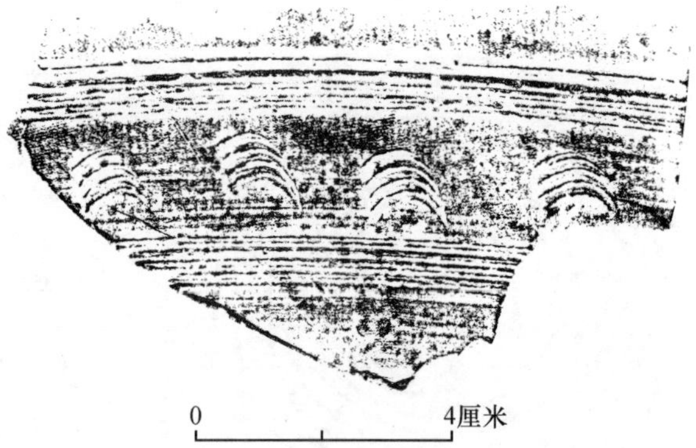

图三〇五　陶片（TG1074 ④ a：2）纹饰拓本

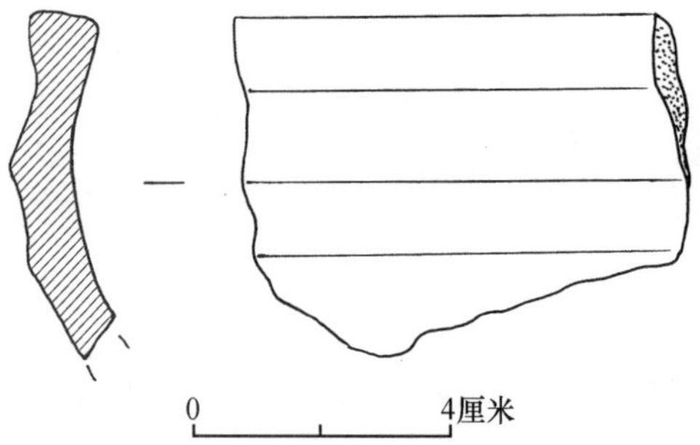

图三〇六　陶片（TG1065H47：1）

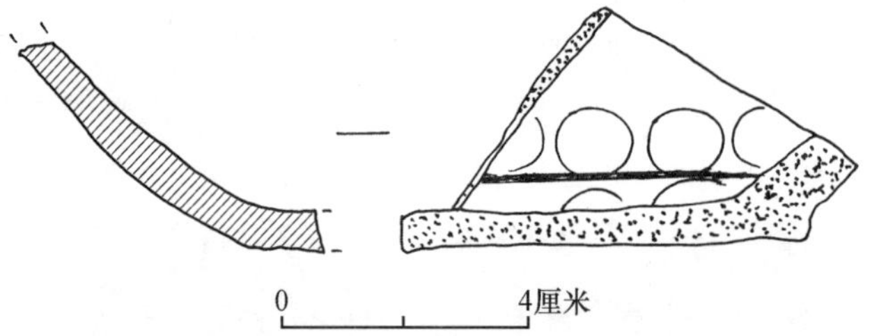

图三〇七　陶片（TG1067H49：7）

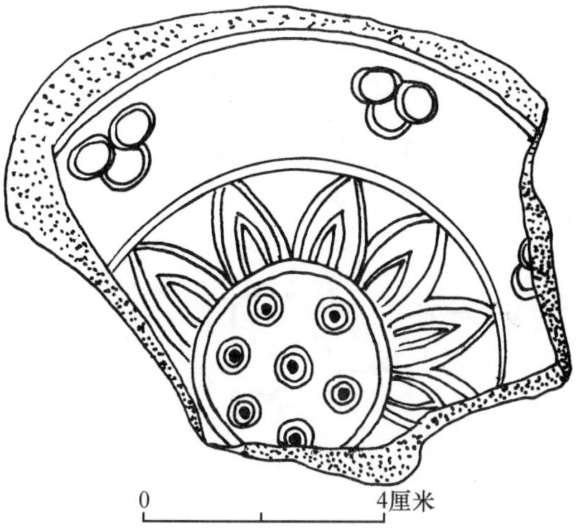

图三〇八　陶片（TG1067H49：8）

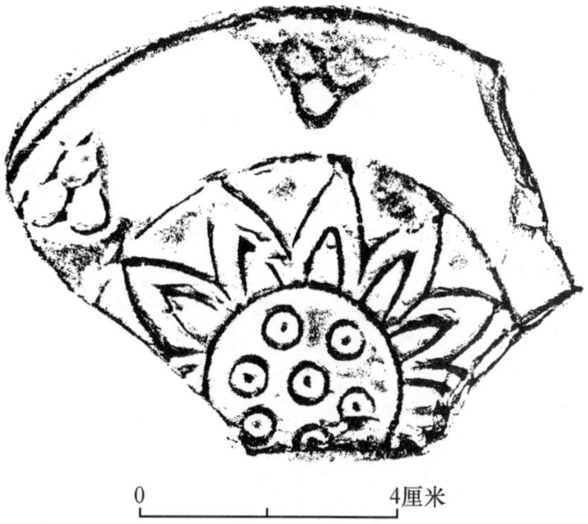

图三〇九　陶片（TG1067H49：8）纹饰拓本

标本TG1071③a：3，泥质灰陶。圜底。内底模印两周凸弦纹，两凸弦纹间以垂直向条纹相连，弦纹内为一凸莲花纹，弦纹外有印花。残宽6.4、底径11、厚约0.5厘米（图三一〇、图三一一）。

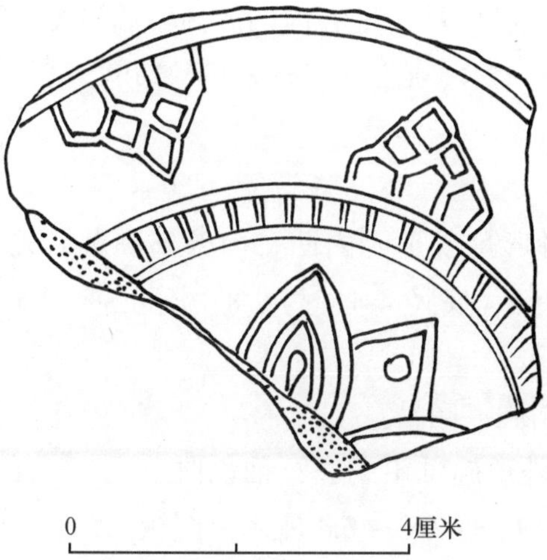

图三一〇　陶片（TG1071③a：3）

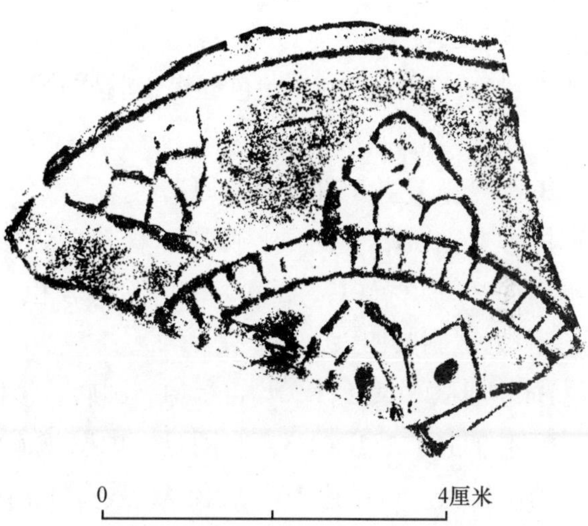

图三一一　陶片（TG1071③a：3）纹饰拓本

标本TG1069③a：1，泥质灰陶。圜底，内底模印一周凸弦纹，弦纹内为一凸莲花纹。残长7.5、厚0.4～0.7厘米（图三一二、图三一三）。

标本TG1066⑤a：1，残执柄。泥质灰陶。一面饰有“田”字格和云纹纹饰，另一面为素面。残长5.1、厚0.6～0.7厘米。

（三）瓷器

共出土标本遗物27件，其中有瓷碗9件、瓷盘2件、瓷钵2件、瓷盒2件、瓷灯盏4件和瓷片8件。

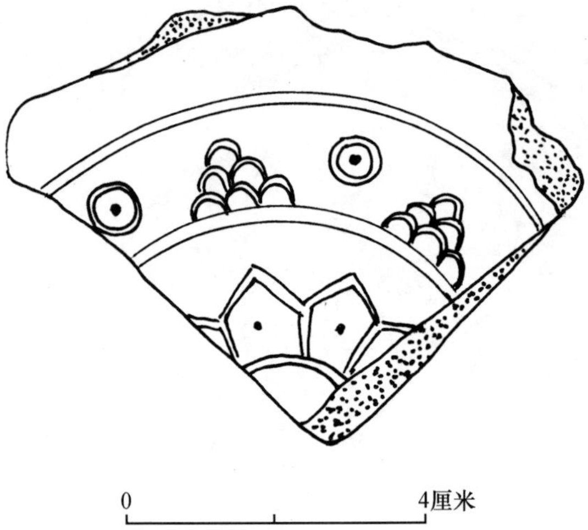

图三一二　陶片（TG1069③a：1）

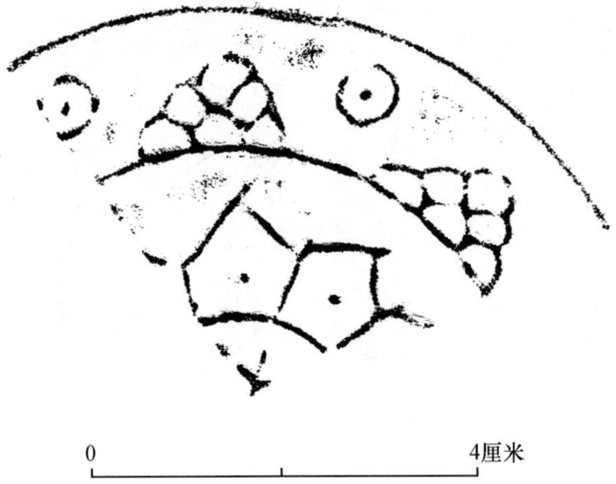

图三一三　陶片（TG1069③a：1）纹饰拓本

1. 瓷碗

共9件。

A型　共1件，可复原。

标本TG1067H49：1，圆唇，直口，深腹较直，饼形足，足心内凹。内壁施满釉，外壁施釉不到底；釉色黄白，胎色红褐，胎质较细。口径12.4、底4.8、高8.3、厚0.4～0.9厘米（图三一四；图版四六，1）。

Ba型Ⅰ式　共1件，可复原。

标本TG1062④a：1，圆唇，侈口，弧腹，饼形足，足心内凹。内壁施满釉，外壁施釉不到底；釉色黄白；胎色黄褐，胎质较粗。口径8、底径4.4、高2.8、厚0.3～0.4厘米（图三一五；图版四六，2）。

Ba型Ⅲ式　共2件，均可复原。圆唇，侈口，斜腹，圈足。

标本TG1075④a：3，窄圈足。内壁施满釉，外壁施釉不到底；釉色白中泛黄；胎色黄白，胎质较粗。口径约10、底径4、残宽4、残高2.9、厚0.3～0.4厘米（图版四六，3）。

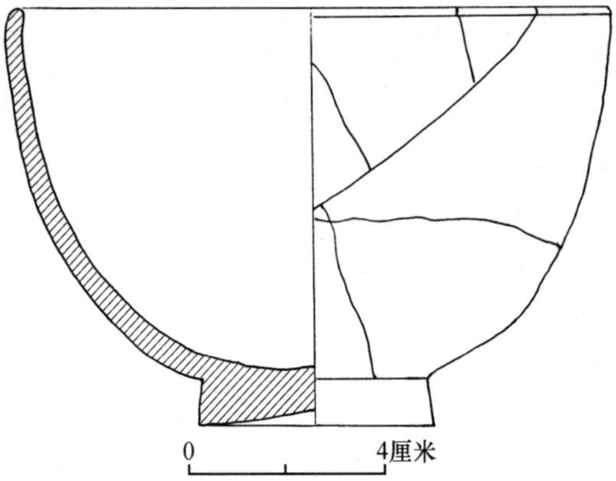

图三一四　北朝至五代A型瓷碗（TG1067H49：1）

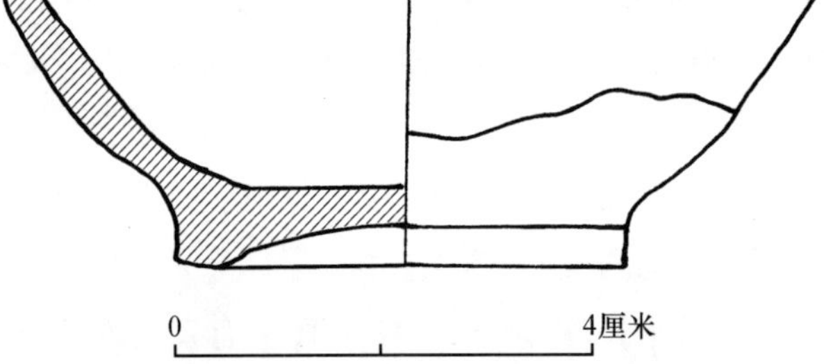

图三一五　北朝至五代Ba型Ⅰ式瓷碗（TG1062④a：1）

标本 TG1067④a：3，斜弧腹，窄圈足，口缘呈花口状。内壁施满釉，外壁施釉至圈足；釉色白中泛青；胎色灰白，胎质较细。口径 19、底径 11、高 5、厚 0.2 ~ 0.5 厘米（图三一六；图版四六，4）。

Bb 型Ⅰ式　共 1 件。

标本 TG1064④a：1，可复原。圆唇，侈口，斜弧腹，底内凹。内壁及口沿施满釉，釉色黄白；外壁施釉不到底，釉色黑褐；胎色红褐，胎质较粗。口径 12、底径 5.8、高 3.8、厚 0.4 ~ 0.7 厘米（图三一七；图版四六，5）。

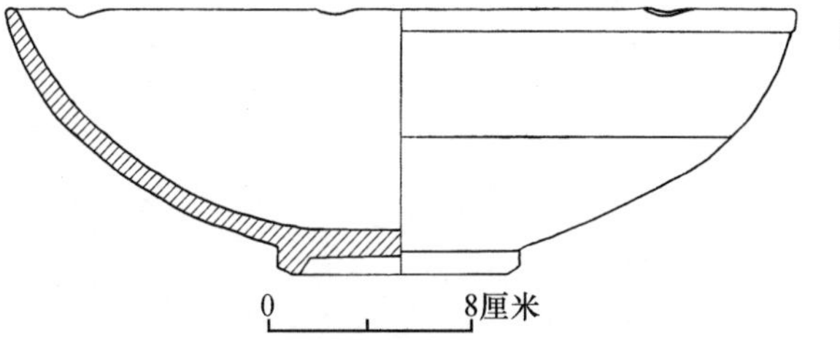

图三一六　北朝至五代 Ba 型Ⅲ式瓷碗（TG1067④a：3）

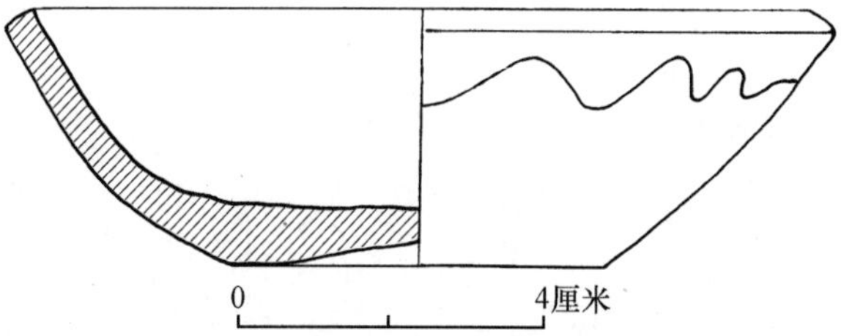

图三一七　北朝至五代 Bb 型Ⅰ式瓷碗（TG1064④a：1）

Bb 型Ⅱ式　共 1 件。

标本 TG1067④a：4，可复原。圆唇，侈口，弧腹，宽圈足。内壁及口沿施满釉，釉色黄白；外壁施釉，且施釉不到底，釉色灰褐；胎色灰白，胎质较粗。口径 17.3、底径 8.5、高 5.3、厚 0.4 ~ 0.7 厘米（图三一八；图版四六，6）。

Bc 型　共 3 件，均可复原。施酱釉，侈口，斜弧腹，饼形足或平底。

标本 TG1061③a：1，圆唇，饼形足，足心内凹。内壁施满釉，外壁施釉不到底，口沿不施釉；釉色黑褐；胎色黄白，胎质较粗。口径 8.3、底径 4.3、高 3、厚 0.4 ~ 0.5 厘米（图三一九；图版四七，1）。

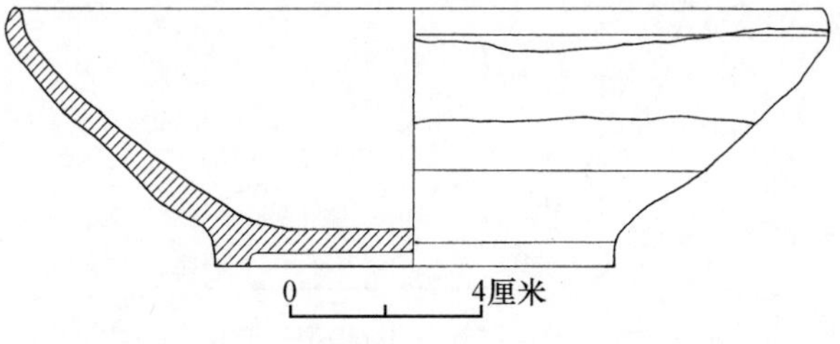

图三一八　北朝至五代 Bb 型Ⅱ式瓷碗（TG1067④a：4）

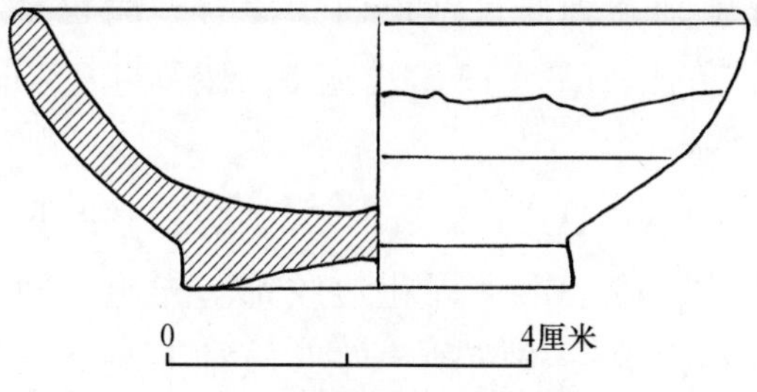

图三一九　北朝至五代 Bc 型瓷碗（TG1061③a：1）

标本 TG1067④a：2，方唇，平底，底心内凹。内壁施满釉，外壁施釉不到底；釉色黑褐，胎色红褐，胎质较粗。口径 11、底径 4.7、高 3.4、厚 0.5 ~ 0.9 厘米（图三二〇；图版四七，2）。

标本 TG1067④a：12，圆唇，平底。内壁施满釉，外壁施釉不到底，釉层较厚；釉色黄褐，胎色红褐，胎质较粗。口径 10.5、底径 5.5、高 3.6、厚 0.5 ~ 0.7 厘米。

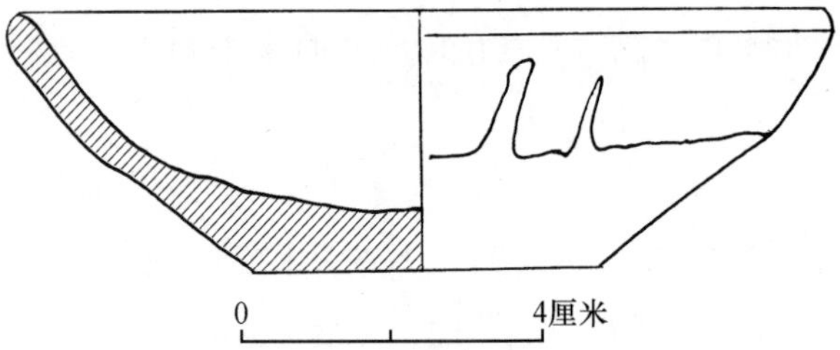

图三二〇　北朝至五代 Bc 型瓷碗（TG1067④a：2）

2. 瓷盘

共2件。

Ba型　共1件，可复原。

标本TG1067④a：5，尖圆唇，侈口，折腹，窄圈足，口缘呈花口状。内外壁均施满釉；釉色黄白；胎色黄白，胎质较粗。口径15.8、底径5.6、高3.3、厚0.2～0.5厘米（图三二一；图版四七，3）。

Bb型　共1件，可复原。

标本TG1067④a：7，圆唇，侈口，浅腹，窄圈足内斜削。内壁施满釉，且有刮釉现象，外壁未施釉；釉色白中泛黄；胎色青灰，胎质较粗。口径10、底径5.3、高1.9厘米（图三二二；图版四七，4）。

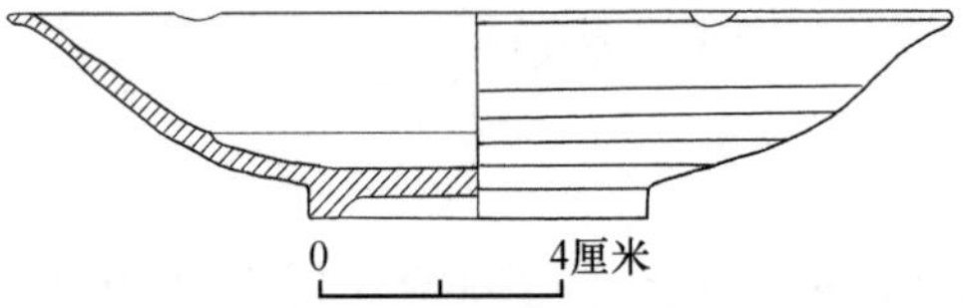

图三二一　北朝至五代 Ba 型瓷盘（TG1067④a：5）

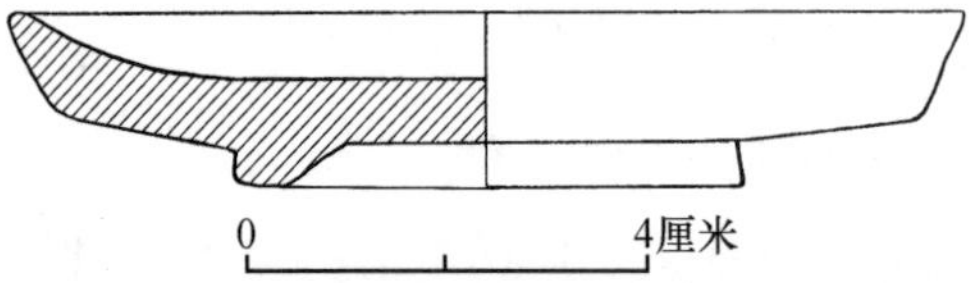

图三二二　北朝至五代 Bb 型瓷盘（TG1067④a：7）

3. 瓷钵

B型　共2件。尖圆唇，敛口。

标本TG1075④a：1，残。口沿下有一周凸棱，棱上饰一周花边纹饰。内壁施满釉，外壁施釉不到底；釉色白中泛青；胎色洁白，胎质较细。口径13、残宽6、残高4.9、厚0.2～0.3厘米。

标本TG1075④a：2，残。口沿下有一周凸棱，棱上饰一周花边纹饰。先施化妆土再施青釉；内壁施满釉，外壁施釉不到底，且有流釉现象；釉色浅青，胎色青灰，胎质较细。口径18、残宽6.1、残高5.8、厚0.3～0.5厘米（图三二三；图版四七，5）。

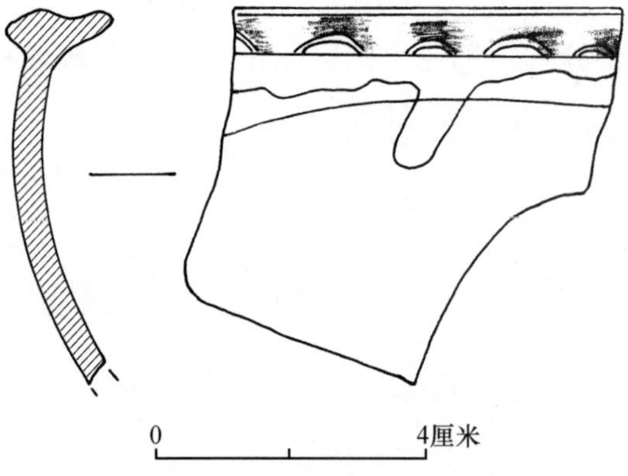

图三二三　北朝至五代 B 型瓷钵（TG1075④a：2）

4. 瓷盒

均为盒盖，共2件。均可复原。盖顶微圜，折肩，直口，方唇。

标本TG1054④a：1，除口沿外，内壁未施釉，外壁施满釉；釉色白中泛青；胎色灰白，胎质较细。口径 9.4、高 2.8、厚 0.3 ~ 0.4 厘米（图三二四）。

标本 TG1054 ④ a：2，除口沿外，内外壁均施满釉；釉色白中泛青；胎色灰白，胎质较细。口径 9.4、高 3.3、厚 0.3 ~ 0.4 厘米（图三二五）。

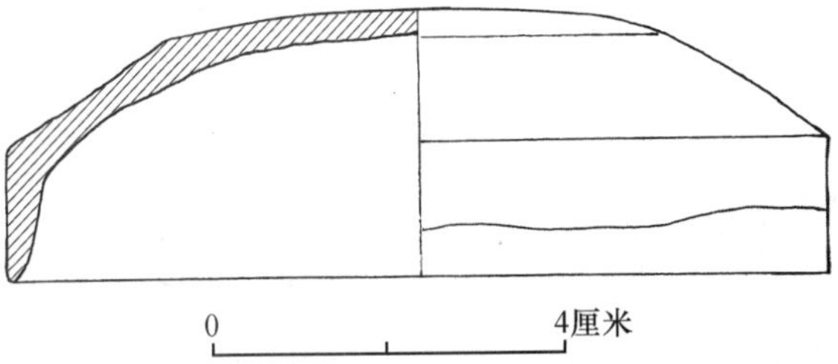

图三二四　瓷盒盖（TG1054 ④ a：1）

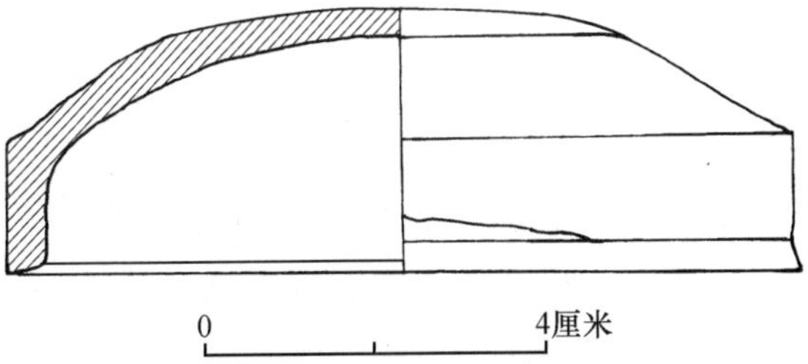

图三二五　瓷盒盖（TG1054 ④ a：2）

5. 瓷灯盏

共 4 件，均可复原。尖圆唇，侈口，浅斜腹，平底。

标本 TG1058 ②：1，内壁及口沿施满釉，外壁不施釉。釉色白中泛青；胎色黄白，胎质较粗。口径 5、高 1、厚 0.3 ~ 0.4 厘米（图三二六）。

标本 TG1065 ③ a：1，除底部皆施满釉，釉面有细小开片；釉色白中泛黄；胎色黄白，胎质较粗。口径 6、高 1.1、厚 0.3 ~ 0.6 厘米（图三二七）。

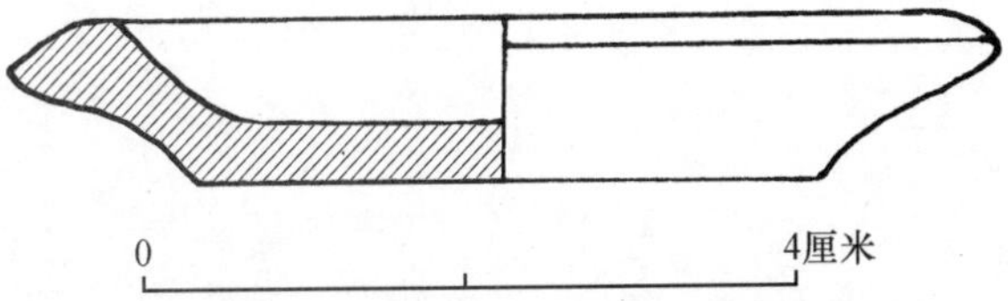

图三二六　瓷灯盏（TG1058 ②：1）

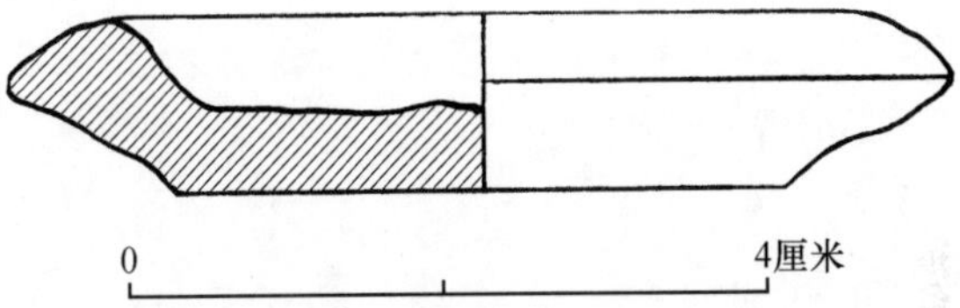

图三二七　瓷灯盏（TG1065 ③ a：1）

标本 TG1071 ④ a：1，内壁及口沿施满釉，外壁不施釉。口径 6、残高 0.9、厚 0.3 ~ 0.4 厘米（图三二八）。

标本 TG1058 ④ a：1，内壁及口沿处施满釉，外壁不施釉；釉色白中泛青；胎色青灰，胎质较细。口径 4.8、底径 3.6、高 0.6、厚 0.3 ~ 0.5 厘米。

6. 瓷片

共 8 件。

标本 TG1063 ③ a：2，残底。窄圈足，足心微凸，近足处粘接一兽足。除底足外皆施满釉；釉色白中泛青；胎色灰白，胎质较细。足径 10、厚 0.4 ~ 0.7 厘米（图三二九；图版四七，6）。

标本 TG1076 ④ a：1，瓷碗残片。圆唇，侈口，花口。内外皆施满釉；釉色白中泛灰；胎色洁白，胎质较细。残长 6.7、残高 4、厚 0.2 ~ 0.3 厘米。

标本 TG1071 ③ a：1，尖圆唇，花口，瓜棱形腹。内外壁皆施满釉；釉色白中泛青；胎色

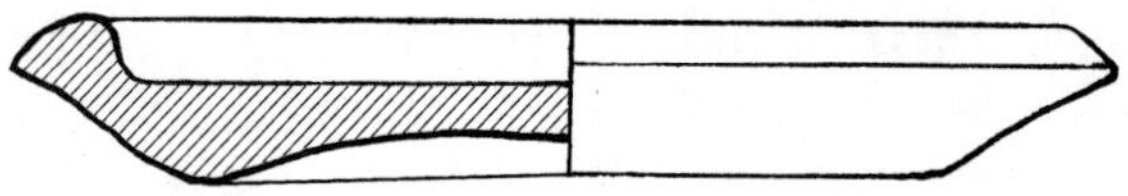

图三二八　瓷灯盏（TG1071 ④ a：1）

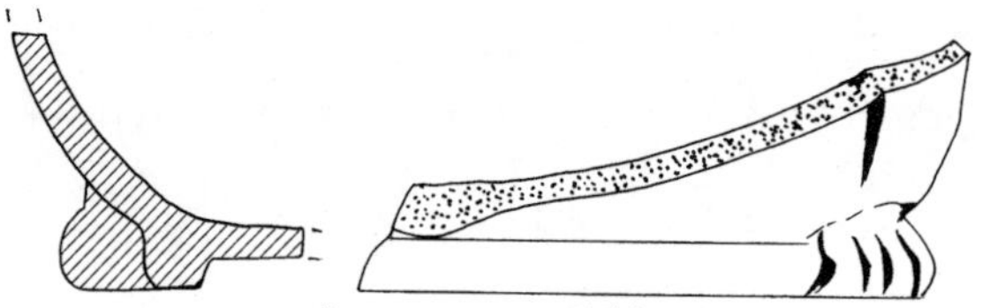

图三二九　瓷片（TG1063 ③ a：2）

洁白，胎质较细。残宽 7.2、残高 8.2、厚 0.2 ~ 0.5 厘米。

标本 TG1075 ③ a：1，瓷杯残片。圆唇，侈口，斜弧腹。内壁仅口沿施釉，外壁施满釉；釉色白中泛青；胎色灰白，胎质较细。口径 7、残宽 4.2、残高 5.1、厚 0.4 ~ 0.5 厘米。

标本 TG1067 ④ a：6，双泥条执柄。先施化妆土，再施白釉；釉色洁白；胎色灰白，胎质较细。厚 0.3 厘米。

标本 TG1068 ④ a：1，残足。窄圈足，足微外撇，挖足较浅，足心微凸，斜弧腹。内壁施满釉，外壁施釉不到底；釉色洁白；胎色洁白，胎质较粗。底径 5.5、残高 4、厚 0.2 ~ 0.4 厘米。

标本 TG1070 ④ a：1，圆唇，敛口，折腹。内外壁皆施满釉；釉色青白；胎色洁白，胎质较细。高 3.4、厚 0.2 ~ 0.4 厘米。

标本 TG1056 ②：1，残底。外壁施釉不到底，内壁施满釉，釉面有细小开片；釉色黄绿；胎色灰黄，胎质较粗。底径 7、残高 2.7、厚 0.5 ~ 0.8 厘米。

（四）三彩器

共 2 件。

标本 TG1073 ②：1，碗，残。圆唇，侈口，鼓腹。内腹施绿釉，外腹施白、绿双色釉；胎色红褐，胎质较细。口径 13、残宽 6.6、厚 0.5 ~ 0.6 厘米（图版四七，7）。

标本 TG1063 ③ a：3，碗底。饼形足，足心微凹。内壁施三彩釉，有剥釉现象；釉色为白、绿、褐三色釉。底径约 7、残高 1.9、厚 0.4 ~ 0.5 厘米。

（五）其他

共出土标本遗物 5 件，其中有石砚 1 件、石雕狮子 1 件和铜钱 3 枚。

1. 石砚

标本 TG1052 ④ a：1，灰白色青石质，残。圆形，平底，小方足。砚面自边向砚心内凹，直边，底部残存一方足。砚身自上而下饰两周水波纹和三角纹菱形纹。直径 17、高 3.5 厘米（图版四八，1）。

2. 石雕狮子

标本 TG1070H53：3，头残。砂质岩石，呈卧状，雕刻较粗犷，前肢直立，后肢屈卧，尾部不明显。残长为 18 厘米，残高 10.5 厘米（图版四八，2）。

3. 石球

标本 TG1069④a：1，完整。砂石，青褐色，形状略呈圆形。直径 4.5 厘米（图三三〇；图版四八，3）。

4. 铜钱

共出土 3 枚，其中 2 枚腐蚀严重，字迹分辨不清。

A 型Ⅰ式　共 1 件。

标本 TG1073④a：1，背面素面，钱文清晰、规整，穿郭俱佳，铜质优良，铸造工艺考究。钱径 2.4、穿径 0.7、郭宽 0.2 厘米（图三三一；图版四八，4）。

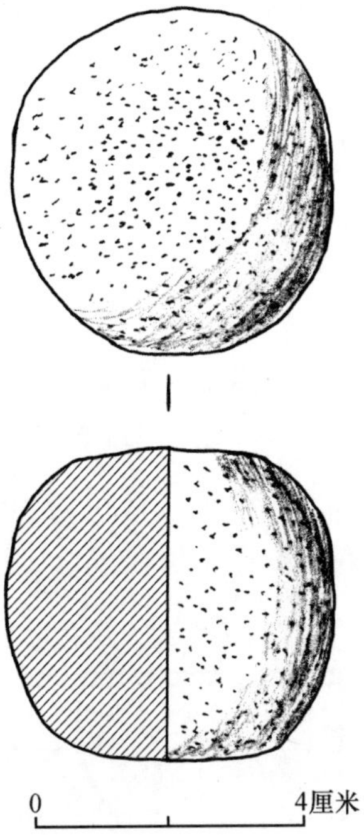

图三三〇　石球
（TG1069④a：1）

图三三一　铜钱
（TG1073④a：1）
纹饰拓本

四、宋至清代遗物

共出土标本遗物 18 件，其中有瓷器 17 件和其他 1 件。

（一）瓷器

共出土遗物 17 件，可复原 5 件。其中有瓷盘 2 件、瓷灯盏 2 件、瓷碟 1 件和瓷片 12 件。

1. 瓷盘

共 2 件，均可复原。

标本 TG1069②：1，圆唇，侈口，浅腹，窄圈足内斜削。内壁及口沿施白釉，釉上饰有黑褐色纹饰，外壁不施釉；釉色黄白；胎色青灰，胎质较粗。口径 11.8、底径 4.7、高 2.8、厚 0.4～0.7 厘米（图三三二；图版四八，5）。

标本 TG1071③a：5，圆唇，侈口，浅腹，圈足。内壁施褐釉，内壁盘底心有刮釉现象，外壁施釉不到底，釉层较厚；釉色黑褐；胎色青灰，胎质较粗。口径 13.5、底径 6、高 2.8、厚 0.5～0.7 厘米（图三三三；图版四八，6）。

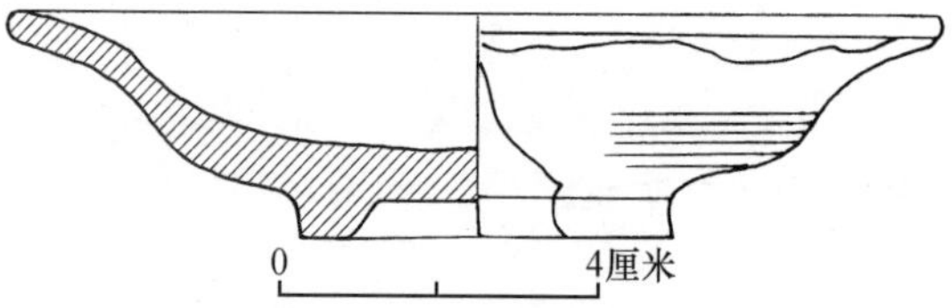

图三三二　瓷盘（TG1069 ②：1）

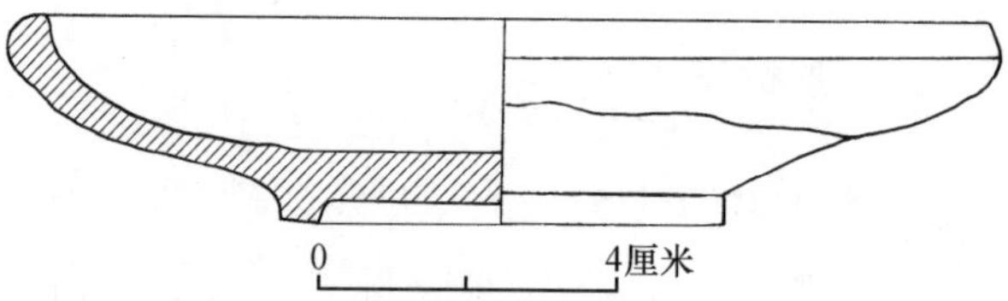

图三三三　瓷盘（TG1071 ③ a：5）

2. 瓷灯盏

共 2 件，均可复原。

标本 TG1064 ③ a：1，圆唇，敛口，弧腹，平底。仅内壁部分施褐色釉；胎色灰白，胎质较粗。口径 3.8、底径 2.2、高 1.7、厚 0.3 ~ 0.4 厘米（图三三四）。

标本 TG1067 ③ a：1，圆唇，侈口，斜直腹，平底。内壁施褐釉，外壁及口沿不施釉；釉色黑褐；胎色青灰，胎质较粗。口径 6.2、底径 3.6、高 2.4、厚 0.5 ~ 0.6 厘米（图三三五）。

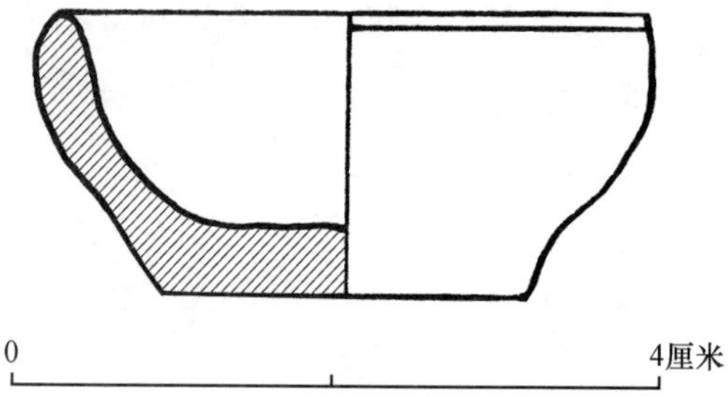

图三三四　瓷灯盏（TG1064 ③ a：1）

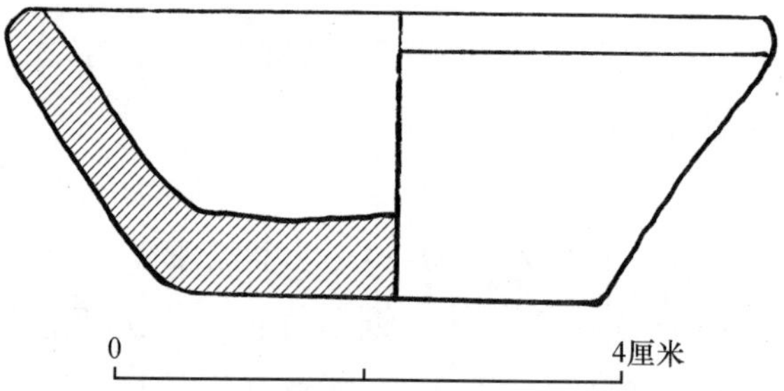

图三三五　瓷灯盏（TG1067 ③ a：1）

3. 瓷碟

共 1 件。

标本 TG1074 ②：2，残。圆唇，花口，呈菊瓣状，斜弧腹。先施化妆土再施绿釉，内壁饰满釉，外壁施釉不到底；胎色红褐，胎质较细。残宽 2.8、厚 0.3 ~ 0.5 厘米。

4. 瓷片

共 12 件。

标本 TG1075 ②：1，瓷盘残底。圈足。内外壁皆施透明青釉，碗心釉下饰青花纹饰，碗底釉下饰青花双圈款识；釉质莹润，胎色洁白，胎质细腻。底径 6、残宽 7.4、残高 4.5、厚 0.3 ~ 0.4 厘米。

标本 TG1051 ②：1，瓷碗残底。窄圈足。内外皆施满釉，碗底釉下饰有青花色“寿”字；釉色白中泛青；胎色洁白，胎质较细。口径 5、残长 7.2、残高 1.8、厚 0.3 ~ 0.8 厘米。

标本 TG1076 ②：1，瓷碗残片。圆唇，侈口。内外皆施满釉，外壁用青花钴料饰有山水画，釉质匀净；胎色洁白，胎质较细。残长 5.6、高 4.1、厚 0.2 ~ 0.3 厘米。

标本 TG1067 ②：1，瓷杯残片 圆唇，侈口。口沿下有两周青花弦纹，并绘有青花花绘；

胎色洁白，胎质较细。口径 11、残长 4.4、残高 2.8、厚 0.2 厘米。

标本 TG1075 ②：2，瓷碗残底。圈足。内外壁皆施透明青釉，碗心及外壁釉下饰青花纹饰，釉质莹润；胎色洁白，胎质细腻。底径 6、残宽 7.4、残高 4.5、厚 0.3 ~ 0.4 厘米（图三三六）。

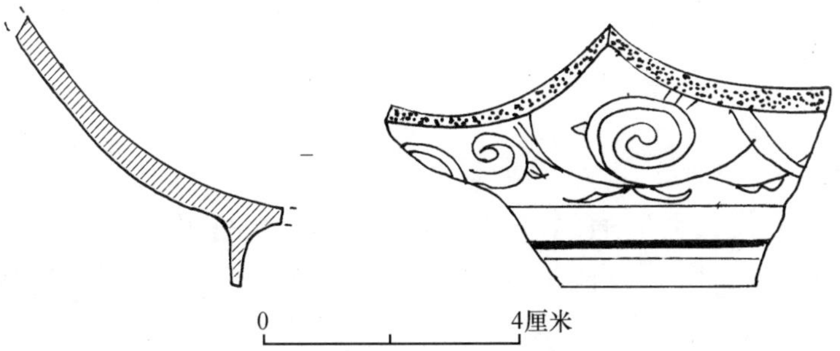

图三三六　瓷片（TG1075 ②：2）

标本 TG1074 ②：1，瓷碗残片。圆唇，侈口，平沿，弧腹。内外壁皆施透明青釉，釉下饰青花纹饰，釉质莹润；胎色洁白，胎质细腻。残宽 3.9、残高 4.5、厚 0.2 ~ 0.3 厘米。

标本 TG1056 ③ a：1，瓷罐残片。尖圆唇，敛口，短颈，溜肩。内壁施黑褐釉，釉色黑褐，外壁及内壁口沿施白釉；釉色白中泛黄；胎色黄白，胎质较粗。厚 0.2 ~ 0.5 厘米。

标本 TG1075 ③ a：2，瓷碗残底。宽圈足。先施化妆土再施白釉。内壁施满釉，外壁施釉不到底。釉上绘有褐彩纹饰；釉色白中泛黄；胎色灰褐，胎质较细。底径 5、残宽 10、残高 4、厚 0.2 ~ 0.4 厘米。

标本 TG1062 ②：1，瓷碗残片。尖圆唇，内壁及口沿施施白釉，釉色白中泛黄，外壁施青釉；胎色灰白，胎体较粗。厚 0.3 厘米。

标本 TG1076 ②：2，瓷碗残片。圆唇，侈口。内外皆施满釉；釉色黝黑；胎色灰黄，胎质较细。残长 5.5、高 5.2、厚 0.2 ~ 0.4 厘米。

标本 TG1058 ③ a：1，瓷瓶残片。圆唇，直口，短颈。内外壁皆施满釉；釉色黑褐；胎色黄白，胎质较粗。厚 0.5 ~ 1.1 厘米（图三三七）。

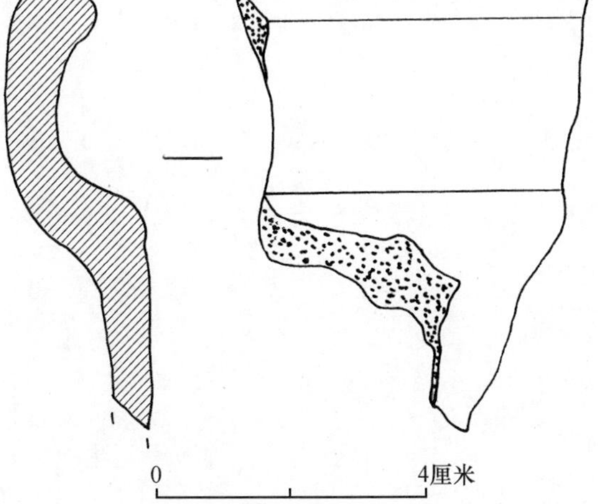

图三三七　瓷片（TG1058 ③ a：1）

标本 TG1059 ③ a：1，瓷碗残片。圆唇，侈口。内外壁皆施满釉，外壁口沿下有一凹槽，内壁口沿下绘褐彩纹饰；釉色白中泛青；胎色灰白；胎质较细。残长 4.5、残高 2.8、厚 0.3 ~ 0.4 厘米。

（二）其他

铜钱　共 1 件。

标本 TG1073 ③ a：1，大□通□，残半。背面素面，正面钱文为八思巴文。钱文清晰、规整，穿郭俱佳，铜质优良，铸造工艺考究。钱径 4.3、穿径 1.4、郭宽 0.2、厚 0.35 厘米（图三三八）。

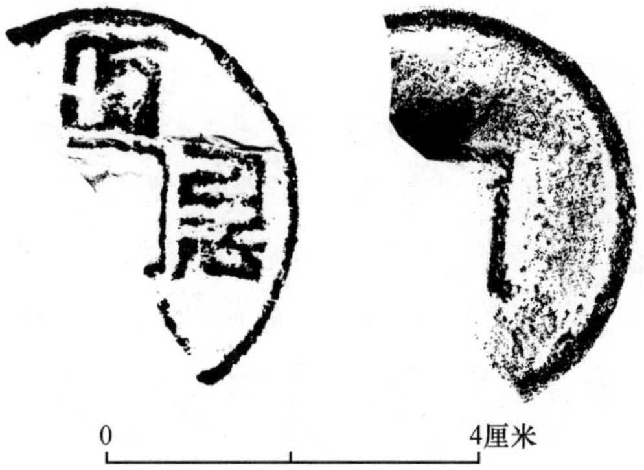

图三三八　铜钱（TG1073 ③ a：1）纹饰拓本

第五章　第四段探沟

第四段探沟（TG1077 ~ TG1097）位于第三段探沟东部，向东至第四条南北向现代道路西侧止。共布探沟21个，因TG1077位于现代道路下未能发掘，因此第三段探沟实际发掘为自TG1078起至TG1097止，共计20个探沟。每个探沟均为10米 ×2米，总长200米，实际发掘面积364平方米，方向104°（图版四九，1）。

第一节　地 层 堆 积

第四段探沟发掘区的地势情况为西高东低，高差2.5米。第四段探沟发掘总长200米，最深7.1米，最浅2米，平均深度3.8米。第1层为近现代耕土层；第2层为明清文化层；第3a层为宋元文化层；第4a层为晚唐五代文化层；第5a层为唐代文化层；第6层为北朝文化层。整段探沟遗迹均匀分布，主要是灰坑20座、灶7个、建筑基址2处、夯土1段、井1口；从地层上来看，处于第3a层下的遗迹有H61、H63、H66、H69、H76和H79，处于第4a层下的遗迹有H62、H64、H65、H67、H68、H70、H71、H72、H73、H74、H77、H78、Z7、Z8、Z9、Z10、Z11、Z12、J2和TG1096—TG1097建筑基址，处于第5a层下的遗迹有H60、Z6和TG1093—TG1095建筑基址，处于第6层下的遗迹有夯5（图三三九、图三四〇；图版四九，2）。

第1层：近现代耕土层。灰褐色黏土，质地松软，较杂乱；包含植物根系、碎砖瓦块、小石块等；厚0.25 ~ 0.95米。第1层堆积西高东低，高差2.5米，TG1078至TG1093下降了2.5米，从TG1094至最后一条探沟（TG1097）呈水平状。未发现遗迹现象。

第2层：明清文化层。浅灰色黏土，质地较硬；包含较多砖瓦块、红烧土粒和少量青花瓷碎片；厚0.18 ~ 2.2米，距地表0.25 ~ 0.95米。第2层总体堆积西高东低，高差0.92米，自TG1078至TG1093下降了0.92米，从TG1094至最后一条探沟（TG1097）呈水平状。未发现遗迹现象。

第3a层：宋元文化层。深黄褐色砂土，质地疏松，较干净；包含少量瓷片、陶片和碎砖瓦块等；厚0.2 ~ 1.85米，距地表0.55 ~ 2.5米。第3a层总体堆积呈西高东低，高差1.28米。自TG1078部至TG1085下降1.65米，从TG1086至TG1089缓慢上升了0.25米，自TG1090至TG1093呈水平状，从TG1094至最后一条探沟（TG1097）上升了0.12米。该层的遗迹现象较少，有H61、H63、H66、H69、H76和H79。

第4a层：晚唐五代文化层。灰黑褐色砂质黏土，质地疏松，较杂乱；包含大量建筑构件、

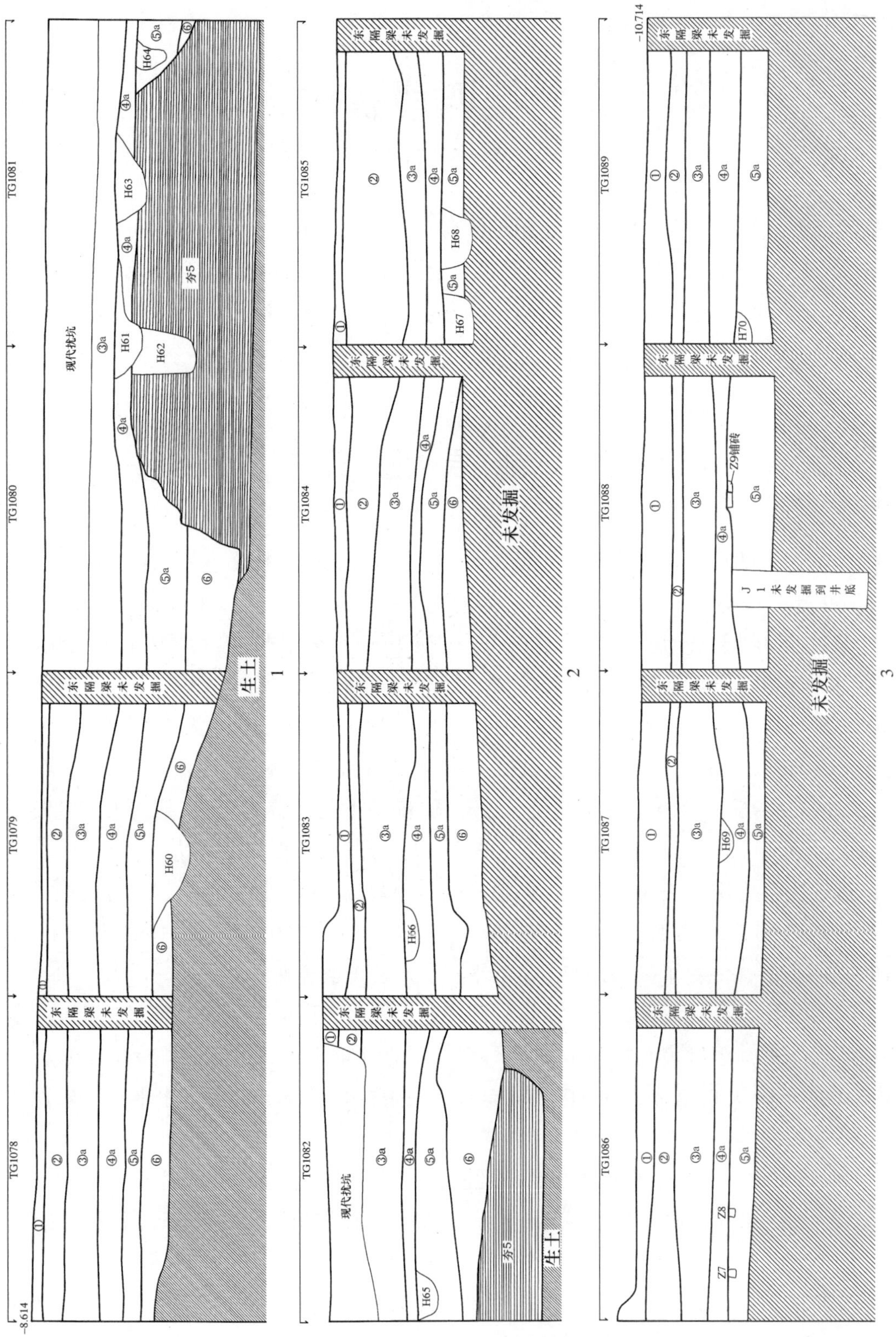

图三三九　TG1078 ~ TG1089北壁剖面图
1. TG1078 ~ TG1081　2. TG1082 ~ TG1085　3. TG1086 ~ TG1089

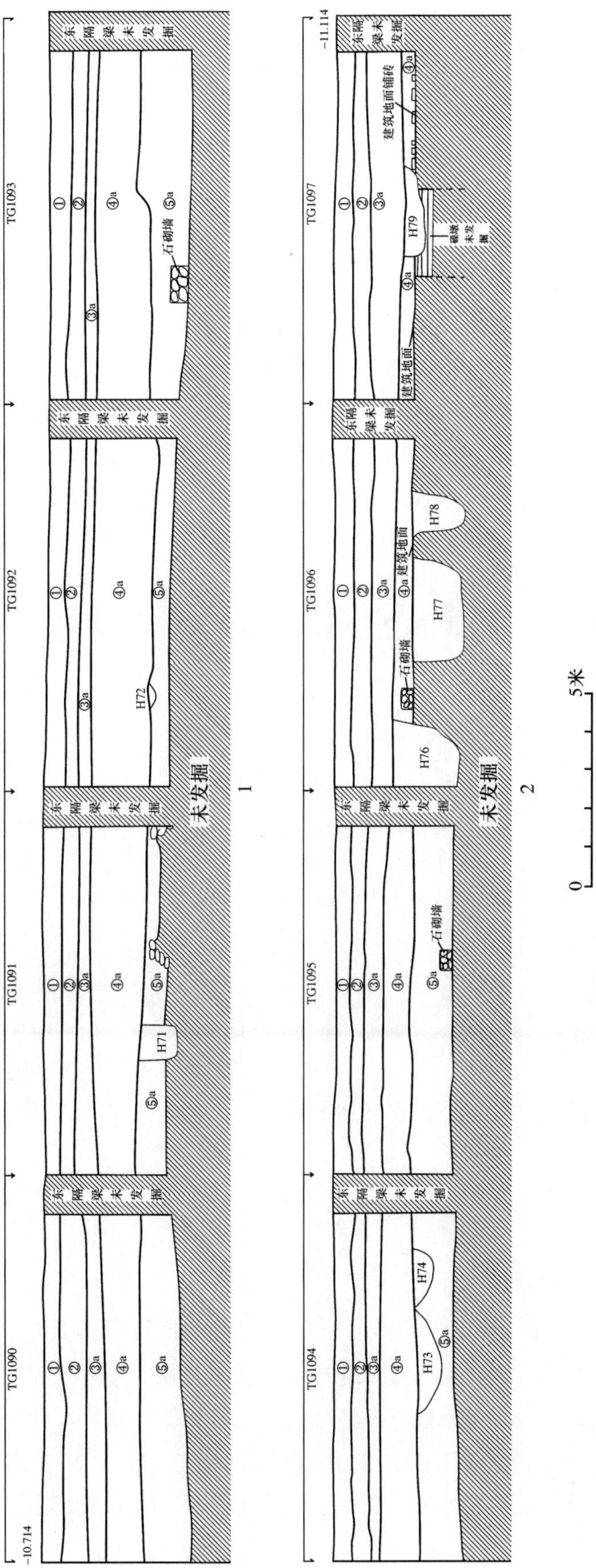

图三四〇　TG1090 ~ TG1097北壁剖面图
1. TG1090 ~ TG1093　2. TG1094 ~ TG1097

陶瓷残片、木炭屑和红烧土等；厚0.37 ~ 1.66米，距地表1.2 ~ 3.05米。第4a层总体堆积西高东低，高差1.63米，自TG1078至TG1085下降了1.25米，从TG1086中部至TG1089呈水平状，自TG1090至TG1093上升了0.12米，从TG1094至之后一条探沟（TG1097）下降了0.5米。该层的遗迹现象丰富，有H62、H64、H65、H67、H68、H70、H71、H72、H73、H74、H77、H78、Z7、Z8、Z9、Z10、Z11、Z12、J1和TG1096—TG1097建筑基址。TG1096—TG1097建筑基址位于开口于第4a层下，因破坏严重，仅可见一道长约6.8米的包砖台基，根据地层判断为晚唐五代时期的建筑。

第5a层：唐代文化层。红褐色黏土，质地较硬；包含石块、炭灰、少量陶片和少量瓷片等；厚0.45 ~ 1.5米，距地表2 ~ 3.5米。第5a层总体堆积西高东低，高差0.14米。自TG1078至TG1081下降了0.65米，从TG1082至TG1085上升了0.65米，自TG1086自TG1089下降了0.38米，从TG1090至TG1095上升了0.24米，TG1096、TG1097未向下发掘，不清楚地层堆积。该层的遗迹现象不丰富，有H60、Z6和TG1093—TG1095建筑基址。

第6层：北朝文化层。黄褐色粉砂土，质地疏松，较干净；包含建筑构件、陶瓷残片等；厚0.5 ~ 2.2米，距地表5米。第6层文化层自TG1078至TG1084，全长70米，被夯5打破，堆积呈西高东低状，高差1.9米。该层的遗迹现象不丰富，夯5基槽开口于第6层下，位于TG1080至TG1082中，为一南北向夯土墙。

第二节　遗　　迹

第四段探沟共发现31处遗迹现象，其中有建筑基址2处、夯土1段、井1口、灰坑20座、灶址7个。

一、建筑基址

建筑基址在第四段探沟内发现2处，现概述如下。

（一）TG1093—TG1095建筑基址

TG1093—TG1095的建筑基址位于TG1093 ~ TG1095中，可见长30米，延伸至TG1096内，距地表深3.2 ~ 3.7米，开口于第5a层下。该建筑基址地层堆积自上而下依次为近现代耕土层、明清文化层、宋元文化层、晚唐五代文化层，唐代文化层，该建筑基址下未发掘，应为北朝文化层。因发掘面积较小，仅可见残存两道南北向石砌墙。两道墙相距21米，TG1093内的墙可见长1、宽1、残高0.6米，TG1095内的墙可见长1、宽1、残高0.5米。地面较平整，不见铺砖等现象。根据地层判断该建筑为唐代建筑基址，具体形制及规模有待下一步发掘（图三四一；图版五〇）。

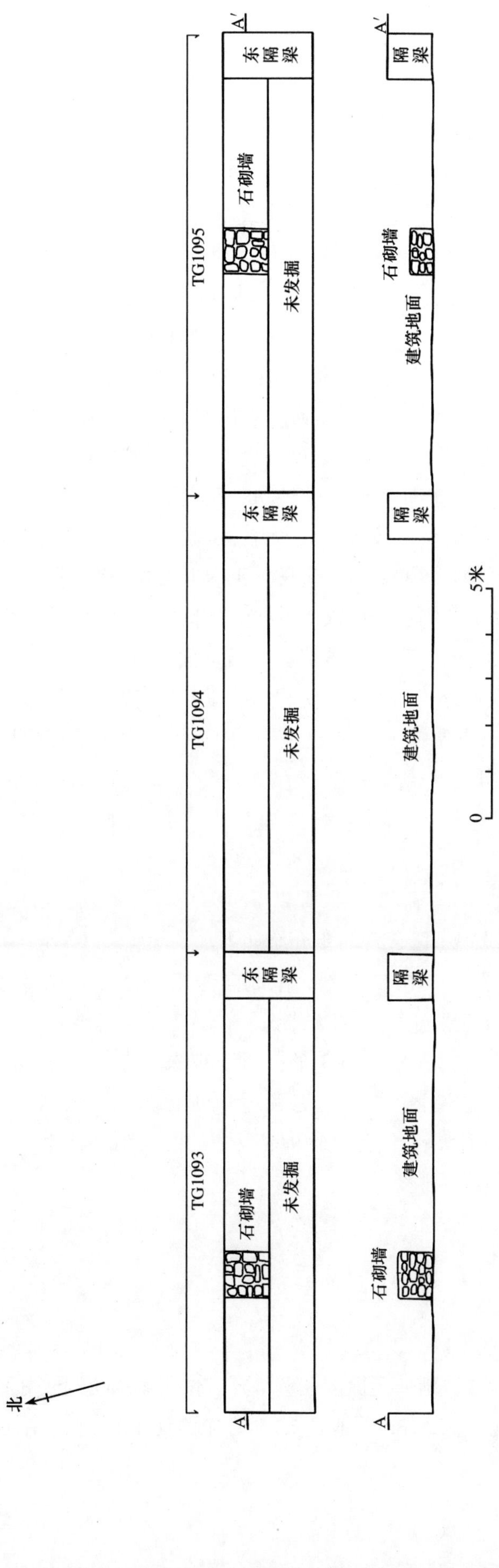

图三四一　TG1093—TG1095 建筑基址平、剖面图

（二）TG1096—TG1097 建筑基址

TG1096—TG1097 建筑基址位于 TG1096 ～ TG1097 中，向东延伸至现代道路下，与第五段 TG1100 ～ TG1101 内的建筑基址和第七段 TG4001 ～ TG4012 内的建筑基址是一个建筑基址，编号为二号建筑基址。TG1096—TG1097 建筑基址可见长 17.5 米，距地表 1.5 ～ 1.85 米，开口于第 4a 层下。该建筑基址地层堆积自上而下依次为近现代耕土层、明清文化层、宋元文化层、晚唐五代文化层，该建筑基址下未发掘。由于发掘面积太小且后期破坏严重，仅残存有 4 个磉墩、一道包砖台基、铺砖地面和一道墙基。TG1097 内的包砖台基，东西向，可见长 7.3 米，残高 0.46 ～ 0.66 米，可见残宽 1 米，由砖紧贴夯土台基垒砌而成，共 7 层，砖长短不一，呈错缝垒成。在夯土包砖下有一层地基砖，超出墙体 2 ～ 6 厘米。夯土台基上共发现 3 个磉墩，自西向东依次命名为磉墩 1、磉墩 2 和磉墩 3，其中磉墩 1 长 1 米，可见宽 0.38 米，深 0.8 米，共 7 层，红褐色夯土，土质很硬，较纯净；磉墩 2 长 1.04 米，可见宽 0.6 米，深 1 米，共 8 层，红褐色夯土，土质很硬，较纯净；磉墩 3，可见长 0.88 米，可见宽 0.76 米，深 0.8 米，共 7 层。磉墩 4 位于包砖台基南部，呈长方形，长 2.04 米，宽 1.8 米，被 H79 打破，且在 H79 内出土大量的残碑。铺地砖位于 TG1097 东南部，由碎砖杂乱平铺。TG1096 内砖砌墙，南北向，可见长 2 米，宽 0.7 米，残高 0.35 米。建筑地面上有 5 ～ 15 厘米的红褐色堆积，即含有大量的红烧土颗粒和白灰皮碎渣，土质较松软；地面土质较硬，大面积黄土夹杂白灰渣，厚 3 厘米，地面下为灰褐色土，土质较硬，内含少许碎砖瓦等。由于发掘面积较小，暂无法做太多推测，有待下一步发掘（图版五一）。

二、夯　　土

夯土在第四段探沟内发现 1 段，现简单介绍如下。

夯 5 位于 TG1080 中部至 TG1082 东部，南北向夯墙，全长 24.75 米，可见宽 2 米。第 4a 层下见夯土，夯 5 系筑于生土之上，被第 4a、5a、6 层叠压，打破生土，被 H61、H62 和 H63 打破。基槽开口于第 6 层下，深 0.4 ～ 1.3 米，西浅东深。夯 5 现存 46 层，为红褐色土，每层夯层厚 6.6 ～ 9.8 厘米，总厚度 4.2 米；夯窝呈圆形圜底，直径 4 ～ 5 厘米。夯 5 土质致密，厚度较均匀，层面较平整；出土遗物有陶盆残片、陶罐残片、板瓦等（图三四二；图版五二；图版五三，1、2）。

三、井

井在第四段探沟内发现 1 口，现概述如下。

J1 位于 TG1088 中部偏西，延伸至探沟北壁，开口位于第 4a 层下，打破第 5a 层。J2 为圆形竖穴土坑井，井壁光滑、规整。J2 井口距地表 2.3 米，东西延伸 1.1 米，南北可见宽 1.5 米，发掘 5

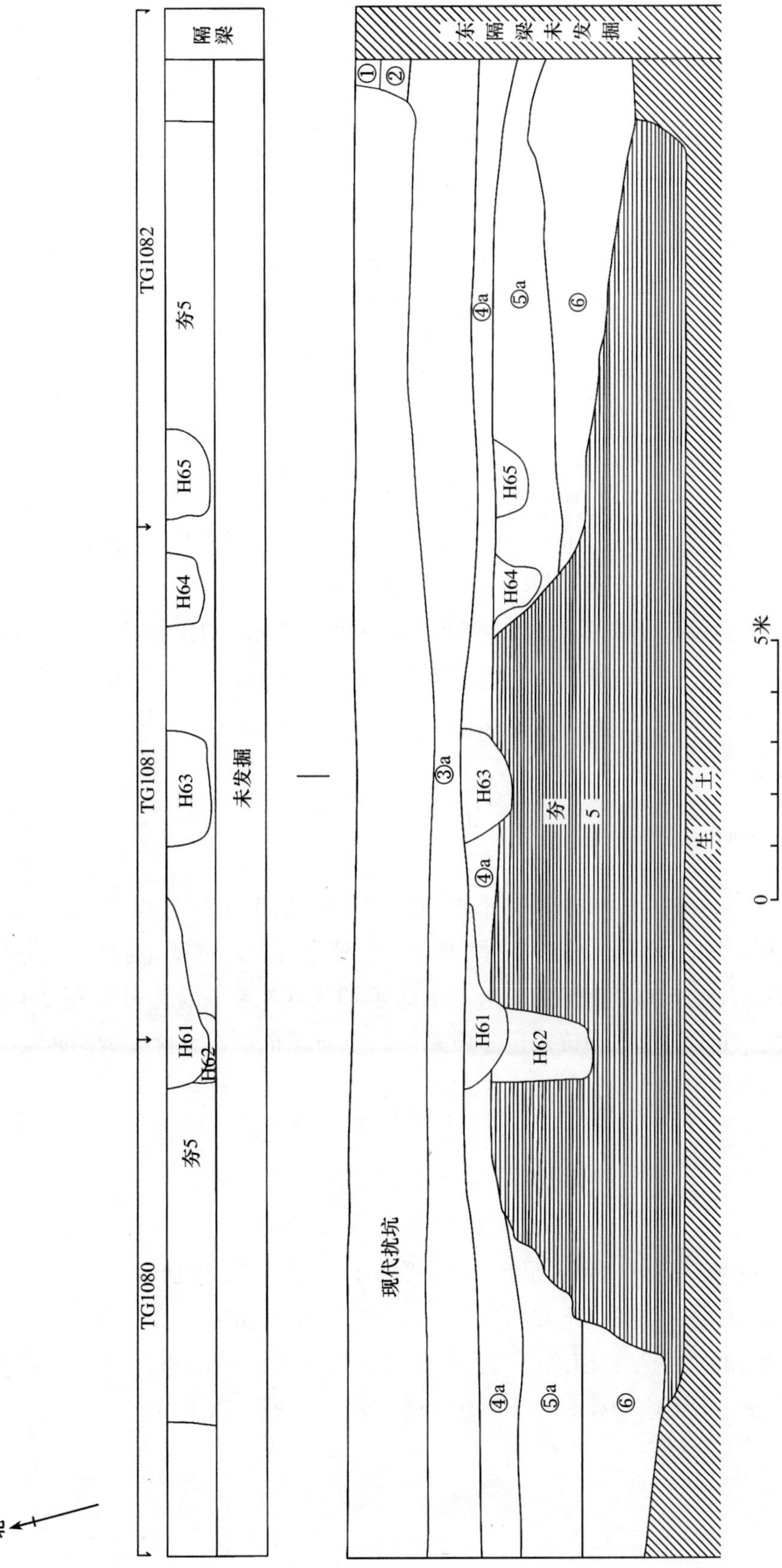

图三四二　TG1080 ~ TG1082 夯 5 平、剖面图

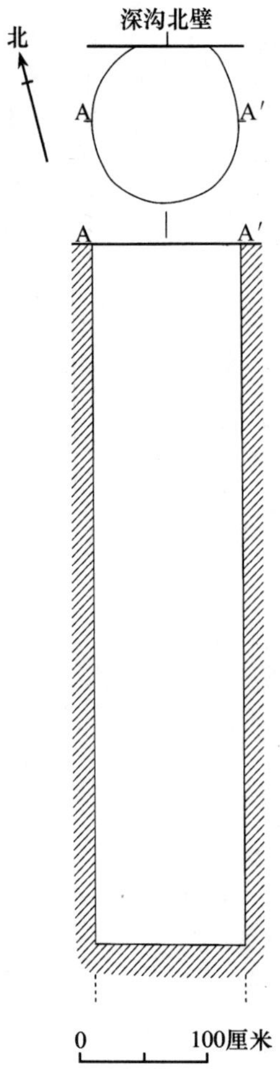

图三四三　J1 平、剖面图

米，未发掘至底。J2 的填土为浅黄黑色土，土质疏松，夹杂有少量黄沙及砂石子；内含较多石块、砖块和瓦块等；出土标本遗物有瓷碗残片（图三四三；图版五三，3）。

四、灰　　坑

数量最多的遗迹是灰坑，共 20 座，因为探沟发掘面积较小，大部分灰坑不完整。现将灰坑简要介绍如下。

（一）H60

H60 位于 TG1079 中部，开口于第 5a 层下，打破第 6 层和生土层。H60 平面近长方形，剖面呈不规则形，坑壁呈斜坡状且粗糙，坑底不平整。H60 开口距地表 3.7 ～ 3.8 米，东西延伸为 3.65 米，南北可见宽 0.55 ～ 0.7 米，深度 1.15 米。H60 的填土为红褐色黏土，土质较硬；出土遗物有瓷罐残片、瓷钵残片、三足盘残片和陶钵残片等（图三四四，1）。

（二）H61

H61 位于 TG1080 东部延伸至 TG1081 西部，开口于第 3a 层下，打破第 4a 层、H62 和夯 5 H61 平面和剖面呈不规则形，坑壁呈斜坡状且粗糙，坑底不平整，西低东高。H65 开口距地表 2.3 米，东西延伸为 4.3 米，南北可见宽 0.4 ～ 0.9 米，深度 0.2 ～ 0.75 米。H61 的填土为黄褐色砂质黏土，土质较疏松，包含少量的砖块、石块和木炭粒；出土遗物有陶罐残片等（图三四四，2）。

（三）H62

H62 位于 TG1080 东部，延伸至 TG1081 西部，开口于第 4a 层下，打破夯 5，被 H61 打破。H62 平面近长方形，剖面呈不规则方形，坑壁较垂直且粗糙，坑底较平整。H62 开口距地表 2.7 米，东西延伸为 2.3 米，南北可见宽 0.75 米，深度 1.6 ～ 1.9 米。H62 的填土为灰黑色砂质黏土，土质较硬；出土遗物有陶盆残片和陶钵残片等（图三四四，3）。

（四）H63

H63 位于 TG1081 中部，开口于第 3a 层下，打破第 4a 层和夯 5。H63 平面呈不规则形，

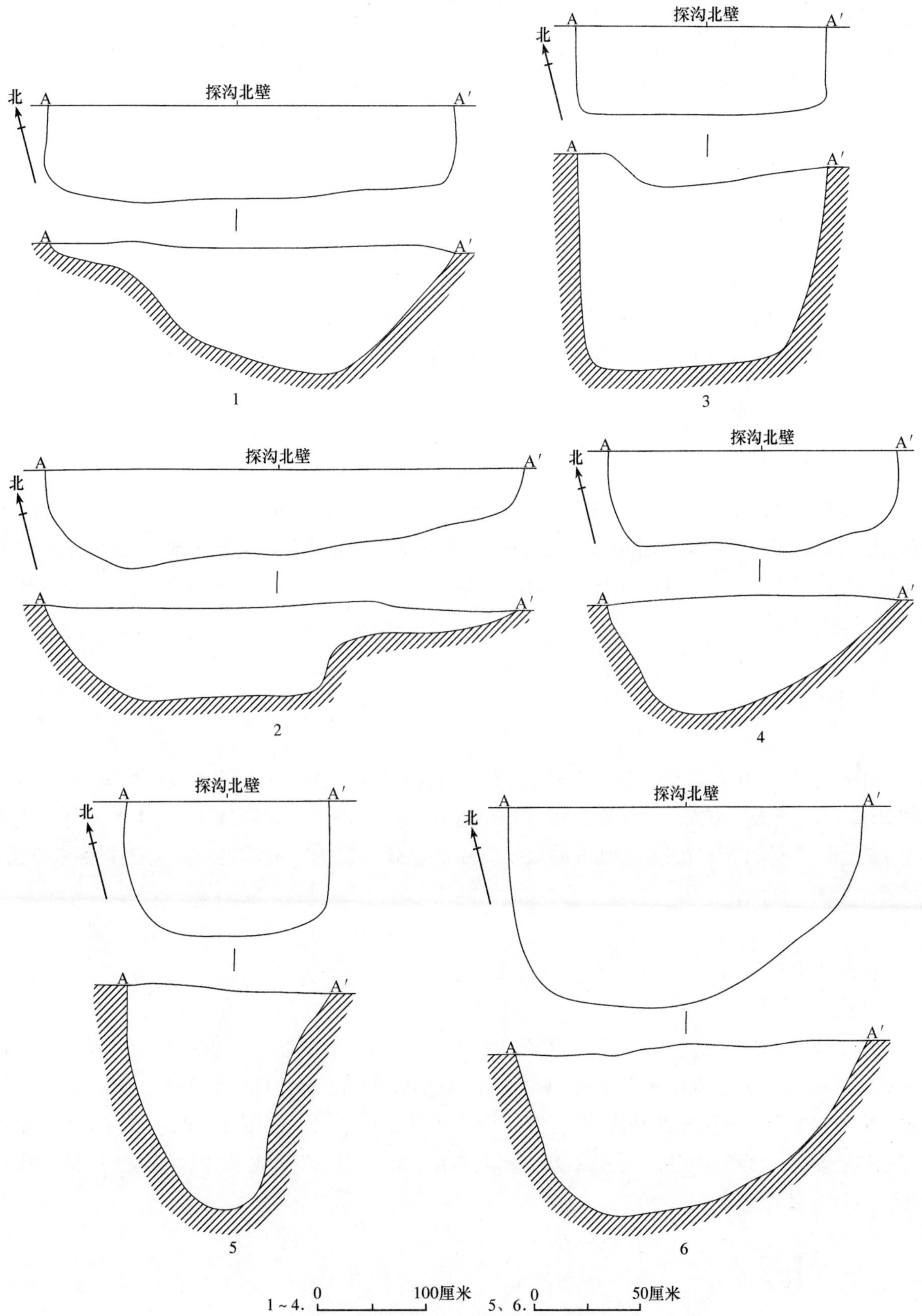

图三四四　H60～H65平、剖面图

1. H60　2. H61　3. H62　4. H63　5. H64　6. H65

剖面近锅底状，坑壁呈斜坡状且加工粗糙，坑底较圜。H63 开口距地表 2.1 ~ 2.2 米，东西延伸为 2.65 米，南北可见宽 0.8 ~ 0.9 米，深度 1 米。H63 的填土为黄褐色砂质黏土，土质较疏松；出土遗物有陶盆残片等（图三四四，4）。

（五）H64

H64 位于 TG1081 东部，开口于第 4a 层下，打破第 5a 层。H64 平面呈近方形，剖面呈袋状，口大底小，坑壁较垂直且加工粗糙，坑底较圜。H64 开口距地表 2.75 ~ 2.8 米，东西延伸为 1 米，南北可见宽 0.6 米，深度 1.05 米。H64 的填土为灰黑色砂质黏土，土质较硬；出土遗物有陶盆残片、陶罐残片和板瓦等（图三四四，5）。

（六）H65

H65 位于 TG1082 西部，开口于第 4a 层下，打破第 5a 层。H65 平面呈不规则椭圆形，剖面呈锅底状，坑壁呈斜坡状且粗糙，坑底较圜。H65 开口距地表 2.7 ~ 2.85 米，东西延伸为 1.6 米，南北可见宽 0.6 米，深度 0.75 米。H65 的填土为灰黑色砂质黏土，土质较硬；无遗物出土（图三四四，6）。

（七）H66

H66 位于 TG1083 西部，开口于第 3a 层下，打破第 4a 层。H66 平面和剖面均呈不规则形，坑壁较垂直且粗糙，坑底较平整。H66 开口距地表 2.3 ~ 2.4 米，东西延伸为 1.4 米，南北可见宽 0.5 米，深度 0.25 ~ 0.3 米。H66 的填土为浅褐色砂质黏土，土质较松，包含少量碎砖瓦、碎陶片（图三四五，1）。

（八）H67

H67 位于 TG1085 西部，延伸至探沟北壁，开口于第 4a 层下，打破第 5a 层和生土。H67 平面呈不规则方形，剖面近不规则半圆形，坑壁呈坡状且粗糙，坑底较平整。H67 开口距地表 3.5 ~ 3.65 米，可见东西延伸为 1.5 米，南北可见宽 0.55 米，深度 0.9 米。H67 的填土为浅灰色砂质黏土，土质较疏松，包含石块、木炭颗粒；出土遗物有陶盆残片、陶钵残片和坩埚等（图三四五，2）。

（九）H68

H68 位于 TG1085 中部偏西，延伸至探沟北壁，开口于第 4a 层下，打破第 5a 层。H68 平

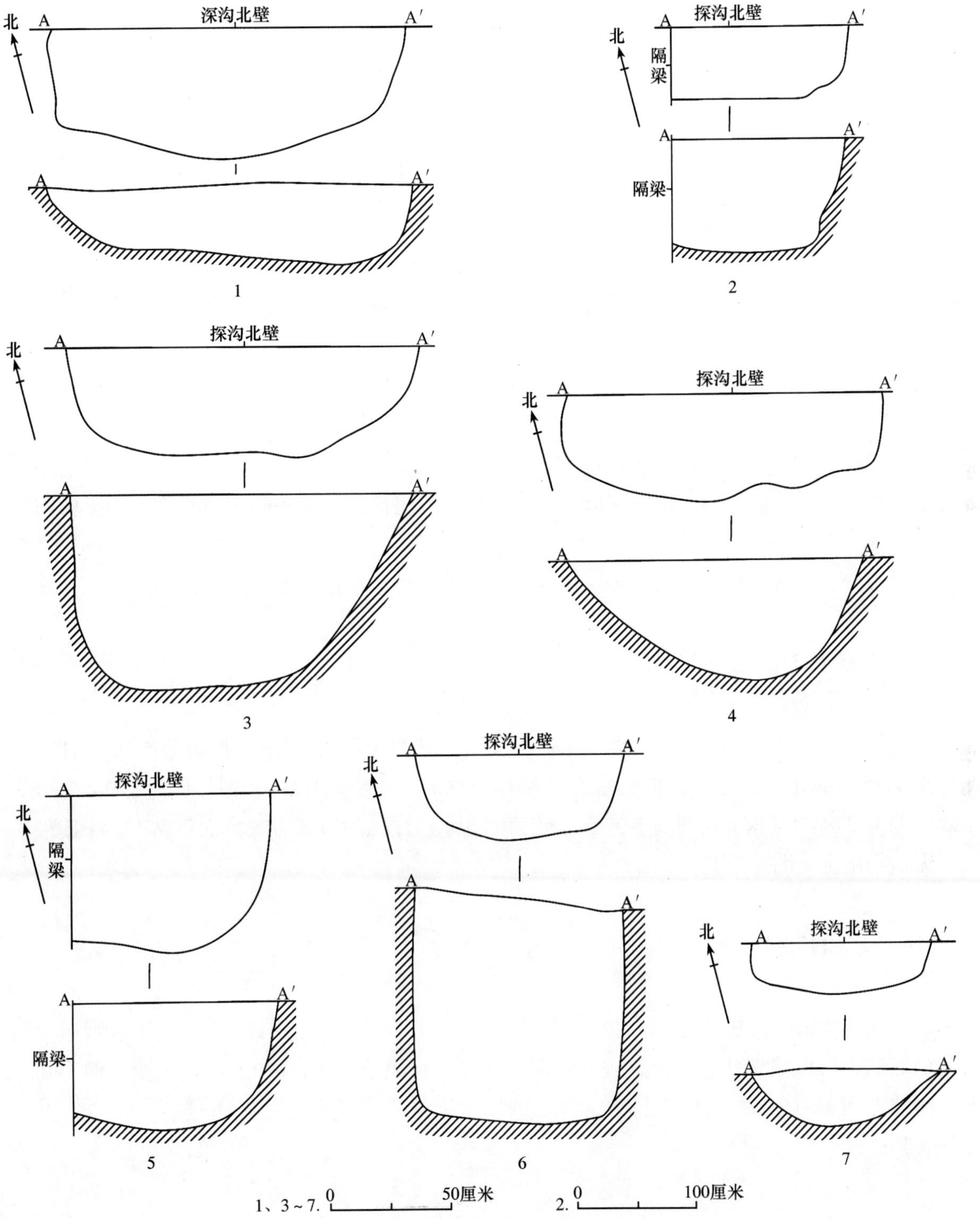

图三四五　H66～H72平、剖面图

1. H66　2. H67　3. H68　4. H69　5. H70　6. H71　7. H72

面呈不规则形，剖面呈锅底状，坑壁较垂直且粗糙，坑底微圜。H68 开口距地表 3.5 ~ 3.55 米，东西延伸为 1.4 米，南北可见宽 0.4 米，深度 0.75 米。H68 的填土为黄褐色砂质黏土，土质较疏松，包含石块、木炭颗粒；无遗物出土（图三四五，3）。

（一〇）H69

H69 位于 TG1087 中部，延伸至探沟北壁，开口于第 3a 层下，打破第 4a 层。H69 平面呈不规则形，剖面呈锅底状，坑壁呈斜坡状且粗糙，坑底较圜。H69 开口距地表 2.5 ~ 2.6 米，东西延伸为 1.3 米，南北可见宽 0.4 米，深度 0.5 米。H69 的填土为灰褐色砂质黏土，土质疏松，包含较多石块、砖块和瓦块；出土遗物有陶钵残片和坩埚等（图三四五，4）。

（一一）H70

H70 位于 TG1089 西部，延伸至探沟西壁和北壁，开口于第 4a 层下，打破第 5a 层。H70 平面呈不规则形，剖面近不规则半圆形，坑壁呈坡状且粗糙，坑底较圜。H70 开口距地表 3 米，可见东西延伸为 0.85 米，南北可见宽 0.6 米，深度 0.45 ~ 0.5 米。H70 的填土为灰褐色砂质黏土，土质疏松，包含有较多石块、砖块和瓦块；出土遗物有板瓦（图三四五，5）。

（一二）H71

H71 位于 TG1091 中部偏西，延伸至探沟北壁，开口于第 4a 层下，打破第 5a 层。H71 平面近椭圆形，剖面呈长方形，坑壁垂直且粗糙，坑底不平整。H71 开口距地表 2.5 ~ 2.6 米，东西延伸为 0.85 米，南北可见宽 0.3 米，深度 0.85 米。H71 的填土为灰黑褐色黏土，土质较疏松；无遗物出土（图三四五，6）。

（一三）H72

H72 位于 TG1092 中部偏西，开口于第 4a 层下，打破第 5a 层。H72 平面呈不规则形，剖面呈锅底状，坑壁呈坡状且粗糙，坑底较圜。H72 开口距地表 2.7 ~ 2.8 米，东西延伸为 0.75 米，南北宽可见 0.2 米，深度 0.25 米。H72 的填土为灰黑褐色黏土，土质较硬；无遗物出土（图三四五，7）。

（一四）H73

H73 位于 TG1094 中部，延伸至探沟北壁，开口于第 4a 层下，打破第 5a 层。H73 平面呈不规则长方形，剖面呈锅底状，坑壁呈坡状且粗糙，坑底较圜。H73 开口距地表 2 ~ 2.15 米，东西延伸为 2.8 米，南北可见宽 0.45 米，深度 0.8 米。H73 的填土为灰黑色砂质黏土，土质较硬；无遗物出土（图三四六，1）。

（一五）H74

H74 位于 TG1094 中部偏东，延伸至探沟北壁，开口于第 4a 层下，打破第 5a 层。H74 平面近椭圆形，剖面呈锅底状，坑壁较垂直且粗糙，坑底较圜。H74 开口距地表 2 米，东西延伸为 1.5 米，南北宽 0.35 米，深度 0.55 米。H74 的填土为灰黑褐色黏土，土质较硬；无遗物出土（图三四六，2）。

（一六）H75

H75 位于 TG1094 中部偏东，延伸至探沟东隔梁，开口于第 5a 层下。H75 平面和剖面均呈不规则形，坑壁呈坡状且粗糙，坑底呈坡状，西高东低。H75 开口距地表 3.35 ~ 3.5 米，东西延伸为 2.8 米，南北可见宽 0.2 ~ 0.9 米，深度 0.45 ~ 0.55 米。H75 的填土为黄褐色粉砂土，土质较松；无遗物出土（图三四六，3）。

（一七）H76

H76 位于 TG1096 西部，延伸至探沟西壁和北壁，开口于第 3a 层下，打破第 4a 层。H76 平面呈不规则长方形，剖面呈不规则方形，坑壁呈斜坡状且加工粗糙，坑底较不平整。H76 开口距地表 2.6 ~ 2.65 米，可见东西延伸为 2.1 米，南北可见宽 0.8 米，深度 2.1 米。H76 的填土为灰黑色砂质黏土，土质较硬；无遗物出土（图三四六，4）。

（一八）H77

H77 位于 TG1096 中部，延伸至探沟北壁，开口于第 4a 层下。H77 平面呈不规则椭圆形，剖面呈不规则梯形，坑壁呈坡状且粗糙，坑底较不平整。H77 开口距地表 2 ~ 2.1 米，东西延伸为 3.1 米，南北可见宽 0.6 ~ 0.7 米，深度 1.2 ~ 1.3 米。H77 的填土为浅灰黑褐色黏土，土质较硬；出土遗物有陶罐（图三四六，5）。

（一九）H78

H78 位于 TG1096 中部偏东，延伸至探沟北壁，开口于第 4a 层下。H78 平面不规则半圆形，剖面呈袋状，坑壁呈坡状且加工光滑，坑底较圜。H78 开口距地表 2 ~ 2.1 米，东西延伸为 1.1 米，南北可见宽 0.7 米，深度 1.3 米。H78 的填土为浅灰褐色黏土，土质较松；无遗物出

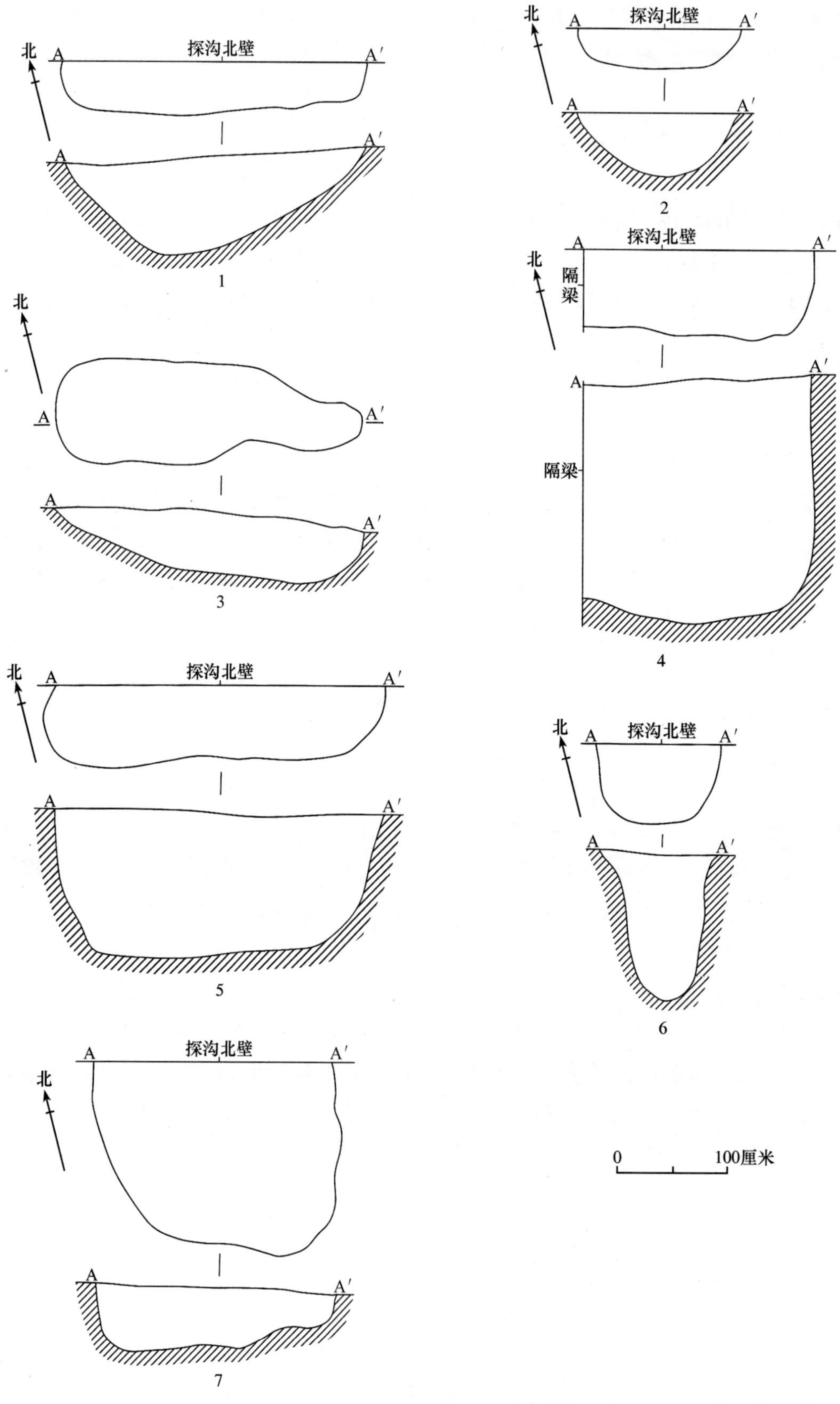

图三四六　H73 ~ H79 平、剖面图
1. H73　2. H74　3. H75　4. H76　5. H77　6. H78　7.H79

土（图三四六，6）。

（二〇）H79

H79位于TG1097中部，延伸至探沟南北壁，开口于第3a层下，打破第4a层。H79平面和剖面均呈不规则形，坑壁较垂直且粗糙，坑底呈坡状，西低东高。H79开口距地表1.55米，东西延伸为2.4米，南北可见宽1.7米，深度0.3～0.6米。H79的填土为灰黑褐色黏土，土质较疏松；出土遗物有大量的残碑（图三四六，7）。

五、灶　址

灶址在第四段探沟内发现7处，这7处灶的结构多有差别，现分别概述如下。

（一）Z6

Z6位于TG1083西部，延伸至探沟西壁和北壁，开口位于第5a层下。Z6灶口近圆形，灶膛呈方形，底部较平，灶口周围平铺残砖和石块，砖块和石块无规律平铺。Z6距地表4.25米，东西可见延伸1米，南北可见宽1米，灶口口径约0.3米，灶深约0.25米。Z6的填土为灰黑色砂质黏土，土质较松，内含较多木炭屑和红烧土颗粒；无遗物出土（图三四七，1）。

（二）Z7

Z7位于TG1086中部偏西，延伸至探沟北壁，开口位于第4a层下，打破第5a层。Z7灶口呈圆形，灶膛呈袋状，口小底大，底部较平，灶口周围平铺残砖和石块，砖块和石块无规律平铺。Z7距地表2.9米，东西延伸0.8米，南北宽1米，灶口口径约0.3米，灶深约0.65米。Z7的填土为黄褐色黏土，土质较松，内含较多木炭屑和红烧土颗粒；无遗物出土（图三四七，2）。

（三）Z8

Z8位于TG1086中部偏东，延伸至探沟北壁，开口位于第4a层下，打破第5a层。Z8灶口近椭圆形，灶膛呈袋状，底部斜坡向下，灶底南部浅，北部深，灶口周围平铺石块，石块无规则平铺。Z8距地表2.9米，东西延伸1.4米，南北可见宽1米，灶口口径0.5～0.55米，灶深约0.5米，留有草木灰痕迹。Z8的填土为黑褐色土，内含大量炭粒和小石块，出土遗物有陶罐残片（图三四七，3）。

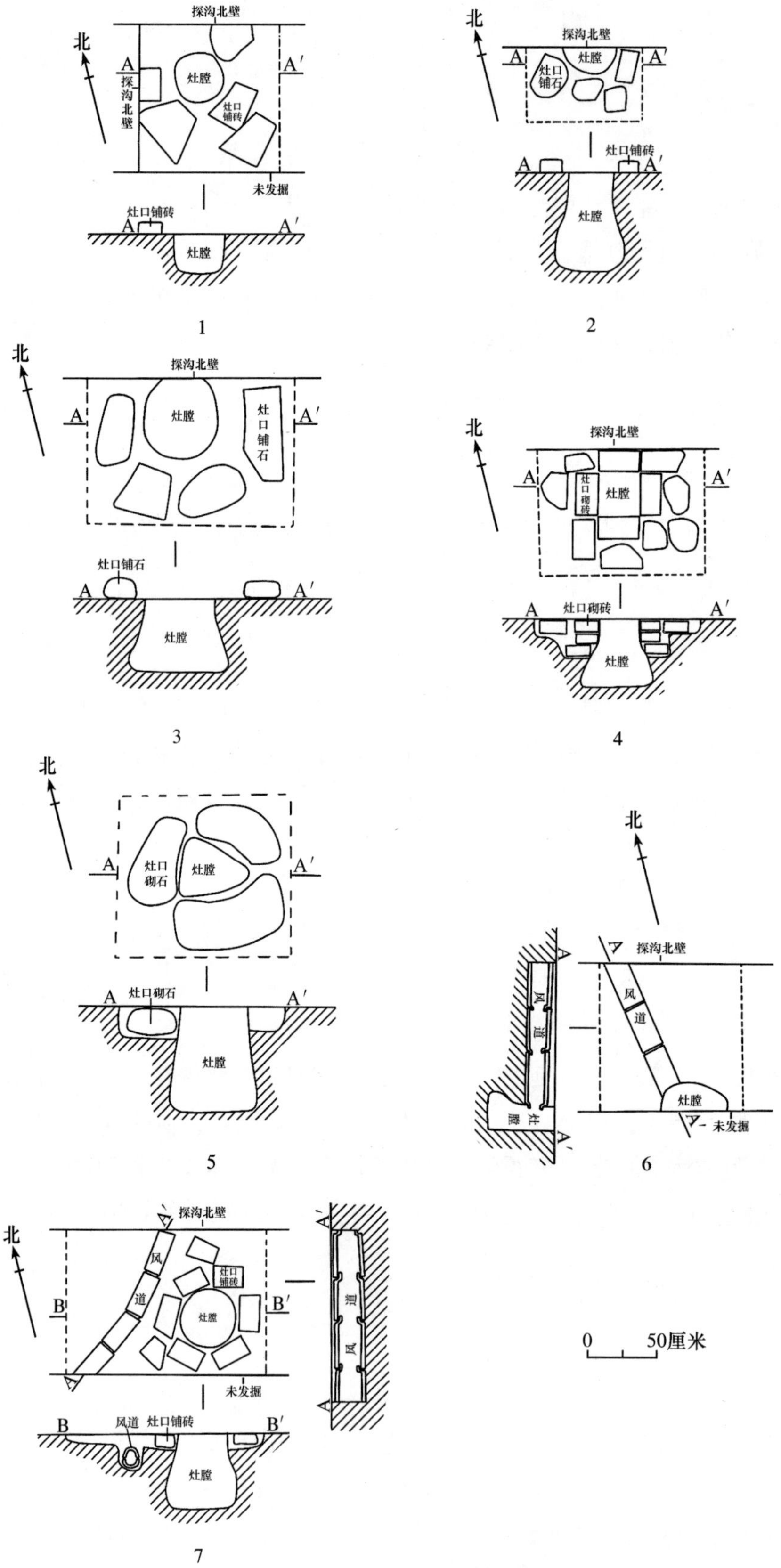

图三四七　Z6 ~ Z12 平、剖面图

1. Z6　2. Z7　3. Z8　4. Z9　5. Z10　6. Z11　7. Z12

（四）Z9

Z9位于TG1088中部，延伸至探沟北壁，开口位于第4a层下，打破第5a层。Z9灶口呈正方形，灶口周围平铺砖和石块。Z9距地表2.6米，东西延伸1.25米，南北可见宽0.85米，灶口口径0.3米，灶深约0.45米。Z9的填土为黑褐色土，内含大量炭粒和小石块；无遗物出土（图三四七，4）。

（五）Z10

Z10位于TG1091中部偏西，开口位于第4a层下。Z10灶口近三角形，由三个不规则的椭圆形石块构成，灶膛呈袋状，底部较平，灶口周围平铺残砖。Z10距地表3.25米，东西延伸1.25米，南北可见宽1.1米，灶口口径0.3米，灶深约0.7米。Z10的填土为灰黑色砂质黏土，土质较松，内含较多木炭屑和红烧土颗粒；无遗物出土（图三四七，5）。

（六）Z11

Z11位于TG1093中部偏西，开口位于第4a层下，打破第5层。Z11灶口近圆形，灶身呈袋状，底部较平，在灶址的西部有一处由三个筒瓦组合的风道与灶口相通。Z11距地表2.6米，东西延伸1米，南北可见宽1米，深度约0.5米。Z11的填土为灰黑色砂质黏土，土质较松，内含较多木炭屑和红烧土颗粒；无遗物出土（图三四七，6）。

（七）Z12

Z12位于TG1093中部偏西，开口于第4a层下，打破第5a层。Z12灶口呈圆形，灶膛呈袋状，底部较平，灶口周围平铺残砖，铺砖呈不规则平铺。在灶址的西部有一处由4个筒瓦组合的气管道，延伸至北壁下。Z12距地表2.4米，东西延伸1.4米，南北可见宽1米，灶口口径0.4米，灶深0.5米。Z12填土为灰黑色砂质黏土，土质较松，内含较多木炭屑；无遗物出土（图三四七，7）。

第三节　遗　　物

本段探沟出土遗物比较丰富，有建筑构件、陶器、瓷器、釉陶器、三彩器等。共出土标本遗物193件，其中有东周、汉代遗物13件，魏晋十六国遗物5件，北朝至五代遗物173件，宋至清代遗物2件。

一、东周、汉代遗物

共出土标本遗物 13 件，其中建筑构件 5 件和陶器 8 件。

（一）建筑构件

共出土标本遗物 5 件，其中有板瓦 3 件和筒瓦 2 件。

1. 板瓦

共 3 件。

A 型　共 1 件。

标本 TG1089H70：1，残存上端部分。泥质红陶，手制，制作较规整。凸面饰竖向绳纹，绳纹较细，呈竖向段状分布，绳径 0.2 厘米，瓦头绳纹被抹平 1.8 厘米；凹面为素面。瓦端呈圆形且微上翘，侧棱外切，颜色红褐。残长 12、残宽 15、厚 0.6 ~ 1、切痕深 0.5 厘米（图三四八、图三四九；图版五四，1）。

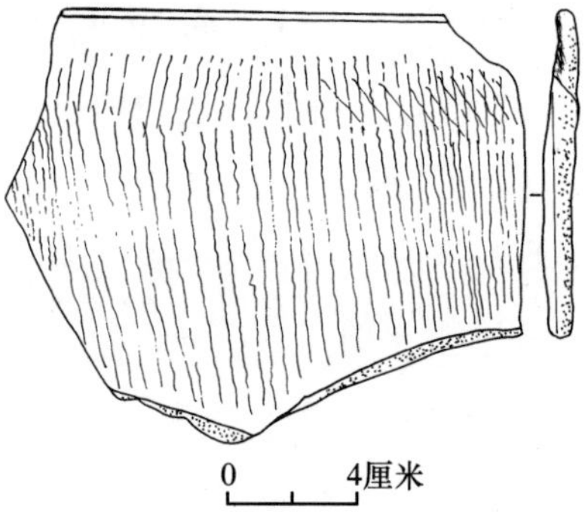

图三四八　东周、汉代 A 型板瓦（TG1089H70：1）

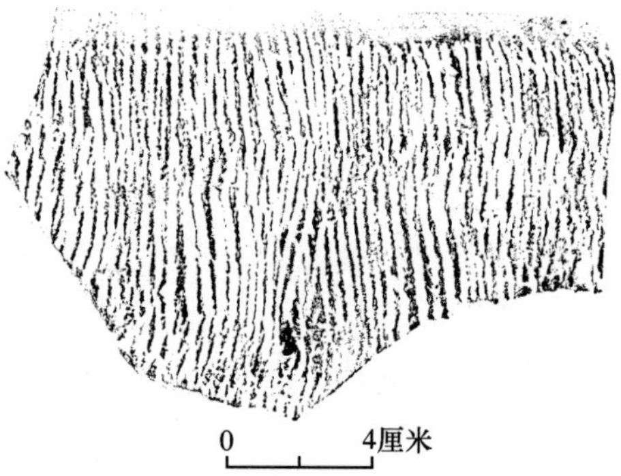

图三四九　东周、汉代 A 型板瓦（TG1089H70：1）纹饰拓本

E 型Ⅰ式　共 1 件。

标本 TG1094⑤a：2，残存上端部分。泥质灰陶，模制，制作较为规整。凸面饰竖向粗绳纹，绳径 0.4 厘米；凹面饰菱形网格纹。瓦端齐平，侧棱内切，颜色青灰。残长 8.1、残宽 8.2、厚 1.3 ~ 1.6、切痕深 0.6 厘米（图三五〇、图三五一；图版五四，2）。

E 型Ⅱ式　共 1 件。

标本 TG1094⑤a：3，残存下端部分。泥质灰陶，模制，制作较为规整。凸面先饰交错绳纹，再饰竖向细绳纹，绳径 0.2 厘米；凹面饰布纹，瓦头宽约 3 厘米，部分饰菱形网格纹。瓦端齐平，侧棱内切，颜色深灰。残长 8.3、残宽 10、厚 1.1 ~ 1.5、切痕深 0.1 ~ 0.6 厘米（图三五二、图三五三；图版五四，3）。

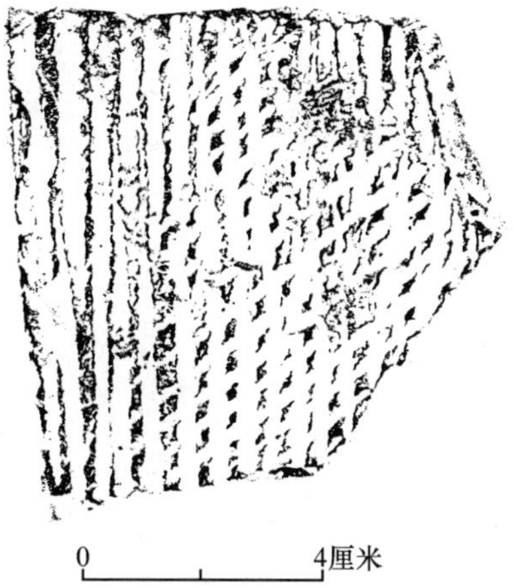

图三五〇　东周、汉代E型Ⅰ式板瓦（TG1094⑤a：2）凸面纹饰拓本

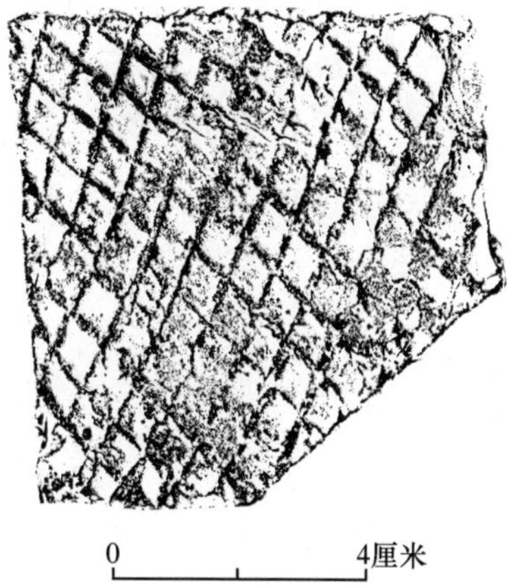

图三五一　东周、汉代E型Ⅰ式板瓦（TG1094⑤a：2）凹面纹饰拓本

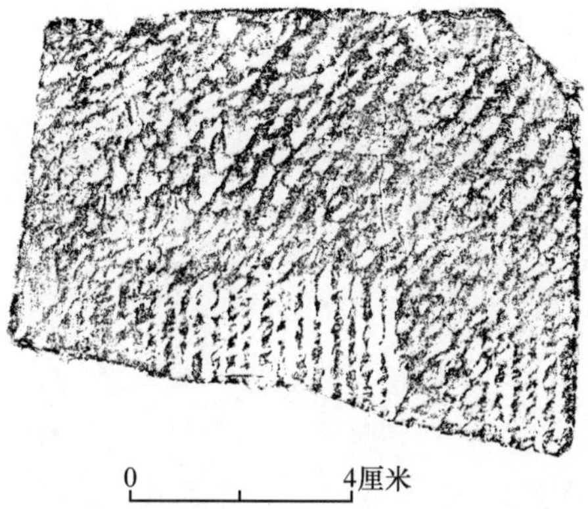

图三五二　东周、汉代E型Ⅱ式板瓦（TG1094⑤a：3）凸面纹饰拓本

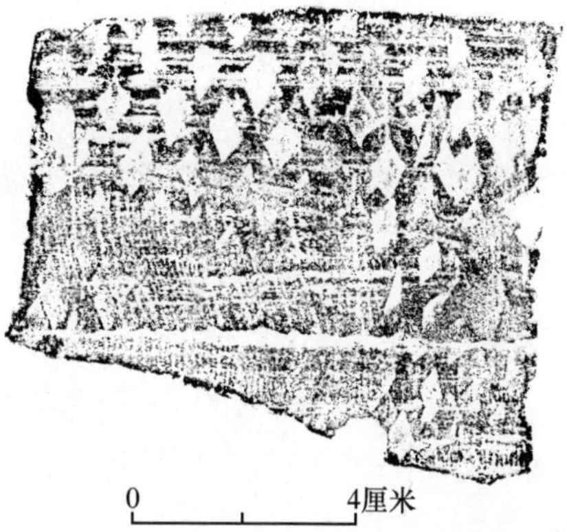

图三五三　东周、汉代E型Ⅱ式板瓦（TG1094⑤a：3）凹面纹饰拓本

2. 筒瓦

共2件。

B型Ⅰ式　共1件。

标本TG1079④a：1，残存上端部分。泥质灰陶，模制，制作规整。深灰色。瓦舌较短，瓦舌端面有切割痕，侧棱外切，距肩部7.5厘米的右侧边有一圆形穿孔，直径1.5厘米。凸面饰粗绳纹，绳径0.6厘米，体部有宽约5.7厘米的绳纹被横向抹平；凹面饰布纹。残长12、宽11.8、厚0.8 ~ 1.3厘米；瓦舌残长8.7、宽1.5、厚0.7厘米；切痕深1厘米（图三五四、图三五五；图版五四，4）。

B型Ⅱ式　共1件。

标本TG1094⑤a：9，残存上端部分。泥质灰陶，模制，制作规整。深灰色。瓦舌较长且微曲，侧棱外切。凸面饰细绳纹，绳径0.2 ~ 0.3厘米，体部有宽约5.5厘米的绳纹被抹平；凹面饰布纹，有明显褶皱痕。残长11.2、宽15、厚1.1 ~ 2.1厘米；瓦舌长3、宽12.5、厚0.7 ~ 1.1厘米；切痕深0.3厘米（图三五六；图版五四，5）。

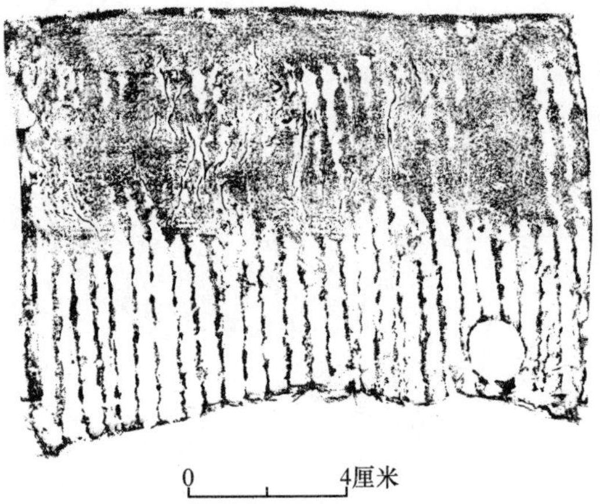

图三五四　东周、汉代B型Ⅰ式筒瓦（TG1079④a：1）凸面纹饰拓本

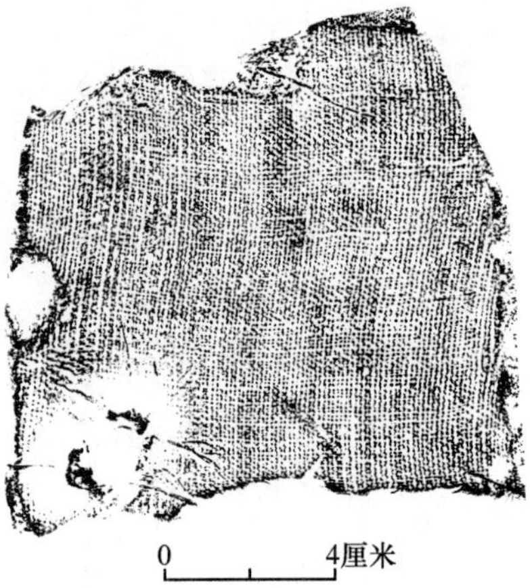

图三五五　东周、汉代B型Ⅰ式筒瓦（TG1079④a：1）凹面纹饰拓本

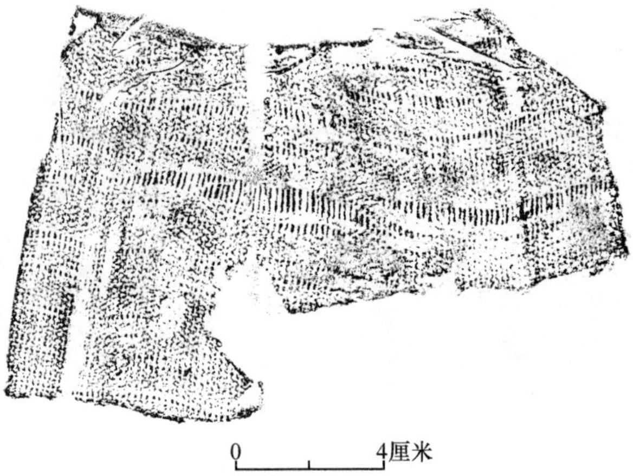

图三五六　东周、汉代B型Ⅱ式筒瓦（TG1094⑤a：9）纹饰拓本

（二）陶器

共出土遗物标本8件，可复原1件。其中陶盆3件、陶瓮1件、陶豆1件、陶鬲1件、陶甑1件和陶盘1件。

1. 盆

共3件。

A型　共1件。

标本TG1094⑤a：4，残。泥质灰陶。尖圆唇，斜沿，沿上有一周凹槽，侈口，斜弧腹。内壁有泥刀刻划的痕迹，外壁饰斜向细绳纹，口沿下部绳纹被抹平。口径38、厚0.7 ~ 0.9厘米（图三五七；图版五四，6）。

Ba型　共1件。

标本TG1094⑤a：5，残。泥质灰陶。尖圆唇，外折宽平沿，敞口，弧腹。外壁饰斜向粗绳纹，口沿下绳纹被抹平。口径46、厚0.6 ~ 1.2厘米。

C 型　共 1 件。

标本 TG1093 ⑤ a：2，残。泥质灰陶。方唇，卷沿，侈口，口沿上有一周凹槽，短颈。外壁饰斜向粗绳纹，口沿下绳纹被抹平，腹部绳纹有宽 0.5 厘米带状抹平痕。口径 31、厚 0.5 ~ 1.2 厘米（图三五八）。

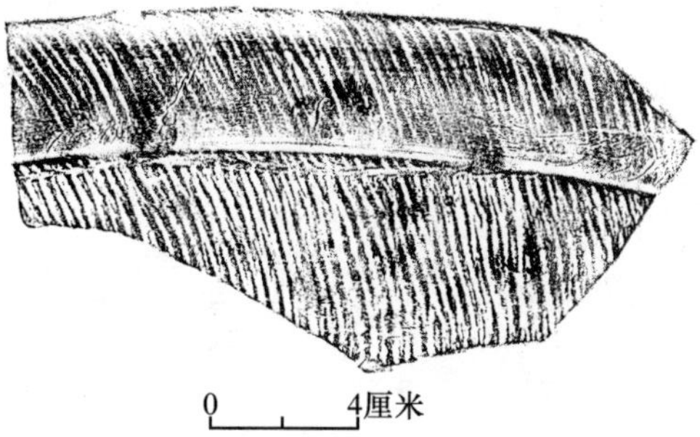

图三五七　东周、汉代 A 型陶盆（TG1094 ⑤ a：4）纹饰拓本

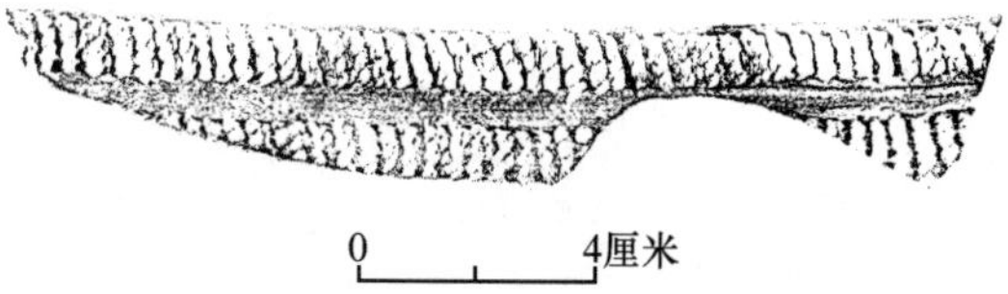

图三五八　东周、汉代 C 型陶盆（TG1093 ⑤ a：2）纹饰拓本

2. 陶瓮

B 型　共 1 件。

标本 TG1086 ④ a：1，残。泥质灰陶。方唇，平沿，直口，圆肩。口沿饰斜向细绳纹，外壁饰竖向细绳纹，口沿下的绳纹被抹平，内壁饰有凸圆点纹。口径约 26、厚 0.6 ~ 1.1 厘米（图版五四，7）。

3. 陶豆

共 1 件。

标本 TG1093 ⑤ a：3，残足。泥质灰陶，制作规整。喇叭形圈足，足身较低，豆柄中空。足径 13、残高 7.2 厘米。

4. 陶鬲

共 1 件。

标本 TG1086 ④ a：2，残。夹砂灰陶。尖唇，直口，圆肩。内壁有拉坯的痕迹，外壁饰竖向细绳纹。口径约 29、厚 0.5 ~ 0.7 厘米（图三五九；图版五四，8）。

5. 陶甑

共 1 件。

标本 TG1093 ⑤ a：4，残底。泥质灰陶。有数个穿孔。孔径 0.8、厚 0.4 ~ 0.5 厘米。

6. 陶盘

共 1 件，可复原。

标本 TG1085 ③ a：1，可复原。泥质灰陶。圆唇，侈口，浅腹斜直，平底。口径 10.2、底径 7.5、高 2.6、厚 0.8 ~ 1 厘米（图三六〇）。

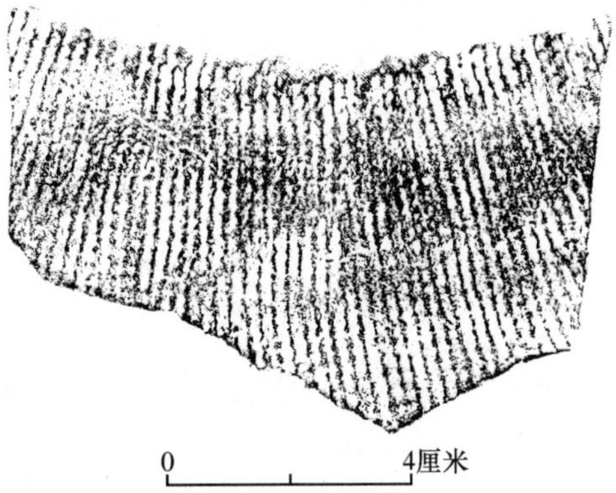

图三五九　陶鬲（TG1086 ④ a：2）纹饰拓本

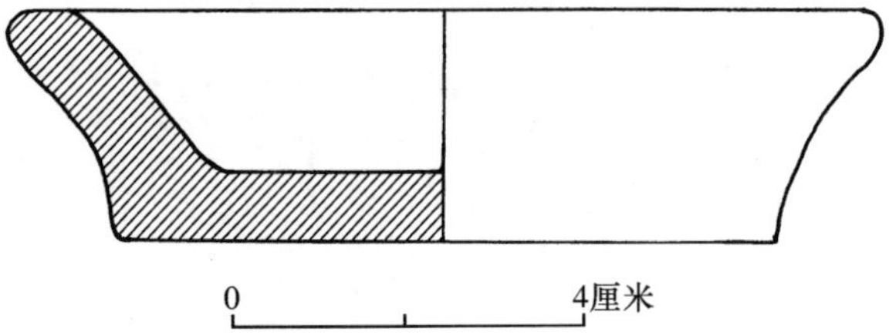

图三六〇　陶盘（TG1085 ③ a：1）

二、魏晋十六国遗物

共出土标本遗物 5 件，其中建筑构件 1 件、陶器 4 件。

（一）建筑构件

板瓦

C 型　共 1 件。

标本 TG1080 夯 5：1，残存瓦体部分。泥质灰陶，模制，制作较为规整。凸面饰段状斜篮纹，篮纹宽 0.3 厘米；凹面饰布纹。瓦端齐平，侧棱内切，颜色浅灰。残长 10、残宽 6、厚 2 ~ 2.1、切痕为 0.5 ~ 0.6 厘米（图三六一、图三六二；图版五五，1）。

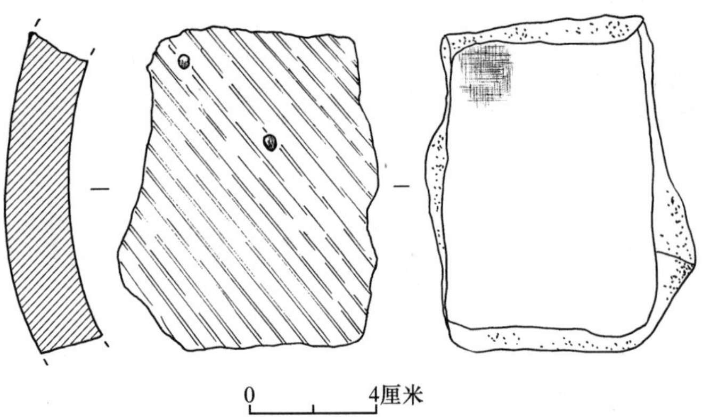

图三六一　魏晋十六国 C 型板瓦（TG1080 夯 5：1）

图三六二　魏晋十六国 C 型板瓦（TG1080 夯 5：1）凸面纹饰拓本

（二）陶器

共出土标本遗物4件，其中陶罐2件和陶盆2件。

1. 陶罐

共2件。

A型　共1件

标本TG1091⑤a：1，残。泥质灰陶。方唇，直口，短颈，颈部有两周凹槽。口径22、厚0.6～1.1厘米（图版五五，2）。

D型　共1件。

标本TG1081H64：6，残。泥质灰陶。尖圆唇，平沿，盘口，短颈。口径16、残高4.2、厚0.6～0.7厘米（图版五五，3）。

2. 陶盆

共2件。

A型　共1件。

标本TG1085④a：15，残。泥质红陶。圆唇，侈口，弧腹。残长11.3、残高6.5、厚0.5～0.9厘米（图三六三；图版五五，4）。

C型　共1件。

标本TG1081H61：1，残。泥质灰陶。尖圆唇，坡折沿，敞口，弧腹。外壁饰水波状凸棱。口径40、残高6、厚0.6～0.7厘米（图三六四；图版五五，5）。

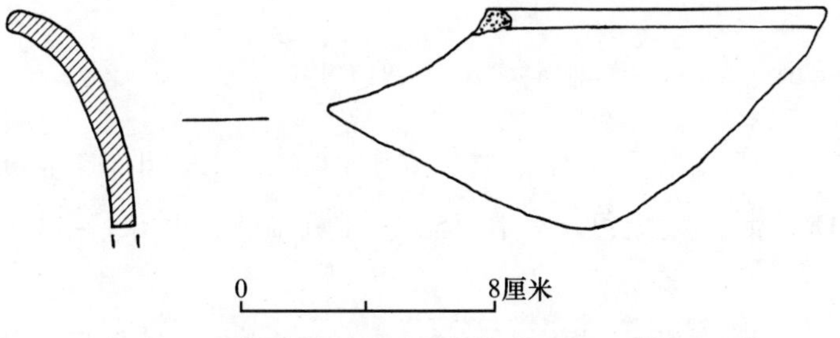

图三六三　魏晋十六国A型陶盆（TG1085④a：15）

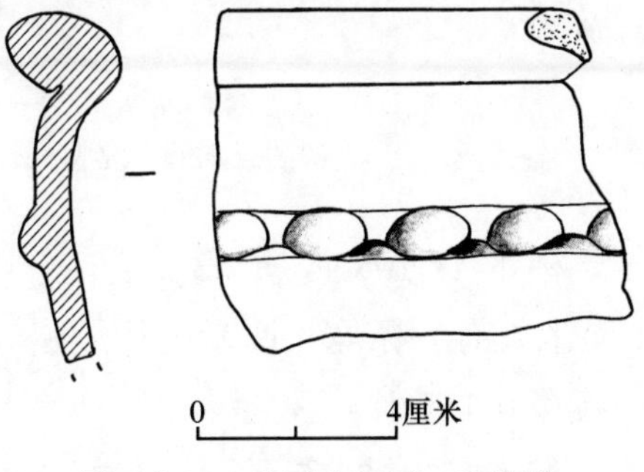

图三六四　魏晋十六国C型陶盆（TG1081H61：1）

三、北朝至五代遗物

共出土标本遗物173件。其中建筑构件24件、陶器68件、瓷器34件、釉陶器4件、三彩器1件和其他42件。

（一）建筑构件

共出土标本遗物 24 件，其中有板瓦 9 件、筒瓦 7 件、瓦当 6 件和砖 2 件。

1. 板瓦

共 9 件。

Aa 型　共 2 件。均为泥质灰陶，模制，制作规整。瓦体较厚，凸面素面，凹面饰布纹，下端端面上层饰手单层花边，侧棱内切。

标本 TG1078 ④ a：1，残存下端部分。下端端面饰手捏单层斜向波浪纹花边。凸面素面；凹面饰布纹，瓦头有宽约 3.3 厘米的抹平痕。青灰色。残长 16.6、残宽 10.4、厚 1.7 ~ 2.2、切痕深 0.6 厘米（图版五五，6）。

标本 TG1080 ⑤ a：4，残存下端部分。下端端面饰手捏单层正向波浪纹花边。凸面素面；凹面饰布纹，有明显褶皱痕。深灰色。残长 16.5、残宽 10.2、厚 1.2 ~ 1.8 厘米。

Ab 型　共 4 件。均为泥质灰陶，模制，制作规整。凸面和凹面均为青掍磨光，下端端面上层饰手单层花边，侧棱内切。

标本 TG1079 ⑤ a：1，残存下端部分。下端端面手捏单层正向波浪纹花边。凸面瓦头部位有几道竖向细凹槽。瓦体较厚，黑灰色。残长 10.7、残宽 11.6、厚 1.6 ~ 2 厘米（图三六五；图版五六，1）。

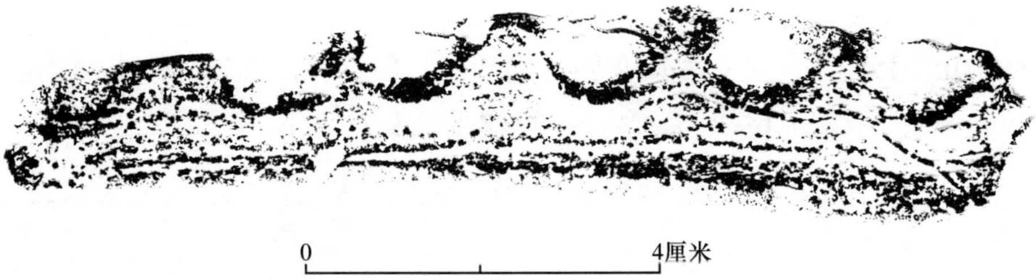

图三六五　北朝至五代 Ab 型板瓦（TG1079 ⑤ a：1）端面纹饰拓本

标本 TG1080 ⑤ a：3，残存下端部分。下端端面手捏单层斜向波浪纹花边。凹面距瓦头 1 厘米处有一条宽 1 厘米的褶皱痕。瓦体较薄，黑灰色。残长 15.2、残宽 10.8、厚 0.9 ~ 1.4、切痕深 0.5 厘米（图三六六）。

标本 TG1080 ⑤ a：5，残存下端部分。下端端面手捏单层正向波浪纹花边。瓦体较厚，深灰色。残长 6、残宽 8.3、厚 0.8 ~ 1.1、切痕深 0.5 厘米。

标本 TG1081H64：1，残存下端部分。下端端面手捏单层斜向波浪纹花边。瓦体较薄，黑灰色。残长 13、残宽 18.6、厚 2.2、切痕深 0.5 厘米（图三六七）。

Ac 型　共 2 件。均为泥质灰陶，模制，制作规整。瓦体较厚，凸面青掍磨光或素面，凹面青掍磨光或饰布纹，下端端面饰双层花边，侧棱内切。

标本 TG1080 ⑤ a：6，残存下端部分。下端端面饰手捏和刀削出的上下双层正向波浪纹花边，瓦头花边微上翘。深灰色。残长 9.9、残宽 8.5、厚 1 ~ 1.3、切痕深 0.2 厘米（图三六八；图版五六，2）。

标本 TG1096 ④ a：3，残存下端部分。下端端面饰手捏和刀削出的上下双层正向波浪纹花边，瓦头花边上翘。颜色黑亮。残长 8.9、残宽 8.7、厚 2.3 ~ 2.8 厘米。

Bb 型　共 1 件。

标本 TG1080 ⑤ a：2，残存下端部分。泥质灰陶，模制，制作规整。凸面和凹面均为青掍磨光。瓦尾端面呈圆形，侧棱内切，颜色黑亮，侧棱磨光。残长 26.5、残宽 14.3、厚 0.7 ~ 1.5、切痕深 0.7 厘（图版五六，3）。

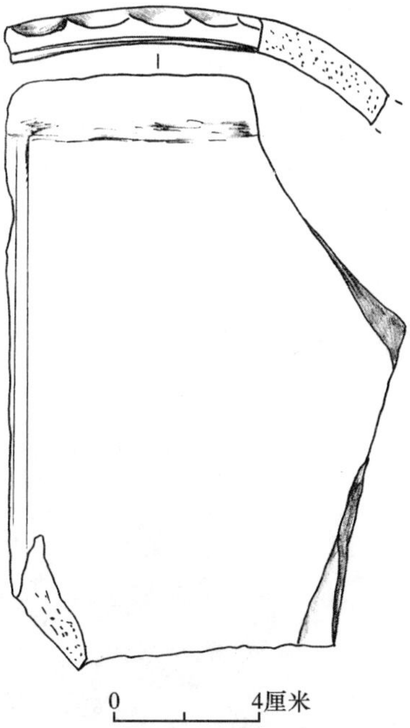

图三六六　北朝至五代 Ab 型板瓦（TG1080 ⑤ a：3）

2. 筒瓦

A 型 Ⅰ 式　共 2 件。均为泥质灰陶，模制。凸面青掍磨光，凹面饰布纹，瓦舌较长，侧棱内切。

标本 TG1081 ④ a：1，残存上端部分。黑灰色，瓦舌呈圆弧形，端面内斜削。残长 11.7、残宽 9.5 ~ 10、厚 1.7 ~ 2 厘米；瓦舌长 3.4、宽 8、厚 1.3 厘米；侧棱切痕深 0.2 ~ 0.4 厘米（图三六九）。

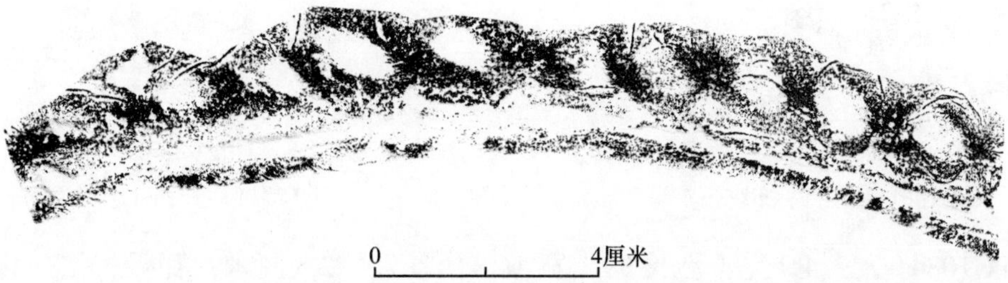

图三六七　北朝至五代 Ab 型板瓦（TG1081H64：1）端面纹饰拓本

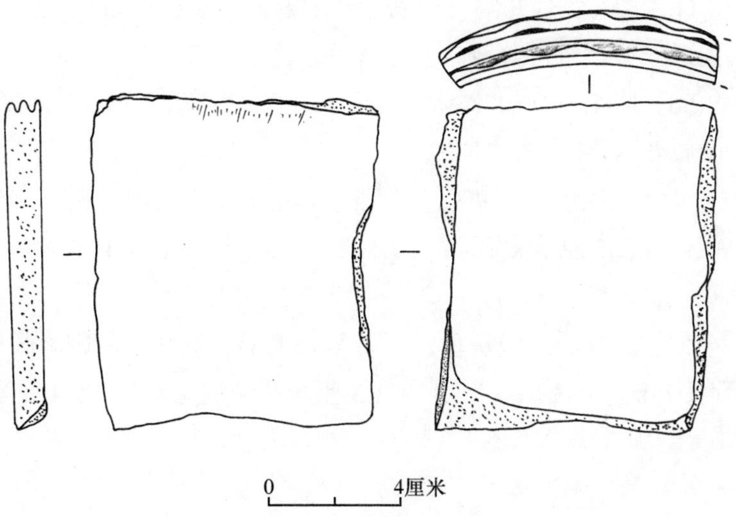

图三六八　北朝至五代 Ac 型板瓦（TG1080 ⑤ a：6）

标本 TG1080 ④ a：3，略残。黑灰色，瓦舌呈圆弧形，端面内斜削；布纹有明显褶皱痕。长 38.5、宽 19.3、厚 1.1 ～ 2.7 厘米；瓦舌长 3.2、宽 12.7、厚 1.7 ～ 1.9 厘米；侧棱切痕深 0.2 ～ 0.5 厘米（图版五六，4）。

A 型Ⅱ式　共 2 件。均为泥质灰陶，黑灰色，模制。侧棱内切，瓦舌较短，瓦舌呈圆弧形，端面内斜削。凸面青棍磨光，凹面饰布纹。

标本 TG1085 ④ a：11，完整。凹面布纹有明显褶皱痕。长 33、宽 15.2 ～ 15.7、厚 2 ～ 2.5 厘米；瓦舌长 1 ～ 1.4、宽 12、厚 1.2 厘米；侧棱切痕深 0.7 厘米（图三七〇；图版五六，5）。

图三六九　北朝至五代 A 型Ⅰ式筒瓦（TG1081 ④ a：1）布纹拓本

图三七〇　北朝至五代 A 型Ⅱ式筒瓦（TG1085 ④ a：11）布纹拓本

标本 TG1084 ④ a：4，完整。长 39、宽 16.8、厚 2 ～ 2.5 厘米；瓦舌长 1.5、宽 11.4、厚 1.7 厘米；切痕深 0.5 ～ 0.8 厘米（图三七一）。

B 型Ⅱ式　共 3 件。均为泥质灰陶，模制。凸面素面，凹面饰布纹。瓦舌短，侧棱内切。

标本 TG1084 ④ a：6，下端部分残缺。深灰色，瓦舌呈圆弧形，端面齐平；布纹有明显褶皱痕。长 32.5、宽 12.6、厚 1.1 ～ 1.8 厘米；瓦舌长 1.3、残宽 8、厚 1.3 厘米；侧棱切痕深 0.5 厘米（图三七二；图版五六，6）。

标本 TG1084 ④ a：5，完整。深灰色，瓦舌呈圆弧形，端面内斜削；布纹有明显褶皱痕。长 31、宽 13.3、厚 1.5 ～ 2.5 厘米；瓦舌长 1.5、宽 9.5、厚 1 ～ 1.4 厘米；侧棱切痕深 0.5 ～ 1.1 厘米（图三七三）。

标本 TG1084 ④ a：7，完整。浅灰色，瓦舌呈圆弧形，端面内斜削。长 32.5、宽 15.5、厚 1.8 ～ 2 厘米；瓦舌长 1.5、宽 11.8、厚 1.1 ～ 1.3 厘米；切痕深 0.2 ～ 0.4 厘米（图三七四）。

3. 瓦当

共 6 件。其中有莲花纹瓦当 5 件和兽面瓦当 1 件。

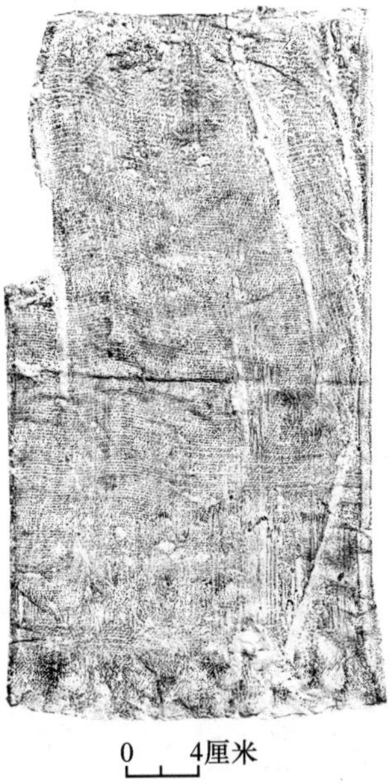

图三七一　北朝至五代 A 型Ⅱ式筒瓦（TG1084④a：4）布纹拓本

图三七二　北朝至五代 B 型Ⅱ式筒瓦（TG1084④a：6）布纹拓本

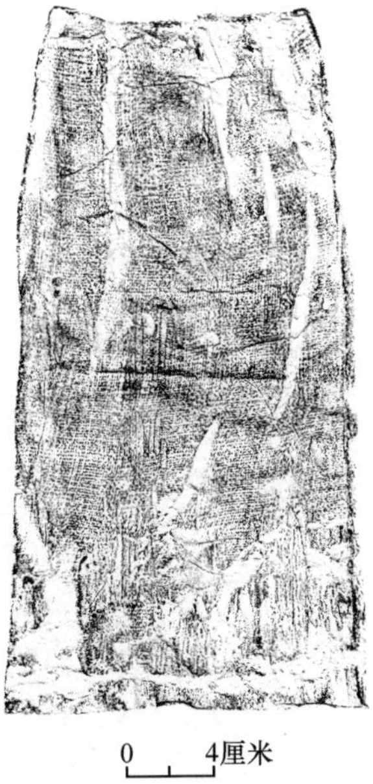

图三七三　北朝至五代 B 型Ⅱ式筒瓦（TG1084④a：5）布纹拓本

（1）莲花纹瓦当

Bb 型Ⅱ式　共 1 件。

标本 TG1080⑤a：1，残存近五分之二。泥质灰陶，深灰色，模制。当面主题纹饰为普通单瓣莲花纹，莲蓬凸台状，凸台较低，莲蓬内饰 7 个莲籽状纹饰，莲花共个 9 花瓣，花瓣呈椭圆形，莲瓣间以“T”字形凸棱相隔，“T”字形凸棱较宽。边轮低于当面纹饰，较窄且平，背面较平整。面径 12、边厚 1.1 ~ 1.3、边轮宽 1.5 ~ 1.7 厘米（图三七五；图版五七，1）。

图三七四　北朝至五代 B 型Ⅱ式筒瓦（TG1084④a：7）布纹拓本

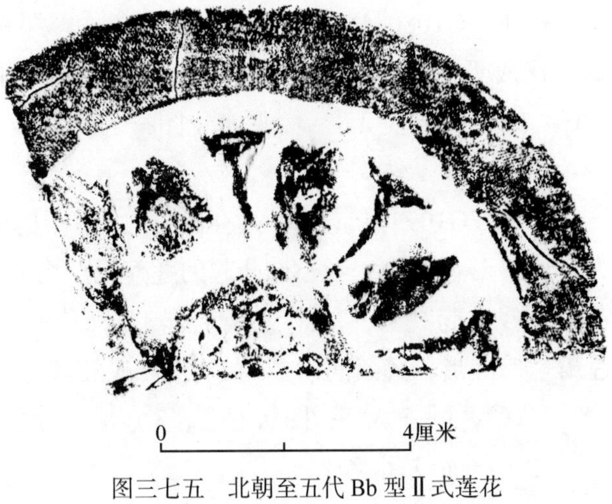

图三七五　北朝至五代 Bb 型Ⅱ式莲花纹瓦当（TG1080⑤a：1）纹饰拓本

Bb 型Ⅲ式　共 3 件。均为泥质灰陶，模制，当面主题纹饰为普通单瓣莲花纹。莲蓬无凸台，以圆圈凸线为莲蓬界边，凸线内饰莲籽状纹饰，莲瓣呈椭圆形，莲瓣间以“T”字形凸棱相隔。边轮低于当面纹饰，呈斜坡状。

标本 TG1092 ④ a：2，残存近二分之一。青灰色，莲蓬饰 10 个莲籽状纹饰，莲花共 10 个花瓣，花瓣呈椭圆形，“T”字形凸棱较窄，莲瓣纹外饰一周凸线纹，边轮较宽，背面不平整，与筒瓦连接处有泥刀刻划的痕迹。面径 14、边厚 0.7 ~ 1、边轮宽 1.8 ~ 2 厘米（图三七六、图三七七；图版五七，2）。

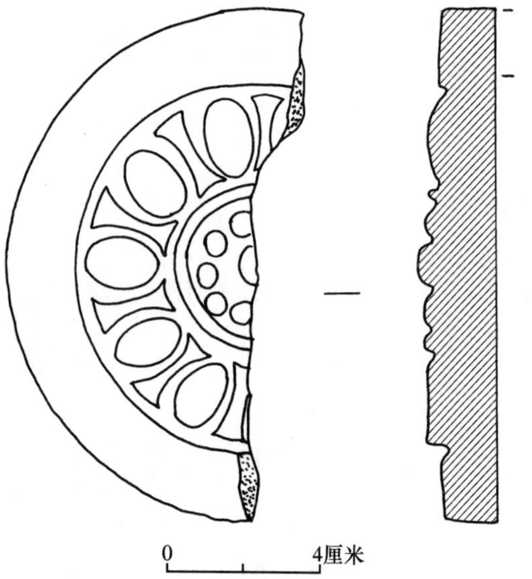

图三七六　北朝至五代 Bb 型Ⅲ式莲花纹瓦当（TG1092 ④ a：2）

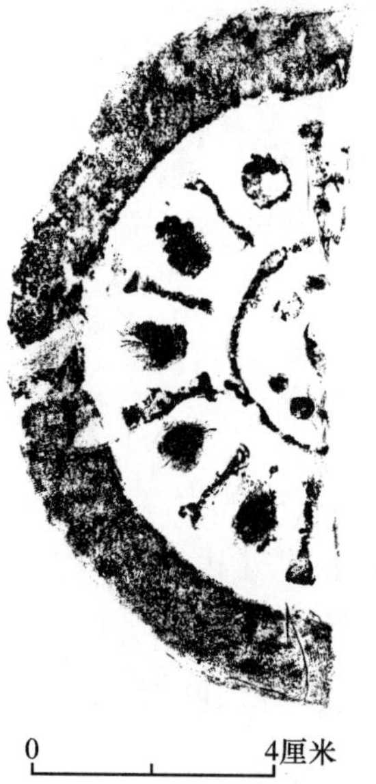

图三七七　北朝至五代 Bb 型Ⅲ式莲花纹瓦当（TG1092 ④ a：2）纹饰拓本

标本 TG1078 ⑤ a：1，残存二分之一。青灰色，莲花共 10 个花瓣，花瓣呈肥硕椭圆形，“T”字形凸棱较窄，边轮较窄，背面较平整。面径 14、边厚 0.9 ~ 1.1、边轮宽 1.5 ~ 2 厘米（图三七八）。

标本 TG1080 ④ a：2，残存四分之一。深灰色，莲蓬饰 7 个莲籽状纹饰，莲花共 8 个花瓣，花瓣近圆形，“莲瓣间以“I”字形凸棱相隔，边轮较宽，背面不平整。面径 14、边厚 1.6 ~ 1.9、边轮宽 1.8 ~ 2 厘米（图三七九）。

C 型　共 1 件。

标本 TG1093 ④ a：3，残存四分之一。泥质灰陶，黑灰色，模制。体形小，当面主题纹饰为普通单瓣莲花纹，当心饰凸起的莲蓬呈凸台状，莲蓬饰 8 个莲籽状纹饰，莲花共个 13 花瓣，花瓣呈瘦长椭圆形，“T”字形凸棱较宽，花瓣外有一周凸弦纹，边轮较窄且平，背面较平整。莲瓣呈椭圆形，莲瓣间以“T”字形凸棱相隔。面径 8、边厚 0.5 ~ 0.9、边轮宽 1.1 ~ 1.4 厘米（图三八〇、图三八一；图版五七，3）。

（2）兽面纹瓦当

Aa 型Ⅲ式　共 1 件。

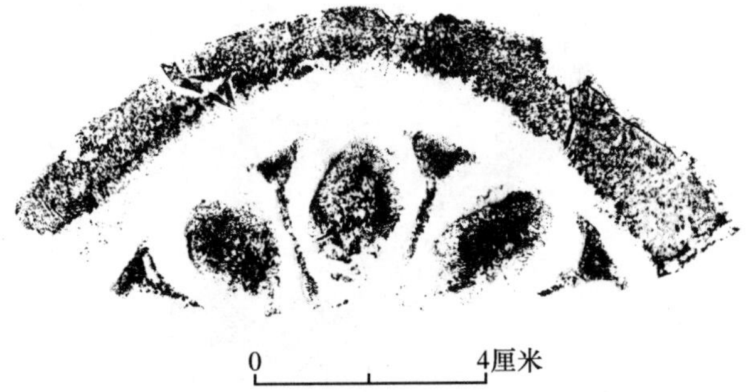

图三七八　北朝至五代 Bb 型Ⅲ式莲花纹瓦当（TG1078⑤a：1）纹饰拓本

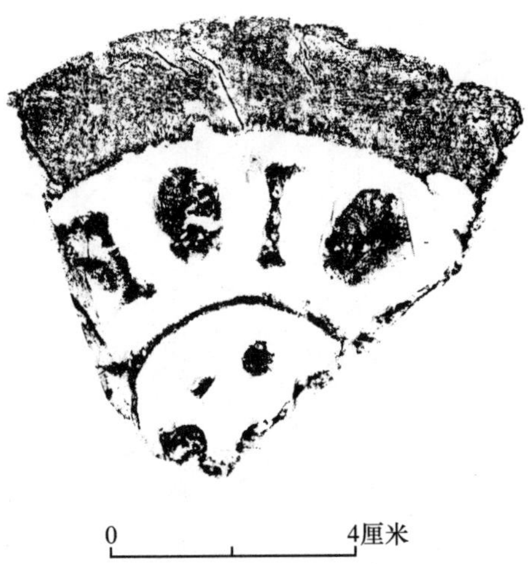

图三七九　北朝至五代 Bb 型Ⅲ式莲花纹瓦当（TG1080④a：2）纹饰拓本

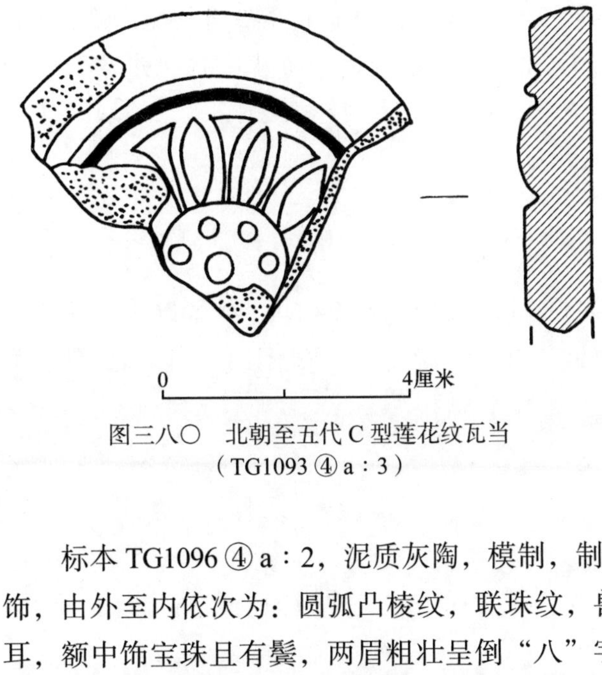

图三八〇　北朝至五代 C 型莲花纹瓦当（TG1093④a：3）

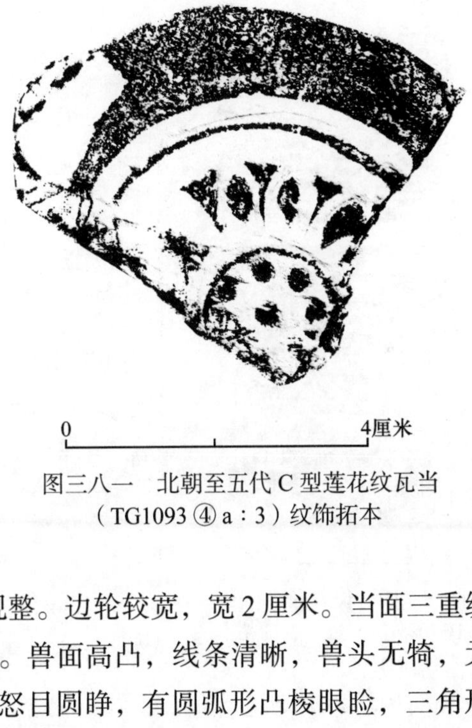

图三八一　北朝至五代 C 型莲花纹瓦当（TG1093④a：3）纹饰拓本

标本 TG1096④a：2，泥质灰陶，模制，制作较规整。边轮较宽，宽 2 厘米。当面三重纹饰，由外至内依次为：圆弧凸棱纹，联珠纹，兽面纹。兽面高凸，线条清晰，兽头无犄，无耳，额中饰宝珠且有鬓，两眉粗壮呈倒“八”字形，怒目圆睁，有圆弧形凸棱眼睑，三角形鼻，单排齿，嘴角边饰两颗獠牙，齿下饰辐状须，兽面周围有辐状短鬃毛。背面较平。胎质较粗，掺杂有少量小砂粒，胎体致密。面径 14、厚 2.8 厘米（图三八二、图三八三；图版五七，4）。

4. 砖

长方形空心砖　共 2 件。均为泥质灰陶，模制，制作规整。

标本 TG1085⑤a：5，残。模印较深，表面主题残存纹饰为圆形同心弦纹，边框饰穿壁交龙纹，砖面青棍磨光；背面不平。胎质细腻，胎体致密。残长 12.7、残宽 8.5、厚 6.1 厘米（图三八四）。

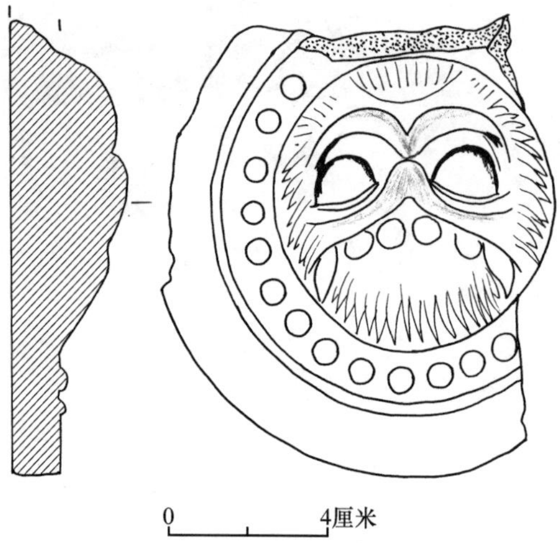

图三八二　北朝至五代 Aa 型Ⅲ式兽面纹瓦当（TG1096 ④ a：2）

图三八三　北朝至五代 Aa 型Ⅲ式兽面纹瓦当（TG1096 ④ a：2）纹饰拓本

图三八四　长方形空心砖（TG1085 ⑤ a：5）纹饰拓本

标本 TG1092 ⑤ a：1，残。模印较深，表面主题残存纹饰为圆形同心弦纹和方形四叶变形忍冬纹，边框饰穿壁交龙纹，砖面青掍磨光；背面不平。胎质细腻，胎体致密。残长 17.5、残宽 16、厚 4.1 ~ 4.6 厘米（图版五七，5）。

（二）陶器

共出土标本遗物 68 件，其中陶罐 24 件、陶盆 26 件、陶瓮 1 件、陶钵 3 件、陶碾钵 2 件、陶碗 2 件、陶盘 1 件、陶砚 2 件、陶纺轮 1 件、陶扑满 1 件和陶片 5 件。

1. 陶罐

共 24 件。

B 型Ⅱ式　共 3 件，可复原 1 件。均为泥质灰陶。外折平沿，侈口，长颈，鼓腹，平底。

标本 TG1089 ④ a：1，可复原。外壁饰暗弦纹。口径 12.3、底径 10.7、高 31.5、厚 0.6 ~ 0.8 厘米（图三八五；图版五七，6）。

标本 TG1086Z8：1，口残缺。底径 10、残高 26.5 厘米（图三八六）。

标本 TG1087 ③ a：2，残。口径约 17、厚 0.6 ~ 1 厘米。

B 型Ⅲ式　共 2 件，完整 1 件。折沿，侈口，短颈，鼓腹下收。

标本 TG1094 ④ a：3，残。泥质灰陶。圆唇。口径 9、厚 0.4 ~ 1 厘米。

标本 TG1086 ④ a：3，完整。泥质红陶。尖圆唇，短颈，圆肩，小平底，肩部有一周凹弦纹。口径 6.3、底径 4.1、高 12.7、厚 0.4 ~ 0.6 厘米（图三八七；图版五七，7）。

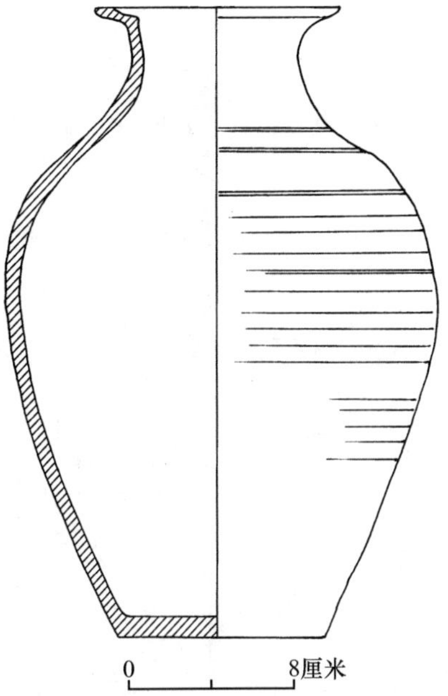

图三八五　北朝至五代B型Ⅱ式陶罐
（TG1089④a：1）

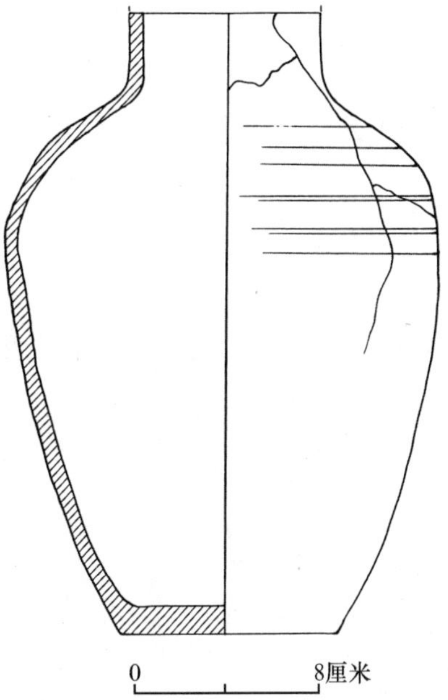

图三八六　北朝至五代B型Ⅱ式陶罐
（TG1086Z8：1）

C型　共16件，完整12件，可复原4件。均为泥质灰陶。圆唇，卷沿，侈口，鼓腹下收，平底。

标本TG1085④a：5，完整。外壁饰暗弦纹。口径10.7、底径8.5、高16.5、厚0.5～0.7厘米（图三八八；图版五七，8）。

标本TG1090⑤a：3，完整。外壁饰暗弦纹。口径11.3、底径9、高17.6、厚0.5～0.7厘米（图版五八，1）。

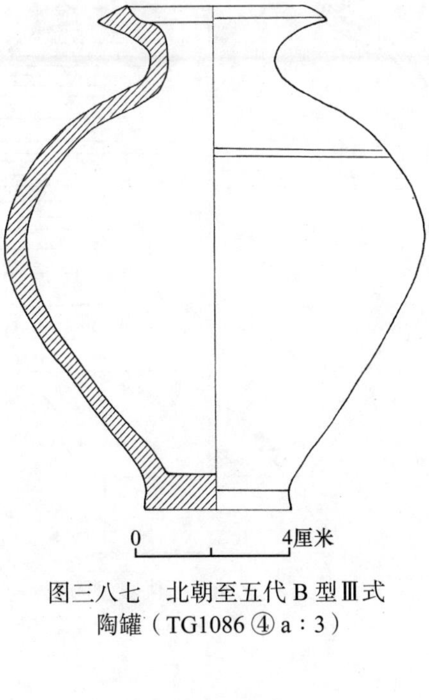

图三八七　北朝至五代B型Ⅲ式陶罐（TG1086④a：3）

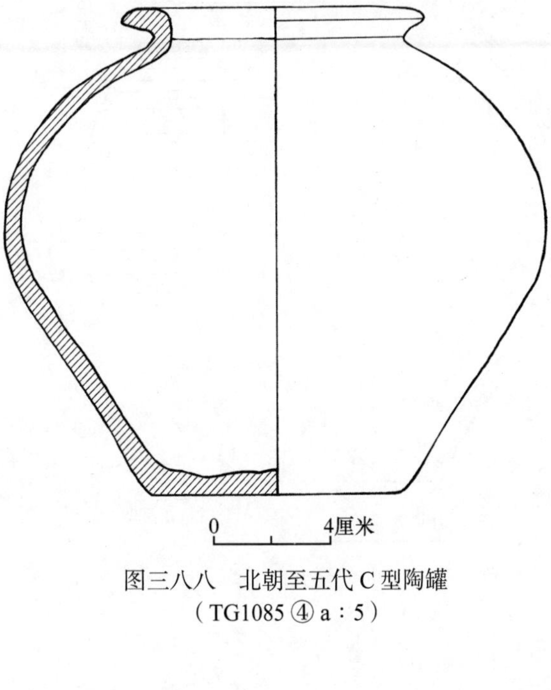

图三八八　北朝至五代C型陶罐
（TG1085④a：5）

标本 TG1088④a：2，可复原。外壁饰暗弦纹。口径 9.8、底径 8、高 15.5、厚 0.4 ~ 0.7 厘米（图三八九；图版五八，2）。

标本 TG1092④a：3，完整。口径 10、底径 7.1、高 15.9、厚 0.4 ~ 0.6 厘米（图三九〇；图版五八，3）。

标本 TG1091④a：3，完整。外壁饰暗弦纹。口径 11.7、底径 7.9、高 15.5、厚 0.6 ~ 0.7 厘米（图三九一；图版五八，4）。

标本 TG1091③a：2，完整。外壁饰暗弦纹。口径 10、底径 7.7、高 16.2、厚 0.5 ~ 0.7 厘米（图三九二；图版五八，5）。

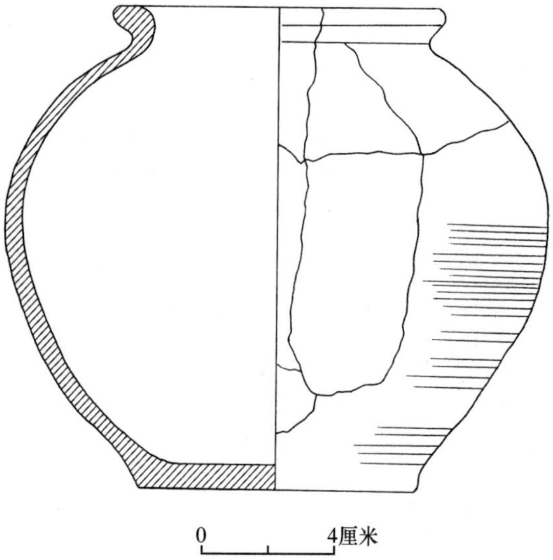

图三八九　北朝至五代 C 型陶罐
（TG1088④a：2）

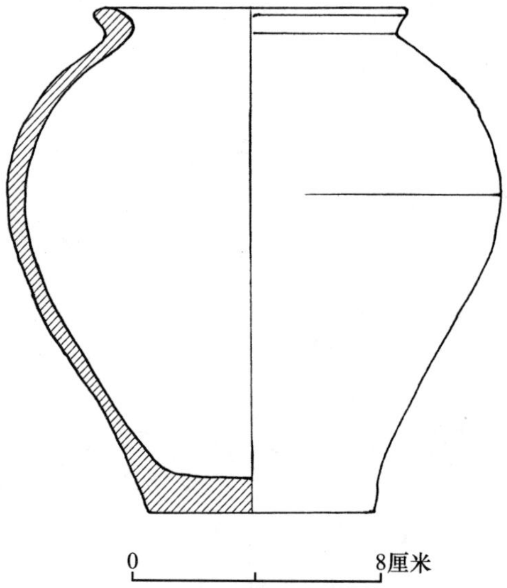

图三九〇　北朝至五代 C 型陶罐
（TG1092④a：3）

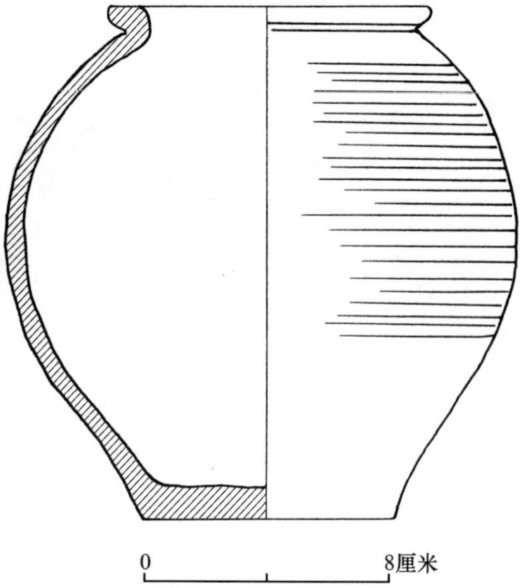

图三九一　北朝至五代 C 型陶罐
（TG1091④a：3）

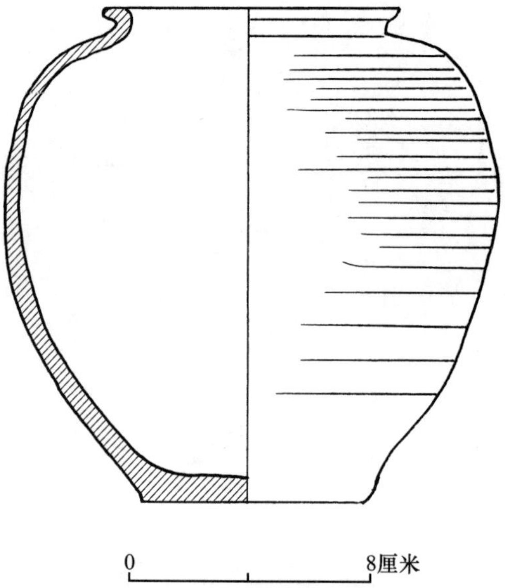

图三九二　北朝至五代 C 型陶罐
（TG1091③a：2）

标本 TG1096H77：1，可复原。外壁饰暗弦纹。口径 11.6、底径 7.2、高 15.5、厚 0.4 ~ 0.7 厘米（图三九三；图版五八，6）。

标本 TG1082 ④ a：2，完整。外壁饰暗弦纹。口径 10、底径 9.4、高 17.1、厚 0.6 ~ 0.9 厘米（图版五九，1）。

标本 TG1085 ③ a：2，基本完整。外壁饰暗弦纹。出土时罐内有 1 枚“开元通宝”铜钱。口径 11、底径 8.1、高 16.1、厚 0.4 ~ 0.6 厘米（图三九四；图版五九，2）。

标本 TG1084 ③ a：7，基本完整。外壁饰暗弦纹，下腹部有三周凹槽。口径 10.5、底径 7.1、高 15.5、厚 0.4 ~ 0.7 厘米（图三九五；图版五九，3）。

标本 TG1091 ⑤ a：3，可复原。外壁饰暗弦纹。底径 7、高 15、厚 0.4 ~ 0.6 厘米。

标本 TG1085 ④ a：6，口残缺。外壁饰暗弦纹。底径 10、残高 19.5、厚 0.7 ~ 1.2 厘米（图三九六）。

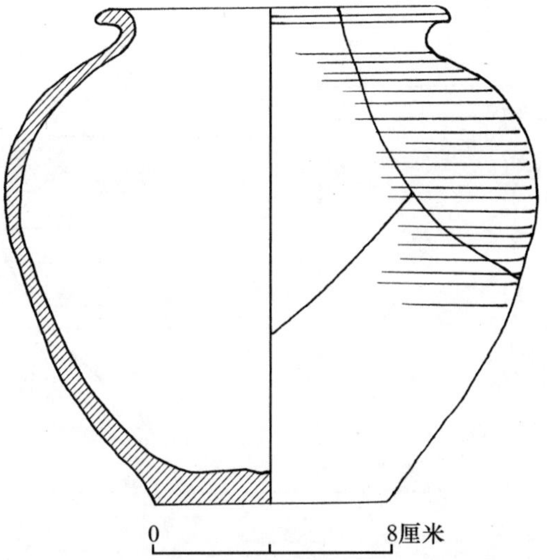

图三九三　北朝至五代 C 型陶罐（TG1096H77：1）

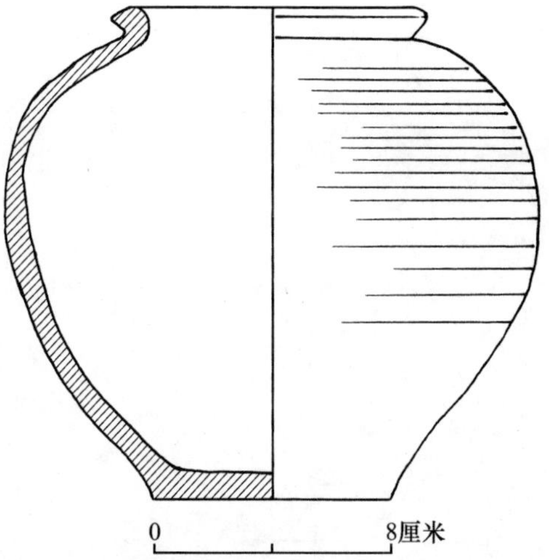

图三九四　北朝至五代 C 型陶罐（TG1085 ③ a：2）

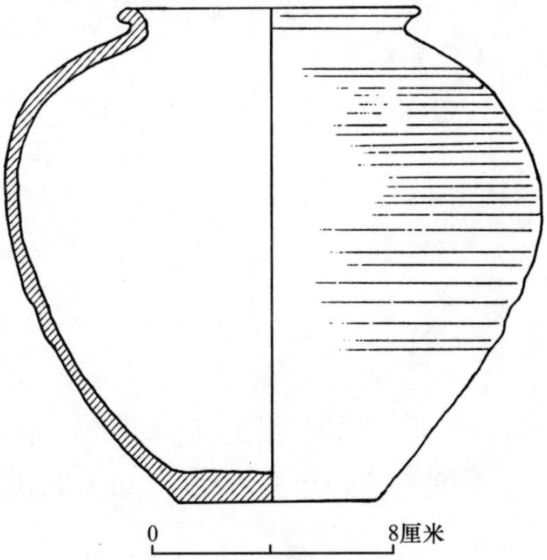

图三九五　北朝至五代 C 型陶罐（TG1084 ③ a：7）

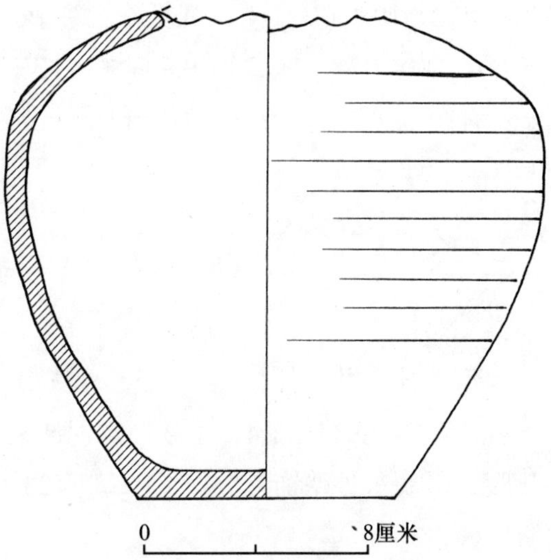

图三九六　北朝至五代 C 型陶罐（TG1085 ④ a：6）

标本 TG1088④a：3，基本完整。外壁饰暗弦纹。口径 10.2、底径 8.5、高 15.5、厚 0.5 ~ 0.7 厘米（图版五九，4）。

标本 TG1086④a：5，基本完整。外壁饰有暗弦纹，底部有拉坯痕迹。罐内出土 1 枚“开元通宝”和 1 枚“乾元重宝”。口径 9.3、底径 8.3、高 16、厚 0.4 ~ 0.6 厘米（图版五九，5）。

标本 TG1085④a：13，可复原。外壁饰暗弦纹。口径 29、底径 22、高 42.5、厚 0.6 ~ 1.1 厘米。

标本 TG1086④a：11，可复原。肩部饰有两系。口径 9、底径 9、高 15、厚 0.4 ~ 0.7 厘米（图三九七；图版五九，6）。

D 型　共 3 件，其中完整 1 件，可复原 1 件。均为泥质灰陶。圆唇，敛口，内折沿，弧腹下收，平底。

标本 TG1085④a：7，基本完整。肩部饰 2 周凹槽。外壁饰有暗弦纹。口径 12.2、底径 8、高 13.5、厚 0.4 ~ 0.9 厘米（图三九八；图版六〇，1）。

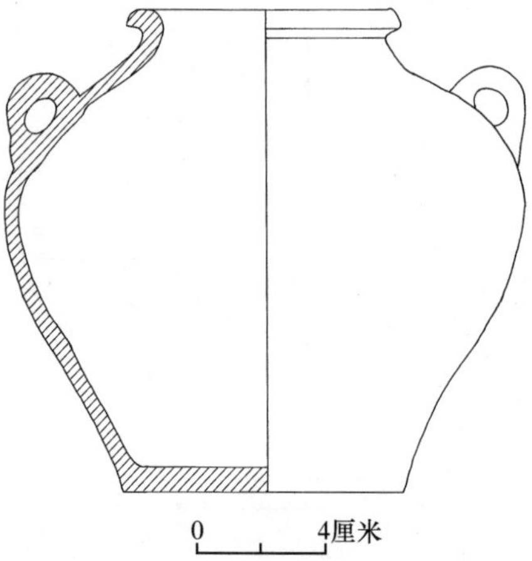

图三九七　北朝至五代 C 型陶罐（TG1086④a：11）

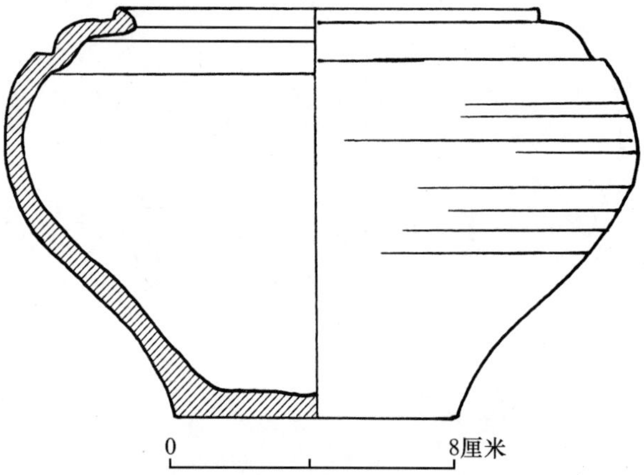

图三九八　北朝至五代 D 型陶罐（TG1085④a：7）

标本 TG1084③a：8，可复原。饼形足外撇。肩部有 3 周凹槽。外壁饰暗弦纹。口径 10、底径 8.6、高 11.2、厚 0.7 ~ 0.9 厘米（图三九九；图版六〇，2）。

标本 TG1079⑤a：3，残。口沿上饰一周凹槽。外壁饰暗弦纹。口径 10、厚 0.2 ~ 1.2 厘米。

2. 陶盆

共 26 件。

A 型Ⅰ式　共 1 件。

标本 TG1086④a：4，可复原。泥质灰陶。尖圆唇，外折窄平沿，沿上有一周凹槽，侈口，斜弧腹，平底。外壁饰有凸棱纹。口径 23.1、底径 11、高 9.4、厚 0.6 ~ 0.9 厘米（图四〇〇；图版六〇，3）。

A 型Ⅱ式　共 6 件，可复原 1 件。外折宽平沿，侈口，口缘向上翘起呈凸棱状，斜弧腹。

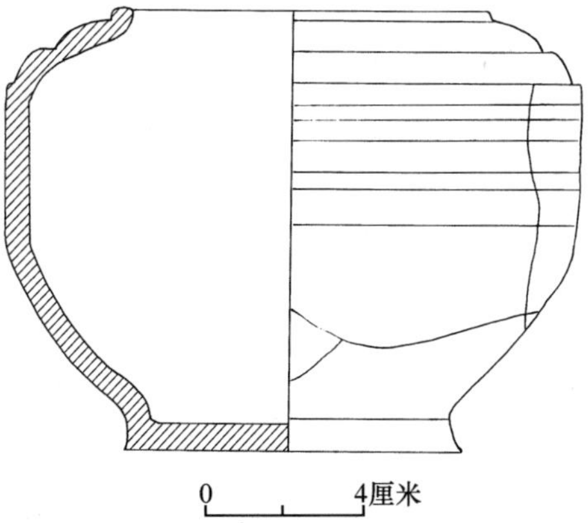

图三九九　北朝至五代D型陶罐
（TG1084③a：8）

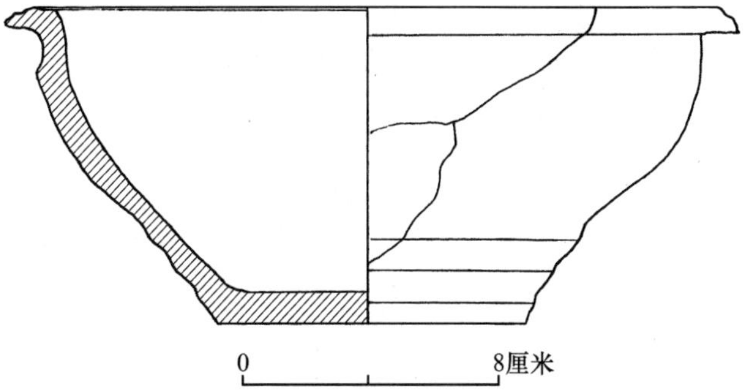

图四〇〇　北朝至五代A型Ⅰ式陶盆
（TG1086④a：4）

标本TG1096⑥：1，可复原。泥质灰陶。方唇，平底。内壁及内底饰数周带状斜“回”纹，两组纹饰相接的部分被抹平；外壁饰凸棱纹。口径46、底径13、高13.5、厚0.3 ~ 0.5厘米（图四〇一、图四〇二；图版六〇，4）。

标本TG1081H64：3，残。泥质灰陶。方唇。口径50、残高10、厚0.6 ~ 0.7厘米。

标本TG1081H62：1，残。泥质红陶。方唇。内壁饰数周带状斜“回”纹，两组纹饰相接的部分被抹平。口径48、残高3.4、厚0.6 ~ 0.7厘米（图四〇三）。

标本TG1081H64：4，残。泥质灰陶。方唇。内腹饰数周带状麦穗纹，两组纹饰相接的部分被抹平。口径10.2、残高6.2、厚0.8厘米（图四〇四、图四〇五）。

标本TG1084③a：6，残。泥质灰陶。方唇。内壁饰数周带状斜“田”字纹，两组纹饰相接的部分被抹平，腹部有一穿孔。口径51、残高9.2、厚0.7 ~ 0.9厘米（图四〇六）。

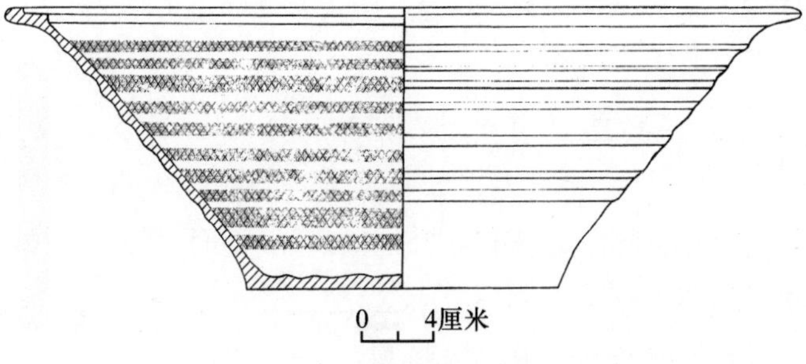

图四〇一　北朝至五代A型Ⅱ式陶盆
（TG1096⑥：1）

图四〇二　北朝至五代A型Ⅱ式陶盆
（TG1096⑥：1）纹饰拓本

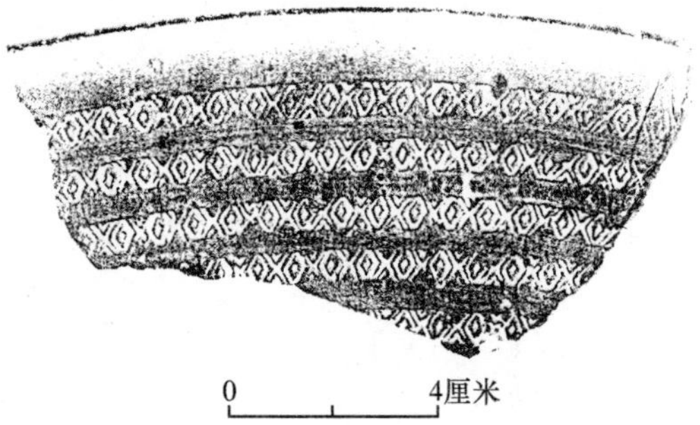

图四〇三　北朝至五代 A 型Ⅱ式陶盆（TG1081H62：1）纹饰拓本

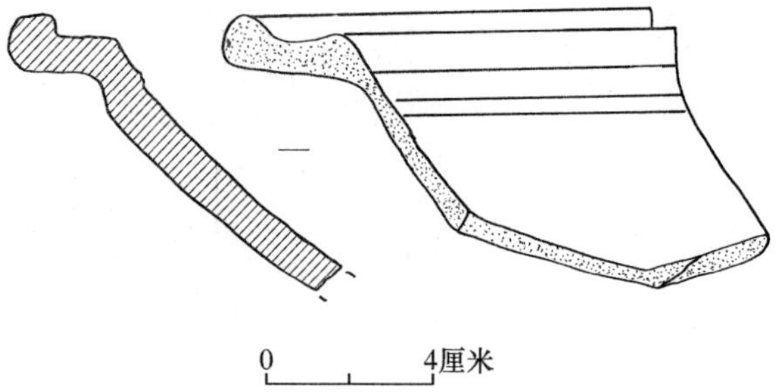

图四〇四　北朝至五代 A 型Ⅱ式陶盆（TG1081H64：4）

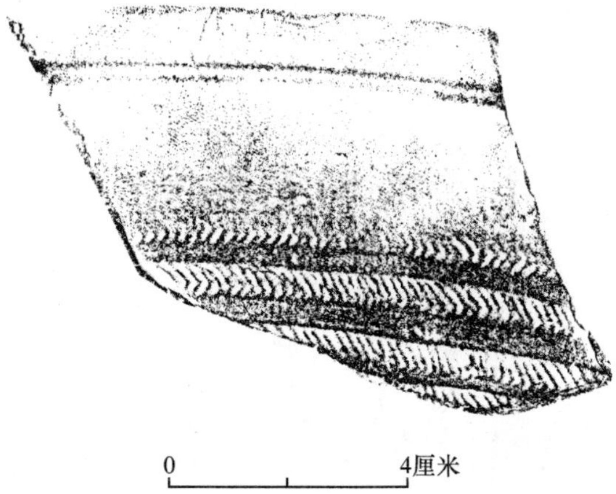

图四〇五　北朝至五代 A 型Ⅱ式陶盆（TG1081H64：4）纹饰拓本

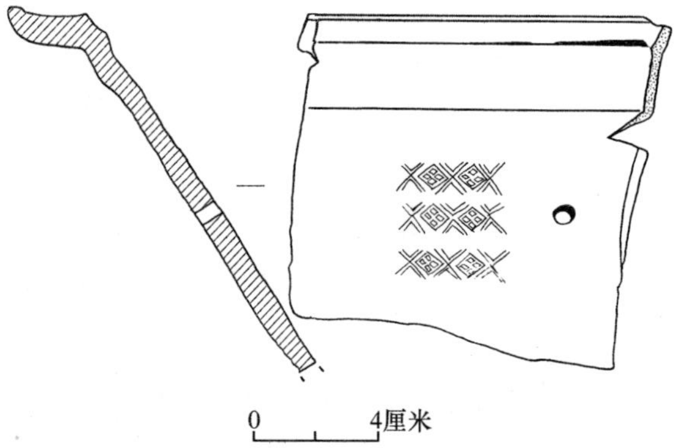

图四〇六　北朝至五代 A 型Ⅱ式陶盆（TG1084③a：6）

标本 TG1094⑤a：6，残。泥质灰陶。方唇。内壁饰数周斜“回”纹，两组纹饰相接的部分被抹平。口径 53、残高 9.5、厚 0.7 ~ 1.9 厘米（图四〇七）。

C 型Ⅱ式　共 1 件。

标本 TG1087③a：3，残。泥质灰陶。尖圆唇，外折沿，折沿较窄，呈坡状，侈口，斜腹。内壁饰暗弦纹。口径 50、残高 5、厚 0.8 ~ 1.1 厘米（图版六〇，5）。

D 型Ⅰ式　共 3 件，可复原 2 件。均为泥质灰陶。尖圆唇，微卷沿，敛口，弧腹斜收，平底。

标本 TG1087④a：9，可复原。内壁饰暗弦纹。口径约 33、残高 9.8、厚 0.6 ~ 1 厘米（图四〇八；图版六〇，6）。

标本 TG1087H69：3，可复原。口径 37.5、底径 21.5、高 11、厚 1.1 ~ 1.5 厘米（图四〇九；图版六〇，7）。

标本 TG1083④a：1，残。口径 36、残高 12.3、厚 0.6 ~ 0.9 厘米。

D 型Ⅱ式　共 1 件。

标本 TG1081H64：7，残。泥质灰陶。方唇，卷沿，侈口。内壁及口沿饰有暗弦纹。残高 6.2、厚 0.3 ~ 0.6 厘米（图四一〇；图版六〇，8）。

E 型　共 9 件。均为泥质灰陶。折沿，沿上饰花边，敞口，弧腹。

标本 TG1085④a：8，残。方唇，口沿上有两周凹槽，并饰有锯齿纹。内壁饰篦纹。口径

图四〇七　北朝至五代 A 型Ⅱ式陶盆（TG1094⑤a：6）纹饰拓本

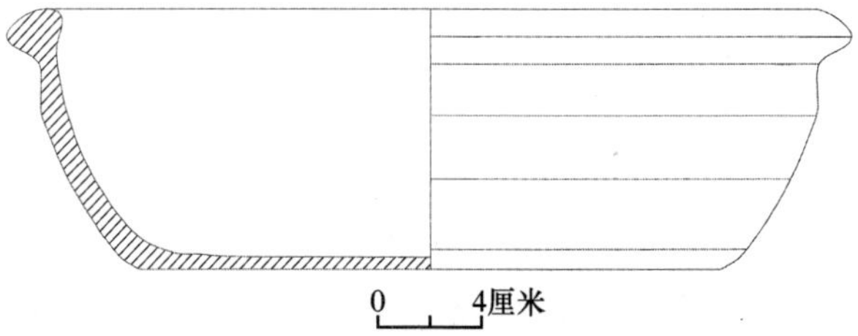

图四〇八　北朝至五代 D 型Ⅰ式陶盆（TG1087④a：9）

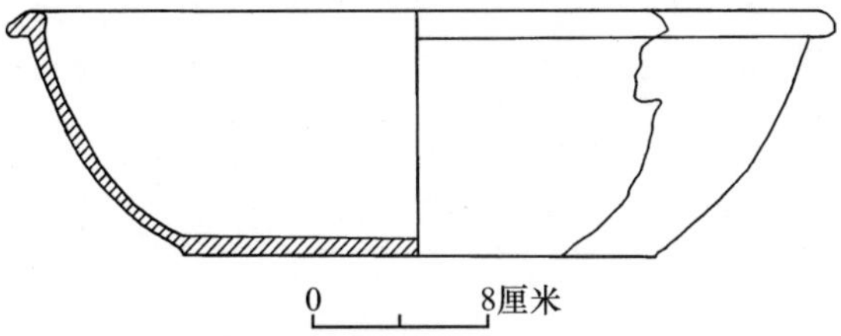

图四〇九　北朝至五代 D 型Ⅰ式陶盆（TG1087H69：3）

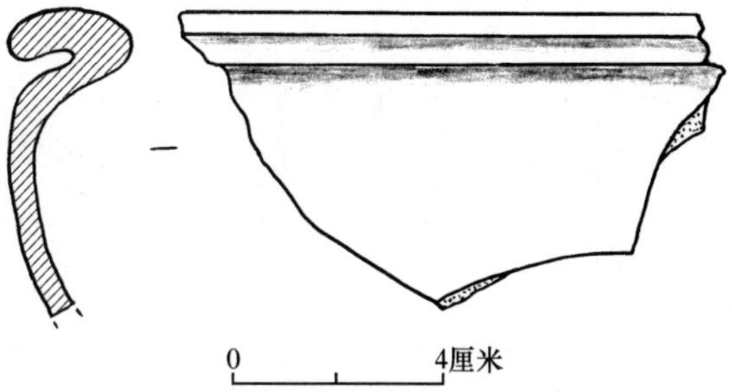

图四一〇　北朝至五代 D 型Ⅱ式陶盆（TG1081H64：7）

36、残高 7.1、厚 0.6 ~ 0.9 厘米（图四一一、图四一二；图版六一，1）。

标本 TG1090④a：1，残。方唇，唇上饰一周水波纹花边，沿上饰锯齿纹。内壁饰篦纹。口径 38、残高 3、厚 0.7 ~ 0.8 厘米（图四一三、图四一四）。

标本 TG1083③a：7，残。斜方唇，口沿上及口沿下有两周凹槽，并饰三周锯齿纹。口径 30、残高 5.6、厚 0.5 厘米（图四一五）。

标本 TG1084③a：9，残。方唇，斜弧腹，口沿上有三周凹槽并饰锯齿纹。口径 32、残高 6.9、厚 0.8 ~ 1 厘米（图四一六）。

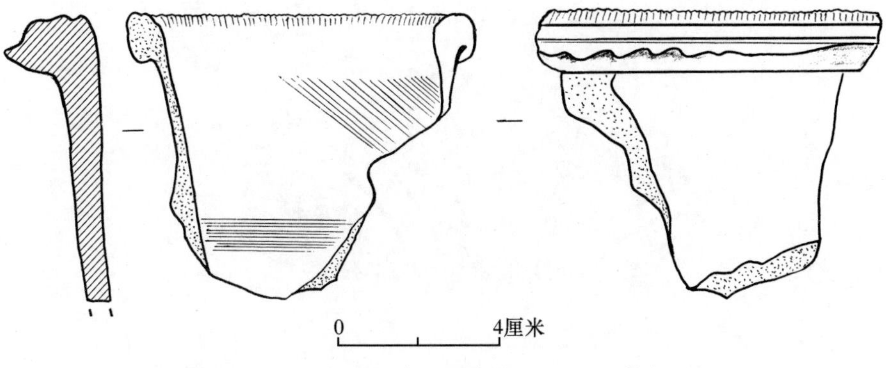

图四一一　北朝至五代 E 型陶盆（TG1085④a：8）

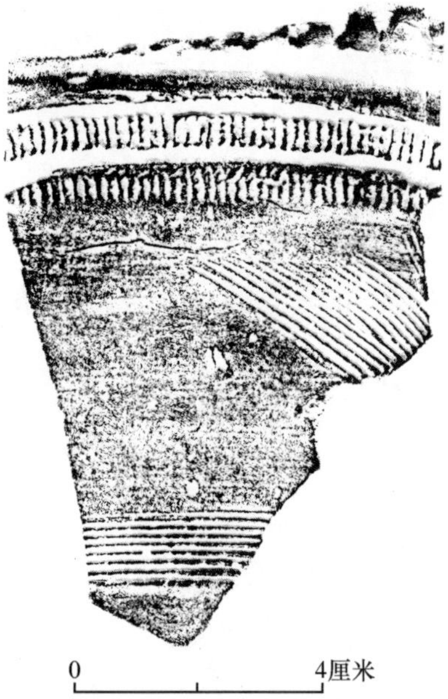

图四一二　北朝至五代 E 型陶盆（TG1085 ④ a：8）纹饰拓本

标本 TG1085 ④ a：9，残。圆唇，唇上饰一周水波纹花边，口沿上有一周凹槽并饰有锯齿纹。口径 24、残高 4.1、厚 0.5 厘米（图四一七）。

标本 TG1085 ④ a：10，残。斜方唇，口沿上有三周凹槽，并饰有锯齿纹。口径 23、残高 6.8、厚 0.5 ~ 0.8 厘米（图四一八）。

标本 TG1082 ④ a：3，残。方唇，口沿上有两周凹槽，口沿上饰有一周锯齿纹、一周斜条纹。口径 24、残高 6.6、厚 0.5 ~ 0.6 厘米（图四一九）。

标本 TG1087 ④ a：2，残。圆唇，唇上饰一周水波纹花边，口沿上有三周凹槽并饰有锯齿纹。内壁有明显的拉坯痕迹，外壁饰有瓦棱纹。口径 24、厚 0.6 厘米（图四二〇）。

标本 TG1084 ④ a：3，残。方唇，唇上饰一周水波纹花边，口沿上有三周凹槽并饰有锯齿纹。口径 36、残高 5.4、厚 0.5 ~ 0.6 厘米（图四二一）。

F 型　共 2 件。均为泥质灰陶，双沿，内沿上翘，敛口，弧腹。

标本 TG1093 ③ a：2，残。方唇，口沿处有一周凹槽。内壁及口沿饰暗弦纹。口径 26、厚 0.6 ~ 1.6 厘米（图版六一，2）

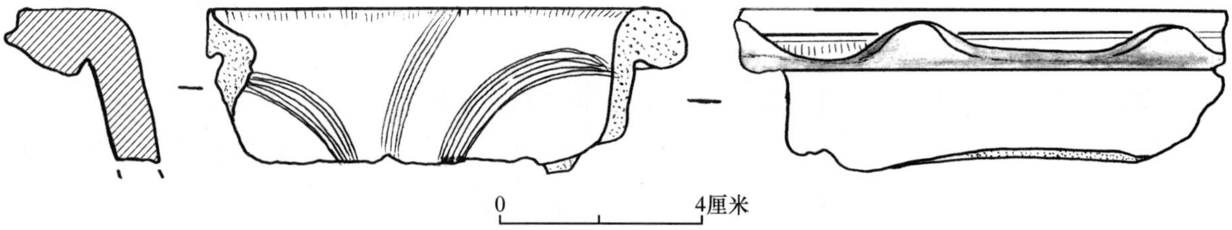

图四一三　北朝至五代 E 型陶盆（TG1090 ④ a：1）

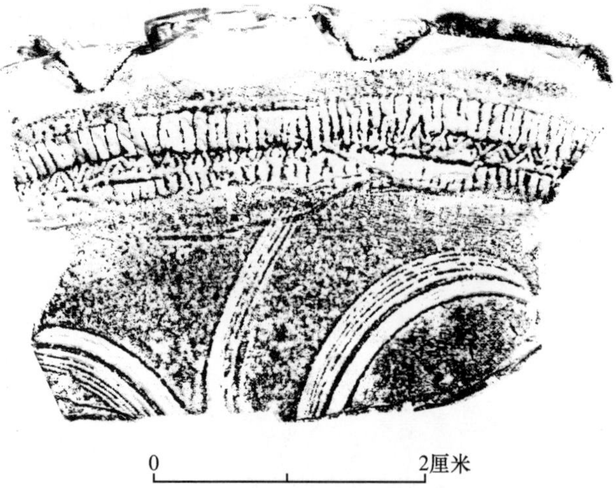

图四一四　北朝至五代 E 型陶盆（TG1090 ④ a：1）纹饰拓本

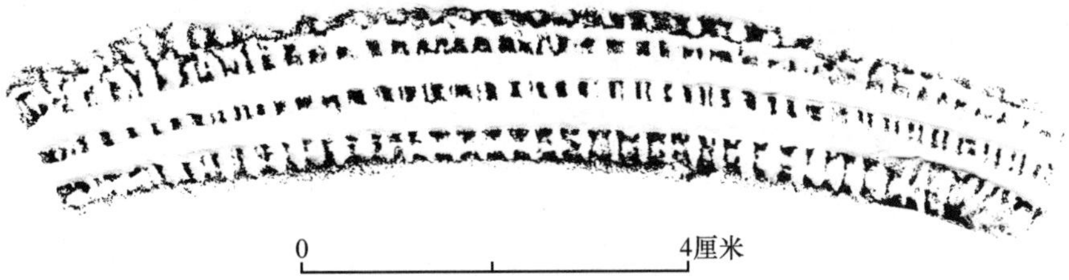

图四一五　北朝至五代 E 型陶盆（TG1083 ③ a：7）口沿纹饰拓本

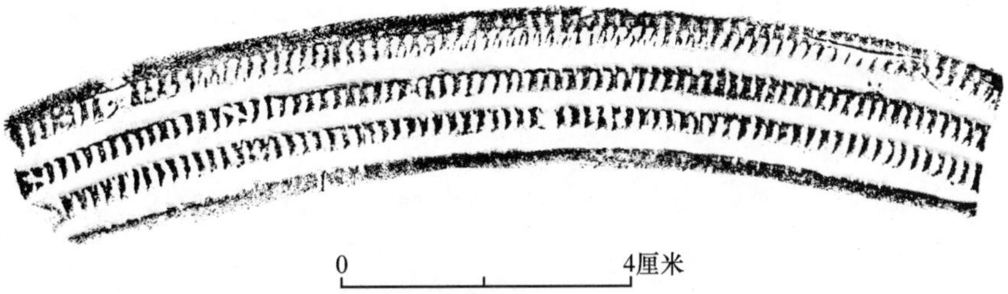

图四一六　北朝至五代 E 型陶盆（TG1084 ③ a：9）口沿纹饰拓本

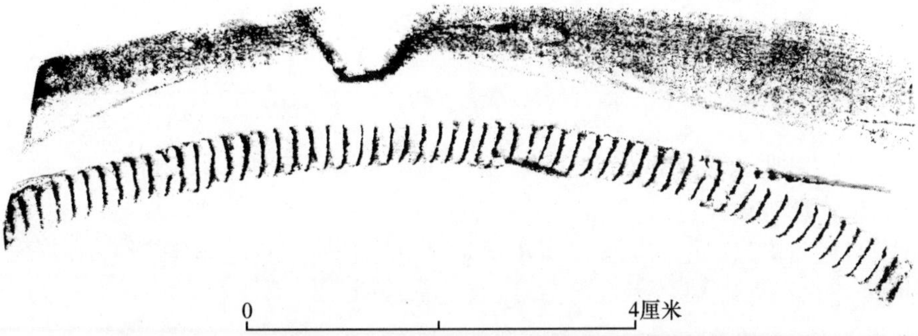

图四一七　北朝至五代 E 型陶盆（TG1085 ④ a：9）口沿纹饰拓本

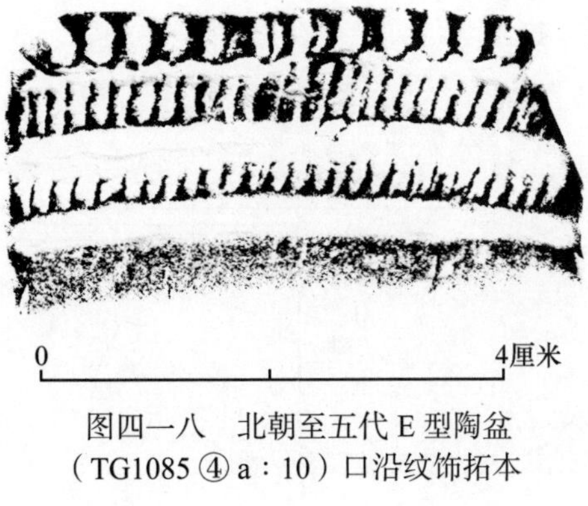

图四一八　北朝至五代 E 型陶盆
（TG1085 ④ a：10）口沿纹饰拓本

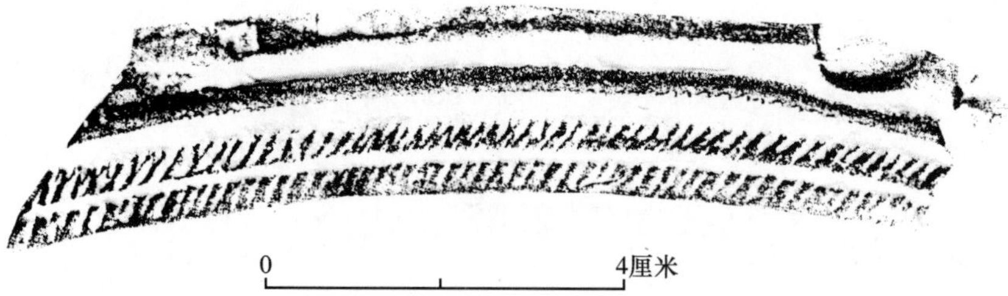

图四一九　北朝至五代 E 型陶盆（TG1082 ④ a：3）口沿纹饰拓本

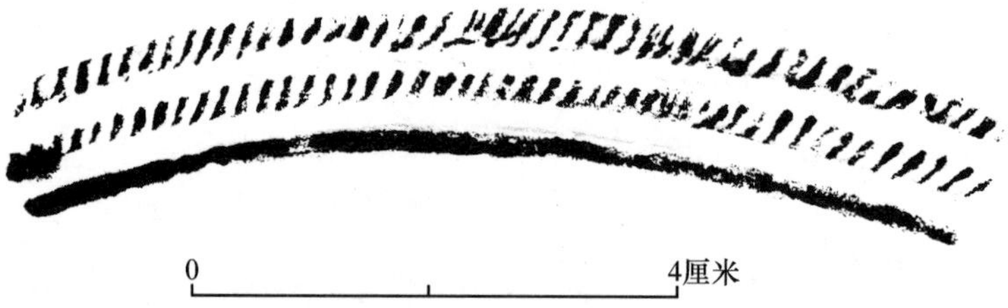

图四二〇　北朝至五代 E 型陶盆（TG1087 ④ a：2）口沿纹饰拓本

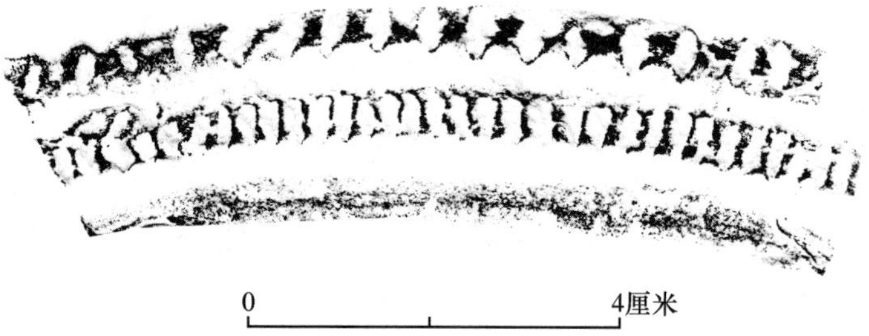

图四二一　北朝至五代 E 型陶盆（TG1084 ④ a：3）口沿纹饰拓本

标本 TG1084 ④ a：2，残。方唇，口沿处有一周凹槽。外壁饰暗弦纹。口径 28、残高 6、厚 0.7 ~ 0.9 厘米。

G 型　共 3 件，可复原 2 件。均为泥质灰陶。卷沿，侈口，斜腹，平底。

标本 TG1081H63：2，可复原。方唇。内壁及口沿饰暗弦纹。口径 37、底径 18.5、高 9、厚 0.6 ~ 1 厘米（图版六一，3）。

标本 TG1085 ④ a：14，可复原。方唇。内壁饰有暗弦纹。口径 35.5、底径 19、高 9.5、厚 0.4 ~ 0.6 厘米（图四二二；图版六一，4）。

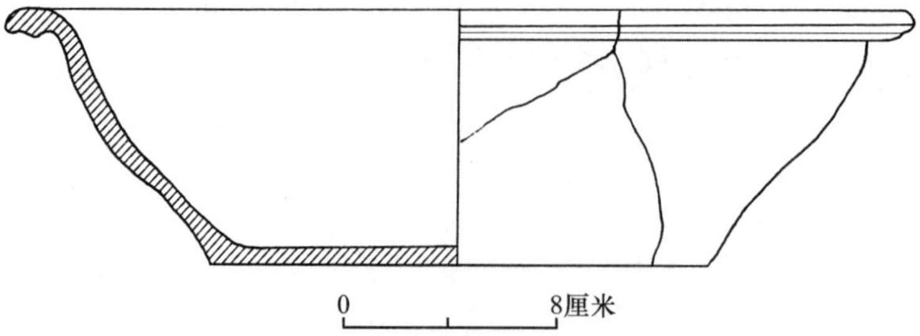

图四二二　北朝至五代 G 型陶盆（TG1085 ④ a：14）

标本 TG1094④a：4，残。方唇。内壁饰有暗弦纹；外壁饰有拉坯弦纹。口径 50、残高 7.5、厚 0.8 ~ 1 厘米。

3. 陶瓮

B 型Ⅱ式　共 1 件。

标本 TG1091④a：4，残。泥质灰陶。圆唇，敛口，圆肩，鼓腹。外壁饰有暗弦纹。口径 23、厚 0.4 ~ 1.6 厘米（图四二三；图版六一，5）。

4. 陶钵

A 型　共 3 件。均为泥质灰陶。平沿，弧腹。

标本 TG1081H62：2，残。方唇，外折平沿，侈口，斜弧腹。口沿上有两周凹槽，并饰锯齿纹。口径 13、残高 5.9、厚 0.5 ~ 0.7 厘米。

标本 TG1079H60：4，残。尖圆唇，外折平沿，敞口，弧腹。沿上饰有一周联珠纹。口径 13、厚 0.3 ~ 0.5 厘米（图四二四；图版六一，6）。

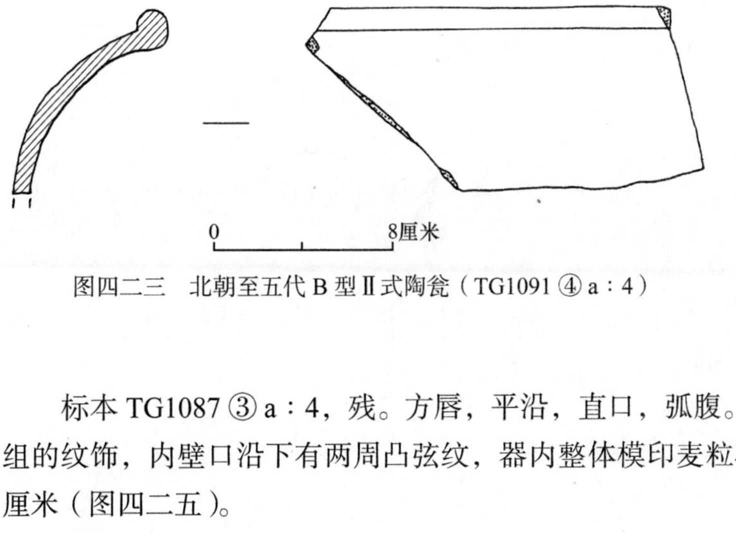

图四二三　北朝至五代 B 型Ⅱ式陶瓮（TG1091④a：4）

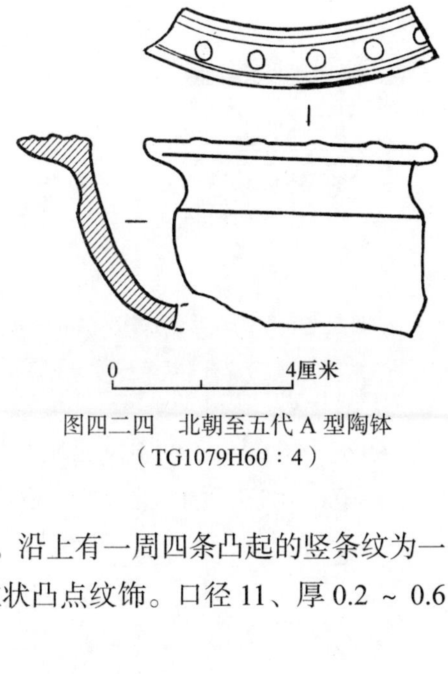

图四二四　北朝至五代 A 型陶钵（TG1079H60：4）

标本 TG1087③a：4，残。方唇，平沿，直口，弧腹。沿上有一周四条凸起的竖条纹为一组的纹饰，内壁口沿下有两周凸弦纹，器内整体模印麦粒状凸点纹饰。口径 11、厚 0.2 ~ 0.6 厘米（图四二五）。

5. 陶碾钵

共 2 件，均可复原。均为泥质红陶。圆唇，内折沿，敛口弧腹，饼形足。

标本 TG1096④a：5，内壁饰有戳点纹。口径 20、底径 8、高 6.3、厚 0.6 ~ 0.7 厘米（图版六一，7）。

标本 TG1085H67：4，内壁饰有数周锯齿纹。口径 15、底 8.5、高 8.4、厚 0.7 ~ 1.2 厘米（图四二六；图版六一，8）。

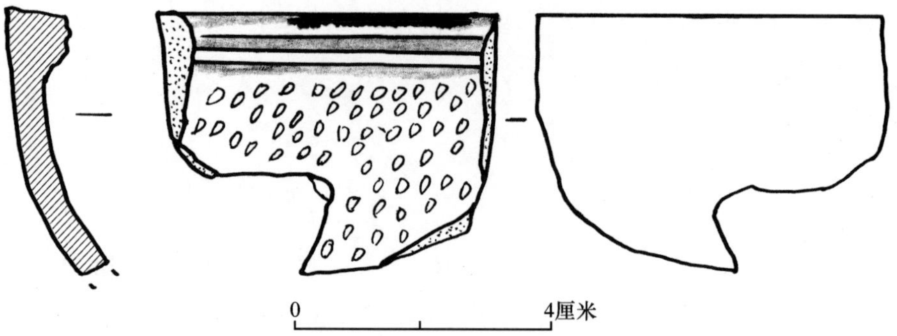

图四二五　北朝至五代A型陶钵（TG1087③a：4）

6. 陶碗

共2件，均可复原。

B型Ⅰ式　共1件。

标本TG1094⑤a：7，泥质灰陶。尖圆唇，侈口，折腹，玉璧形足。口径15.9、底径6、高6、厚0.7～0.9厘米（图四二七；图版六二，1）。

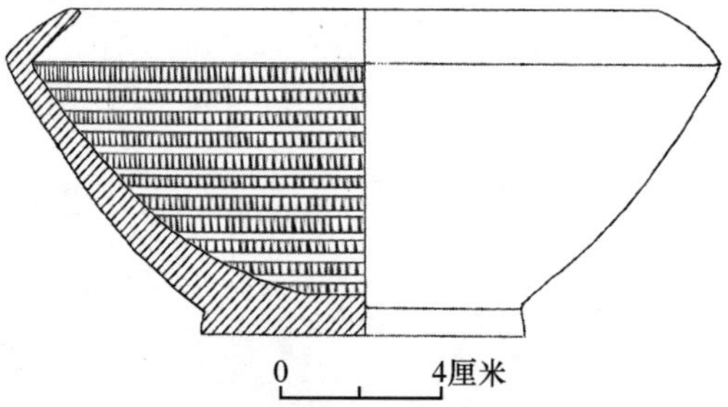

图四二六　陶碾钵（TG1085H67：4）

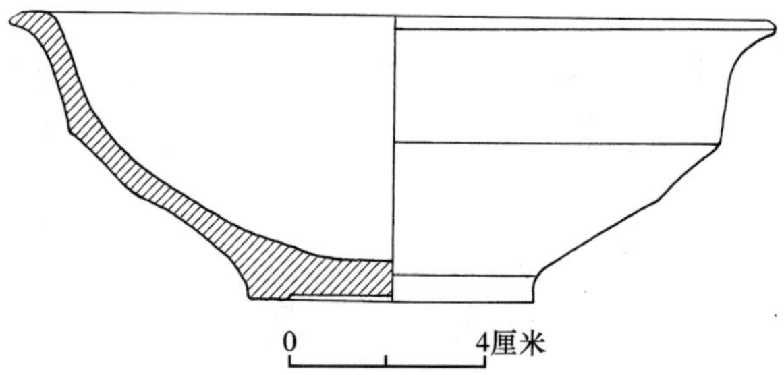

图四二七　北朝至五代B型Ⅰ式陶碗（TG1094⑤a：7）

B型Ⅱ式　共1件。

标本TG1094⑤a：8，泥质灰陶。圆唇，侈口，弧腹，平底。口径18.3、底径7.2、高8.2、厚0.8～1.1厘米（图四二八；图版六二，2）。

7. 陶盘

A型　共1件。

标本TG1079H60：3，残。泥质灰陶。含少量云母，平底，底部残存一个小锥状足。内底模印纹饰，由三周凸弦纹将纹饰分为三重，由外至内依次为联珠纹、竖向短线纹和莲花纹。底径7、残高2、厚0.4～0.6厘米（图四二九）。

8. 陶砚

A型　共2件。均为泥质灰陶。陶质细腻，“风”字形，正面磨光，砚底有足。

标本TG1090④a：2，残。正面可见使用时的磨痕，砚底有一锥形足。残长14、宽6.8、

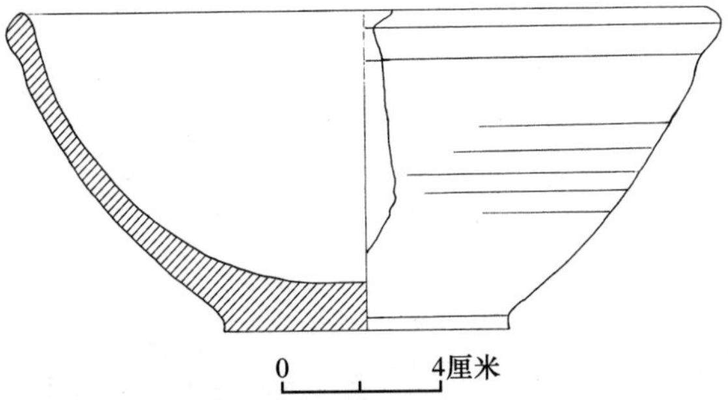

图四二八　北朝至五代B型Ⅱ式陶碗（TG1094⑤a：8）

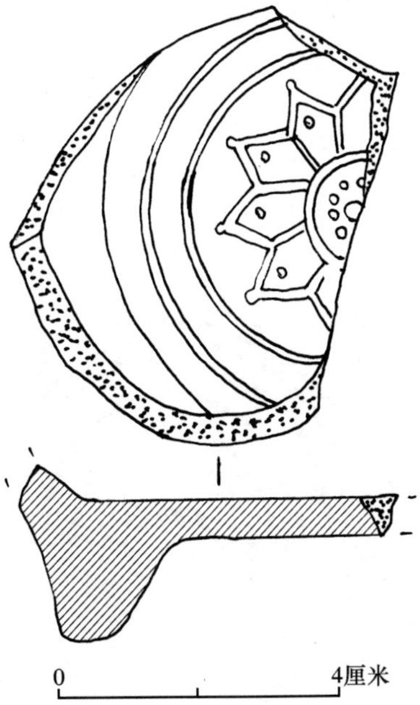

图四二九　北朝至五代A型陶盘（TG1079H60：3）

高4.5、厚0.9厘米（图四三〇；图版六二，3）。

标本TG1095④a：1，残。正面可见使用时的磨痕，砚底有一条形方足。残长9.4、宽6.1、高5.3、厚0.2～0.9厘米（图四三一；图版六二，4）。

9. 陶纺轮

共1件，可复原。

标本TG1092⑤a：3，可复原。泥质灰陶。倒锥形，中间有一穿孔，有数周凹弦纹。孔径1.2、底径5.4厘米（图四三二；图版六二，5）。

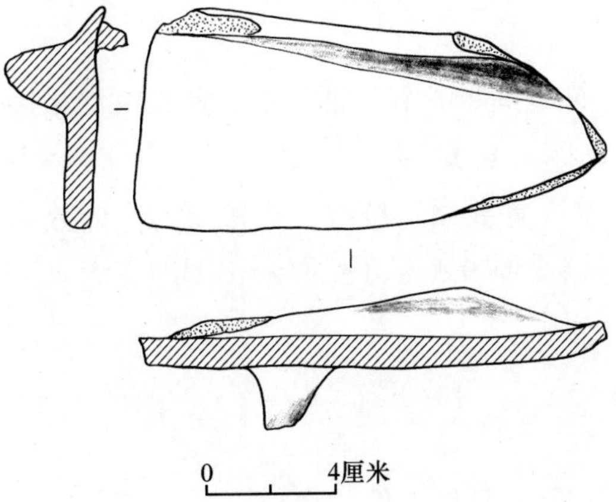

图四三〇　陶砚（TG1090④a：2）

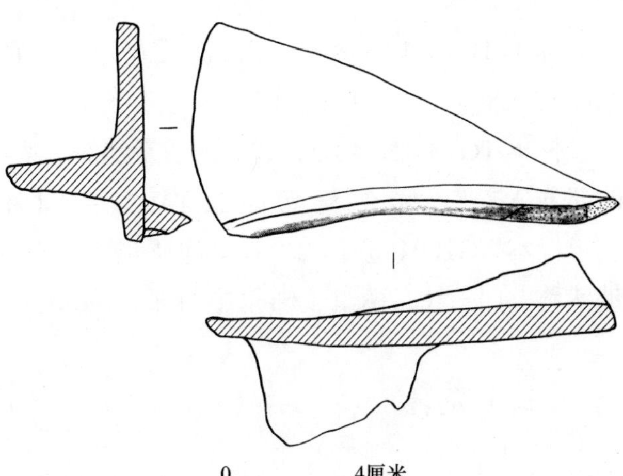

图四三一　陶砚（TG1095④a：1）

10. 陶扑满

共 1 件。

标本 TG1083④a：5，顶部残缺。泥质灰陶。溜肩，鼓腹，平底。肩部和腹部有数周凹弦纹，腹部偏下有一圆孔，底部有明显拉坯弦纹。底径 4.5、残高 8、厚 0.5 厘米（图四三三；图版六二，6）。

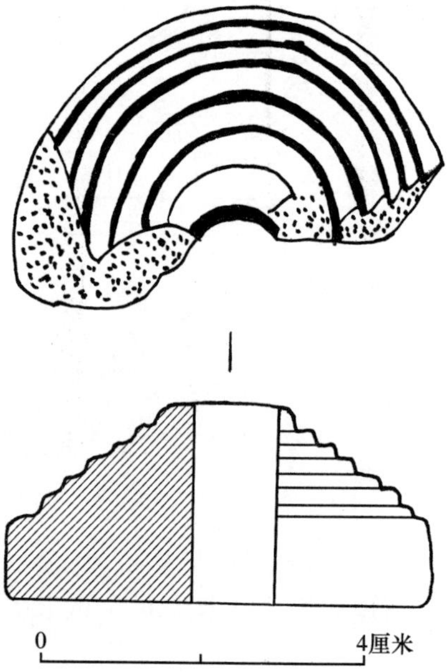

图四三二　陶纺轮（TG1092⑤a：3）

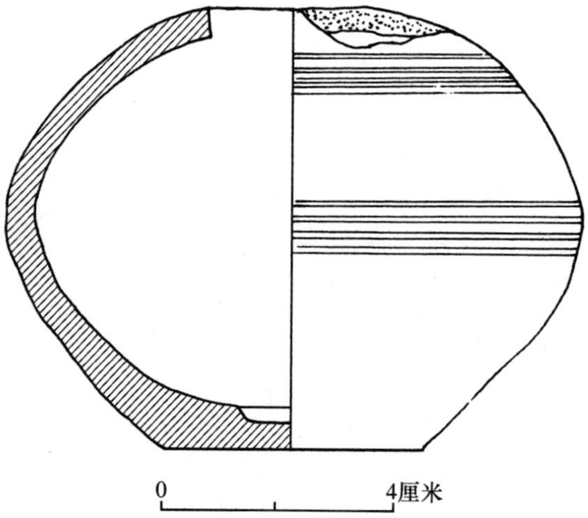

图四三三　陶扑满（TG1083④a：5）

11. 陶片

共 5 件。

标本 TG1092⑤a：2，残。泥质红陶。圆唇，侈口，弧腹。口径 14、厚 0.2 ~ 0.4 厘米。

标本 TG1079⑤a：2，残。泥质红陶。饼形足，足心内凹，内壁饰有黑彩。足径 8、厚 0.5 ~ 1.3 厘米。

标本 TG1081H63：1，残。泥质灰陶。平底，内底饰数周带状网格纹。残长 14.7、残高 2.5、厚 0.8 ~ 1.1 厘米（图四三四）。

标本 TG1081H64：5，残。泥质灰陶。平底。内底饰数周带状斜“回”纹，两组纹饰相接的部分被抹平。底径 18、残高 2、厚 0.6 ~ 1.1 厘米（图四三五）。

标本 TG1091⑤a：2，残。泥质灰陶。平底，外壁饰有数周瓦棱纹，内壁及内底饰数周带状斜“回”纹，两组纹饰相接的部分被抹平。足径 14、厚 0.6 ~ 1.9 厘米（图四三六）。

（三）瓷器

共出土遗物标本 34 件，其中瓷碗 20 件、瓷罐 3 件、瓷盘 1 件、瓷钵 2 件、瓷执壶 1 件、瓷碾钵 1 件和瓷片 6 件。

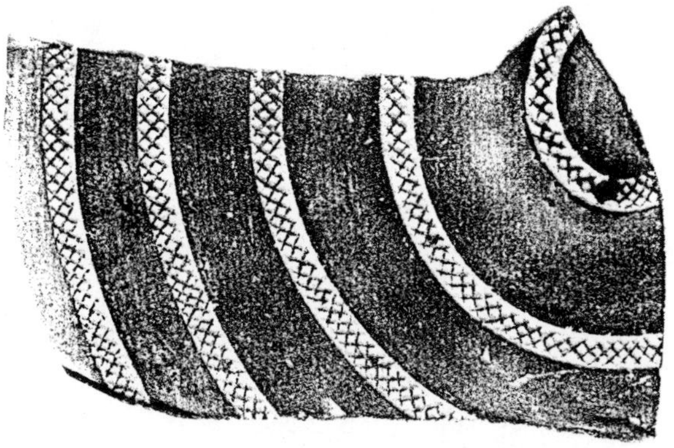

图四三四　陶片（TG1081H63：1）纹饰拓本

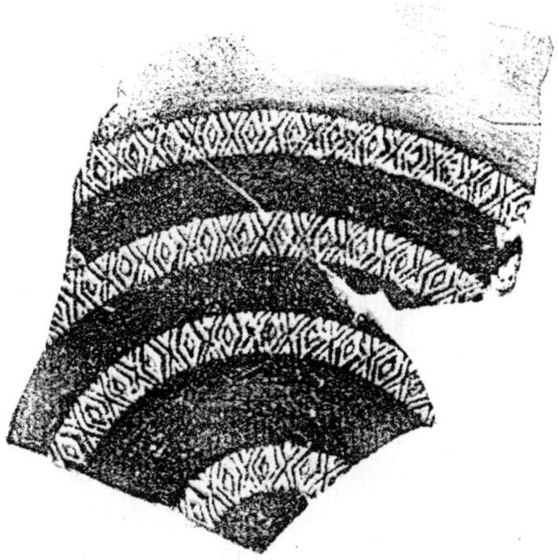

图四三五　陶片（TG1081H64：5）纹饰拓本

1. 瓷碗

共20件。

Ba型Ⅰ式　共6件，均可复原。饼形足。

标本TG1087④a：1，圆唇，侈口，斜弧腹。先施白色化妆土后施釉，内壁及口沿施釉，釉面有细小开片，且有流釉现象；釉色白中泛黄；胎色黄褐，胎质较粗。口径8.5、底径3.9、高3、厚0.4～0.5厘米（图四三七；图版六三，1）。

标本TG1088③a：2，尖圆唇，直口，斜弧腹。先施白色化妆土后施釉，内壁施满釉，外壁施釉不到底，且有流釉现象，釉面有细小开片；釉色白中泛青；胎色红褐，胎质较粗。口径约9.6、底径5、高3.1、厚0.4～0.6厘米（图版六三，2）。

图四三六　陶片（TG1091⑤a：2）纹饰拓本

标本TG1085④a：4，圆唇，侈口，斜腹。内外壁皆施满釉；釉色黄白；胎色黄白，胎质较粗。口径15.5、底径8、高4、厚0.7～0.9厘米（图四三八；图版六三，3）。

标本TG1082④a：1，圆唇，侈口，斜弧腹。内壁施满釉，外壁施釉不到底，口沿处釉面有细小开片；釉色白中泛黄；胎色黄白，胎质较粗。足径7、残长9.6、残高3.9、厚0.6～0.9厘米（图四三九；图版六三，4）。

标本TG1079③a：1，圆唇，侈口，深腹微弧。先施白色化妆土后施釉，内壁施满釉，外壁施釉不到底，釉面有细小开片，口沿有剥釉现象；釉色黄白；胎色黄白，胎质较粗。口径14、底径7、高4.6、厚0.6～0.9厘米（图四四〇；图版六三，5）。

标本TG1084③a：2，圆唇，侈口，斜弧腹。先施白色化妆土后施釉，内壁施满釉，外

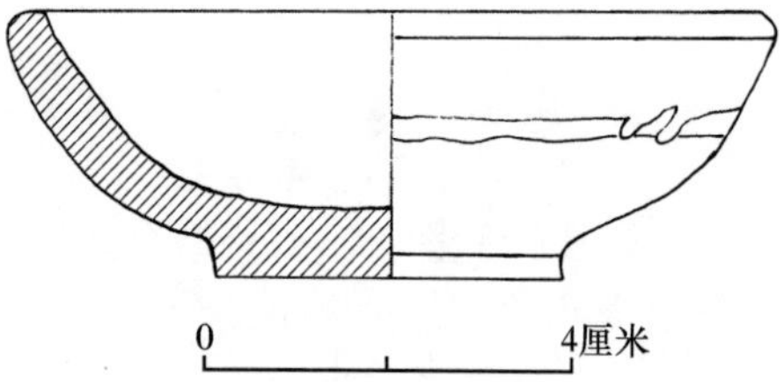

图四三七　北朝至五代 Ba 型Ⅰ式瓷碗
（TG1087 ④ a：1）

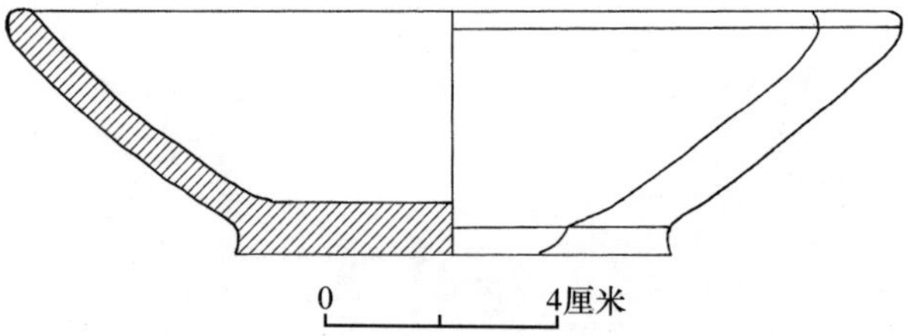

图四三八　北朝至五代 Ba 型Ⅰ式瓷碗
（TG1085 ④ a：4）

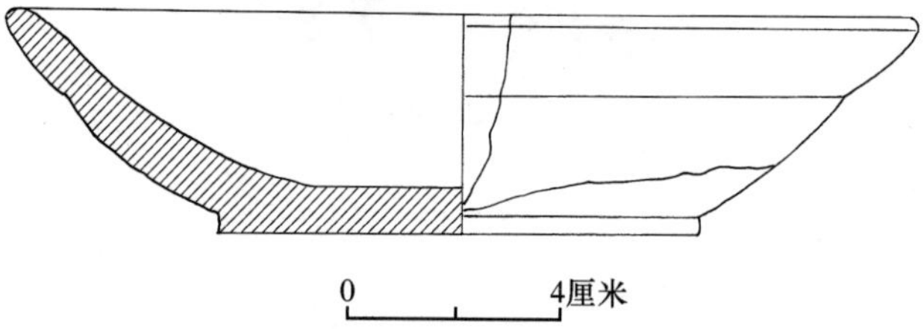

图四三九　北朝至五代 Ba 型Ⅰ式瓷碗
（TG1082 ④ a：1）

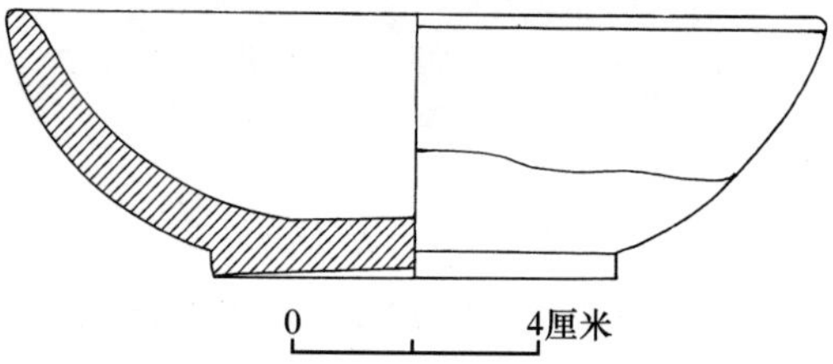

图四四〇　北朝至五代 Ba 型Ⅰ式
瓷碗（TG1079 ③ a：1）

壁仅口沿施釉，釉面有细小开片；釉色黄白，胎色黄白，胎质较粗。口径 13.4、底径 6.5、高 3.2、厚 0.4 ~ 0.6 厘米（图四四一；图版六三，6）。

Ba 型Ⅱ式　共 1 件。

标本 TG1094 ⑤ a：1，可复原。圆唇，侈口，斜腹，玉璧底足。内壁施满釉，外壁仅口沿施釉，釉面有细小开片；釉色白中泛青；胎色黄白，胎质较粗。口径 12.8、底径 4.8、高 3.5、厚 0.4 ~ 0.7 厘米（图四四二；图版六四，1）。

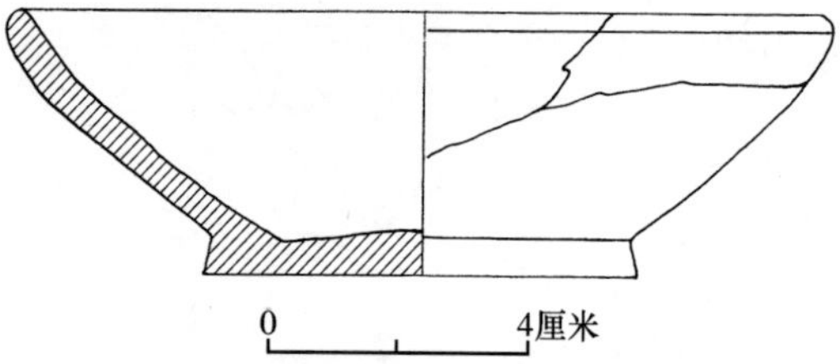

图四四一　北朝至五代 Ba 型Ⅰ式瓷碗
（TG1084 ③ a：2）

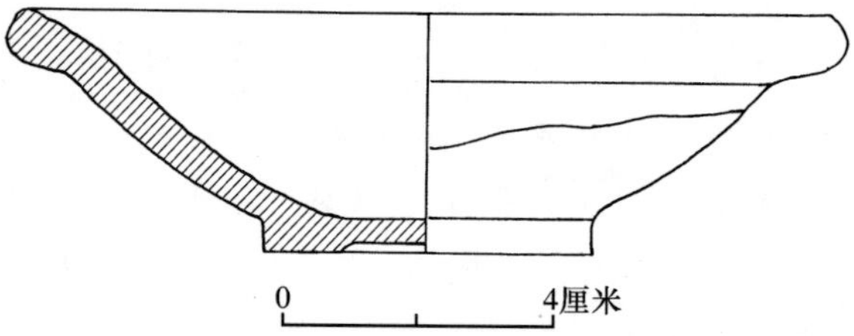

图四四二　北朝至五代 Ba 型Ⅱ式瓷碗
（TG1094 ⑤ a：1）

Ba 型Ⅲ式　共 5 件，均可复原。侈口，圈足。

标本 TG1096 ④ a：6，圆唇，斜弧腹，窄圈足。除圈足外皆施满釉；釉色白中泛黄；胎色灰白，胎质较细。口径 13.4、底径 5.3、高 4.5、厚 0.4 ~ 0.8 厘米（图版六四，2）。

标本 TG1090 ④ a：3，圆唇，斜弧腹，宽圈足。内壁施满釉，外壁施釉不到底；釉色白中泛黄，胎色黄白，胎质较粗。口径 15.4、底径 6.1、高 6、厚 0.3 ~ 0.5 厘米（图四四三；图版六四，3）。

标本 TG1084 ③ a：10，尖圆唇，斜弧腹，宽圈足。内壁施满釉，外壁施釉不到底；釉色白中泛黄；胎色黄灰，胎质较细。口径 19.5、足径 7.5、高 6.8、厚 0.3 ~ 0.6 厘米（图四四四；图版六四，4）。

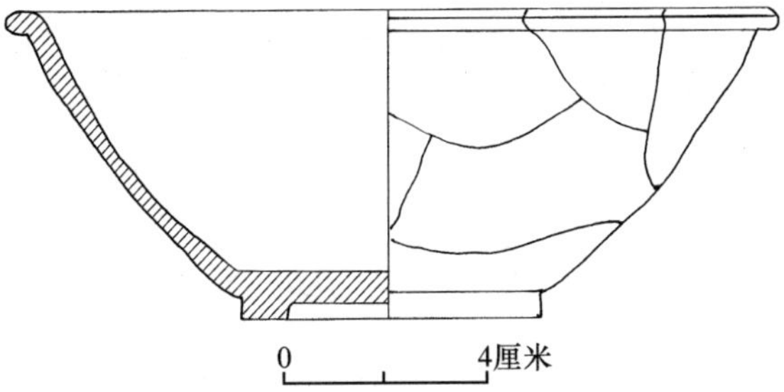

图四四三　北朝至五代 Ba 型Ⅲ式瓷碗
（TG1090④a：3）

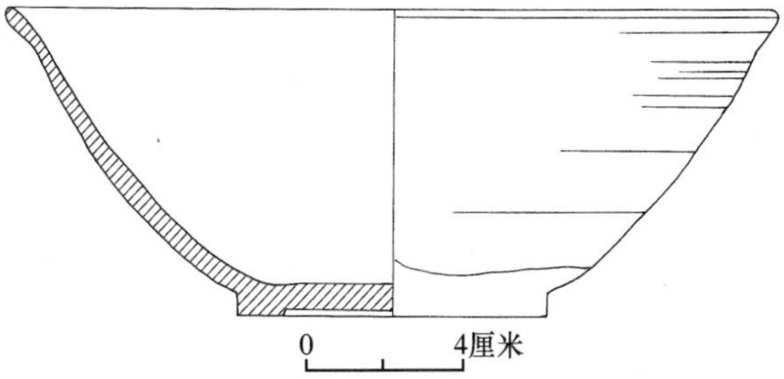

图四四四　北朝至五代 Ba 型Ⅲ式瓷碗
（TG1084③a：10）

标本 TG1091③a：1，圆唇，斜弧腹，窄圈足外斜削，足心微凸。口缘作花瓣形，外腹上腹部与花瓣口对应处有竖向压印痕，碗内腹沿花瓣口凸起有直棱，碗心较平。内壁施满釉，外壁施釉不到底；釉色白中泛青，胎色灰白，胎质较细。口径 17.4、底径 6.9、高 6.6、厚 0.3 ~ 0.5 厘米（图四四五；图版六四，5）。

标本 TG1080④a：1，尖圆唇，斜弧腹有曲，宽圈足，足心微凸。口缘作五瓣花口状。内壁施满釉，外壁施釉不到底；釉色白中泛青；胎色灰白，胎质较细。口径 19.6、底径 8、高 8.2、厚 0.4 ~ 0.7 厘米（图四四六；图版六四，6）。

Bb 型Ⅰ式　共 3 件，均可复原。圆唇，侈口，饼形足。

标本 TG1084③a：1，斜腹有折。内壁施满釉，釉色白中泛黄，外壁施釉至足部，釉色黑褐；胎色灰白，胎质较细。口径 13.7、底径 6.7、高 3.2、厚 0.4 ~ 0.7 厘米（图四四七；图版六五，1）。

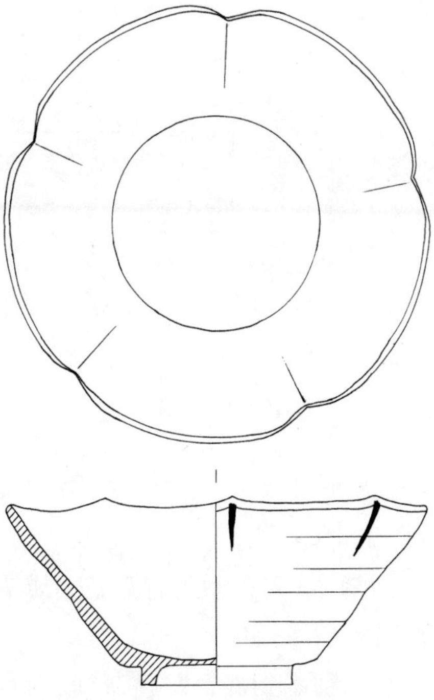

图四四五　北朝至五代 Ba 型Ⅲ式瓷碗
（TG1091③a：1）

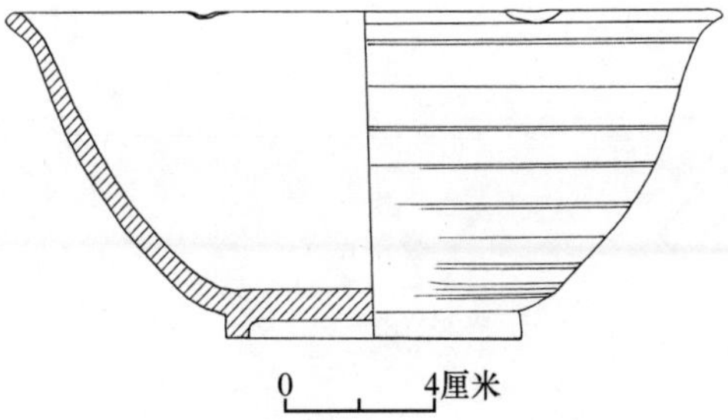

图四四六　北朝至五代 Ba 型Ⅲ式瓷碗
（TG1080④a：1）

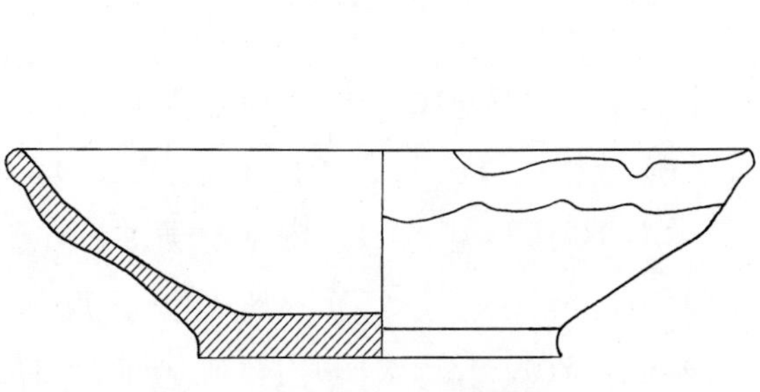

图四四七　北朝至五代 Bb 型Ⅰ式瓷碗
（TG1084③a：1）

标本 TG1082⑤a：1，斜弧腹。内壁及口沿施满釉，釉色黄白；外壁施釉至足部，釉色红褐；胎色黄白，胎质较粗。口径 12、底径 6.3、高 4.6、厚 0.7 ~ 1.1 厘米（图四四八；图版六五，2）。

标本 TG1084③a：3，斜弧腹。内壁及口沿施满釉，釉色黄白，外壁施釉至足部，釉色黑亮；胎色黄白，胎质较粗。口径 12、底径 5.6、高 3、厚 0.5 ~ 0.6 厘米（图四四九；图版六五，3）。

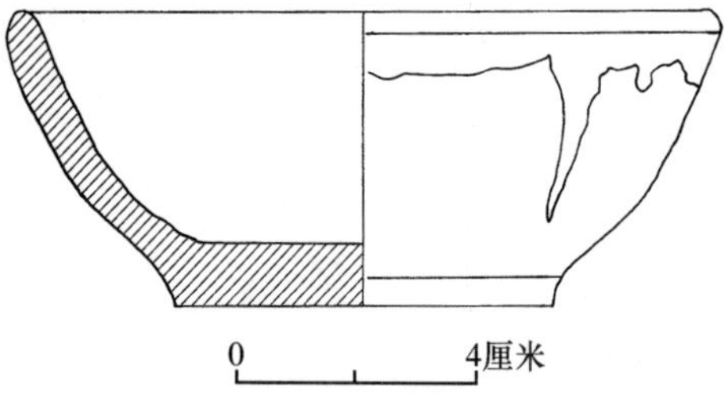

图四四八　北朝至五代 Bb 型Ⅰ式瓷碗（TG1082⑤a：1）

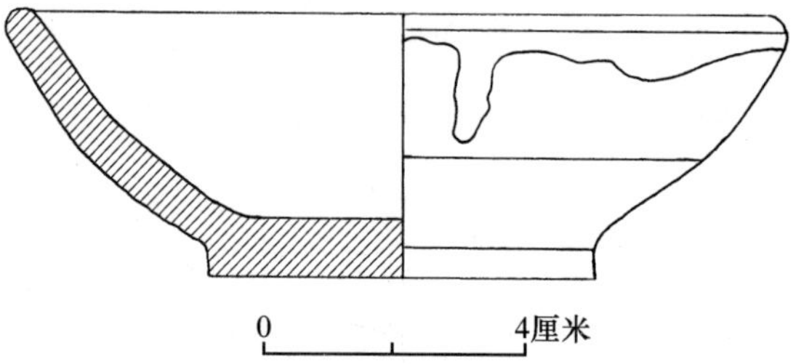

图四四九　北朝至五代 Bb 型Ⅰ式瓷碗（TG1084③a：3）

Bc 型　共 5 件，均可复原。圆唇，侈口，弧腹，平底。

标本 TG1097④a：1，内壁施满釉，口沿未施釉，外壁施釉不到底，且有流釉现象；釉色黑褐；胎色黄褐，胎质较粗。口径 11.3、底径 5.4、高 3.3、厚 0.7 ~ 1 厘米（图四五〇；图版六五，4）。

标本 TG1096④a：1，内壁施满釉，外壁施釉不到底，且有流釉现象；釉色灰褐；胎色红褐，胎质较粗。口径 11.4、底径 5.2、高 3.3、厚 0.6 ~ 1.2 厘米（图四五一；图版六五，5）。

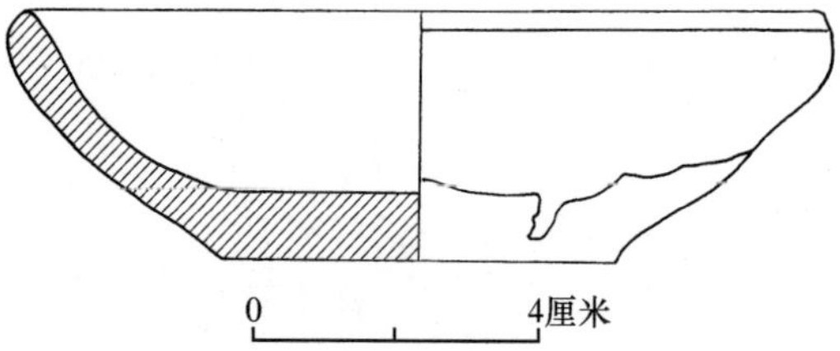

图四五〇　北朝至五代 Bc 型瓷碗（TG1097④a：1）

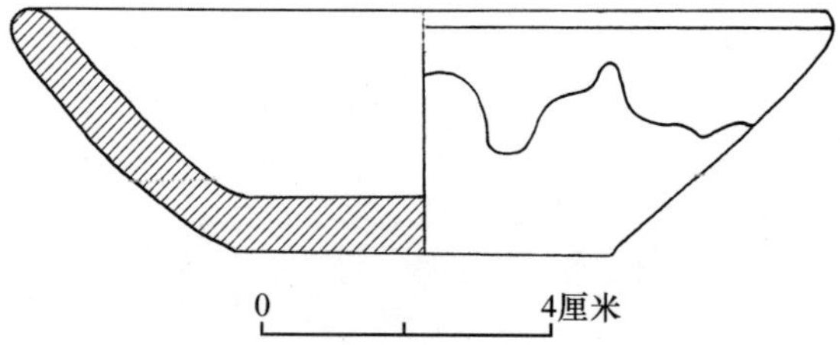

图四五一　北朝至五代 Bc 型瓷碗（TG1096④a：1）

标本 TG1093④a：1，内壁施满釉，口沿未施釉，外壁施釉不到底；釉色黄褐；胎色红褐，胎质较粗。口径 10、底径 4.1、高 3、厚 0.5 ~ 0.6 厘米（图版六五，6）。

标本 TG1088③a：1，内壁施满釉，外壁施釉不到底；釉色灰褐；胎色青灰，胎质较粗。口径 10.6、底径 5.1、高 3.2、厚 0.4 ~ 1 厘米（图四五二；图版六六，1）。

标本 TG1092③a：1，内壁施满釉，口沿未施釉，外壁施釉不到底；釉色灰褐；胎色黄白，胎质较粗。口径 11.5、底径 6、高 3.6、厚 0.4 ~ 0.7 厘米（图版六六，2）。

2. 瓷罐

Aa 型　共 3 件。敛口，圆肩，鼓腹。

标本 TG1085④a：2，残。圆唇，内折沿。外壁口沿下有一周凹槽。内壁施满釉，外壁施釉不到底，釉面有细小开片；釉色白中泛黄；胎色灰黄，胎质较粗。口径 10、残高 4.3、厚 0.5 厘米（图四五三；图版六六，3）。

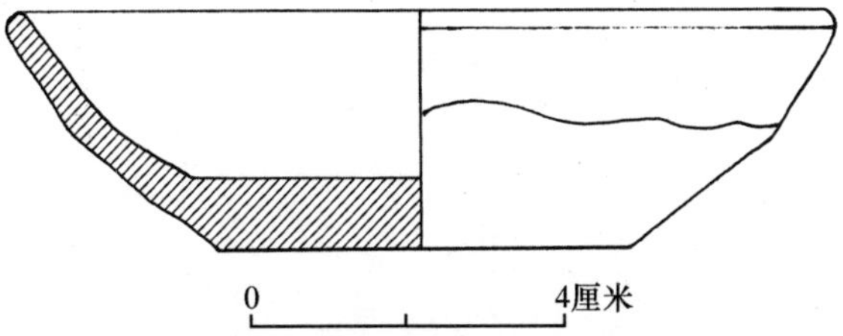

图四五二　北朝至五代 Bc 型瓷碗（TG1088③a：1）

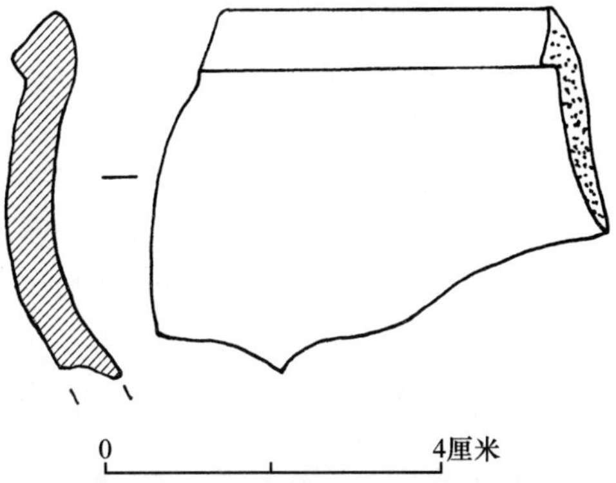

图四五三　北朝至五代 Aa 型瓷罐（TG1085④a：2）

标本 TG1079H60：2，残。圆唇，内折沿。内外壁皆施满釉，釉面有细小开片；釉色黄褐；胎色黑灰，胎质较粗。口径 10、厚 0.4 ~ 0.9 厘米。

标本 TG1079H60：1，残。尖圆唇。内壁施满釉，外壁施釉不到底，且有流釉现象；釉色白中泛黄；胎色灰黄，胎质较粗。口径 12、厚 0.2 ~ 0.6 厘米。

3. 瓷盘

Ba 型　共 1 件，可复原。

标本 TG1084③a：4，尖圆唇，侈口，斜弧腹，圈足外撇。口缘做花口状。内壁施满釉，外壁施釉至足部；釉色白中泛青；胎色灰白，胎质较细。口径 18.3、底径 8.9、高 4.1、厚 0.4 ~ 0.6 厘米（图四五四；图版六六，4）。

4. 瓷钵

共 2 件。

A 型　共 1 件。

标本 TG1091④a：2，残。圆唇，敞口，口沿下有一周凹槽。外壁有数周拉坯弦纹。内外均施满釉；釉色青灰；胎色洁白，胎质较细。口径 28、残高 6.5、厚 0.2 ~ 0.5 厘米（图版六六，5）。

B 型　共 1 件。

标本 TG1088④a：1，残。尖圆唇，内折沿，敛口，口沿下有一周凸棱，棱上捏有一周花边纹饰。内外壁皆施满釉，釉面有细小开片；釉色白中泛黄；胎色黄白，胎体较粗。口径 13、残高 3.5、厚 0.3 ~ 0.5 厘米（图四五五；图版六六，6）。

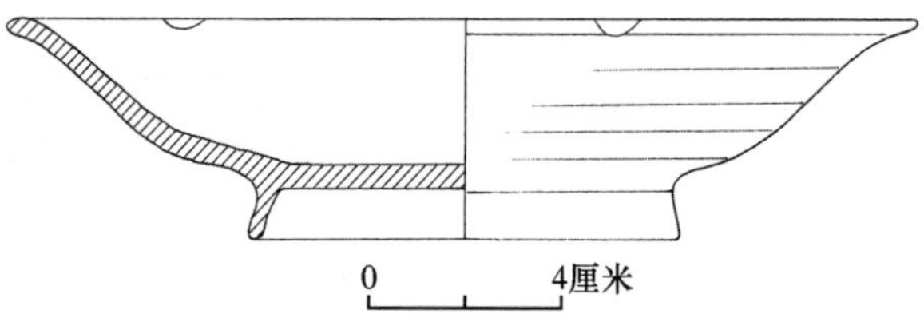

图四五四　北朝至五代 Ba 型瓷盘（TG1084 ③ a：4）

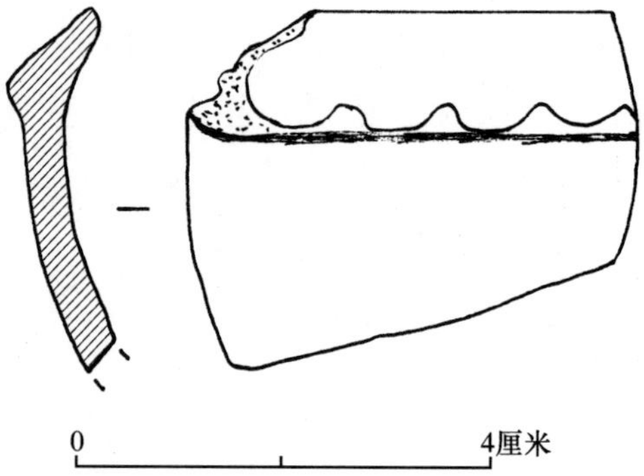

图四五五　北朝至五代 B 型瓷钵（TG1088 ④ a：1）

5. 瓷执壶

共 1 件。

标本 TG1090 ⑤ a：2，口残。溜肩，弧腹，饼形足。肩部有一执柄，对称处有一流，执柄上有三周凹槽，腹部呈瓜棱状。外壁施釉不到底；釉色白中泛青；胎色灰白，胎质较细。底径 2.4、残高 5.6 厘米（图四五六；图版六七，1）。

6. 瓷碾钵

共 1 件。

标本 TG1084 ④ a：10，可复原。圆唇，侈口，斜腹较浅，饼形足，足心内凹。内壁刻划深篦纹，未施釉，口沿施釉，外壁施釉不到底；釉色白中泛青；胎色青灰，胎质较粗。口径 14.5、底径 7、高 2、厚 0.4 ~ 0.8 厘米（图四五七；图版六七，2）。

7. 瓷片

共 6 件。

标本 TG1091 ④ a：1，瓷碗残底。圈足外斜削，足心微凸，足底刻“晋”字。内壁施满釉，外壁施釉至圈足；釉色白中泛青；胎色灰白，胎质较粗。足径 8、厚 0.7 ~ 1.2 厘米（图四五八）。

标本 TG1083 ③ a：1，残口。圆唇，敛口。内外壁皆施满釉。釉色黑褐；胎色黄白，胎质较粗。口径 4、残高 3.5、厚 0.2 ~ 0.5 厘米（图四五九）。

标本 TG1087 ③ a：1，瓷杯残片。圆唇，侈口，弧腹。内外壁皆施满釉；釉色白中泛青；胎色洁白，胎质较细。口径 13、厚 0.2 ~ 0.3 厘米。

标本 TG1085 ④ a：1，瓷碗残底。玉璧底足。内壁施满釉，外壁施釉不到底；釉色洁白莹润；胎色洁白，胎质较细。足径 6、残高 4.1、厚 0.2 ~ 0.6 厘米（图四六〇）。

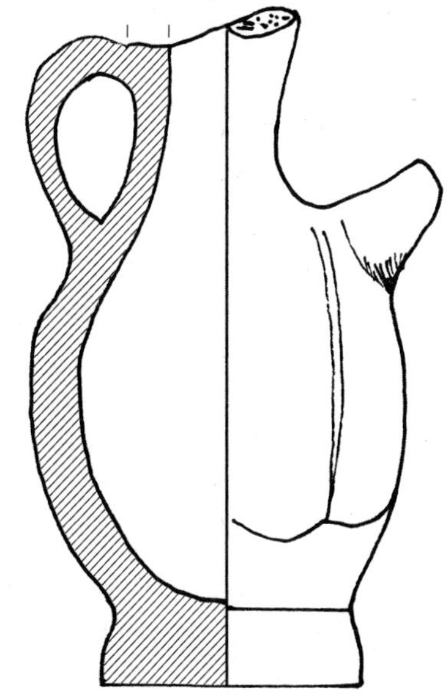

图四五六　瓷执壶（TG1090⑤a：2）

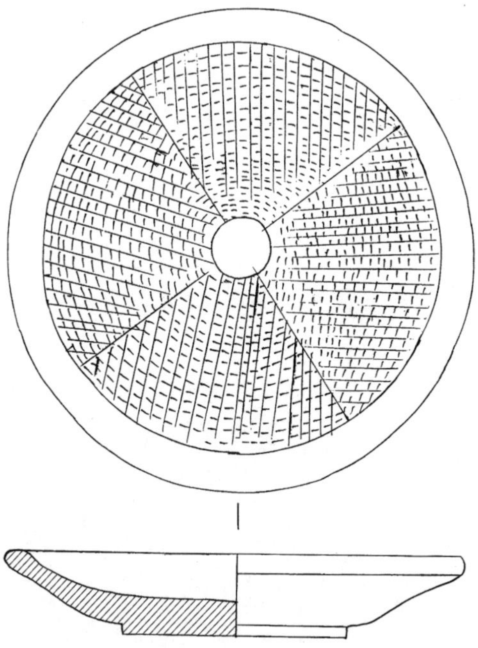

图四五七　瓷碾钵（TG1084④a：10）

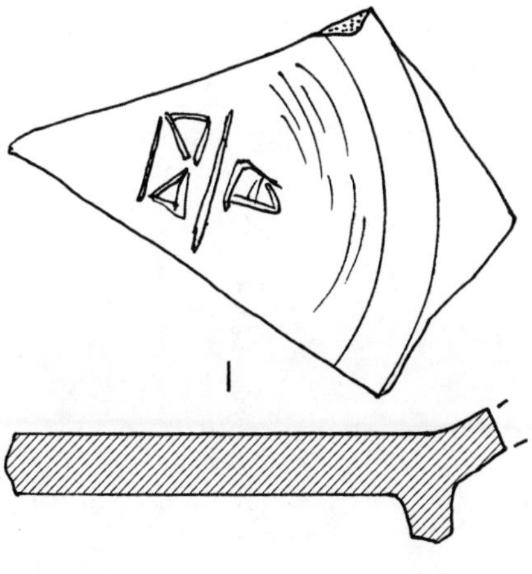

图四五八　瓷片（TG1091④a：1）

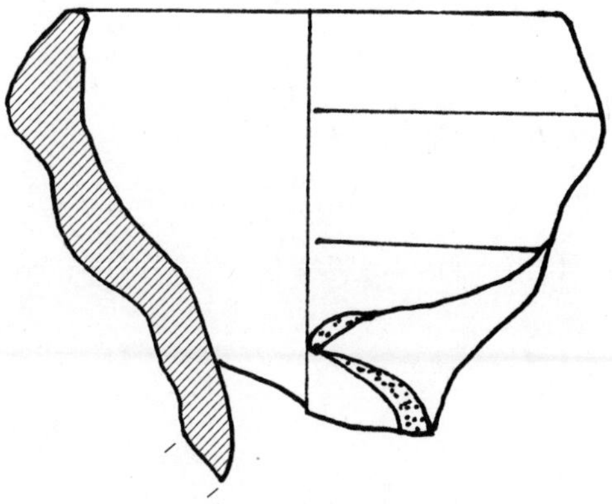

图四五九　瓷片（TG1083③a：1）

标本TG1092④a：1，残底。宽圈足。内外壁均施满釉，外壁釉色灰褐，内壁釉色白中泛青；胎色青灰，胎质较粗。残高5.1、厚0.4～1.4厘米。

标本TG1093④a：2，瓷碾钵残底。平底，内底较圆。内壁饰数周带状戳印条纹。内壁未施釉，外壁施釉至足部；釉色青灰；胎色红褐，胎质较粗，含有细沙粒。底径9、残高3.2、厚0.7～0.9厘米（图四六一、图四六二）。

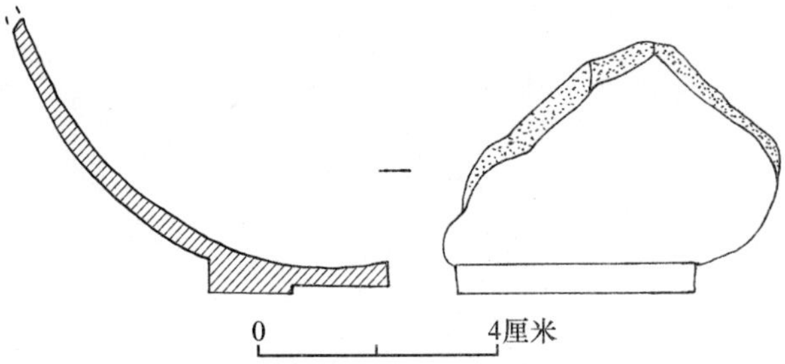

图四六〇　瓷片（TG1085④a：1）

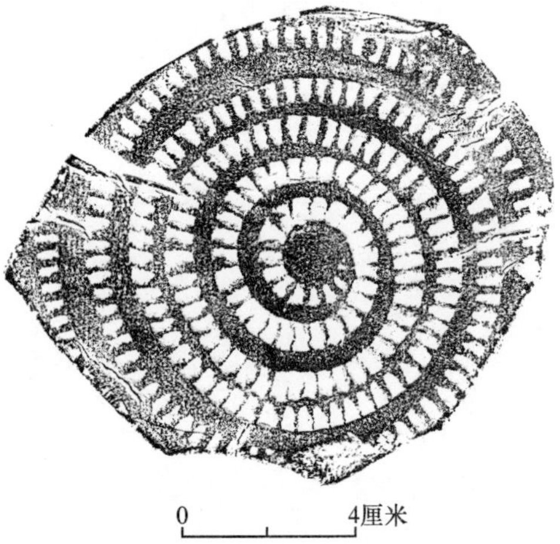

图四六一　瓷片（TG1093④a：2）纹饰拓本

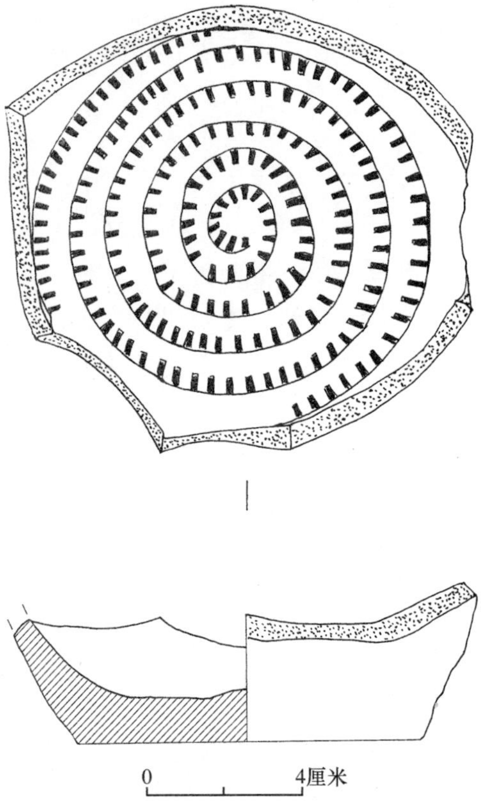

图四六二　瓷片（TG1093④a：2）

（四）釉陶器

共出土标本遗物4件。其中有釉陶碗3件和釉陶罐1件。

1. 釉陶碗

共3件。

A型　共2件，可复原1件。

标本TG1094④a：1，圆唇，侈口，弧腹，饼形足。内壁及外壁口沿施釉；釉色黄褐；胎色红褐，胎质较粗。口径10.5、底径4.9、高3.2、厚0.7～1.3厘米（图四六三；图版六七，3）

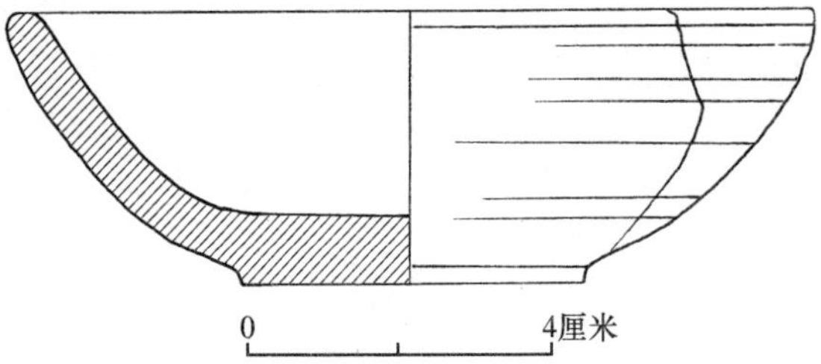

图四六三　北朝至五代A型釉陶碗（TG1094④a：1）

标本TG1085④a：3，残。圆唇，侈口。内外壁皆施满釉；釉色黄绿；胎色红褐，胎质较粗。残长6.7、残高2.7、厚0.4～0.6厘米。

B型　共1件。

标本TG1093③a：1，残。方唇，侈口。外壁口沿及内壁施釉；釉色翠绿；胎色红褐，胎质较粗。口径 12、厚 0.5 ~ 0.6 厘米。

2. 釉陶罐

共 1 件。

标本 TG1082⑤a：2，残。圆唇，敛口。外壁口沿下有一凹槽。内外壁皆施满釉，有剥釉现象；釉色翠绿；胎色黄褐，胎质较粗。残长 5.5、残高 2.3、厚 0.4 ~ 0.6 厘米（图版六七，4）。

（五）三彩器

三彩盘　共 1 件。

标本 TG1083③a：2，可复原。圆唇，侈口，斜弧腹较浅，平底。口缘作花瓣形，外壁上腹部与花瓣口对应处有竖向压印痕，内壁沿花瓣口凸起有直棱，内壁模印菱形纹和花卉纹。内外壁皆施满釉，釉色有白、黄、绿三色；胎色洁白，胎质较细。口径 13.6、底径 9、高 2、厚 0.2 ~ 0.4 厘米（图四六四；图版六七，5）

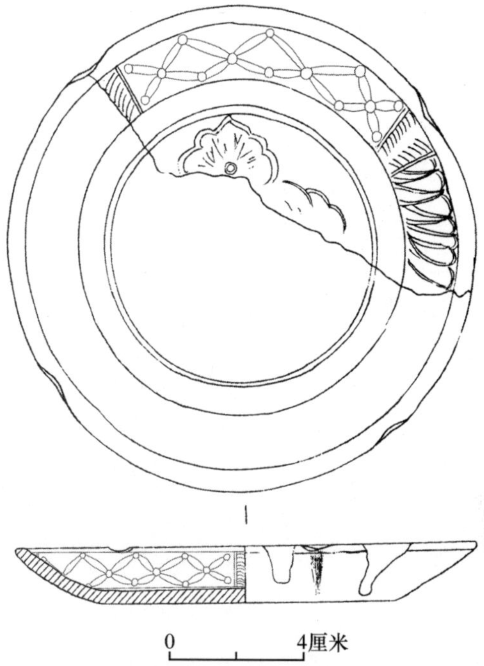

图四六四　三彩盘
（TG1083③a：2）

（六）其他

共出土标本遗物 42 件，其中有残碑 25 块、石造像 1 件、石条形器 1 件、铜器 2 件、铜钱 5 件、坩埚 8 件。

1. 残碑

共 25 块，其中 22 块刻有文字。均为青石质地。

标本 TG1097H79：1，残。碑面极为光滑平整，阴刻辐状线形纹。残长 5.5、残宽 4、残厚 2.5 厘米（图四六五）。

标本 TG1097H79：2，残。字残存 1 行，共计 1 字，阴刻楷书字体。为原碑之右边部分，碑面极为光滑平整，碑边角磨平呈菱形状，一边空白一边刻字，字距边 1 厘米。残长 9.5、残宽 7、残厚 7.2 厘米（图四六六）。释文：

敕

标本 TG1097H79：3，残。字残存 1 行，共计 1 字，阴刻楷书字体。碑面极为光滑平整。残长 4.5、残宽 3.2、残厚 4 厘米（图四六七）。释文：

□

图四六五　残碑
（TG1097H79：1）纹饰拓本

图四六六　残碑
（TG1097H79：2）碑文拓本

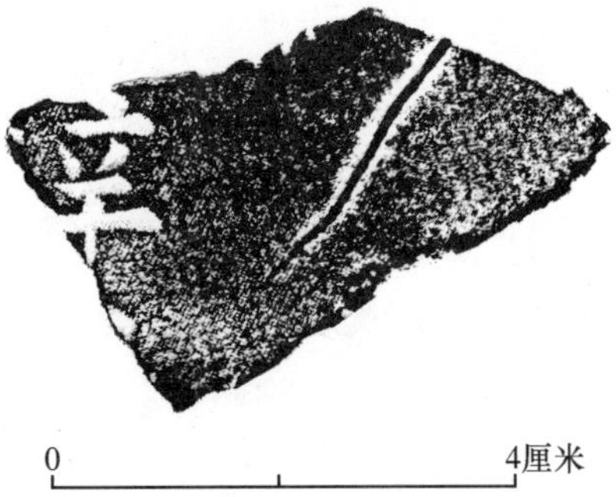

图四六七　残碑
（TG1097H79：3）碑文拓本

标本 TG1097H79：4，残。字残存 2 行，共计 3 字，整字 1 个，阴刻楷书字体。碑面极为光滑平整。残长 7.5、残宽 8.5、残厚 3.7 厘米（图四六八）。释文：

辟□

□

标本 TG1097H79：5，残。字残存 2 行，共计 4 字，整字 3 个，阴刻楷书字体。碑面极为光滑平整。残长 11、残宽 11.5、残厚 4 厘米（图四六九）。释文：

□攀

五三

标本 TG1097H79：6，残。字残存 2 行，共计 5 字，整字 2 个，阴刻楷书字体。碑面极为光滑平整。残长 10、残宽 8.3、残厚 11.5 厘米（图四七〇）。释文：

氏□

荡□

□

图四六八　残碑
（TG1097H79：4）碑文拓本

图四六九　残碑
（TG1097H79：5）碑文拓本

图四七〇　残碑
（TG1097H79：6）碑文拓本

标本 TG1097H79∶7，残。字残存 3 行，共计 5 字，整字 1 个，阴刻楷书字体。碑面极为光滑平整。残长 10.7、残宽 7、残厚 6.5 厘米（图四七一）。释文：

□

□帝

□□

标本 TG1097H79∶8，残。字残存 3 行，共计 3 字，整字 2 个，阴刻楷书字体。碑面极为光滑平整。残长 4.5、残宽 13、残厚 8.5 厘米（图四七二）。释文：

□根若

标本 TG1097H79∶9，残。字残存 2 行，共计 4 字，整字 1 个，阴刻楷书字体。碑面极为光滑平整。残长 5、残宽 5.5、残厚 5.6 厘米（图四七三）。释文：

□为

□□

图四七一 残碑（TG1097H79∶7）碑文拓本

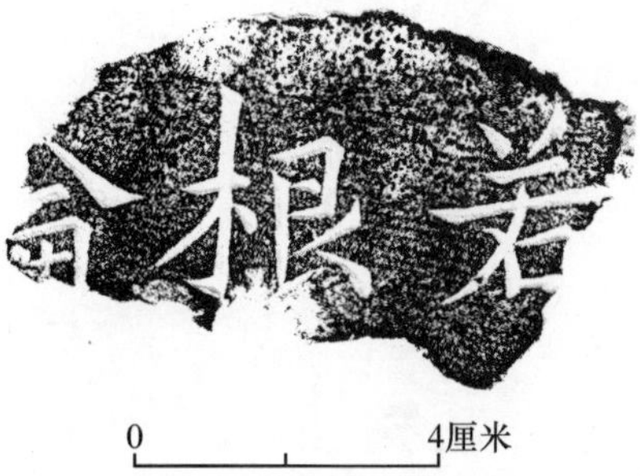

图四七二 残碑（TG1097H79∶8）碑文拓本

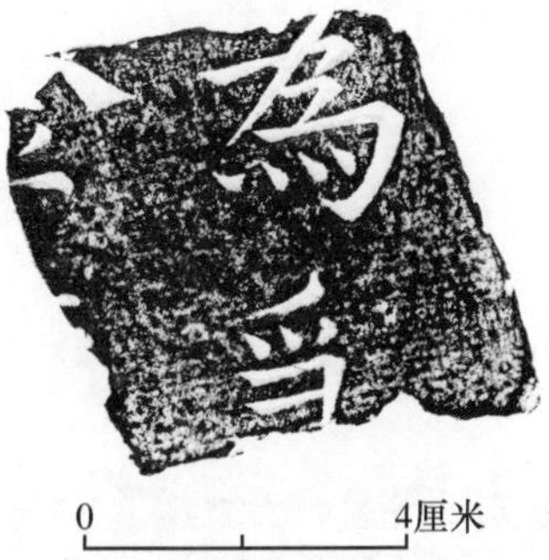

图四七三 残碑（TG1097H79∶9）碑文拓本

标本 TG1097H79∶10，残。字残存 2 行，共计 3 字，整字 1 个，阴刻楷书字体。碑面极为光滑平整。残长 4.2、残宽 9、残厚 1.6 厘米（图四七四）。释文：

连

□□

标本 TG1097H79∶11，残。字残存 1 行，共计 1 字，阴刻楷书字体。碑面极为光滑平整。残长 5、残宽 3.5、残厚 7.5 厘米（图四七五）。释文：

际

标本 TG1097H79∶12，残。字残存 1 行，共计 2 字，阴刻楷书字体。碑面极为光滑平整。残长 4.5、残宽 5、残厚 2 厘米（图四七六）。释文：

门

□

标本 TG1097H79∶13，残。字残存 2 行，共计 3 字，均为残字，阴刻楷书字体。碑面极为光滑平整。残长 4.5、残宽 6.8、残厚 6 厘米（图四七七）。释文：

□□

□

图四七四　残碑
（TG1097H79：10）碑文拓本

图四七五　残碑
（TG1097H79：11）碑文拓本

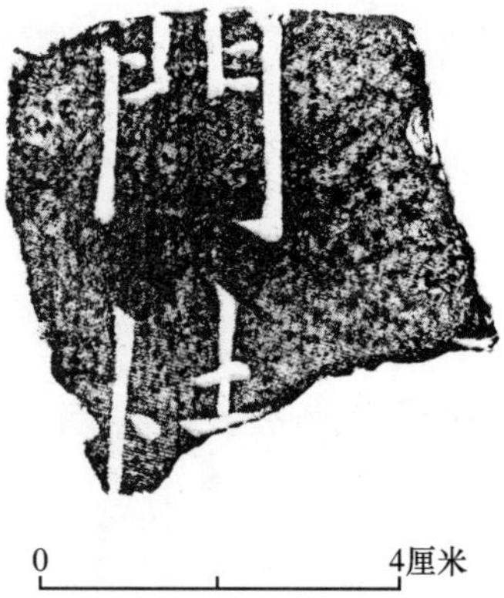

图四七六　残碑
（TG1097H79：12）碑文拓本

标本 TG1097H79：14，残。字残存 2 行，共计 3 字，整字 2 个，阴刻楷书字体。碑面极为光滑平整。残长 7.3、残宽 7、残厚 8 厘米（图四七八）。释文：

诸

苦□

标本 TG1097H79：15，残。碑面极为光滑平整，阴刻圆圈内“十”字纹。残长 8、残宽 6.3、残厚 5.7 厘米（图四七九）。

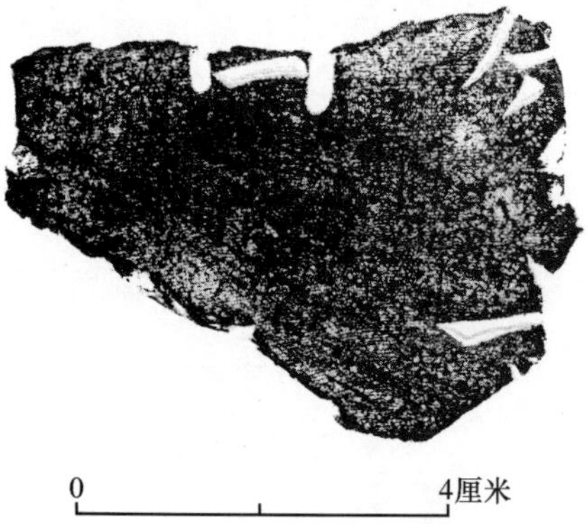

图四七七　残碑
（TG1097H79：13）碑文拓本

图四七八　残碑
（TG1097H79：14）碑文拓本

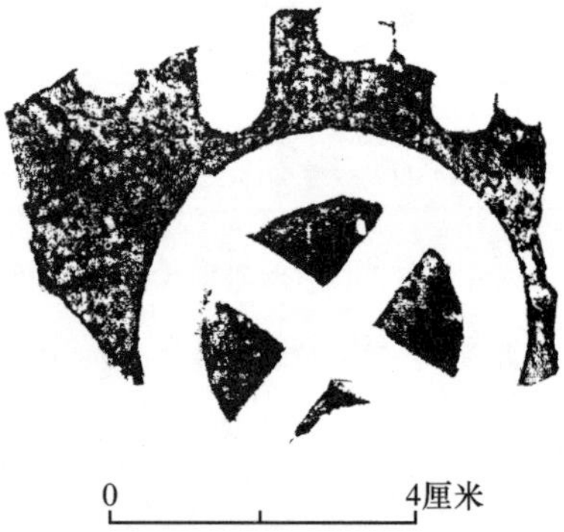

图四七九　残碑
（TG1097H79：15）纹饰拓本

标本 TG1097H79：16，残。字残存 3 行，共计 5 字，整字 3 个，阴刻楷书字体。碑面极为光滑平整。残长 7、残宽 8、残厚 2.3 厘米（图四八〇）。释文：

□庆

险盛□

标本 TG1097H79：17，残。字残存 3 行，共计 4 字，整字 3 个，阴刻楷书字体。为原碑之上边部分，碑边角磨平呈菱形状，一边空白且粗糙并有明显凿刻痕迹，一边刻字且光滑平整，字距边 2.3 厘米。残长 6.5、残宽 10.3、残厚 6 厘米（图四八一）。释文：

新事分

□

标本 TG1097H79：18，残。字残存 1 行，共计 2 字，整字 1 个，阴刻楷书字体。碑面极为光滑平整。残长 4.5、残宽 5.7、残厚 9 厘米（图四八二）。释文：

西

□

图四八〇　残碑（TG1097H79：16）碑文拓本

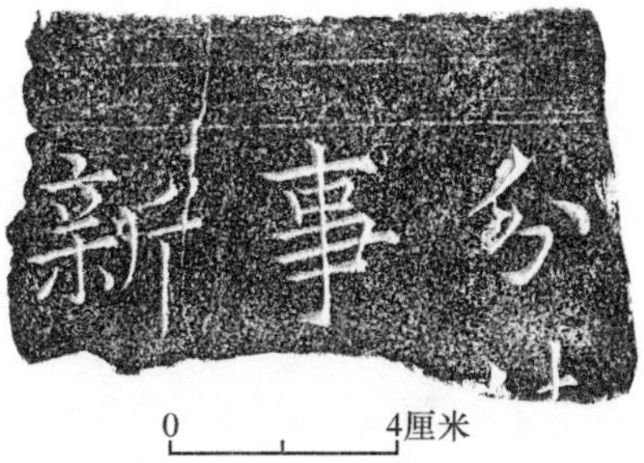

图四八一　残碑（TG1097H79：17）碑文拓本

图四八二　残碑（TG1097H79：18）碑文拓本

标本 TG1097H79：19，残。字残存 3 行，共计 5 字，整字 1 个，阴刻楷书字体。碑面极为光滑平整。残长 10、残宽 8.5、残厚 4.2 厘米（图四八三）。释文：

奕　□

□　□

□

标本 TG1097H79：20，残。字残存 2 行，共计 5 字，整字 2 个，阴刻楷书字体。碑面极为光滑平整。残长 6.2、残宽 6.5、残厚 5.5 厘米（图四八四）。释文：

□

深 法

□□

标本 TG1097H79：21，残。字残存 1 行，共计 2 字，整字 1 个，阴刻楷书字体。碑面极为光滑平整。残长 5.5、残宽 7.5、残厚 5.6 厘米（图四八五）。释文：

图四八三　残碑（TG1097H79：19）碑文拓本

图四八四　残碑（TG1097H79：20）碑文拓本

图四八五　残碑（TG1097H79：21）碑文拓本

巍

□

标本 TG1097H79：22，残。字残存 2 行，共计 2 字，整字 1 个，阴刻楷书字体。为原碑之下边部分，碑边角磨平呈菱形状，一边空白且粗糙并有明显凿刻痕迹，一边刻字且光滑平整，字距边 3 厘米。残长 6.5、残宽 9、残厚 6.7 厘米（图四八六）。释文：

□ 隆

标本 TG1097H79：23，残。字残存 2 行，共计 8 字，整字 7 个，阴刻楷书字体。碑面极为光滑平整。残长 16.5、残宽 7.8、残厚 4 厘米（图四八七）。释文：

□ 欢

安 翼

流 翼

散 都

标本 TG1097H79：24，残。碑面打磨极为光滑，高浮雕椭圆形龙鳞。残长 15.5、残宽 11、残厚 6.7 厘米（图四八八）。

图四八六　残碑（TG1097H79：22）碑文拓本

图四八七　残碑（TG1097H79：23）碑文拓本

图四八八　残碑（TG1097H79：24）纹饰拓本

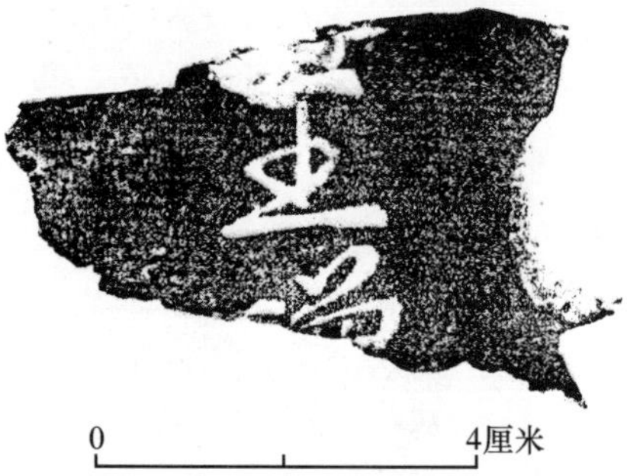

图四八九　残碑（TG1097H79：25）碑文拓本

标本 TG1097H79：25，残。字残存 1 行，共计 2 字，整字 1 个，阴刻行书字体。碑面极为光滑平整。残长 4、残宽 6.7、残厚 4.6 厘米（图四八九）。释文：

王

□

2. 石造像

共 1 件。

标本 TG1084 ⑤ a：1，菩萨造像，底座及右侧背光残缺。背屏式白石造像，通体保存红、黑彩绘和贴金。正面菩萨作高大立体形象，头戴宝冠，高肉髻，面容丰润，深目高鼻，圆项光，右手前曲持莲蕾，左手下垂持桃形香囊。上身着圆领宽袖通肩大衣，衣纹自两肩垂下，衣褶飘逸；下身着长裙，裙摆外撇。背屏边缘饰火焰纹。背面浮雕太子树下思维像（图四九〇、图四九一；图版六八，1、2）。

图四九〇　石造像（TG1084⑤a：1）

3. 石条形器

共1件。

标本TG1088⑤a：1，残。灰黑色岩石。条状，一头圆弧形，一头已残，上端有一穿孔，磨制精细，穿孔工整。残长9、宽2、厚0.8厘米。

4. 铜器

共2件。

标本TG1080⑥a：1，铜钗，残。钗体呈对折圆柱状，钗头呈弧形，钗尾已残。残长7厘米。

标本TG1082H65：1，铜饰件，残。呈扁条状，腐蚀较严重。残长9.5厘米。

图四九一　石造像（TG1084⑤a：1）背屏纹饰拓本

5. 铜钱

共出土5枚。

（1）开元通宝

A型Ⅰ式　共1枚。

标本TG1080⑤a：8，背面素面，钱文清晰、规整，穿郭俱佳，铜质优良，铸造工艺考究。钱径 2.5、穿径 0.7、郭宽 0.2 厘米（图四九二）。

A 型Ⅱ式　共 1 枚。

标本 TG1083 ④ a：2，背面素面，钱文不甚清晰、规整，穿郭较差，铜质粗劣，铸造工艺较差。钱径 2.3、穿径 0.6、郭宽 0.2 厘米（图四九三）。

B 型Ⅰ式　共 1 件。

标本 TG1085 ⑤ a：2，背面穿上下都加铸掐痕，钱文清晰、规整，穿郭俱佳，铜质优良，铸造工艺考究。钱径 2.4、穿径 0.6、郭宽 0.2 厘米（图四九四）。

图四九二　开元通宝铜钱（TG1080 ⑤ a：8）拓本

图四九三　开元通宝铜钱（TG1083 ④ a：2）拓本

图四九四　开元通宝铜钱（TG1085 ⑤ a：2）拓本

C 型　共 1 件。

标本 TG1086 ④ a：6，背面穿上加铸“洛”字，钱文清晰、规整，穿较规整，保存较好。钱径 2.4、穿径 0.7、郭宽 0.2 厘米（图四九五）。

（2）乾元重宝

A 型Ⅰ式　共 1 枚。

标本 TG1086 ④ a：7，背面素面，正面钱文较大，呈扁宽状。钱文清晰、规整，穿郭俱佳，铜质优良，铸造工艺考究。钱径 2.5、穿径 0.8、郭宽 0.2 厘米（图四九六）。

6. 坩埚

共 8 件。方唇，直口，直腹，圜底，器内外覆盖有较多硫化物及铜锈。

标本 TG1083 ③ a：3，残。口径 12、残高 12.4 厘米。

标本 TG1083 ③ a：4，残。口径 10、残高 11 厘米。

标本 TG1083 ③ a：5，残。残宽 9.6、残高 9 厘米。

标本 TG1083 ③ a：6，残。残宽 10、残高 5.5 厘米。

标本 TG1084 ④ a：1，残。残宽 10、残高 10.3 厘米。

标本 TG1085H67：1，残。口径 9.4、残高 11、厚 1 ~ 1.5 厘米。

标本 TG1085H67：2，残。口径 10.3、残高 8.6、厚 0.8 ~ 1.2 厘米。

图四九五　开元通宝铜钱
（TG1086④a：6）拓本

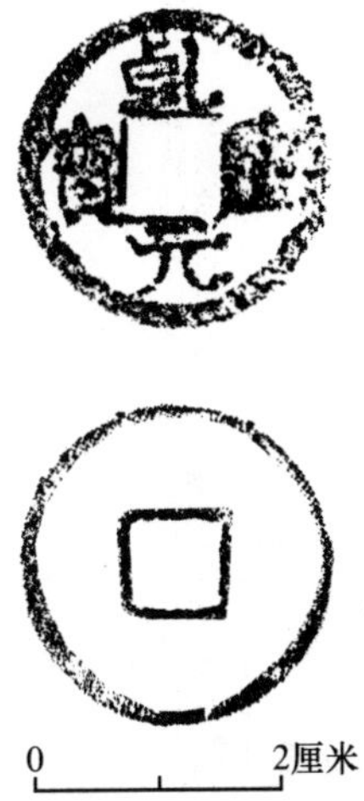

图四九六　乾元重宝铜钱
（TG1086④a：7）拓本

标本 TG1085H67：3，残。残高 14.5、厚 1.2 ~ 1.6 厘米。

四、宋至清代遗物

共出土标本遗物 2 件。其中有瓷碗 1 件和瓷盘 1 件。

1. 瓷碗

共 1 件，可复原。

标本 TG1096②：1，尖圆唇，侈口，斜弧腹，窄圈足。碗内底绘有青花花卉纹饰，内外壁施透明青釉。胎色黄白，胎质较细。口径 12、底径 5.5、高 3.4、厚 0.2 ~ 0.4 厘米（图版六八，3）。

2. 瓷盘

共 1 件，可复原。

标本 TG1088②：1，圆唇，侈口，斜弧腹较浅，窄圈足。内壁施满釉，盘内底有刮釉现象，外壁施釉不到底；釉色灰褐；胎色黄白，胎质较粗。口径 15、底径 6、高 3.1、厚 0.3 ~ 0.9 厘米（图版六八，4）。

第六章　第五段探沟

第五段探沟（TG1098 ~ TG1116）位于第四段探沟东部，向东至第五条南北向现代道路西侧止。共布探沟19个，因TG1098和TG1099位于现代建筑下未能发掘，因此第五段探沟实际发掘自TG1100起至TG1116止，共计17个探沟。每个探沟均为10米×2米，总长170米，实际发掘面积314平方米，方向104°（图版六九，1）。

第一节　地层堆积

第三段探沟发掘区的地势情况为西低东高，高差0.52米。第二段探沟发掘总长170米，最深5米，最浅1.85米，平均深度3.2米。第1层为近现代耕土层；第2层为明清文化层；第3a层为宋元文化层；第4层为晚唐五代文化层，分两个亚层，分别为第4a层和第4b层；第5a层为唐代文化层；第6层为北朝文化层；第7层为魏晋十六国文化层。整条探沟遗迹分布比较均匀，主要有灰坑24座、灶址6个、建筑基址2处、墓葬2座、水渠3个；从地层上来看，处于第1层下的遗迹有H82；处于第2层下的遗迹有H86；处于第3a层下的遗迹有H80、H83、H85和M2；处于第4a层下的遗迹有H84、H87、H89、H90、H102、Z13、Z14、Z15、Z16、Z17、G1和TG1100—TG1103建筑基址；处于第4b层的遗迹有Z18；处于第5a层下的遗迹有H81、H88、H91、H92、H93、H94、H95、H96、H97、H98、H100、H103、S3、S4和TG1114—TG1116建筑基址；处于第6层下的遗迹有H99、H101和S2（图四九七、图四九八；图版六九，2）。

第1层：近现代耕土层。灰褐色黏土，质地松软，较杂乱；包含植物根系、碎砖瓦块、小石块等；厚0.2 ~ 0.9米。堆积呈西低东高，高差0.52米，自TG1100至TG1103下降了0.9米，从TG1104至TG1107上升了0.62米，自TG1108至TG1111下降了0.43米，从TG1112直至最后一条探沟（TG1116）上升了0.37米。遗迹现象不丰富，仅有H82，在TG1108东部有一近现代墓葬打破第2、3a、4a、5a、6层和H89。

第2层：明清文化层。浅灰色黏土，质地较硬；包含较多砖瓦块、红烧土粒和少量青花瓷碎片；厚0.09 ~ 0.75米，距地表0.2 ~ 0.9米。第2层堆积西低东高，高差0.94米，自TG1100至TG1103下降了0.57米，从TG1104直至最后一条探沟（TG1116）上升了1.51米。该层的遗迹现象不丰富，仅有H86。

第3a层：宋元文化层。深黄褐色砂土，质地疏松，较干净；包含少量瓷片、陶片、碎砖瓦块等；厚0.08 ~ 0.85米，距地表0.45 ~ 1.5米。第3a层堆积西低东高，高差1.13米。

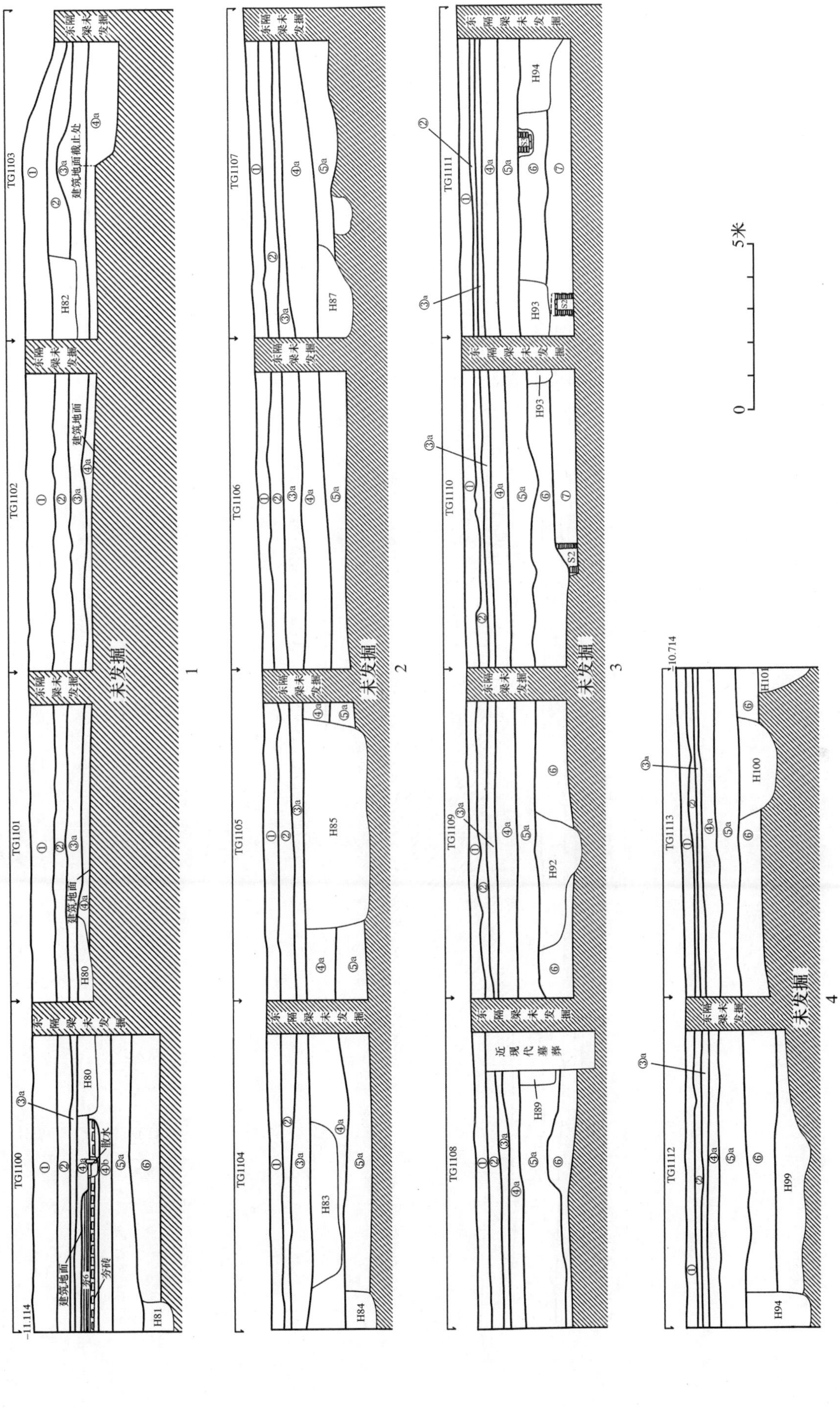

图四九七　TG1100 ~ TG1113北壁剖面图

1. TG1100 ~ TG1103　2. TG1104 ~ TG1107　3. TG1108 ~ TG1111　4. TG1112 ~ TG1113

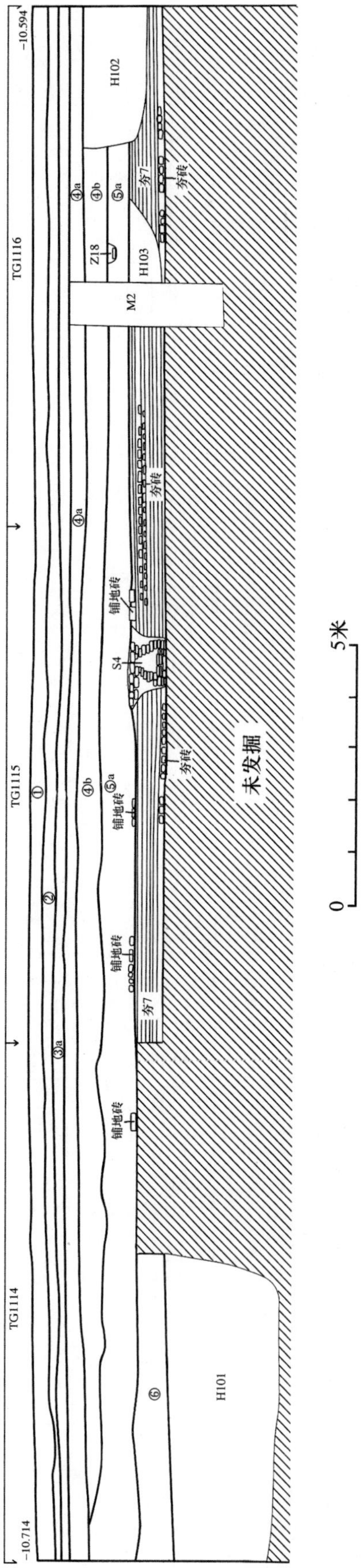

图四九八　TG1114 ~ TG1116北壁剖面图

自TG1100至TG1103下降了0.38米，从TG1104直至最后一条探沟（TG1116）上升了1.51米。该层的遗迹现象不丰富，有H80、H83、H85和M2。M2打破第4a、4b、5a、H103和TG1114—TG1116夯土建筑基址。

第4a层：晚唐五代文化层。灰黑褐色砂质黏土，质地疏松，较杂乱；包含大量建筑构件、陶瓷残片、木炭屑、红烧土等；厚0.1～1.3米，距地表0.5～2米。第4a层堆积西低东高，高差1.01米。自TG1100至TG1103下降了0.64米，从TG1104直至最后一条探沟（TG1116）上升了1.65米。该层的遗迹现象丰富，有H84、H87、H89、H90、H102、Z13、Z14、Z15、Z16、Z17和TG1100—TG1103夯土建筑基址。

第4b层：晚唐五代文化层。浅黑褐色砂质黏土，质地疏松；包含大量陶瓷片、砖瓦块、木炭屑等；厚0.1米～0.55米，距地表0.9～1.65米。第4b层在本段探沟有2处。其中一处在TG1100内，地层堆积水平状；第2处自TG1114始至TG1116止，总长26米，被M2和H107打破，堆积较缓平，上升了0.1米。该层的遗迹现象不丰富，有Z18。

第5a层：唐代文化层。红褐色黏土，质地较硬；包含有石块、炭灰、少量陶片、少量瓷片等；厚0.4～1.3米，距地表0.7～2.6米。第5a层堆积西低东高，高差1.66米。自TG1100至TG1103下降了0.12米，从TG1104至TG1113上升了2.16米，自TG1114直至最后一条探沟（TG1116）下降了0.38米。该层的遗迹现象丰富，有H81、H88、H91、H92、H93、H94、H95、H96、H97、H98、H100、H103、S3、S4和TG1114—TG1116夯土建筑基址。

第6层：北朝文化层。黄褐色粉砂土，质地疏松，较干净；包含建筑构件、陶瓷残片等；厚0.55～1米，距地表1.7～3.5米。第6层在本段探沟发现2处，其中一处在TG1100内，全长8米，被H81打破，呈水平状延伸；第2处自TG1108始至TG1114中部止，全长66米，后被夯7打破，堆积西低东高，高差1.53米。该层的遗迹现象不丰富，有H99、H101和S2。

第7层：魏晋十六国文化层。灰黑色黏土，质地疏松，较杂乱；包含大量建筑构件等；厚0.25～0.75米，距地表2.7～3.2米。第7层自TG1110西部至TG1111东壁止，全长18.5米，堆积较缓平。该层无遗迹现象。

第二节　遗　　迹

第五段探沟共发现36处遗迹现象，其中灰坑24座、灶6个、建筑基址2处、墓葬1座、水渠3条。

一、建筑基址

建筑基址在第五段探沟内发现2处，现分别概述如下。

（一）TG1100—TG1103 建筑基址

TG1100—TG1103 建筑基址位于 TG1100 ~ TG1103 内，与第四段 TG1096 ~ TG1097 内的建筑基址和第七段 TG4001 ~ TG4012 内的建筑基址是一个建筑基址，编号为二号建筑基址。TG1100—TG1103 建筑基址可见长 35.2 米，距地表 1.5 ~ 2.1 米，开口于第 4a 层下。该建筑地层堆积自上而下依次为近现代耕土层、明清文化层、宋元文化层、晚唐五代文化层，应为唐代文化层。由于发掘面积太小且后期破坏严重，仅残存夯土台基（夯 6）、一个磉墩以及一条南北向的散水和五个灶址。TG1100 内夯土台基厚 0.85 米，共 6 层夯土，平均厚 0.14 米，高出散水地面 0.56 米，地面下有 2 层夯土，其中一层带有夯砖，夯砖均为残砖间隔平铺，夯土台基为灰褐色黏土，土质较硬且较杂，内含有建筑构件和陶片等。散水位于夯土台基东侧，距夯土台基 1.25 米，由规格为 0.28 × 0.28 × 0.1 厘米的平铺方砖和竖向方砖错缝砌成，竖向方砖高出平铺方砖 0.05 米。磉墩位于夯土地基上，磉墩长 1 米、可见宽 0.45 米，深不知，未向下发掘，磉墩为红褐色黏土，土质硬且很纯净。TG1101 内有五座灶址（Z13 ~ Z17），其中 Z13 ~ Z16 为一个共用一个风膛的灶群。TG1102 和 TG1103 为建筑地面，成灰黑色踩踏面，踩踏面较硬（图版七〇，1）。

（二）TG1113—TG1116 建筑基址

标本 TG1113—TG1116 建筑基址位于 TG1113 ~ TG1116 内，可见长 40 米，距地表 1.9 ~ 2.2 米，开口于第 5a 层下。该建筑地层堆积自上而下依次为近现代耕土层、明清文化层、宋元文化层、晚唐五代文化层、唐代文化层，应为北朝文化层。由于发掘面积太小，仅可见三个柱础石和夯土台基，以及铺砖地面、铺砖路和排水渠。TG1113 内的铺砖路面延伸至西壁和北壁下，可见长 3.2 米，可见宽 1 米，有残砖错乱平铺，东部由残砖弧形包边。铺砖路东部为踩踏地面，稍硬，灰黑色，残存少量铺地砖。TG1114 内可见踩踏地面以及少量残存铺地砖，在东隔梁西侧有一不规则石头，东半部地面下未发掘。TG1115 内可见残存两个砂质柱础石和夯土台基以及一个水渠（S3）。柱础石柱心距为 4 米，柱础石规格相同，均为方形，边长 0.6 米，厚 0.3 米，中间有榫孔，直径 10 厘米。踩踏地面为灰黑色，含有炭粒。水渠（S3）为南北向排水渠，北高南低，由北向南排水，有泄水口和铁栅栏。壁面较直，由长方形砖错缝平砌，残存 4 层，渠底由长方形砖对缝平铺。建筑台基为夯土夯筑而成（夯 7），可见部分均在地面以下，厚 0.65 米，共 6 层，平均每层厚 0.11 米，灰褐色夯土，土质很硬，较杂。在第 4 层夯层内夹有夯砖，夯砖为残砖间隔平铺。TG1116 内可见一个灶址和夯土台基（夯 7）以及一个被扰乱过的柱础石。柱础石在东隔梁西侧的 H102 内。因发掘面积太小，仅能推测该建筑为南北向，具体形制有待下一步发掘（图四九九；图版七〇，2；图版七一）。

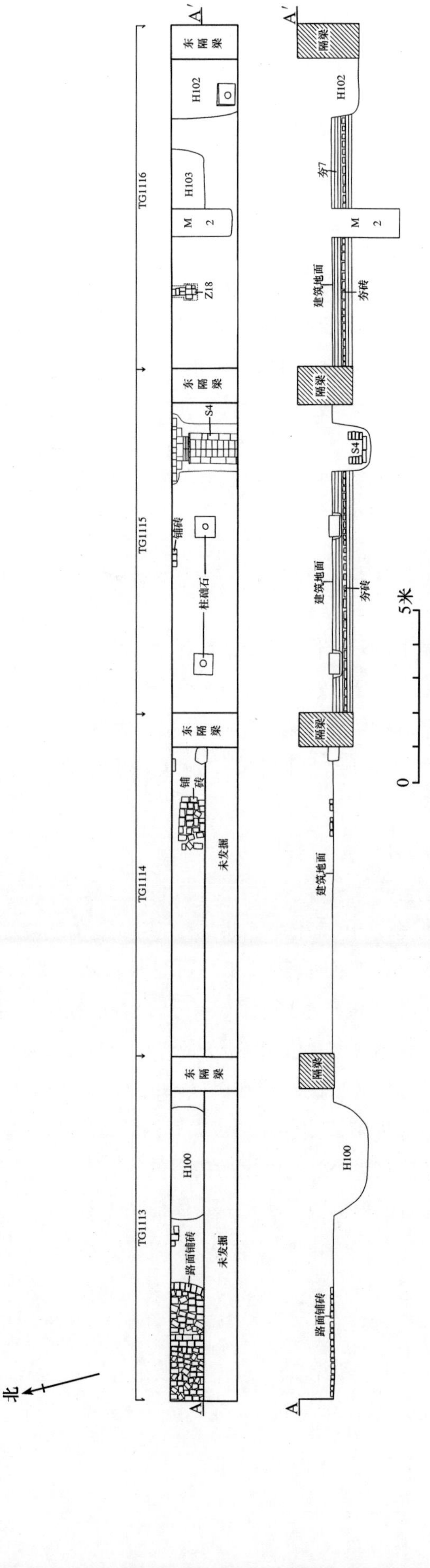

图四九九　TG1113—TG1116 建筑基址平、剖面图

二、水　　渠

水渠在第五段探沟内发现 3 处，现分别概述如下。

（一）S2

S2 位于 TG1110 和 TG1111 内，开口于第 6 层下，打破第 7 层。S2 为砖垒砌的长方形排水渠，东西向，在 TG1110 内 S2 的西端有一向北的拐角，延伸至北壁下，在 TG1111 内距 TG1110 内的拐角 6.8 米处亦有一向北的拐角，延伸至北壁下。S2 开口距地表 2.8 米，可见残长 16.5 米，宽 1 米，深 1.4 米。壁面较直，由长方形砖错缝平砌，共 11 层砖，渠底由长方形残砖错缝斜向平铺。该水渠为暗渠，大部分渠顶砖被破坏。S2 的填土为灰黑色砂质黏土，含沙量较大，无遗物出土（图五〇〇；图版七二）。

（二）S3

S3 位于 TG1111 的中部偏东，开口位于第 5a 层下，打破第 6 层。S2 为砖垒砌的长方形水渠，南北向，向北延伸至北壁下，且北部较高。S3 开口距地表 1.9 米，可见长 1 米，宽 0.65 米，深度 0.7 米。壁面较直，由长方形砖错缝平砌，残存 4 层，渠底由长方形砖对缝平铺。S3 的填土为灰褐色黏土，土质较松，内含烧土块、碎砖等；无遗物出土（图五〇一，1；图版七三，1）。

（三）S4

S4 位于 TG1115 的中部偏东，开口于第 5a 层下（夯 7 上）。S4 为砖垒砌的长方形排水渠，北高南低，由北向南排水。S4 开口距地表 1.9 米，可见长 2 米，宽 0.85 米，深 0.9 米。S3 由泄水口和排水渠两部分组成。泄水口位于水渠北面，一部分叠压在探沟北壁下，泄水口呈三角状，下宽上窄，下部由 4 层砖依次相错 0.05 米向上错缝叠砌壁，上部两侧由 4 层砖依次相错 0.1 米向上错缝叠砌，至顶部由一层长方形砖平砌于泄水口顶部，泄水口与排水渠相接处有一铁栅栏。排水渠壁面较直，由长方形砖错缝平砌，残存 4 层，渠底由长方形砖对缝平铺。该水渠为暗渠，上层部分被破坏，仅泄水口保存较完整。S3 的填土为灰褐色砂质黏土，土质较松，内含碎砖、炭粒、沙子等；无遗物出土。因发掘面积较小暂无法知其具体形制（图五〇一，2；图版七三，2）。

三、墓　　葬

M2 位于 TG1116 的中部，开口于第 3a 层下，打破第 4a、5a 层、H103 和 TG1113—TG1116 建筑基址。M2 开口距地表 0.65 米，可见长 1.4 米，宽 0.65 米，发掘了 3 米，未至底，未发现

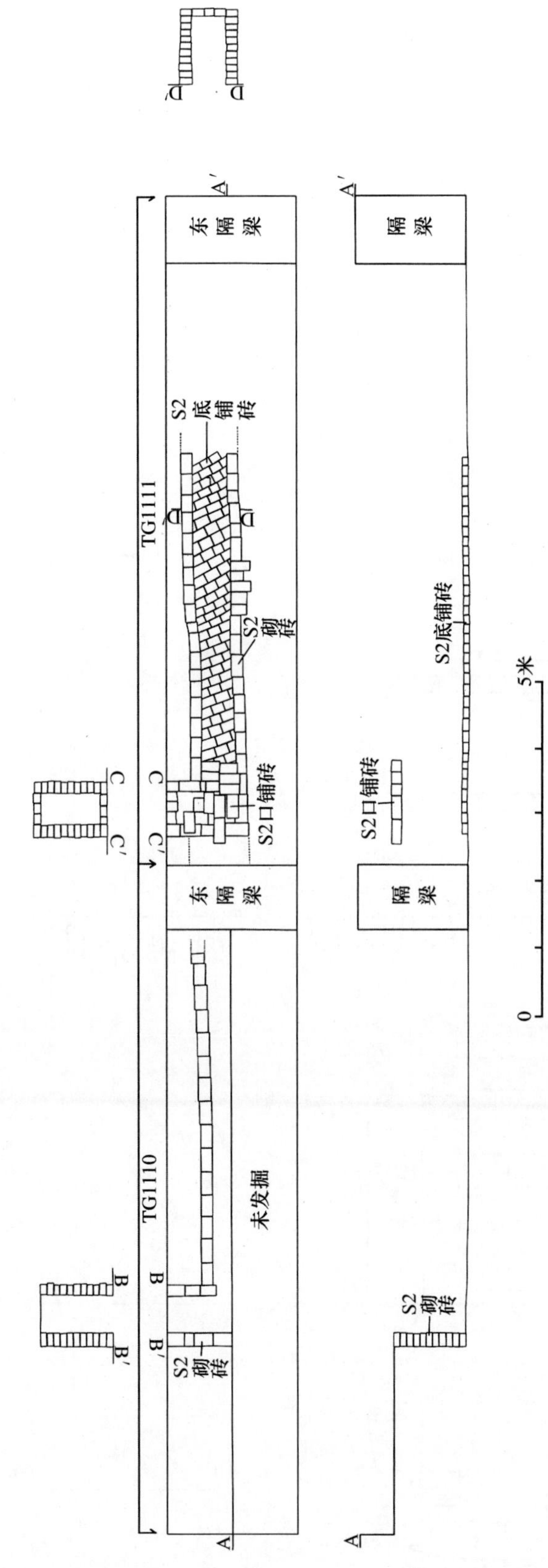
TG1111
TG1110
东隔梁
东隔梁
隔梁
隔梁
S2底铺砖
S2砌砖
S2口铺砖
S2砌砖
未发掘
S2底铺砖
S2口铺砖
S2砌砖
A
A′
B
B′
C
C′
D
D′
北
0
5米

图五〇〇 S2平、剖面图

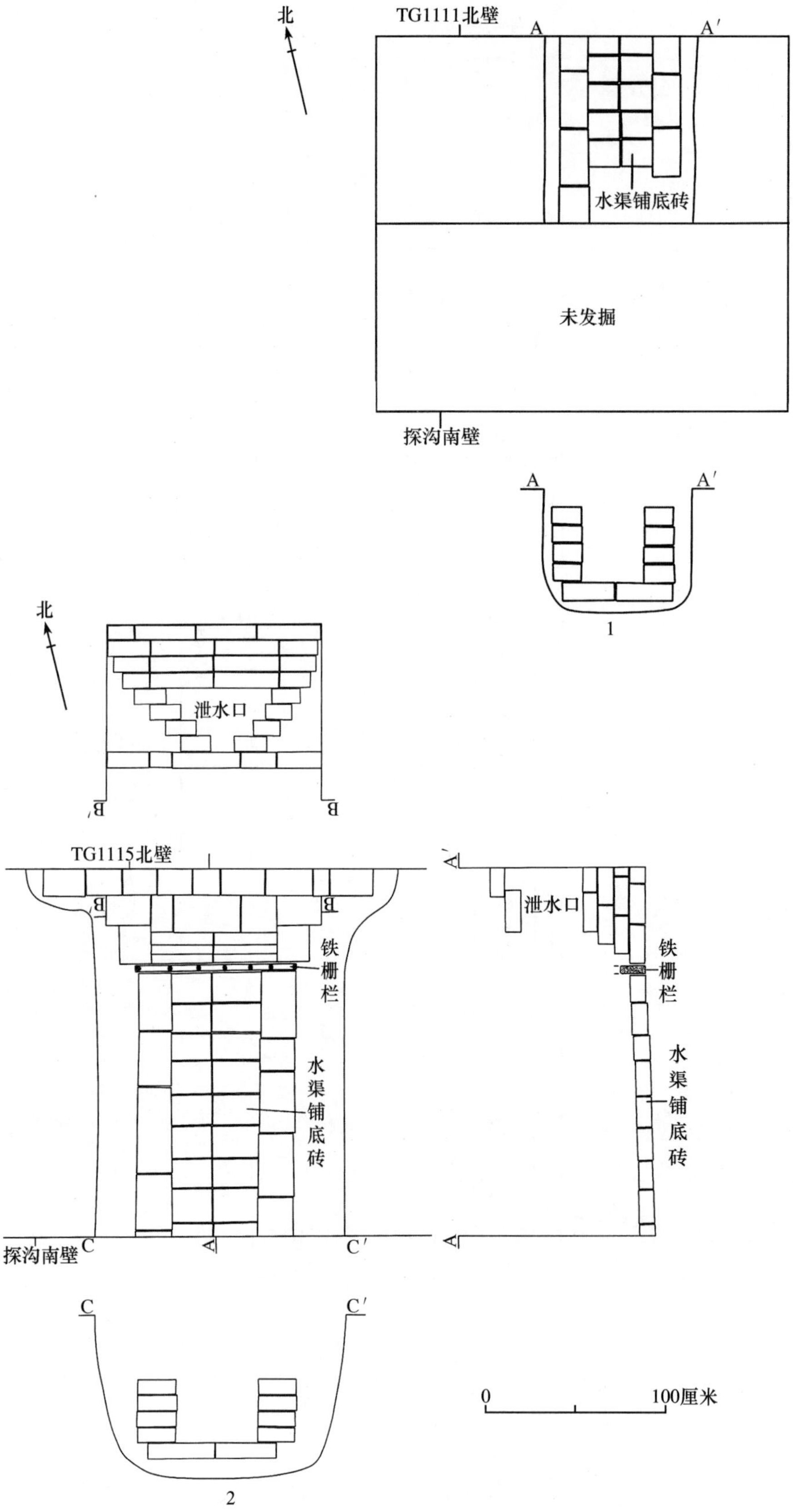

图五〇一　S3、S4平、剖面图

1. S3　2. S4

葬具、骨骼、遗物等。M2 的填土为灰褐色土，土质较疏松，包含较多石块、砖块等。因发掘面积太小具体形制暂不知。

四、灰　坑

数量最多的遗迹是灰坑，共 24 座，因为探沟发掘面积较小，大部分灰坑不完整。现将灰坑简要介绍如下。

（一）H80

H80 位于 TG1100 东部，延伸至探沟北壁和南壁，开口于第 3a 层下，打破第 4a、4b 层。H80 平面呈长方形，剖面呈不规则形，坑壁呈坡状且粗糙，坑底较平整。H80 开口距地表 1.7 米，东西延伸为 6.3 米，南北可见宽 2 米，深度 0.35 ~ 0.4 米。H80 的填土为浅褐色砂质黏土，土质较疏松；出土遗物有瓷碗残片、陶盆残片、陶罐残片、陶钵残片、瓦当和脊兽等（图五〇二，1）。

（二）H81

H81 位于 TG1100 西部，延伸至探沟南北壁，开口于第 5a 层下，打破第 6 层。H81 平面近长方形，剖面呈不规则形，坑壁垂直且加工光滑，坑底呈坡状，西低东高。H81 开口距地表 3.45 米，可见东西延伸为 1 米，南北可见宽 2 米，深度 0.6 ~ 1 米。H81 的填土为灰褐色粉砂土，土质较疏松，包含较多木炭屑和碎瓦片；出土遗物有瓷碗残片和空心砖（图五〇二，2）。

（三）H82

H82 位于 TG1103 西部，延伸入探沟北壁及西壁，开口于第 1 层下，打破第 2 和 3a 层。H82 平面近不规则形，剖面呈不规则形，坑壁呈坡状粗糙，坑底较不平整。H82 开口距地表 0.7 ~ 0.85 米，可见东西延伸为 2.1 米，南北可见宽 1.6 米，深度 0.6 ~ 0.65 米。H82 的填土为红褐色黏土，土质较疏松，包含少量石头；无遗物出土（图五〇二，3）。

（四）H83

H83 位于 TG1104 中部偏西，延伸至探沟南北壁，开口于第 3a 层下，打破第 4a 层。H83 平面近方形，剖面呈不规则形，坑壁呈斜坡状且粗糙，坑底呈坡状，西低东高。H83 开口距地表 1.3 ~ 1.35 米，东西延伸为 5.1 米，南北可见宽 2 米，深度 0.7 ~ 0.8 米。H83 的填土上层含沙量大，往下淤土渐多，为黄褐色土，往下颜色变黑，土质较疏松，包含大量碎石；无遗物出土（图五〇二，4）。

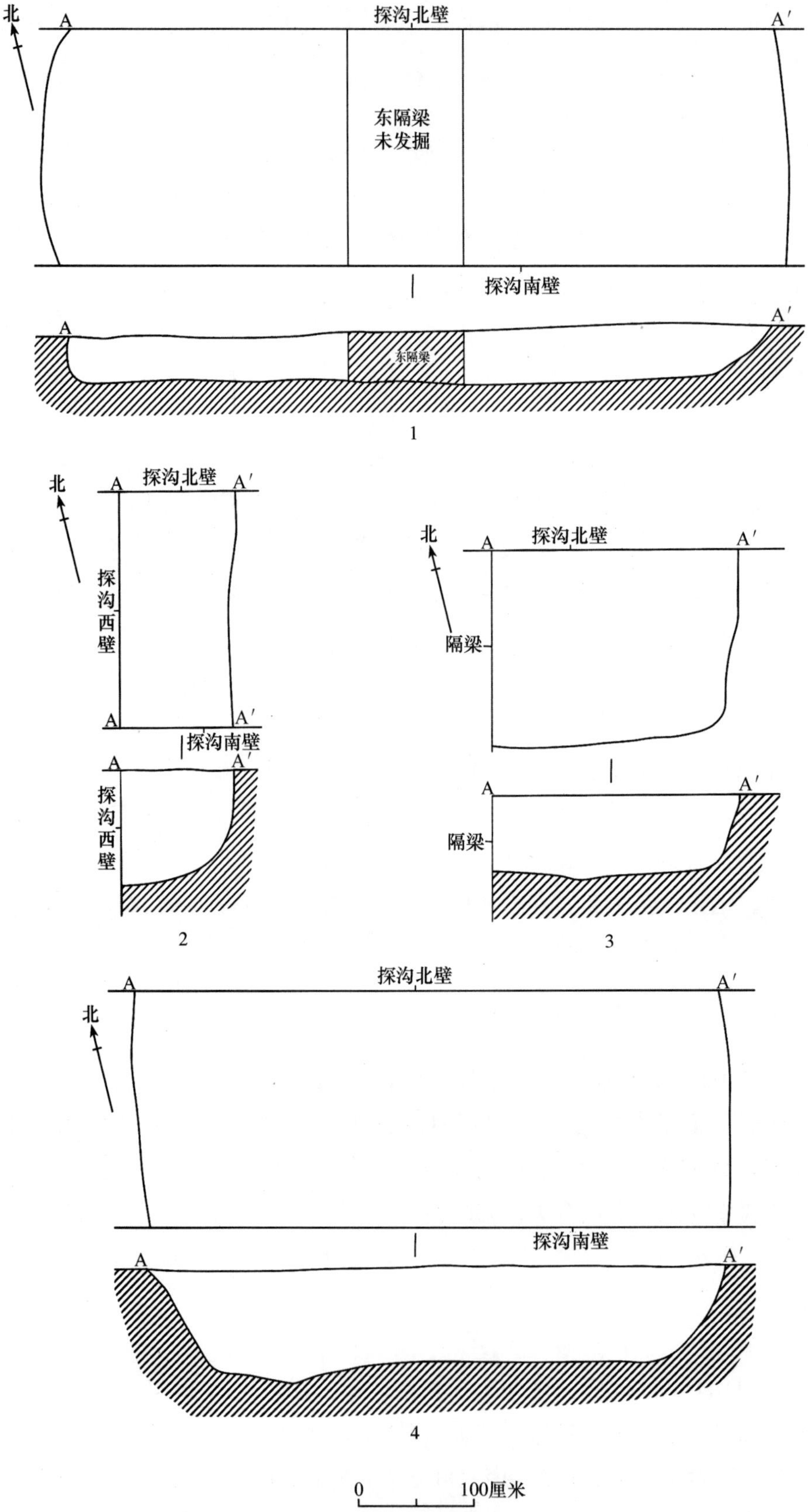

图五〇二　H80 ~ H83 平、剖面图

1. H80　2. H81　3. H82　4. H83

（五）H84

H84 位于 TG1104 西部，延伸至探沟西壁和北壁，开口于第 4a 层下，打破第 5a 层。H84 平面近长方形，剖面呈梯形，坑壁较垂直且粗糙，坑底较平整。H84 开口距地表 2.2 ~ 2.25 米，可见东西延伸为 1.1 米，南北可见宽 1 米，深度 0.85 米。H84 的填土为灰褐色黏土，土质较疏松，内含大量碎石；出土遗物有瓷碗残片、陶钵残片、三彩兽足和筒瓦等（图五〇三，1）。

（六）H85

H85 位于 TG1105 中部，延伸至探沟北壁，开口于第 3a 层下，打破第 4a、5a 层。H85 平面和剖面均呈长方形，坑壁较垂直且粗糙，坑底不平整。H85 开口距地表 1.25 米，东西延伸为 6.25 米，南北可见宽 1 米，深度 1.7 ~ 1.75 米。H85 的填土为灰褐色土，土质较疏松，包含少量碎砖瓦、石块、木炭颗粒；出土遗物有陶盆残片和陶罐残片（图五〇三，2）。

（七）H86

H86 位于 TG1106 中部，延伸至探沟南壁，开口于第 2 层下，打破第 3a 层。H86 平面近半圆形，剖面呈不规则形，坑壁较垂直且粗糙，坑底较不平整。H86 开口距地表米 0.4 米，东西延伸为 2.25 米，南北可见宽 1.2 米，深度 0.5 ~ 0.6 米。H86 的填土为灰褐色土，土质较疏松，内含较多的炭粒、烧土粒及碎砖瓦块；无遗物出土（图五〇三，3）。

（八）H87

H87 位于 TG1107 西部，延伸至探沟西壁和北壁，开口于第 4a 层下，打破第 5a 层。H87 平面近梯形，剖面呈不规则性，坑壁呈斜坡状且粗糙，坑底不平整。H87 开口距地表 1.9 ~ 2 米，可见东西延伸为 2.8 米，南北可见宽 1 米，深度 0.5 ~ 1.2 米。H87 的填土为黑褐色土，土质较疏松，内含较多的碎砖瓦块和石块；无遗物出土（图五〇三，4）。

（九）H88

H88 位于 TG1107 中部，延伸至探沟北壁，开口于第 5a 层下。H88 平面近方形，剖面呈不规则形，坑壁呈坡状且粗糙，坑底不平整。H88 开口距地表 2.5 ~ 2.55 米，东西延伸为 1.1 米，南北可见宽 1 米，深度 0.5 ~ 0.6 米。H88 填土为黄色土，土质较疏松，内含少量的碎瓦片；无遗物出土（图五〇三，5）。

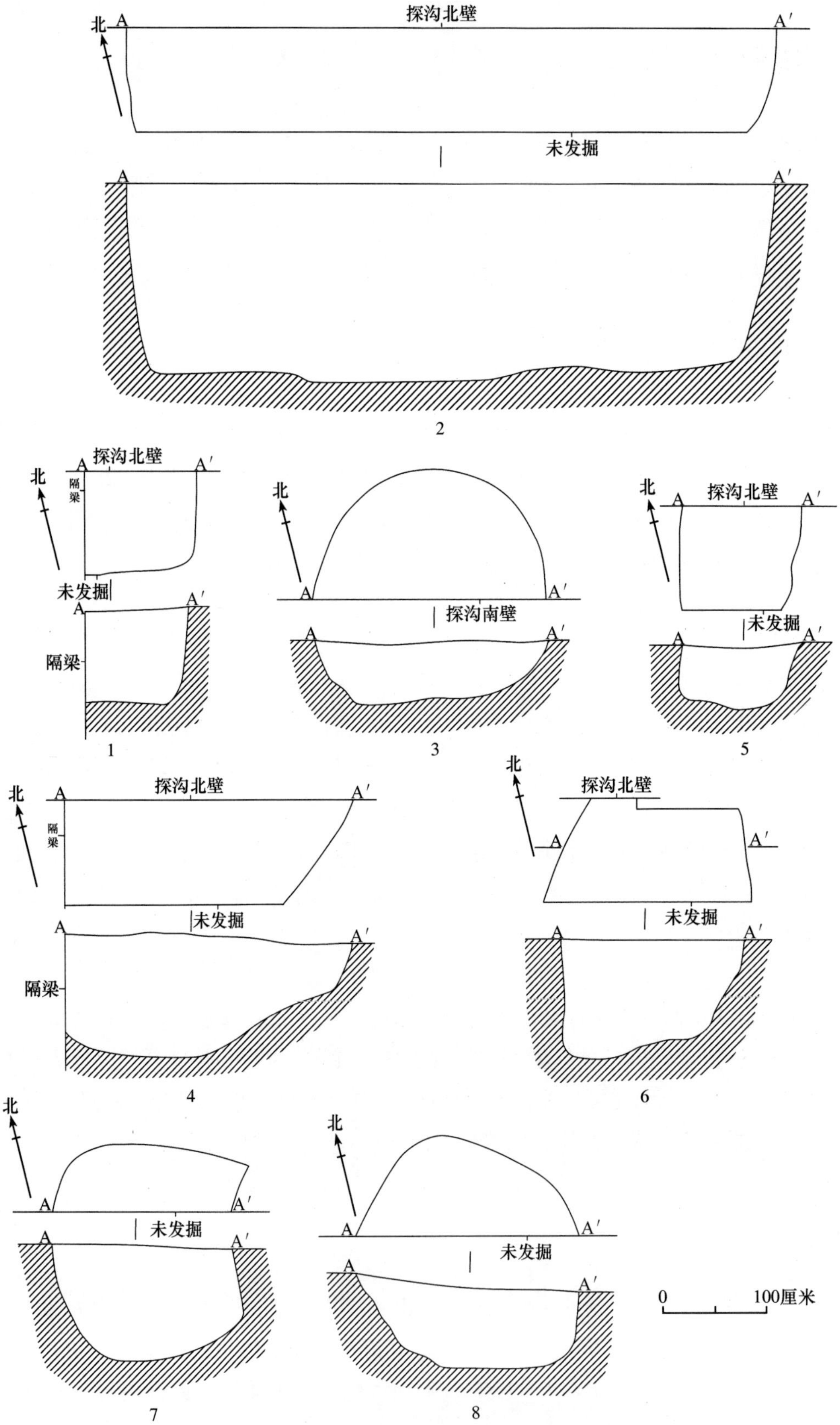

图五〇三　H84 ~ H91平、剖面图

1. H84　2. H85　3. H86　4. H87　5. H88　6. H89　7. H90　8. H91

（一〇）H89

H89位于TG1108东部，延伸至探沟北壁，开口于第4a层下，打破第5a层和H90，被近现代墓葬打破。H89平面和剖面均呈不规则形，坑壁呈坡状且粗糙，坑底不平整，西低东高。H89开口距地表1.4米，东西延伸为2米，南北可见宽1米，深度0.9～1.1米。H89的填土为黑灰色土，土质较疏松，内含较多的灰渣及少量的碎砖块；出土遗物有陶盆残片和陶罐残片（图五〇三，6）。

（一一）H90

H90位于TG1108中部，开口于第4a层下，打破第5a层，被H89打破。H90平面和剖面均呈不规则形，坑壁呈斜坡状且粗糙，坑底不平整。H90开口距地表1.35米，东西延伸为1.8米，南北可见宽0.6米，深度0.6～1米。H90的填土为黑灰色土，土质较疏松，包含石块和炭粒；无遗物出土（图五〇三，7）。

（一二）H91

H91位于TG1108西部，延伸至探沟西壁，开口于第5a层下，打破第6层。H91平面呈不规则半圆形，剖面呈不规则形，西壁呈坡状，东壁较垂直且粗糙，坑底不平整。H91开口距地表1.35米，东西延伸为2.2米，南北可见宽0.95米，深度0.6～0.75米。H91填土为灰褐色土，土质较疏松，包含较多炭粒、碎砖块和瓦片；无遗物出土（图五〇三，8）。

（一三）H92

H92位于TG1109中部，延伸至探沟北壁，开口于第5a层下，打破第6层。H92平面剖面均呈不规则形，坑壁呈斜坡状且粗糙，坑底不平整。H92开口距地表2.05～2.15米，东西延伸为5.1米，南北可见宽1米，深度0.6～1.3米。H92的填土为黑褐色土，土质较疏松，包含较多的小石块；出土遗物有陶豆残片（图五〇四，1）。

（一四）H93

H93位于TG1110东部，延伸至TG1111西部及探沟北壁，开口于第5a层下，打破第6层和第7层。H93平面呈不规则形，剖面近长方形，坑壁较垂直且粗糙，坑底不平整，西低东高。H93开口距地表1.55～2米，东西延伸为3米，南北可见宽1.2米，深度0.8～0.9米。H93的填土为黑灰色土，土质较疏松，包含较多炭粒；出土遗物有瓷碗残片、陶碗残片和莲花纹瓦当等（图五〇四，2）。

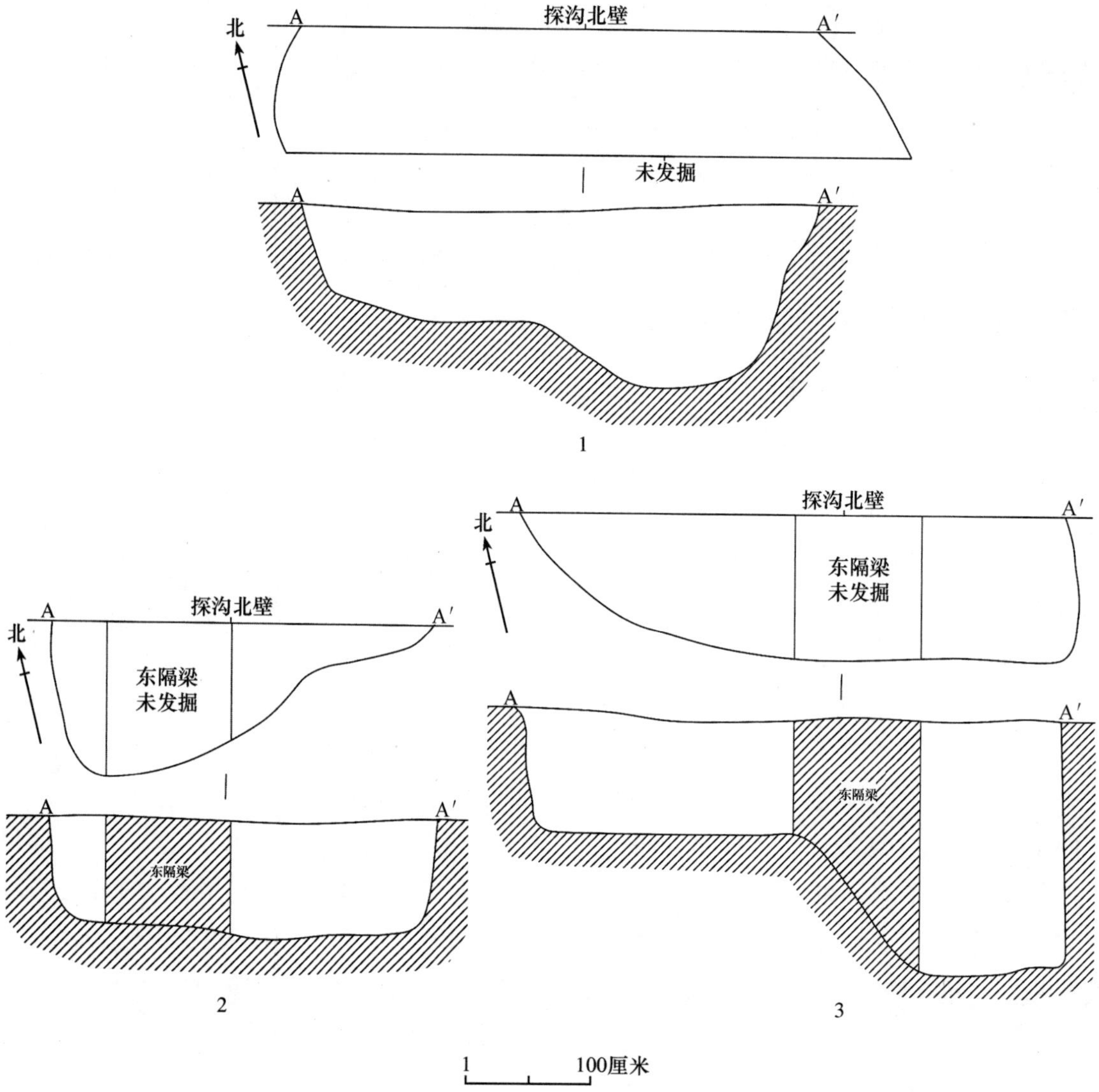

图五〇四　H92 ~ H94 平、剖面图
1. H92　2. H93　3. H94

（一五）H94

H94 位于 TG1111 东北部，延伸至 TG1112 西部及探沟北壁，开口于第 5a 层下，打破第 6、7 层和 H99。H94 平面和剖面均呈不规则形，坑壁呈斜坡状且粗糙，坑底不平整，西高东低。H94 开口距地表 1.8 ~ 1.95 米，东西延伸为 4.3 米，南北可见宽 1.2 米，深度 1 ~ 2 米。H94 的填土为灰褐色黏土，土质较松，包含石块、碎砖、瓦块和炭灰；出土遗物有瓷缸残片、陶盆残片、云纹瓦当和筒瓦等（图五〇四，3）。

（一六）H95

H95 位于 TG1111 南部，开口于第 5a 层下，打破第 6 层。H95 平面和剖面均呈不规则半椭圆形，坑壁呈坡状粗糙，坑底不平整。H95 开口距地表 1.8 ~ 1.95 米，东西延伸为 4.6 米，南北可见宽 1.2 米，深度 0.3 ~ 0.75 米。H95 的填土为黑褐色土，土质较松，包含烧土块、碎砖和土块；无遗物出土（图五〇五，1）

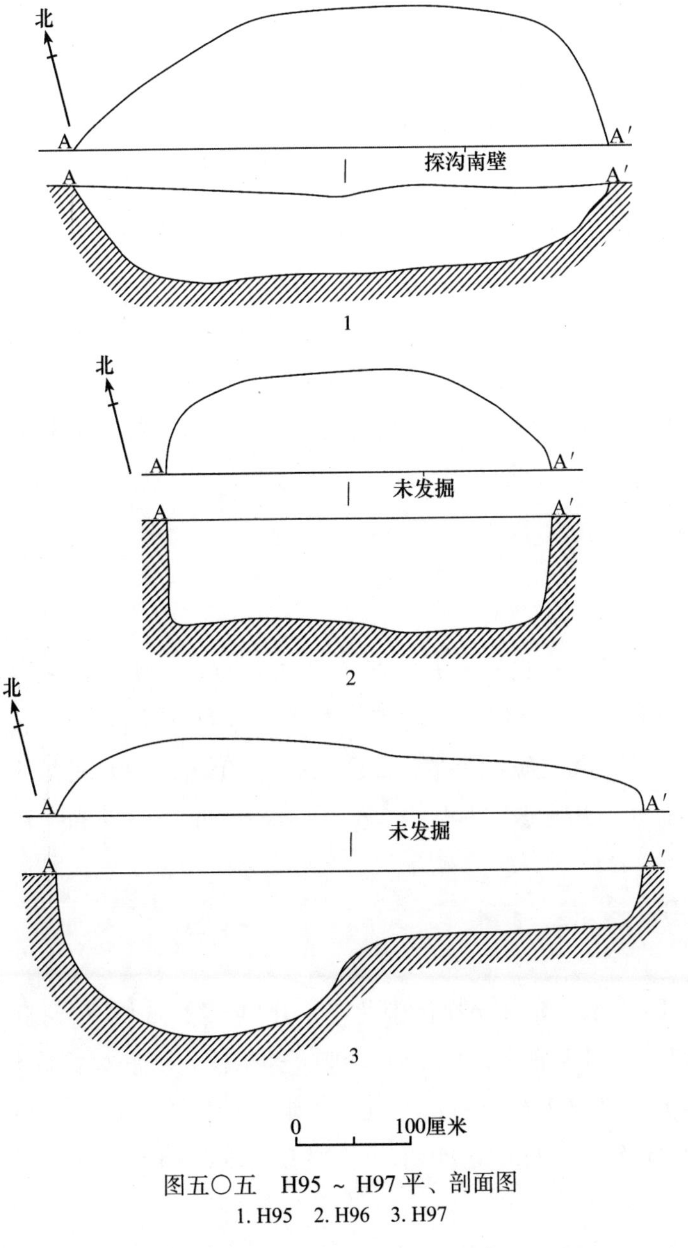

图五〇五　H95 ~ H97 平、剖面图
1. H95　2. H96　3. H97

（一七）H96

H96 位于 TG1112 东部，延伸至 TG1113 西壁，开口于第 5a 层下，被 H97 打破。H96 平面近半椭圆形，剖面呈长方形，坑壁较垂直且粗糙，坑底不平整。H96 开口距地表 1.95 ~ 2.05 米，东西延伸为 3.3 米，南北可见宽 0.8 米，深度 0.8 ~ 0.95 米。H96 的填土为黑色灰土，土质疏松，包含石块和碎砖瓦块；无遗物出土（图五〇五，2）。

（一八）H97

H97 位于 TG1112 中部，开口于第 5a 层下，打破 H93、H98。H97 平面和剖面均为不规则形，坑壁呈坡状且粗糙，坑底不平整，西低东高。H97 开口距地表 1.9 ~ 2 米，东西延伸为 5 米，南北可见宽 0.6 米，深度 0.5 ~ 1.3 米。H97 的填土为灰褐色土，土质疏松，包含石块和碎砖瓦块；无遗物出土（图五〇五，3）。

（一九）H98

H98 位于 TG1112 东部，开口于第 5a 层下，打破 H96，被 H97 打破。H98 平面近不规则椭圆形，剖面呈袋状，口大底小，坑壁呈坡状且粗糙，坑底呈锅底状。H98 开口距地表 1.9 ~ 2 米，东西延伸为 1.7 米，南北可见宽 0.7 米，深 1 米。H98 的填土为黑色灰土，土质疏松，内含石块和碎砖瓦块；无遗物出土（图五〇六，1）。

（二〇）H99

H99 位于 TG1112 东部，开口于第 6 层下，被 H94、H96、H97 和 H98 打破。H99 近长方形，剖面呈不规则形，坑壁呈坡状且粗糙，坑底不平整，西低东高。H99 开口距地表 2.85 ~ 2.95 米，东西延伸为 8 米，南北可见宽约 1 米，深度 0.3 ~ 1.05 米。H99 的填土为灰褐色土，土质疏松，包含石块和碎砖瓦块；出土遗物有瓦当、板瓦、筒瓦和画像砖残件（图五〇六，2）。

（二一）H100

H100 位于 TG1113 东部，延伸至探沟南北壁，开口于第 5a 层下，打破第 6 层。H100 平面近长方形，剖面呈袋状，口大底小，坑壁呈斜坡状且粗糙，坑底呈锅底状。H100 开口距地表 1.8 ~ 1.95 米，东西延伸为 3.2 米，南北可见宽 1 米，深度 1.2 米。H100 的填土为灰褐色土，土质疏松，包含石块和碎砖瓦块；无遗物出土（图五〇六，3）。

（二二）H101

H101 位于 TG1114 西北部，延伸至 TG1103 以及探沟北壁，开口于第 6 层下。H101 平面近长方形，剖面呈袋状，口大底小，坑壁呈坡状且粗糙，坑底较平整。H101 开口距地表 1 ~ 1.1 米，东西延伸为 4.8 米，南北可见宽 2 米，深度 2.1 米。H101 的填土为黑色灰土，土质疏松；出土遗物有陶罐残片、瓦当、板瓦、筒瓦、画像砖残件、方砖和柱础石等（图五〇六，4）。

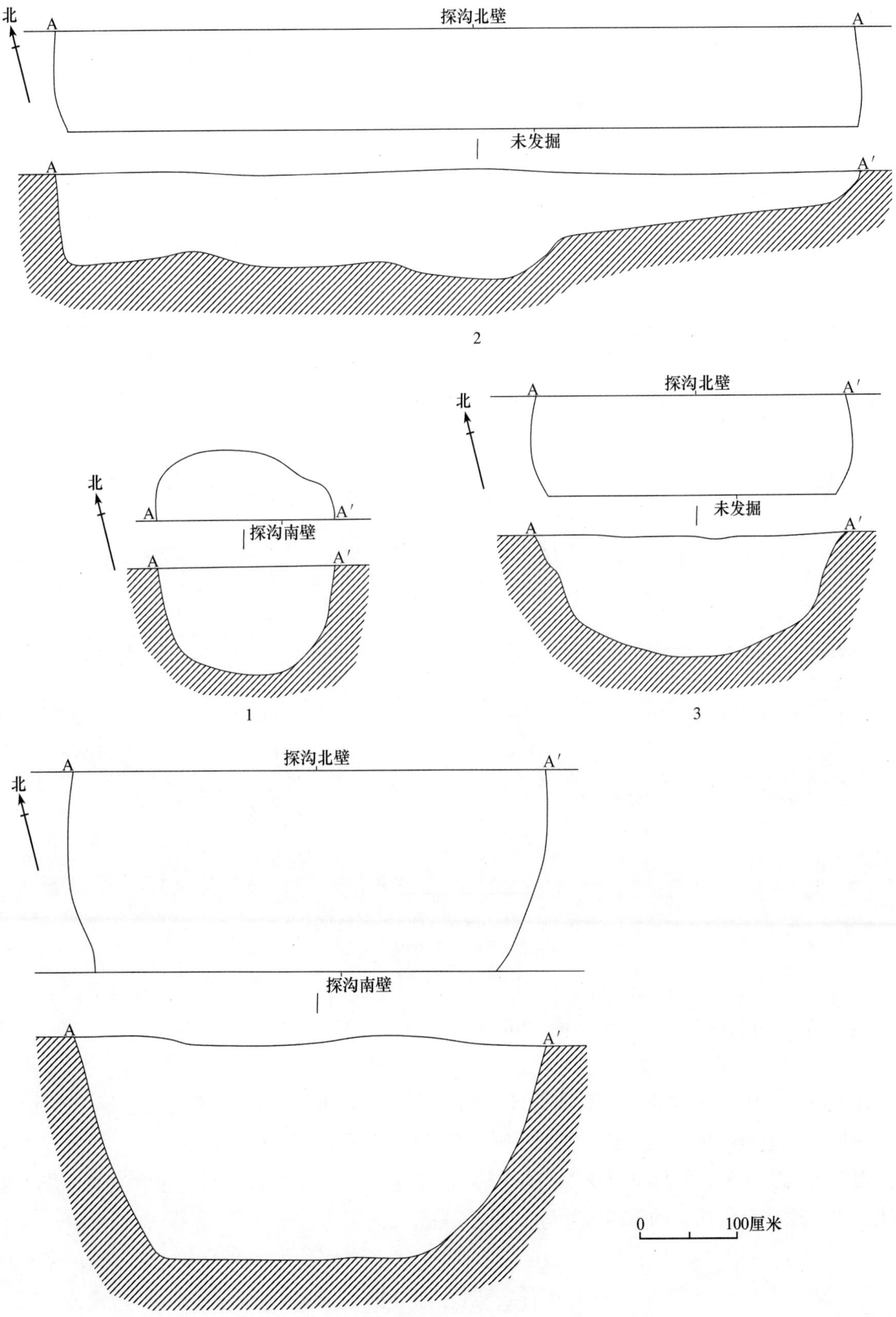

图五〇六　H98 ~ H101 平、剖面图

1. H98　2. H99　3. H100　4. H101

（二三）H102

H102 位于 TG1116 东部，延伸至探沟北壁，开口于第 4a 层下，打破第 4b 和第 5a 层。H102 平面近不规则形，剖面呈不规则长方形形，坑壁呈坡状且粗糙，坑底平整。H102 开口距地表 1.2 ~ 1.25 米，东西延伸为 2.5 米，南北可见宽 2 米，深度 0.8 ~ 1 米。H102 的填土为黑褐色土，土质疏松，内含较多的炭粒、烧土粒；出土遗物有陶盆残片（图五〇七，1）。

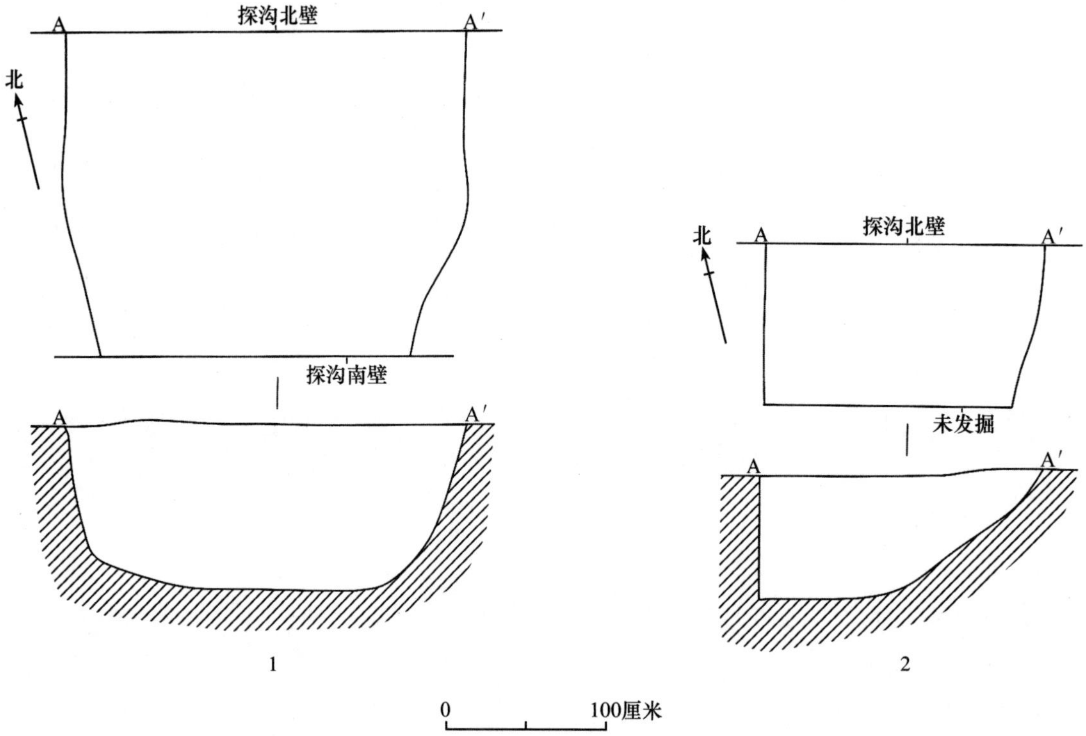

图五〇七　H102 ~ H103 平、剖面图
1.H102　2.H103

（二四）H103

H103 位于 TG1116 中部，开口于第 5a 层下，被 M2 打破。H103 平面近长方形，剖面呈不规则梯形，坑壁呈斜坡状且粗糙，坑底平整。H103 开口距地表 1.6 ~ 1.75 米，东西延伸为 1.7 米，南北可见宽 1 米，深度 0.75 米。H103 的填土为灰褐色，土质较疏松，包含炭粒、烧土粒、石块；出土遗物有板瓦、画像砖残片等（图五〇七，2）。

五、灶　　址

灶在第五段探沟内发现 6 处，这 6 处灶址的结构多有差别，其中 Z13 和 Z14 共用一个鼓风坑为一个灶群（图五〇八；图版七四，1、2）。

（一）Z13

Z13 位于 TG1101 西北部，开口于第 4a 层下。Z13 灶口近方形，灶膛呈长方形，底部较平，灶口由长方形砖砌成，周围可见平铺残砖 3 块，口沿砌砖均被烧红，灶口砌砖下由 4 个两两对扣筒瓦组成的风道，通向鼓风坑。Z13 距地表 2.4 米，东西延伸为 1.95 米，南北宽 0.5 米，灶口口径 0.2 米，灶深约 0.4 米。Z13 的填土为灰黑色砂质黏土，土质较松，包含较多木炭屑；无遗物出土。

（二）Z14

Z14 位于 TG1101 西南部，位于 Z13 南侧，开口位于第 4a 层下。Z14 灶口近方形，灶膛呈长方形，底部较平，灶口由长方形砖砌成，周围可见平铺残砖 4 块，整砖 2 块，口沿砌砖均被烧红，灶口砌砖下有 4 个两两对扣筒瓦组成的风道，通向鼓风坑。Z14 距地表 2.4 米，东西延伸为 2 米，南北宽 0.45 米，灶口口径 0.2 米，灶深约 0.4 米。Z14 的填土为灰黑色砂质黏土，土质较松，包含较多木炭屑；无遗物出土。

（三）Z15

Z15 位于 TG1101 西北部，Z13 东侧，开口位于第 4a 层下。Z15 灶口呈方形，灶膛呈长方形，灶口由三块砖砌成，周围可见平铺残砖 1 块。Z15 距地表 2.4 米，东西延伸 0.46 米，南北宽 0.34 米，灶口口径 0.2 米，灶深约 0.3 米。Z15 的填土为灰黑色砂质黏土，土质较松，包含较多木炭屑；无遗物出土。

（四）Z16

Z16 位于 TG1101 西北部，Z15 东侧，开口位于第 4a 层下。Z16 灶口呈圆形，灶膛呈袋状，灶口周围可见平铺残砖 3 块，灶膛由一无底陶罐做成，口朝下，底朝上。Z16 距地表 2.4 米，东西延伸 0.57 米，南北宽 0.55 米，灶口口径 0.15 米，灶深约 0.45 米。Z16 的填土为灰黑色砂质黏土，土质较松，内含较多木炭屑；无遗物出土。

（五）Z17

Z17 位于 TG1101 中部偏东，开口位于第 4a 层下。Z17 呈椭圆形，灶膛壁较垂直，底呈坡状，西低东高，周围均平铺残砖、碎瓦片，灶口部有一周红褐色烧结面。Z17 距地表 2.4 米，东西延伸 1.1 米，南北宽 0.95 米，火膛深 0.6 ~ 0.26 米。Z17 填土为灰黑色砂质黏土，土质较

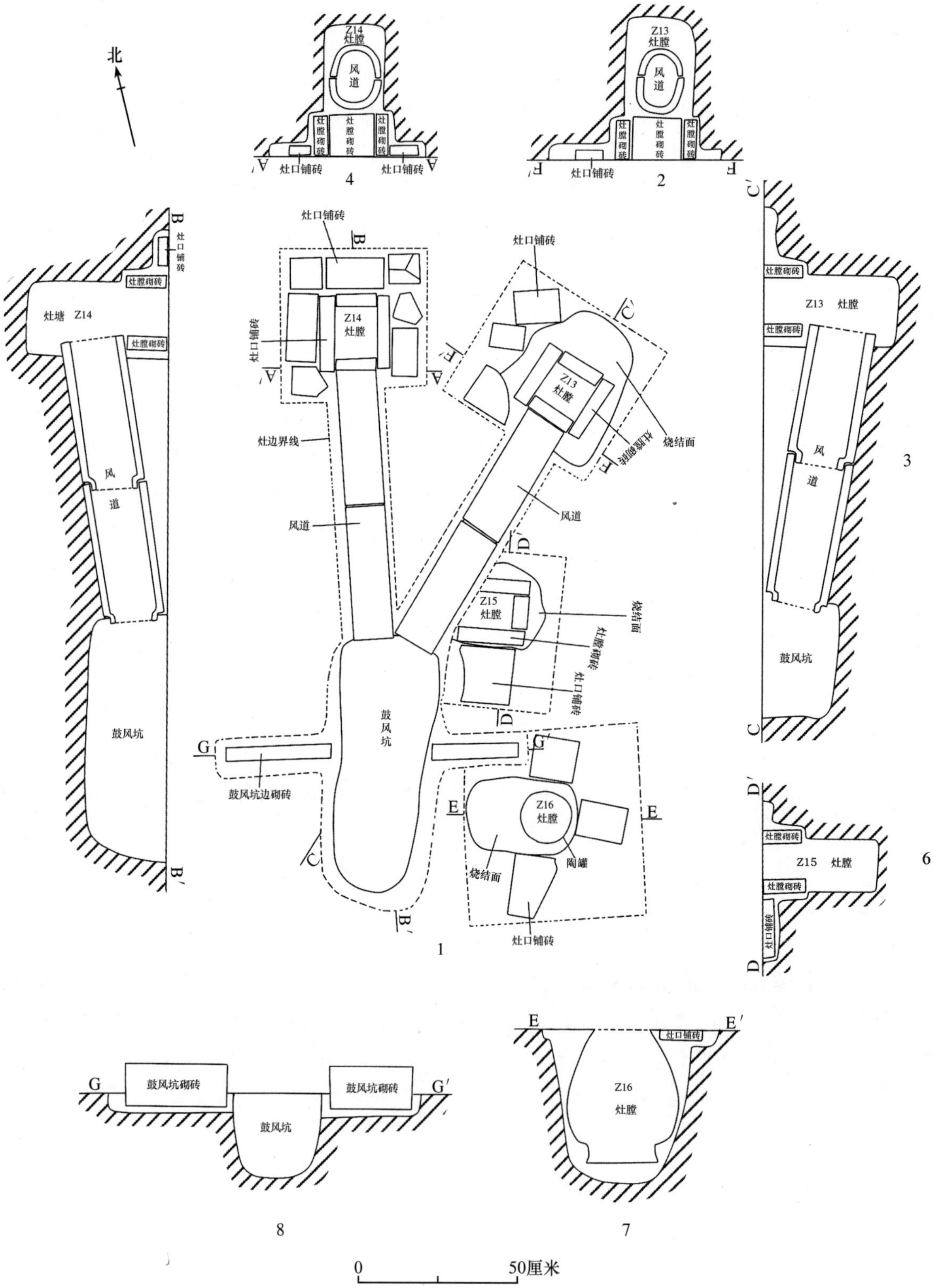

图五〇八　TG1101 内 Z13 ~ Z16 灶群平、剖面图

1. Z13 ~ Z16 灶群平面图　2. Z13 南北剖面图　3. Z13 东西剖面图　4. Z14 东西剖面图　5. Z14 南北剖面图　6. Z15 南北剖面图　7. Z16 东西剖面图　8. 风膛东西剖面图

松，内含较多木炭屑；无遗物出土（图五〇九，1；图版七四，3）。

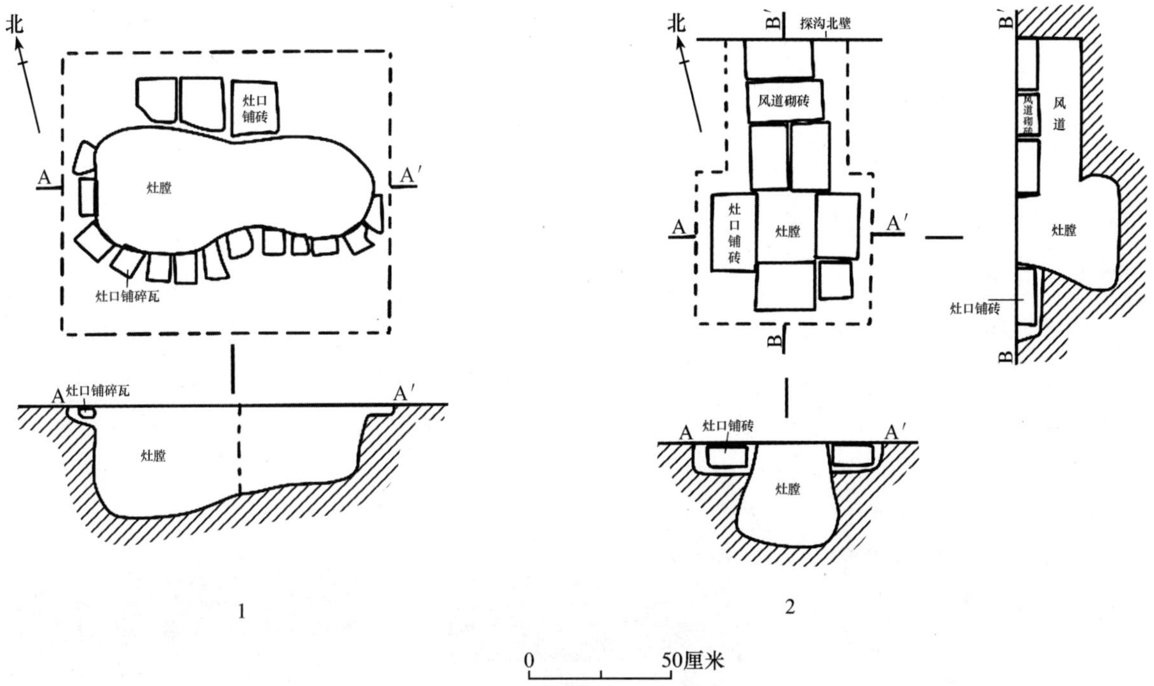

图五〇九　Z17 ~ Z18 平、剖面图
1. Z17　2. Z18

（六）Z18

Z18 位于 TG1116 中部，延伸至探沟北壁，开口于第 4b 层下，打破第 5a 层。Z18 灶口呈方形，灶口周围平铺残砖，由灶膛和风道组成，风道由砖铺砌而成。Z18 距地表米，东西延伸 0.6 米，南北可见宽 1 米，灶口口径 0.3 米，灶深 0.35 米。Z18 的填土为黑色土，含有较多的炭粒、灰渣、烧土粒；出土遗物有陶罐、釉陶碗、瓦当、板瓦和筒瓦等（图五〇九，2）。

第三节　遗　　物

本段探沟出土标本遗物比较丰富，有建筑构件、陶器、瓷器、釉陶器、三彩器等。共出土遗物 210 件，其中出土东周、汉代标本遗物 52 件，魏晋十六国标本遗物 13 件，北朝至五代标本遗物 136 件，宋至清代标本遗物 9 件。

一、东周、汉代遗物

共出土标本遗物 52 件，其中有建筑构件 39 件、陶器 13 件。

（一）建筑构件

共出土标本遗物 39 件，其中有板瓦 7 件、筒瓦 1 件、瓦当 10 件和砖 21 件。

1. 板瓦

共 7 件。

C 型　共 1 件。

标本 TG1109⑤a：4，残存上端部分。泥质红陶，模制，制作较为规整。凸面饰斜绳纹绳径 0.4 厘米，瓦头有宽约 2 厘米的抹平痕，瓦体有数周宽约 1.5 厘米的抹平痕，抹痕较深；凹面饰菱形网格纹，瓦头有宽约 10.5 厘米的抹平痕。瓦端齐平，侧棱内切，红褐色。残长 19.2、厚 1 ~ 1.4 厘米；切痕深 0.1 ~ 0.2 厘米（图五一〇 ~ 图五一二；图版七五，1）。

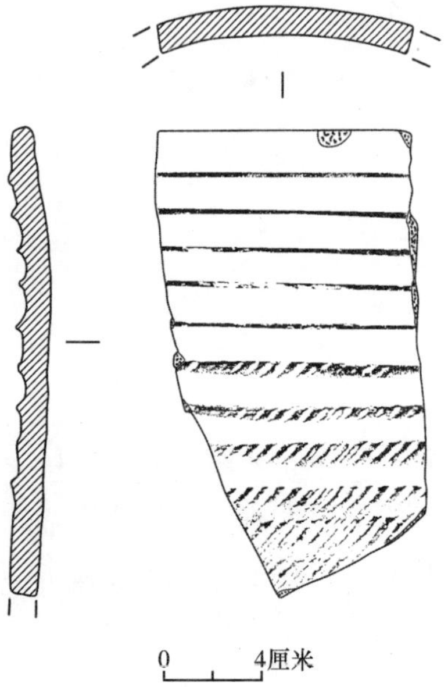

图五一〇　东周、汉代 C 型板瓦（TG1109⑤a：4）

图五一一　东周、汉代 C 型板瓦（TG1109⑤a：4）凸面纹饰拓本

图五一二　东周、汉代 C 型板瓦（TG1109⑤a：4）凹面纹饰拓本

D 型Ⅰ式　共 1 件。

标本 TG1116H103：3，残存下端部分。泥质灰陶，模制，制作较为规整。瓦端捏成波浪形。凸面饰粗绳纹，绳径 0.6 厘米；凹面饰菱形网格纹。浅灰色。残长 17、瓦头残宽 15.3、厚 1.2 ~ 1.4 厘米（图五一三 ~ 图五一五；图版七五，2）。

D 型Ⅱ式　共 1 件。

标本 TG1109⑤a：3，残存下端部分。泥质灰陶，模制，制作较为规整。瓦端捏成波浪形。凸面饰细绳纹，绳径 0.3 厘米，体部有宽约 1 厘米的浅抹平痕；凹面在布纹的基础上饰方格纹。侧棱内切，浅灰色。残长 23、残高 3.5、厚 1 ~ 1.1 厘米；切痕深 0.4 厘米（图五一六 ~ 图五一八；图版七五，3）。

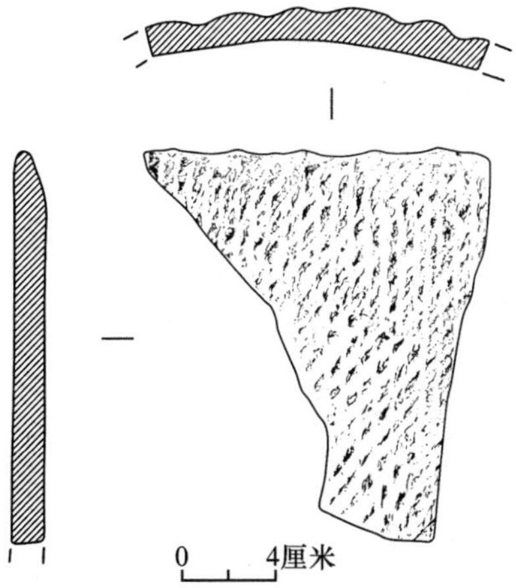

图五一三　东周、汉代 D 型Ⅰ式板瓦（TG1116H103：3）

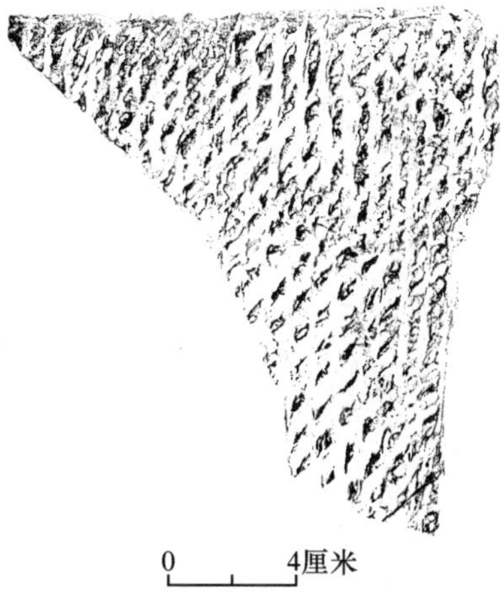

图五一四　东周、汉代 D 型Ⅰ式板瓦（TG1116H103：3）凸面纹饰拓本

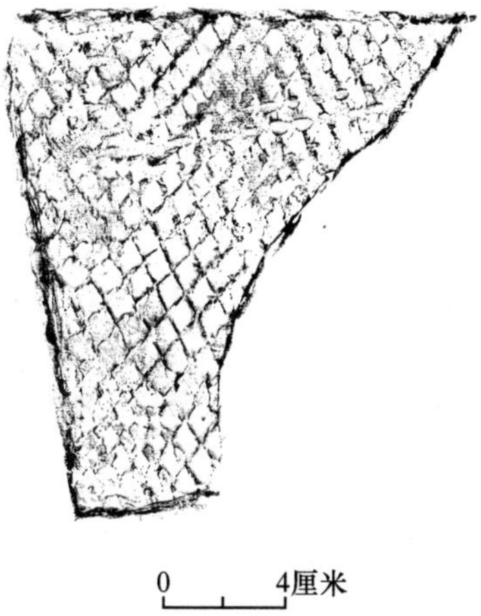

图五一五　东周、汉代 D 型Ⅰ式板瓦（TG1116H103：3）凹面纹饰拓本

E 型Ⅰ式　共 2 件。均为泥质灰陶，模制，制作较为规整。凸面饰粗绳纹，瓦体有抹平痕；凹面饰布纹，瓦尾部有抹平痕。瓦端齐平，侧棱内切。

标本 TG1109 ⑤ a：5，残存上端部分。凸面先饰斜向绳纹，再饰竖向、斜向相互交错的绳纹，绳纹较粗，绳径 0.2 ~ 0.4 厘米；凹面体部在布纹的基础上饰菱形网格纹。瓦端齐平，浅灰色。残长 27、残宽 20、厚 1 ~ 1.2 厘米；切痕深 0.1 厘米（图五一九、图五二〇；图版七五，4）。

标本 TG1114H101：14，残存瓦体部分。凸面饰竖向粗绳纹，绳径 0.4 厘米；凹面饰菱形纹。浅灰色。

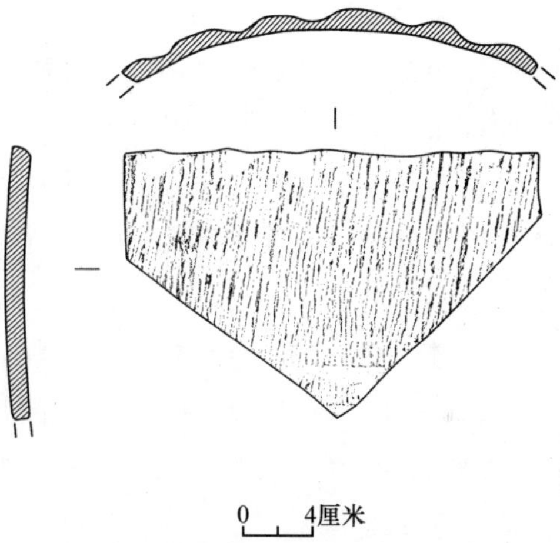

图五一六　东周、汉代 D 型Ⅱ式板瓦（TG1109 ⑤ a：3）

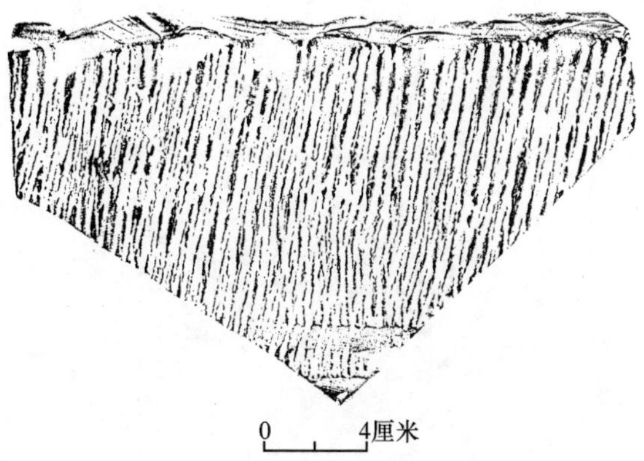

图五一七　东周、汉代 D 型Ⅱ式板瓦（TG1109 ⑤ a：3）凸面纹饰拓本

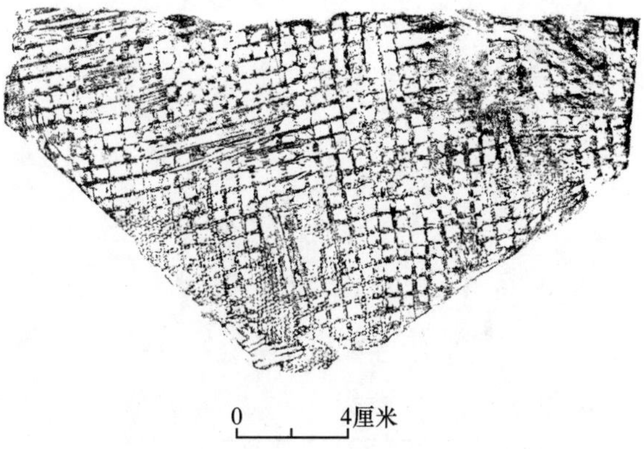

图五一八　东周、汉代 D 型Ⅱ式板瓦（TG1109 ⑤ a：3）凹面纹饰拓本

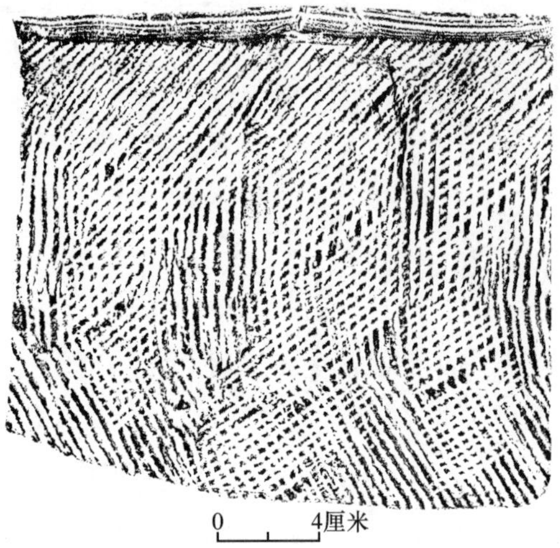

图五一九　东周、汉代E型Ⅰ式板瓦（TG1109⑤a：5）凸面纹饰拓本

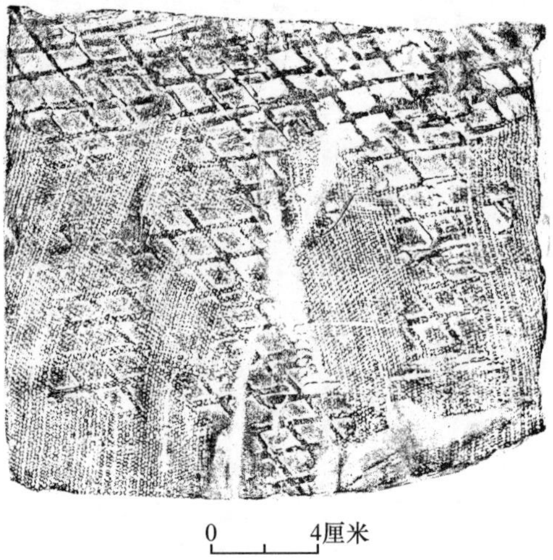

图五二〇　东周、汉代E型Ⅰ式板瓦（TG1109⑤a：5）凹面纹饰拓本

残长8.3、残宽8.6、厚1.1～1.4厘米（图五二一、图五二二）。

E型Ⅱ式　共2件。均为泥质灰陶，模制，制作较规整。凸面饰细绳纹，瓦体有抹平痕；凹面饰布纹。瓦端齐平，侧棱内切。

标本TG1114⑥：4，残存上端部分。凸面先饰菱形网格纹，宽约18厘米，再饰细绳纹，绳径0.2厘米；凹面饰布纹，有明显的褶皱痕。深灰色。残长24、残宽23、厚1.5～2.7厘米；切痕深0.4～0.9厘米（图五二三；图版七五，5）。

标本TG1112H99：4，残存上端部分。凸面先饰竖向细绳纹，后又饰斜向绳纹，绳径0.2厘米，体部有宽0.9厘米的轻微带状抹平痕；凹面饰菱形网格纹。浅灰色。残长26.5、残宽12.8～20.4、厚1.2～1.3厘米；切痕深0.2～0.3厘米（图五二四～图五二六；图版七五，6）。

图五二一　东周、汉代E型Ⅰ式板瓦（TG1114H101：14）凸面纹饰拓本

图五二二　东周、汉代E型Ⅰ式板瓦（TG1114H101：14）凹面纹饰拓本

图五二三　东周、汉代E型Ⅱ式板瓦
（TG1114⑥：4）纹饰拓本

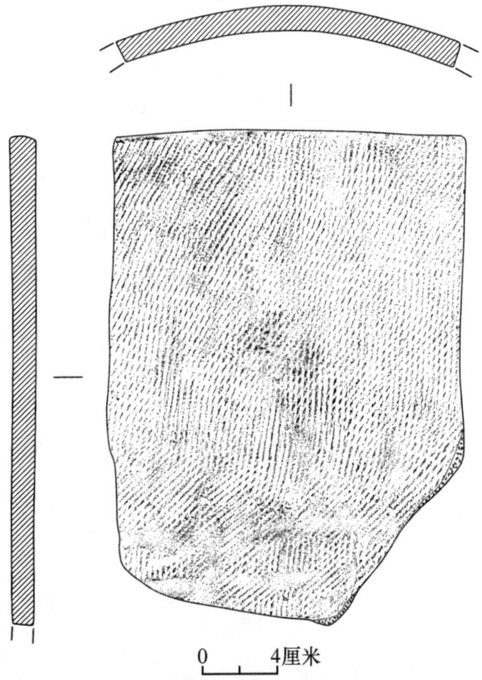

图五二四　东周、汉代E型Ⅱ式板瓦
（TG1112H99：4）

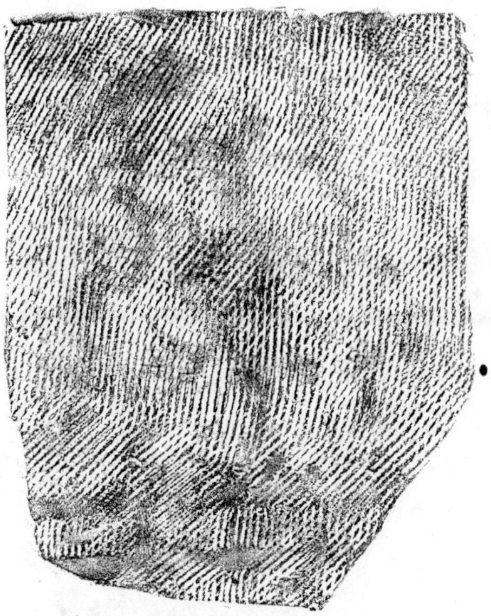

图五二五　东周、汉代E型Ⅱ式板瓦
（TG1112H99：4）凸面纹饰拓本

图五二六　东周、汉代E型Ⅱ式板瓦
（TG1112H99：4）凹面纹饰拓本

2. 筒瓦

B型Ⅱ式　共1件。

标本TG1112H99：3，残存上端部分。泥质灰陶，模制，制作较规整。瓦舌较长，瓦

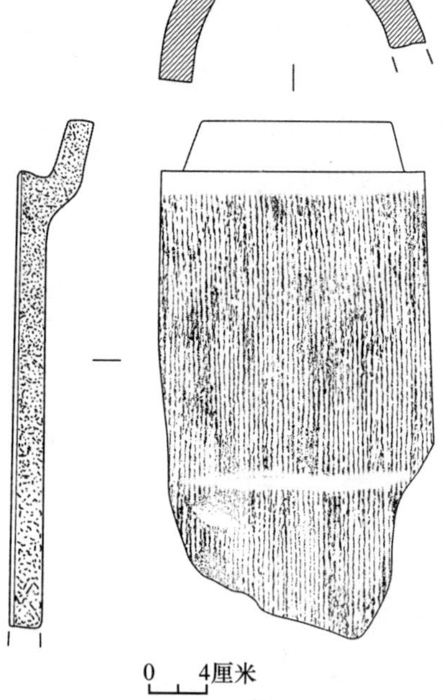

图五二七　东周、汉代 B 型Ⅱ式筒瓦
（TG1112H99 : 3）

舌较圆且微曲，侧棱外切，瓦舌与瓦体部相接部分略有凸起。凸面饰细绳纹，绳径 0.2 厘米，体部有宽约 1.2 厘米的抹平痕，瓦体中部有宽约 1 厘米的绳纹被轻微抹平；凹面饰布纹，有明显褶皱痕。残长 24.5、宽 14.4、厚 0.6 ~ 1.7 厘米；瓦舌长 2.7、残宽 11、厚 0.7 ~ 1.1；切痕深 0.2 厘米（图五二七）。

3. 瓦当

共 10 件。

A 型　共 1 件。

标本 TG1111 ⑤ a : 5，完整，残留少量筒瓦。泥质灰陶，模制，制作规整。主题纹饰为乳钉卷云纹，当面为半瓦当。边轮内由二条凸线弦纹和一条直线凸棱将半圆形瓦当括成内、外两个半圆。边轮较窄且高于当面纹饰，外圈饰蘑菇形云纹，由内圈界格中间向上卷曲；内圈由双界格和左右各一小乳钉构成；背面不平且有明显的与筒瓦衔接痕。面径 13、厚 0.5 ~ 0.8、边轮宽 0.6 ~ 0.9 厘米（图五二八、图五二九；图版七六，1）。

Ba 型　共 5 件。均为泥质灰陶，模制，制作规整。主题纹饰为乳钉卷云纹瓦当，边轮内由两条单线弦纹将圆当括成内、外两个圆圈。内圈中心饰高凸的乳钉纹，外圈由四组连接弦纹的双线界格将外圈分为四个扇面，每个扇面内饰一朵蘑菇状云纹，云纹由界格下向上开始卷曲，蘑菇云纹中心上下或下部饰三角形。边轮较窄。

标本 TG1112H99 : 1，残半。云纹构图较简洁，各组蘑菇形云纹中心上下各饰一尖部向内的小三角形凸起。云纹迂曲部分不断笔，云纹卷曲的程度较小，呈平顶状。背面较平整，胎体含砂量较大。面径 15、厚 1.4 ~ 1.8、边轮宽 0.8 ~ 1.1 厘米（图五三〇、图五三一；图版七六，2）。

标本 TG1112H99 : 2，基本完整。云纹构图较复杂，各组蘑菇形云纹中心上下各饰一尖

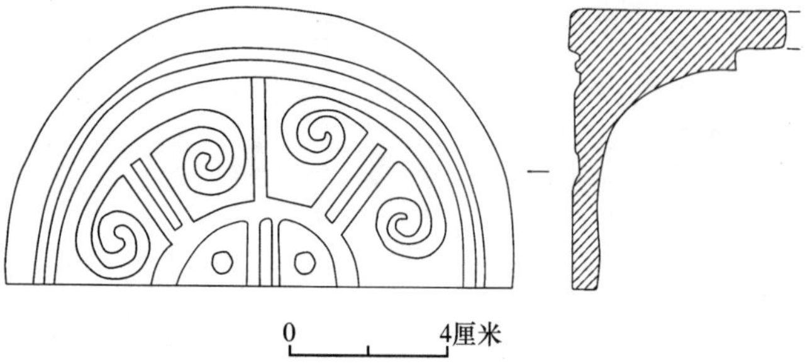

图五二八　东周、汉代 A 型瓦当
（TG1111 ⑤ a : 5）

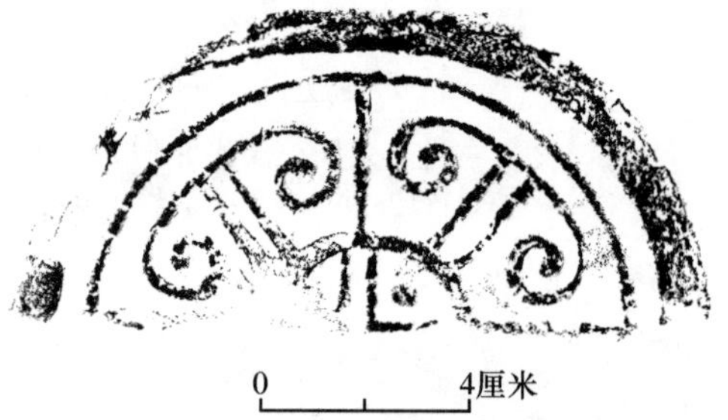

图五二九　东周、汉代 A 型瓦当
（TG1111 ⑤ a : 5）纹饰拓本

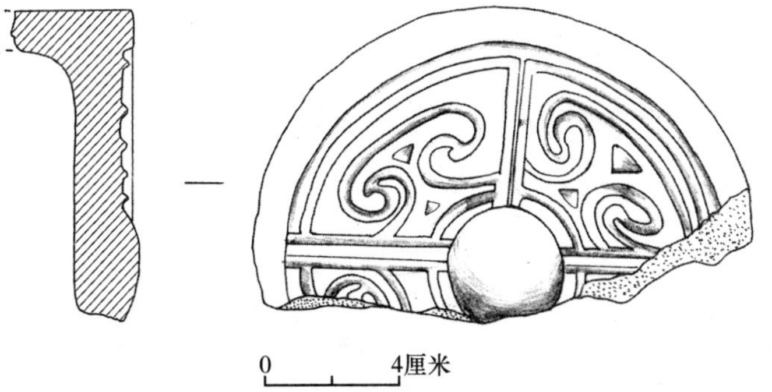

图五三〇　东周、汉代Ba型瓦当
（TG1112H99：1）

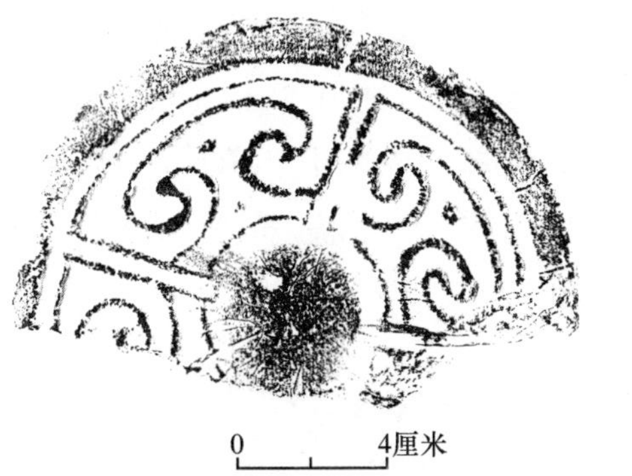

图五三一　东周、汉代Ba型瓦当
（TG1112H99：1）纹饰拓本

部向内的大三角形凸起。云纹迂曲部分不断笔，云纹卷曲的程度较大，呈平顶状。背面内凹，不平整，有明显抹平痕。面径16.5、厚2.5 ~ 3.2、边轮宽0.8 ~ 1.2厘米（图五三二、图五三三；图版七六，3）。

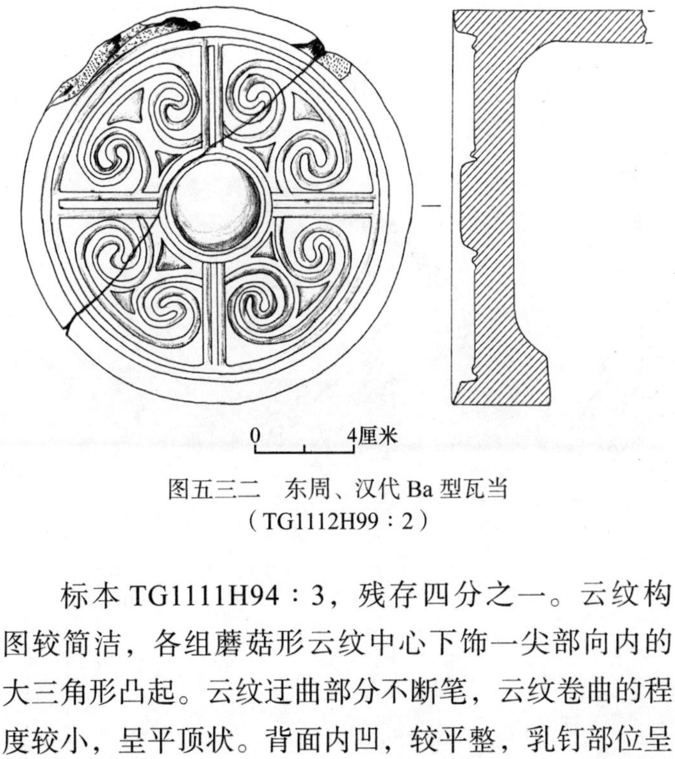

图五三二　东周、汉代Ba型瓦当
（TG1112H99：2）

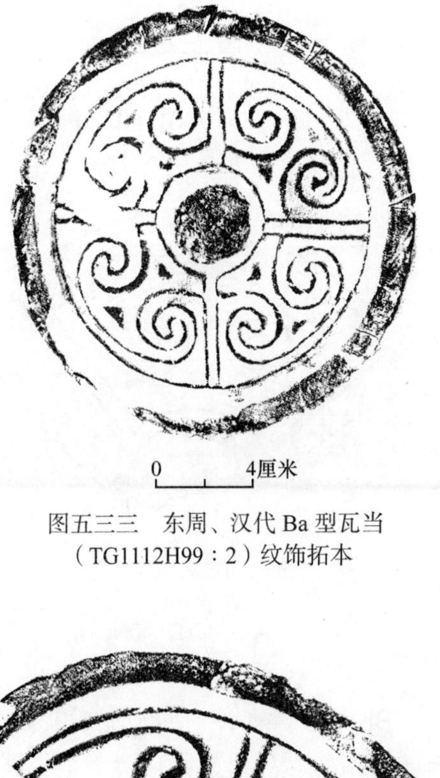

图五三三　东周、汉代Ba型瓦当
（TG1112H99：2）纹饰拓本

标本TG1111H94：3，残存四分之一。云纹构图较简洁，各组蘑菇形云纹中心下饰一尖部向内的大三角形凸起。云纹迂曲部分不断笔，云纹卷曲的程度较小，呈平顶状。背面内凹，较平整，乳钉部位呈凹球状。面径15、厚1 ~ 1.2、边轮宽0.6 ~ 0.8厘米（图五三四）。

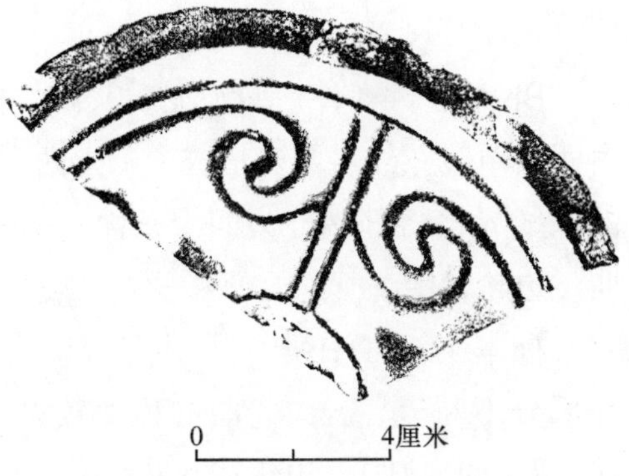

图五三四　东周、汉代Ba型瓦当
（TG1111H94：3）纹饰拓本

标本TG1114H101：3，残存近四分之一。云纹构图较复杂，各组蘑菇形云纹中心上下各饰一尖部向内的下三角形凸起。云纹迂曲部分不断笔，云纹卷曲的程度较大，呈平顶状。背面内凹，较平整。面径14、厚 0.7 ~ 0.9、边轮宽 0.9 厘米（图五三五、图五三六）。

标本 TG1110 ⑤ a：6，残存近二分之一。云纹构图较简洁，各组蘑菇形云纹中心下部饰一尖部向内的下三角形凸起。云纹迂曲部分不断笔，云纹卷曲的程度较大，呈平顶状。背面内凹，较平整，乳钉部位呈凹球状。面径 15、厚 2.5 ~ 3.1、边轮宽 0.7 厘米（图五三七、图五三八）。

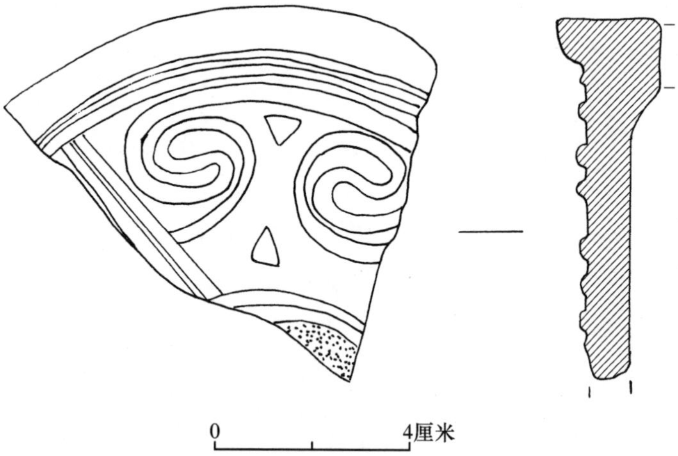

图五三五　东周、汉代 Ba 型瓦当
（TG1114H101：3）

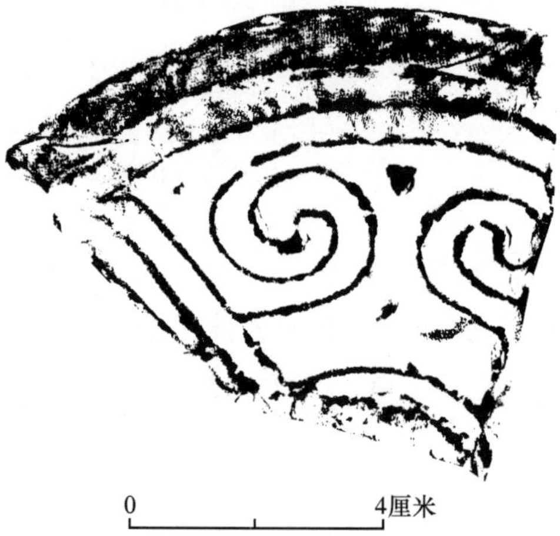

图五三六　东周、汉代 Ba 型瓦当
（TG1114H101：3）纹饰拓本

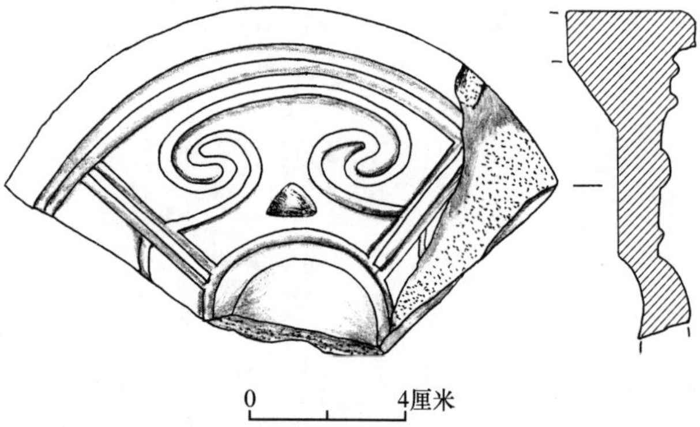

图五三七　东周、汉代 Ba 型瓦当
（TG1110 ⑤ a：6）

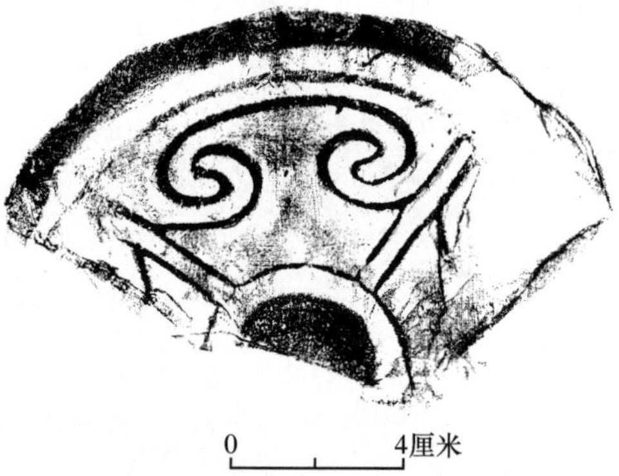

图五三八　东周、汉代 Ba 型瓦当
（TG1110 ⑤ a：6）纹饰拓本

Bb 型　共 4 件。均为泥质灰陶，模制，制作规整。主题纹饰为乳钉卷云纹瓦当，边轮内由两条单线弦纹将圆当括成内、外两个圆圈。内圈中心饰高凸的乳钉纹，外圈由四组连接弦纹的双线界格将外圈分为四个扇面，每个扇面内饰一朵蘑菇状云纹，云纹由界格下向上开始卷曲。边轮较窄。

标本 TG1111H94：4，残存近半。内圈圆乳钉外加饰一圆圈凸线纹。云纹构图较复杂，迂曲部分不断笔，云纹卷曲的程度较大，呈平顶状。背面内凹，不平整，有明显抹平痕。面径 16、厚 0.9 ~ 1.1、边轮宽 0.4 ~ 0.7 厘米（图五三九、图五四〇；图版七六，4）。

标本 TG1116H103：1，残存五分之一，当心残。云纹构图较简洁，迂曲部分不断笔，云

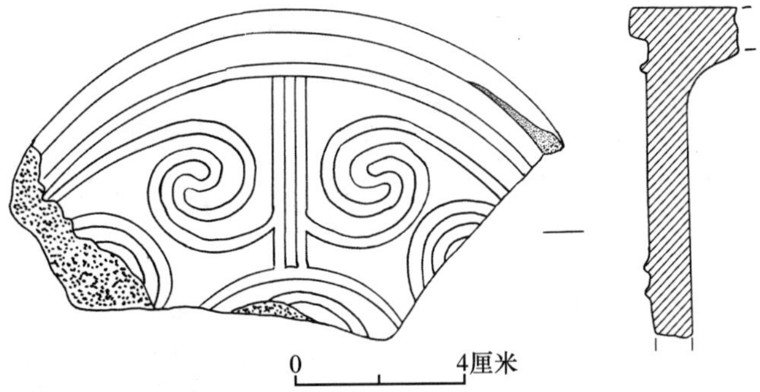

图五三九　东周、汉代 Bb 型瓦当
（TG1111H94：4）

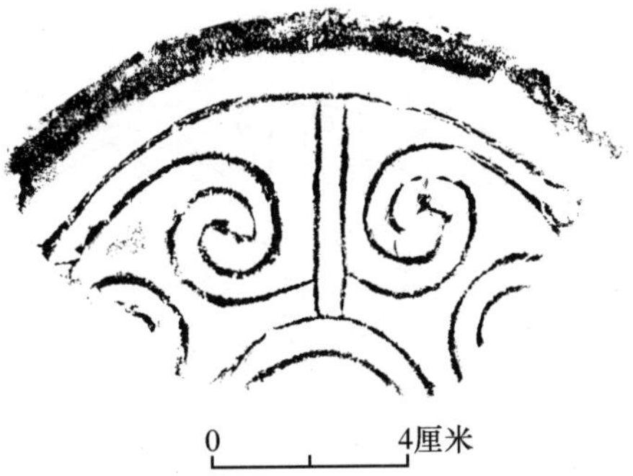

图五四〇　东周、汉代 Bb 型瓦当
（TG1111H94：4）纹饰拓本

纹卷曲的程度较大，呈平顶状。背面内凹，不平整。面径 16、厚 0.8 ~ 1、边轮宽 0.8 厘米（图五四一）。

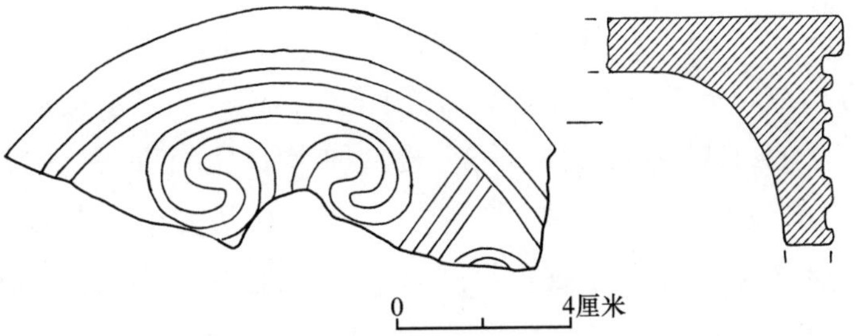

图五四一　东周、汉代 Bb 型瓦当（TG1116H103：1）

标本 TG1114H101：2，残存近二分之一。当面涂有朱砂痕迹。内圈圆乳钉外加饰一圆圈凸线纹。云纹构图较复杂，迂曲部分不断笔，云纹卷曲的程度较大，呈平顶状。面经 17、厚 1 ~ 1.7、边轮宽 0.8 厘米（图五四二、图五四三）。

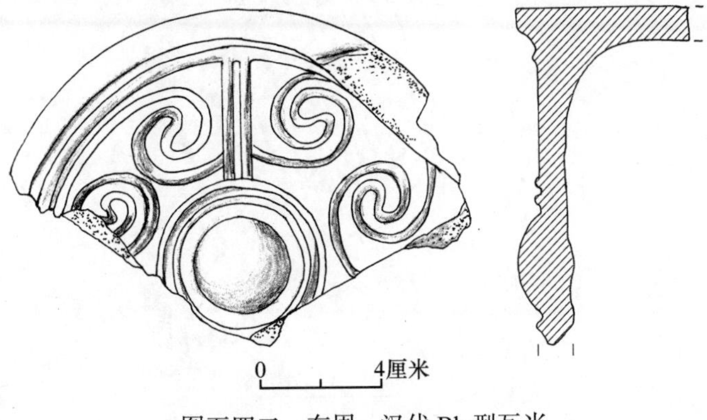

图五四二　东周、汉代 Bb 型瓦当
（TG1114H101：2）

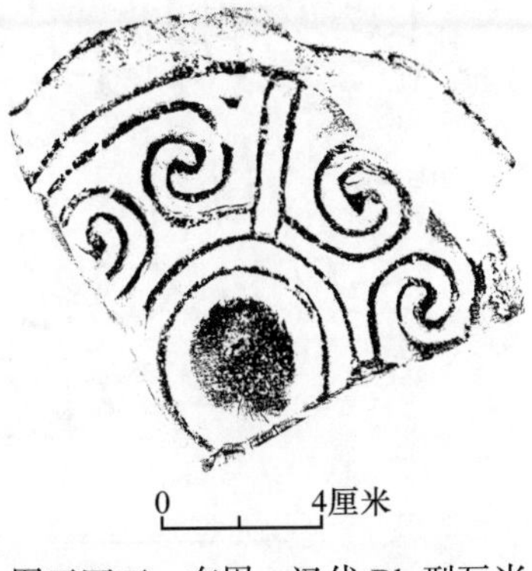

图五四三　东周、汉代 Bb 型瓦当
（TG1114H101：2）纹饰拓本

标本 TG1114H101：4，残存近三分之一。当面涂有朱砂痕迹。云纹构图较复杂，迂曲部分断笔，云纹卷曲的程度较大，呈平顶状。背面内凹，较平整。面径 14、厚 1.1 ~ 2.4、边轮宽 0.8 厘米（图五四四、图五四五）。

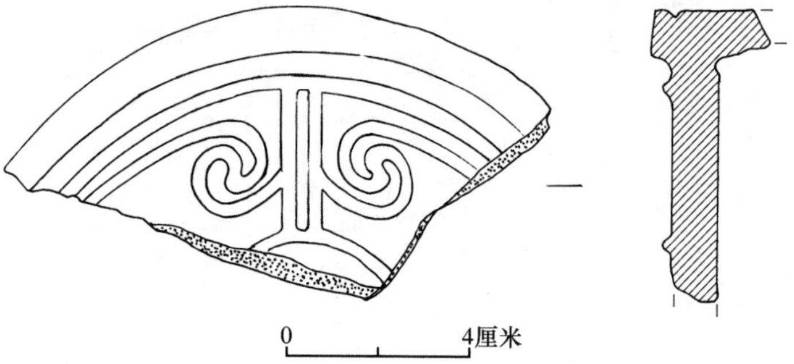

图五四四　东周、汉代 Bb 型瓦当
（TG1114H101：4）

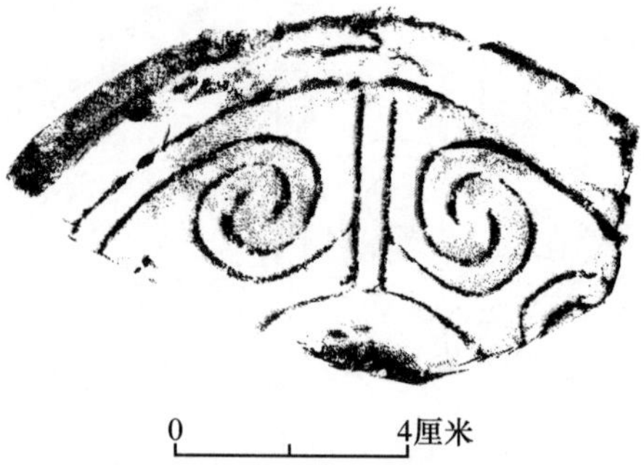

图五四五　东周、汉代 Bb 型瓦当
（TG1114H101：4）纹饰拓本

4. 砖

共 21 件，均为正方形砖。

Aa 型　共 1 件。

标本 TG1116H103：5，残存六分之一。泥质灰陶，模制，制作规整。砖边齐平，表面印纹较深，模印凸棱方格纹，方格宽 0.5 厘米；背面不平整，有明显手按痕。泥胎较纯净，胎体致密，火候较高。残长 11.2、残宽 10.2、厚 3 ~ 3.2 厘米（图五四六；图版七六，5）。

Ab 型　共 7 件。均为泥质灰陶，模制，制作规整，砖边齐平，表面印纹较深，模印网格纹，网格内饰有多层菱形纹、“十”字纹、斜“回”纹、斜“目”字纹和乳钉纹等。

标本 TG1112H99：5，残存不足四分之一。表面有一凹形方框，方框内模印网格纹，网格纹内模印多层菱形纹，印纹较深；背面较平整。泥胎较纯净，胎体致密。残长 18、残宽 12、厚 3.3 厘米（图五四七；图版七六，6）。

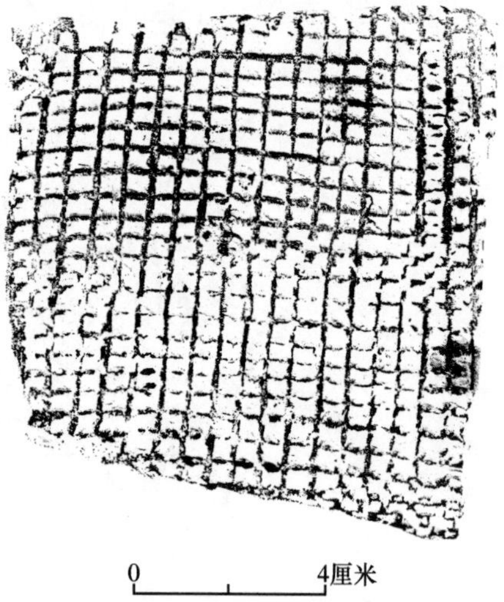

图五四六　东周、汉代 Aa 型正方形砖
（TG1116H103：5）纹饰拓本

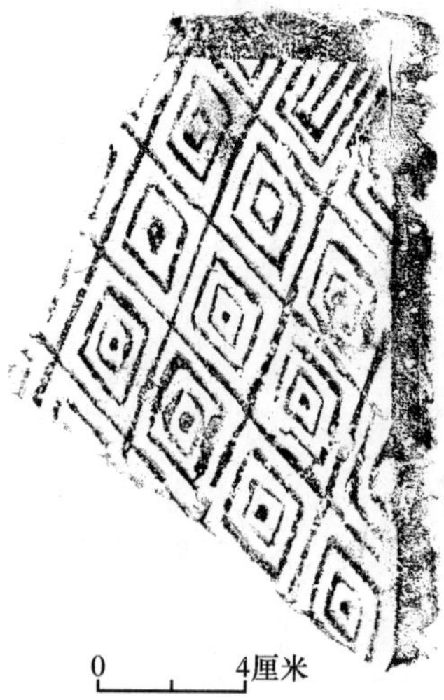

图五四七　东周、汉代 Ab 型正方形砖
（TG1112H99：5）纹饰拓本

标本 TG1114⑥：5，残存不足四分之一。正面印纹较深，网格纹内模印“十”字形纹；背面较平整。泥胎掺杂少量细砂粒，胎体致密。残长 13.2、残宽 12.6、厚 3.5 厘米（图五四八；图版七七，1）。

标本TG1114H101：18，残存不足六分之一。表面印纹较深，网格纹内模印斜“目”字纹；背面不平整。泥胎较纯净，胎体致密。残长8.9、残宽7.8、厚3厘米（图五四九）。

标本TG1114H101：19，残存四分之一。表面有一凹形方框，方框内模印多层菱形纹，印纹较深；背面较平整。泥胎较纯净，胎体致密。残长19、残宽13.2、厚2.7厘米（图五五〇；图版七七，2）。

标本TG1114H101：20，残存四分之一。表面印纹较深，网格纹内模印乳钉纹；背面较平整。泥胎较纯净，胎体致密。残长11.3、残宽10.2、厚3.1厘米（图五五一；图版七七，3）。

标本TG1114H101：21，残存四分之一。表面印纹较深，网格纹内模印双凸棱“十”字纹和斜“目”字纹；背面较平整。泥胎较纯净，胎体致密。残长19.5、残宽12.1、厚3.7厘米（图五五二；图版七七，4）。

图五四八　东周、汉代Ab型正方形砖（TG1114⑥：5）纹饰拓本

图五四九　东周、汉代Ab型正方形砖（TG1114H101：18）纹饰拓本

图五五〇　东周、汉代Ab型正方形砖（TG1114H101：19）纹饰拓本

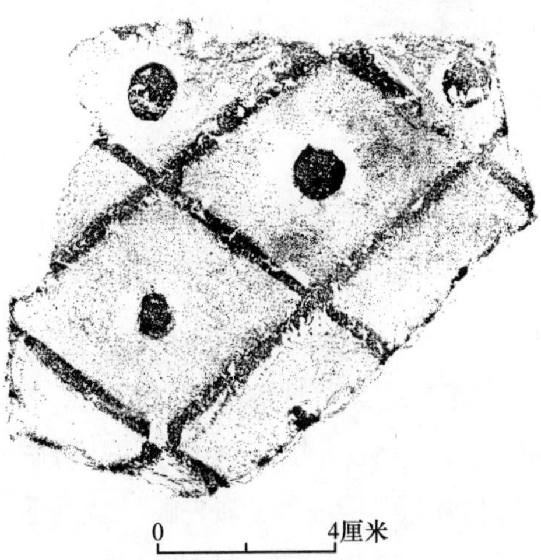

图五五一　东周、汉代Ab型正方形砖（TG1114H101：20）纹饰拓本

标本 TG1115⑤a：4，泥质灰陶，制作规整，残存六分之一。表面有一凹形方框，方框内模印网格纹，网格纹内模印斜“回”纹，印纹较深；背面较平整。泥胎较纯净，胎体致密。残长 8、残宽 8.7、厚 3.1 厘米（图五五三）。

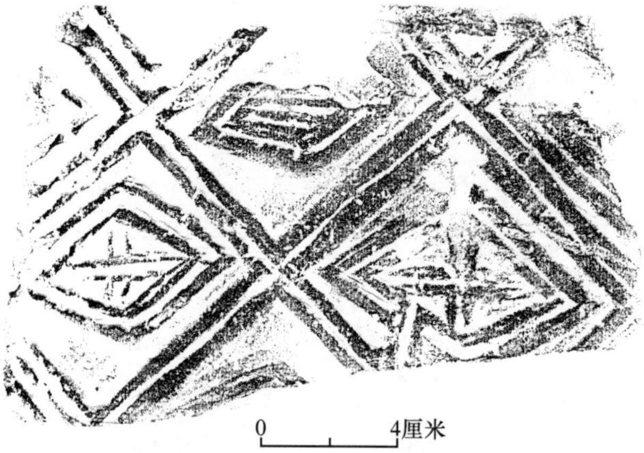

图五五二　东周、汉代 Ab 型正方形砖（TG1114H101：21）纹饰拓本

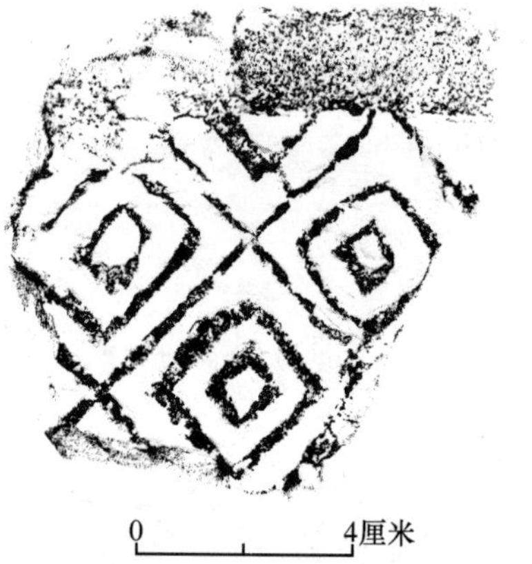

图五五三　东周、汉代 Ab 型正方形砖（TG1115⑤a：4）纹饰拓本

Ba 型　共 5 件。均为泥质灰陶，模制，制作规整。砖边齐平，表面沿砖边内有一凸线方框，方框内为纹饰区，饰有对称双龙，中间饰一龟形象。

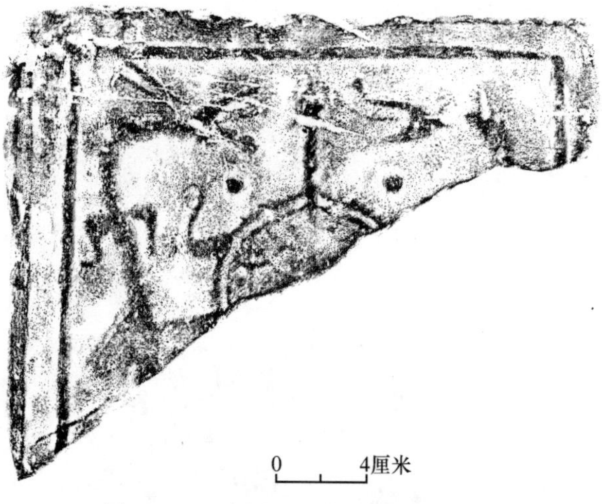

图五五四　东周、汉代 Ba 型正方形砖（TG1112H99：6）纹饰拓本

标本 TG1112H99：6，残存三分之一。方框内模印对称双龙，中间饰一龟形象，龟爪与龙头间饰一小乳钉纹。龙形象凶猛，龙身为单线凸棱，曲颈昂首，龙身上部有双腿，爪不明显，中部偏上饰对称双翼，翼成三角形，龙口大张，鼻上翘，舌上卷，唇下倾，额上有上翘双犄角，龟呈伏状，三角形头，两侧有短凸棱呈“八”字状装饰，背较圆，其上有凸棱交错形成的网格纹龟甲，对称双腿前曲，爪不明显；背面凹凸不平。泥胎掺杂少量细砂粒，胎体致密。边长 26、残宽 21、厚 2.7 厘米（图五五四；图版七七，5）。

标本 TG1114H101：26，残存四分之一。方框内从右至左依次可见龟纹、龙纹。龙身为单线凸棱，曲颈昂首，龙身上部有双腿，腿前曲，爪端有三趾，龙身中部左侧饰上下叠压三角形翼，翼上饰竖向凸棱，龙头微上扬，龙口大张，鼻上翘，舌端上扬，唇下倾，凸目圆睁，额上饰上翘犄角，龟呈伏状，背为三条圆弧凸弦纹形成的圆形，可见上部饰一腿，腿前曲，爪不明显；背面较平整。泥胎细腻，胎体致密。残长 20.2、残宽 13.2、厚 3.9 厘米（图五五五）。

标本 TG1114H101：22，残存四分之一。方框内从右至左依次饰龙纹、鱼纹、龟纹。龙身为单线凸棱，曲颈，曲身，龙身可见上部有双腿，下部残存一条腿，腿前曲，爪端有三趾，龙身中部偏上右侧饰上下叠压双翼，翼成三角形，翼上饰凸棱网格纹，龟呈伏状，背部为三条圆弧凸弦纹形成的圆形，其上有凸棱交错形成的斜网格纹龟甲，腿前曲，背和腿的边缘饰小锯齿纹凸棱，爪端有三趾；背面较平整。泥胎掺杂少量细砂粒，胎体致密。残长 21.9、残宽 14、厚 3.8 厘米（图五五六；图版七七，6）。

图五五五　东周、汉代 Ba 型正方形砖（TG1114H101：26）纹饰拓本

图五五六　东周、汉代 Ba 型正方形砖（TG1114H101：22）纹饰拓本

标本 TG1116H103：6，残存不足六分之一。方框内从右至左依次可见龙纹、龟纹，图案漫漶不清；背面较平整。泥胎掺杂少量细砂粒，胎体致密。残长 12.4、残宽 9.3、厚 2 ~ 2.2 厘米（图五五七）。

标本 TG1114H101：24，残存近三分之二。方框内从右至左依次饰龙纹、龟纹、龙纹。龙身为单线凸棱，其上有横向间隔的细凸棱龙身，卷尾，至尾端卷曲至近圆形，龙身上下部各有双腿，腿前曲，爪端有三趾，中部有对称扇形双翼，翼上饰斜凸棱，龟呈伏状，颈部较长，背部为近圆形凸起，其上有叶脉形凸棱的龟甲，腿为单线凸棱，后曲，爪端有三趾，龟尾两侧各饰一乳钉纹；背面较平整。泥胎掺杂少量细砂粒，胎体致密。残长 19.2、残宽 26、厚 3.2 厘米（图五五八；图版七八，1）。

Bb 型　共 3 件。均为泥质灰陶，模制，制作规整。砖边齐平，表面沿砖边内有一凸线方框，方框四角各饰一乳钉纹，方框内为纹饰区，饰有对称双龙，中间饰一龟形象。

标本 TG1114H101：25，残存不足二分之一。方框内从右至左依次可见龙纹、龟纹。龙身为单线凸棱，曲颈昂首，龙身上下部各有双腿，腿前曲，爪不明显，龙身中部右侧饰三角形翼，曲尾，龟呈伏状，背为双圆弧凸弦纹形成的圆形，上下可见各饰一腿，腿前曲，爪不明显；背面较平整。泥胎掺杂少量细砂粒，胎体致密。残长 26.5、残宽 11.4、厚 3.4 厘米

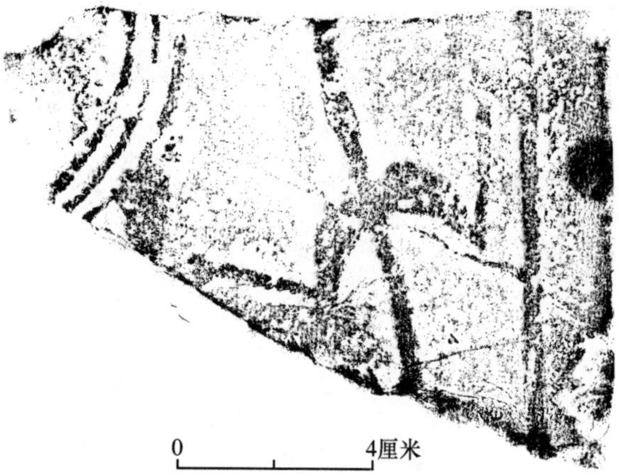

图五五七　东周、汉代 Ba 型正方形砖（TG1116H103：6）纹饰拓本

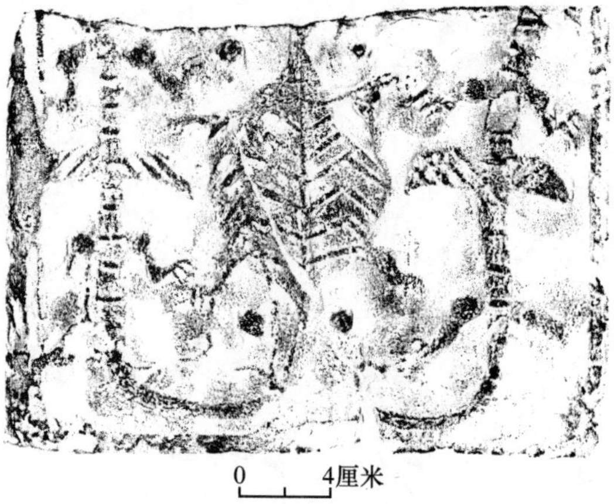

图五五八　东周、汉代 Ba 型正方形砖（TG1114H101：24）纹饰拓本

（图五五九；图版七八，2）。

标本 TG1114H101：27，残存不足四分之一。方框内从右至左依次可见龙纹、龟纹。龙身为单线凸棱，曲颈昂首，龙身上部有双腿，腿前曲，爪不明显，龙身中部右侧饰三角形翼，龙头微上扬，龙口大张，鼻上翘，舌端上扬，唇下曲，眼和犄角不明显；龟呈伏状，三角形头，两侧有短凸棱呈“八”字状装饰，颈部较长，背为三条圆弧凸弦纹形成的圆形，上饰有凸棱形龟甲，可见上部饰一腿，腿前曲，爪不明显，龙爪与龟颈间饰一乳钉纹；背面较平整。泥胎掺杂少量细砂粒，胎体致密。残长 17.5、残宽 18、厚 2.7 厘米（图五六〇；图版七八，3）。

标本 TG1116H103：7，残存一角。方框内为纹饰区，图案漫漶不清；背面较平整。泥胎较纯净，胎体致密。残长 11.2、厚 2 ~ 2.6 厘米（图五六一）。

Bc 型　共 4 件。均为泥质灰陶，模制，制作规整。砖边齐平，表面沿砖边内凹一方框，方框内为纹饰区，饰有对称双龙，中间饰一龟形象。

图五五九　东周、汉代 Bb 型正方形砖（TG1114H101：25）纹饰拓本

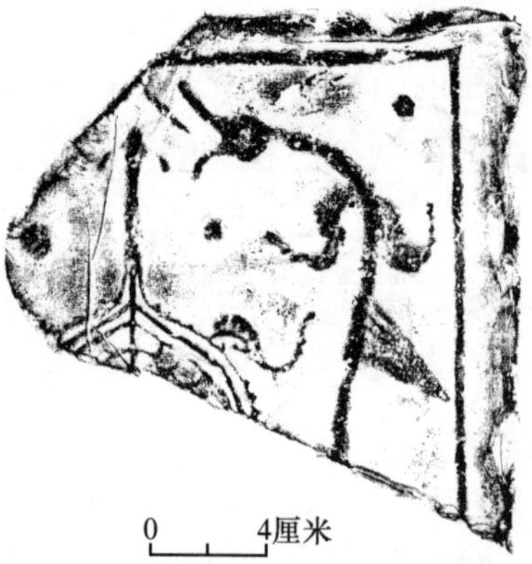

图五六〇　东周、汉代 Bb 型正方形砖（TG1114H101：27）纹饰拓本

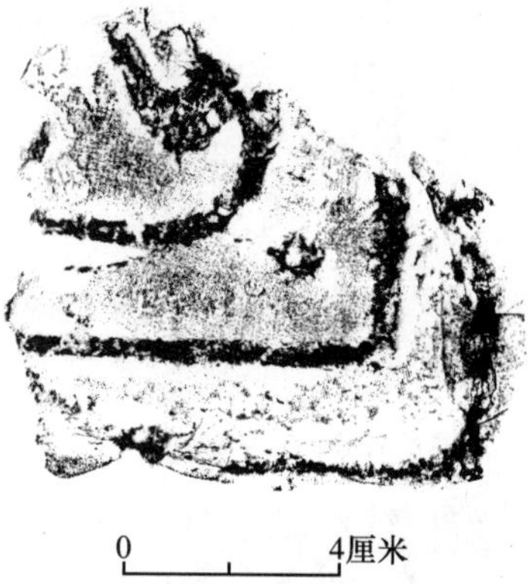

图五六一　东周、汉代 Bb 型正方形砖（TG1116H103：7）纹饰拓本

标本TG1114H101：23，残存不足四分之一。方框内从右至左依次饰龙纹、龟纹、龙纹。龙纹对称，龙身为双线凸棱，曲颈，曲身，龙身可见上部有双腿，腿较粗，爪用单线凸棱表示，微曲，龙头微上扬，龙口大张，鼻上翘，舌端上扬，唇下倾，上唇和下唇端有凸棱尖牙，凸目圆睁，额上有上翘双犄角，双龙口之间饰乳钉纹，龟呈伏状，三角形头，两侧有短凸棱呈“八”字状装饰，颈部稍短，背部为一圆弧凸弦纹形成的圆形，其上有凸棱交错形成的龟甲，腿为单线凸棱，前曲；背面较平整。泥胎掺杂少量细砂粒，胎体致密。残长13.2、残宽16.3、厚3.3厘米（图五六二；图版七八，4）。

标本TG1112H99：7，残存四分之一。方框内模印对称双龙，中间饰一龟形象，龟尾与龙尾间饰一小圆形凸弦纹。龙身为单线凸棱，曲身，卷尾，至尾端卷曲至近圆形，龙身下部有双腿，腿前曲，爪端可见两趾，龟呈伏状，背较圆，其上有凸棱交错形成的斜网格纹龟甲，对称双腿前曲，爪端有三趾；背面凹凸不平，稍内凹。泥胎掺杂少量细砂粒，胎体致密。残长13.5、残宽16.5、厚2.5厘米（图五六三）。

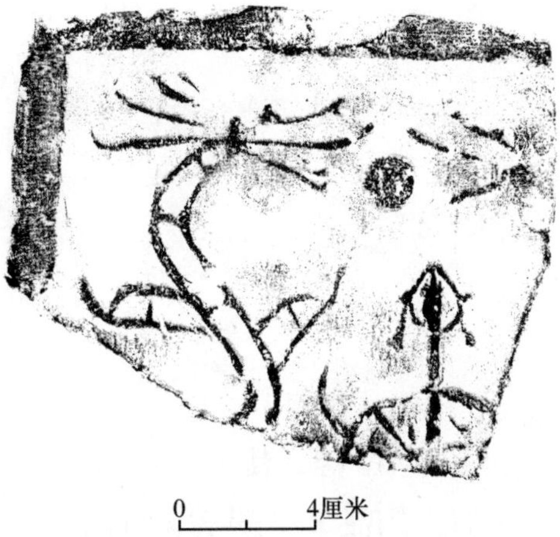

图五六二　东周、汉代Bc型正方形砖（TG1114H101：23）纹饰拓本

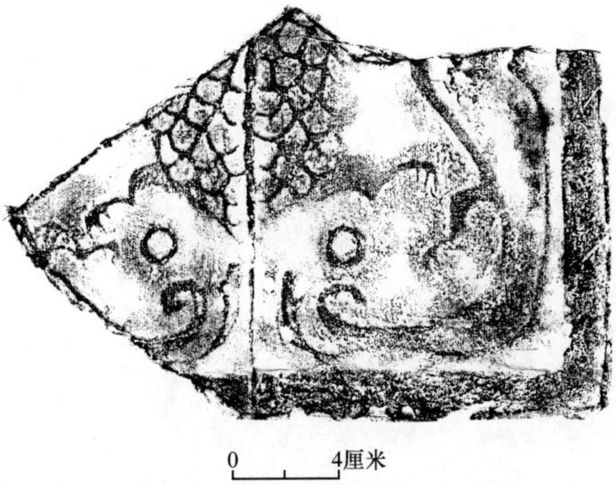

图五六三　东周、汉代Bc型正方形砖（TG1112H99：7）纹饰拓本

标本TG1112H99：8，残存四分之一。方框内模印对称双龙，中间饰一龟形象，龟尾与龙尾间饰一小圆形凸弦纹。龙身为单线凸棱，曲身，卷尾，至尾端卷曲至近圆形，龙身下部有双腿，腿前曲，爪不明显，龟呈伏状，背较圆，其上有凸棱交错形成的斜网格纹龟甲，腿前曲，爪不明显，边缘饰凸棱从龙尾开始沿龙身外侧向上延伸；背面凹凸不平，稍内凹。泥胎掺杂少量细砂粒，胎体致密。残长16.5、残宽13.5、厚2.5厘米（图五六四）。

标本TG1115⑤a：5，残存六分之一。方框内模印龙纹，龙身为双线凸棱，曲颈，曲身，龙头微上扬，龙口紧闭，头上双凸目，边缘饰凸棱从龙首开始沿龙身外侧向下延伸；背面较平整。泥胎掺杂少量细砂粒，胎体致密。残长14、残宽10.1、厚3.5厘米（图五六五）。

Bd型　共1件。

标本TG1114H101：28，残存不足六分之一。泥质灰陶，模制，制作规整。正面纹饰无方框，砖边齐平，模印龙纹，龙身为双线凸棱，曲颈昂首，龙身上部有双腿，腿前曲，爪端有三趾，龙头微上扬，龙口大张，鼻上翘，舌端上扬，唇下倾，上唇和下唇可见不太明显的凸棱尖

图五六四　东周、汉代 Bc 型正方形砖（TG1112H99：8）纹饰拓本

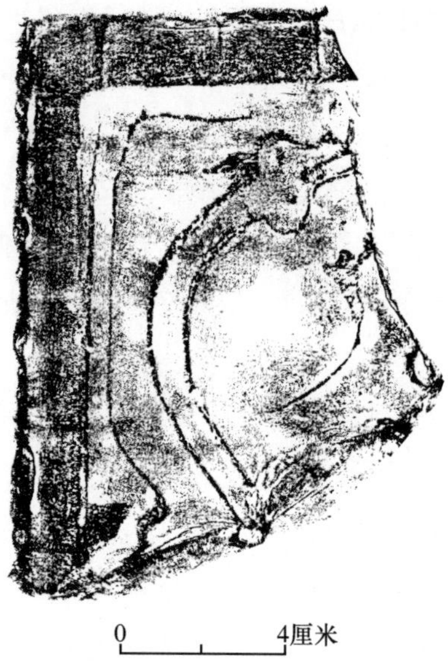

图五六五　东周、汉代 Bc 型正方形砖（TG1115⑤a：5）纹饰拓本

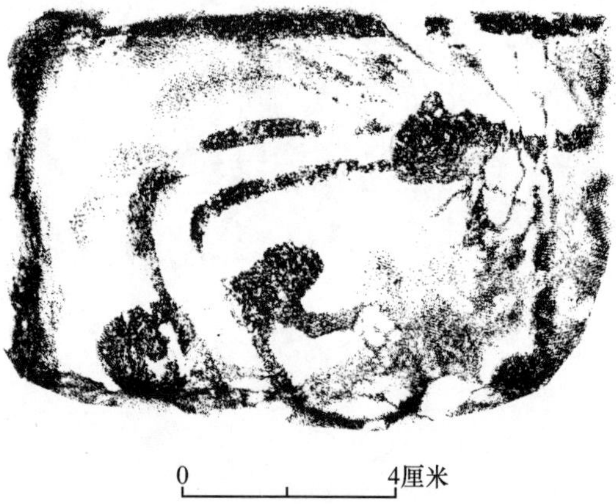

图五六六　东周、汉代 Bd 型正方形砖（TG1114H101：28）纹饰拓本

牙，眼不明显，额上饰上翘犄角；背面较平整。泥胎细腻，胎体致密。残长 7.2、残宽 11.4、厚 3.2 厘米（图五六六；图版七八，5）。

（二）陶器

共出土标本遗物 13 件，其中有陶盆 4 件、陶瓮 2 件、陶豆 4 件、陶甑 1 件和陶片 2 件。

1. 陶盆

共 4 件。

A 型　共 1 件。

标本 TG1108⑤a：3，残。泥质灰陶。方唇，外折沿，侈口。外壁饰有绳纹和附加堆纹。残长 19.5、残高 14.3、厚 1 ~ 1.5 厘米（图五六七；图版七八，6）。

Ba 型　共 2 件。均为泥质灰陶。方唇，外折宽平沿，敞口，弧腹。

标本 TG1112⑥：2，残。内壁饰有网格纹，且有数周抹平。残高 5、厚 0.8 ~ 1.4 厘米（图五六八、图五六九）。

标本 TG1108⑤a：4，残。内壁饰布纹，外壁饰斜向细绳纹，绳径 0.2 厘米。残长 14.8、残高 8.1、厚 0.8 厘米（图五七〇）。

C 型　共 1 件。

标本 TG1108H89：2，残。泥质灰陶。方唇，卷沿，侈口，弧腹。口沿下有一穿孔。内壁有拉坯的痕迹，外壁饰有斜条纹。残长 23、残高 8.3、厚 0.7 厘米。

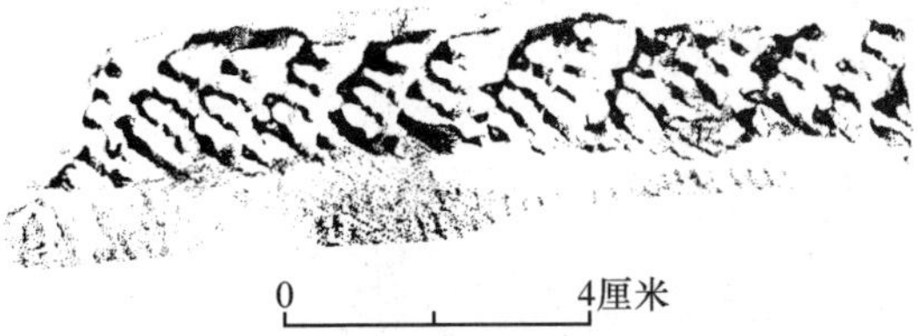

图五六七　东周、汉代 A 型陶盆
（TG1108⑤a：3）纹饰拓本

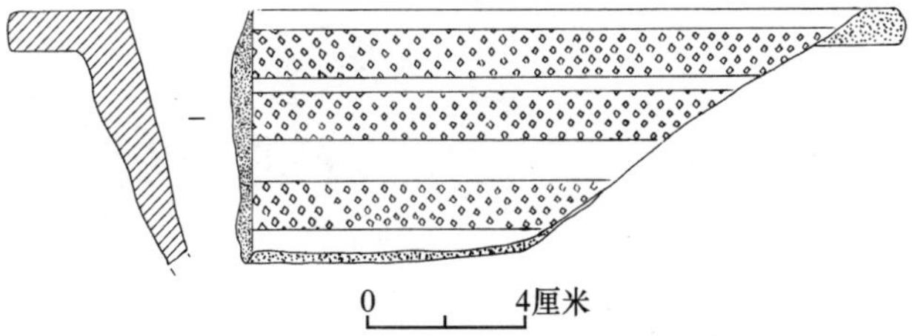

图五六八　东周、汉代 Ba 型陶盆
（TG1112⑥：2）

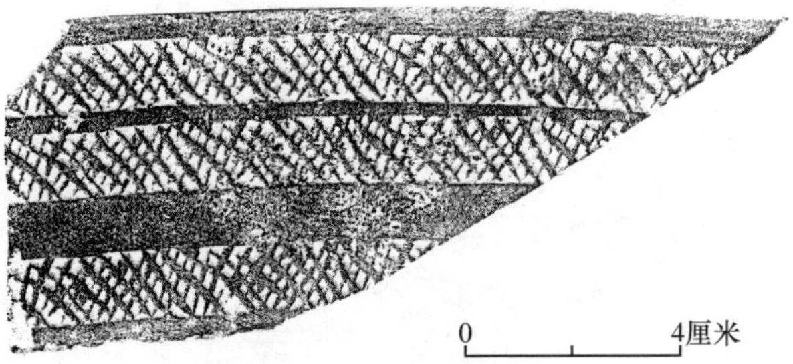

图五六九　东周、汉代 Ba 型陶盆
（TG1112⑥：2）纹饰拓本

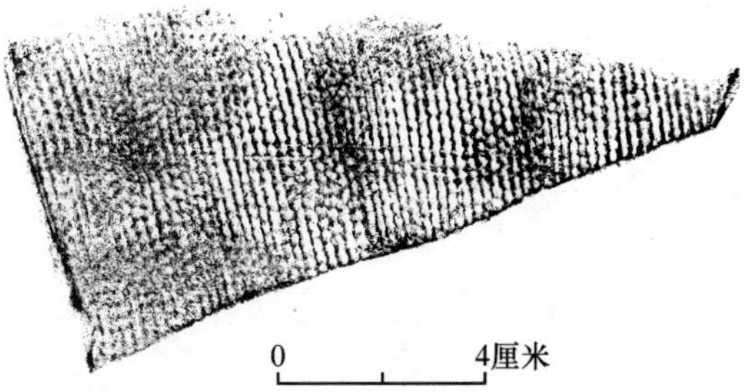

图五七〇　东周、汉代 Ba 型陶盆
（TG1108⑤a：4）纹饰拓本

2. 陶瓮

共 2 件。

A 型　共 1 件。

标本 TG1108H89：1，残。泥质灰陶。方唇，直口，折肩。内壁饰布纹。残长 16、残高 9.6、厚 0.6 ~ 1.1 厘米（图版七九，1）。

C 型　共 1 件。

标本 TG1108⑤a：2，残。泥质灰陶。方唇，侈口。口沿及外壁饰竖向细绳纹，口沿下绳纹被抹平。残长 13、残高 7.1、厚 0.6 ~ 0.7 厘米（图五七一；图版七九，2）。

3. 陶豆

Ⅲ式　共 4 件，其中完整 1 件，可复原 3 件。均为泥质灰陶。侈口，盘身很浅，圆柱形柄，喇叭形足。

标本 TG1108⑥：1，完整。方唇，唇上有一周凹槽，盘内底微凹。口径 10.2、底径 6.8、高 10.2 厘米（图五七二；图版七九，3）。

标本 TG1109H92：1，残。圆唇，盘内底较平。口径 9.1、底径 5.8、高 8 厘米（图五七三；图版七九，4）。

标本 TG1108⑥：2，残。泥质灰陶。圆唇，盘内底较平。口径 9.6、底径 5.7、高 8.6 厘米（图五七四；图版七九，5）。

标本 TG1108⑥：3，残。圆唇，唇上有一周凹槽，盘内底微凹。口径 8.5、底径 5.2、高 7.8 厘米（图五七五；图版七九，6）。

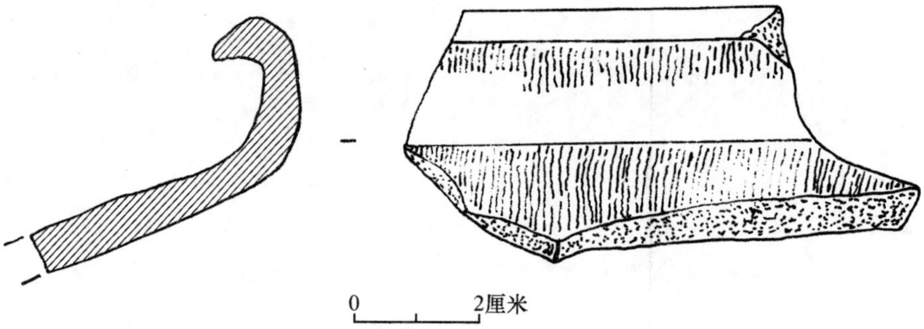

图五七一　东周、汉代C型陶瓮（TG1108⑤a：2）

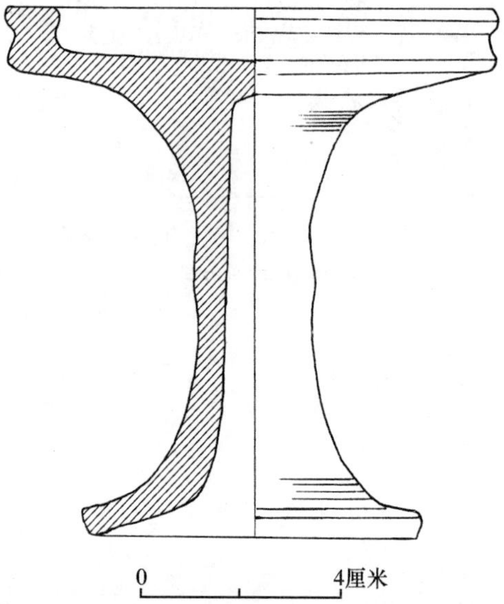

图五七二　东周、汉代Ⅲ式陶豆（TG1108⑥：1）

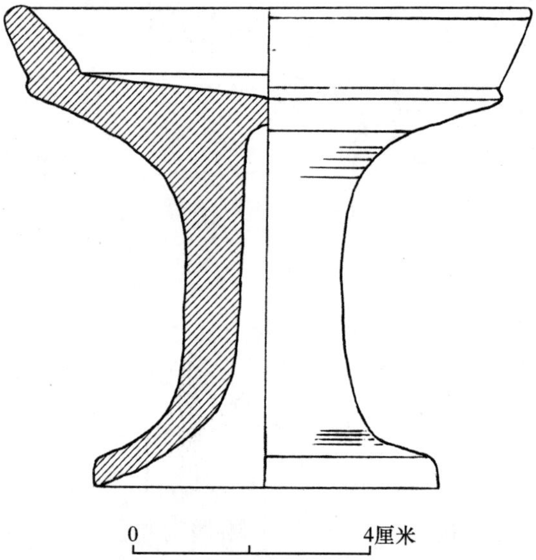

图五七三　东周、汉代Ⅲ式陶豆（TG1109H92：1）

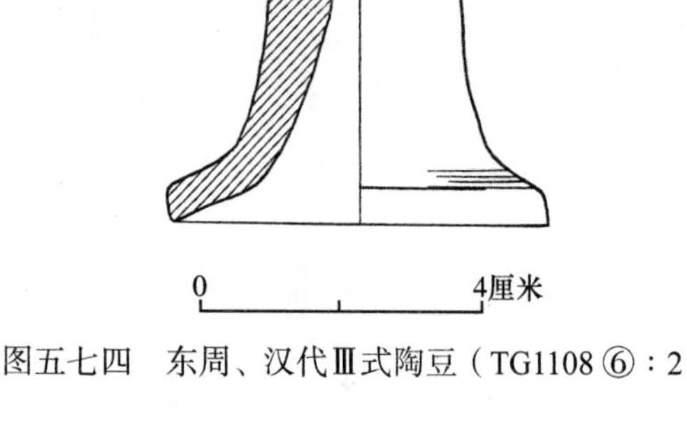

图五七四　东周、汉代Ⅲ式陶豆（TG1108⑥：2）

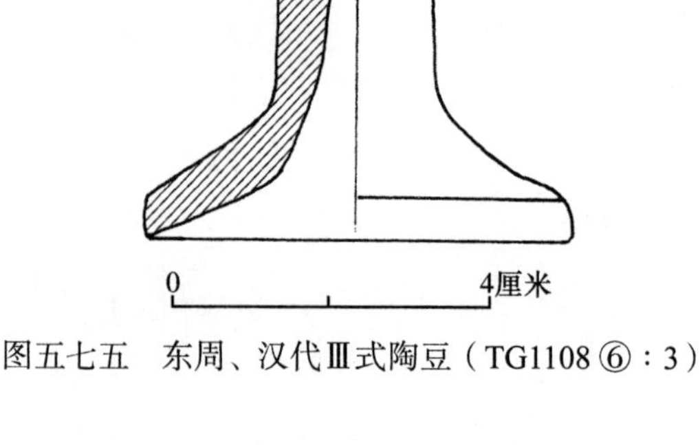

图五七五　东周、汉代Ⅲ式陶豆（TG1108⑥：3）

4. 陶甑

共 1 件。

标本 TG1108⑥：4，可复原。泥质灰陶。方唇，外折平沿，敛口，斜腹，平底微内凹。外壁饰有竖向粗绳纹，底部有圆形穿孔。口径 31、底径 12.5、高 16、厚 0.7 厘米（图五七六；图版八〇，1）。

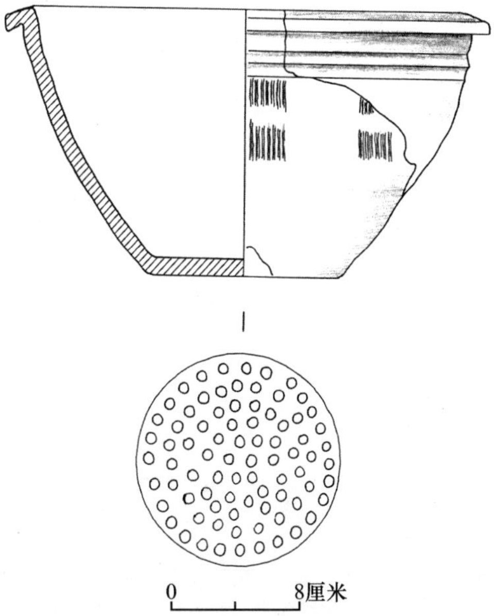

图五七六　陶甑（TG1108⑥：4）

5. 陶片

共 2 件。

标本 TG1100⑥：1，泥质灰陶。外壁饰斜网格纹，网格中有一凸点。残长 9.6、残宽 8.6、厚 0.5 ~ 0.9 厘米。

标本 TG1105H85：1，陶盆残底。泥质灰陶。斜腹，平底。内壁饰布纹，外壁饰竖向细绳纹，部分绳纹被抹平。残高 12.4、厚 0.9 ~ 1.9 厘米。

二、魏晋十六国遗物

共出土标本遗物 13 件，其中有建筑构件 8 件、陶器 4 件和其他 1 件。

（一）建筑构件

板瓦

共 8 件。

A 型　共 1 件。

标本 TG1113H101：1，残存上端部分。泥质灰陶，模制，制作较为规整。凸面饰成组状的细绳纹，绳径 0.1 ~ 0.3 厘米，瓦端有宽约 6.8 厘米的抹平痕；凹面饰布纹。瓦端稍敛，侧棱内切，深灰色。残长 17.5、残宽 25、厚 0.8 ~ 2 厘米；切痕深 0.4 厘米（图五七七、图五七八；图版八〇，2）。

B 型　共 6 件。均为泥质灰陶，模制，制作较为规整。凸面拍印陶文；凹面饰布纹，瓦端齐平，侧棱内切。

标本 TG1114H101：8，残存上端部分。凸面拍印阳文陶文“杏瓦作”；凹面布纹有明显的褶皱痕，瓦尾有宽约 4.5 厘米的抹平痕。残长 13.4、残宽 15.8、厚 1.3 ~ 2 厘米；切痕深 0.8 厘米（图五七九、图五八〇）。

标本 TG1114H101：9，残存瓦体部分。凸面拍印阳文陶文“瓦作”；凹面布纹有明显的褶

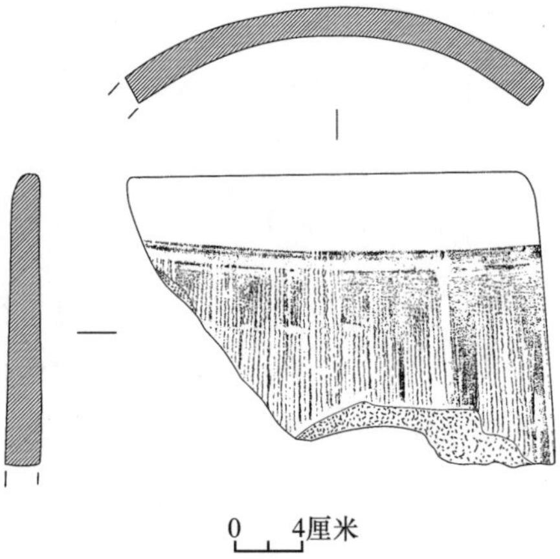

图五七七　魏晋十六国 A 型板瓦
（TG1113H101：1）

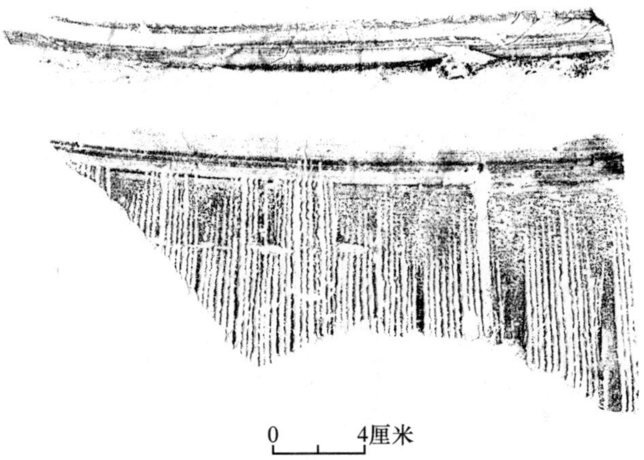

图五七八　魏晋十六国 A 型板瓦
（TG1113H101：1）纹饰拓本

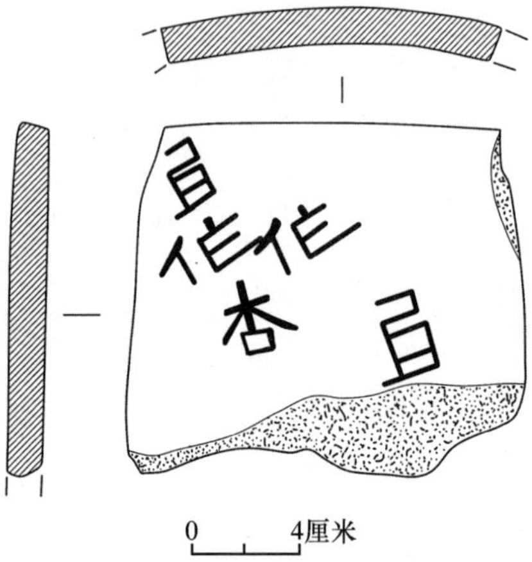

图五七九　魏晋十六国 B 型板瓦
（TG1114H101：8）

图五八〇　魏晋十六国 B 型板瓦
（TG1114H101：8）纹饰拓本

皱痕。残长 16.4、残宽 10、厚 1.5 ～ 1.9 厘米（图五八一）。

标本 TG1114H101：10，残存瓦体部分。凸面拍印阳文陶文“瓦作”。浅灰色。厚 1.3 ～ 2 厘米（图五八二）。

标本 TG1116H103：2，残存瓦体部分。凸面拍印阳文陶文“瓦作”；凹面布纹有明显的褶皱痕。残长 14.4、厚 1.7 ～ 2.2 厘米（图五八三）。

标本 TG1114H101：11，残存上端部分。凸面拍印阳文陶文“瓦作”；凹面布纹有明显的褶皱痕，瓦端有宽约 4 厘米的抹平痕。残长 10.3、残宽 7.6、厚 1.7 ～ 2 厘米；切痕深 0.6 ～ 1 厘米（图五八四）。

标本 TG1114H101：12，残存上端部分。凸面拍印阳文陶文“瓦作”；凹面布纹有明显的褶皱痕，瓦端有宽约 2 厘米的抹平痕。残长 7.1、残宽 10.9、厚 1.6 ～ 2.1 厘米（图五八五）。

C 型　共 1 件。

标本 TG1114H101：13，残存上端部分。泥质灰陶，模制，制作较为规整。凸面饰段状斜篮

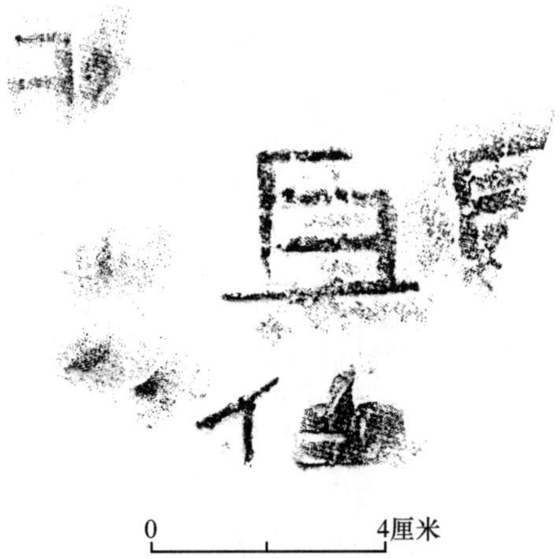

图五八一　魏晋十六国 B 型板瓦（TG1114H101：9）陶文拓本

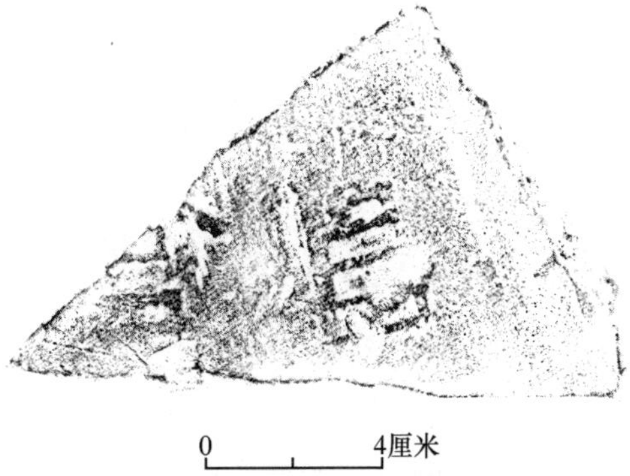

图五八二　魏晋十六国 B 型板瓦（TG1114H101：10）陶文拓本

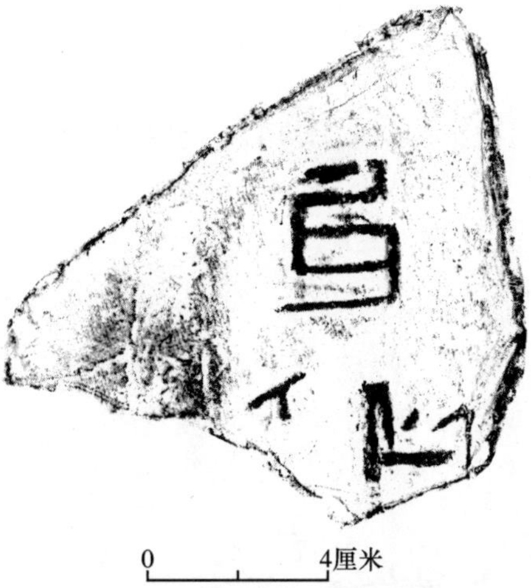

图五八三　魏晋十六国 B 型板瓦（TG1116H103：2）陶文拓本

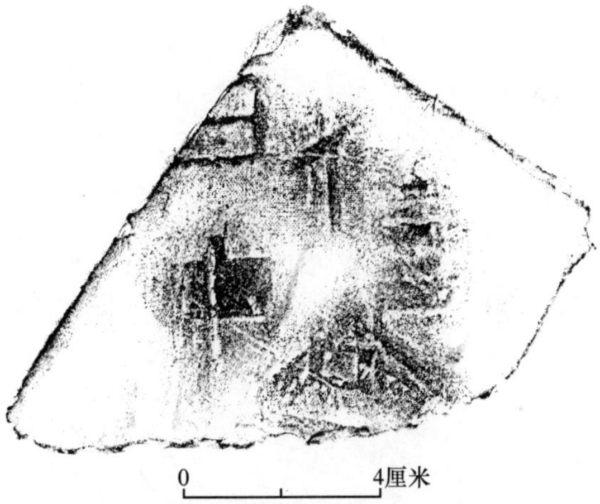

图五八四　魏晋十六国 B 型板瓦（TG1114H101：11）陶文拓本

纹，篮纹宽 0.5 厘米；凹面饰布纹，有褶皱痕。瓦端齐平，侧棱内切，浅灰色。残长 14.2、瓦头残宽 15.4、厚 1.9 ~ 2.3 厘米；切痕深 1 厘米（图五八六、图五八七；图版八〇，3）。

（二）陶器

共出土标本遗物 4 件，其中有陶罐 3 件、陶瓮 1 件。

1. 陶罐

共 3 件。

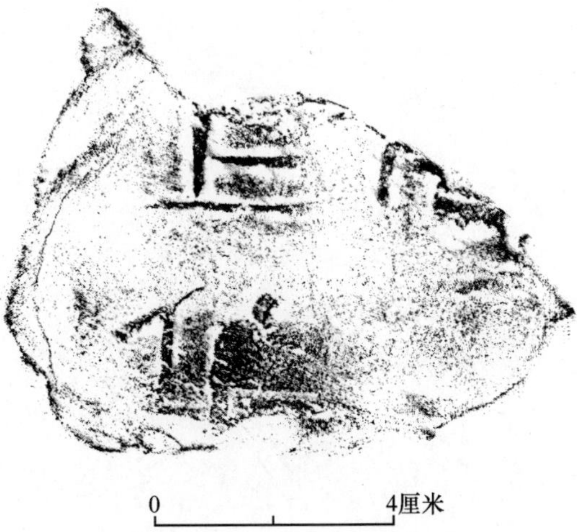

图五八五　魏晋十六国 B 型板瓦（TG1114H101：12）陶文拓本

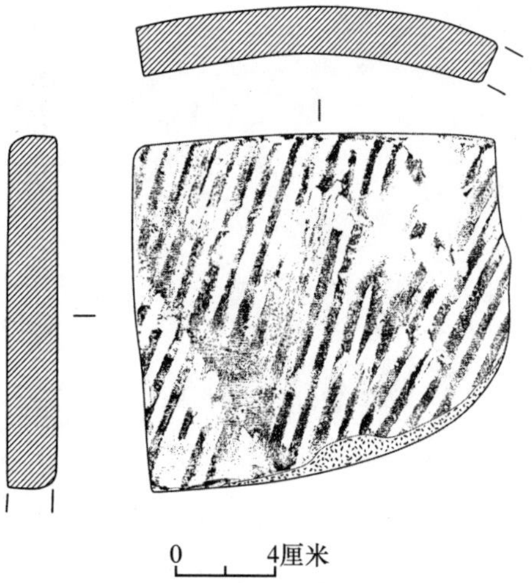

图五八六　魏晋十六国C型板瓦（TG1114H101：13）

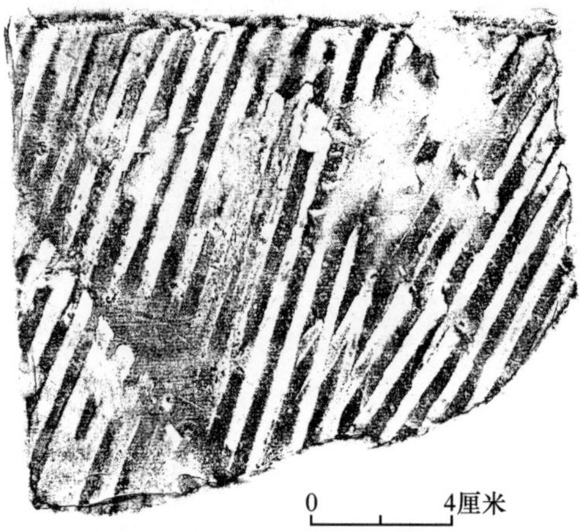

图五八七　魏晋十六国C型板瓦（TG1114H101：13）纹饰拓本

A型　共1件。

标本TG1116⑤a：2，残。泥质灰陶。圆唇，平沿，小直口，圆肩。外壁有两周凹弦纹，肩部有一残系。口径9.2、残高5.3、厚0.6～0.8厘米（图五八八）。

B型Ⅰ式　共1件。

标本TG1110⑤a：3，残。泥质夹砂灰陶。尖圆唇，直口，圆肩。外壁肩部饰水波纹。残高9、厚0.5～0.7厘米（图五八九；图版八〇，4）。

C型　共1件。

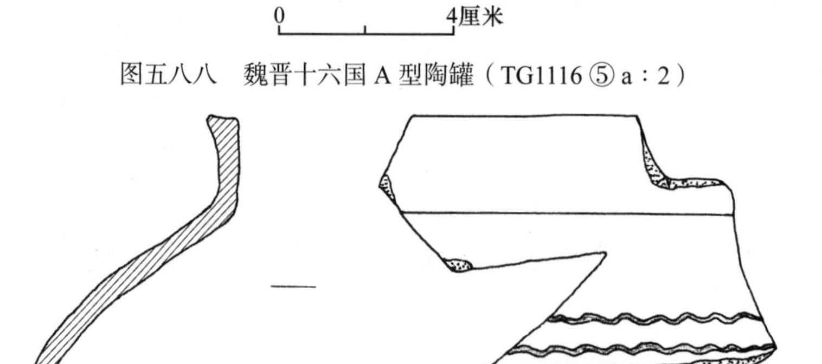

图五八八　魏晋十六国A型陶罐（TG1116⑤a：2）

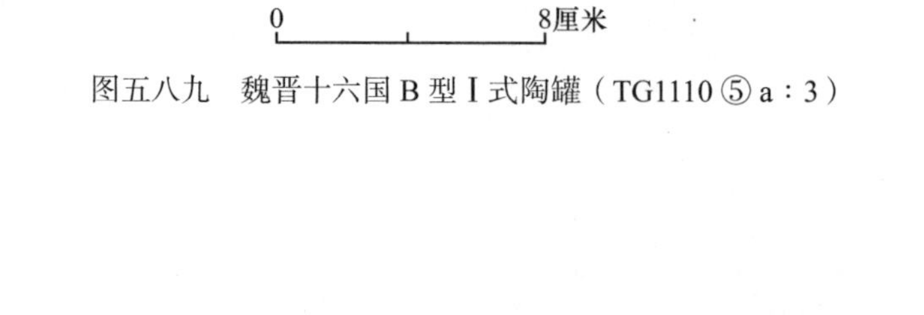

图五八九　魏晋十六国B型Ⅰ式陶罐（TG1110⑤a：3）

标本 TG1111H94：2，残。泥质红陶。方唇，外折宽平沿，侈口，深斜腹。胎质较粗，含有大量云母。口径 27、厚 0.6 ~ 1.5 厘米。

2. 陶瓮

共 1 件。

标本 TG1110⑤a：2，残。泥质灰陶。方唇，直口，圆肩。残高 14.8、厚 0.5 厘米（图五九〇；图版八〇，5）。

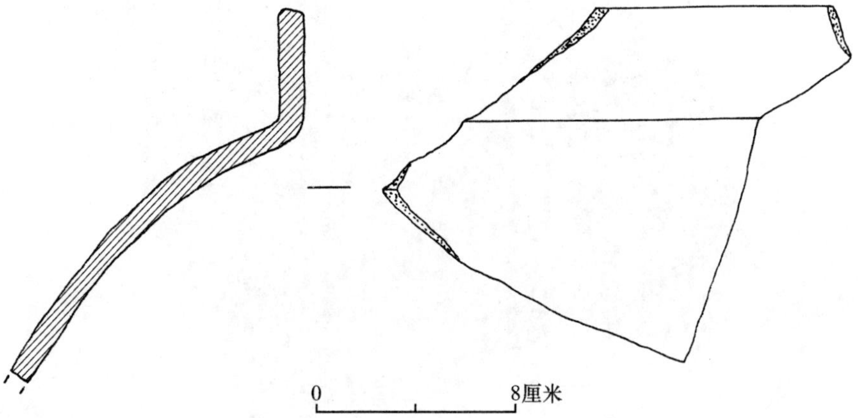

图五九〇　陶瓮（TG1110⑤a：2）

（三）其他

残碑

共 1 件。

标本 TG1114H101：30，残。青石质地，字残存 8 列，共计 50 字，其中整字 35 个。为原碑中间部分，属于记事碑，从碑文来看记载西晋时期和石勒相关的事件。残长 31、残宽 23、厚 10 厘米（图五九一）。释文：

□ 临

□ 危 太 □

命 渊 虑 行 □

□ 铠 将 公 东 □

都 城 马 军 乃 震 □

□ 尉 斩 光 田 旋 飞 □

□ 李 其 川 謰 帅 壶

□ 川 □ 救 扬 还 □

□ 烈 治 □

图五九一　残碑（TG1114H101：30）碑文拓本

三、北朝至五代遗物

共出土标本遗物136件，其中有建筑构件47件、陶器35件、瓷器32件、釉陶器1件、三彩器1件和其他20件。

（一）建筑构件

共出土标本遗物47件，其中有板瓦10件、筒瓦8件、瓦当13件、砖11件、脊兽1件和其他4件。

1. 板瓦

共10件。

Aa型　共1件。

标本TG1114H101：16，下端略残缺。泥质灰陶，模制，制作规整。下端端面饰手捏单层正向波浪纹花边。凸面素面；凹面饰布纹。侧棱内切，深灰色。长41、宽28、厚1.9 ~ 2.7厘米；切痕深 0.1 ~ 1.1 厘米（图五九二）。

Ab 型　共 3 件。均为泥质灰陶，模制，制作规整。凸面和凹面均为青掍磨光，下端端面饰单层花边，侧棱内切。

标本 TG1114H101：15，残存下端部分。下端端面手捏单层正向波浪纹花边。黑灰色。残长 27、残宽 31.2、厚 2 ~ 2.5 厘米；切痕深 1 厘米（图五九三、图五九四）。

标本 TG1115⑤a：3，残存下端部分。下端端面手捏单层斜向波浪纹花边。黑灰色。残长 32、残宽 21、厚 1.8 ~ 2.6 厘米；切痕深 0.5 厘米（图五九五）。

标本 TG1116H103：4，残存下端部分。下端端面手捏单层斜向波浪纹花边。黑灰色。残长 25.4、瓦头残宽 15.8、厚 1.6 ~ 2 厘米；切痕深 0.9 厘米（图五九六）。

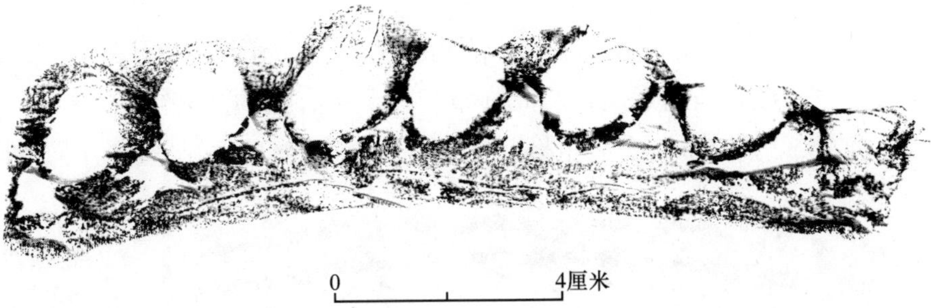

图五九二　北朝至五代 Aa 型板瓦（TG1114H101：16）端面纹饰拓本

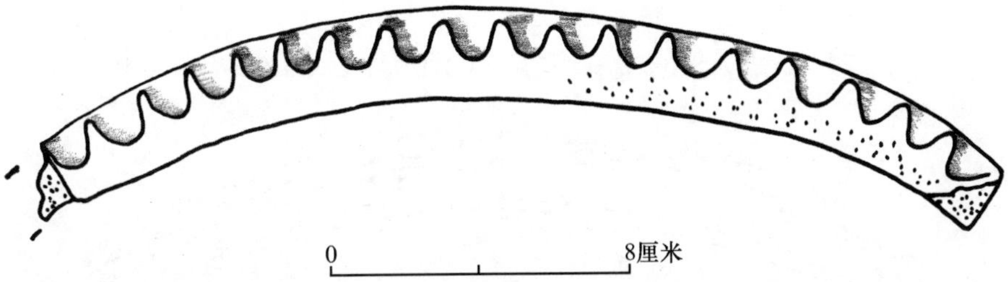

图五九三　北朝至五代 Ab 型板瓦（TG1114H101：15）

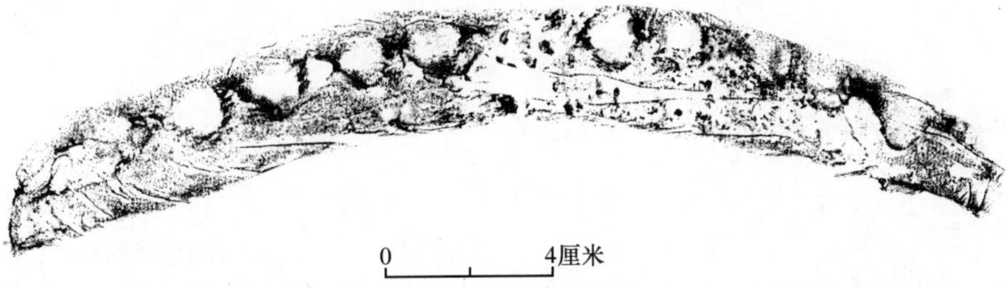

图五九四　北朝至五代 Ab 型板瓦（TG1114H101：15）端面纹饰拓本

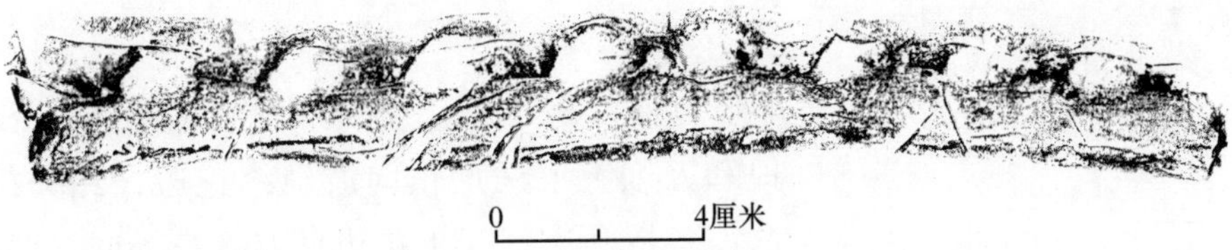

图五九五　北朝至五代 Ab 型板瓦（TG1115⑤a：3）端面纹饰拓本

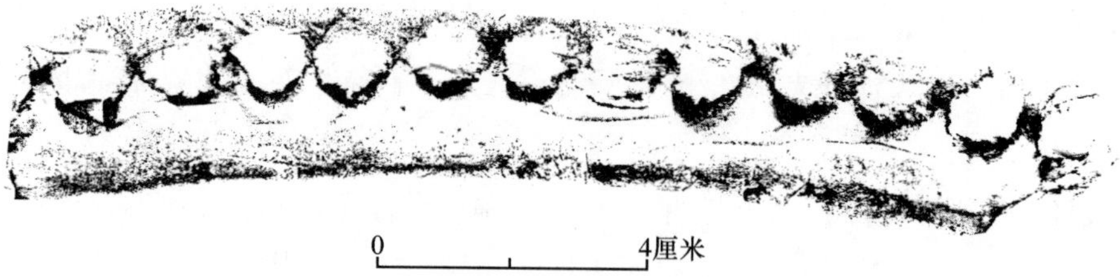

图五九六　北朝至五代 Ab 型板瓦（TG1116H103：4）端面纹饰拓本

Ac 型　共 4 件。均为泥质灰陶，模制，制作规整。下端端面饰双层花边，侧棱内切。

标本 TG1101④a：3，残存下端部分。下端端面饰刀削上下双层斜向波浪纹和凸棱纹花边。凸面为素面；凹面饰布纹，瓦头处有宽约 4 厘米的抹平痕。浅灰色。残长 15.7、残宽 14.5、厚 1.5 ~ 1.6 厘米（图五九七；图版八一，1）。

标本 TG1111⑤a：7，残存下端部分。下端端面饰手捏和刀削上下双层正向波浪纹花边，两层波浪纹中间有一道凸棱。凸面素面；凹面饰布纹，瓦头有宽约 3.5 厘米的布纹被抹平。深灰色。残长 20.5、宽 26.3、厚 1.3 ~ 1.5 厘米；切痕深 0.2 ~ 0.7 厘米（图五九八、图五九九）。

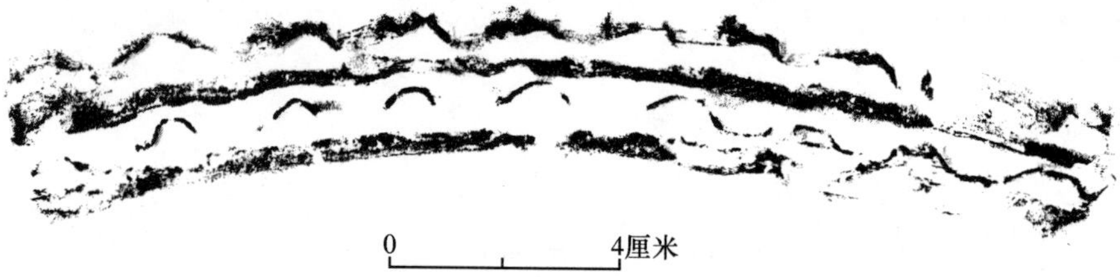

图五九七　北朝至五代 Ac 型板瓦（TG1101④a：3）端面纹饰拓本

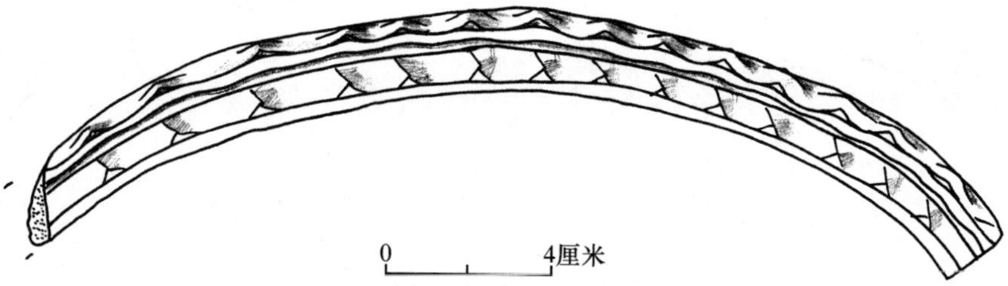

图五九八　北朝至五代 Ac 型板瓦（TG1111⑤a：7）

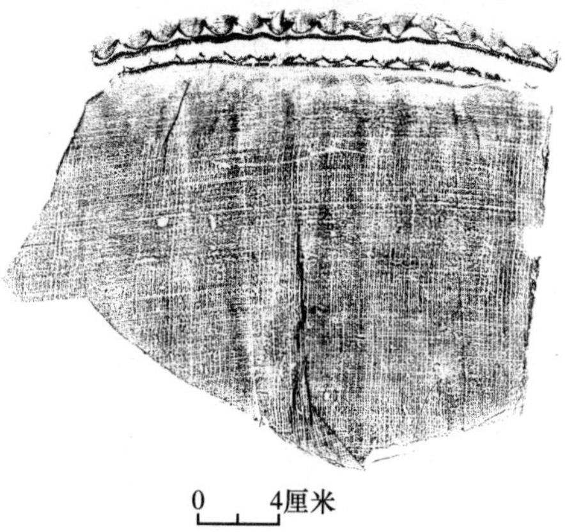

图五九九　北朝至五代 Ac 型板瓦（TG1111⑤a：7）凹面和端面纹饰拓本

标本 TG1114⑤a：3，残存下端部分。下端端面饰手捏和刀削上下双层正向波浪纹和条状花边。凸面细绳纹，瓦头处有宽约 9.5 厘米的绳纹被抹平；凹面饰布纹，瓦头处有宽约 1 厘米的布纹被抹平。浅灰色。残长 12.5、残宽 27.6、厚 1.9 ~ 2.1 厘米；切痕深 0.2 ~ 0.7 厘米（图六〇〇）。

标本 TG1114⑥：3，残存下端部分。下端端面饰手捏和刀削上下两层正向波浪纹花边，瓦头花边微上翘。凸面青掍磨光，瓦头花边处有一道横向浅凹槽；凹面青掍磨光至花边。残长 24、残宽 22、厚 1.5 ~ 2.3 厘米；

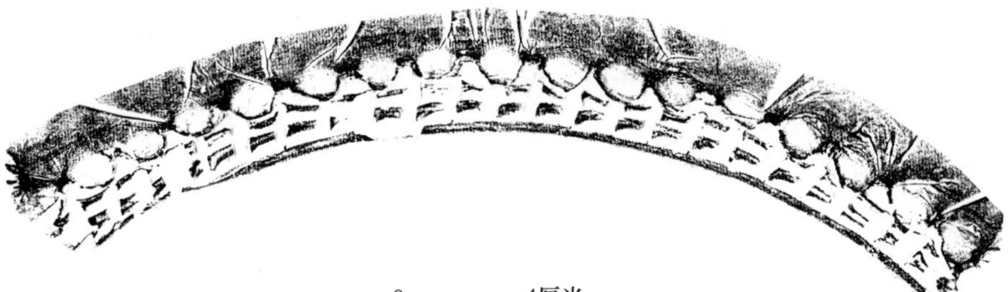

图六〇〇　北朝至五代 Ac 型板瓦（TG1114⑤a：3）端面纹饰拓本

切痕深 1.1 厘米。

Ba 型　共 2 件。均为泥质灰陶，模制，制作规整。凸面素面，凹面饰布纹，侧棱内切。

标本 TG1116Z18：5，基本完整。下端端面齐平，瓦尾端面较圆。黑灰色。长 39、宽 28、厚 1.5 ~ 2 厘米；切痕深 0.6 厘米（图六〇一；图版八一，2）。

标本 TG1115④a：1，基本完整。下端端面齐平，瓦尾端面较圆。浅灰色。长 40.9、宽 36、厚 1.8 ~ 2.3 厘米；切痕深 0.6 厘米（图六〇二）。

图六〇一　北朝至五代 Ba 型板瓦（TG1116Z18：5）布纹拓本

图六〇二　北朝至五代 Ba 型板瓦（TG1115④a：1）布纹拓本

2. 筒瓦

共 8 件。

A 型Ⅰ式　共 6 件。均为泥质灰陶，模制。凸面青掍磨光，凹面饰布纹，瓦舌较长，侧棱内切。

标本 TG1111H94：5，瓦舌略残。黑灰色，瓦舌呈圆弧形，坡状向前端下斜，端面齐平且微上翘；布纹有明显褶皱痕。长 36.2、宽 17.8、厚 1.5 ~ 1.8 厘米；瓦舌残长 7.5、宽 3.5、厚 1 ~ 1.3 厘米；侧棱内切，侧棱切痕宽 0.4 ~ 1.1 厘米（图六〇三）。

标本 TG1114H101：7，残存上端部分。黑灰色，瓦舌呈圆弧形，坡状向前端下斜，端面齐平；布纹有明显褶皱痕。残长 26、宽 14.8、厚 2 ~ 3.5 厘米；瓦舌长 4、残宽 8.9、厚 0.8 ~ 1.9 厘米；侧棱切痕深 0.2 ~ 0.6 厘米（图六〇四）。

图六〇三　北朝至五代 A 型Ⅰ式筒瓦（TG1111H94：5）布纹拓本

图六〇四　北朝至五代 A 型Ⅰ式筒瓦（TG1114H101：7）布纹拓本

标本 TG1114⑤a：2，残存上端部分。黑灰色，瓦舌呈圆弧形，坡状向前端下斜，端面齐平。残长 26.5、宽 13、厚 1.4 ~ 2.1 厘米；瓦舌长 4、宽 9.5、厚 0.4 ~ 1.1 厘米；侧棱切痕深 0.2 ~ 0.5 厘米。

标本 TG1116Z18：4，基本完整。黑灰色，瓦舌呈圆弧形，坡状向前端下斜，端面齐平；布纹有明显褶皱痕。长 38.5、宽 14、厚 1.1 ~ 1.2 厘米；瓦舌长 3.4、宽 12.5、厚 1 ~ 2 厘米；侧棱切痕深 0.4 ~ 0.9 厘米（图六〇五）。

标本 TG1115⑤a：2，完整。黑灰色，瓦舌呈圆弧形，坡状向前端下斜，端面内斜削；布纹有明显褶皱痕。长 42、宽 17.6、厚 1.5 ~ 2.1 厘米；瓦舌长 3.3、宽 13.6、厚 1.7 ~ 2.1 厘米；侧棱切痕深 0.2 ~ 0.4 厘米（图六〇六；图版八一，3）。

标本 TG1114H101：6，完整。黑灰色，瓦舌呈圆弧形，坡状向前端下斜，端面内斜削；布纹有明显褶皱痕。长 44.5、宽 17、厚 2 ~ 3.5 厘米；瓦舌长 4.5、宽 14、厚 0.4 ~ 1.1 厘米；切痕深 0.7 ~ 1.2 厘米（图六〇七；图版八一，4）。

B 型Ⅰ式　共 1 件。

标本 TG1108④a：3，基本完整。泥质灰陶，模制，制作较为规整。灰黑色，瓦舌呈圆弧形，坡状向前端下斜，端面齐平，侧棱内切；凹面饰布纹，有明显褶皱痕。长 32.5、宽 14.4、厚 1.5 ~ 2.3 厘米；瓦舌长 2.7、宽 11.5、厚 0.7 ~ 1.2 厘米；切痕深 0.3 ~ 0.5 厘米（图六〇八；

图六〇五　北朝至五代A型Ⅰ式筒瓦（TG1116Z18：4）布纹拓本

图六〇六　北朝至五代A型Ⅰ式筒瓦（TG1115⑤a：2）布纹拓本

图版八一，5）。

C型　共2件。均为泥质灰陶。凸面青掍磨光，背面饰布纹，瓦舌较长，侧棱内切。

标本TG1104H84：4，残存上端部分。黑灰色，瓦舌呈圆弧形，坡状向前端下斜，端面齐平；凹面布纹有明显褶皱痕。残长10、宽8、厚1.1厘米；瓦舌长1.8、宽10.3、厚1.7厘米；侧棱切痕深2～2.5厘米。

标本TG1100⑥：1，残存上端部分。黑灰色，瓦舌呈圆弧形，坡状向前端下斜，端面齐平。残长10、宽8、厚1.1厘米；瓦舌长1.8、宽10.3、厚1.7厘米；侧棱切痕深2～2.5厘米（图六〇九；图版八一，6）。

3. 瓦当

共13件，其中莲花纹瓦当10件、兽面纹瓦当3件。

（1）莲花纹瓦当

Ba型　共1件。

标本TG1111⑤a：6，残存四分之三。泥质灰陶，深灰色，模制。当面主题纹饰为普通单瓣莲花纹，莲蓬无凸台，以圆圈凸线为莲蓬界边，凸线内饰宝珠，宝珠外饰13个莲籽状纹饰，莲花共13个花瓣，莲瓣呈瘦长椭圆形，莲瓣间以窄“T”字形凸棱相隔，部分当面纹饰有压痕，边轮较宽，呈斜坡状，背面较平整。面径14、边厚0.7～1.3、边轮宽1.6～2.2厘米（图六一〇、图六一一；图版八二，1）。

Bb型Ⅰ式　共3件。均为泥质灰陶，模制。当面主题纹饰为普通单瓣莲花纹，莲蓬凸台状，凸台较高，莲瓣呈椭圆形，莲瓣间以“T”字形凸棱相隔。边轮略高于当面纹饰。

图六〇七　北朝至五代 A 型Ⅰ式筒瓦（TG1114H101：6）布纹拓本

图六〇八　北朝至五代 B 型Ⅰ式筒瓦（TG1108 ④ a：3）布纹拓本

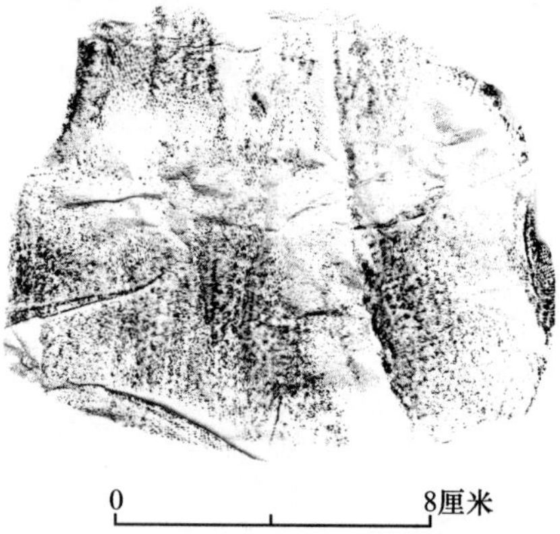

图六〇九　北朝至五代 C 型筒瓦（TG1100 ⑥：1）布纹拓本

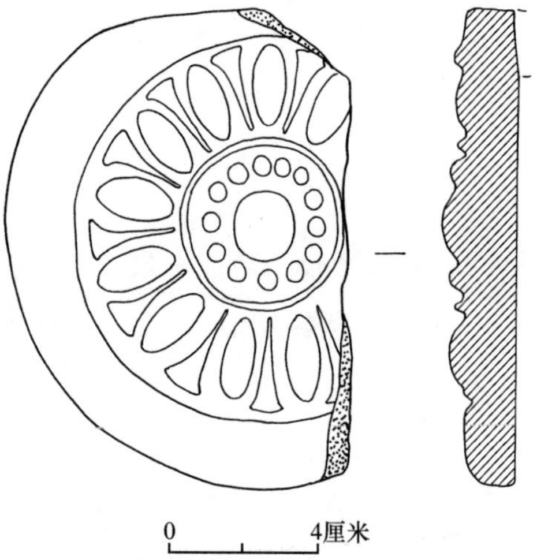

图六一〇　北朝至五代 Ba 型莲花纹瓦当（TG1111 ⑤ a：6）

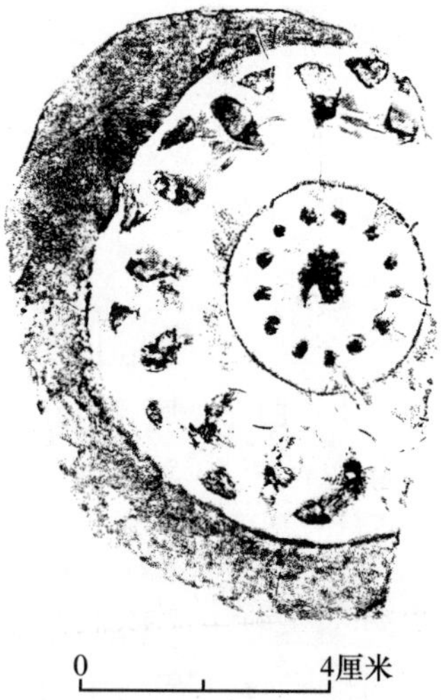

图六一一　北朝至五代 Ba 型莲花纹瓦当（TG1111 ⑤ a：6）纹饰拓本

标本 TG1108 ④ a：1，边轮略残。黑灰色，当面青掍磨光，莲蓬高凸并饰 8 个莲籽状纹饰，莲花共 9 个花瓣，花瓣呈肥硕椭圆形状，边轮较宽且平，背面较平整，与筒瓦连接处有泥刀刻划的痕迹。面径 14.5、边厚 1.4 ~ 1.5、边轮宽 1.9 厘米（图六一二、图六一三；图版八二，2）。

标本 TG1108 ④ a：2，仅残存当心部分。黑灰色，当面青掍磨光，莲蓬高凸并饰 8 个莲籽状纹饰，莲花共 9 个花瓣，花瓣呈椭圆形状，“T”字形凸棱较窄，背面不平整。厚 1.4 ~ 1.7 厘米（图六一四、图六一五）。

标本 TG1114H101：71，完整。黑灰色，当面青掍磨光，莲蓬高凸并饰 11 个莲籽状纹饰，

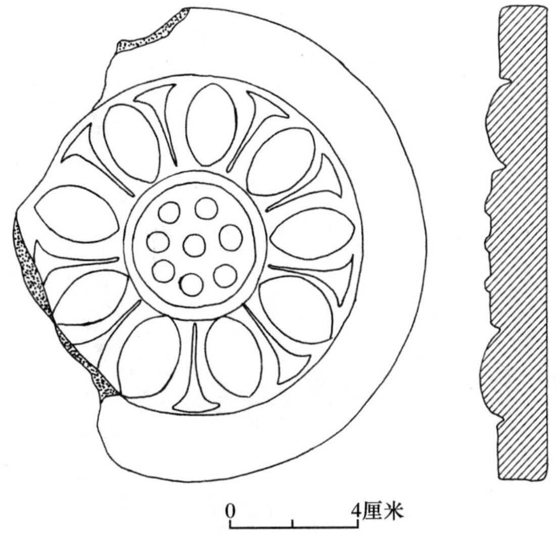

图六一二　北朝至五代 Bb 型Ⅰ式莲花纹瓦当
（TG1108④a：1）

图六一三　北朝至五代 Bb 型Ⅰ式莲花纹瓦当
（TG1108④a：1）纹饰拓本

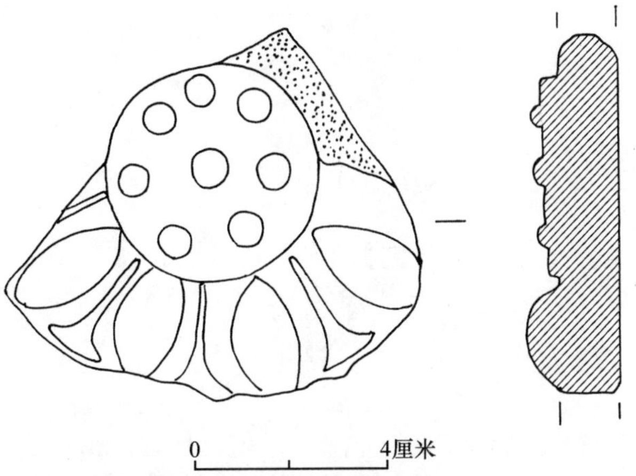

图六一四　北朝至五代 Bb 型Ⅰ式莲花纹瓦当
（TG1108④a：2）

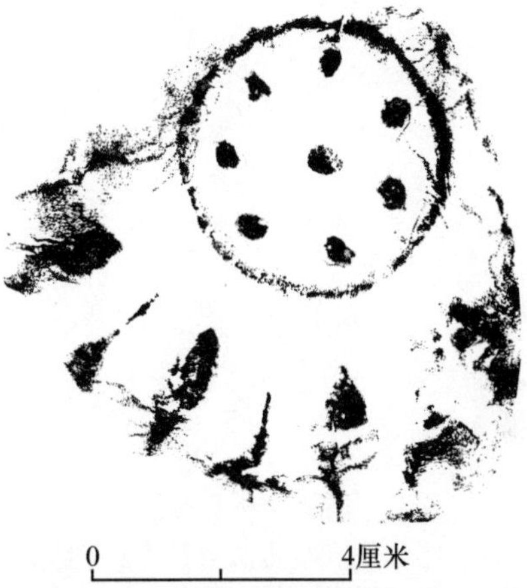

图六一五　北朝至五代 Bb 型Ⅰ式莲花纹瓦当
（TG1108④a：2）纹饰拓本

莲花共 10 个花瓣，花瓣呈肥硕椭圆形状，边轮较宽且平，背面较平整，与筒瓦连接处有泥刀刻划的痕迹。面径 15、边厚 1、边轮宽 1.8 厘米（图六一六、图六一七；图版八二，3）。

Bb 型Ⅱ式　共 2 件。均为泥质灰陶，模制。当面主题纹饰为普通单瓣莲花纹，莲蓬凸台状，凸台较低，莲瓣呈椭圆形，莲瓣间以“T”字形凸棱相隔。边轮低于当面纹饰。

标本 TG1111H93：4，残存近五分之二。深灰色，莲蓬内凹并饰 8 个莲籽状纹饰，莲花共 9 个花瓣，花瓣呈瘦长椭圆形状，“T”字形凸棱较宽，边轮较宽且平，背面较平整。面径 15、边厚 1.5 ~ 1.6、边轮宽 2.1 ~ 2.5 厘米（图六一八、图六一九）。

标本 TG1114⑥：2，残存五分之二。青灰色，莲蓬内凹并饰 8 个莲籽状纹饰，莲花共 9 个花瓣，花瓣呈椭圆形状，且中间有捏合线呈脊状，“T”字形凸棱较窄，边轮较宽且平，背面较平整，与筒瓦连接处有泥刀刻划的痕迹。面径 15、边厚 0.8 ~ 1.7、边轮宽 1.7 ~ 2 厘米（图六二〇、图六二一）。

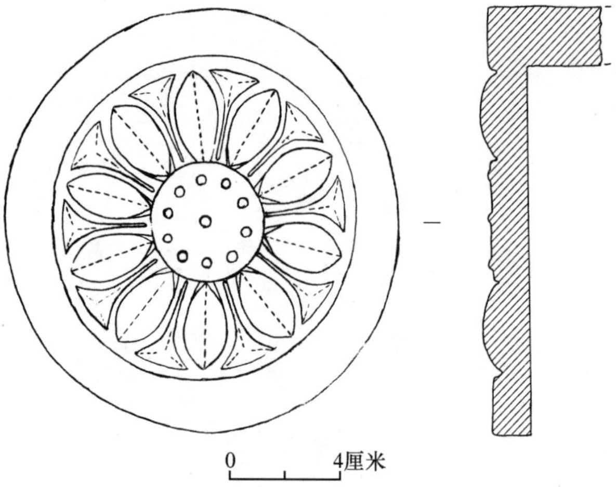

图六一六　北朝至五代 Bb 型Ⅰ式莲花纹瓦当（TG1114H101：71）

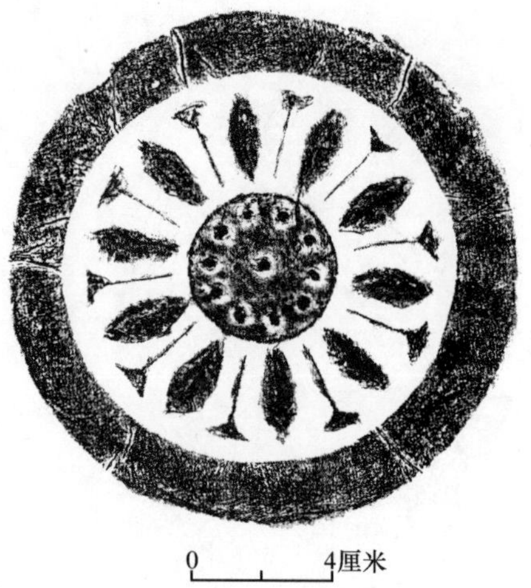

图六一七　北朝至五代 Bb 型Ⅰ式莲花纹瓦当（TG1114H101：71）纹饰拓本

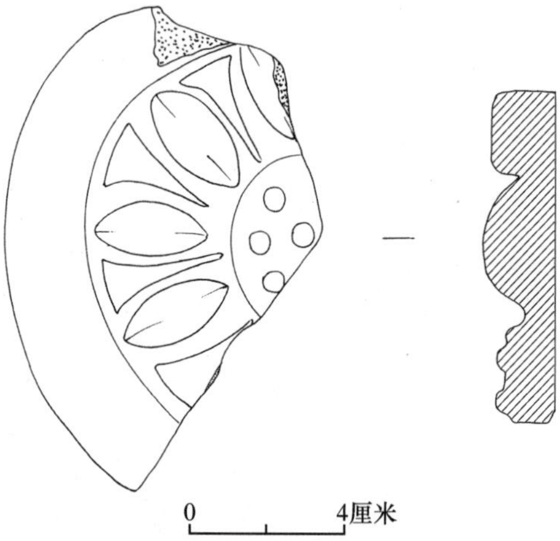

图六一八　北朝至五代 Bb 型Ⅱ式莲花纹瓦当（TG1111H93：4）

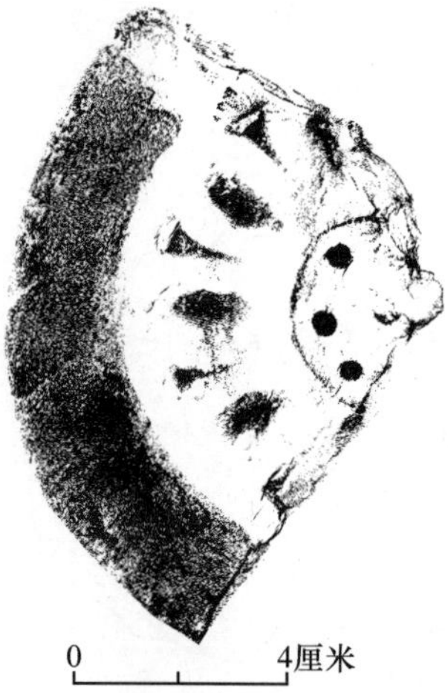

图六一九　北朝至五代 Bb 型Ⅱ式莲花纹瓦当（TG1111H93：4）纹饰拓本

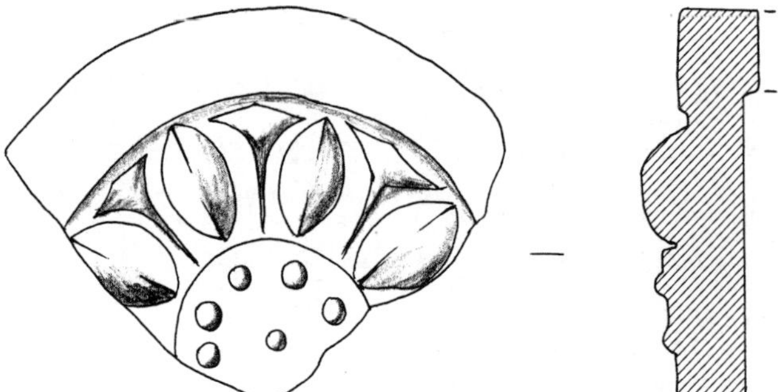

图六二〇　北朝至五代 Bb 型Ⅱ式莲花纹瓦当（TG1114⑥：2）

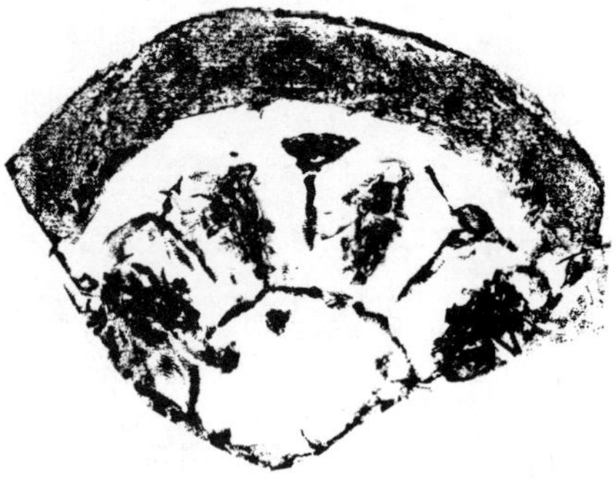

图六二一　北朝至五代 Bb 型Ⅱ式莲花纹瓦当（TG1114⑥：2）纹饰拓本

Bb 型Ⅲ式　共 1 件。

标本 TG1115⑤a：1，残存近五分之三。泥质灰陶，青灰色，模制。当面主题纹饰为普通单瓣莲花纹。莲蓬无凸台，以圆圈凸线为莲蓬界边，凸线内饰 9 个莲籽状纹饰，莲花共 10 个花瓣，莲瓣呈椭圆形，莲瓣间以"T"字形凸棱相隔，凸棱较窄，莲瓣及"T"字形凸棱有压痕。边轮低于当面纹饰，边轮较宽，呈斜坡状。背面不平整，有泥刀划痕。面径 15、边厚 1.3 ~ 1.5、边轮宽 1.5 ~ 2 厘米（图六二二、图六二三；图版八二，4）。

Bc 型Ⅱ式　共 1 件。

标本 TG1112 ⑤ a：4，残存近二分之一。泥质灰陶，浅灰色，模制。当面主题纹饰为普通单瓣莲花纹，莲蓬无界边，内饰圆圈凸线包裹的宝珠，宝珠外饰圆圈凸线纹，宝珠外饰 14 个莲籽状纹饰，莲花共 10 个花瓣，花瓣近圆形，"I"字形凸棱较窄，莲瓣外饰一周联珠纹，边轮低于当面纹饰，边轮较宽，呈斜坡状。背面不较平整，与筒瓦连接处有泥刀刻划的痕迹。面径 14、边厚 0.7 ~ 1.6、边轮宽 1.8 ~ 2.2 厘米（图六二四、图六二五；图版八二，5）。

Bd 型　共 2 件。均为模制。当面主题纹饰为普通单瓣莲花纹，蓬无凸台，以圆圈凸线为莲蓬界边，凸线内饰莲籽状纹饰，莲瓣近圆形或近圆形，莲瓣间以短竖凸棱相隔，每个莲瓣和短竖凸棱上都有一圆珠纹装饰。边轮低于当面纹饰，呈斜坡状。

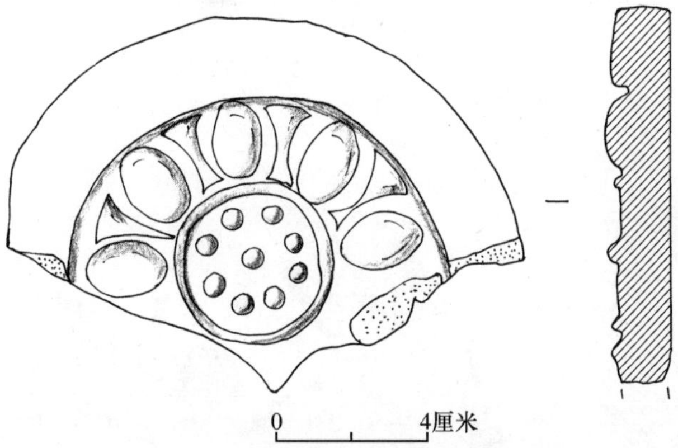

图六二二　北朝至五代 Bb 型Ⅲ式莲花纹瓦当（TG1115 ⑤ a：1）

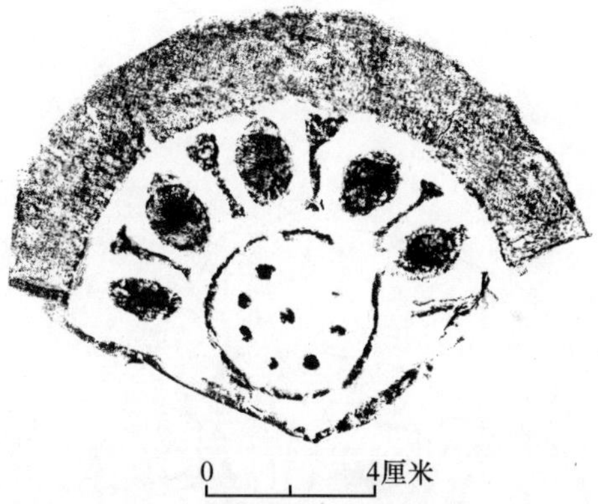

图六二三　北朝至五代 Bb 型Ⅲ式莲花纹瓦当（TG1115 ⑤ a：1）纹饰拓本

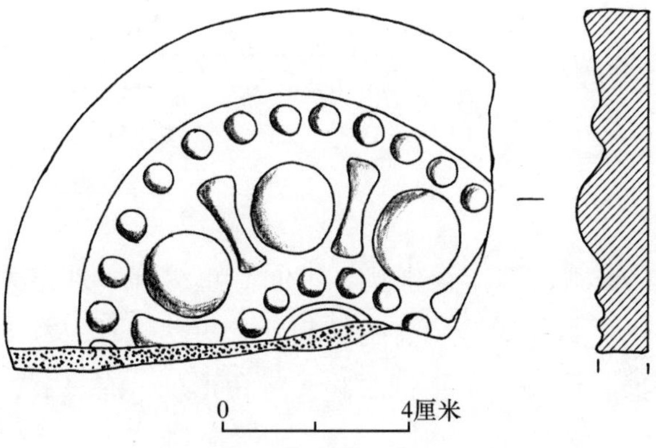

图六二四　北朝至五代 Bc 型Ⅱ式莲花纹瓦当（TG1112 ⑤ a：4）

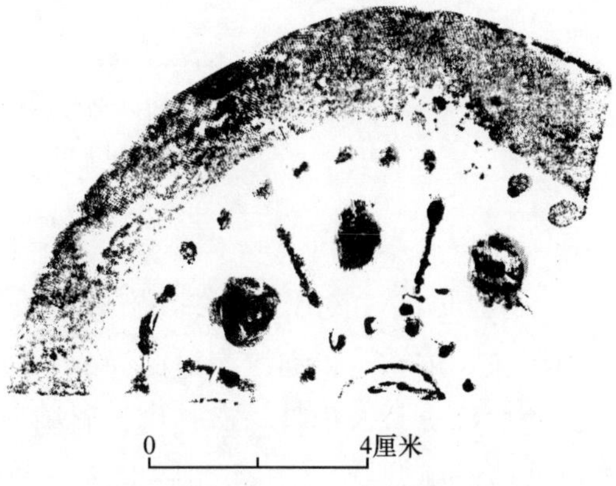

图六二五　北朝至五代 Bc 型Ⅱ式莲花纹瓦当（TG1112 ⑤ a：4）纹饰拓本

标本 TG1114H101：5，残存近二分之一。泥质红陶。红褐色。莲蓬饰 8 个莲籽状纹饰，莲花共 16 个花瓣，花瓣呈肥硕椭圆形状，无凸棱间隔，当面纹饰有压痕，边轮较宽，呈斜坡状，背面较平整。面径 15、边厚 1.1 ~ 2.2、边轮宽 1.5 ~ 1.8 厘米（图六二六、图六二七；图版八二，6）。

标本 TG1116Z18：3，残存近四分之一。泥质灰陶。浅灰色。莲蓬饰 10 个莲籽状纹饰，莲花共 12 个花瓣，花瓣近圆形，短竖凸棱较宽，边轮较宽且平，背面不平整。面径 15、边厚 0.8 ~ 1.4、边轮宽 1.8 ~ 2 厘米（图六二八、图六二九）。

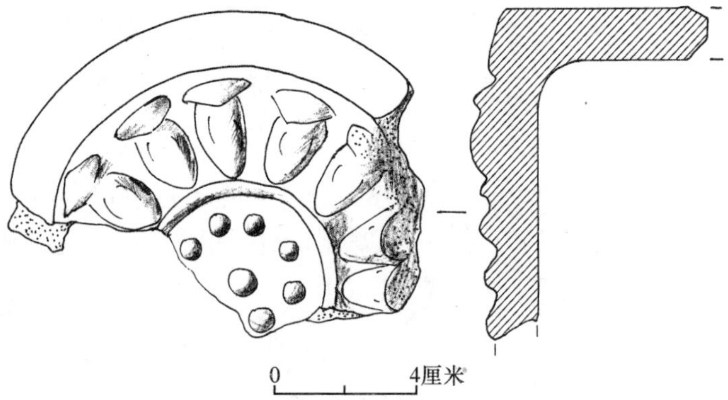

图六二六　北朝至五代 Bd 型莲花纹瓦当（TG1114H101：5）

图六二七　北朝至五代 Bd 型莲花纹瓦当（TG1114H101：5）纹饰拓本

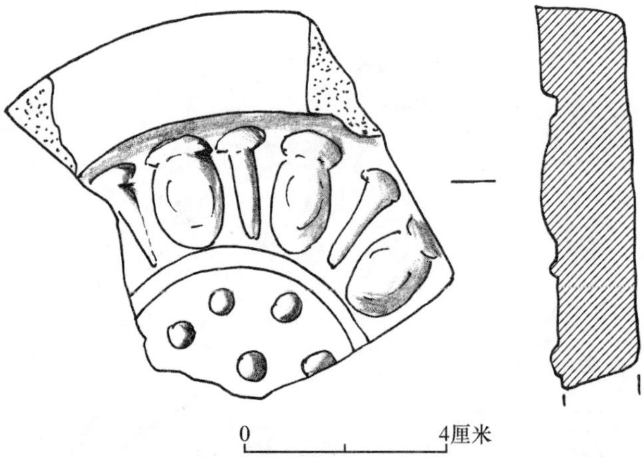

图六二八　北朝至五代 Bd 型莲花纹瓦当（TG1116Z18：3）

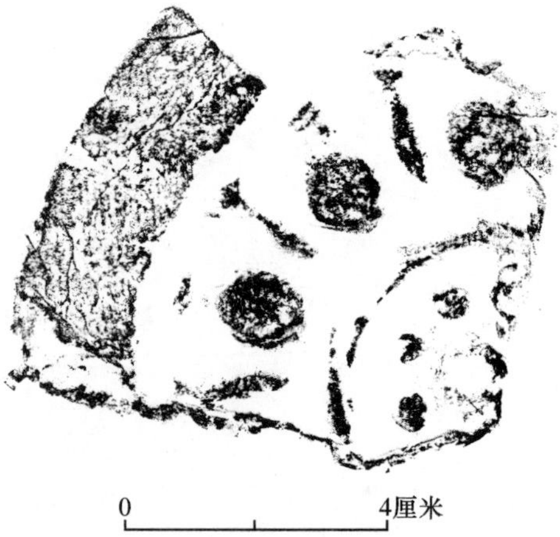

图六二九　北朝至五代 Bd 型莲花纹瓦当（TG1116Z18：3）纹饰拓本

（2）兽面纹瓦当

Aa 型Ⅱ式　共出土 3 件。均为泥质灰陶，模制，制作较规整。当面二重纹饰，外重为圆弧凸棱纹，内重为兽面纹。兽面高凸，线条清晰，兽头单竖犄，犄较粗壮，贝状塌耳，额上有鬃，两眉高突呈雁形且与鼻相接，眉梢上翘，怒目圆睁，上下饰眼睑，三角形鼻，有鼻翼，眼和鼻两侧饰弧状须，吻部下饰三缕须。

标本 TG1100④a：4，较完整。边轮较宽，宽 2 厘米。怒目圆睁，上下饰眼睑。背面不平，与筒瓦相接处有泥刀划痕。胎质较粗，掺杂有少量细砂粒，胎体致密。面径 14、厚 2.8 厘米（图六三〇、图六三一；图版八三，1）。

标本 TG1100 ④ a：5，残存近三分之二。边轮较宽，宽 2 厘米。背面较平。胎质较纯净，胎体致密。面径 16、厚 3.2 厘米（图六三二、图六三三）。

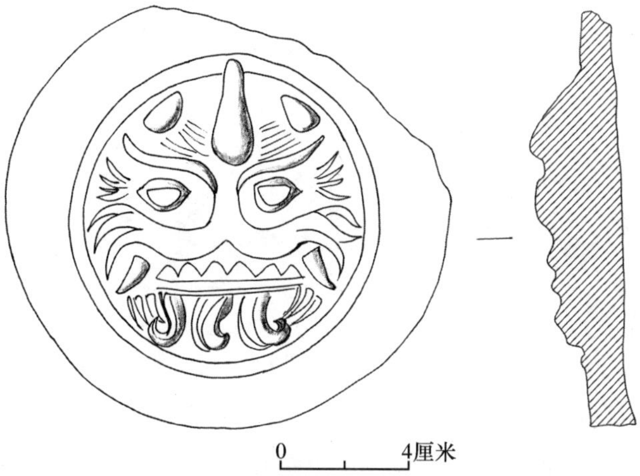

图六三〇　北朝至五代 Aa 型Ⅱ式兽面纹瓦当（TG1100 ④ a：4）

图六三一　北朝至五代 Aa 型Ⅱ式兽面纹瓦当（TG1100 ④ a：4）纹饰拓本

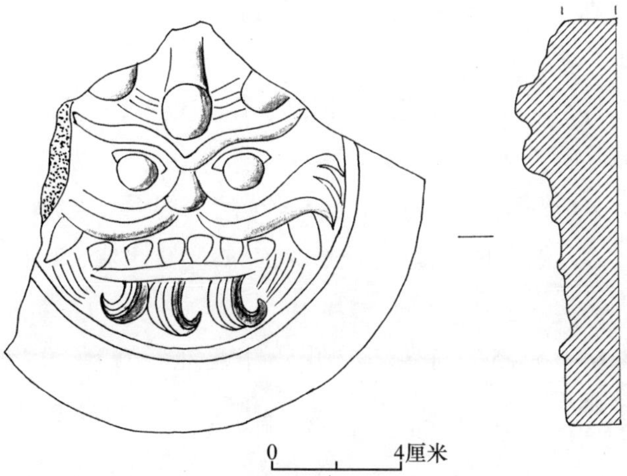

图六三二　北朝至五代 Aa 型Ⅱ式兽面纹瓦当（TG1100 ④ a：5）

图六三三　北朝至五代 Aa 型Ⅱ式兽面纹瓦当（TG1100 ④ a：5）纹饰拓本

标本 TG1100H80：9，完整。边轮较宽，宽 2.2 厘米。怒目圆睁，饰圆弧凸棱眼睑。背面不平，与筒瓦相接处有泥刀划痕。胎质较粗，掺杂有少量细砂粒，胎体致密。面径 13.5、厚 3.2 厘米（图六三四、图六三五）。

4. 砖

共 11 件，其中有长方形砖 4 件、正方形砖 3 件、长方形空心砖 3 件、异形砖 1 件。

（1）长方形砖

共 4 件。

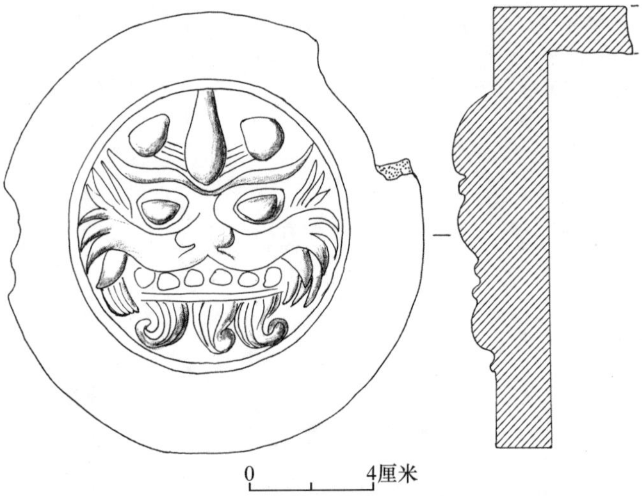

图六三四　北朝至五代 Aa 型Ⅱ式兽面纹瓦当（TG1100H80 : 9）

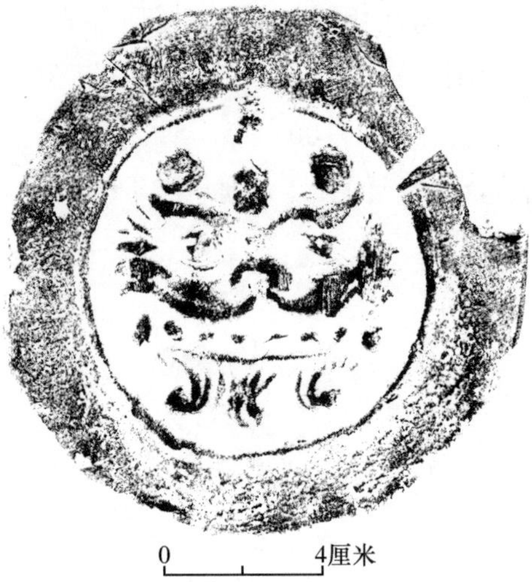

图六三五　北朝至五代 Aa 型Ⅱ式兽面纹瓦当（TG1100H80 : 9）纹饰拓本

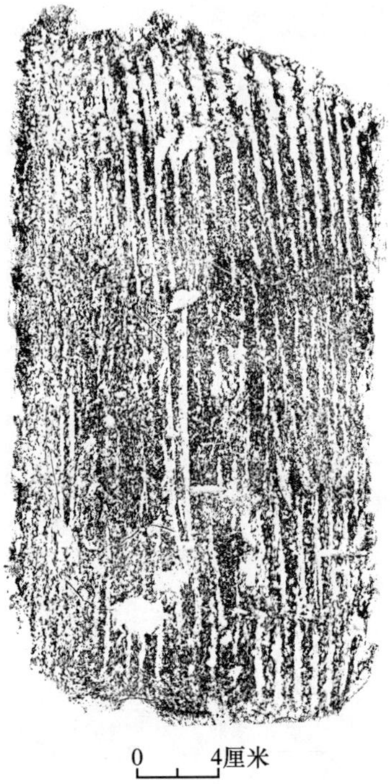

图六三六　北朝至五代 A 型长方形砖（TG1114④a : 1）纹饰拓本

A 型　共 1 件。

标本 TG1114④a : 1，完整。泥质灰陶，模制，制作较规整。四边齐平，砖体厚大。除背面饰绳纹外其余皆素面，绳纹较粗，绳径 0.3 ~ 0.5 厘米，绳纹不规则且较浅，斜向。泥胎含少量细砂粒和小石砾，胎色青灰偏白，砖体有粉状侵蚀现象，绳纹长方形砖。长 36、宽 18.5、厚 7 厘米（图六三六）。

B 型　共 2 件。均为泥质灰陶，模制，制作较规整。四边齐平，砖体较大，除背面饰绳纹外其余皆素面。

标本 TG1116④a : 6，稍残。绳纹较粗，绳径 0.4 厘米。绳纹不太规则，弧状，不平整。残长 28.5、宽 19、厚 6.7 厘米（图六三七）。

标本 TG1116④a : 5，稍残。绳纹较粗，绳径 0.3 ~ 0.4 厘米。绳纹不太规则，弧状，不平整。残长 29.5、宽 16、厚 6 厘米（图六三八）。

C 型　共 1 件。

标本 TG1115④a : 3，完整。泥质灰陶，模制，制作较规整。四边齐平，砖体较小。除背面饰绳纹外其余皆素面，绳纹较细，绳径 0.2 厘米，绳纹规则，绳纹为横向垂直，不平整。泥胎较纯净，胎色青灰，砖体致密。长 29.5、宽 14、厚 6 厘米（图六三九）。

（2）正方形砖

共 3 件。

Ab 型　共 1 件。

标本 TG1112H99 : 9，残存三分之二。泥质灰陶，模制，制作较规整。砖边齐平。除背面饰绳纹外其余皆素面。绳纹较粗，绳径 0.3 ~ 0.5 厘米，绳纹不太规则，部分地方没有绳纹，

图六三七　北朝至五代 B 型长方形砖（TG1116 ④ a：6）纹饰拓本

图六三八　北朝至五代 B 型长方形砖（TG1116 ④ a：5）纹饰拓本

图六三九　北朝至五代 B 型长方形砖（TG1115 ④ a：3）纹饰拓本

弧状，不平整。泥胎较纯净，胎色青灰，砖体致密素面方砖。边长 30、残宽 24、厚 3.5 厘米。

B 型　共 2 件。均为泥质灰陶，模制，制作规整。砖边齐平，砖体厚大。

标本 TG1100 ④ a：6，残存八分之一。表面图案已漫漶不清，依稀可辨蔓草纹和凸棱三角形的莲花纹。泥胎较纯净，胎体致密。残长 11.9 ~ 13、残宽 11.8 ~ 12.2、厚 5 ~ 5.2 厘米（图六四〇；图版八三，2）。

图六四〇　北朝至五代 B 型正方形砖（TG1100 ④ a：6）纹饰拓本

标本 TG1100 ④ a：7，残存一角。模印莲花纹和乳钉纹等的组合纹饰。多边形，表面印纹较深，可见由两条凸棱圆弧形把纹饰区分为二重，由内至外依次为：莲花纹，莲瓣为凸棱三角形；联珠乳钉纹。泥胎较纯净，胎体致密。残宽 11、残长 8.3、厚 5.5 厘米（图六四一、图六四二；图版八三，3）。

（3）长方形空心砖

共 3 件。均为泥质灰陶，模制，制作规整。

标本 TG1114H101：17，残。模印较深，表面主题纹饰为圆形八瓣复瓣莲花纹与脚踩祥云的兽首鸟身蹄足神兽相间隔的组合纹饰，上下两侧为方形四叶变形忍冬纹与圆形同心弦纹相间隔的组合纹饰，其中一个圆形同心弦纹的左右两侧分别模印楷书“吉利”“万岁”铭文，圆形八瓣复瓣莲花纹左上模印楷书“富贵”铭文，边框饰有穿壁交龙纹，砖面青掍磨光；背面不平。胎质细腻，胎体致密。残长 32.3、残宽 26.5、厚 6.2 厘米（图六四三；图版八三，4）。

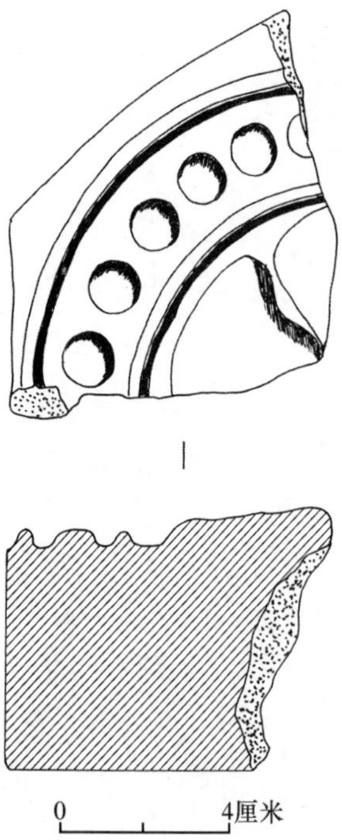

图六四一　北朝至五代 B 型正方形砖（TG1100 ④ a：7）

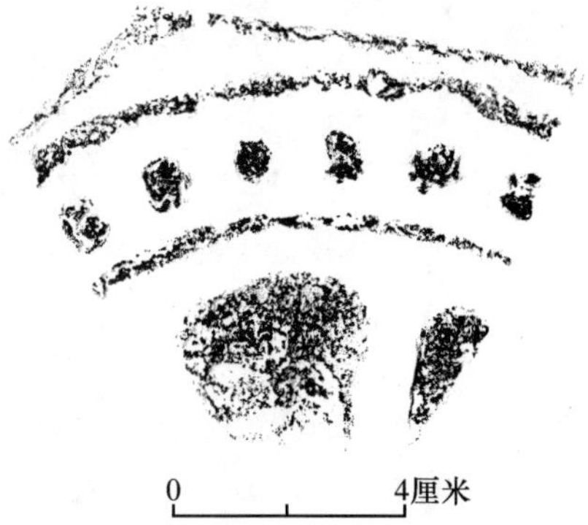

图六四二　北朝至五代 B 型正方形砖（TG1100 ④ a：7）纹饰拓本

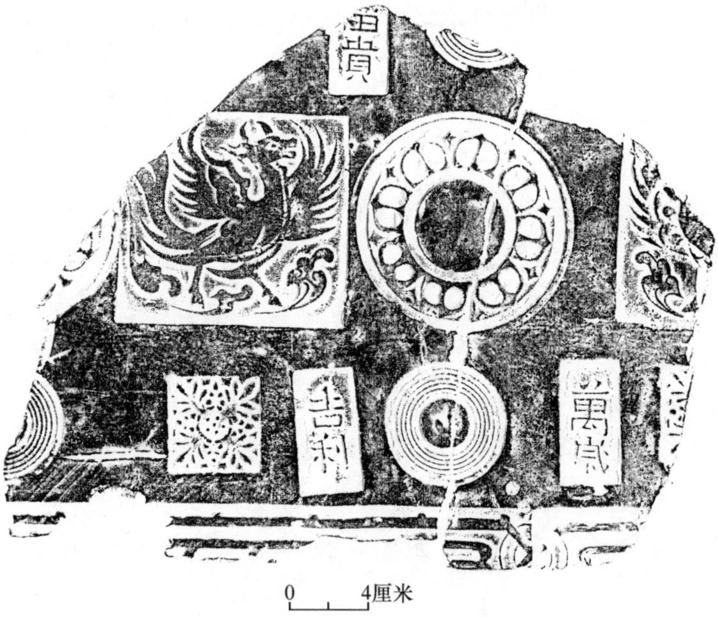

图六四三　长方形空心砖（TG1114H101：17）纹饰拓本

标本 TG1100H81：2，残。模印较深，表面主题纹饰残存方形四叶变形忍冬纹、圆形同心弦纹、边框饰有穿壁交龙纹，砖面青掍磨光；背面不平。胎质细腻，胎体致密。残宽 19.3、残长 23.5、厚 4 厘米（图六四四；图版八三，5）。

标本 TG1113 ⑥：1，残。模印较深，表面主题纹饰残存圆形八瓣复瓣莲花纹、方形四叶变形忍冬纹、圆形同心弦纹，有一长方形双行七字篆书阳文铭文款“大齐天保元年造”，砖面

图六四四　长方形空心砖（TG1100H81：2）纹饰拓本

青掍磨光；背面不平。胎质细腻，胎体致密。残长 20、残宽 11、厚 6 厘米（图六四五；图版八三，6）。

（4）异形砖

共 1 件。

标本 TG1116④a：7，弧形砖，残存四分之一。泥质灰陶，模制，制作较规整。砖边呈弧形。除背面饰绳纹外其余皆素面。绳纹较粗，绳径 0.3 厘米。绳纹不太规则，部分位置未饰绳纹，自弧边竖向饰绳纹，且有斜向的泥刀划痕，不平整，有明显褶皱痕。残长 30、残宽 20、厚 7.2、半径 30 厘米（图六四六）。

5. 脊兽

共 1 件。

标本 TG1100H80：10，仅存下颌部分。嘴大张，舌残半，獠牙外露，下齿四颗略残，嘴下左右各饰四缕胡须。残长 11.8、宽 18、高 8.2 厘米（图六四七）。

6. 其他

共 4 件。

标本 TG1100④a：8，建筑构件，残。泥质灰陶，板块状。正面有两周凸棱，背面较不平整。残长 23.2、残宽 17.5、厚 2 ~ 2.5 厘米（图六四八）。

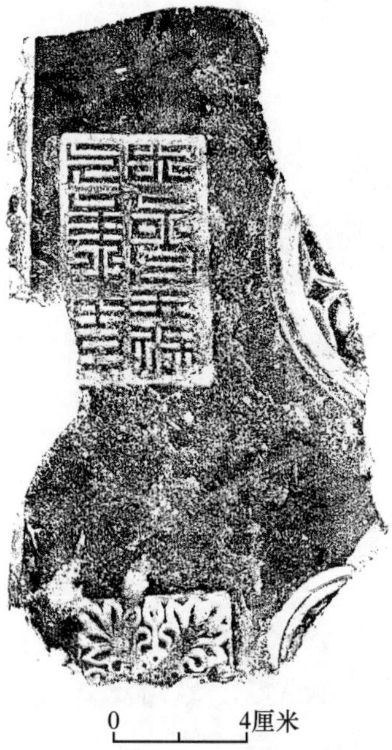

图六四五　长方形空心砖
（TG1113 ⑥ : 1）纹饰拓本

图六四六　异形砖
（TG1116 ④ a : 7）纹饰拓本

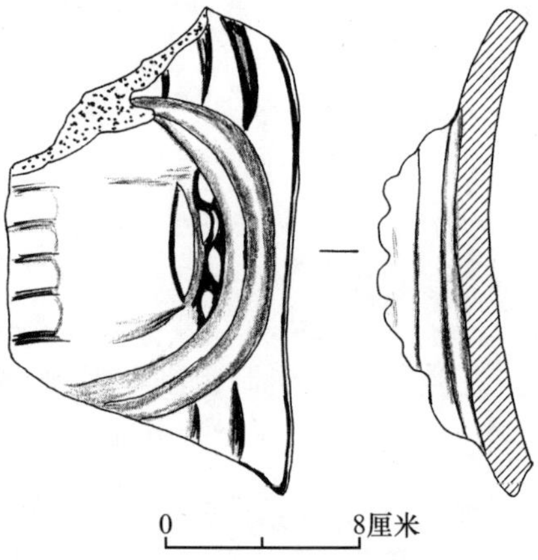

图六四七　脊兽（TG1100H80 : 10）

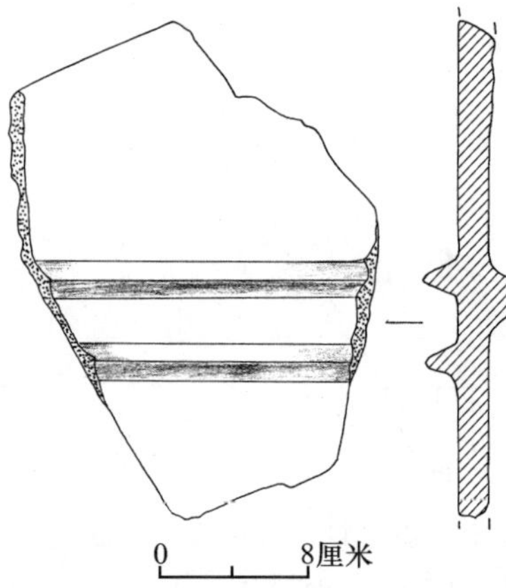

图六四八　建筑构件（TG1100 ④ a : 8）

标本 TG1101 ④ a : 4，建筑构件，残。泥质灰陶。表面有六道凸棱。表面可见明显水流冲刷痕迹。残长 16.5、残宽 10.2、厚 2.2 厘米；凸棱间隔宽 2.2 ~ 2.8、凸棱高 1.4 厘米（图六四九）。

标本 TG1100 ④ a : 9，建筑构件，残。泥质灰陶，板块状。正面有高浮雕纹饰，背面较不平整。残长 22.5、残宽 11.6 ~ 13.1、厚 2 ~ 2.2 厘米（图六五〇）。

标本 TG1114H101 : 29，陶座。泥质灰陶，模制。上为圆柱形，中间中空，下为方形底座。黑灰色。下边长 12、上直径 12、孔径 2.5 厘米（图六五一）。

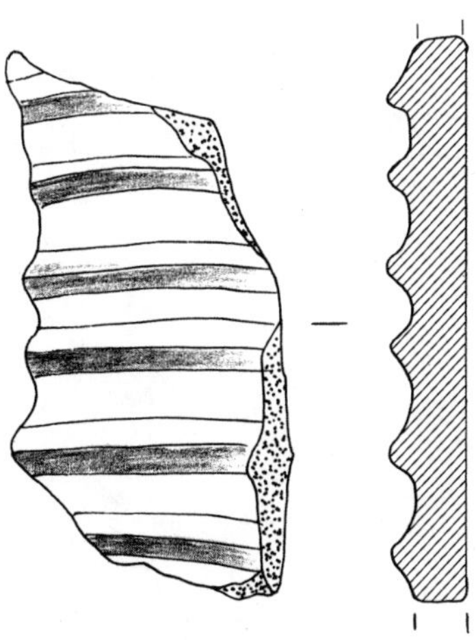

图六四九　建筑构件
（TG1101④a：4）

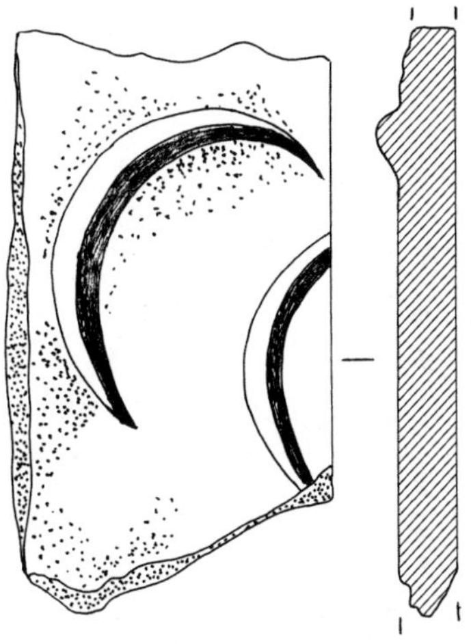

图六五〇　建筑构件
（TG1100④a：9）

（二）陶器

共出土标本遗物35件，其中有陶罐7件、陶盆18件、陶钵1件、陶碗3件、陶片6件。

1. 陶罐

共7件。

B型Ⅱ式　共2件。均为泥质灰陶。方唇，外折平沿，侈口，长颈，圆肩。

标本TG1105H85：2，残。内壁口沿下有一凹槽。口径11、残高7、厚0.7～1厘米（图六五二）。

标本TG1110⑤a：4，残。外壁饰有数周方格纹。口径13、残高10.3、厚0.6～1厘米。

C型　共5件，完整2件。均为泥质灰陶。卷沿，敞口，束颈，圆肩，鼓腹。

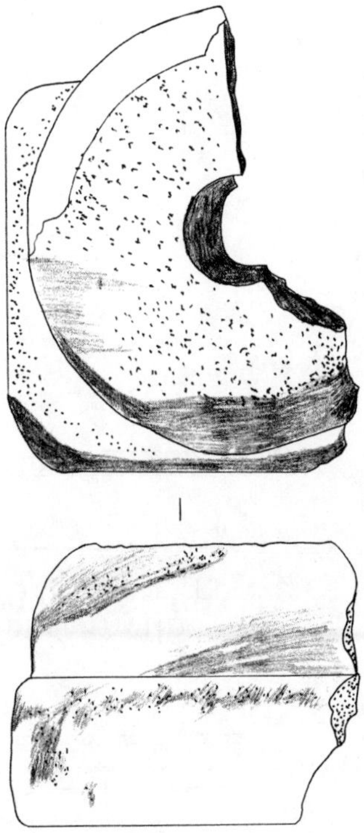

图六五一　陶座
（TG1114H101：29）

标本TG1116Z18：7，完整。圆唇，平底。外壁有明显的拉坯痕迹，底部有轮制痕迹。口径11、底径12.5、高13.5、厚0.4～0.8厘米（图六五三；图版八四，1）。

标本TG1107④a：1，基本完整。圆唇，平底。口径11.6、底径12.5、高19.5、厚0.7～0.9厘米（图六五四；图版八四，2）。

标本TG1110⑤a：5，残。圆唇。外壁及口沿饰暗弦纹。口径16、残高10.4、厚0.5厘米。

标本TG1116Z18：2，残。圆唇。口径13、厚0.5～1.2厘米。

标本TG1100H80：7，残。圆唇。外壁肩部饰一周锯齿纹。口径7、残宽5.6、残高4、厚0.3～0.4厘米。

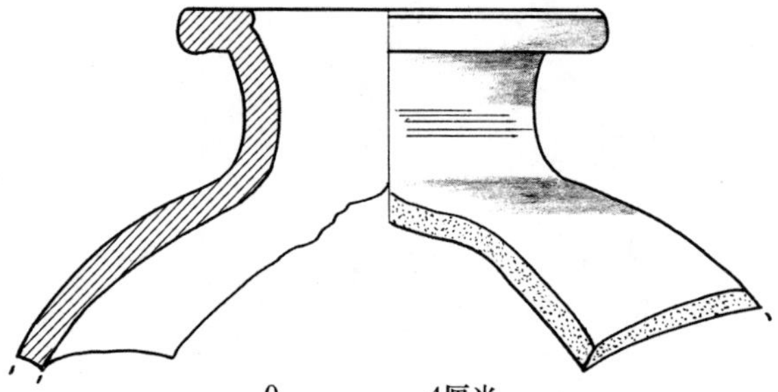

图六五二　北朝至五代 B 型Ⅱ式陶罐
（TG1105H85∶2）

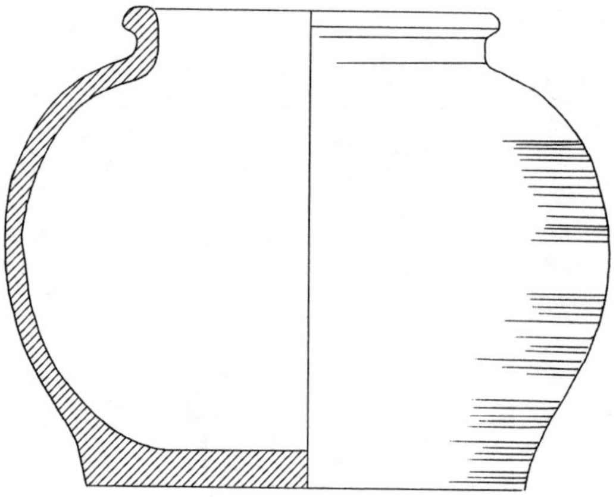

图六五三　北朝至五代 C 型陶罐
（TG1116Z18∶7）

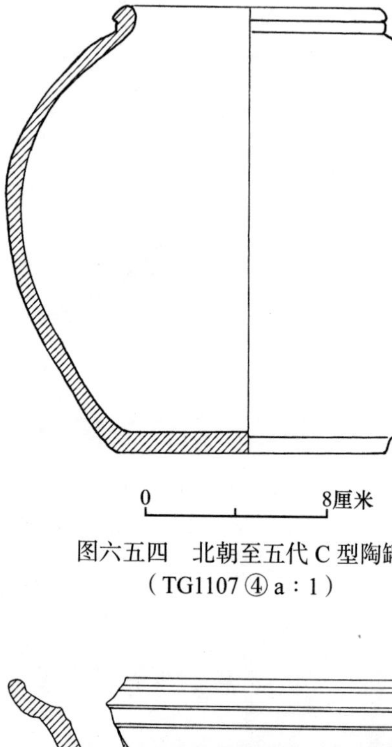

图六五四　北朝至五代 C 型陶罐
（TG1107④a∶1）

2. 陶盆

共 18 件。

A 型Ⅱ式　共 6 件。均为泥质灰陶。外折沿，侈口，口缘向上翘起呈凸棱状，斜腹。

标本 TG1116H102∶3，残。圆唇。内壁饰数周带状双圈纹。口径 38、厚 0.9 ~ 1.3 厘米（图六五五、图六五六；图版八四，3）。

标本 TG1116H102∶2，残。方唇。内壁饰数周带状斜“回”纹，两组纹饰相接的部分被抹平。口径 38、厚 0.8 ~ 1.1 厘米（图六五七）。

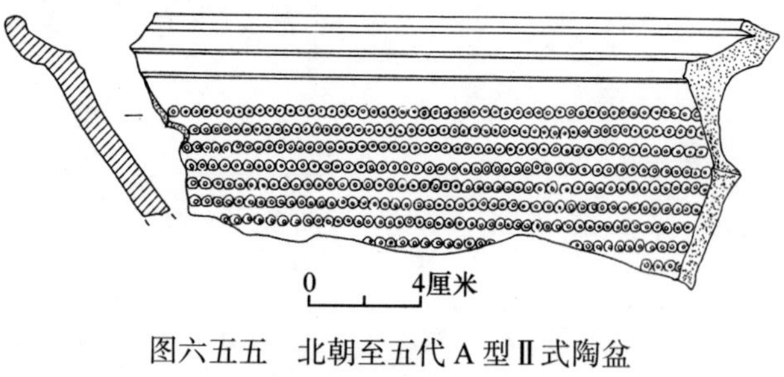

图六五五　北朝至五代 A 型Ⅱ式陶盆
（TG1116H102∶3）

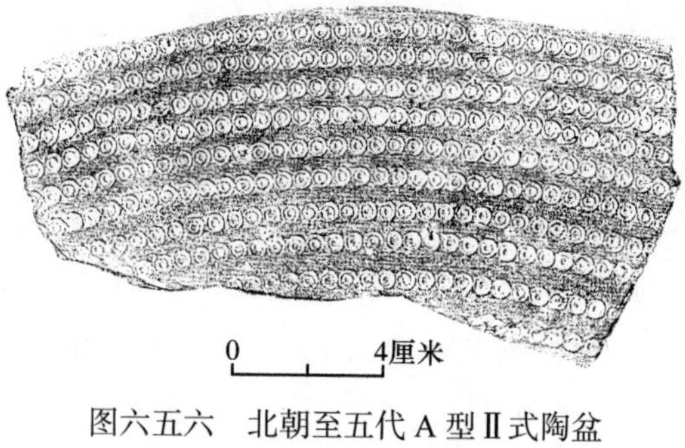

图六五六　北朝至五代 A 型Ⅱ式陶盆
（TG1116H102∶3）纹饰拓本

标本 TG1112⑤a∶2，残。圆唇。内壁饰数周带状“<”纹，两组纹饰相接的部分被抹平。残高 6、厚 0.6 ~ 1.3 厘米（图六五八、图六五九）。

标本 TG1114⑥∶1，残。尖圆唇。内壁饰数周带状斜“回”纹。口径 48、厚 0.7 ~ 1

厘米。

标本 TG1112⑥：3，可复原。圆唇，腹部有两个穿孔。口径 58、底径 21、高 23.8、厚 0.8 厘米（图版八四，4）。

标本 TG1112⑥：4，可复原。圆唇，内壁及内底部饰数周带状斜“回”纹。口径 56.5、底径 22、高 24.5、厚 1 ~ 1.2 厘米（图六六〇；图版八四，5）。

A 型Ⅲ式　共 2 件。均为泥质灰陶。外折平沿，侈口，斜弧腹，内壁及口沿磨光并饰有暗弦纹。

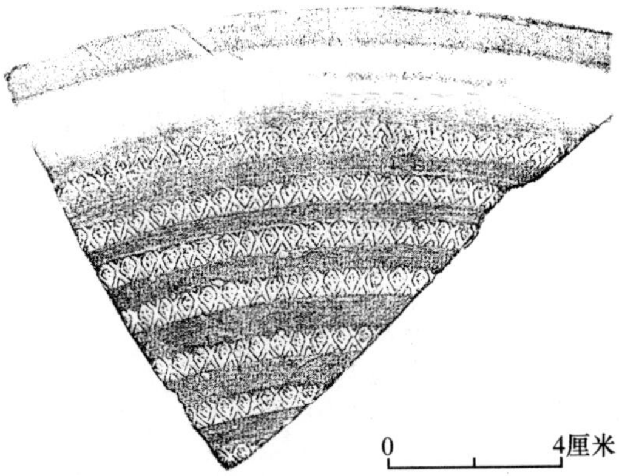

图六五七　北朝至五代 A 型Ⅱ式陶盆（TG1116H102：2）纹饰拓本

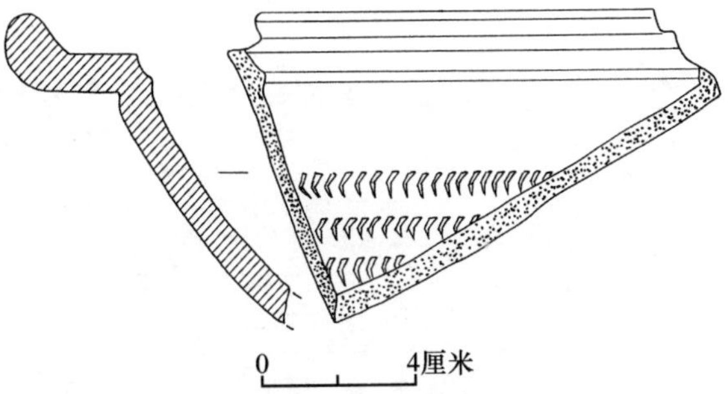

图六五八　北朝至五代 A 型Ⅱ式陶盆（TG1112⑤a：2）

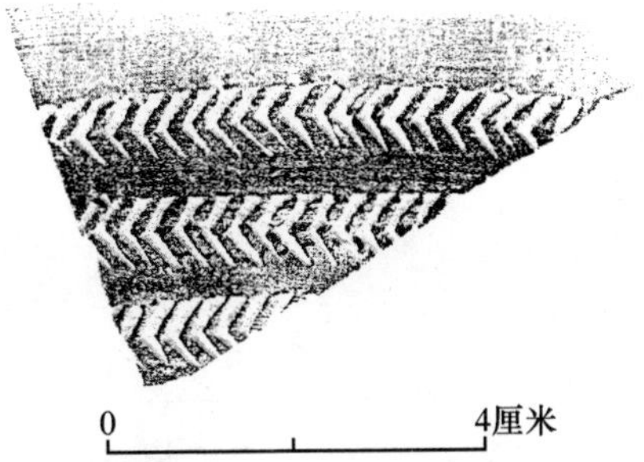

图六五九　北朝至五代 A 型Ⅱ式陶盆（TG1112⑤a：2）纹饰拓本

标本 TG1100H80：10，可复原。圆唇，宽平沿，沿上有两周凹槽。内壁及口沿饰暗弦纹，外壁饰有瓦棱纹。口径 53、底径 29、高 13、厚 0.8 ~ 1.2 厘米（图版八四，6）。

标本 TG1115⑤a：6，可复原。方唇，窄平沿。内壁及口沿饰暗弦纹，外壁有明显的拉坯痕迹。口径 34.5、底径 17、高 10.5、厚 0.4 ~ 0.7 厘米（图六六一；图版八五，1）。

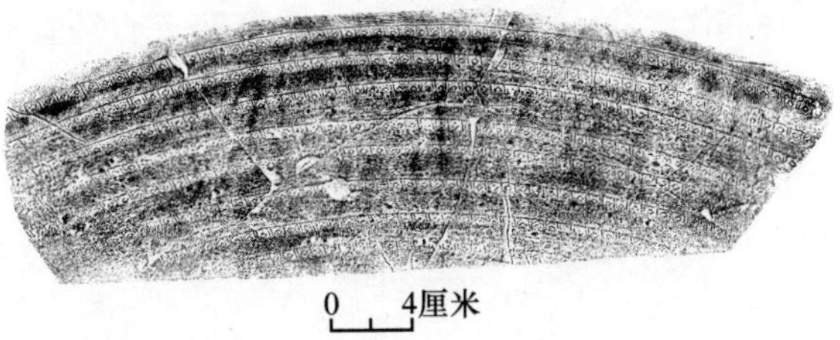

图六六〇　北朝至五代 A 型Ⅱ式陶盆（TG1112⑥：4）纹饰拓本

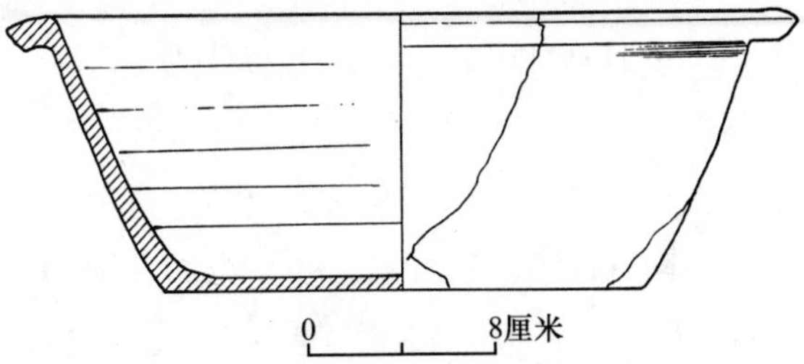

图六六一　北朝至五代 A 型Ⅲ式陶盆（TG1115⑤a：6）

B 型Ⅰ式　共 2 件。均为泥质灰陶。斜方唇，坡折沿，侈口，斜直腹。

标本 TG1100H80：6，残。尖圆唇。内壁饰数周带状刻划线条纹。口径 40、残宽 17、残高 10.8、厚 0.5 ~ 0.6 厘米（图六六二）。

标本 TG1101④a：1，残。方唇。内壁及口沿饰暗弦纹。残长 15.8、残高 8.4、厚 0.6 厘米。

E 型　共 5 件，可复原 2 件。均为泥质灰陶。圆唇，外折沿，平底。口沿上饰刻划纹。

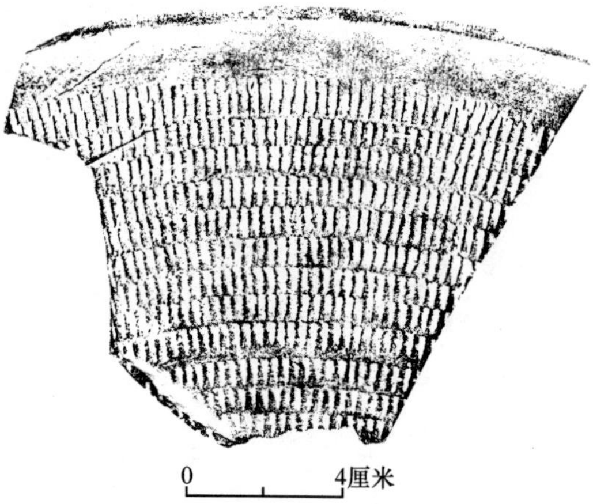

图六六二　北朝至五代 B 型 I 式陶盆（TG1100H80：6）纹饰拓本

标本 TG1111H94：9，可复原。敛口，斜弧腹。口沿上饰两周刻划锯齿纹和两周凹槽。口径 15、底径 6、高 5.5、厚 0.5 ~ 1 厘米（图六六三；图版八五，2）。

标本 TG1109 ⑤ a：2，可复原。敛口，斜腹。口沿上饰两周刻划锯齿纹和两周凹槽。口径 17.1、底径 8.7、高 7.3、厚 0.8 ~ 1.2 厘米（图六六四；图版八五，3）。

标本 TG1109 ④ a：1，残。敛口，斜弧腹。口缘上饰有手捏花边，沿上饰一周短斜线纹。残长 7.4、残高 3.2、厚 0.5 厘米。

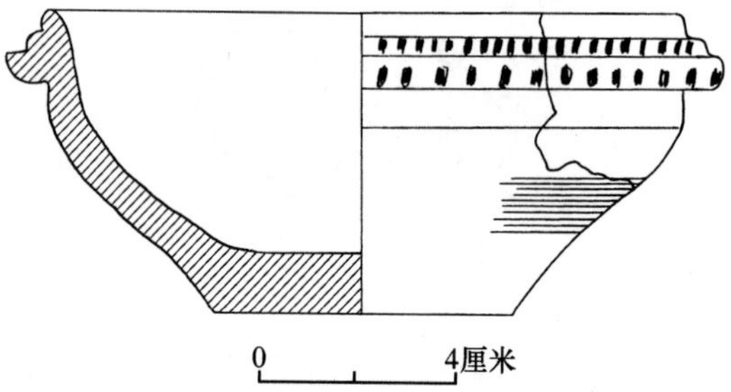

图六六三　北朝至五代 E 型陶盆（TG1111H94：9）

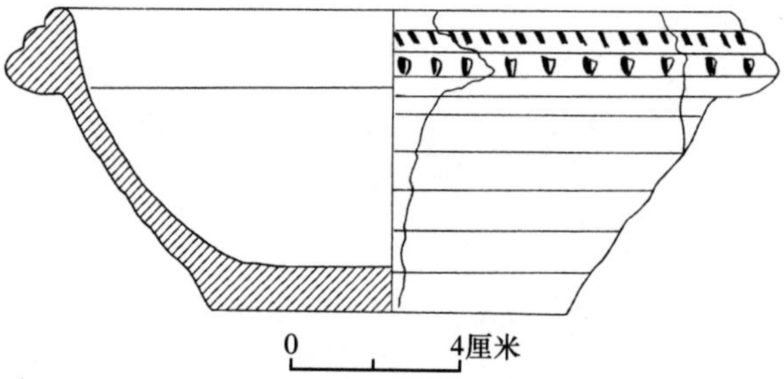

图六六四　北朝至五代 E 型陶盆（TG1109 ⑤ a：2）

标本 TG1109 ④ a：2，残。敛口，斜弧腹。口沿上饰两周刻划锯齿纹和两周凹槽。残长 7.2、残高 4.2、厚 0.5 厘米。

标本 TG1112 ⑤ a：3，残。侈口，斜腹。口缘上饰一周刻划锯齿纹，沿上饰一周短斜线纹和两周凹槽。口径 30、残高 12、厚 0.6 ~ 2.1 厘米。

G 型　共 1 件。

标本 TG1111 ⑤ a：4，残。泥质红陶。方唇，卷沿，侈口，斜弧腹。厚 0.7 ~ 1.4 厘米（图六六五）。

H 型　共 2 件。均为泥质灰陶。直口。

标本 TG1101 ④ a：2，残。方唇，弧腹。外壁口沿下有一凹槽，外壁及口沿饰暗弦纹。口径 34、残长 13、残宽 5.8、厚 0.7 ~ 0.9 厘米。

标本 TG1108 ⑤ a：5，残。圆唇，直口，折腹。内壁及口沿饰暗弦纹，外壁有拉坯的痕迹。口径 24、残长 16.2、残高 10.5、厚 0.7 ~ 1.1 厘米（图六六六）。

3. 陶钵

C 型　共 1 件。

标本 TG1100H80：8，残。泥质灰陶。尖唇，敛口，深弧腹。口径 9、残宽 11、残高 4.2、厚 0.4 ~ 0.6 厘米（图六六七）。

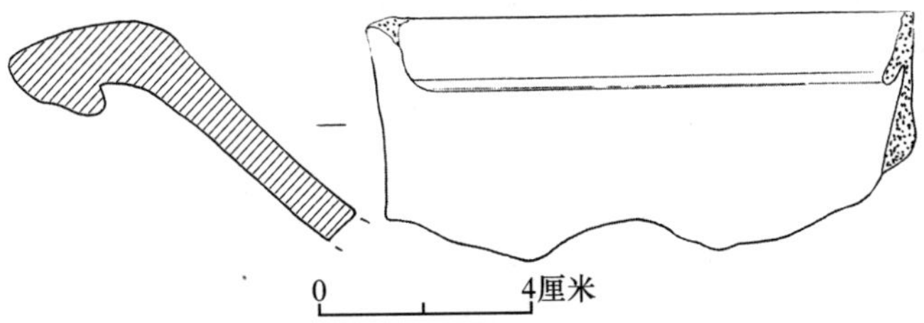

图六六五　北朝至五代 G 型陶盆
（TG1111 ⑤ a：4）

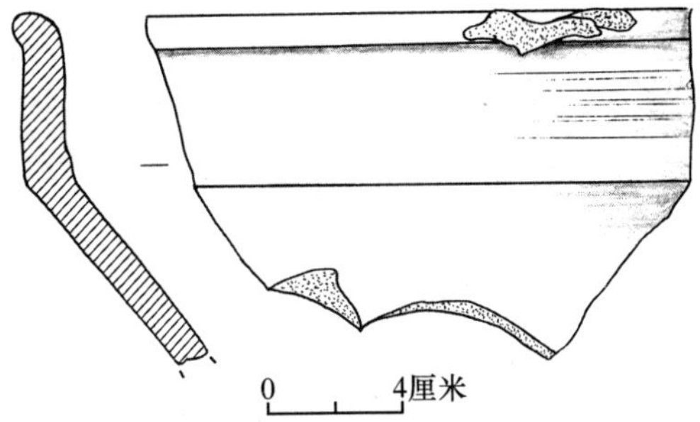

图六六六　北朝至五代 H 型陶盆
（TG1108 ⑤ a：5）

4. 陶碗

B 型Ⅰ式　共 1 件，可复原。

标本 TG1111H93：2，泥质灰陶。圆唇，侈口，弧腹，饼形足。口径 9、足径 5、高 3.5、厚 0.5 ~ 1 厘米（图六六八；图版八五，4）。

B 型Ⅱ式　共 2 件，均可复原。均为泥质灰陶。圆唇，侈口，浅弧腹。

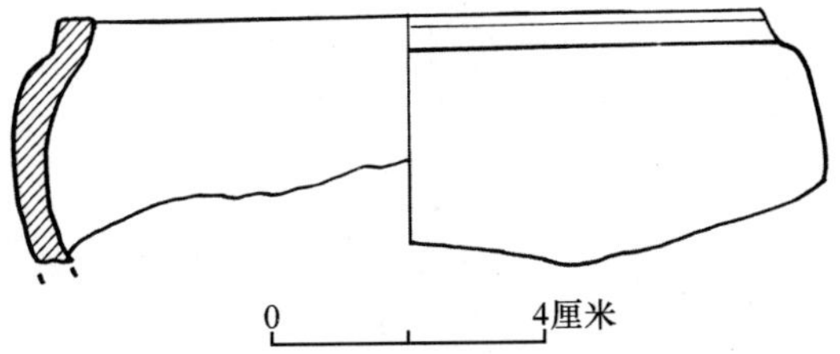

图六六七　北朝至五代 C 型陶钵
（TG1100H80：8）

标本 TG1111H93：3，平底。口径 9.2、底径 4、高 2.8、厚 0.4 ~ 0.6 厘米（图六六九；图版八五，5）。

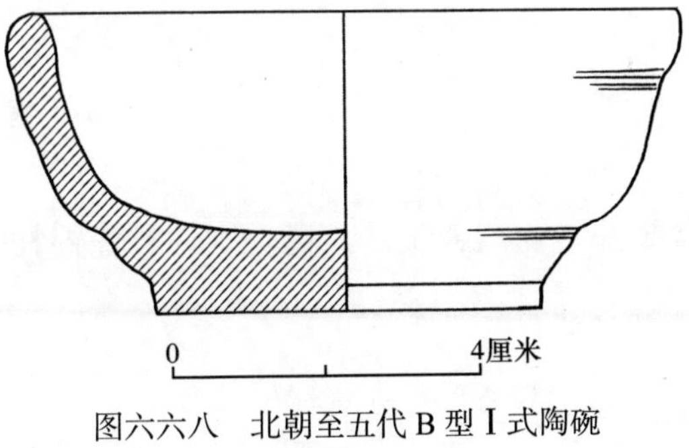

图六六八　北朝至五代 B 型Ⅰ式陶碗
（TG1111H93：2）

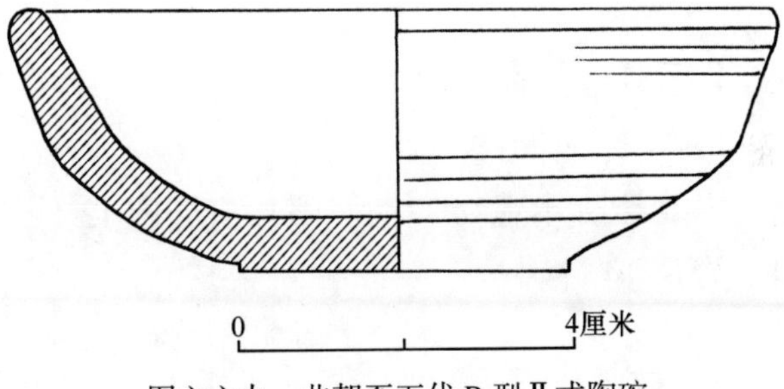

图六六九　北朝至五代 B 型Ⅱ式陶碗
（TG1111H93：3）

标本 TG1110H93：1，平底。口径 4.5、底径 4.5、高 3.2、厚 0.4 ~ 0.6 厘米（图版八五，6）。

5. 陶片

共 6 件。

标本 TG1114H101：1，陶罐残底。泥质灰陶。平底，内壁有数周凸棱。底径 7.2、厚 0.5 ~ 1 厘米（图六七〇）。

标本 TG1103 ②：1，陶钵残片。泥质红陶。尖圆唇，内折沿，侈口。口径 17、残高 8.5、厚 0.5 ~ 0.7 厘米。

标本 TG1104H84：3，陶钵残片。泥质红陶。圆唇，内折沿，敛口。残长 5.3、残高 3.8、厚 0.6 ~ 0.8 厘米。

标本 TG1114 ⑤ a：1，陶碾钵残片。泥质红陶。尖唇，内折平沿，敛口，斜弧腹。内壁饰有戳点纹。口径 18、厚 0.5 ~ 1.7 厘米（图六七一）。

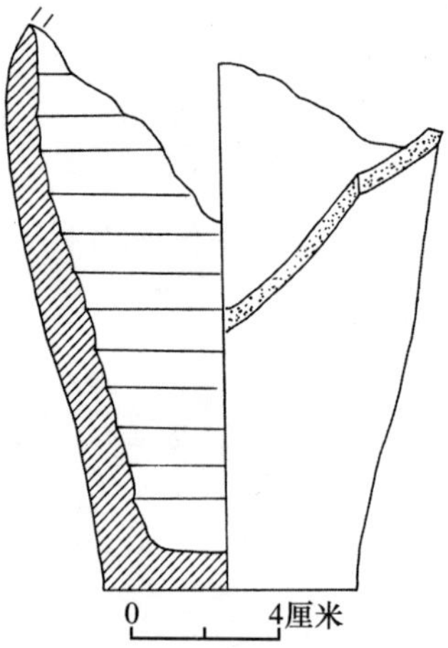

图六七〇　陶片（TG1114H101：1）

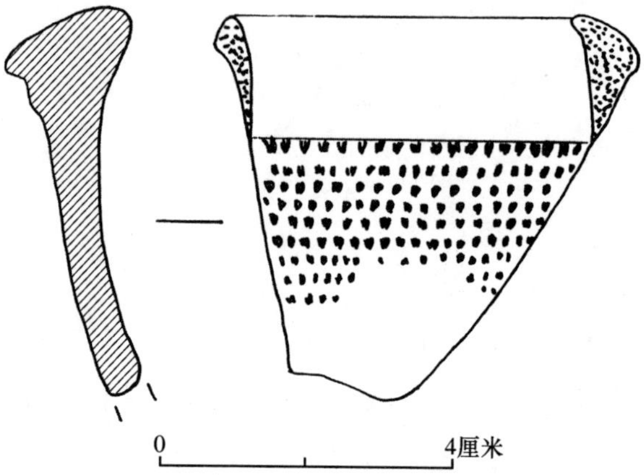

图六七一　陶片（TG1114 ⑤ a：1）

标本 TG1116 ⑤ a：3，陶碗残片。泥质红陶。圆唇，直口。外壁有拉坯的痕迹。口径 11、残长 9、残高 6.5、厚 0.5 厘米。

标本 TG1110 ⑤ a：3，陶碗残底。泥质红陶。饼形足外撇，足心内凹。底径 6.5、残长 9、残高 2.4、厚 0.5 厘米。

（三）瓷器

共出土标本遗物 32 件，其中有瓷碗 13 件、瓷盒 2 件、瓷器盖 1 件、瓷炉 1 件、瓷盏托 1 件、瓷片 14 件。

1. 瓷碗

共 13 件，均可复原。

Ba 型Ⅰ式　共 1 件。

标本 TG1100H81：1，圆唇，侈口，斜弧腹，饼形足。内壁施满釉，釉面有细小开片，外壁施釉不到底；釉色白中泛黄；胎色青灰，胎质较粗。口径 13.8、底径 6.8、高 4、厚 0.5 ~ 0.9 厘米（图六七二；图版八六，1）。

Ba 型Ⅱ式　共 3 件。圆唇，侈口，斜腹，玉璧形足。

标本 TG1111 ⑤ a：3，斜弧腹。内壁施满釉，外壁施釉不到底；釉色白中泛青；胎色青灰，胎质较细。口径 14.3、底径 6.3、高 5、厚 0.4 ~ 0.8 厘米（图六七三；图版八六，2）。

标本 TG1116 ④ a：1，内壁施满釉，外壁施釉至底；釉色白中泛青；胎色灰白，胎质较细。口径 14、底径 5.5、高 3.9、厚 0.4 ~ 0.5 厘米（图六七四；图版八六，3）。

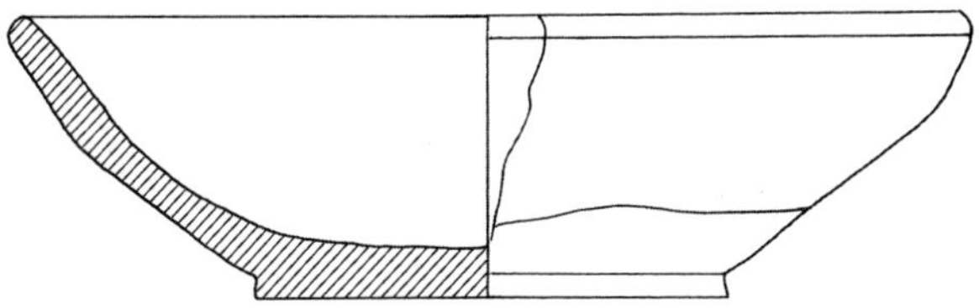

图六七二　北朝至五代 Ba 型Ⅰ式瓷碗
（TG1100H81：1）

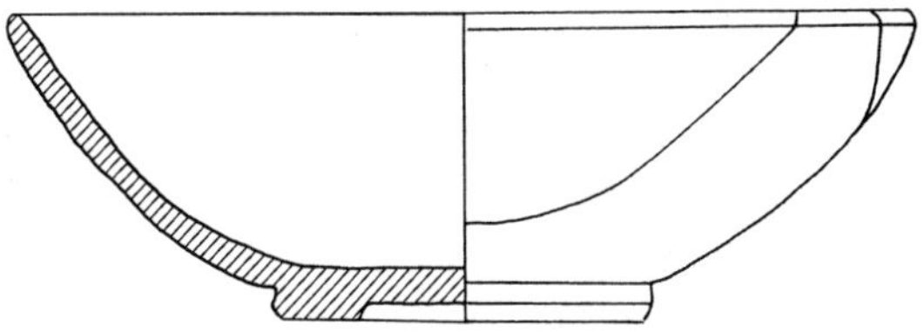

图六七三　北朝至五代 Ba 型Ⅱ式瓷碗
（TG1111⑤a：3）

标本 TG1113⑤a：2，斜弧腹。内壁施满釉，外壁施釉至圈足；釉色白中泛青；胎色洁白，胎质较细。底径 5、厚 0.3 ~ 0.8 厘米（图版八六，4）。

Ba 型Ⅲ式　共 4 件。侈口，斜腹，圈足。

标本 TG1104④a：1，尖唇，斜弧腹，窄圈足。口缘作五瓣花口状。内外壁皆施满釉；釉色白中泛青；胎色青灰，胎质较粗。口径 16.2、底径 6.5、高 6、厚 0.2 ~ 0.4 厘米（图版八六，5）。

标本 TG1100H80：3，圆唇，斜腹，宽圈足，足心微凸。内壁施满釉，口沿处有细小开片，外壁施釉不到底；釉色白中泛青；胎色黄白，胎质较粗。口径 18.6、底径 7.4、高 7.1、厚 0.3 ~ 0.6 厘米（图六七五；图版八六，6）。

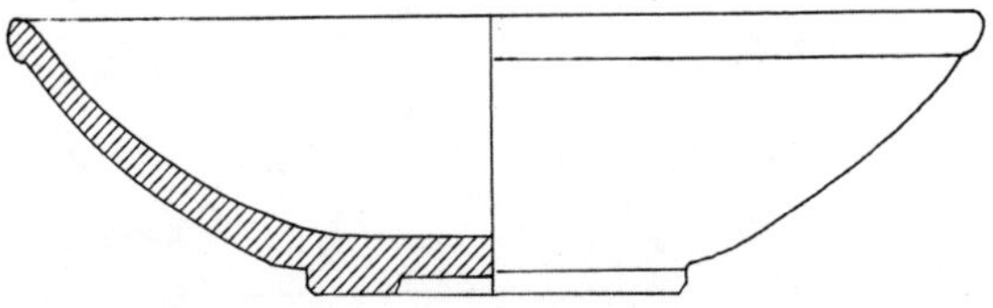

图六七四　北朝至五代 Ba 型Ⅱ式瓷碗
（TG1116④a：1）

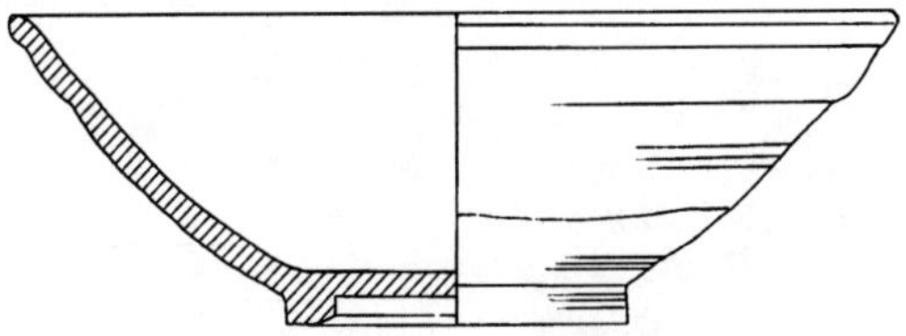

图六七五　北朝至五代 Ba 型Ⅲ式瓷碗
（TG1100H80：3）

标本 TG1100H80：2，圆唇，斜弧腹，宽圈足。内壁施满釉，釉面有细小开片，外壁施釉不到底；釉色白中泛青；胎色黄白，胎质较粗。口径 13、底径 5.3、高 5、厚 0.3 ~ 0.4 厘米（图版八七，1）。

标本 TG1100H80：1，圆唇，斜弧腹，宽圈足。口缘作五瓣花口状。内外壁皆施满釉，釉面有细小开片；釉色白中泛黄；胎色青灰，胎质较粗。口径 15、底径 6、高 5、厚 0.3 ~ 0.5 厘米（图六七六；图版八七，2）。

Bb 型Ⅰ式　共 3 件。圆唇，侈口，饼形足。

标本 TG1108⑤a：1，弧腹。内壁及口沿施白釉，且釉面有细小开片，釉色白中泛青；外壁施黑褐釉至底，釉色黑亮；胎色黄白，胎质较粗。口径 11、底径 6、高 4、厚 0.5 ~ 0.6 厘米（图六七七；图版八七，3）。

标本 TG1100⑤a：1，斜弧腹。内壁及口沿施白釉，釉色黄白；外壁施黑褐釉至足部，釉色黑亮；胎色黄白，胎质较粗。口径 13、底径 6.3、高 4.3、厚 0.6 ~ 1 厘米（图六七八；图版八七，4）。

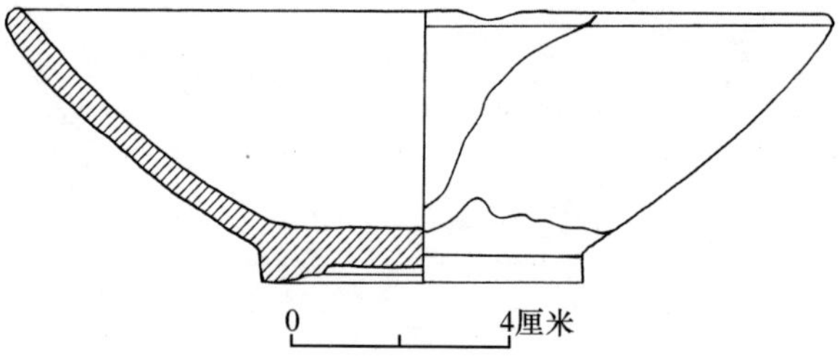

图六七六　北朝至五代 Ba 型Ⅲ式瓷碗
（TG1100H80：1）

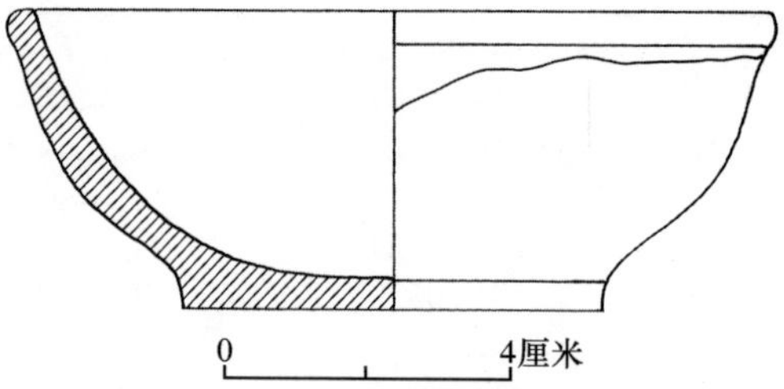

图六七七　北朝至五代 Bb 型Ⅰ式瓷碗
（TG1108⑤a：1）

标本 TG1104H84：2，斜弧腹。内壁及口沿施白釉，釉色黄白；外壁施黑褐釉至足部，釉色黑亮；胎色黄白，胎质较粗。口径 11.6、底径 6.3、高 3.9、厚 0.5 ~ 0.6 厘米（图版八七，5）。

Bc 型　共 2 件。圆唇，侈口，平底。

标本 TG1100⑤a：2，弧腹。内壁施满釉，口沿不施釉，外壁施釉不到底；釉色黑褐；胎色黄白，胎质较粗。口径 9.7、底径 5.6、高 3.2、厚 0.5 ~ 0.8 厘米（图版八七，6）。

标本 TG1113⑤a：3，斜腹。内壁施满釉，外壁施釉不到底，口沿有剥釉现象；釉色黑亮；胎色黄白，胎质较粗。厚 0.6 ~ 1 厘米（图六七九）。

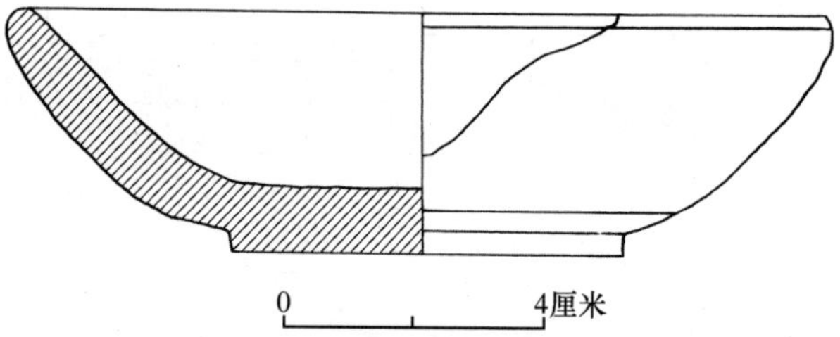

图六七八　北朝至五代 Bb 型Ⅰ式瓷碗
（TG1100⑤a：1）

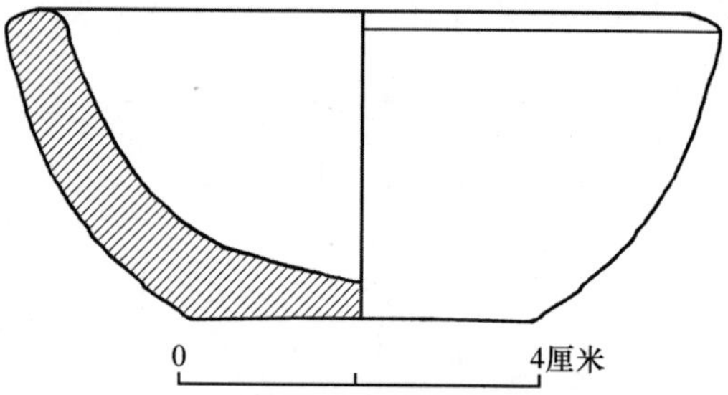

图六七九　北朝至五代 Bc 型瓷碗
（TG1113⑤a：3）

2. 瓷盒

共 2 件。

盒盖　共 1 件。

标本 TG1104④a：2，可复原。尖圆唇，直口，折肩，盖顶较平。内壁仅盖内顶施釉，外壁施满釉；釉色白中泛青；胎色青灰，胎质较细。口径 6、高 1.8、厚 0.2 ~ 0.3 厘米（图版八八，1）。

盒底　共 1 件。

C 型Ⅲ式　共 1 件。

标本 TG1116⑤a：1，可复原。圆唇，直口，直腹下折，圈足，盒内底较圜。内外壁仅腹部施釉；釉色白中泛青；胎色青灰，胎质较细。口径 7.8、底径 5.2、高 4.7、厚 0.4 ~ 0.7 厘米（图六八〇；图版八八，2）。

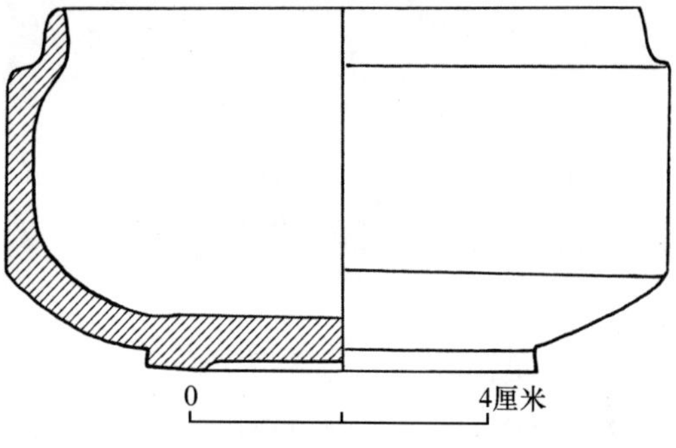

图六八〇　北朝至五代 C 型Ⅲ式瓷盒底
（TG1116⑤a：1）

3. 瓷器盖

共 1 件。

标本 TG1103 ④ a：1，可复原。盖顶较圜，口较直，圆唇，顶部装饰有一圆形钮座。内壁未施釉，外壁施满釉；釉色黑褐；胎色黄白，胎质较粗。口径 4、高 3.8、厚 0.5 ~ 0.7 厘米（图版八八，3）。

4. 瓷炉

共 1 件，可复原。

标本 TG1100 ④ a：1，可复原。圆唇，侈口，深曲腹，圆柱形柄，饼形足。内壁仅口沿施釉，外壁施釉至下腹部；釉色黑褐；胎色红褐，胎质较粗。口径 8.2、底径 4.2、高 5.8、厚 0.4 ~ 0.6 厘米（图六八一；图版八八，4）。

5. 瓷盏托

共 1 件。

标本 TG1101Z13：1，可复原。圆唇，外折宽沿，侈口，浅弧腹，圈足。口缘作花口状，沿花口至内壁饰凸棱。内外壁皆施满釉；釉色洁白；胎色洁白，胎质细腻。口径 14.5、底径 5.2、高 2.5、厚 0.2 ~ 0.4 厘米（图六八二；图版八八，5）。

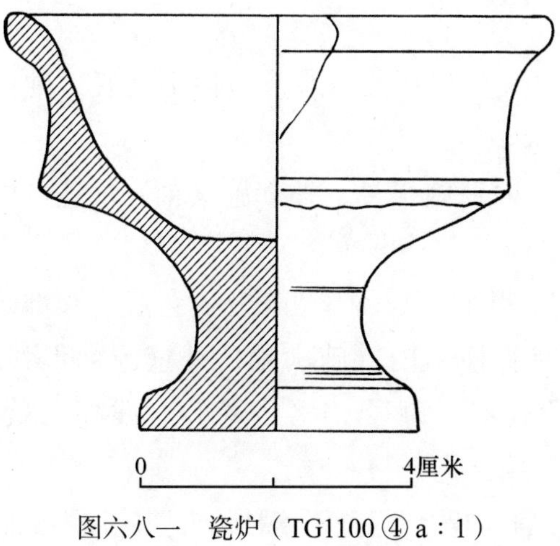

图六八一　瓷炉（TG1100 ④ a：1）

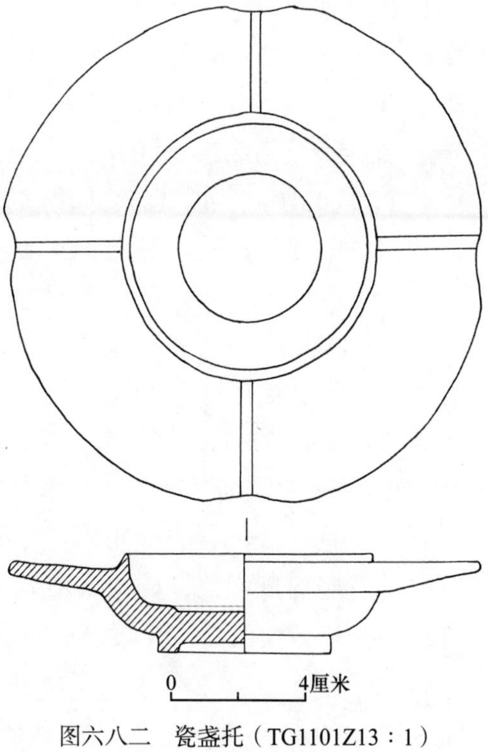

图六八二　瓷盏托（TG1101Z13：1）

6. 瓷片

共 14 件。

标本 TG1110 ⑤ a：1，瓷瓮残片。圆唇，敛口，圆肩。口沿及内壁施釉，釉面有细小开片；釉色青灰；胎色灰白，胎质较粗。残长 15.5、残高 7、厚 1.9 ~ 2.2 厘米。

标本 TG1111H94：1，瓷瓮残片。圆唇，卷沿，敛口。釉面有细小开片，且有流釉现象；釉色青灰；胎色灰黄，胎质较粗。口径 15、厚 1.6 ~ 2.1 厘米（图版八八，6）。

标本 TG1112 ⑥：1，瓷瓶残片。方唇，侈口，束颈。内外壁均施满釉；釉色黄褐；胎色灰黄，胎质较粗。口径 10、厚 0.6 ~ 1.5 厘米（图版八九，1）。

标本 TG1113 ⑤ a：1，瓷碗残片。圆唇，侈口。内壁施满釉，外壁施釉不到底，且有流釉现象，釉面有细小的开片；釉色青灰；胎色黄褐，胎质较粗。口径 16、厚 0.4 ~ 0.6 厘米。

标本 TG1100 ④ a：2，瓷碾钵片。圆唇，侈口，斜弧腹。内壁饰凹弦纹和戳印三角纹。内壁施满釉，外壁施釉不到底，釉面有细小开片；釉色浅绿；胎色黄褐，胎质较细。残宽约 4、残高约 5.6、厚 0.4 ~ 0.5 厘米。

标本 TG1111 ⑤ a：2，瓷碾钵残片。圆唇，侈口，斜腹。内腹刻划深条纹。内壁不施釉，口沿施釉，外壁施釉不到底；釉色白中泛青；胎色青灰，胎质较粗。口径 16、厚 0.4 ~ 0.7 厘米。

标本 TG1112 ⑤ a：1，瓷钵残片。尖圆唇，敛口，平沿。内外壁皆施满釉；釉色白中泛青；胎色青灰，胎质较细。口径 10、厚 0.2 ~ 0.3 厘米。

标本 TG1100 ④ a：3，瓷碗残底。窄圈足。内外壁皆施满釉；釉色白中泛青；胎色洁白，胎质较细。底径约 8.3、残宽 8.8、残高 1.2、厚 0.5 ~ 0.7 厘米。

标本 TG1114 ⑤ a：1，瓷碗残底。玉璧形足。内外壁皆施满釉；釉色洁白；胎色洁白，胎质较细。底径 6、残高 2.3、厚 0.6 ~ 0.8 厘米。

标本 TG1100H80：4，瓷碗残片。尖圆唇，敛口，斜弧腹。内壁施满釉，外壁施釉不到底；釉色白中泛黄；胎色黄白，胎质较粗。口径 13、残宽 11、残高 2.9、厚 0.3 ~ 0.4 厘米。

标本 TG1111H93：1，瓷碗残片。圆唇，侈口。内壁施满釉，外壁施釉不到底。釉色洁白；胎色洁白，胎质细腻。口径 13、厚 0.3 ~ 0.6 厘米。

标本 TG1116H107：1，瓷碗残片。圆唇，直口。内壁施半釉，外壁施满釉。釉色白中泛青；胎色灰白，胎质较细。口径 18、厚 0.4 ~ 0.9 厘米。

标本 TG1100H80：5，瓷碗残片。尖圆唇，侈口，弧腹。口缘作花瓣形，外腹上腹部与花瓣口对应处有竖向压印痕，碗内腹沿花瓣口凸起有直棱。内壁施满釉，外壁施釉不到底，唇部有细小开片；釉色白中泛黄；胎色黄白，胎质较粗。口径 14、残宽 11、残高 7.3、厚 0.2 ~ 0.3 厘米。

标本 TG1100 ⑤ a：3，瓷罐残底。饼形足外撇，足心内凹。内壁不施釉，外壁施釉不到底；釉色黄白；胎色黄褐，胎质较粗。底径约 6.9、残宽约 11、残高约 4.9、厚 0.8 ~ 1.6 厘米。

（四）釉陶器

釉陶碗

D型　共1件。

标本TG1116Z18：1，可修复。泥质红陶。圆唇，侈口，饼形足。内壁及口沿施釉；釉色黑褐；胎色红褐，胎质较粗。口径10.5、底径4.3、高2.9、厚0.3～0.4厘米（图六八三；图版八九，2）。

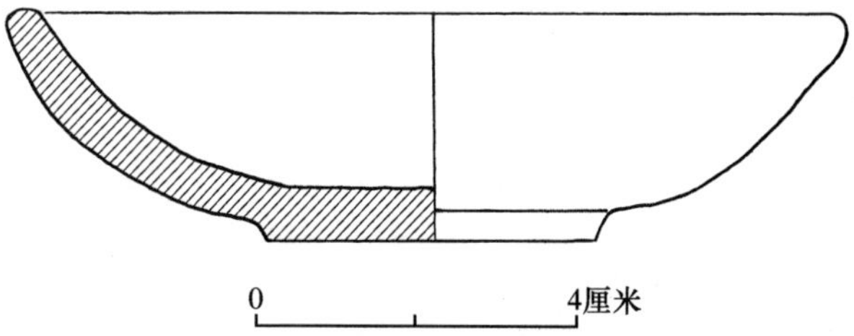

图六八三　北朝至五代D型釉陶碗
（TG1116Z18：1）

（五）三彩器

共1件。

标本TG1104H84：1，残足。主体为一兽头，顶部有一穿孔。兽头上施绿釉，仅边缘施少量黄釉。足底径2、残高6.3厘米（图版八九，3）。

（六）其他

共出土标本遗物20件，其中有石夯1件、骨梳2件、骨簪1件、铜镞2件、铜带扣饰1件、窑具2件、铜钱11件。

1. 石夯

共1件。

标本TG1100⑤a：5，砂岩，平面呈锥形，截面呈方形，上面有榫眼。长14、宽12、高42厘米。

2. 骨梳

共2件。

标本TG1102④a：2，梳齿残。半圆形，骨梳雕刻成梳背和梳齿两部分，梳背呈月牙状，梳齿由梳背内侧雕刻而成。骨色白中泛黄，骨密度较大。长4.8、宽3.1、厚0.2、梳齿宽0.1、梳齿间距0.05厘米（图版八九，4）。

标本TG1102④a：1，梳背梳齿均残。弧形带状，骨梳雕刻成梳背和梳齿两个部分，梳背呈弧形带状且镂空雕刻缠枝花卉纹，梳齿由梳背内侧雕刻而成。骨色白中泛黄，骨密度较大。残长6.8、残宽2.5、厚0.2、梳齿宽0.08、梳齿间距0.03厘米（图版八九，5）。

3. 骨簪

共1件。

标本TG1115④a：4，簪尾稍残。长条形，由兽骨磨制而成，两边略低于中间，簪头呈圆弧状。骨色偏灰褐色，骨密度较大。残长12.5厘米（图版八九，6）。

4. 铜镞

共2件。

标本TG1107H88：1，箭头呈三角状，两锋，刃部较钝接扁条形铤，锈蚀较严重。长6.5厘米（图版八九，7）。

标本TG1106⑤a：1，箭头呈菱形，两锋，刃部较钝，铤已缺失，锈蚀较严重。残长4厘米（图版八九，8）。

5. 铜带扣饰

共1件。

标本TG1100④a：11，椭圆形，有一缺口用于固定作用。长2.5、宽3.5厘米。

6. 窑具

共2件。

标本TG1111H94：7，残。泥质夹砂红陶。呈柱状，中空，上有窑灰。直径16.5、高21.5、厚3.5 ~ 4.1厘米。

标本TG1111H94：6，残。泥质夹砂红陶。呈锥形，中空，上有窑灰。残高11.8、残长19.5厘米。

7. 钱币

共出土11枚。因部分锈蚀比较严重，仅对文字清晰的铜钱进行简单描述。

A型Ⅰ式　共7枚。背面素面，钱文清晰、规整，穿郭俱佳，铜质优良，铸造工艺考究。

标本TG1116Z18：8，钱径2.5、穿径0.7、郭宽0.2厘米（图六八四）。

A型Ⅱ式　共1枚。

标本TG1116④a：2，背面素面，钱文不甚清晰、规整，穿郭较差，铜质粗劣，铸造工艺较差。钱径2.2、穿径0.6、郭宽0.15厘米（图六八五）。

B型Ⅰ式　共1件。

标本TG1107H87：1，背面穿上加铸掐痕，钱文清晰、规整，穿郭俱佳，铜质优良，铸造工艺考究。钱径2.5、穿径0.7、郭宽0.2厘米（图六八六）。

图六八四　开元通宝铜钱
（TG1116Z18：8）拓本

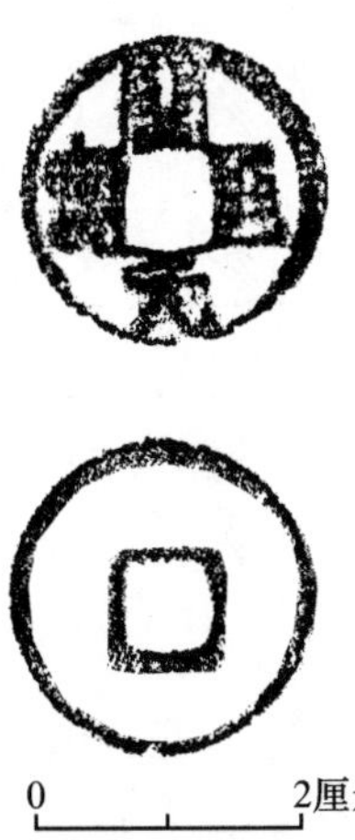

图六八五　开元通宝铜钱
（TG1116④a：2）拓本

图六八六　开元通宝铜钱
（TG1107H87：1）拓本

四、宋至清代遗物

共出土标本遗物 9 件，其中有瓷灯盏 1 件、瓷器盖 1 件、瓷片 7 件。

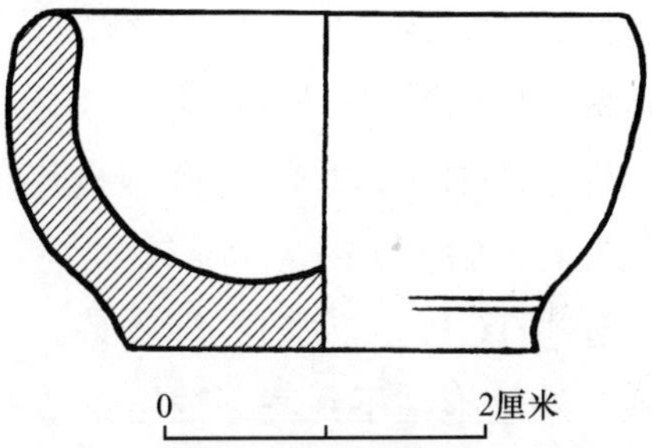

图六八七　瓷灯盏
（TG1111②：1）

1. 瓷灯盏

共 1 件。

标本 TG1111②：1，可复原。圆唇，直口，弧腹，平底。仅内壁底部施釉；釉色黑褐；胎色黄白，胎质较粗。口径 3.8、底径 2.5、高 2、厚 0.3 ~ 0.4 厘米（图六八七）。

2. 瓷器盖

共 1 件。

标本 TG1104②：1，可复原。盖顶较平，顶部装饰有一圆形钮座。内壁未施釉，外壁施满釉；釉色黑亮；胎色黄白，胎质较粗。口径 10、高 2.2、厚 0.3 ~ 0.7 厘米（图六八八；图版八九，9）。

3. 瓷片

共 7 件。

标本 TG1104②：3，瓷碗残底。斜弧腹，窄圈足。内壁施满釉，外壁施釉至足部。碗心透明釉下饰青花麒麟纹饰，青花发色较淡；胎色洁白，胎质较细。足径 5、残高 2、厚

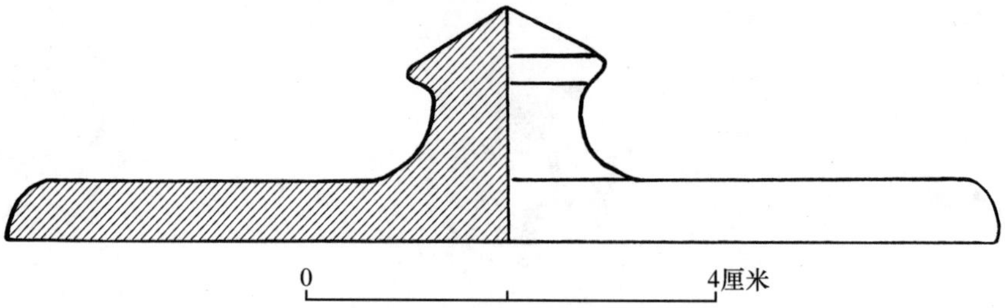

图六八八　瓷器盖
（TG1104②：1）

0.3 ～ 0.5 厘米。

标本 TG1104②：2，瓷碗残底。窄圈足，碗心微凸。外壁施釉至足部，内壁施满釉；碗心透明釉下墨书青花“寿”字，青花发色较暗；胎色洁白，胎质较细。足径 5、残高 1、厚 0.3 ～ 0.7 厘米。

标本 TG1100②：3，瓷盘残底。窄圈足。内外壁皆施透明青釉，盘心釉下饰青花花卉纹饰；釉质莹润，胎色洁白，胎质细腻。底径 9、残宽 4.3、残高 1.5、厚 0.2 厘米。

标本 TG1100②：2，瓷碗残底。窄圈足，足心较凸。内外壁皆施透明青釉，碗心及外壁釉下饰青花纹饰；釉质莹润，胎色洁白，胎质细腻。底径 5、残宽 6.7、残高 2.7、厚 0.4 ～ 0.6 厘米。

标本 TG1101H80：1，瓷钵残片。尖唇，敛口。外壁口沿下有一凹槽。内壁未施釉，外壁施满釉；釉色黑褐；胎色黄白，胎质较粗。残长 10、残高 6.3、厚 0.6 ～ 0.7 厘米。

标本 TG1102②：1，瓷碗残片。圆唇，侈口，弧腹。内外皆施满釉，釉面有细小开片；釉色天蓝；胎色灰褐，胎质较细。残长 5.7、残高 2.5、厚 0.4 ～ 0.5 厘米。

标本 TG1100②：1，瓷碗残片。圆唇，侈口，斜弧腹。内壁釉下绘有褐彩纹饰；内壁施满釉，外壁施釉不到底，釉层较薄；釉色白中泛青；胎色灰黄，胎质较粗。口径约 16、残宽 7.4、残高约 3.9、厚 0.3 ～ 0.8 厘米。

第七章　第六段探沟

第六段探沟位于晋阳古城西城墙东 310 米，侨友化工厂西门外东西向道路南侧向南至晋源北外环路北。共布探沟 28 个，因 TG2011 位于现代道路下未能发掘，因此第六段探沟实际发掘自 TG2001 起至 TG2010、TG2012 至 TG2028 止，共计 27 个探沟。每个探沟均为 10 米 × 2 米，总长 270 米，实际发掘面积 488 平方米，方向 14°（图版九〇）。

第一节　地 层 堆 积

第六段探沟发掘区的地势情况为北高南低，高差 1.31 米。发掘总长 270 米，最深 4.2 米，最浅 0.4 米，平均深度 2.8 米。第六段探沟第 5a 层下均未发掘，因为在 TG2025 至 TG2028 出现了河道，TG2025 发掘到第 3a 层，TG2026 至 TG2028 仅发掘到第 1 层。该段探沟共发掘 5 个文化堆积层。第 1 层为近现代耕土层；第 2 层为明清文化层；第 3a 层为宋元文化层；第 4a 层为晚唐五代文化层；第 5a 层为唐代文化层；其下未发掘，不清楚地层堆积。TG2001 至 TG2014 遗迹不丰富，主要有灰坑 1 座、夯土墙 1 段和建筑基址 1 处；TG2015 中部至 TG2028 遗迹丰富，主要有灰坑 11 座、灶址 2 个和建筑基址 1 处。从地层上来看，处于第 2 层的遗迹有 H108，处于第 3a 层下的遗迹有 H104，处于第 4a 层下的遗迹有 H112、H113、H114 和 H115，处于第 5a 层下的遗迹有 H105、H106、H107、H109、H110、H111、Z19、Z20、夯 8、TG2001—TG2008 建筑基址和 TG2015—TG2019 建筑基址（图六八九、图六九〇；图版九一，1）。

第 1 层：近现代耕土层。灰褐色黏土，质地松软，较杂乱；包含植物根系、碎砖瓦块、小石块等；厚 0.2 ~ 1.1 米。第 1 层堆积情况为北高南低，高差 1.31 米。自 TG2001 至 TG2020 下降了 1.31 米，从 TG2021 至 TG2024 上升了 0.4 米，自 TG2025 直至最后一条探沟（TG2028）下降了 0.4 米。未发现遗迹现象。

第 2 层：明清文化层。浅灰色黏土，质地较硬；包含较多砖瓦块、红烧土粒和少量青花瓷碎片；厚 0.2 ~ 1.3 米，距地表 0.2 ~ 1.1 米。第 2 层自 TG2001 开始至 TG2010，后被现代公路（TG2011）打断，TG2012 至 TG2026 北部止，TG2026 北部至 TG2028 向下未发掘，总长共 242 米。堆积为北高南低，高差 0.75 米。自 TG2001 至 TG2004 下降了 0.25 米，从 TG2005 至 TG2008 呈水平状，自 TG2009 至 TG2020 下降 0.62 米，从 TG2021 直至最后一条探沟（TG2028）上升了 0.24 米。该层遗迹不丰富，有 H108。

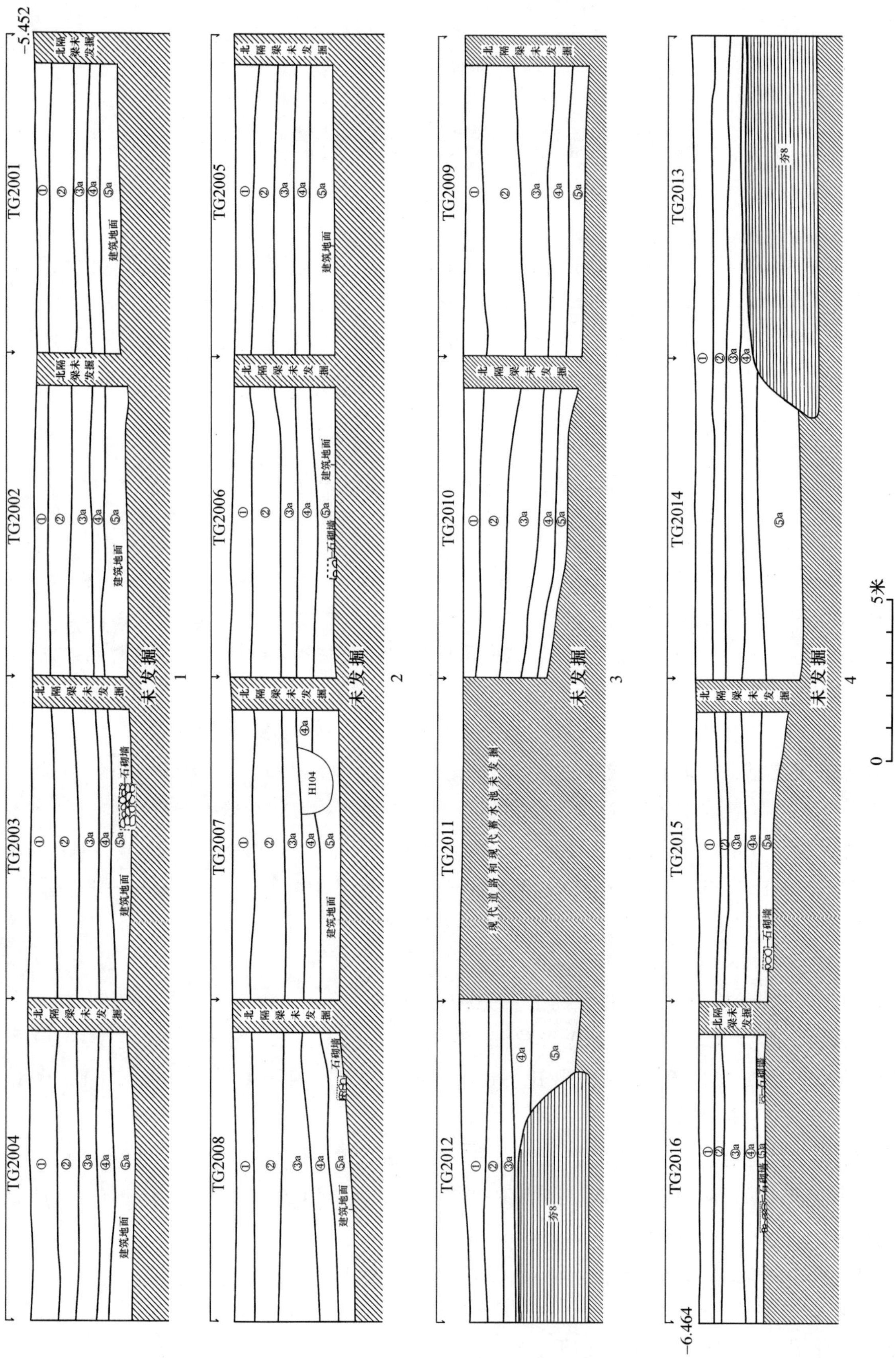

图六八九　TG2001～TG2016西壁剖面图

1. TG2001～TG2004　2. TG2005～TG2008　3. TG2009～TG2012　4. TG2013～TG2016

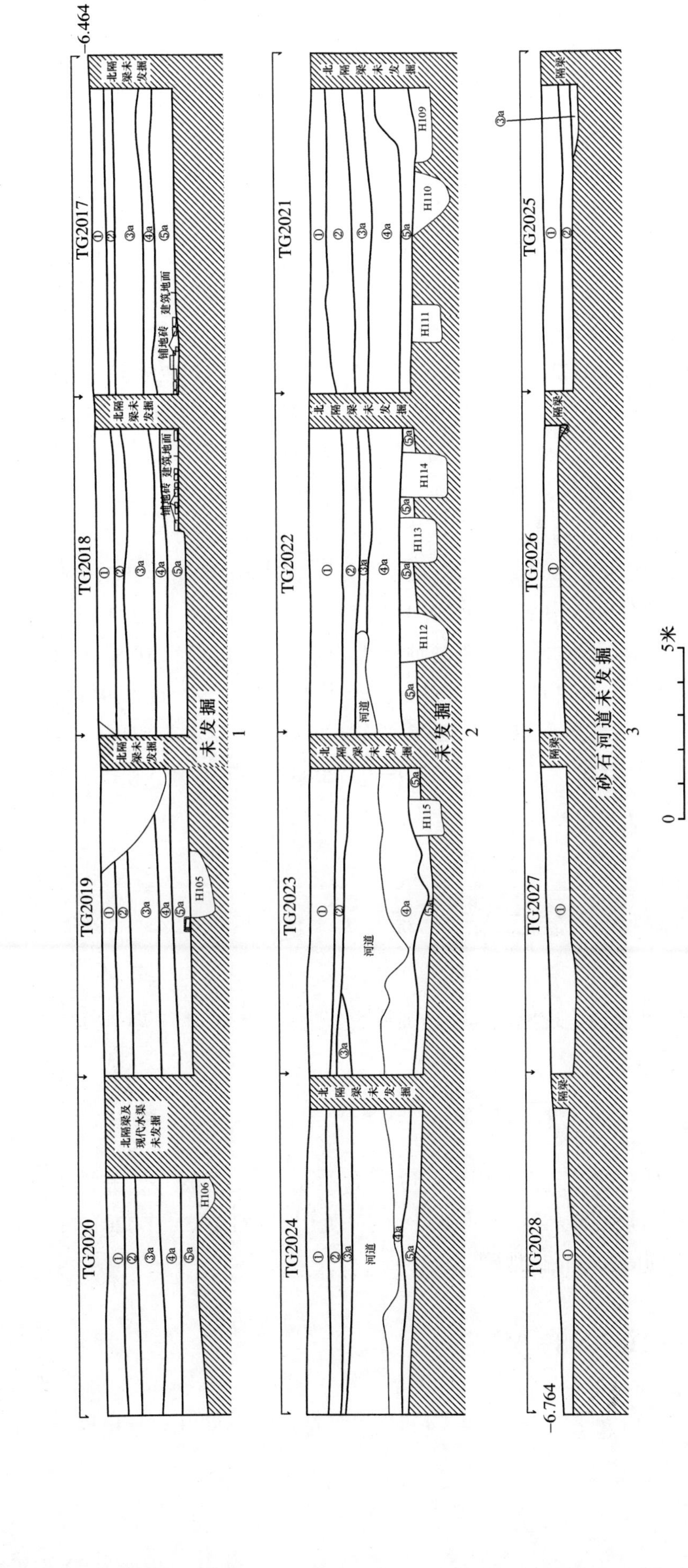

图六九〇　TG2017～TG2028西壁剖面图

1. TG2017～TG2020　2. TG2021～TG2024　3. TG2025～TG2028

第 3a 层：宋元文化层。深黄褐色砂土，质地疏松，较干净；包含少量瓷片、陶片、碎砖瓦块等；厚 0.1 ~ 1.3 米，距地表 0.8 ~ 1.9 米。第 3a 层自 TG2001 开始至 TG2010，后被现代公路（TG2011）打断，TG2012 至 TG2022 南部，TG2022 南部至 TG2023 南部被河道打破后又出现，直到 TG2025 北部止，TG2025 北部至 TG2028 向下未发掘，总长共 181.8 米。堆积呈北高南低，高差 0.51 米。自 TG2001 至 TG2008 下降了 0.24 米，从 TG2009 至 TG2016 上升了 0.24 米，自 TG2017 至 TG2020 下降了 0.76 米，从 TG2021 至 TG2024 上升了 0.25 米，自 TG2025 至 TG2026 呈水平状。该层的遗迹不丰富，有 H104。

第 4a 层：晚唐五代文化层。灰黑褐色砂质黏土，质地疏松，较杂乱；包含大量建筑构件、陶瓷残片、木炭屑、红烧土等；厚 0.3 ~ 1.3 米，距地表 1.3 ~ 2.8 米。第 4a 层自 TG2001 开始至 TG2010，后被现代公路（TG2011）打断，直到 TG2024 止，TG2025 至 TG2028 向下未发掘，总长共 230 米。第 4a 层堆积呈北高南低，高差 0.24 米。自 TG2001 至 TG2008 下降 1.28 米，从 TG2009 至 TG2012 上升了 1.15 米，自 TG2013 至 TG2020 下降 0.75 米，从 TG2021 至 TG2024 上升了 0.64 米。该层的遗迹较丰富，有 H112、H113、H114 和 H115。

第 5a 层：唐代文化层。红褐色黏土，质地较硬；包含石块、炭灰、少量陶片、少量瓷片等；厚 0.2 ~ 1.3 米，距地表 1.65 ~ 3.3 米。第 5 层自 TG2001 开始至 TG2010，后被现代公路（TG2011）打破，TG2012 中部至 TG2014 北部，被夯 8 打破，TG2024 北部至 TG2024 止，TG2025 至 TG2028 未向下发掘，不清楚地层堆积情况，总长为 210 米。第 5 层堆积呈北高南低，高差 1.5 米。自 TG2001 至 TG2008 下降了 1.38 米，从 TG2009 至 TG2012 上升了 1.4 米，自 TG2013 至 TG2024 下降了 1.52 米。该层的遗迹丰富，有 H105、H106、H107、H109、H110、H111、Z19、Z20、夯 8、TG2001—TG2008 建筑基址和 TG2015—TG2019 建筑基址。

第二节　遗　　迹

第六段探沟共发现 18 处遗迹现象，其中建筑基址 2 处、夯土 1 段、灰坑 13 座、灶 2 个。

一、建筑基址

第六段探沟发现 2 处建筑基址，其中 1 处位于 TG2001 ~ TG2008 中，开口于第 5a 层下，发现有 9 道石砌墙、少量铺地砖以及一条砖砌路；另一处位于 TG2015 ~ TG2019 中，开口于第 5a 层下，发现有 4 道石砌墙和少量铺地砖。

（一）TG2001—TG2008 建筑基址

TG2001—TG2008 建筑基址距地表 2.6 ~ 3.4 米，可见总长度为 80 米。地层堆积自上而下依

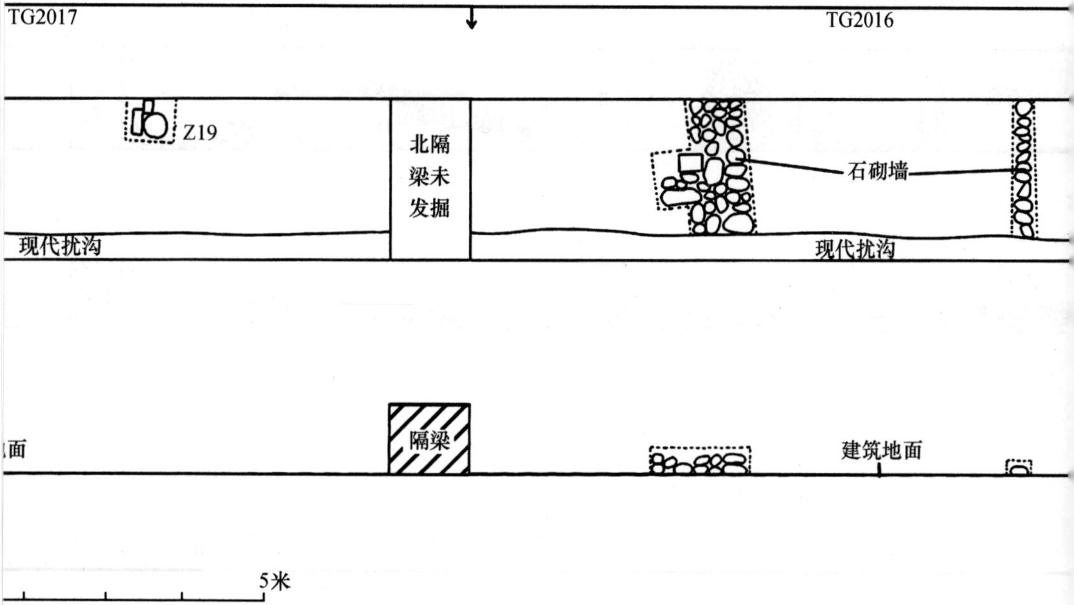

—TG2019 建筑基址平、剖面图

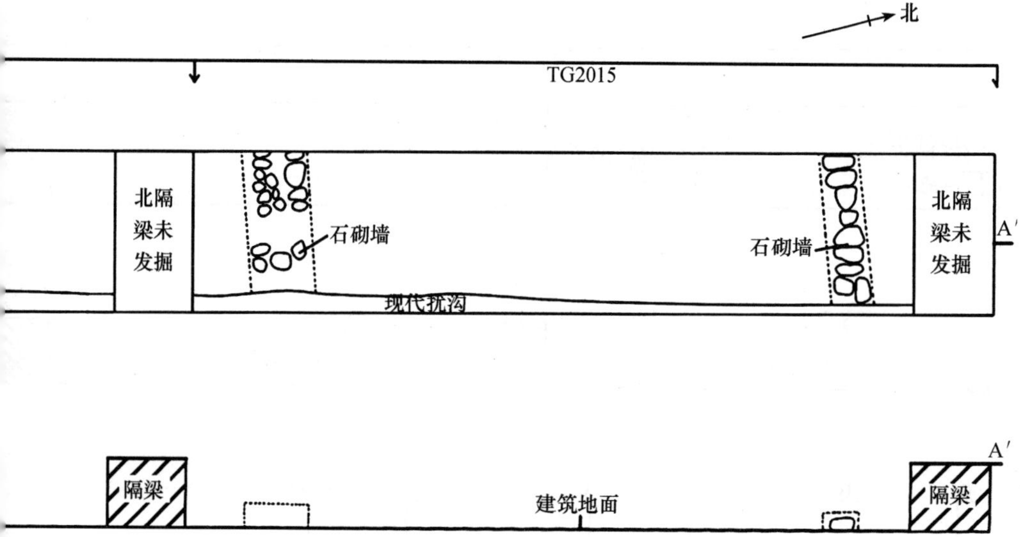

北
TG2015
北隔梁未发掘
石砌墙
石砌墙
北隔梁未发掘
A′
现代扰沟
A′
隔梁
建筑地面
隔梁

次为近现代耕土层、明清文化层、宋元文化层、晚唐五代文化层、唐代文化层，该建筑下未发掘，暂不知其情况。因发掘面积太小暂不知该建筑的方向和具体形制，仅可见有9道石砌墙和少量铺地砖以及一条砖砌路。该墙为石头垒砌，用红褐色黏土填充。自TG2001至TG2008依次为Q1～Q9。Q1位于TG2001和TG2002，南北向墙，可见残长15.5米，残高0.3米，宽0.8米，延伸至TG2002中部东壁下。Q2位于TG2001南壁与Q1垂直，东西向墙，可见残长1.5米，残高0.15米，宽0.8米，延伸至西壁下。Q3自TG2002中部开始至TG2003南部终，距Q2南侧5.8米，南北向墙，可见残长12.5米，残高0.4米，宽0.6～1米。Q4位于TG2003中部与Q3垂直，东西向墙，可见残长2米，残高0.6米，宽1米，延伸至东壁和西壁下。Q5可见自TG2005北隔梁下开始至中部偏南终，南北向墙，可见残长6.5米，残高0.2米，宽0.8米，延伸至东壁下。Q6位于TG2005南部，东西向墙，可见残长1.7米，残高0.3米，宽0.6米，延伸至东壁下。Q7位于TG2006南部，东西向墙，可见长2米，残高0.2米，宽0.6米，延伸至东壁和西壁下。Q8位于TG2008北部，东西向墙，可见残长2米，残高0.4米，宽1米，延伸至东壁和西壁下。Q9位于TG2008内与Q8垂直，南北向墙，可见残长8.8米，残高0.3米，宽1米。在Q8和Q9的东部有少量方形铺地砖。在Q7的北边有一个长方形和一个椭圆形的石砌遗迹，具体用途和形制暂不知。在TG2006的中部有一残段砖砌小路，南北向，残长2米，宽0.6米，为残砖竖向并排砌成。在砖砌路的东部有一残砖和瓦片砌成的圆形遗迹，直径0.3米。建筑基址的地面为灰黑色黏土，较杂乱。根据地层和出土遗物可知该建筑基址为唐代建筑，规模较大，因为发掘面积太小未能知其建筑布局和建筑用途，有待下一步发掘（图六九一；图版九一，2；图版九二；图版九三；图版九四，1）。

（二）TG2015—TG2019建筑基址

TG2015—TG2019建筑基址距地表2～2.5米，可见总长度为50米，该建筑整体被位于探沟东侧的现代扰沟打破。地层堆积自上而下依次为近现代耕土层、明清文化层、宋元文化层、晚唐五代文化层、唐代文化层，该建筑下未发掘，暂不知其情况。因发掘面积太小暂不知该建筑的方向和具体形制。仅可见有4道石砌墙和少量铺地砖以及2个灶址。该墙为石头垒砌，用红褐色黏土填充。自TG2015至TG2019依次为Q1～Q4。Q1位于TG2015北部，东西向墙，可见残长1.8米，残高0.2米，宽0.5米，延伸至西壁下。Q2位于TG2015南部，距Q1南侧6.3米，东西向墙，可见残长1.5米，残高0.4米，宽0.8米，延伸至西壁下。Q3位于TG2016北部，距Q2南侧3.7米，东西向墙，可见残长1.5米，残高0.2米，宽0.3米，延伸至西壁下。Q4位于TG2016南部，距Q3南侧3.3米，东西向墙，可见残长1.5米，残高0.5米，宽1米，延伸至西壁下。在TG2017、TG2018和TG2019内都发现了少量方砖错缝平砌的铺砖地面。Z19位于TG2017内，为土坑式的简单灶址。Z20位于TG2019南部，为带风道的灶址。建筑基址的地面为灰黑色黏土，较杂乱。根据地层和出土遗物可知该建筑基址为唐代建筑，规模较大，因为发掘面积太小未能知其建筑布局和建筑用途，有待下一步发掘（图六九二；图版九四，2；图版九五；图版九六）。

二、夯　　土

夯8位于TG2012南部至TG2014北部，东西向夯墙，可见长2米，宽19.5米。第4a层见夯土，被第4a层和第5a层叠压。基槽开口于第5a层下，深0.5～0.65米，北浅南深。夯8现存20层，为红褐色黏土，每层夯层厚9～15厘米，总厚度2.3米；夯窝呈圆形圜底，直径4～5厘米。夯8土质致密，厚度较均匀，层面较平整；出土标本遗物有陶盆残片、陶豆残片、筒瓦等（图六九三；图版九七）。

三、灰　　坑

数量最多的遗迹是灰坑，共12座。因为探沟发掘面积较小，大部分灰坑不完整。现将灰坑简要介绍如下。

（一）H104

H104位于TG2007中部偏北，延伸至探沟东、西壁，开口于第3a层下，打破第4a、5a层。H104平面呈不规则的长方形，剖面近梯形，坑壁呈斜坡状且粗糙，坑底较平整。H104开口距地表1.94～2.22米，南北延伸为2.5米，东西可见宽2米，深度0.9米。H104填土为黑灰褐色砂质黏土，土质疏松，内含大量的炭粒、炉渣；出土遗物有瓷碗、瓷灯盏、瓷碾钵、陶罐、陶钵、瓦当、石臼等（图六九四，1）。

（二）H105

H105位于TG2019中部，延伸至探沟西壁，开口于第5a层下。H105平面呈不规则形，剖面近梯形，坑壁较垂直且粗糙，坑底较平整。H105开口距地表2.8米，南北延伸为2.5米，东西可见宽1.3米，深度0.5～0.95米。H105填土为灰黑褐色砂质黏土，土质较疏松，呈水平状堆积；出土遗物有石杵（图六九四，2）。

（三）H106

H106位于TG2020中部偏北，延伸至探沟西壁，开口于第5a层下。H106平面呈半圆形，剖面近半椭圆形，坑壁呈坡状且粗糙，圜底状。H106开口距地表2.8米，南北可见延伸为1.35米，东西可见宽0.9米，深度约0.6米。H106填土为深灰褐色砂质黏土，土质较硬，包含少量炭粒；出土遗物有陶碗等（图六九四，3）。

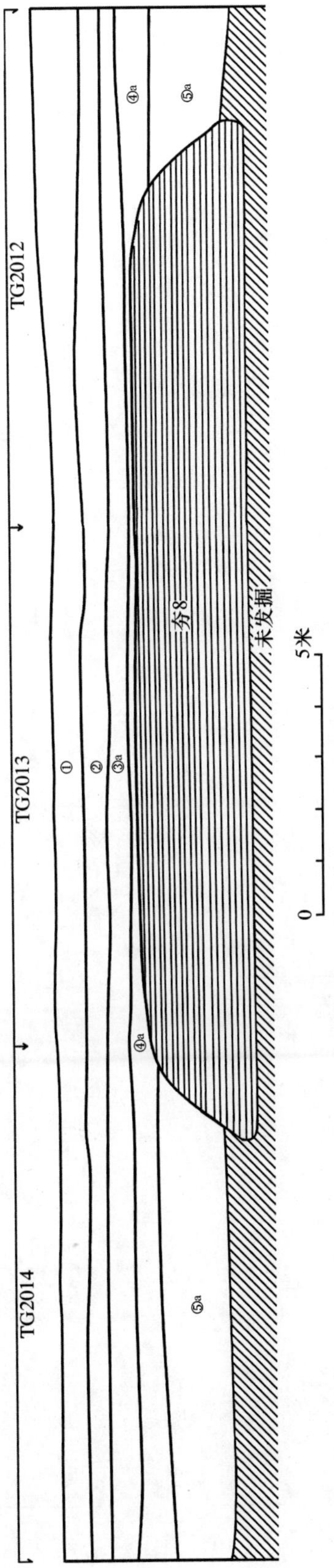

图六九三　TG2012～TG2014内夯8剖面图

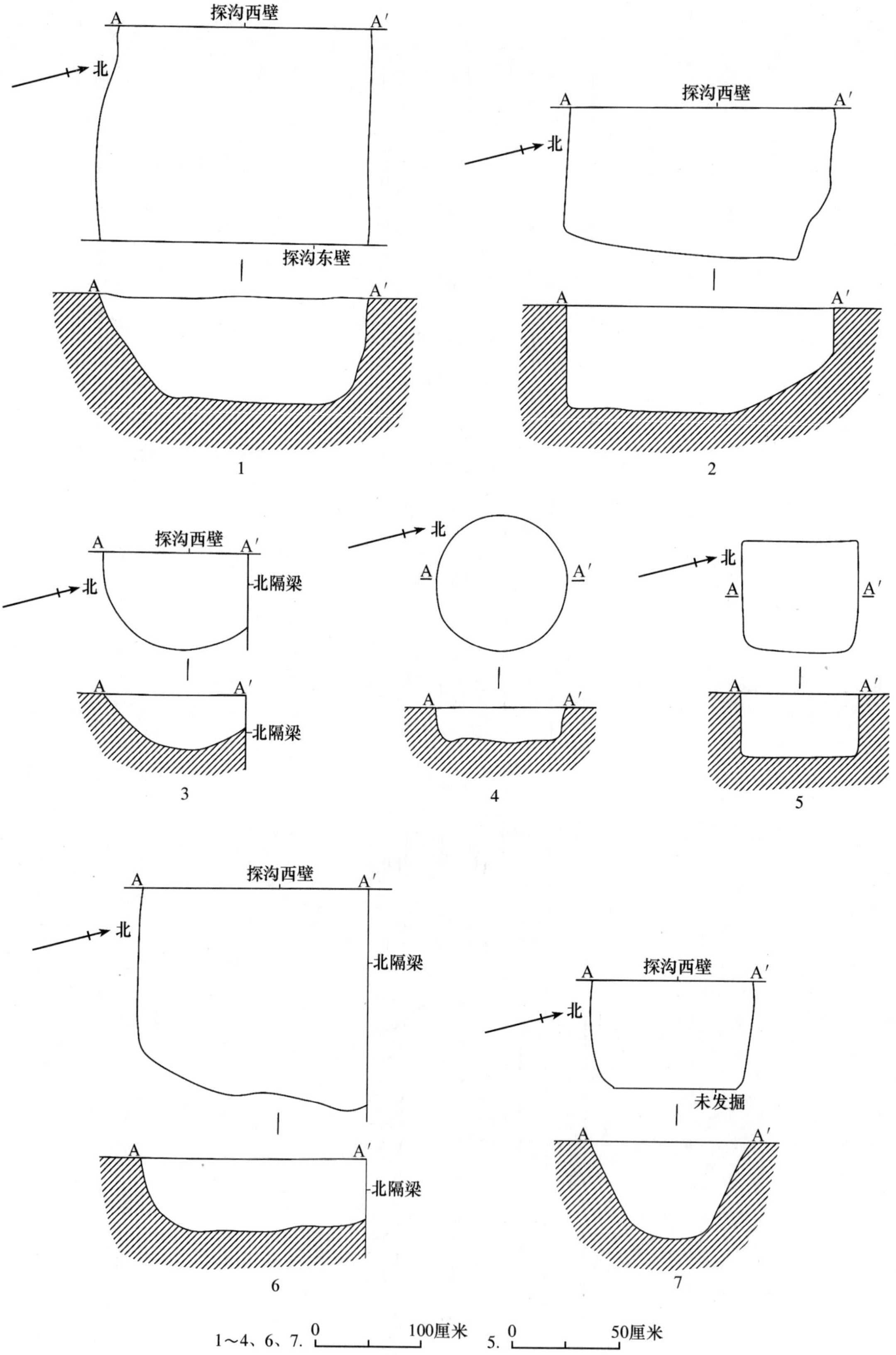

图六九四　H104～H110平、剖面图

1. H104　2. H105　3. H106　4. H107　5. H108　6. H109　7. H110

（四）H107

H107位于TG2020中部偏北，开口于第5a层下。H107平面近圆形，剖面呈不规则长方形，坑壁较垂直且粗糙，坑底较平整。H107开口距地表2.8米，南北延伸为1.2米，东西宽1.2米，深度约0.3米。H107填土为深灰褐色砂质黏土，土质较硬，包含少量炭粒；出土遗物有筒瓦（图六九四，4）。

（五）H108

H108位于TG2021中部偏北，开口于第2层，打破第2层。H108平面剖面均呈方形，坑壁较垂直且粗糙，坑底较平整。H108开口距地表0.5米，南北延伸为0.5米，东西宽0.5米，深度约0.3米。H108填土为浅灰黑色砂质黏土，土质较硬，包含少量炭粒；出土遗物有砚和瓷罐（图六九四，5）。

（六）H109

H109位于TG2021中部偏北，延伸至探沟西壁，开口于第5a层下。H109平面呈不规则形，剖面近椭圆形，坑壁呈坡状且粗糙，坑底较平整。H109开口距地表3.1米，南北可见延伸为2.18米，东西可见宽2米，深度0.65米。H109填土为黑灰色土，土质较硬；出土遗物有陶罐、陶碗和瓦当（图六九四，6）。

（七）H110

H110位于TG2021中部，延伸至探沟西壁，开口于第5a层下。H110平面呈不规则长方形，剖面呈袋状，坑壁呈坡状且粗糙，圜底状。H110开口距地表3.1米，南北延伸为1.5米，东西可见宽1米，深度0.9米。H110填土为深灰色土，土质较硬；无遗物出土（图六九四,7；图版九八，1）。

（八）H111

H111位于TG2021中部偏南，延伸至探沟西壁，开口于第5a层下。H111平面剖面均呈方形，坑壁较垂直且粗糙，坑底较平整。H111开口距地表3.2米，南北延伸为1.2米，东西可见宽0.25米，深度约0.7米。H111填土为深灰黑色砂质黏土，土质较硬，包含少量炭粒；无遗物出土（图六九五，1）。

（九）H112

H112 位于 TG2022 中部偏南，延伸至探沟西壁，开口于第 4a 层下，打破第 5a 层。H112 平面呈不规则长方形，剖面近袋状，坑壁呈坡状且粗糙，坑底较不平整。H112 开口距地表 2.8 米，南北延伸为 1.5 米，东西可见宽 1 米，深度 1.6 米。H112 填土为红灰褐色土，土质较疏松，包含碎砖瓦；出土遗物有瓷钵和板瓦（图六九五，2）。

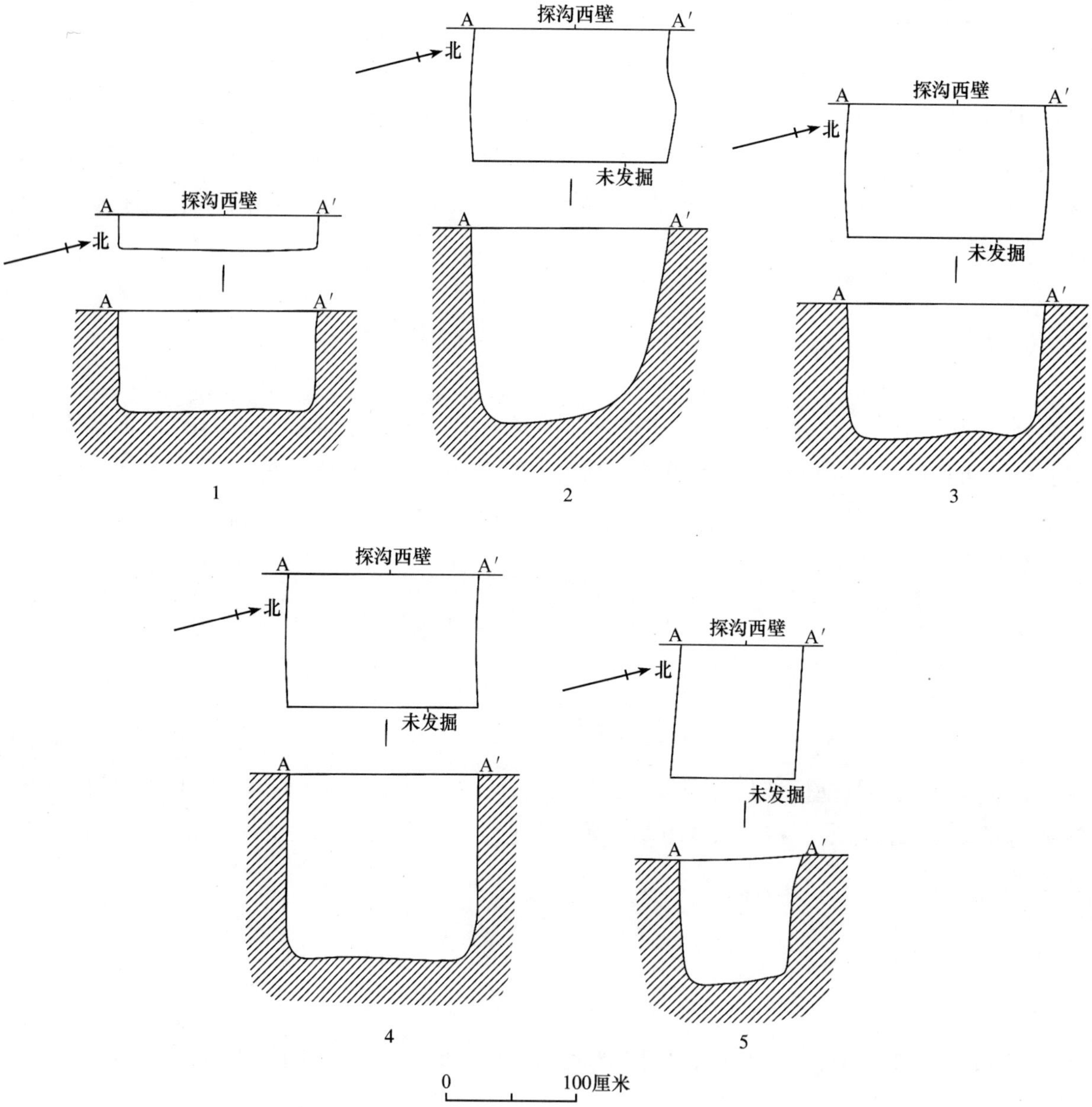

图六九五　H111 ~ H115 平、剖面图

1. H111　2. H112　3. H113　4. H114　5. H115

（一〇）H113

H113位于TG2022中部，延伸至探沟西壁，开口于第4a层下，打破第5a层。H113平面和剖面均呈不规则长方形，坑壁较垂直且粗糙，坑底较平整。H113开口距地表2.8米，南北延伸为1.5米，东西宽1米，深度1米。H113填土为黑灰色土，土质较疏松，包含碎砖瓦；无遗物出土（图六九五，3）。

（一一）H114

H114位于TG2022中部偏北，延伸至探沟西壁，开口于第4a层下，打破第5层。H114平面和剖面均呈不规则长方形，坑壁较垂直且粗糙，坑底较平整。H114开口距地表2.8米，南北延伸为1.5米，东西可见宽1米，深度1.3米。H114填土为黑灰色土，土质较疏松，包含碎砖瓦；无遗物出土（图六九五，4）。

（一二）H115

H115位于TG2023中部偏北，延伸至探沟西壁，开口于第4a层下，打破第5层。H115平面近不规则方形，剖面呈不规则长方形，坑壁较垂直且粗糙，坑底较平整。H115开口距地表3米，南北延伸为0.9米，东西可见宽1米，深度0.9米。H115填土为黑褐色土，土质较疏松，包含瓦片；出土遗物有瓷碗、陶钵、瓦当和板瓦等（图六九五，5）。

四、灶　址

灶址在第六段探沟内发现2处，现分别概述如下。

（一）Z19

Z19位于TG2017北部，开口于第5a层。灶口近圆形，灶膛呈袋状，底部较平整，灶口周围残存平铺残砖2块，周围有一圈红烧土。Z19距地表3.25米，南北延伸0.75米，东西可见宽0.65米，灶口口径约0.3米，灶深0.45米。Z19内充满炉渣，结构松散，内含大量炭粒和红烧土粒；无遗物出土（图六九六，1；图版九八，2）。

（二）Z20

Z20位于TG2019南部，延伸至探沟南部，开口于第5a层，打破H105。Z20由灶膛和风

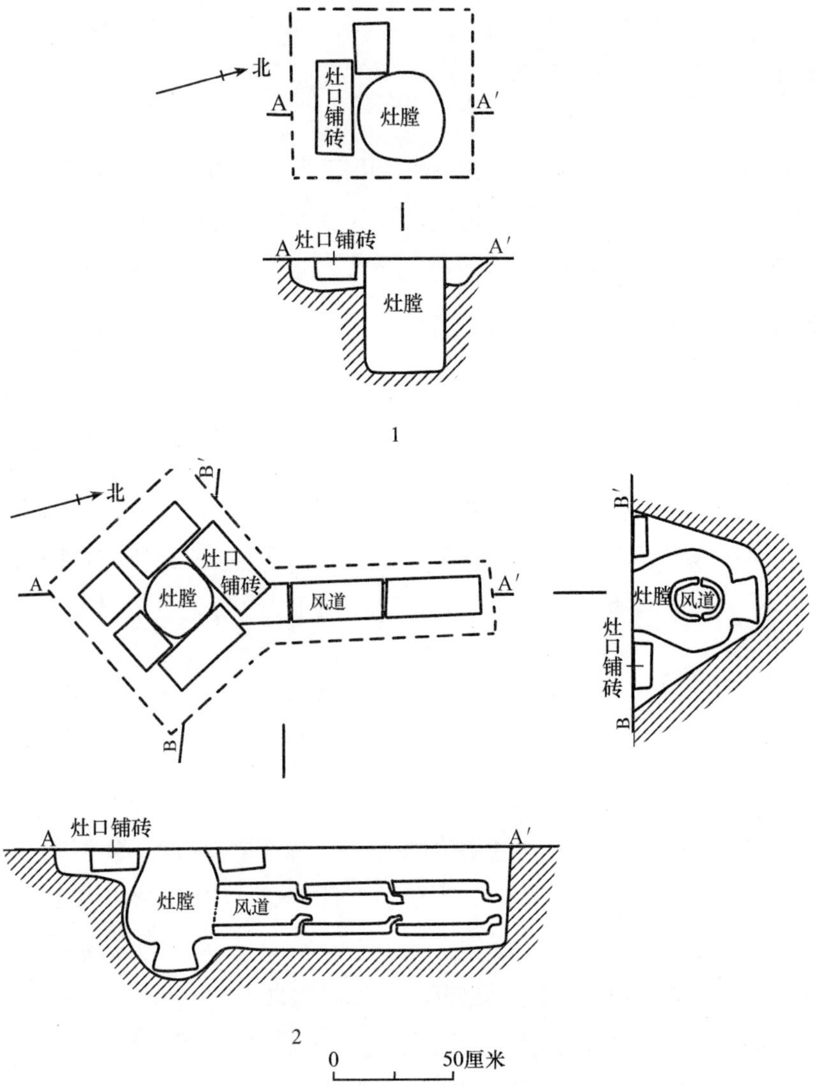

图六九六　Z19、Z20平、剖面图

1. Z19　2. Z20

道两部分组成，灶膛为一无底倒置陶罐，灶口近圆形，周围平铺长方形砖，周围有一圈红烧土；风道位于铺砖下方，连接灶膛，由6块两两相扣的筒瓦组成。Z22距地表2.5米，东西延伸1.8米，南北可见宽1米，灶口口径约0.25米，灶深0.55米。Z20内充满炉渣，结构松散，内含大量炭粒和红烧土粒；无遗物出土（图六九六，2）。

第三节　遗　　物

本段探沟出土遗物比较丰富，有建筑构件、陶器、瓷器、釉陶器、三彩器等。共出土标本遗物192件，其中出土东周、汉代标本遗物17件，北朝至五代标本遗物154件，宋至清代标本遗物21件。

一、东周、汉代遗物

共出土标本遗物17件。其中建筑构件1件、陶器16件。

（一）建筑构件

Bc型　共1件。

标本TG2012⑤a：1，瓦当，残存二分之一。泥质灰陶，模制，制作规整。主题纹饰为乳钉卷云纹。边轮较宽且高出内圈乳钉纹饰0.3厘米，边轮内由1条单线弦纹将圆当括成内、外两个圆圈。内圈中心饰高凸的乳钉纹；外圈由四个连接边轮和弦纹的单线界格将外圈分为四个扇面，每个扇面内饰一朵蘑菇状云纹，云纹由边轮开始，自上而下向内卷曲。云纹构图较简单，迂曲部分断笔，云纹卷曲部分较小，呈平顶状；背面素面，较平。面径14、厚2.5～4、边轮宽2～2.2厘米（图六九七；图版九九，1）。

（二）陶器

共出土标本遗物16件，其中有陶罐2件、陶盆5件、陶瓮1件、陶豆3件、陶鬲2件、陶甑2件和陶鼎1件。

1. 陶罐

共2件。尖圆唇，侈口，短颈，圆肩。

标本TG2021H109：1，残。泥质灰陶。外壁饰交错斜绳纹。口径17、残高6.5、厚0.6～1.3厘米（图六九八、图六九九；图版九九，2）。

标本TG2008⑤a：1，残。泥质红陶。内壁有明显的拉坯痕迹，外壁饰竖向粗绳纹。口径11、残高4.5、厚0.6～0.8厘米（图七〇〇）。

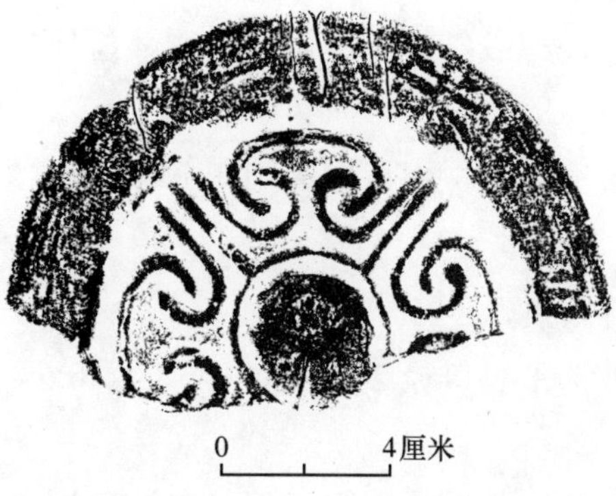

图六九七　东周、汉代Bc型瓦当（TG2012⑤a：1）纹饰拓本

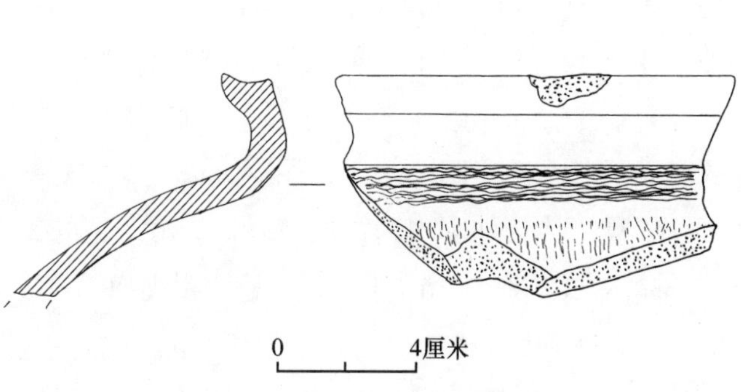

图六九八　陶罐（TG2021H109：1）

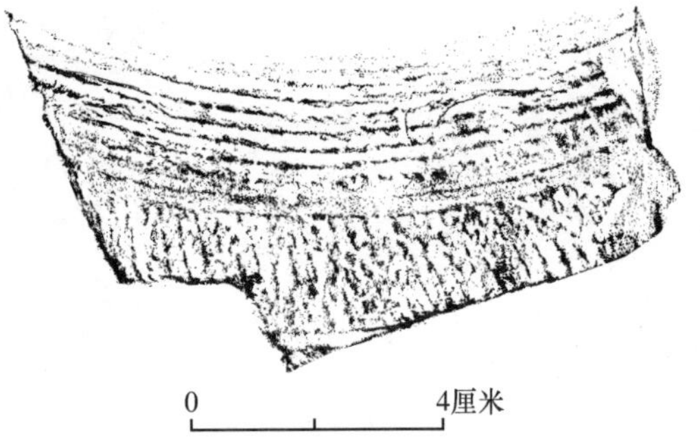

图六九九　陶罐（TG2021H109 ：1）纹饰拓本

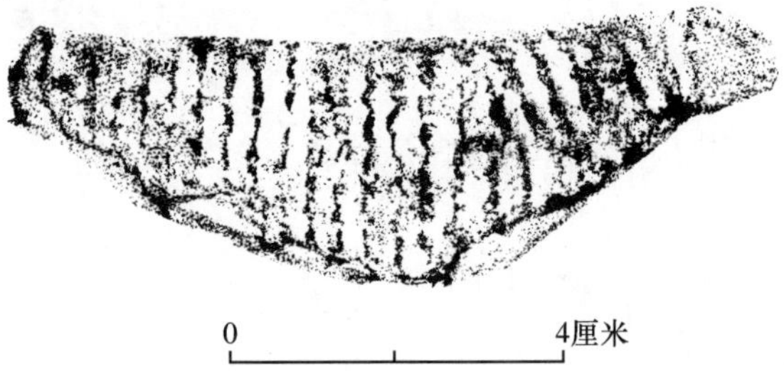

图七〇〇　陶罐（TG2008 ⑤ a ：1）纹饰拓本

2. 陶盆

共 5 件。

A 型　共 3 件。均为泥质灰陶。方唇，斜沿，侈口，短颈，斜腹。

标本 TG2007H104：4，残。折肩，斜弧腹。外壁饰竖向粗绳纹，有数周绳纹被抹平，内壁有明显的拉坯痕迹。口径 32、残高 11.6、厚 0.5 ~ 0.8 厘米（图七〇一、图七〇二；图版九九，3）。

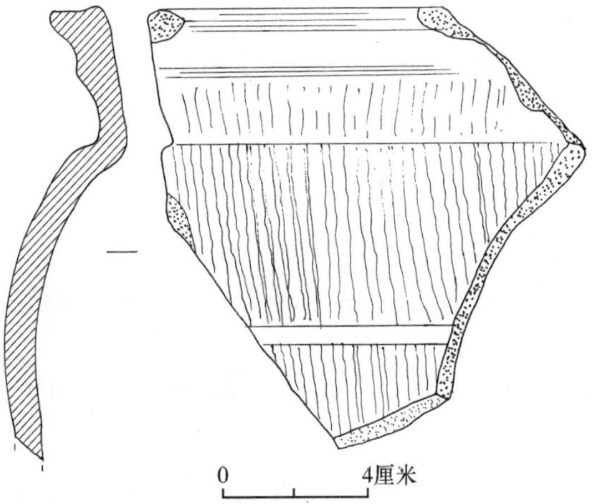

图七〇一　东周、汉代 A 型陶盆（TG2007H104 ：4）

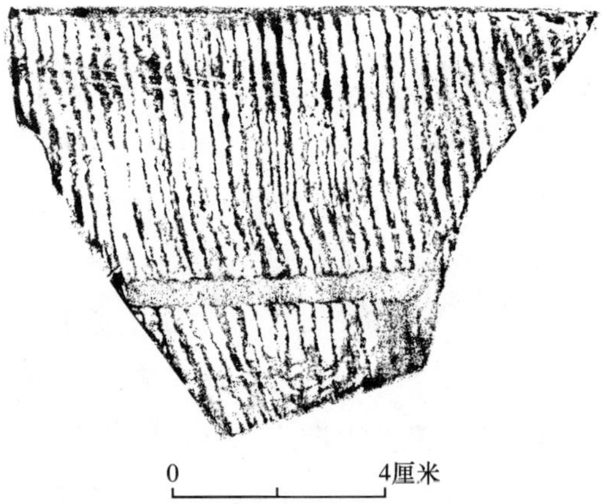

图七〇二　东周、汉代 A 型陶盆（TG2007H104 ：4）纹饰拓本

标本 TG2007 ⑤ a：2，残。斜弧腹。竖向粗绳纹，有数周绳纹被抹平，内壁有明显拉坯痕迹。口径 32、残高 9.1、厚 0.6 ~ 0.9 厘米（图七〇三）。

标本 TG2013 夯 8：1，残。外壁饰竖向细绳纹，口沿下绳纹被抹平。残高 10、厚 0.6 ~ 0.8 厘米（图七〇四、图七〇五；图版九九，4）。

C 型　共 2 件。均为泥质灰陶。方唇，卷沿，侈口，斜弧腹。

标本 TG2003 ⑤ a：1，残。竖向粗绳纹，有数周绳纹被抹平。口径 24、残高 5.7、厚 0.6 ~ 0.7 厘米（图七〇六）。

标本 TG2023 ⑤ a：3，残。泥质灰陶。方唇，卷沿，侈口。外壁饰斜向粗绳纹，有数周绳纹被抹平。口径 24、残高 7.3、厚 0.7 ~ 0.8 厘米（图七〇七；图版九九，5）。

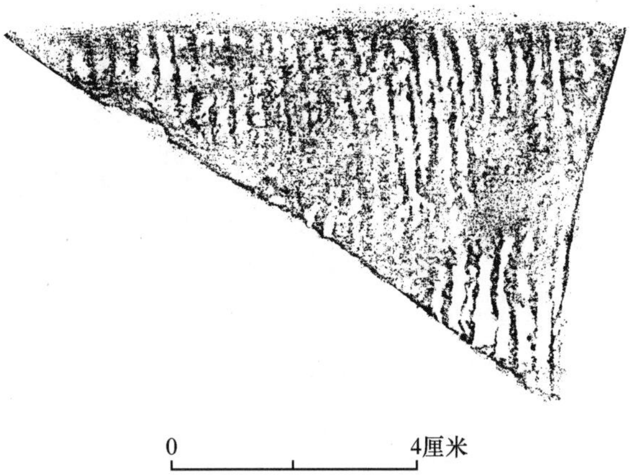

图七〇三　东周、汉代A型陶盆（TG2007⑤a：2）纹饰拓本

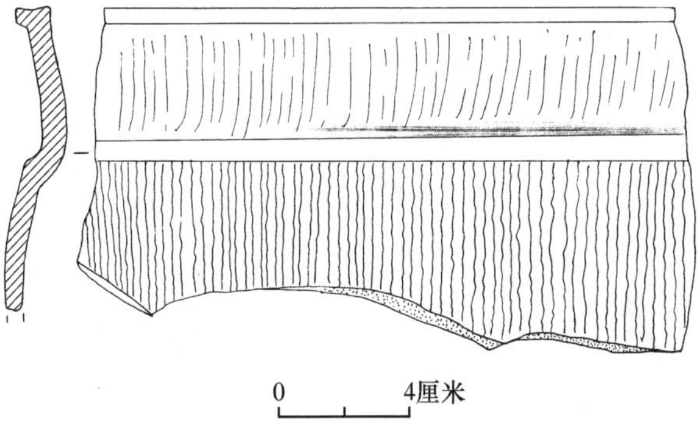

图七〇四　东周、汉代A型陶盆（TG2013夯8：1）

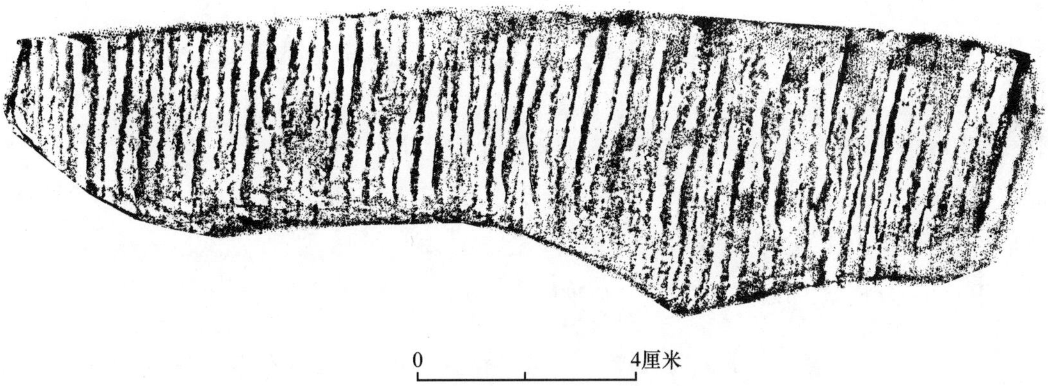

图七〇五　东周、汉代A型陶盆（TG2013夯8：1）纹饰拓本

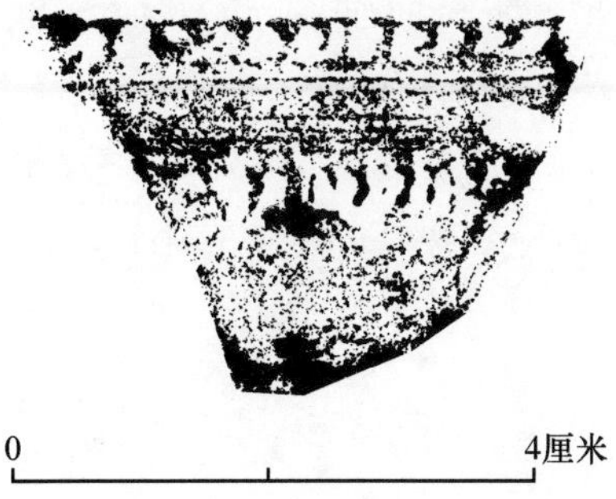

图七〇六　东周、汉代C型陶盆（TG2003⑤a：1）纹饰拓本

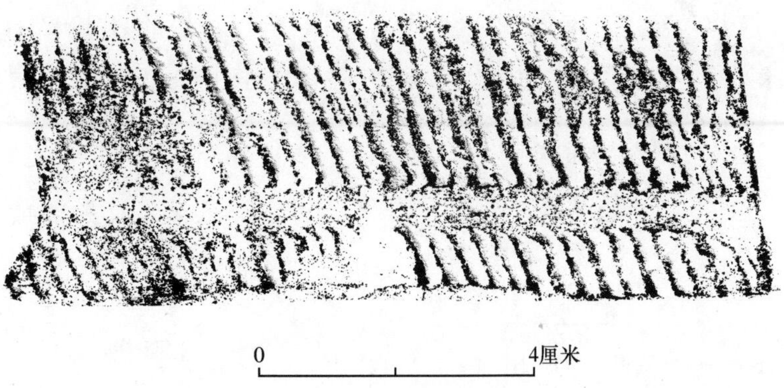

图七〇七　东周、汉代C型陶盆（TG2023⑤a：3）纹饰拓本

3. 陶瓮

A型　共1件。

标本TG2005⑤a：1，残。泥质灰陶。方唇，直口，高领，圆肩。外壁饰竖向粗绳纹。口径14、残高8.5、厚0.7～0.9厘米（图七〇八、图七〇九；图版九九，6）。

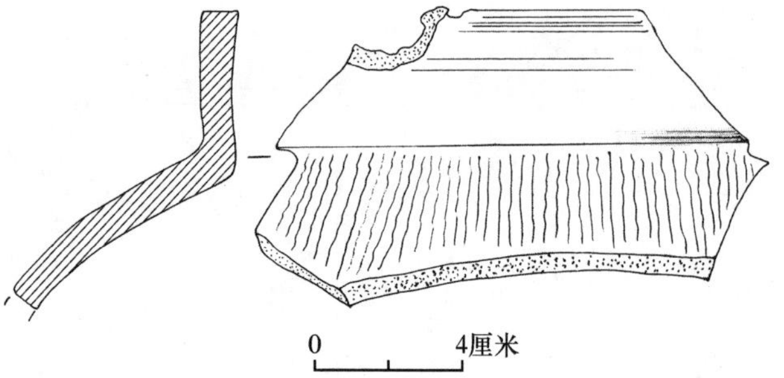

图七〇八　东周、汉代 A 型陶瓮（TG2005 ⑤ a ：1）

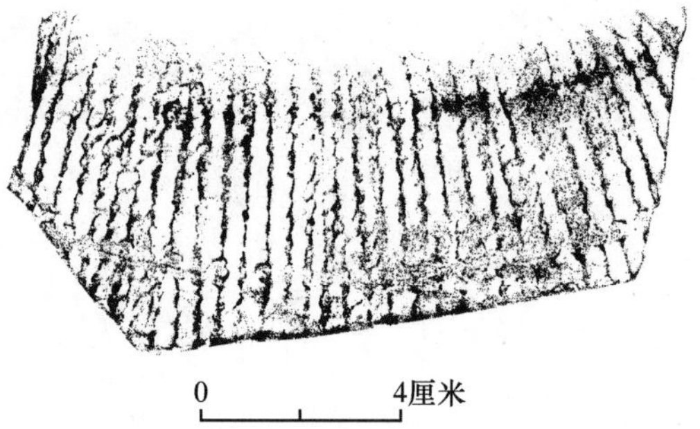

图七〇九　东周、汉代 A 型陶瓮（TG2005 ⑤ a ：1）纹饰拓本

4. 陶豆

共 3 件。

Ⅰ式　共 1 件。

标本 TG2010 ⑤ a：1，残。泥质灰陶。豆盘较深，豆柄中空且较矮，喇叭形足。底径 10、残高 7.4、厚 0.6 ~ 1.2 厘米。

Ⅱ式　共 2 件。

标本 TG2007 ⑤ a：3，残。泥质灰陶。圆唇，直口，盘身较浅，盘中有明显的拉坯痕迹，豆柄中空。口径 10、残高 10.7、厚 0.2 ~ 0.5 厘米。

标本 TG2012 夯 8：1，残。泥质灰陶。豆柄中空，喇叭形足。底径 8、残高 4.8、厚 0.7 ~ 1.1 厘米。

5. 陶鬲

共 2 件。

标本 TG2021H109：2，残。夹砂灰陶。尖唇，直口，短颈，折肩。外壁饰竖向细绳纹。口径 18、残高 5、厚 0.4 ~ 0.7 厘米（图七一〇）。

标本 TG2007 ⑤ a：5，残足。夹砂灰陶。方形柱足根。外壁饰交错粗绳纹。残高 9.8、厚 0.6 ~ 1.1 厘米。

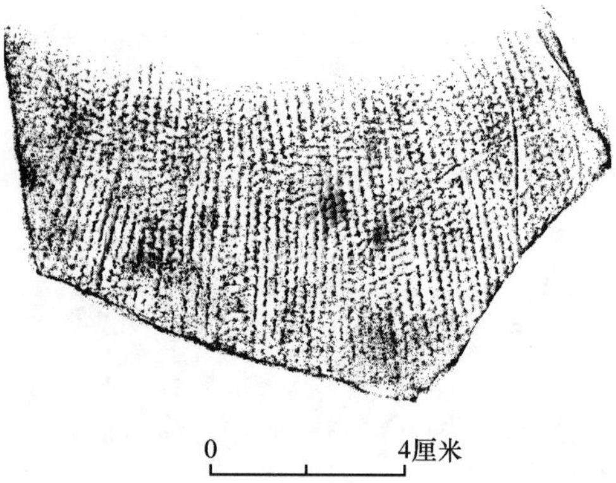

图七一〇　陶鬲（TG2021H109 ：2）纹饰拓本

6. 陶甑

共 2 件。

标本 TG2007 ⑤ a：4，残底。泥质灰陶。残留数孔。残高 3.2、厚 0.6 ~ 1.6 厘米。

标本 TG2005 ④ a：1，残底。泥质红陶。残留数孔。厚 0.7 ~ 0.8 厘米。

7. 陶鼎

共 1 件。

标本 TG2007 ⑤ a：6，残足。泥质灰陶，含少量云母。圆柱足根。残高 5.4、厚 0.3 ~ 0.6 厘米。

二、北朝至五代遗物

出土标本遗物154件，其中有建筑构件44件、陶器47件、瓷器46件、釉陶器1件、三彩器1件和其他15件。

（一）建筑构件

共出土标本遗物44件，其中有板瓦9件、筒瓦7件、瓦当23件、砖3件、脊兽1件和其他1件。

1. 板瓦

共9件。

Aa型　共2件。均为泥质灰陶，模制，制作规整。瓦体较厚，凸面素面，凹面饰布纹，下端端面上层饰单层花边，侧棱内切。

标本TG2007⑤a：11，残存近半。下端端面手捏单层斜向波浪纹花边，瓦头呈坡状上翘。深灰色。长35.2、残宽11～20.5、厚1.3～1.5厘米；切痕深0.5厘米（图七一一；图版一〇〇，1）。

标本TG2010④a：4，残存近半。下端端面手捏单层斜向波浪纹花边。凹面布纹有明显褶皱痕。浅灰色。瓦长35.2、残宽11～20.5、厚1.3～1.5厘米；切痕深0.6厘米（图七一二）。

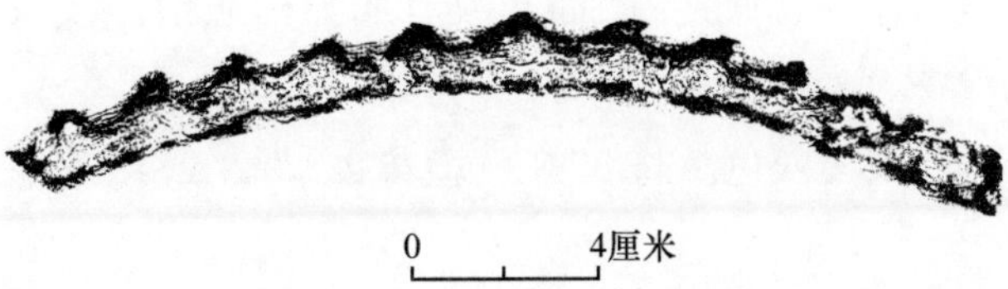

图七一一　北朝至五代Aa型板瓦（TG2007⑤a：11）端面纹饰拓本

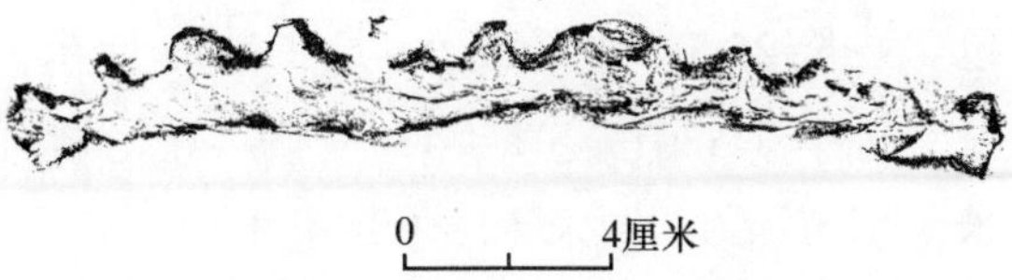

图七一二　北朝至五代Aa型板瓦（TG2010④a：4）端面纹饰拓本

Ab型　共2件。均为泥质灰陶，模制，制作规整。瓦体较厚，凸面和凹面均为青掍磨光，下端端面上层饰单层花边，侧棱内切。

标本TG2007⑤a：10，残存下端部分。下端端面手捏单层斜向波浪纹花边，花边较凸出瓦端。侧棱青掍磨光，黑灰色。残长13.5、残宽15、厚2～2.5厘米；切痕深0.5厘米（图七一三；图版一〇〇，2）。

标本TG2023H115：4，残存下端部分。下端端面手捏单层斜向波浪纹花边。深灰色。残长10、残宽9、厚1.6～2厘米（图七一四）。

Ac型　共2件。均为泥质灰陶，模制，制作规整。下端端面饰双层花边，侧棱内切。

标本TG2022H112：2，残存下端部分。下端端面手捏刀削双层斜向波浪纹和条状花边，

图七一三　北朝至五代 Ab 型板瓦
（TG2007 ⑤ a ： 10）端面纹饰拓本

图七一四　北朝至五代 Ab 型板瓦
（TG2023H115 ： 4）端面纹饰拓本

瓦头微上翘。凸面为素面；凹面饰布纹，瓦头处有宽约 5 厘米的抹平痕。深灰色。残长 12.5、残宽 10.9、厚 1.7 厘米（图七一五）。

标本 TG2023 ④ a：5，残存下端部分。下端端面手捏刀削双层斜向波浪纹和条状花边。凸面为素面，凹面饰布纹。浅灰色。残长 15.8、残宽 19.6、厚 1.2 ~ 1.5 厘米；切痕深 0.5 厘米（图七一六；图版一〇〇，3）。

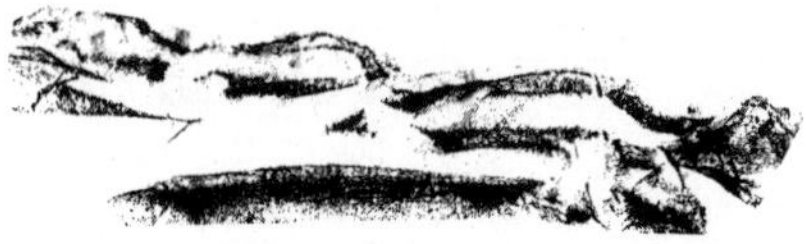

图七一五　北朝至五代 Ac 型板瓦
（TG2022H112 ： 2）端面纹饰拓本

图七一六　北朝至五代 Ac 型板瓦
（TG2023 ④ a ： 5）端面纹饰拓本

Ba 型　共 3 件，完整 2 件。均为泥质灰陶，模制，制作规整。凸面素面，凹面饰布纹，侧棱内切。

标本 TG2010 ④ a：3，残存上端部分。瓦尾端面呈圆形。凹面布纹有明显褶皱痕。浅灰色。残长 25.5、残宽 23.2、厚 1.7 ~ 2 厘米；切痕深 0.3 厘米。

标本 TG2017 ⑤ a：4，完整。瓦尾端面呈圆形。浅灰色。长 37.8、宽 25.2、厚 1.2 ~ 1.5 厘米；切痕深 0.5 厘米（图七一七）。

标本 TG2017 ⑤ a：3，完整。瓦尾端面呈圆形。凸面距瓦尾 5 厘米处有一道横向浅凹槽；凹面布纹有明显褶皱痕。浅灰色。长 36.8、宽 23.5、厚 1 ~ 1.5 厘米；切痕深 0.4 厘米（图七一八）。

2. 筒瓦

共 7 件。

A 型Ⅰ式　共 1 件。

标本 TG2005 ⑤ a：3，残存瓦端上部。泥质灰陶，黑灰色，模制。凸面青掍磨光，瓦舌呈圆弧形，坡状下斜，端面齐平且微上翘；凹面饰布纹，有明显褶皱痕。残长 30、宽 13.6、厚 1.6 ~ 2；瓦舌残长 4、宽 11、厚 1 ~ 1.4 厘米；侧棱切痕深 0.3 ~ 0.6 厘米（图七一九）。

A 型Ⅱ式　共 2 件。均为泥质灰陶，模制。凸面青掍磨光，凹面饰布纹，瓦舌较短，侧棱内切。

标本 TG2020H107：1，残存上端部分。黑灰色。瓦舌呈圆弧形，坡状下斜，端面内斜削；布纹有明显褶皱痕。残长 11、宽 12、厚 1.6 ~ 2.2 厘米；瓦舌长 2.3、残宽 9.5、厚 1 厘米；侧棱切痕深 0.2 ~ 0.4 厘米（图七二〇）。

图七一七　北朝至五代 Ba 型板瓦（TG2017⑤a：4）布纹拓本

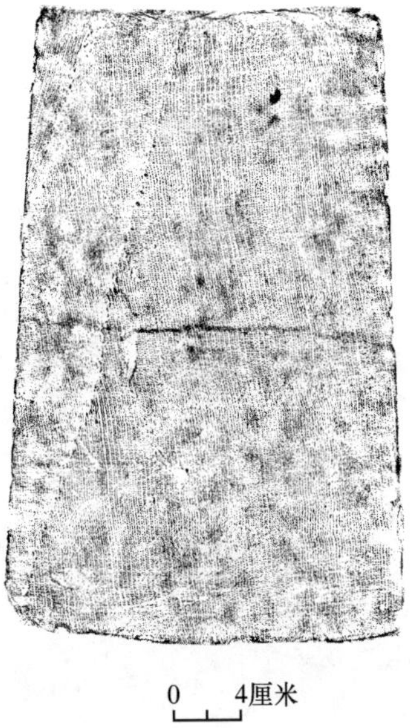

图七一八　北朝至五代 Ba 型板瓦（TG2017⑤a：3）布纹拓本

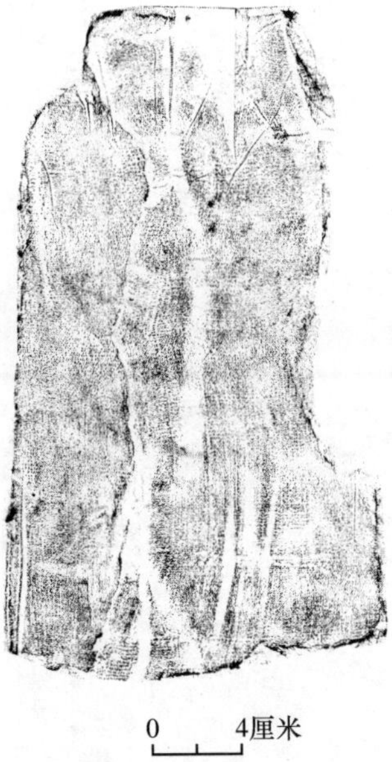

图七一九　北朝至五代 A 型Ⅰ式筒瓦（TG2005⑤a：3）布纹拓本

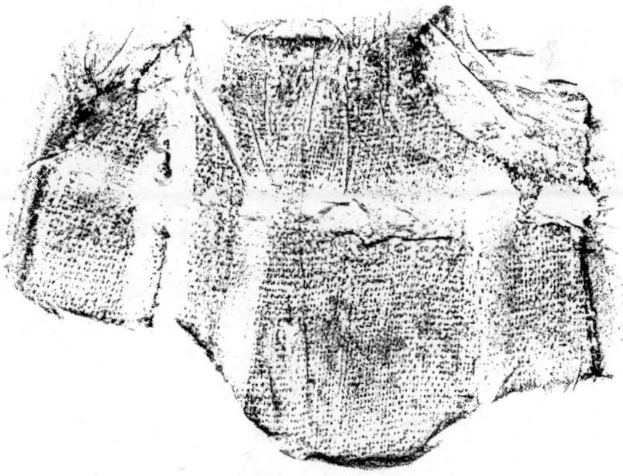

图七二〇　北朝至五代 A 型Ⅱ式筒瓦（TG2020H107：1）布纹拓本

标本 TG2020H107：2，残存上端部分。黑灰色。瓦舌呈圆弧形，坡状下斜，端面内斜削；布纹有明显褶皱痕。残长 17、宽 15、厚 2.2 ~ 2.6 厘米；瓦舌长 2.2、宽 11.5、厚 1 厘米；侧棱切痕深 0.2 ~ 0.6 厘米（图七二一）。

B 型Ⅰ式　共 4 件。均为泥质灰陶，模制。凸面素面，凹面饰布纹，瓦舌较长，侧棱内切。

标本 TG2017⑤a：2，残存上端部分。深灰色，瓦舌呈圆弧形，坡状下斜，端面内斜削；布纹有明显褶皱痕。残长 40.5、宽 13.3 ~ 13.5、厚 1.4 ~ 2.3 厘米；瓦舌长 2.7、残宽 10.5、厚 0.9 ~ 1.1 厘米；侧棱切痕深 0.5 ~ 1 厘米（图七二二）。

图七二一　北朝至五代 A 型Ⅱ式筒瓦（TG2020H107：2）布纹拓本

图七二二　北朝至五代 B 型Ⅰ式筒瓦（TG2017⑤a：2）布纹拓本

标本 TG2012 夯 8：3，残存上端部分。浅灰色，瓦舌呈圆弧形，坡状下斜，端面内斜削；布纹有明显褶皱痕。残长 32、宽 16、厚 1.3 ~ 2.5 厘米；瓦舌长 3、宽 11.8、厚 1 ~ 1.5 厘米；侧棱切痕深 0.3 ~ 1.5 厘米（图七二三）。

标本 TG2021④a：6，残存上端部分。浅灰色，瓦舌呈圆弧形，端面内斜削；布纹有明显褶皱痕。残长 21.5、宽 13.8、厚 2 ~ 2.6 厘米；瓦舌长 2.6、宽 9.5、厚 1.1 厘米；侧棱切痕深 0.2 ~ 0.9 厘米（图七二四）。

图七二三　北朝至五代 B 型Ⅰ式筒瓦（TG2012 夯 8：3）纹饰拓本

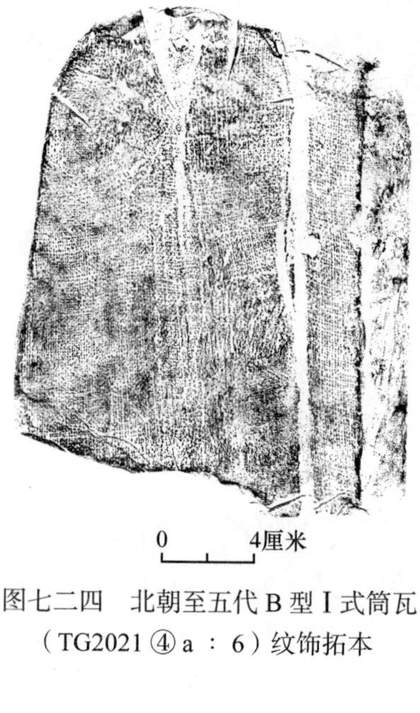

图七二四　北朝至五代 B 型Ⅰ式筒瓦（TG2021④a：6）纹饰拓本

标本TG2001⑤a：4，下端略残。深灰色，瓦舌呈圆弧形，端面内斜削；布纹有明显褶皱痕。残长36、宽13.7～14、厚1.8～2.3厘米；瓦舌长2.2、宽10.5、厚1.7～1.9厘米；侧棱切痕深0.2～1.1厘米（图七二五）。

图七二五　北朝至五代B型Ⅰ式筒瓦（TG2001⑤a：4）布纹拓本

3. 瓦当

共23件，均为莲花纹瓦当。

Ab型Ⅰ式　共1件。

标本TG2024④a：2，残存二分之一。泥质灰陶，黑灰色，模制。当面主题为宝装单瓣莲花纹，莲蓬为由短斜条凸线包裹的宝珠，莲瓣呈瘦长椭圆形，以细凸棱包裹，莲瓣间以短横条凸线间隔，边轮低于当面纹饰。边轮较宽，呈斜坡状，背面较平。面径14、边厚1.6～1.9、边轮宽1.5～2厘米（图七二六、图七二七；图版一〇〇，4）。

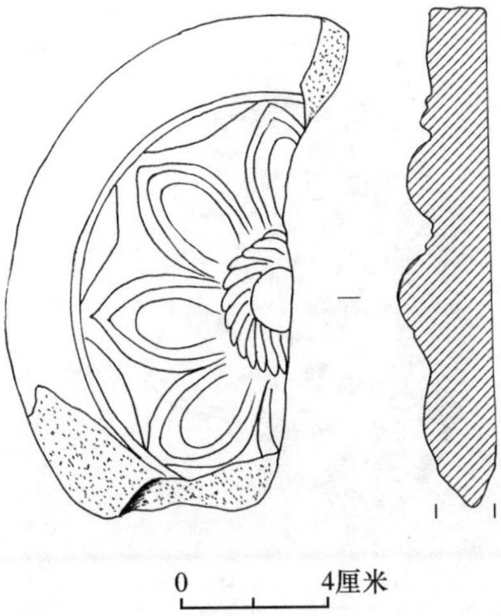

图七二六　北朝至五代Ab型Ⅰ式莲花纹瓦当（TG2024④a：2）

图七二七　北朝至五代Ab型Ⅰ式莲花纹瓦当（TG2024④a：2）纹饰拓本

Ab型Ⅱ式　共1件。

标本TG2008⑤a：5，残存四分之三。泥质灰陶，浅灰色，模制。当面主题为宝装单瓣莲花纹，莲蓬无凸台，以圆圈凸线为莲蓬界边，凸线内饰宝珠，宝珠外饰7个莲籽状纹饰，莲花共6个花瓣，莲瓣近圆形，以弧形凸棱包裹，莲瓣间以“T”字形凸棱相隔，部分莲瓣及“T”字形凸棱有压痕，莲花外饰一周凸线纹，边轮低于当面纹饰，呈斜坡状。背面不平整。面径14、边厚1.1～1.3、边轮宽1.4～2厘米（图七二八、图七二九；图版一〇〇，5）。

Ba型　共8件。均为泥质灰陶，模制。当面主题纹饰为普通单瓣莲花纹，莲蓬无凸台，以圆圈凸线为莲蓬界边，内饰宝珠和莲籽状纹饰，莲瓣呈椭圆形，莲瓣间以“T”字形或“I”字形凸棱相隔。

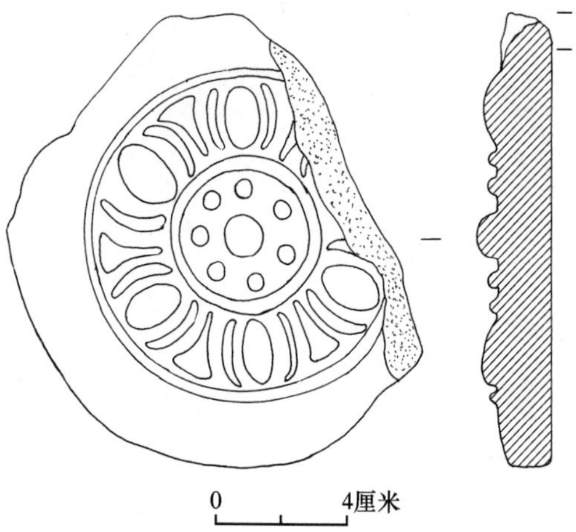

图七二八　北朝至五代 Ab 型Ⅱ式莲花纹瓦当
（TG2008⑤a：5）

图七二九　北朝至五代 Ab 型Ⅱ式莲花纹瓦当
（TG2008⑤a：5）纹饰拓本

标本 TG2020⑤a：7，残存近二分之一。黑灰色，莲蓬内饰宝珠，宝珠外饰 13 个莲籽状纹饰形，莲花共 12 个花瓣，莲瓣呈瘦长椭圆形，“T”字形凸棱较窄，当面纹饰有压痕，边轮较宽且平，背面不平整。面径 13、边厚 1.3～1.6、边轮宽 1.8 厘米（图七三〇、图七三一；图版一〇〇，6）。

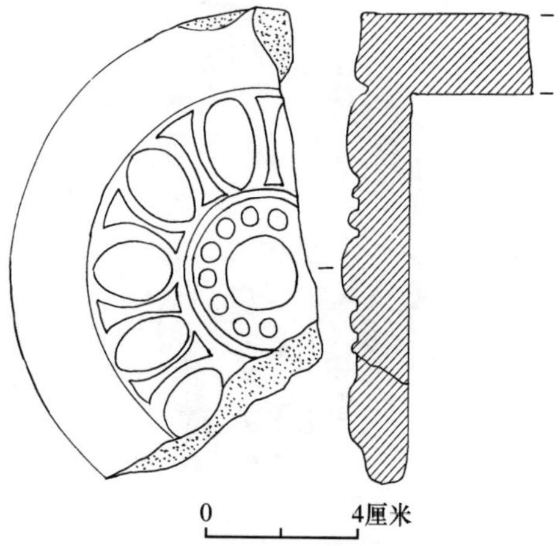

图七三〇　北朝至五代 Ba 型莲花纹瓦当
（TG2020⑤a：7）

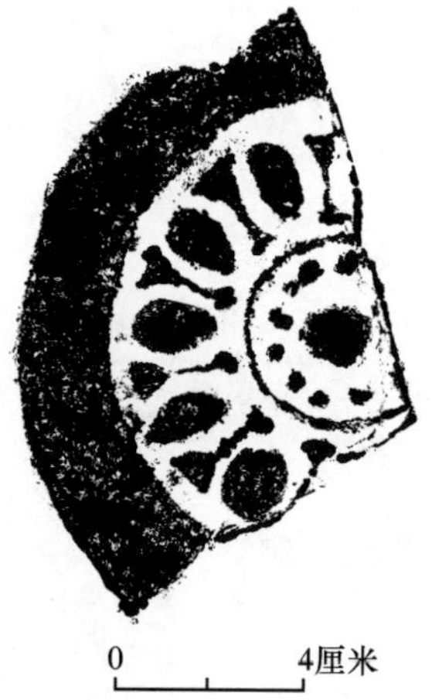

图七三一　北朝至五代 Ba 型莲花纹瓦当
（TG2020⑤a：7）纹饰拓本

标本 TG2008⑤a：4，残存二分之一。深灰色，莲蓬内饰宝珠，宝珠外饰 12 个莲籽状纹饰形，莲花共 10 个花瓣，莲瓣呈肥硕椭圆形，“T”字形凸棱较窄，当面纹饰有压痕，边轮较窄且平，背面较平整。面径 14、边厚 1.5～1.7、边轮宽 1.4～1.6 厘米（图七三二、图七三三；图版一〇一，1）。

标本 TG2021H109：5，基本完整。青灰色，莲蓬内饰宝珠，宝珠外饰 11 个莲籽状纹饰形，莲花共 11 个花瓣，“T”字形凸棱较窄，当面纹饰低于边轮，边轮较窄且平，背面较平整，与筒瓦连接处有泥刀刻划的痕迹。面径 13、边厚 1.3～1.5、边轮宽 1.3～1.5 厘米（图七三四、图七三五；图版一〇一，2）。

标本 TG2007⑤a：9，残存近三分之一。浅灰色，莲蓬内饰宝珠，宝珠外饰 12 个莲籽状

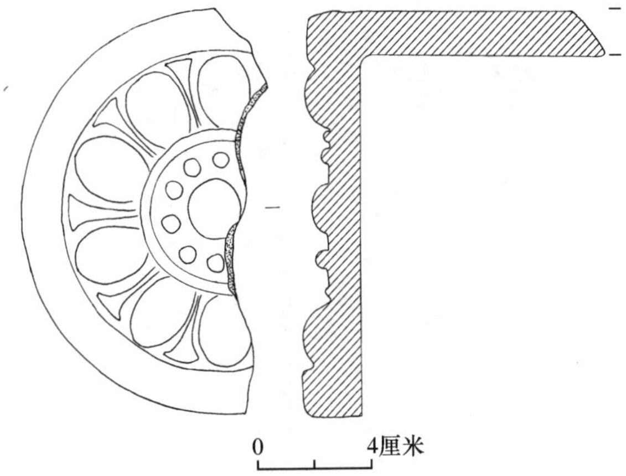

图七三二　北朝至五代 Ba 型莲花纹瓦当
（TG2008⑤a：4）

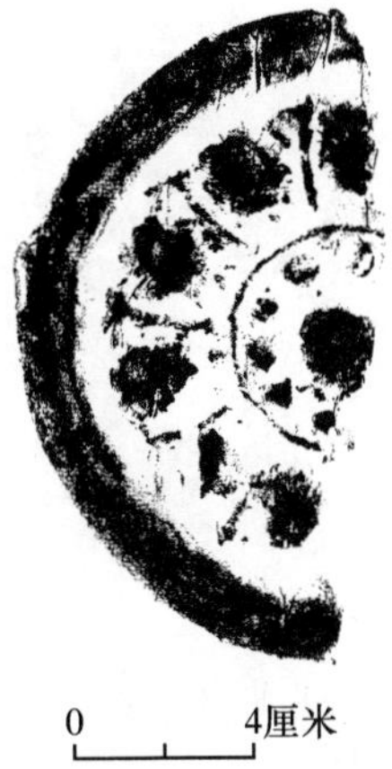

图七三三　北朝至五代 Ba 型莲花纹瓦当
（TG2008⑤a：4）纹饰拓本

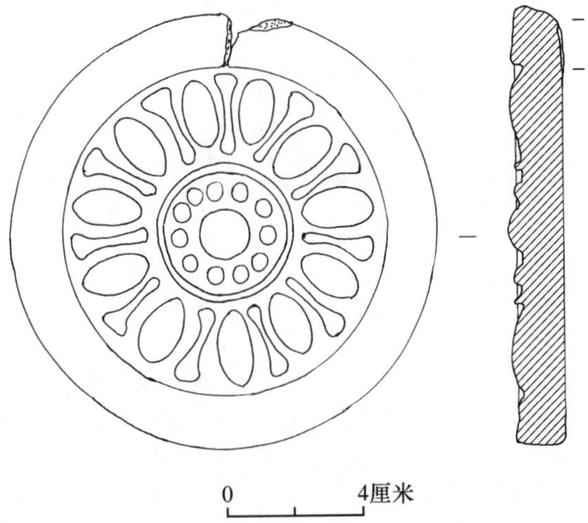

图七三四　北朝至五代 Ba 型莲花纹瓦当
（TG2021H109：5）

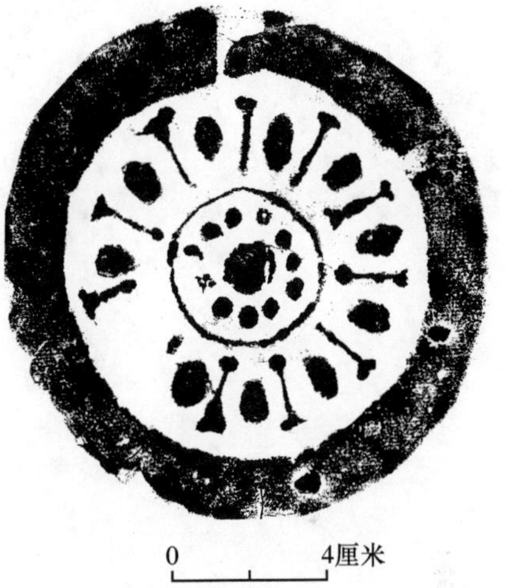

图七三五　北朝至五代 Ba 型莲花纹瓦当
（TG2021H109：5）纹饰拓本

纹饰形，莲花共 16 个花瓣，莲瓣呈肥硕椭圆形，“I”字形凸棱较窄，当面纹饰有压痕，边轮较窄且平，背面不平整，与筒瓦连接处有泥刀刻划的痕迹。面径 15、边厚 1.3 ~ 1.7、边轮宽 1.7 ~ 2.3 厘米（图七三六）。

标本 TG2020⑤a：10，残存三分之一。深灰色，莲蓬内饰圆圈凸线包裹的宝珠，宝珠外饰 16 个莲籽状纹饰形，莲花共 16 个花瓣，莲瓣呈瘦长椭圆形，“T”字形凸棱较窄，边轮较宽，呈斜坡状，背面不平整，与筒瓦连接处有泥刀刻划的痕迹。面径 14、边厚 0.5 ~ 1.6、边轮宽 2 ~ 2.4 厘米（图七三七）。

标本 TG2020⑤a：11，残存二分之一。深灰色，莲蓬内饰宝珠，宝珠外饰 12 个莲籽状纹饰形，莲花共 16 个花瓣，“I”字形凸棱较窄，当面纹饰有压痕，边轮较窄且平，背面较平整，与筒瓦连接处有泥刀刻划的痕迹。面径 13、边厚 1.5 ~ 1.7、边轮宽 1 ~ 2 厘米（图七三八）。

标本 TG2017⑤a：1，残存四分之一。深灰色，莲蓬内饰宝珠，宝珠外饰 11 个莲籽状纹饰形，莲花共 16 个花瓣，“T”字形凸棱较窄，边轮较宽且平，背面不平整。面径 13、边厚 1.2 ~ 1.3、边轮宽 1.5 ~ 1.7 厘米（图七三九）。

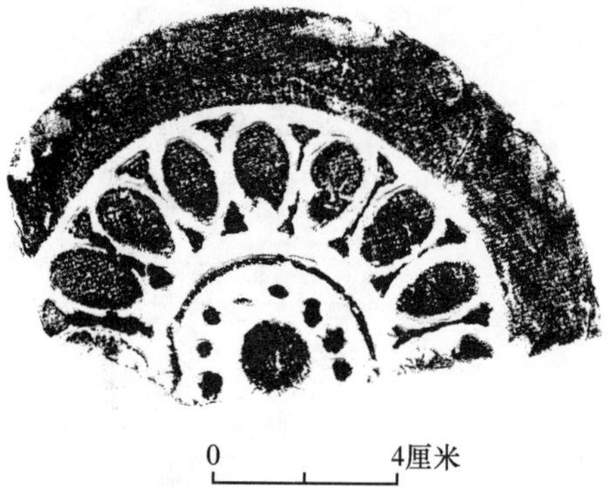

图七三六　北朝至五代 Ba 型莲花纹瓦当（TG2007⑤a：9）纹饰拓本

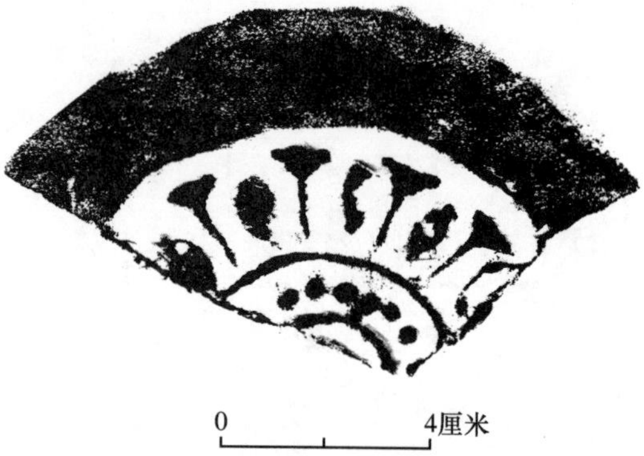

图七三七　北朝至五代 Ba 型莲花纹瓦当（TG2020⑤a：10）纹饰拓本

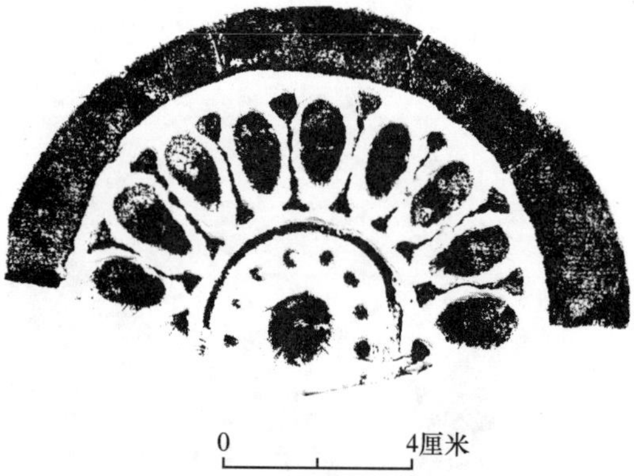

图七三八　北朝至五代 Ba 型莲花纹瓦当（TG2020⑤a：11）纹饰拓本

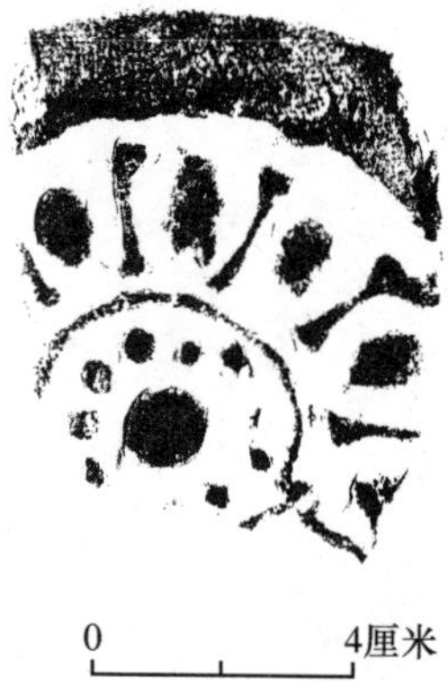

图七三九　北朝至五代 Ba 型莲花纹瓦当（TG2017⑤a：1）纹饰拓本

标本 TG2020⑤a：8，残存二分之一。浅灰色，莲蓬内饰宝珠，宝珠外饰 14 个莲籽状纹饰形，莲花共 16 个花瓣，“T”字形凸棱较窄，当面纹饰有压痕，边轮较宽，呈斜坡状，背面较平整，有泥刀刻划的痕迹。面径 13、边厚 1.2 ~ 1.8、边轮宽 2 ~ 2.3 厘米。

Bb 型Ⅰ式　共 1 件。

标本 TG2021H109：4，残存四分之一。泥质灰陶，青灰色，模制。当面主题纹饰为普通单瓣莲花纹，莲蓬凸台状，凸台较高并饰 7 个莲籽状纹饰，莲花共 8 个花瓣，花瓣呈肥硕椭圆形且中间有捏合线，呈脊状，莲瓣间以“T”字形凸棱相隔，“T”字形凸棱较细，边轮较窄且平，边轮略高于当面纹饰。背面较平整。面径 14.6、边厚 1.5 ~ 1.7、边轮宽 1.2 ~ 1.7 厘米（图七四〇、图七四一；图版一〇一，3）。

Bb 型Ⅲ式　共 6 件。均为泥质灰陶，模制。当面主题纹饰为普通单瓣莲花纹。莲蓬无凸台，以圆圈凸线为莲蓬界边，凸线内饰莲籽状纹饰，莲瓣呈椭圆形，莲瓣间以“T”字形或条状凸棱相隔。边轮低于当面纹饰，呈斜坡状。

标本 TG2018⑤a：3，残存二分之一。浅灰色，莲蓬饰 7 个莲籽状纹饰，莲花共 10 个花瓣，花瓣呈瘦长椭圆形，“T”字形凸棱较宽，莲瓣及“T”字形凸棱有压痕，边轮较宽，背面较平整。面径 14、边厚 1.1 ~ 1.4、边轮宽 1.7 ~ 1.9 厘米（图七四二、图七四三；图版一〇一，4）。

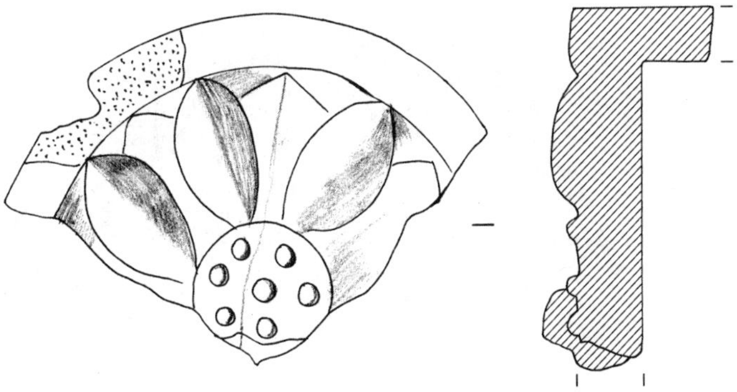

图七四〇　北朝至五代 Bb 型Ⅰ式莲花纹瓦当（TG2021H109 ：4）

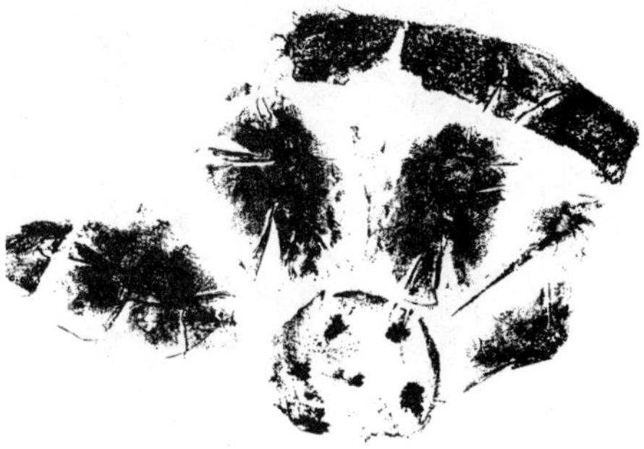

图七四一　北朝至五代 Bb 型Ⅰ式莲花纹瓦当（TG2021H109 ：4）纹饰拓本

图七四二　北朝至五代 Bb 型Ⅲ式莲花纹瓦当（TG2018⑤a ：3）

图七四三　北朝至五代 Bb 型Ⅲ式莲花纹瓦当（TG2018⑤a ：3）纹饰拓本

标本 TG2018⑤a：4，残存二分之一。浅灰色，莲蓬饰 8 个莲籽状纹饰，莲花共 10 个花瓣，花瓣呈瘦长椭圆形，花瓣间以条状凸棱相隔，边轮较宽，背面较平整，与筒瓦连接处有泥刀刻划的痕迹。面径 13、边厚 1～1.5、边轮宽 1.6～2 厘米。

标本 TG2023H115：3，残存五分之二。深灰色，莲蓬饰 8 个莲籽状纹饰，莲花共 10 个花瓣，花瓣呈椭圆形，莲瓣有压痕，“T”字形凸棱较窄，边轮较宽，背面较平整，与筒瓦连接处有泥刀刻划的痕迹。面径 11、边厚 1.3～1.6、边轮宽 1.7～2 厘米（图七四四）。

标本 TG2024⑤a：3，残存近二分之一。浅灰色，莲蓬饰 8 个莲籽状纹饰，莲花共 10 个花瓣，花瓣呈椭圆形，“T”字形凸棱较窄，边轮较宽，背面较平整。面径 11、边厚 1.5～1.6、边轮宽 1.8～2 厘米（图七四五）。

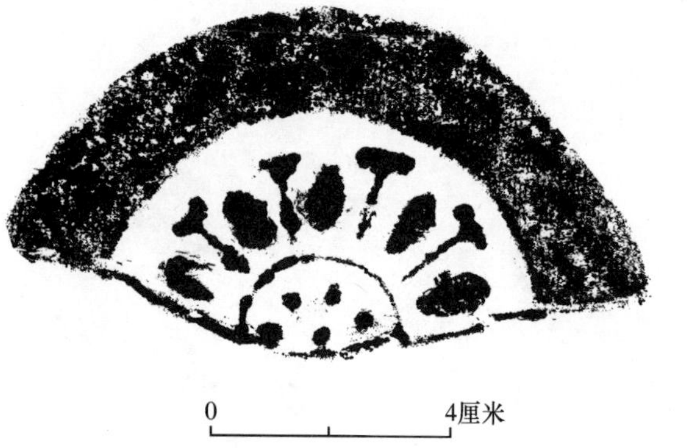

图七四四　北朝至五代 Bb 型Ⅲ式莲花纹瓦当（TG2023H115 ：3）纹饰拓本

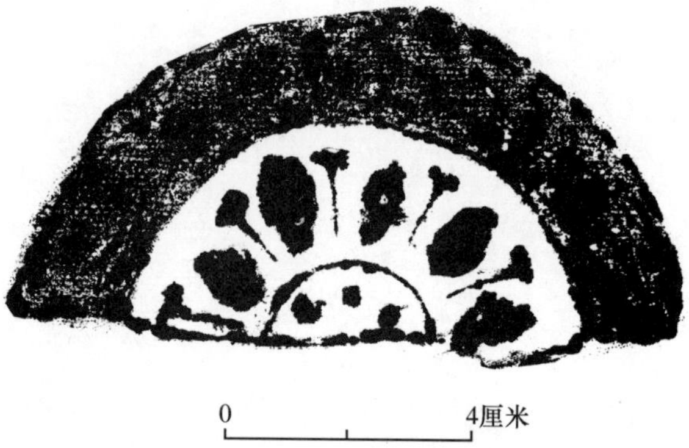

图七四五　北朝至五代 Bb 型Ⅲ式莲花纹瓦当（TG2024 ⑤ a ：3）纹饰拓本

标本 TG2020 ⑤ a：9，残存四分之三。浅灰色，莲蓬饰 8 个莲籽状纹饰，莲花共 10 个花瓣，花瓣呈瘦长椭圆形，花瓣间以条状凸棱相隔，边轮较宽，背面较平整，与筒瓦连接处有泥刀刻划的痕迹。面径 13、边厚 1～1.6、边轮宽 1.8～2 厘米（图七四六、图七四七；图版一〇一，5）。

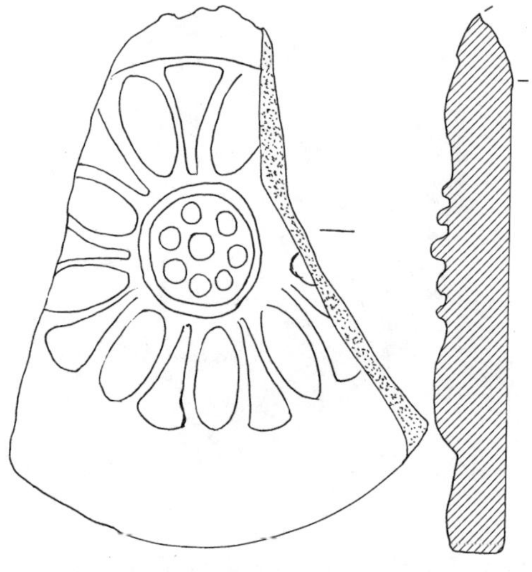

图七四六　北朝至五代 Bb 型Ⅲ式莲花纹瓦当（TG2020 ⑤ a ：9）

图七四七　北朝至五代 Bb 型Ⅲ式莲花纹瓦当（TG2020 ⑤ a ：9）纹饰拓本

标本 TG2021H109：6，残存近二分之一。浅灰色，莲蓬饰 13 个莲籽状纹饰，莲花共 12 个花瓣，花瓣呈瘦长椭圆形，“T”字形凸棱较窄，部分花瓣及“T”字形凸棱有压痕，边轮较宽且斜坡倾斜度较大，背面较平整，与筒瓦连接处有泥刀刻划的痕迹。面径 14、边厚 0.3～0.9、边轮宽 2.4～2.7 厘米。

Bc 型Ⅱ式　共 5 件。均为泥质灰陶，模制。当面主题纹饰为普通单瓣莲花纹，莲蓬无凸台，以圆圈凸线为莲蓬界边，内饰宝珠和莲籽状纹饰，或无界边，莲瓣近圆形，莲瓣间以“T”字形、“I”字形或“V”字形凸棱相隔，莲花外饰一周联珠纹。边轮低于当面纹饰，呈斜坡状。

标本 TG2021H109：7，残存五分之三。浅灰色，莲蓬无凸台，以圆圈凸线为莲蓬界边，凸线内饰宝珠，宝珠外饰 9 个莲籽状纹饰，莲花共 9 个花瓣，“V”字形凸棱较窄，边轮较宽，背面不平整，与筒瓦粘接处有泥刀刻划的痕迹。面径 13、边厚 1.1 ~ 1.3、边轮宽 1.7 ~ 1.9 厘米（图七四八、图七四九；图版一〇一，6）。

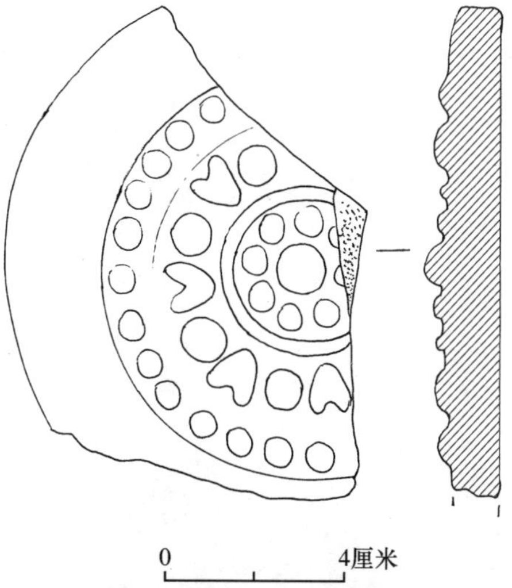

图七四八　北朝至五代 Bc 型Ⅱ式莲花纹瓦当（TG2021H109 ：7）

图七四九　北朝至五代 Bc 型Ⅱ式莲花纹瓦当（TG2021H109 ：7）纹饰拓本

标本 TG2008⑤a：6，残存四分之一。深灰色，莲蓬无凸台，以圆圈凸线为莲蓬界边，内饰莲籽状纹饰，莲花共 13 个花瓣，莲瓣间无界隔，联珠纹内外各饰一圆圈凸线纹，边轮较窄，背面不平整，与筒瓦粘接处有泥刀刻划的痕迹。面径 15、边厚 1.3 ~ 1.5、边轮宽 1.5 ~ 1.8 厘米。

标本 TG2007H104：7，残存二分之一。深灰色，莲蓬无界边，内饰圆圈凸线包裹的宝珠，宝珠外饰圆圈凸线纹，宝珠外饰 14 个莲籽状纹饰，莲花共 10 个花瓣，“I”字形凸棱较窄，边轮较宽且斜坡程度较大，背面不平整，与筒瓦粘接处有泥刀刻划的痕迹。面径 13、边厚 0.8 ~ 2、边轮宽 1.7 ~ 2.7 厘米（图七五〇）。

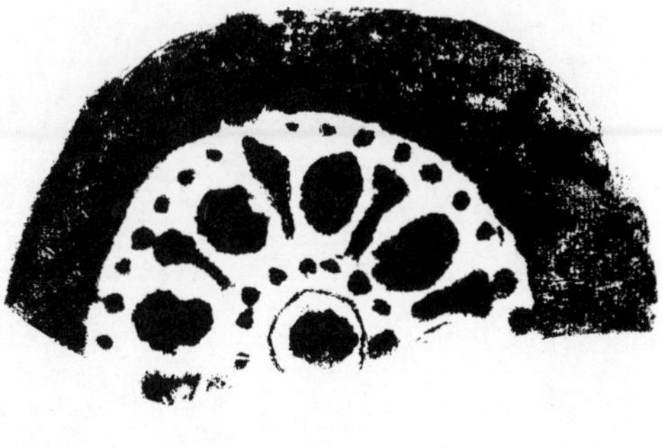

图七五〇　北朝至五代 Bc 型Ⅱ式莲花纹瓦当（TG2007H104 ：7）纹饰拓本

标本 TG2004④a：5，基本完整。浅灰色，莲蓬无凸台，以圆圈凸线为莲蓬界边，凸线内饰宝珠，宝珠外饰 9 个莲籽状纹饰，莲花共 8 个花瓣，“V”字形凸棱较小，联珠纹较大，边轮很宽，背面较平整，与筒瓦粘接处有泥刀刻划的痕迹。面径 13、边厚 1.1 ~ 1.3、边轮宽 2.2 ~ 2.7 厘米（图七五一、图七五二；图版一〇二，1）。

标本 TG2009⑤a：8，边轮略残。浅灰色，莲蓬无界边，内饰圆圈凸线包裹的宝珠，宝珠外饰圆圈凸线纹，宝珠外饰 15 个莲籽状纹饰，莲花共 8 个花瓣，“I”字形凸棱较宽，边轮较宽且斜坡程度较大，背面较平整，与筒瓦粘接处有泥刀刻划的痕迹。面径 13、边厚 0.8 ~ 1.1、边轮宽 1.5 ~ 2.3 厘米（图七五三、图七五四；图版一〇二，2）。

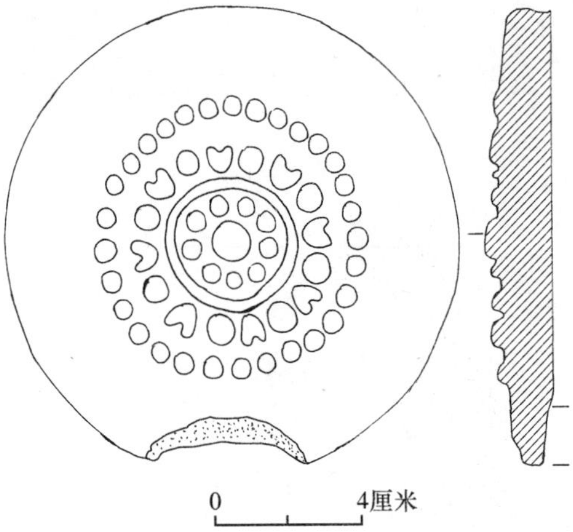

图七五一　北朝至五代 Bc 型Ⅱ式莲花纹瓦当（TG2004 ④ a ∶ 5）

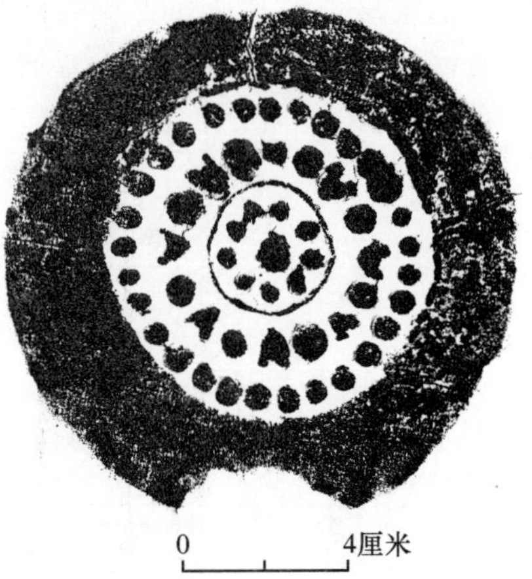

图七五二　北朝至五代 Bc 型Ⅱ式莲花纹瓦当（TG2004 ④ a ∶ 5）纹饰拓本

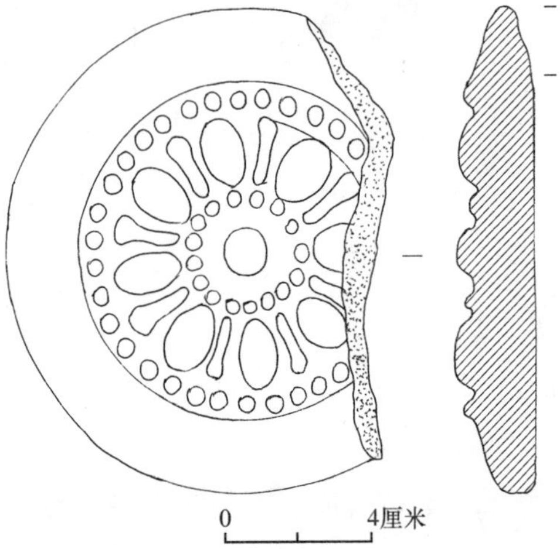

图七五三　北朝至五代 Bc 型Ⅱ式莲花纹瓦当（TG2009 ⑤ a ∶ 8）

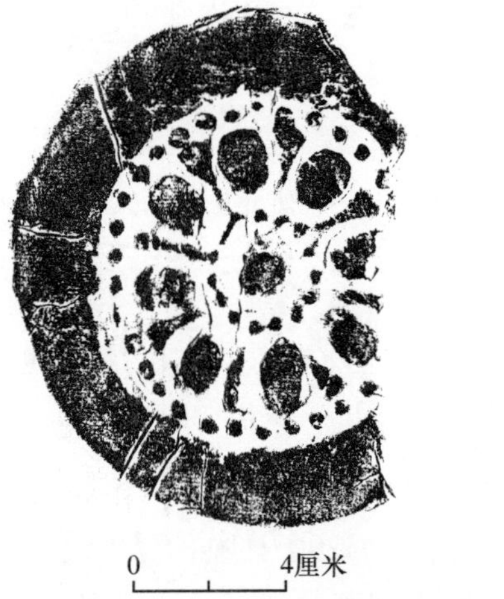

图七五四　北朝至五代 Bc 型Ⅱ式莲花纹瓦当（TG2009 ⑤ a ∶ 8）纹饰拓本

E 型　共 1 件。

标本 TG2008 ⑤ a∶7，残存四分之一。泥质灰陶，浅灰色，模制。当面主题纹饰为普通单瓣莲花纹，莲蓬无凸台，以圆圈凸线为莲蓬界边，凸线内饰 17 个莲籽状纹饰，花瓣呈圆珠形，上下两层，莲花纹外饰两周凸线纹，边轮较宽，背面较平整。面径 13、边厚 1.7、边轮宽 2 ~ 2.3 厘米（图七五五、图七五六；图版一〇二，3）。

4. 砖

共 3 件。

（1）长方形砖

A 型　共 1 件。

标本 TG2022 ⑤ a∶1，残存三分之二。泥质灰陶，模制，制作较规整。砖边齐平，砖体厚大。除背面饰绳纹外其余皆素面，绳纹较粗，绳径 0.3 ~ 0.5 厘米，绳纹不规则，斜向。泥胎含

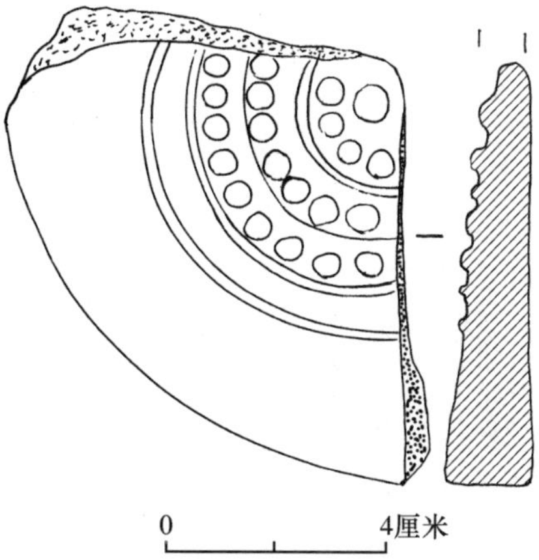

图七五五　北朝至五代 Bc 型Ⅱ式莲花纹瓦当（TG2008⑤a：7）

图七五六　北朝至五代 Bc 型Ⅱ式莲花纹瓦当（TG2008⑤a：7）纹饰拓本

少量细砂粒和小石子，胎色青灰偏白，砖体有粉状侵蚀现象。残长 21.5、残宽 16.8、厚 5.5～6 厘米（图七五七）。

（2）雕刻砖

共 1 件。

标本 TG2006⑤a：1，完整。泥质灰陶。呈“凸”字形，背面饰竖向绳纹，残长 16.2～16.4、残宽 4.5～17.8、厚 5～5.2 厘米（图七五八；图版一〇二，4）。

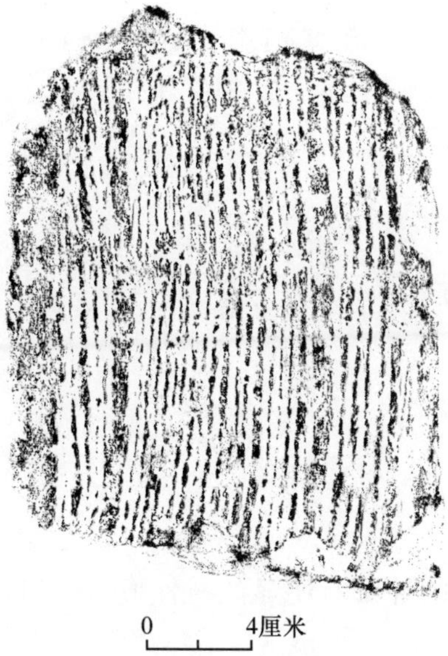

图七五七　北朝至五代 A 型长方形砖（TG2022⑤a：1）拓本

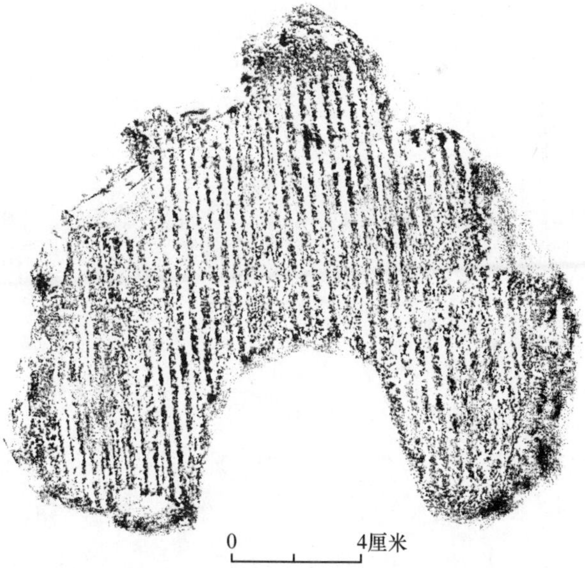

图七五八　雕刻砖（TG2006⑤a：1）拓本

（3）门窝砖

共 1 件。

标本 TG2007⑤a：12，完整。扁圆形，平面有一圜形圆窝，底部呈圜底。直径 9、厚 3 厘米。中间的窝直径 5、深 2 厘米（图版一〇二，5）。

5. 脊兽

共 1 件。

标本 TG2024 ④ a：3，残块。残长 15.1、残宽 11.2、残高 11.5 厘米（图七五九）。

6. 其他

共 1 件。

标本 TG2001 ⑤ a：5，建筑构件，残。泥质灰陶。青灰色，表面饰两块椭圆形凸起，间杂两道弦纹。凸起间距 1.2 厘米，弦纹间距 2.3 厘米，凸起高 0.5 厘米。残长 6.7、残宽 5.1、高 3.9 厘米（图七六〇）。

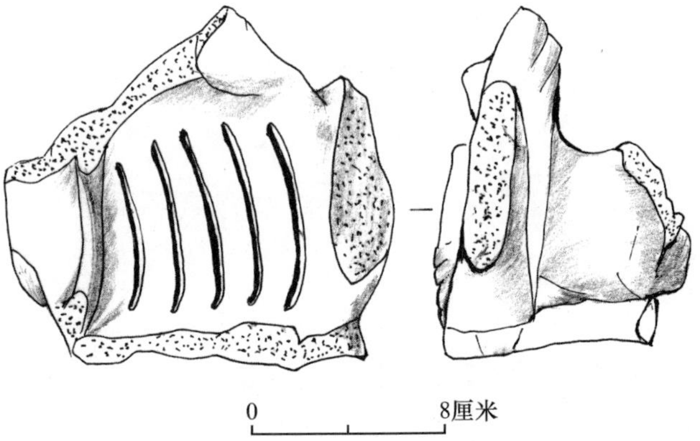

图七五九　脊兽（TG2024 ④ a ： 3）

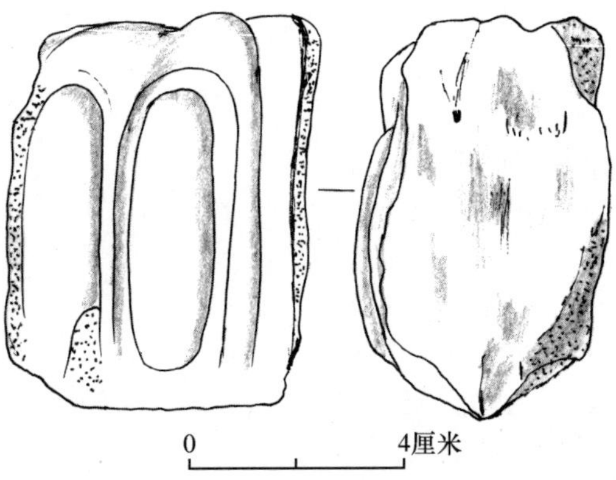

图七六〇　建筑构件（TG2001 ⑤ a ： 5）

（二）陶器

共出土标本遗物 47 件，其中有陶罐 5 件、陶盆 18 件、陶瓮 2 件、陶钵 4 件、陶碗 6 件、陶盒 1 件、陶砚 1 件、陶支钉 2 件、陶纺轮 5 件和陶片 3 件。

1. 陶罐

共 5 件。

B 型Ⅱ式　共 3 件。均为泥质灰陶。侈口，长颈。

标本 TG2021 ④ a：3，残。方唇，外折平沿，圆肩。内外壁有明显的拉坯痕迹。口径 11、残高 6.2、厚 0.5 ~ 0.8 厘米（图版一〇二，6）。

标本 TG2018 ⑤ a：2，残。方唇，外折平沿。内外壁有明显的拉坯痕迹。口径 15、残高 5.2、厚 0.6 ~ 1 厘米。

标本 TG2004 ⑤ a：1，残。圆唇，卷沿。内壁饰暗弦纹。口径 11、残高 5.7、厚 0.4 ~ 0.9 厘米。

C 型　共 2 件。均为泥质灰陶。圆唇，卷沿，敞口，束颈，鼓腹。

标本 TG2001 ④ a：1，残。内外壁有明显的拉坯痕迹。口径 8、残高 6.5、厚 0.4 ~ 0.7 厘米（图版一〇二，7）。

标本 TG2021 ④ a：4，残。口径 12、残高 4、厚 0.4 ~ 0.6 厘米。

2. 陶盆

共 18 件。

A 型Ⅰ式 共 3 件。均为泥质灰陶。方唇，外折窄平沿，侈口。

标本 TG2020 ⑤ a：4，残。沿上有一周宽凹槽。残高 8.8、厚 2.2 ~ 3.2 厘米（图版一〇三，1）。

标本 TG2022 ④ a：2，残。口缘凸起一周凸棱。残高 7.5、厚 0.5 ~ 2 厘米。

标本 TG2024 ⑤ a：1，残。内壁饰暗弦纹，外壁有明显的拉坯痕迹。残高 9.1、厚 0.7 ~ 1.6 厘米。

A 型Ⅱ式 共 2 件。均为泥质灰陶。外折宽平沿，侈口，口缘向上翘起呈凸棱状，斜腹。

标本 TG2013 夯 8：3，残。方唇。内壁饰数周带状斜“回”纹和凹弦纹。残高 9.8、厚 0.6 ~ 1 厘米（图七六一）。

标本 TG2002 ⑤ a：6，残。圆唇。内壁饰数周带状斜“回”纹，两组纹饰相接的部分被抹平。残高 8.5、厚 0.6 ~ 1.5 厘米（图七六二；图版一〇三，2）。

图七六一 北朝至五代 A 型Ⅱ式陶盆（TG2013 夯 8 ∶ 3）纹饰拓本

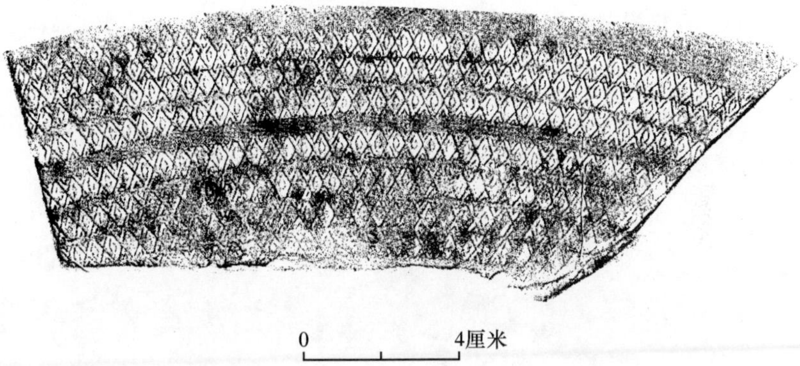

图七六二 北朝至五代 A 型Ⅱ式陶盆（TG2002 ⑤ a ∶ 6）纹饰拓本

B 型Ⅰ式 共 4 件。均为泥质灰陶。坡折沿，侈口。

标本 TG2013 夯 8：2，残。方唇，弧腹。内壁饰数周带状框形凸线交叉纹，两组纹饰相接的部分被抹平。口径 11、残高 6.2、厚 0.5 ~ 0.8 厘米（图七六三；图版一〇三，3）。

标本 TG2010 ⑤ a：2，残。方唇，弧腹。内壁饰数周带状多层菱形纹，两组纹饰相接的部分被抹平。口径 27、残高 4.7、厚 0.6 ~ 1 厘米。

标本 TG2018 ⑤ a：1，残。斜方唇，斜腹。内壁饰暗弦纹。口径 50、残高 7.5、厚 0.6 ~ 1.1 厘米。

标本 TG2023 ④ a：3，残。斜方唇，斜腹。内壁饰暗弦纹，外壁饰有瓦棱纹。口径 40、残高 8.2、厚 0.5 ~ 1.2 厘米。

D 型Ⅱ式　共 4 件。均为泥质灰陶。尖圆唇，卷沿，敛口，弧腹。

标本 TG2019 ⑤ a：2，可复原。平底。内壁饰暗弦纹。口径 28、底径 18、高 8.7、厚 0.6 ~ 1.1 厘米（图七六四；图版一〇三，4）。

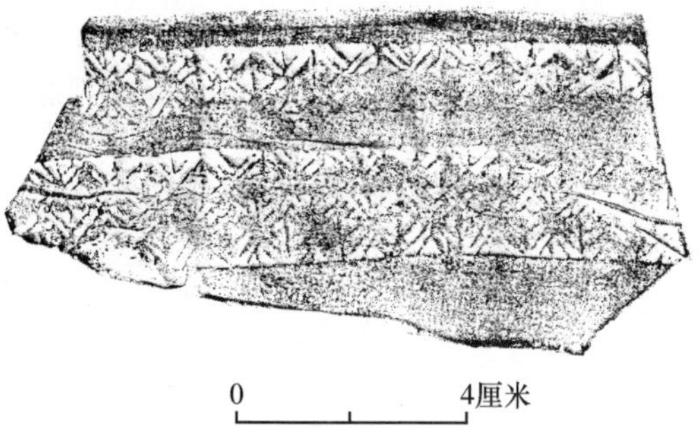

图七六三　北朝至五代 B 型Ⅰ式陶盆（TG2013 夯 8 ：2）纹饰拓本

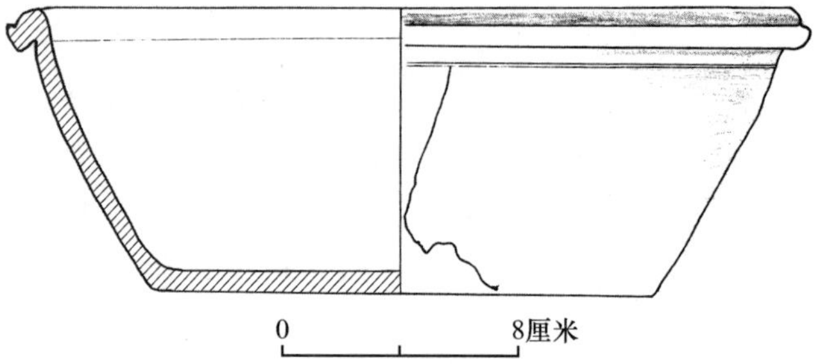

图七六四　北朝至五代 D 型Ⅱ式陶盆（TG2019 ⑤ a ：2）

标本 TG2020 ⑤ a：3，残。内壁饰暗弦纹，外壁饰瓦棱纹。口径 32、残高 8.7、厚 0.5 ~ 0.7 厘米。

标本 TG2005 ⑤ a：2，残。内壁饰暗弦纹，外壁有明显的拉坯痕迹。口径 29、残高 8.5、厚 0.6 ~ 1.5 厘米。

标本 TG2014 ⑤ a：1，残。内壁饰暗弦纹。口径 26、残高 5.8、厚 0.5 ~ 1 厘米。

E 型　共 1 件。

标本 TG2021 ⑤ a：6，残。泥质灰陶。尖圆唇，外折沿，敛口。沿上饰有两周锯齿纹，外壁饰瓦棱纹。口径 12、残高 6.8、厚 0.5 ~ 1.5 厘米（图七六五；图版一〇三，5）。

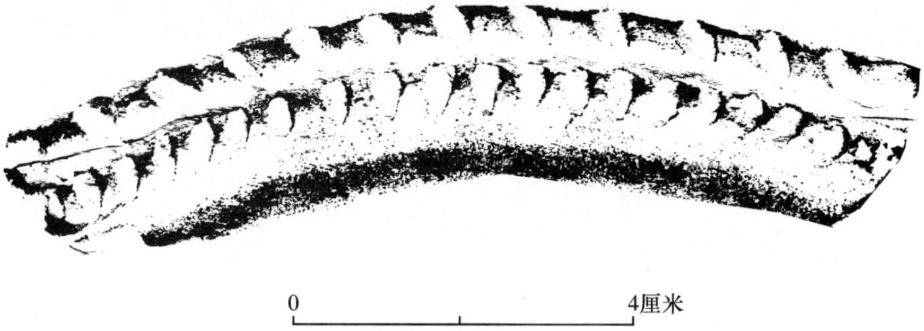

图七六五　北朝至五代 E 型陶盆（TG2021 ⑤ a ：6）口沿纹饰拓本

F 型　共 1 件。

标本 TG2021 ⑤ a：5，残。泥质灰陶。尖圆唇，内折双沿，内沿上翘，敛口。沿上有一周凹槽，内壁饰有暗弦纹。口径 22、残高 8.9、厚 0.6 ~ 2.4 厘米（图版一〇三，6）。

G 型　共 2 件。斜方唇，卷沿，侈口，斜弧腹。

标本 TG2021 ⑤ a：4，残。泥质灰陶。内壁及口沿饰暗弦纹。口径 31、残高 8.4、厚 0.6 ~ 0.8 厘米（图版一〇三，7）。

标本 TG2023 ④ a：2，残。泥质红陶。内外壁有明显的拉坯痕迹。残高 5、厚 0.7 ~ 0.8 厘米。

H型　共1件。

标本TG2012夯8∶2，残。泥质灰陶。方唇，直口。口径22、残高4、厚1～1.2厘米（图版一〇三，8）。

3. 陶瓮

共2件。

A型　共1件。

标本TG2007⑤a∶7，残。泥质灰陶。圆唇，直口，矮领。内壁有明显的拉坯痕迹。口径30、残高7.1、厚0.8～1.1厘米（图版一〇四，1）。

B型Ⅱ式　共1件。

标本TG2021④a∶5，残。泥质灰陶。圆唇，卷沿，敛口，无领，圆肩。内壁有明显的拉坯痕迹，外壁饰有暗弦纹。口径17、残高8.3、厚0.6～1.5厘米（图版一〇四，2）。

4. 陶钵

共4件。

A型　共2件。均为泥质灰陶。尖圆唇，内折沿，敛口，弧腹，沿上饰锯齿纹。

标本TG2007H104∶5，残。沿上饰两周锯齿纹。口径10、残高3.6、厚0.6～1.3厘米（图七六六；图版一〇四，3）。

图七六六　北朝至五代A型陶钵（TG2007H104∶5）口沿纹饰拓本

标本TG2001⑤a∶2，残。口缘饰锯齿状花边，沿上饰两周锯齿纹。口径20、残高3.2、厚0.6～1.3厘米（图七六七）。

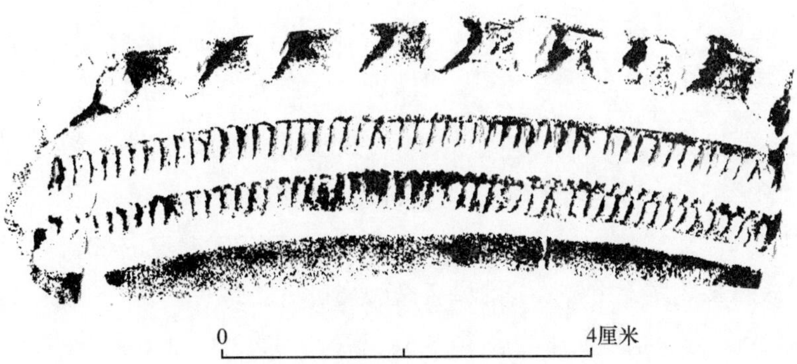

图七六七　北朝至五代A型陶钵（TG2001⑤a∶2）口沿纹饰拓本

B型　共1件。

标本TG2023⑤a：4，残。泥质灰陶。方唇，直口，折腹。口径10、残高5.1、厚0.4～0.9厘米（图版一〇四，4）。

C型　共1件。

标本TG2023H115：2，残。泥质红陶。尖圆唇，内折沿，敛口，斜腹。口径30、残高6.6、厚0.6～1.1厘米（图版一〇四，5）。

5. 陶碗

共6件，均可复原。

A型Ⅰ式　共3件。均为泥质红陶。圆唇，直口，弧腹下收，饼形足且足心内凹。

标本TG2021H109：3，口径15.2、底径6、残高7.4、厚0.4～0.7厘米（图七六八；图版一〇五，1）。

标本TG2020H106：1，口径13.2、底径6.5、高7.2、厚0.4～0.6厘米（图七六九；图版一〇五，2）。

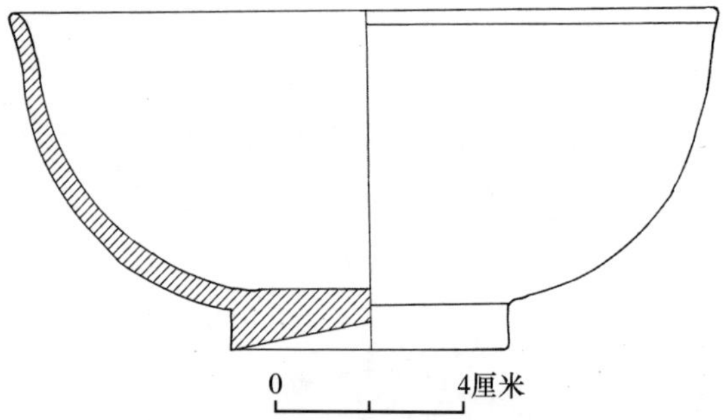

图七六八　北朝至五代A型Ⅰ式陶碗（TG2021H109：3）

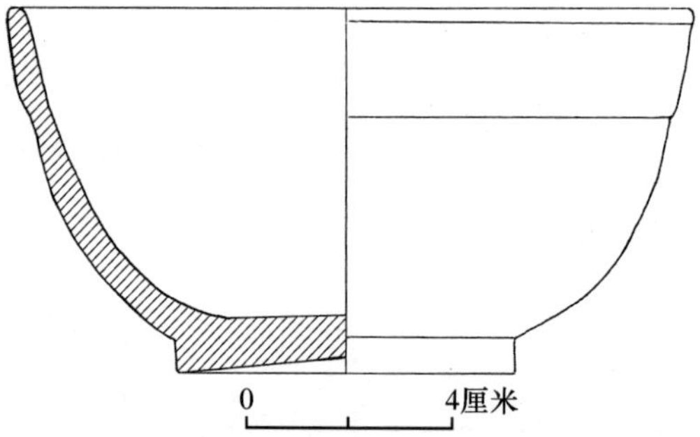

图七六九　北朝至五代A型Ⅰ式陶碗（TG2020H106：1）

标本TG2010⑤a：3，腹部有一带凸棱。口径14.7、底径6、残高6.7、厚0.4～0.9厘米（图七七〇；图版一〇五，3）。

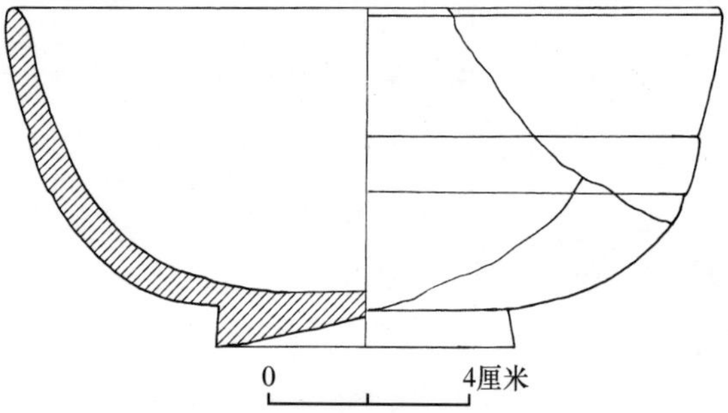

图七七〇　北朝至五代A型Ⅰ式陶碗（TG2010⑤a：3）

B型Ⅰ式　共1件。

标本TG2020⑤a：6，泥质灰陶。圆唇，直口，饼形足外撇，足心内凹。内外壁有明显的拉坯痕迹。口径14、底径5.5、高7、厚0.4～0.8厘米（图版一〇五，4）。

B型Ⅱ式　共2件。均为泥质灰陶。圆唇，侈口，弧腹较浅，平底。

标本TG2024⑤a：2，口径8、底径3.8、高3.2、厚0.4～0.6厘米（图七七一；图版一〇五，5）。

标本TG2020⑤a：5，口径11、底径5.5、高4、厚0.3～0.6厘米（图七七二；图版一〇五，6）。

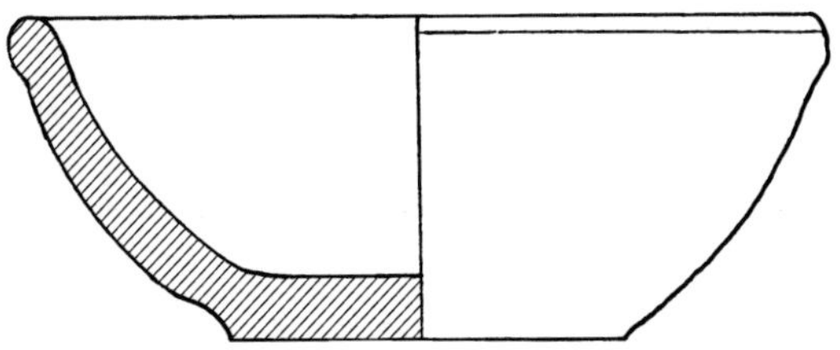

图七七一　北朝至五代 B 型Ⅱ式陶碗
（TG2024 ⑤ a ：2）

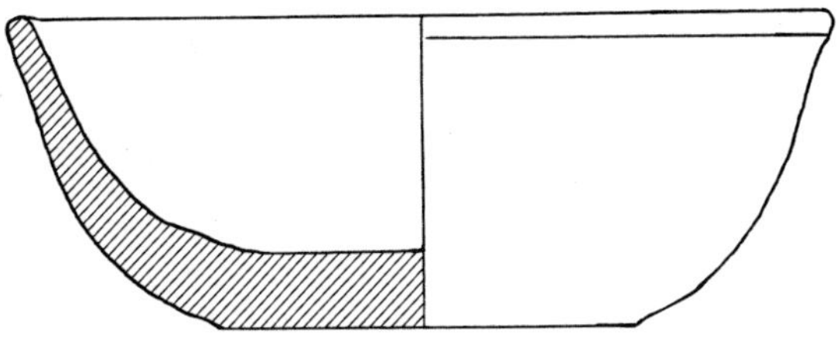

图七七二　北朝至五代 B 型Ⅱ式陶碗
（TG2020 ⑤ a ：5）

6. 陶盒

盒底　共 1 件。

标本 TG2007 ④ a：4，残。泥质灰陶。方唇，敛口，折肩，弧腹。口径 17、残高 6.1、厚 0.3 ~ 1 厘米（图版一〇六，1）。

7. 陶砚

A 型　共 1 件。

标本 TG2023 ④ a：4，残。泥质灰陶。“风”字形，正面可见使用时的磨痕，砚底有一锥形足。残长 10.3、残宽 4.9、残高 2.7、厚 0.5 ~ 0.9 厘米。

8. 陶支钉

共 2 件，完整。均为泥质夹砂红陶。呈锥形。

标本 TG2009 ⑤ a：7，底径 2.7、高 4 厘米。

标本 TG2010 ⑤ a：4，底径 2.3、高 4.5 厘米。

9. 陶纺轮

共 5 件，完整。

标本 TG2004 ④ a：3，泥质红陶。近圆形。直径 1.6、厚 0.3 ~ 0.4 厘米。

标本 TG2001 ④ a：2，泥质灰陶。近圆形，中间有一圆孔。直径 2.8、孔径 0.5、厚 1.5 ~ 1.8 厘米。

标本 TG2014 ⑤ a：2，泥质红陶。近圆形，中间有一圆孔。直径 2.5、孔径 0.5、厚 0.5 ~ 0.7 厘米（图七七三）。

标本 TG2012 ④ a：1，泥质灰陶。近圆形。直径 2.8、厚 0.5 ~ 0.6 厘米。

标本 TG2004 ④ a：4，泥质红陶。近圆形，中间有一圆孔。直径 5、孔径 1、厚 0.4 ~ 1.4 厘米（图七七四）。

10. 陶片

共 3 件。

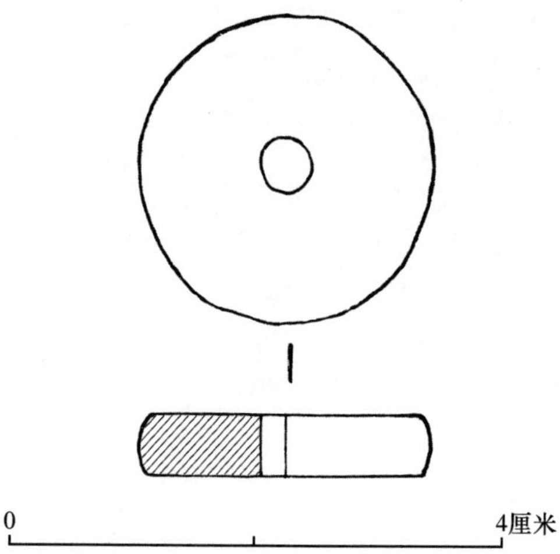

图七七三　陶纺轮（TG2014 ④ a ∶ 2）

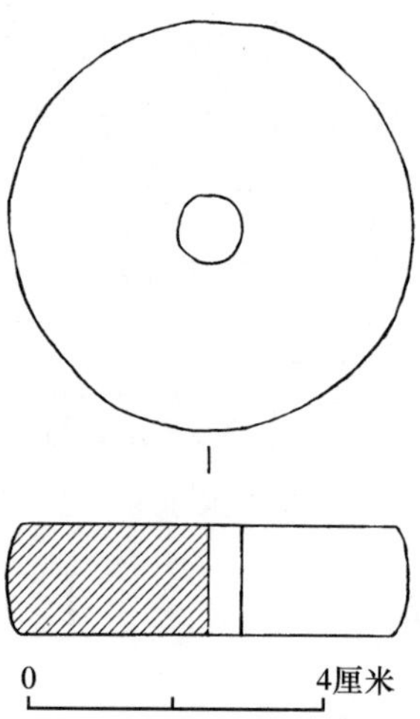

图七七四　陶纺轮（TG2004 ④ a ∶ 4）

标本 TG2010 ⑤ a∶5，陶碗残片。泥质灰陶。圆唇，侈口，斜弧腹。口径 18、残高 7.5、厚 0.6 ~ 0.7 厘米。

标本 TG2002 ⑤ a∶7，陶扑满残片。泥质灰陶。圜顶，圆肩，鼓腹。顶部和腹部饰有数周凹弦纹。残高 9.8、厚 0.4 ~ 0.9 厘米。

标本 TG2001 ⑤ a∶1，陶碗残片。泥质红陶。圆唇，直口，弧腹。口径 20、残高 6、厚 0.4 ~ 0.6 厘米。

（三）瓷器

共出土标本遗物 46 件，其中有瓷碗 15 件、瓷罐 2 件、瓷钵 2 件、瓷碾钵 2 件、瓷盒 1 件、瓷灯盏 8 件、瓷盒盖 4 件和瓷片 12 件。

1. 瓷碗

共 15 件，均可复原。

Ba 型Ⅰ式　共 2 件。圆唇，饼形足，且足心内凹。

标本 TG2001 ④ a∶3，直口，直腹下收。内外壁先施化妆土再施白釉，内壁施满釉，外壁施釉不到底；釉色黄白，积釉处偏青；胎色青灰，胎质较粗。口径 9.2、底径 4.6、高 4、厚 0.3 ~ 0.5 厘米（图七七五；图版一〇六，2）。

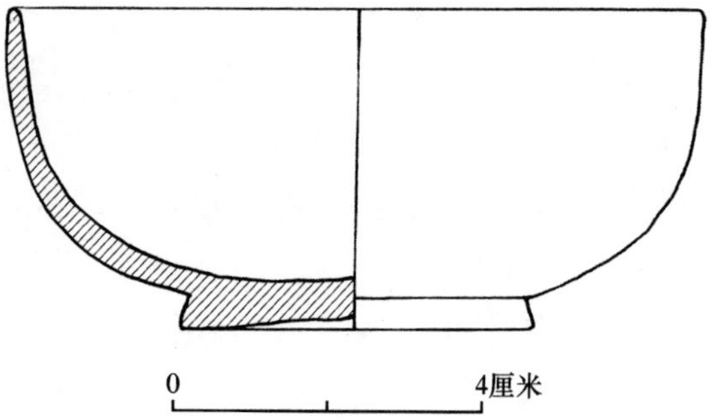

图七七五　北朝至五代 B 型Ⅰ式瓷碗（TG2001 ④ a∶3）

标本 TG2002 ⑤ a∶1，侈口，斜腹。内壁施满釉，外壁施釉至足部；釉色洁白；胎色灰白，胎质较粗。口径 13、底径 6.2、高 3.2、厚 0.6 ~ 1 厘米（图版一〇六，3）。

Ba 型Ⅱ式　共 2 件。圆唇，侈口，斜腹，玉璧形足。

标本TG2007H104：1，斜弧腹。内壁施满釉，外壁施釉不到底，且有积釉现象；釉色白中泛青；胎色灰白，胎质较细。口径12.8、底径6、残高3.7、厚0.4～0.6厘米（图七七六；图版一〇六，4）。

标本TG2002⑤a：2，斜腹。内外壁皆施满釉；釉色灰白；胎色灰白，胎质较细。口径13.6、底径5.5、残高3.3、厚0.4～0.7厘米（图七七七；图版一〇六，5）。

Ba型Ⅲ式　共2件。圆唇，侈口，斜弧腹，圈足。

标本TG2009⑤a：5，窄圈足。内外壁皆施满釉；釉色灰白；胎色灰白，胎质较细。口径11.7、底径5.1、残高4.4、厚0.2～0.5厘米（图七七八；图版一〇六，6）。

标本TG2010④a：1，窄圈足。内壁施满釉，外壁施釉不到底；釉色灰白；胎色较黄，胎质较细。口径12.2、底径5.4、残高3.7、厚0.3～0.4厘米（图七七九；图版一〇七，1）。

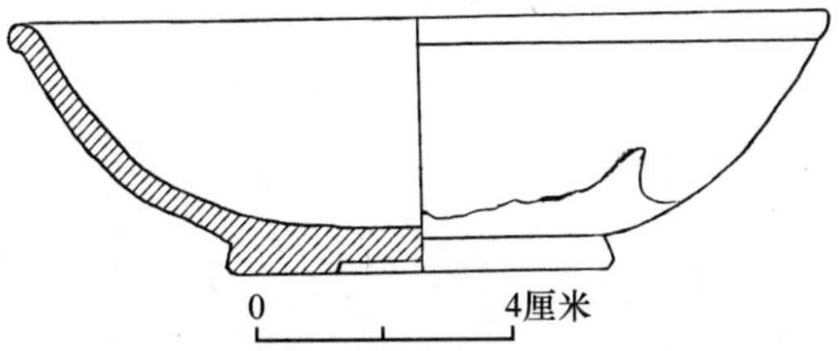

图七七六　北朝至五代Ba型Ⅱ式瓷碗（TG2007H104：1）

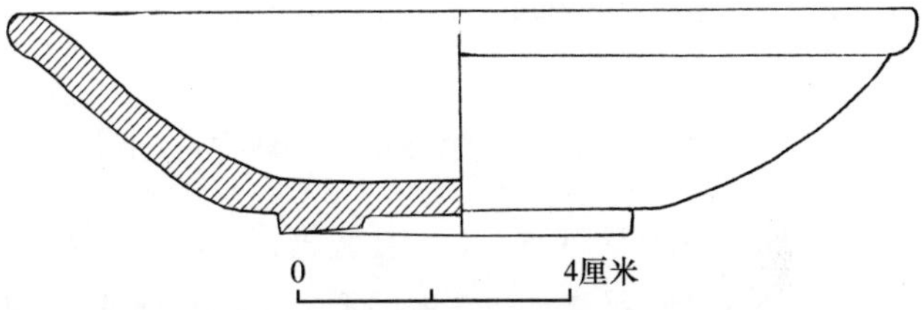

图七七七　北朝至五代Ba型Ⅱ式瓷碗（TG2002⑤a：2）

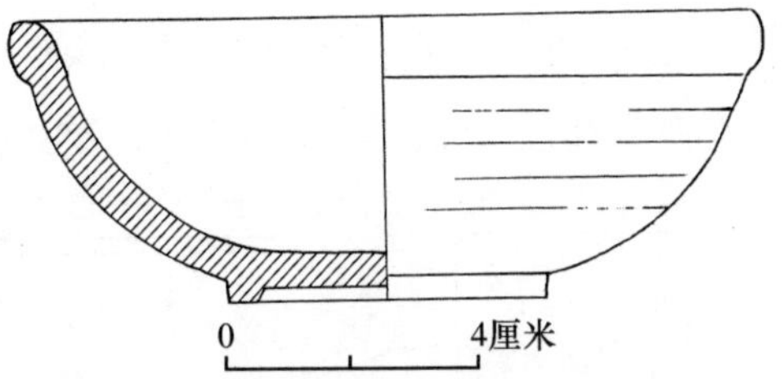

图七七八　北朝至五代Ba型Ⅲ式瓷碗（TG2009⑤a：5）

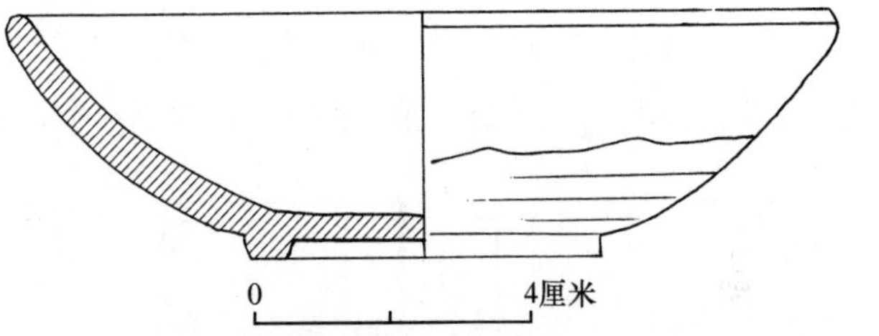

图七七九　北朝至五代Ba型Ⅲ式瓷碗（TG2010④a：1）

Bb型Ⅰ式　共3件。圆唇，侈口，斜弧腹，饼形足。

标本TG2009⑤a：4，内壁及口沿施白釉，釉色黄白；外壁施釉至足部，釉色灰褐；胎色黄白，胎质较粗。口径11.4、底径6.1、高3.3、厚0.5～0.7厘米（图版一〇七，2）。

标本TG2009⑤a：3，内壁及口沿施白釉，釉色黄白；外壁施釉至足部，釉色灰褐；胎色黄白，胎质较粗。口径11.7、底径6、高4、厚0.6～0.9厘米（图七八〇；图版一〇七，3）。

标本TG2023H115：1，内壁及口沿处施白釉，釉色黄白；外壁施有灰褐釉至足部，釉色灰褐；胎色灰褐，胎质较粗。口径12.1、底径6、高4.3、厚0.6～1厘米（图七八一；图版一〇七，4）。

Bc型　共6件。圆唇，侈口，斜弧腹，平底。

标本TG2009⑤a：1，内壁施满釉，外壁施釉不到底；釉色灰褐；胎色红褐，胎质较粗。口径10.7、底径4.8、高3、厚0.6～0.8厘米（图七八二；图版一〇七，5）。

标本TG2021⑤a：1，内壁施满釉，外壁施釉不到底；釉色黑亮；胎色红褐，胎质较粗。口径11、底径5、高3.4、厚0.5～0.9厘米（图七八三；图版一〇七，6）。

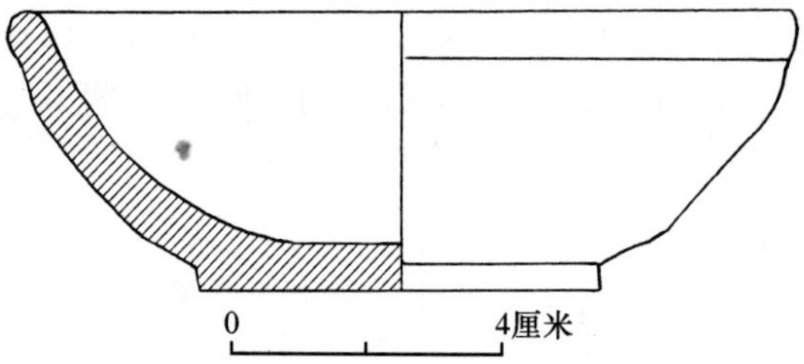

图七八〇　北朝至五代 Bb 型Ⅰ式瓷碗
（TG2009 ⑤ a：3）

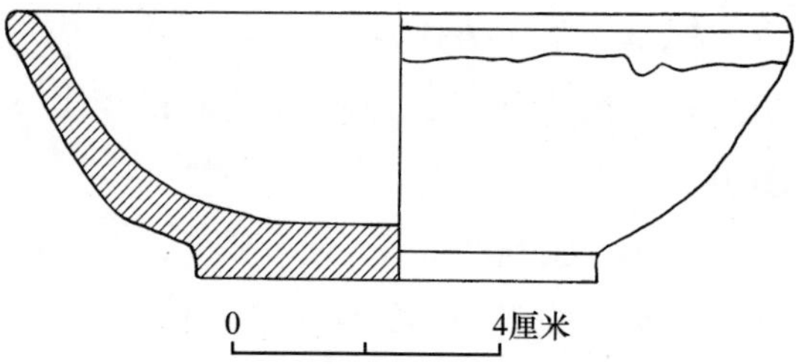

图七八一　北朝至五代 Bb 型Ⅰ式瓷碗
（TG2023H115：1）

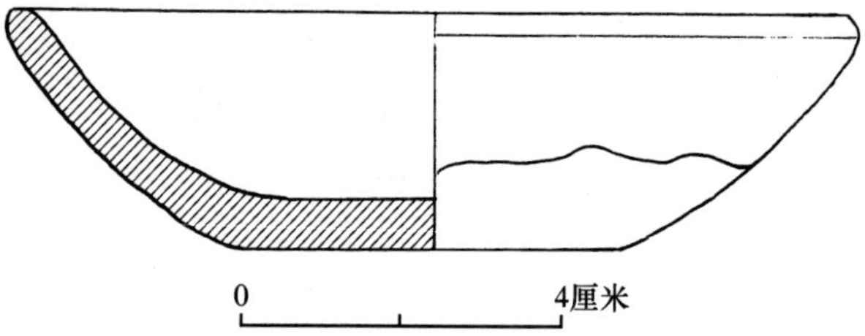

图七八二　北朝至五代 Bc 型瓷碗（TG2009 ⑤ a：1）

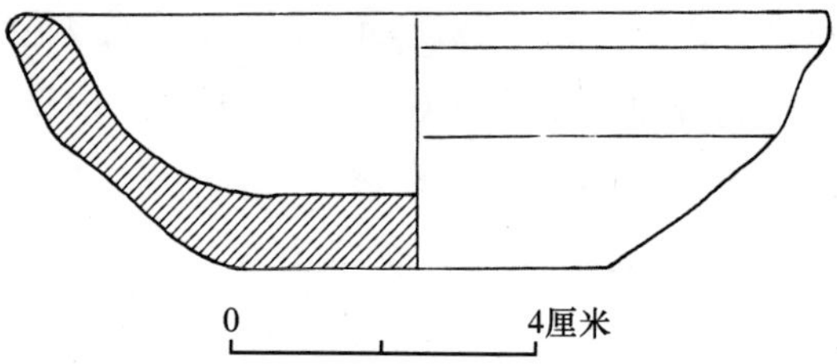

图七八三　北朝至五代 Bc 型瓷碗（TG2021 ⑤ a：1）

标本 TG2007 ④ a：1，内壁施满釉，口沿及外壁未施釉；釉色灰褐；胎色黄白，胎质较细。口径 5、底径 3、高 2.8、厚 0.3 ~ 0.8 厘米（图版一〇八，1）。

标本 TG2009 ⑤ a：2，内壁施满釉，口沿不施釉，外壁施釉不到底；釉色灰褐；胎色黄白，胎质较粗。口径 10.5、底径 4.9、高 3.7、厚 0.6 ~ 0.7 厘米（图七八四）。

标本 TG2007 ④ a：2，内壁施满釉，口沿不施釉，外壁施釉不到底；釉色灰褐；胎色青灰，胎质较粗。口径 11、底径 5.5、高 4.2、厚 0.6 ~ 0.8 厘米（图七八五；图版一〇八，2）。

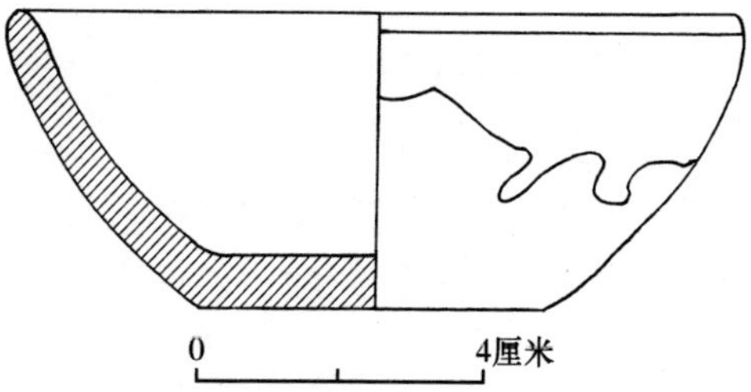

图七八四　北朝至五代 Bc 型瓷碗（TG2009 ⑤ a：2）

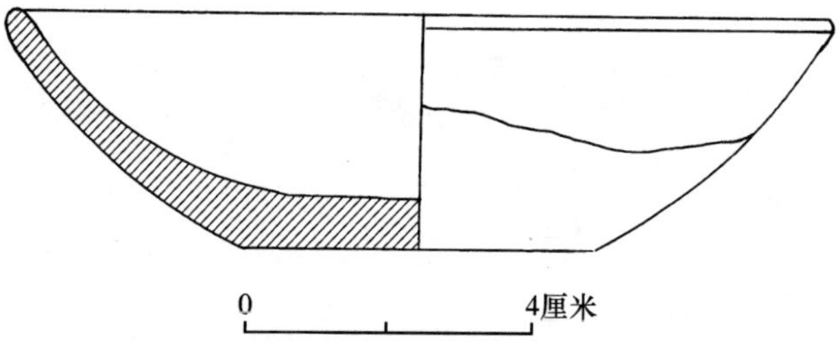

图七八五　北朝至五代 Bc 型瓷碗（TG2007 ④ a：2）

标本 TG2023 ④ a：6，内壁施满釉，口沿不施釉，外壁施釉不到底；釉色灰褐；胎色黄白，胎质较粗。口径 11、底径 5.7、高 3.3、厚 0.5 ~ 0.7 厘米（图版一〇八，3）。

2. 瓷罐

共 2 件。

Ab 型　共 1 件。

标本 TG2022H112：1，残。圆唇，敛口，圆肩，鼓腹。内壁部分施釉，外壁施满釉；釉色白中泛青；胎色灰白，胎质较粗。残高 9、厚 0.6 ~ 1 厘米（图版一〇八，4）。

B 型　共 1 件。

标本 TG2007 ⑤ a：1，残。口部残，折肩，鼓腹，肩部有两系。内壁未施釉，外壁施满釉；釉色白中泛青；胎色黄白，胎质较粗。残高4.4、厚0.4～0.5厘米（图七八六；图版一〇八，5）。

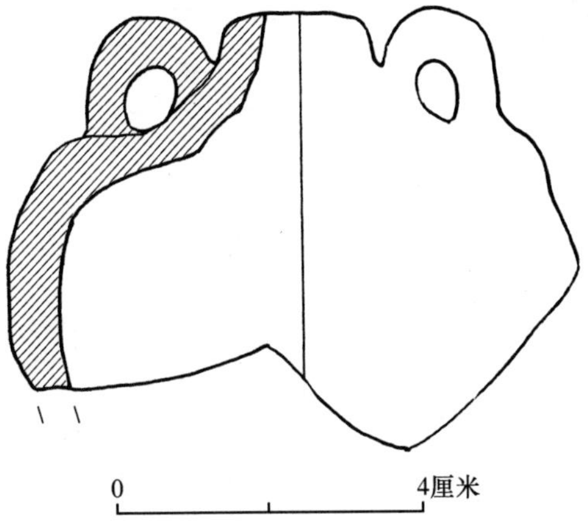

图七八六　北朝至五代B型瓷罐（TG2007⑤a：1）

3. 瓷钵

B型　共2件。尖唇，内折沿，敛口。

标本TG2004④a：2，残。口沿下饰有一周锯齿纹。内外壁均施满釉；釉色白中泛青；胎色灰白，胎质较细。口径10、残高2.6、厚0.4～0.5厘米（图版一〇八，6）。

标本TG2021③a：1，残。内外壁均施满釉，口沿处有细小开片；釉色灰白；胎色灰白，胎质较细。口径13、残高2.5、厚0.3～0.4厘米。

4. 瓷碾钵

共2件。

标本TG2007H104：3，残。圆唇，浅斜腹。内腹刻划线条纹。内壁未施釉，外壁施釉不到底；釉色黑褐；胎色黄白，胎质较粗。口径9、厚0.5～0.6厘米。

标本TG2016③a：2，残。方唇，口微敛，斜弧腹。内腹饰戳印三角纹。内壁及口沿未施釉，外壁施满釉；釉色灰褐；胎色黄白，胎质较粗。口径13、厚0.3～0.7厘米。

5. 瓷盒

盒盖　共1件。

标本TG2021⑤a：2，可复原。盖顶微圜，折肩，口较直，圆唇，呈覆浅盘形。除口沿外，内外壁皆施满釉。釉色白中泛青；胎色黄白，胎质较细。残高3.6、厚0.2～0.4厘米。

6. 瓷灯盏

共8件，其中2件完整，其余均可复原。侈口，斜腹。

标本TG2016③a：1，圆唇，平底。内壁施满釉，外壁未施釉；釉色白中泛青；胎色灰褐，胎质较粗。口径3.8、底径2、高0.7、厚0.3～0.5厘米。

标本TG2004③a：1，尖圆唇，平底。内壁施满釉，外壁未施釉；釉色白中泛青；胎色灰褐，胎质较粗。口径4、底径2.2、高0.7、厚0.3～0.4厘米。

标本TG2004③a：2，尖圆唇，平底。内壁施满釉，外壁未施釉；釉色白中泛青；胎色灰褐，胎质较粗。口径4、底径3、高0.7、厚0.3～0.5厘米。

标本TG2004④a：1，尖圆唇，平底。内壁施满釉，外壁及口沿未施釉；釉色黄白；胎色黄白，胎质较粗。口径5、底径3、高0.8、厚0.4～0.5厘米。

标本TG2006④a：1，完整。尖圆唇，平底。内壁施满釉，外壁及口沿未施釉；釉色黄

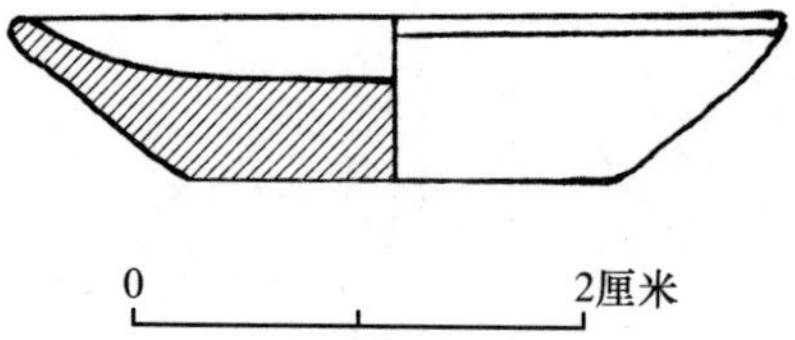

图七八七　瓷灯盏（TG2006④a：1）

白；胎色黄白，胎质较粗。口径3.4、底径2、高0.4、厚0.2～0.4厘米（图七八七）。

标本TG2003④a：1，尖圆唇，平底。内壁施满釉，外壁及口沿未施釉；釉色黄白；胎色黄白，胎质较粗。口径7、底径4.6、高0.4、厚0.2～0.4厘米。

标本TG2007H104：2，完整。圆唇，饼足外撇。内外壁皆未施釉；胎色黄白，胎质较粗。口径5、底径2.6、高1.7、厚0.4～0.6厘米。

标本TG2010④a：1，圆唇，圈足外撇。内外壁皆未施釉；胎色黄白，胎质较粗。口径9.5、底径3、高3、厚0.4～0.8厘米。

7. 瓷器盖

共4件，均可复原。

标本TG2023⑤a：1，盖顶有一圆形钮，圜顶，折肩，方唇。除口沿外，内外壁皆施满釉；釉色白中泛青；胎色灰白，胎质较细。口径5.9、高2.7、厚0.2～0.3厘米（图七八八；图版一〇九，1）。

标本TG2002⑤a：3，盖顶有一瓜柄形钮，圜顶，折肩，方唇。除口沿外，内外壁皆施满釉；釉色翠绿；胎色黄白，胎质较细。口径3.2、高3.5、厚0.5～0.8厘米（图七八九；图版一〇九，2）。

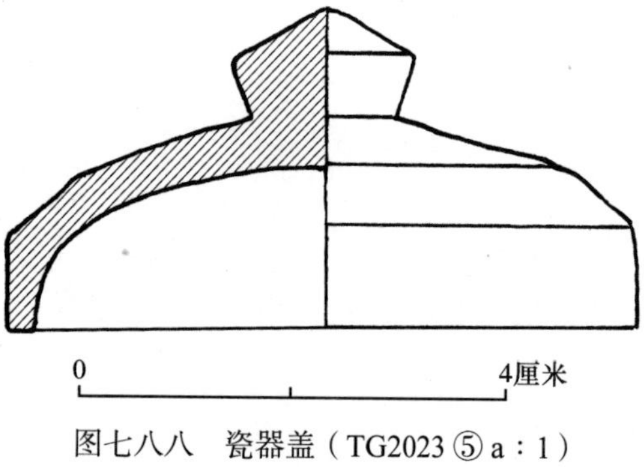

图七八八　瓷器盖（TG2023⑤a：1）

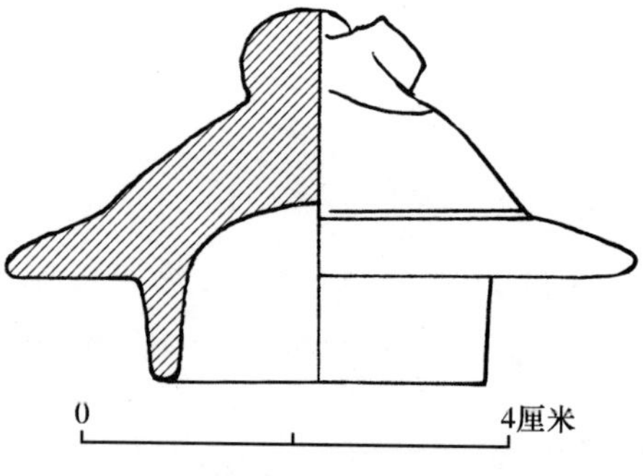

图七八九　瓷器盖（TG2002⑤a：3）

标本TG2020⑤a：1，圜顶，折肩，圆唇，呈覆浅盘形。外壁施满釉；釉色青灰；胎色青灰，胎质较细。口径9、残高3、厚0.4～0.6厘米。

标本TG2009⑤a：6，圜顶，折肩，圆唇，呈覆浅盘形。外壁施满釉；釉色灰褐；胎色浅灰，胎质较细。口径6、残高3、厚0.6～0.9厘米。

8. 瓷片

共12件。

标本TG2019⑤a：1，瓷碗残底。饼形足外撇。内壁施满釉，外壁施釉不到底；釉色青褐；胎色青灰，胎质较粗。底径5.5、厚0.6～1.2厘米。

标本 TG2024 ④ a：1，瓷碗残底。窄圈足。内壁施满釉，外壁施釉至足部；釉色灰白；胎色洁白，胎质较细。底径 5.6、残高 2.6、厚 0.3 ~ 0.6 厘米。

标本 TG2021 ④ a：2，瓷碾钵残底。饼形足。内底较缓平，深刻线条纹。未施釉；胎色黄白，胎质较粗。底径 5.6、残高 2.7、厚 0.5 ~ 0.6 厘米（图七九〇）。

标本 TG2020 ⑤ a：2，瓷器盖残片。圜顶，饰翘起花瓣，花瓣间饰刻划花蕊。内壁仅底部施釉，外壁施满釉；釉色洁白；胎色黄白，胎质较细。残高 2.7、厚 0.2 ~ 0.5 厘米。

标本 TG2021 ⑤ a：3，瓷碗残底。玉璧底足。内壁施满釉，内壁有细小开片，外壁施釉至足部；釉色洁白，胎色洁白，胎质较细。底径 6.7、残高 2.3、厚 0.4 ~ 0.6 厘米（图七九一）。

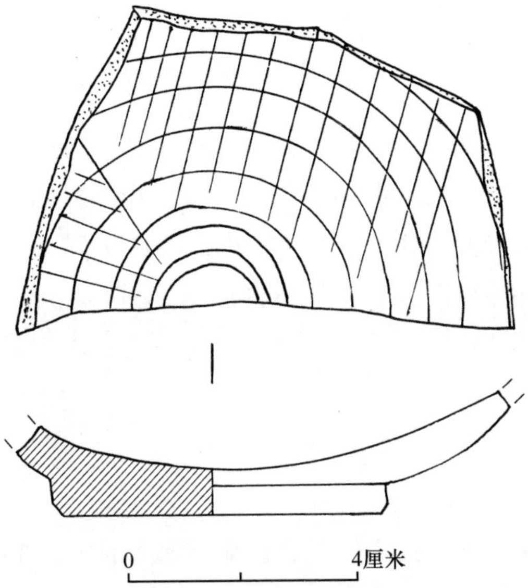

图七九〇　瓷片（TG2021 ④ a：2）

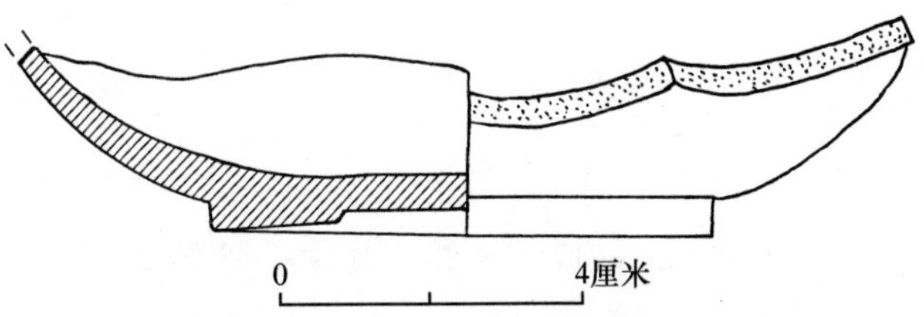

图七九一　瓷片（TG2021 ⑤ a：3）

标本 TG2019 ④ a：1，瓷碗残底。窄圈足。内壁施满釉，外壁施釉至足部；釉色洁白；胎色灰白，胎质较细。底径 10、残高 2.2、厚 0.4 ~ 0.6 厘米。

标本 TG2002 ⑤ a：4，瓷碗残底。平底。内壁施满釉，外壁未施釉；釉色黑褐；胎色黑灰，胎质较粗。残高 1.3、厚 0.6 ~ 1.1 厘米。

标本 TG2002 ⑤ a：5，瓷瓶残口。圆唇，侈口，束颈。内外壁皆施满釉；釉色洁白，胎色洁白，胎质较细腻。厚 0.3 ~ 0.5 厘米。

标本 TG2023 ⑤ a：2，瓷碗残口。圆唇，侈口，弧腹，外壁有数周拉坯弦纹。内外壁皆施满釉；釉色白中泛青；胎色黄白，胎质较细。口径 17、残高 9.1、厚 0.2 ~ 0.3 厘米。

标本 TG2022 ④ a：1，瓷器盖残片。平顶，外壁有数周凸棱。内外壁皆施满釉，内壁有细小开片；釉色黄白；胎色黄白，胎质较粗。底径 6、残高 1.1、厚 0.5 ~ 0.6 厘米。

标本 TG2023 ④ a：1，瓷碗残口。圆唇，侈口，斜弧腹。口缘呈花口状，外壁有数周弦纹。内外壁皆施满釉；釉色白中泛青，胎色黄白，胎质较细。厚 0.2 ~ 0.3 厘米。

标本 TG2009 ④ a：1，瓷器残底。圈足。外壁施满釉；釉色翠绿；胎色黄白，胎质较细。厚 0.6 ~ 0.9 厘米。

（四）釉陶器

釉陶碗

B型　共1件。

标本TG2007④a∶3，残。泥质红陶。弧腹，平底。内壁施满釉；釉色绿中泛黄；胎色红褐，胎质较粗。底径5、厚0.5～0.9厘米。

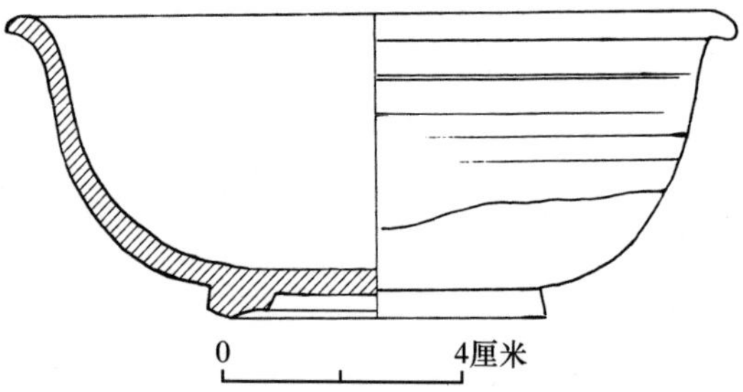
图七九二　三彩碗（TG2022⑤a∶2）

（五）三彩器

共1件。

标本TG2022⑤a∶2，可复原。圆唇，折沿，侈口，弧腹，宽圈足。内壁施满釉，外壁施釉不到底；釉色绿白相间；胎色红褐，胎质细腻。口径12.5、底径5.5、高5、厚0.3厘米（图七九二；图版一〇九，3）。

（六）其他

共出土标本遗物15件，其中有骨梳2件、陶塑3件、蚌壳1件、石臼1件、石杵1件和铜钱7件。

1. 骨梳

共2件。

标本TG2009⑤a∶9，梳齿部分残缺。半圆形，骨梳雕刻成梳背和梳齿两部分，梳背呈月牙状，梳齿由梳背向内侧雕刻而成。骨色偏灰褐色，骨密度较大。残长4.9厘米、宽2.8、厚0.4、梳齿宽0.1、梳齿间距0.05厘米（图版一〇九，4）。

标本TG2021H109∶9，梳齿部分残缺。残存部分呈条状，外轮廓较弧，骨梳雕刻成梳背和梳齿两部分，梳背呈条状，梳齿由梳背向内侧雕刻而成，梳背上有两个穿孔，孔内有铜丝且有绿铜锈沁。骨色白中泛黄，骨密度大。残长7.5厘米、残宽2.3、厚0.2、梳齿宽0.1、梳齿间距0.05厘米（图版一〇九，5）。

2. 陶塑

共3件。

标本TG2008⑤a∶2，残。半圆形，饰满菱形纹。胎色黄白，胎质较细。残高2厘米

（图七九三；图版一〇九，6）。

标本TG2008⑤a：3，陶俑残头。高束发髻，面容圆润饱满，额头较明显，鼻高，耳大，形象端庄。胎色黄白，胎质较细。残高4.5厘米（图七九四；图版一〇九，7）。

标本TG2001⑤a：3，陶佛残头。头戴瓔珞且饰背光，高束发髻，面容较秀丽。胎色黄白，胎质较细。残高6厘米（图七九五；图版一〇九，8）。

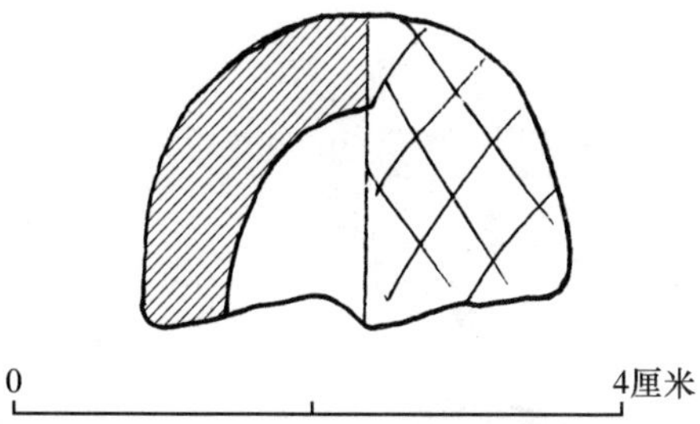

图七九三　陶塑（TG2008⑤a：2）

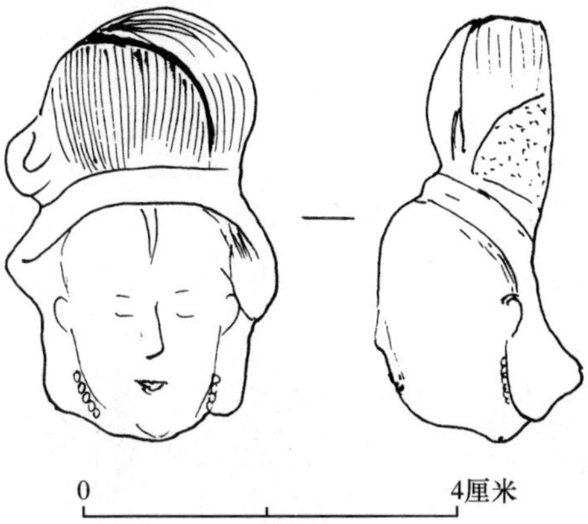

图七九四　陶塑（TG2008⑤a：3）

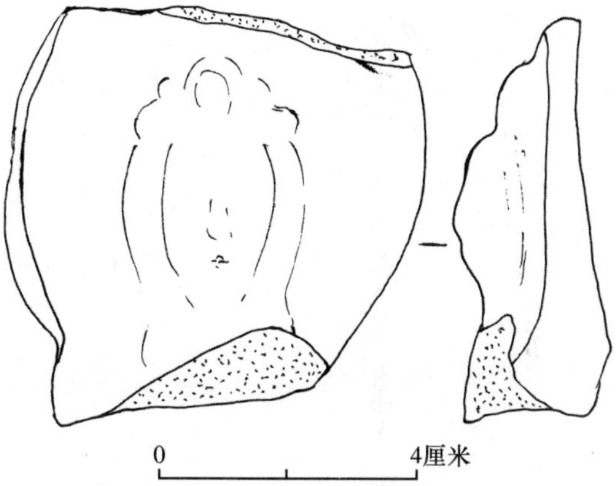

图七九五　陶塑（TG2001⑤a：3）

3. 蚌壳

共1件。

标本TG2007⑤a：8，残。扇形，表面光泽较亮，内外壁黄白，外壁数周槽线相互平行。残长5、厚0.2～0.5厘米。

4. 石臼

共1件。

标本TG2007H104：6，残。近圆形，中间有一圆形凹槽。直径9、内径4.5、残高9.8、厚1.5～2.5厘米。

5. 石杵

共1件。

标本TG2019H105：1，残。近圆柱形。直径5、残高9厘米（图版一一〇，1）。

6. 铜钱

共出土7枚，其中一枚残缺。因锈蚀较严重，仅对字迹清晰的铜钱进行简单描述。

图七九六　开元通宝铜钱（TG2008④a：1）拓本

A型Ⅰ式　共3枚。背面素面，正面钱文清晰、规整，穿郭俱佳，铜质优良，铸造工艺考究。

标本TG2008④a：1，正面“通”字下面铸有一小圆珠。钱径2.5、穿径0.7、郭宽0.2厘米（图七九六）。

标本TG2021H109：8，钱径2.5、穿径0.7、郭宽0.2厘米。

B型Ⅰ式　共1枚。

标本TG2021⑤a：7，背面穿上加铸掐痕，钱文清晰、规整，穿郭俱佳，铜质优良，铸造工艺考究。钱径2.5、穿径0.7、郭宽0.2厘米。

C型　共1件。

标本TG2008④a：4，背面穿上加铸“京”字，穿下加铸掐痕，钱文清晰、较规整，穿郭不规整，有错范痕迹，铸造工艺较差。钱径2.5、穿径0.6、郭宽0.3厘米。

三、宋至清代遗物

共出土标本遗物21件，其中有瓷器19件和其他2件。

（一）瓷器

共出土遗物19件，可复原9件。其中有瓷罐2件、瓷灯盏7件和瓷片10件。

1. 瓷罐

共2件，均可复原。方唇，侈口，折肩，斜腹，平底。

标本TG2021H108：1，内壁施满釉，外壁部分施釉，口沿未施釉；釉色黑褐；胎色黄白，胎质较粗。口径6.2、底径8、高10、厚0.4～1厘米（图七九七；图版一一〇，3）。

标本TG2021H108：2，内壁施满釉，外壁部分施釉，口沿未施釉；釉色黑褐；胎色黄白，胎质较粗。口径7.2、底径9.2、高10.3、厚0.4～1厘米（图七九八；图版一一〇，4）。

2. 瓷灯盏

共7件，均可复原。圆唇，平底。

标本TG2005②：1，侈口，斜弧腹。仅内壁底部施釉；釉色黑褐；胎色黄白，胎质较粗。口径3.3、底径2.4、高1.8、厚0.4～0.6厘米。

标本TG2009②：1，侈口，折腹。仅内壁底部施釉；釉色黑褐；胎色黄白，胎质较粗。口径3.5、底径2.5、高1.7、厚0.5厘米。

标本TG2007③a：1，侈口，折腹。仅内壁底部施釉；釉色黑褐；胎色黄白，胎质较粗。

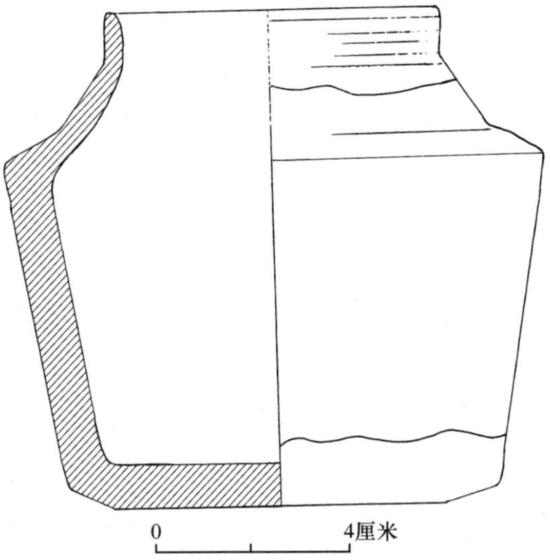

图七九七　瓷罐（TG2021H108：1）

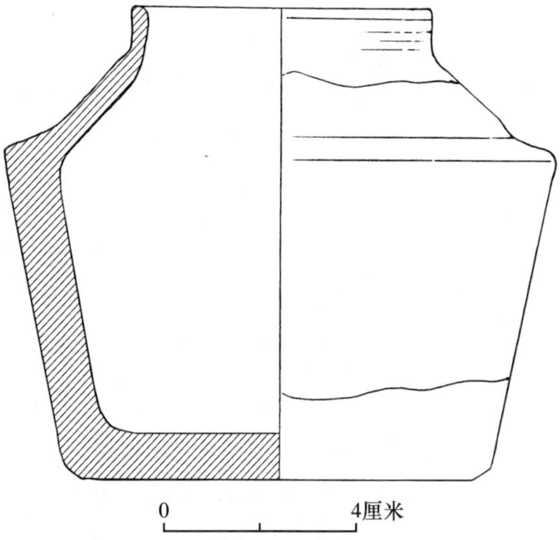

图七九八　瓷罐（TG2021H108：2）

口径4.9、底径2.9、高1.9、厚0.5厘米（图七九九；图版一一〇，5）。

标本TG2001③a：1，侈口，斜腹。内壁施满釉，口沿及外壁未施釉；釉色黑褐，胎色黄白，胎质较粗。口径5、底径3、高2、厚0.5～0.7厘米。

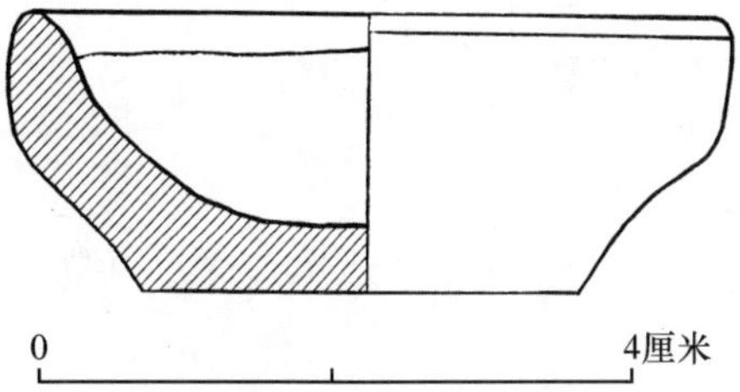

图七九九　瓷灯盏（TG2007③a：1）

标本TG2005②：1，侈口，折腹。内壁施满釉，外壁口沿施釉，且有剥釉现象；釉色黑褐，胎色黄白，胎质较粗。口径6、底径3、高2.4、厚0.4～0.7厘米。

标本TG2009③a：1，侈口，斜弧腹。近内壁底部施釉；釉色黑褐，胎色黄白，胎质较粗。口径4、底径2.2、高1.7、厚0.3～0.6厘米。

标本TG2006③a：1，侈口，斜弧腹。内外壁皆施满釉，外壁有流釉现象；釉色白中泛青，胎色黄白，胎质较粗。口径3.8、底径2、高1.1、厚0.2～0.4厘米。

3. 瓷片

共10件。

标本TG2005②：3，瓷碗残底。窄圈足。内外壁皆施满釉，釉下饰有青花花卉纹饰；胎色洁白，胎质较细。底径6、残高1.6、厚0.2～0.4厘米。

标本TG2004②：1，瓷碗残底。宽圈足。釉下饰有青花花卉纹饰，釉色匀净；胎色洁白，胎质较细。底径4.2厘米。

标本TG2024②：1，瓷碗残片。圆唇，侈口。釉下饰有青花几何纹饰，釉色匀净；胎色洁白，胎质较细。口径13、残高3、厚0.3～0.4厘米。

标本TG2002②：1，瓷罐残片。方唇，直口，溜肩，鼓腹。除口沿外，内外壁均施满釉；釉色白中泛青；胎色洁白，胎质较细。口径1.6、残高1.7、厚0.2～0.3厘米。

标本 TG2006 ③ a：2，瓷碗残片。圆唇，侈口。内壁施满釉，外壁施釉不到底，釉下绘褐彩纹饰。厚 0.3 ~ 0.5 厘米。

标本 TG2009 ③ a：2，瓷钵残片。尖唇，敛口，鼓腹。除口沿外内外壁均施满釉；釉色黑亮；胎色较黑，胎质较粗。口径 22、残高 5、厚 0.5 ~ 0.9 厘米。

标本 TG2009 ③ a：3，瓷钵残片。尖唇，敛口。除口沿外内外壁均施满釉；釉色黑亮；胎色较黑，胎质较粗。口径 22、残高 5、厚 0.5 ~ 0.9 厘米。

标本 TG2017 ③ a：1，瓷碗残底。宽圈足，内外壁皆施满釉；釉色黑亮；胎色灰白，胎质较粗。残高 2、底径 4.4、厚 0.3 ~ 0.6 厘米。

标本 TG2009 ②：2，瓷瓶残底。斜腹，平底。内壁施满釉，外壁部分施釉。釉色黑褐；胎色黄白，胎质较粗。残高 10、厚 0.7 ~ 1 厘米。

标本 TG2020 ③ a：1，残底。饼形足。内壁施满釉，外壁施釉不到底；釉色灰褐；胎色黄白，胎质较粗。底径 6、厚 0.5 ~ 0.8 厘米。

（二）其他

共 2 件。

标本 TG2015 ③ a：1，镇墓瓦，板瓦制作，完整。泥质灰陶。端面齐平，侧棱内切。凸面凹面均素面。凸面有墨书文字三行十字“□□□墓」□罡」王瓦除殃”，并有朱砂绘制道符。瓦长 23.5、瓦头 15.5、瓦尾 13、厚 1.3 ~ 2.1 厘米；泥刀切痕 0.2 ~ 0.6 厘米（图版一一〇，6）。

标本 TG2021H108：3，石砚，基本完整。端石质，长方形，正面上端雕刻桃形墨池，中下端雕刻一方形浅砚塘，使用痕迹明显。颜色紫褐色，石质细腻。长 12.6、宽 7.4、高 0.9、厚 0.5 ~ 0.9 厘米（图版一一〇，2）。

第八章 第七段探沟

第七段探沟位于晋阳古城明太原县城北门西北，自晋源苗圃花窖院内北墙起，沿西侧院墙东，向南至晋源北外环路北。共布探沟34个，因TG4006南部、TG4013南部至TG4014中部、TG4021北部、TG4028北部位于现代建筑下未能发掘，因此第七段探沟实际发掘总长291米，发掘面积582平方米，方向14°（图版一一一，1）。

第一节 地层堆积

第七段探沟发掘区的地势情况为北高南低，高差3.1米。第七段探沟发掘总长291米，最深5米，最浅1.3米，平均深度3.2米。第七段探沟共发掘7层文化堆积层。第1层为近现代耕土层；第2层为明清文化层；第3a层为宋元文化层；第4层为晚唐五代文化层，分两个亚层，分别为第4a层和第4b层；第5层为唐代文化层，分两个亚层，分别为第5a层和第5b层；第6层为北朝文化层；第7层为魏晋十六国文化层；其下均未发掘。整段探沟遗迹分布比较均匀，有建筑基址6处、灰坑43座、灶址7个。从地层上来看，处于第2层下的遗迹有H137、H151、H156；处于第3a层下的遗迹有H116、H117、H118、H124、H125、H128、H130、H143、H155；处于第4a层下的遗迹有H119、H126、H132、H133、H134、H135、H138、H139、H142、H146、H157、Z20、Z21、Z22、Z23、Z24、Z25、Z26、Z27、二号建筑基址、TG4017—TG4020建筑基址、TG4021—TG4022建筑基址、TG4025—TG4026建筑基址、TG4028—TG4029建筑基址；处于第4b层下的遗迹有H120、H121、H122、H127、H129、H131、H136、TG4011—TG4013建筑基址；处于第5a层下的遗迹有H123、H140、H141、H144、H145、H147、H148、H1149、H150、H152、H153、H154；处于第6层下的遗迹有H158（图八〇〇、图八〇一、图八〇二；图版一一一，2）。

第1层：近现代耕土层。灰褐色黏土，质地松软，较杂乱；包含植物根系、碎砖瓦块、小石块等；厚0.25～1.3米。地势为北高南低，高差3米。自TG4001至TG4008下降了1.1米，从TG4009至TG4012地势较平，下降了0.11米，自TG4013至TG4028下降了1.7米，从TG4029直至最后一条探沟（TG4034）较平，下降了0.2米。TG4001中北部有一现代扰坑，开口于第1层，打破第1、2、3a、4a、4b层；TG4007北部有一现代扰坑，开口于第1层，打破第1、2、3a和建筑废弃面；TG4008中南部有一现代扰坑，开口于第1层，打破第1、2、3a、4a层和H119；标本TG4010南部至TG4011北部有一现代扰坑，开口于第1层，打破第

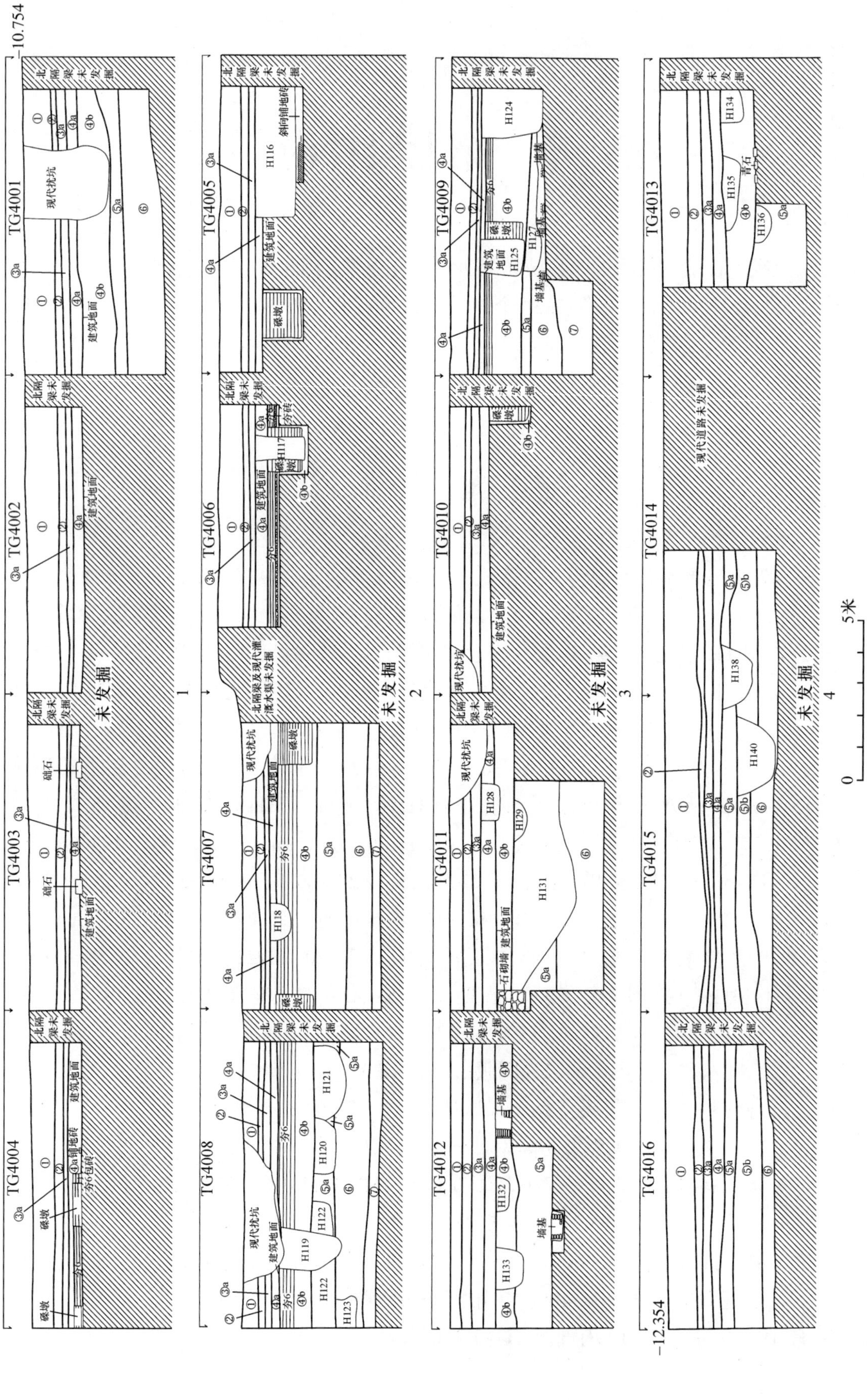

图八〇〇　TG4001～TG4016西壁剖面图

1. TG4001～TG4004　2. TG4005～TG4008　3. TG4009～TG4012　4. TG4013～TG4016

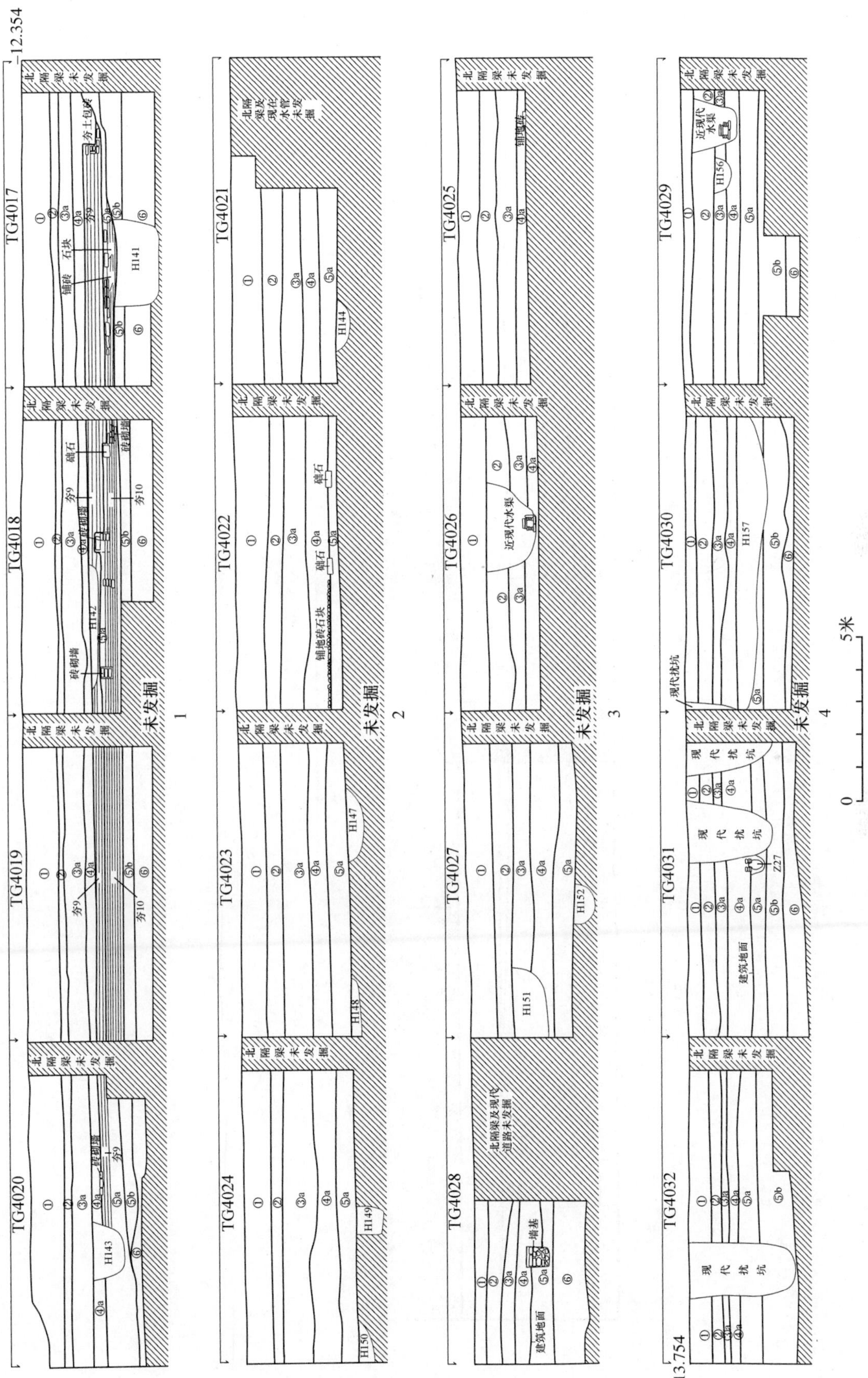

图八〇一　TG4017～TG4032 西壁剖面图

1. TG40017～TG4020　2. TG4021～TG4024　3. TG4025～TG4028　4. TG4029～TG4032

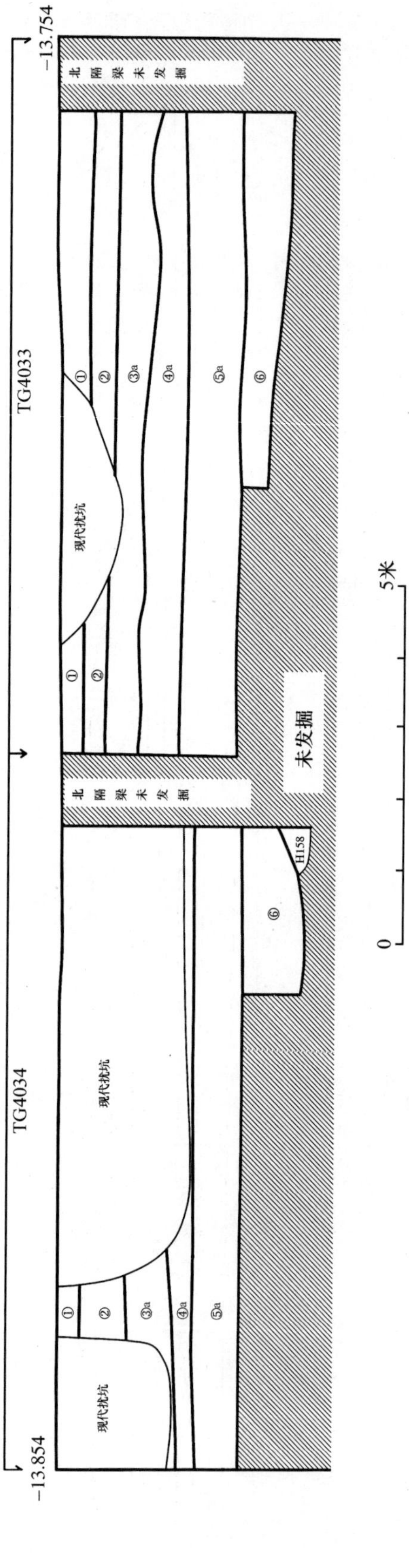

图八〇二　TG4033～TG4034西壁剖面图

1、2、3a 和建筑废弃面；TG4021 北部有一现代水管，开口于第 1 层，打破第 1、2、3a、4a、5a 层；TG4026 中部有一近现代水渠，开口于第 1 层下，打破第 2、3a、4a 层；TG4029 北部有一近现代水渠，开口于第 1 层下，打破第 2、3a、4a 层；TG4030 南部至 TG4031 中部有两个现代扰坑，开口于第 1 层，打破第 1、2、3a、4a、5a、5b 层；TG4032 南部有一现代扰坑，开口于第 1 层，打破第 1、2、3a、4a、5a、5b 层。

第 2 层：明清文化层。浅灰色黏土，质地较硬；包含较多砖瓦块、红烧土粒和少量青花瓷碎片；厚 0.2 ~ 0.75 米，距地表 0.25 ~ 1.3 米。第 2 层堆积北高南低，高差 1.66 米。自 TG4001 至 TG4008 下降 0.24 米，从 TG4009 至 TG4012 呈缓坡上升 0.12 米，自 TG4013 至 TG4024 下降了 1.08 米，从 TG4025 至 TG4028 基本呈较水平状，自 TG4029 至 TG4032 下降了 0.5 米，从 TG4033 直至最后一条探沟（TG4034）堆积上升了 0.12 米。该层遗迹较少，有 H137、H151、H156。

第 3a 层：宋元文化层。深黄褐色砂土，质地疏松，较干净；包含少量瓷片、陶片、碎砖瓦块等；厚 0.18 ~ 1.1 米，距地表 0.9 ~ 1.4 米。第 3a 层堆积总体呈南高北低，高差 1.19 米。自 TG4001 至 TG4008 下降 0.44 米，从 TG4009 至 TG4012 呈水平状，自 TG4013 至 TG4020 下降了 0.5 米，从 TG4021 至 TG4024 上升了 0.12 米，自 TG4025 至 TG4028 呈水平状，从 TG4029 直至最后一条探沟（TG4034）堆积下降了 0.37 米。该层的遗迹较丰富，有 H116、H117、H118、H124、H125、H128、H130、H143、H155。

第 4a 层：晚唐五代文化层。灰黑褐色砂质黏土，质地疏松，较杂乱；包含大量建筑构件、陶瓷残片、木炭屑、红烧土等；厚 0.1 ~ 0.96 米，距地表 0.9 ~ 2.3 米。第 4a 层堆积北高南低，高差 1.7 米。自 TG4001 至 TG4004 下降了 0.32 米，从 TG4005 至 TG4008 堆积呈水平状，自 TG4009 至 TG4024 下降了 1.25 米，从 标本 TG4025 至 TG4028 缓慢上升 0.25 米，自 TG4029 至 TG4032 地层堆积呈水平状，从 TG4033 直至最后一条探沟（TG4034）堆积下降了 0.38 米。该层遗迹比较丰富，有 H119、H126、H132、H133、H134、H135、H138、H139、H142、H146、H157、Z20、Z21、Z22、Z23、Z24、Z25、Z26、Z27、二号建筑基址、TG4017—TG4020 建筑基址、TG4021—TG4022 建筑基址、TG4025—TG4026 建筑基址、TG4028—TG4029 建筑基址。

第 4b 层：晚唐五代文化层。浅黑褐色砂质黏土，质地疏松；包含大量陶瓷片、砖瓦块、木炭屑等；厚 0. 5 米 ~ 1.2 米，距地表 1.4 ~ 2 米。第 4b 层自 TG4001 开始至 TG4012 南部结束，期间在 TG4002 至 TG4007 以及 TG4010 的第 4a 层下未发掘，总长 51.2 米。第 4b 层的堆积呈北高东低状，高差 0.5 米，TG4011 下降 0.25 米，自 TG4007 至 TG4008 上升了 0.12 米，从 TG4009 至 4012 下降了 0.37 米。该层的遗迹较丰富，有 H120、H121、H122、H127、H129、H131、H136、TG4011—TG4013 建筑基址。

第 5a 层：唐代文化层。红褐色黏土，质地较硬；包含石块、炭灰、少量陶片、少量瓷片等；厚 0.3 ~ 2 米，距地表 1.7 ~ 3 米。第 5a 层自 TG4001 开始至 TG4034 结束，TG4002 至 TG4006、TG4010、TG4011 北部、TG4012 北部、TG4013 北部、TG4020 北部以及 TG4025 至 TG4026 的第 4a 下未发掘，在 TG4013 南部至 TG4014 北部被现代公路叠压未发掘，在 TG4017 ~ TG4020 被夯 9 和夯 10 打破，在 TG4021 北部被现代水管打破，总长 178.1 米。第 5a 层的堆积北高南低高差 0.04 米。TG4001 下降 0.64 米，自 TG4007 至 TG4016 上升了 0.87 米，从 TG4017 至 TG4024 下降了 1.14 米，自 TG402 至 TG4032 上升了 1.12 米，从 TG4033 直至最后一条探沟（TG4034）堆积下降了 0.25 米。该层的遗迹现象较丰富，H123、H140、H141、H144、H145、H147、H148、H1149、H150、H152、H153、H154。

第 5b 层：唐代文化层。浅红褐色黏土，质地较硬；包含石块、炭灰、少量陶片、少量瓷片等；厚 0.3 ~ 1 米，距地表 2 ~ 3.4 米。第 5b 层自 TG4014 出现至 TG4020 结束，后又从 TG4029 出现至 TG4032 结束。第 5b 层的堆积呈北高南低，高差 1.13 米。自 TG4014 至 TG4020 下降了 0.88 米，从 TG4029 至 TG4032 下降了 0.25 米。未发现遗迹现象。

第 6 层：北朝文化层。黄褐色粉砂土，质地疏松，较干净；包含建筑构件、陶瓷残片等；厚 0.2 ~ 1.47 米，距地表 2.7 ~ 4.1 米。第 6 层自 TG4001 开始至 TG4034 结束，其中 TG4002 至 TG4006、TG4011 北部、TG4012、TG4013 北部、TG4018 南部、TG4021 至 TG4027、TG4032 均未发掘至第 6 层，在 TG4029、TG4033 和 TG4034 为向下解剖发掘至第 6 层。第 6 层的堆积呈北高南低，高差 2.4 米。TG4001 下降了 0.38 米，自 TG4007 至 TG4008 上升了 0.12 米，从 TG4009 至 TG4028 下降了 2.02 米，自 TG4029 至 TG4031 堆积基本水平，从 TG4032 直至最后一条探沟（TG4034）下降了 0.12 米。该层的遗迹现象不丰富，H158。

第 7 层：魏晋十六国文化层。红褐色黏土，质地较硬，较干净；包含建筑构件、陶瓷残片等；厚 0.3 ~ 1.5 米，距地表 3 ~ 4.2 米。第 7 层自 TG4007 开始至 TG4009 结束。第 7 层的堆积呈北低南高，高差 0.76 米。未发现遗迹现象。

第二节　遗　　迹

第七段探沟共发现 56 处遗迹现象，其中有建筑基址 6 处、灰坑 43 座、灶址 7 个。

一、建筑基址

第七段探沟发现 6 处建筑基址。TG4001—TG4012 建筑基址，开口于第 4a 层下，发现有大量柱础磉墩和少量铺地砖等，编为二号建筑基址；TG4012—TG4013 建筑基址，开口于第 4b 层下，仅有一道砖砌墙和少量石块，由于发掘面积和出土遗物太少，暂不做具体介绍；TG4017—TG4020 建筑基址，开口于第 4a 层下，发现有磉墩和砖砌墙以及少量铺地砖，该建筑分为上下两期；TG4021—TG4022 建筑基址，开口于第 4a 层下，发现有两个柱础石和碎砖、石块铺的地面；TG4025—TG4026 建筑基址开口于第 4a 层下，发现有砖砌路和砖砌墙以及铺地砖；TG4028—TG4029 建筑基址，开口于第 4a 层下，发现有砖石砌墙、柱础石以及磉墩等。

（一）二号建筑基址

二号建筑基址位于TG4001～TG4012内，与第四段TG1096～TG1097内的建筑基址和第五段TG1100～TG1103内的建筑基址是一个建筑基址。该建筑规模较大，可见长114米，宽72米，距地表1.5～1.85米，开口于第4a层下。该建筑地层堆积自上而下依次为近现代耕土层、明清文化层、宋元文化层、晚唐五代文化层，该建筑下为唐代文化层、北朝文化层和魏晋十六国文化层，其下未发掘（图八〇三；图版一一二～图版一一六）。

由于发掘面积太小且后期破坏严重，残存有夯土台基（夯6）、24个磉墩、8个柱础石、1道南北向砖砌墙和1道南北向石砌墙以及2个灶址。夯土台基（夯6）位于TG4004～TG4009内，厚0.6～0.85米，共4～6层夯土，平均厚0.14米，其中一层带有夯砖，夯砖均为残砖间隔平铺，夯土台基为灰褐色黏土，土质较硬且较杂，内含有建筑构件和陶片等。磉墩均为纯净的红褐色黏土夯筑，自TG4001～TG4012依次为磉1～磉24。磉1位于TG4001南部偏东，方形边长0.8米；磉2位于TG4002北部偏东，可见长1米，宽0.9米，与磉1柱心距4.2米；磉3位于TG4002中部偏东，方形边长1米，与磉2柱心距4米；磉4位于TG4002南部偏西，方形边长1米，与磉3柱心距4米；磉5位于TG4003北部，方形边长0.8米，与磉4柱心距4米；磉6位于TG4003中部，方形边长1米，与磉5柱心距2.5米，磉6上残存砂石质柱础石，方形边长0.65米；磉7位于TG4003南部偏西，长1米，可见宽0.7米，与磉6柱心距4.5米；磉8位于TG4004北部偏西，方形边长0.7米，与磉7柱心距2米，磉8上残存砂石质柱础石，边长0.6米；磉9位于TG4004中部偏西，可见长1.35米，可见宽0.95米，与磉8柱心距4.5米；磉10位于TG4004南部偏西，可见长0.75米，可见宽0.7米，与磉9柱心距4米；磉11与磉12东西并列，位于TG4005北部，长1.5米，柱心距2.4米，与磉10柱心距4.2米；磉13与磉14东西并列，位于TG4005南部，长1.5米，柱心距2.4米，与磉11和磉12柱心距4米；磉15与磉16东西并列，位于TG4006北部，长1米，与磉13和磉14柱心距4.5米；磉17位于TG4007北部偏东，长1米，可见宽0.45米，与磉16柱心距8.25米；磉18位于TG4007中部，方形边长1米，与磉17柱心距4米；磉19位于TG4007南部，方形边长1米，与磉18柱心距4米；磉20位于TG4008北部，长1米，可见宽0.6米，与磉19柱心距4米；磉21位于TG4008南部偏西，方形边长1米，与磉20柱心距4.25米；磉22位于TG4009中部偏西，可见长0.8米，宽0.6米，与磉21柱心距8.5米；磉23位于TG4010北部偏西，可见长0.4米，可见宽0.4米，与磉22柱心距5.5米；磉24位于TG4011北部，方形边长1.25米，与磉23柱心距11.5米。在TG4001北部偏东发现一椭圆形砂石质础石，长0.4、宽0.25米；在TG4002北部偏东发现一砂石质小柱础石，在TG4002南部偏东发现一砂石质柱础石，方形，边长0.25米；在TG4003南部偏西发现两个南北并列的青石质柱础石，边长0.4，柱心距2.25米；在TG4004中部发现夯土台基的包边砖，可见残长1.25米，三层砖上下错缝平砌，高0.3米；在TG4001北部和TG4002中部偏西各发现一灶址；在TG4011南部发现一东西向石砌墙基，可见长1米，可见宽0.5米，深1米；在TG4012北部发现一东西向砖砌墙基，可见长 1 米，宽 0.8 米，深 0.4 米。在 TG4004 中部偏东发现一块残的青石质残碑，楷书刻“金刚经”。在 TG4003 中部、TG4006 中部和南部、TG4010 北部和中部、TG4011 北部等发现有方形铺地砖，规格为边长 0.35、厚 0.05 米。

因为发掘面积较少暂不知该建筑的具体形制，根距磉墩排列初步判断发掘位置应为该建筑的廊屋。二号建筑基址规模较大，且保存较完整，为晋阳古城晚唐五代时期的重要建筑基址。

（二）TG4017—TG4020 建筑基址

TG4017—TG020 建筑基址位于 TG4017 ~ TG4020 内，距地表 1.8 ~ 2.3 米，开口于第 4a 层下，可见长 34 米。该建筑地层堆积自上而下依次为近现代耕土层、明清文化层、宋元文化层、晚唐五代文化层，该建筑下为唐代文化层和北朝文化层，其下未发掘。该建筑基址分为两期（图八〇四；图版一一七；图版一一八；图版一一九，1）。

由于发掘面积太小且后期破坏严重，第二期残存有夯土台基（夯 9）、3 个磉墩、1 道东西向砖砌墙以及 2 个灶址。夯土台基厚 0.5 米，共 6 层，平均每层厚 0.08 米，夯土灰褐色，较杂，较硬，包含有少量瓷片和建筑构件残片，在夯 9 北端残存有台基包边砖，5 层长方形砖错缝平砌，高 0.5 米。在 TG4017 和 TG4018 内发现 3 个磉墩，均为红褐色黏土夯筑，从北至南依次为磉 1 ~ 磉 3。磉 1 位于 TG4017 北部偏东，方形边长 1 米；磉 2 位于 TG4017 南部偏东，方形边长 1.1 米，与磉 1 柱心距 4 米；磉 3 位于 TG4018 北部偏东，方形边长 1 米，与磉 2 柱心距 4 米。在 TG4020 内发现一道东西向砖砌墙，由残砖砌成，可见长 2 米，宽 0.8 米，残高 0.2 米。在 TG4020 北部发现 2 座灶址，均带有风道。

第一期建筑基址叠压在第二期建筑基址之下，位于 TG4017 ~ TG4019 内，残长 30 米。因后期破坏严重仅可见夯土台基（夯 10）和 3 道东西向砖砌墙以及少量铺地砖和石块。夯土台基厚 0.6 米，共 6 层，平均每层厚 0.1 米，夯土灰黑色，较杂，很硬，包含少量建筑构件残片。发现的 3 道东西向墙从北至南依次为 Q1 ~ Q3。Q1 位于 TG4017 南部，可见残长 0.9 米，宽 0.7 米，残高 0.5 米，由长方形残砖错缝砌成；Q2 位于 TG4018 中部，可见长 2 米，宽 0.5 米，残高 0.5 米，由长方形砖错缝平砌，距 Q1 南侧 5.2 米；Q3 位于 TG4018 南部，可见长 1 米，宽 0.2 米，由长方形砖错缝平砌，距 Q2 南侧 3.5 米。在 TG4017 南部偏西和 TG4018 南部发现有少量砖铺和石铺地面。

根据地层和出土遗物判断该建筑基址为晚唐至五代时期建筑，由于发掘面积较小暂不知该建筑的具体形制，有待下一步考古发掘。

（三）TG4021—TG4022 建筑基址

TG4021—TG4022 建筑基址位于 TG4021 ~ TG4022 内，距地表 2.8 米，开口于第 4a 层下，可见长 20 米。该建筑地层堆积自上而下依次为近现代耕土层、明清文化层、宋元文化层、晚唐五代文化层，该建筑下为唐代文化层，其下未发掘（图八〇五，1）。

由于发掘面积太小且后期破坏严重，仅残存 2 个柱础石、碎砖、小石块铺成地面以及 2 个

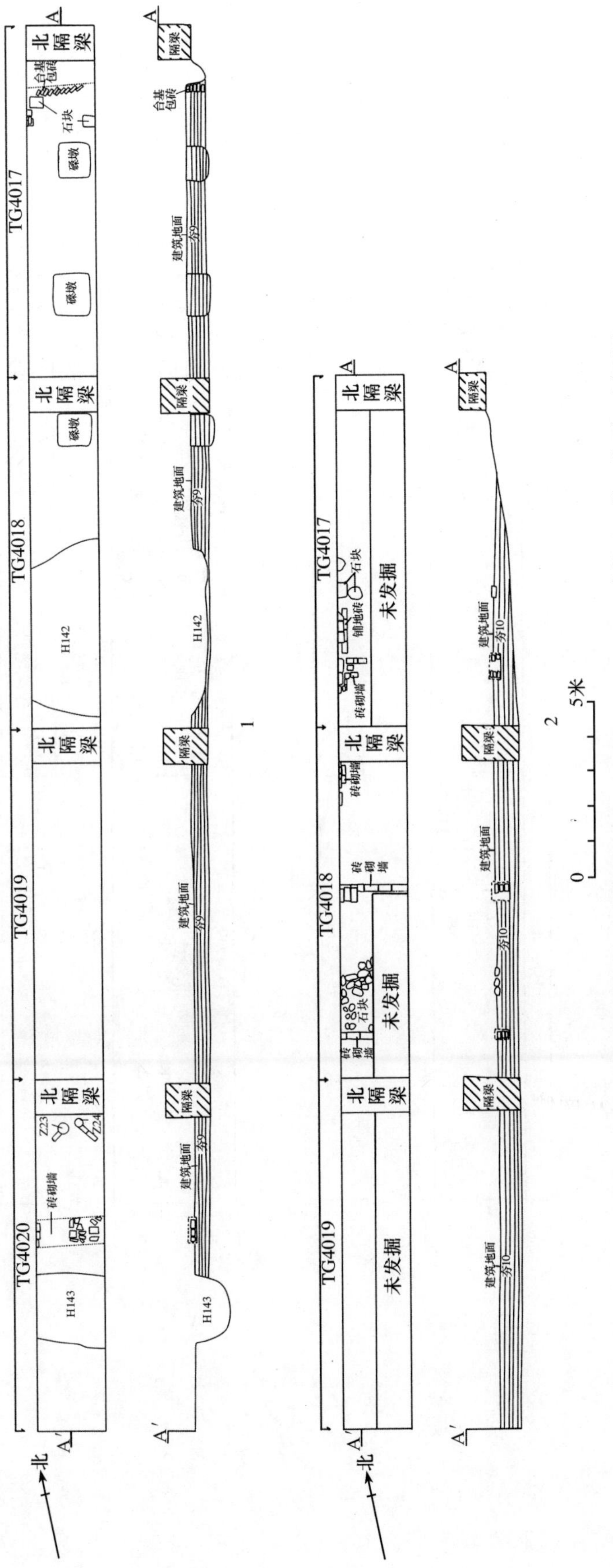

图八〇四　TG4017—TG4020 建筑基址第二期、TG4017—TG4019 建筑基址第一期平、剖面图

1. TG4017—TG4020 建筑基址第二期　2. TG4017—TG4019 建筑基址第一期

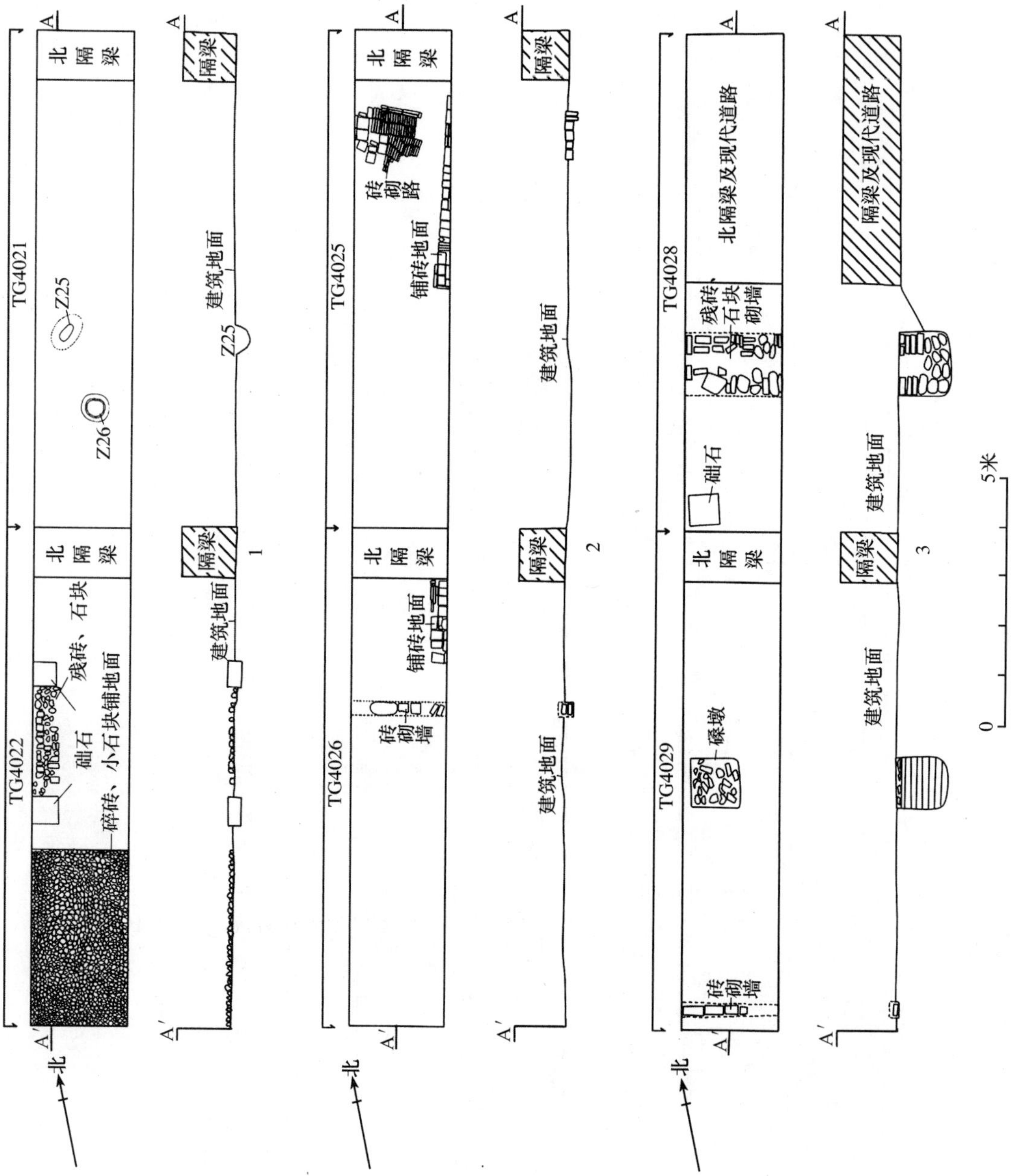

图八〇五　TG4021—TG4022、TG4025—TG4026、TG4028—TG4029 建筑基址平、剖面图

1. TG4021—TG4022 建筑基址　2. TG4025—TG4026 建筑基址　3. TG4028—TG4029 建筑基址

灶址。柱础均为砂石质岩石，从北至南依次为础 1 ~ 础 3。础 1 位于 TG4022 北部偏西，方形边长 0.5 米，厚 0.35 米；础 2 位于 TG4022 南部偏西，长 0.6 米，宽 0.5 米，厚 0.4 米，与础 1 柱心距 2.7 米。础 1 与础 2 之间由残砖和石块铺成。在 TG4022 南部有碎砖和小石块铺成的地面，可见长 2 米，可见宽 3.4 米，厚 0.1 米。在 TG4021 南部有 2 个灶址，其中一个灶址的灶膛为三块板瓦竖向砌成。

根据地层和出土遗物判断该建筑基址为晚唐至五代时期建筑，由于发掘面积较小暂不知该建筑的具体形制，有待下一步考古发掘。

（四）TG4025—TG4026 建筑基址

TG4025—TG4026 建筑基址位于 TG4025 ~ TG4026 内，距地表 2.3 米，开口于第 4a 层下，可见长 13.7 米。该建筑地层堆积自上而下依次为近现代耕土层、明清文化层、宋元文化层、晚唐五代文化层，其下未发掘（图八〇五，2；图版一一九，2、3）。

由于发掘面积太小且后期破坏严重，仅残存一小段砖砌路和一道东西向砖砌墙以及铺地砖。砖砌路位于 TG4025 北部，可见残长 1.6 米，残宽 1.2 米。由方砖平铺和长方形砖对缝竖砌而成，破坏较严重，初步判断为东西向路。东西向砖砌墙位于 TG4026 北部，可见长 2 米，宽 0.4 米，残高 0.3 米，由残砖错缝平砌以及石块砌成。在 TG4025 北部偏东和 TG4026 北部偏东均有方砖对缝平砌和长方形砖竖砌的铺砖地面。

根据地层和出土遗物判断该建筑基址为晚唐至五代时期建筑，由于发掘面积较小暂不知该建筑的具体形制，有待下一步考古发掘。

（五）TG4028—TG4029 建筑基址

TG4028—TG4029 建筑基址位于 TG4028 ~ TG4029 内，距地表 1.8 米，开口第 4a 层下，可见长 14 米。该建筑地层堆积自上而下依次为近现代耕土层、明清文化层、宋元文化层、晚唐五代文化层，该建筑下为唐代文化层和北朝文化层，其下未发掘（图八〇五，3）。

由于发掘面积太小且后期破坏严重，仅残存 2 道东西向砖砌墙、1 个砂石质柱础石以及 1 个磉墩。位于 TG4028 南部的东西向砖砌墙基，可见长 2 米，宽 1.2 米，深 1 米，底部为石块砌成上部北侧为 4 层长方形砖错缝平砌而成，南侧由残砖和石块砌成。位于 TG4029 南部的东西向墙，可见长 1.4 米，宽 0.2 米，残高 0.15 米，距位于 TG4028 墙的南侧 12 米。砂石质础石位于 TG4028 南部偏西，方形，边长 0.6 米，厚 0.3 米，与墙南侧相距 1.9 米。磉墩位于 TG4029 中部偏西，红褐色黏土夯筑，方形，边长 1 米，最上面一层有碎瓦片平铺，与础石的柱心距 5.5 米。

根据地层和出土遗物判断该建筑基址为晚唐至五代时期建筑，由于发掘面积较小暂不知该建筑的具体形制，有待下一步考古发掘。

二、灰　坑

数量最多的遗迹是灰坑，共43座，因为探沟发掘面积较小，大部分灰坑不完整。现将灰坑简要介绍如下。

（一）H116

H116位于TG4005北部，延伸至探沟西壁，开口于第3a层下，打破第4a层和建筑地面。H116平面为不规则形，剖面呈长方形，坑壁较垂直且粗糙，坑底较平整。H1116开口距地表1.2米，南北延伸为3.6米，东西可见宽0.6～1.1米，深度1.3米。H116的填土为浅黄色砂土，土质较疏松，包含较多的瓦片、砖块；出土遗物有瓷碗、瓦当、板瓦和脊兽等（图八〇六，1）。

（二）H117

H117位于TG4006北部，延伸至探沟西壁，开口于第3a层下，打破第4a层、建筑地面和磉墩。H117平面近方形，剖面呈长方形，坑壁较垂直且粗糙，坑底较平整。H117开口距地表1.2米，南北延伸为0.7米，东西可见宽0.4米，深度1.35米。H123的填土为浅黄色砂土，土质较疏松，包含较多的瓦片、砖块；无遗物出土（图八〇六，2）。

（三）H118

H118位于TG4007中部偏南，延伸至探沟东西壁，开口于第3a层下，打破第4a层和夯6。H118平面近长方形，剖面近半圆形，坑壁呈斜坡状且粗糙，坑底较平整。H118开口距地表0.9米，南北延伸为1.15米，东西可见宽2米，深度0.65米。H118的填土为浅灰褐色土，土质较疏松，包含较多的瓦片、砖块；无遗物出土（图八〇六，3）。

（四）H119

H119位于TG4008中部偏南，延伸至探沟西壁，开口于第4a层下，打破第4b、6层、夯6和H122。H119平面近半椭圆形，剖面呈不规袋状，坑壁较斜直且粗糙，坑底较不平整。H119开口距地表1.3米，南北延伸为1.2米，东西可见宽0.5米，深度1.9米。H119的填土为浅灰色土，土质较疏松，包含少量木炭粒和煤渣等；无遗物出土（图八〇六，4）。

（五）H120

H120位于TG4008中部偏北，延伸至探沟西壁，开口于第4b层下，打破第5a、6层和

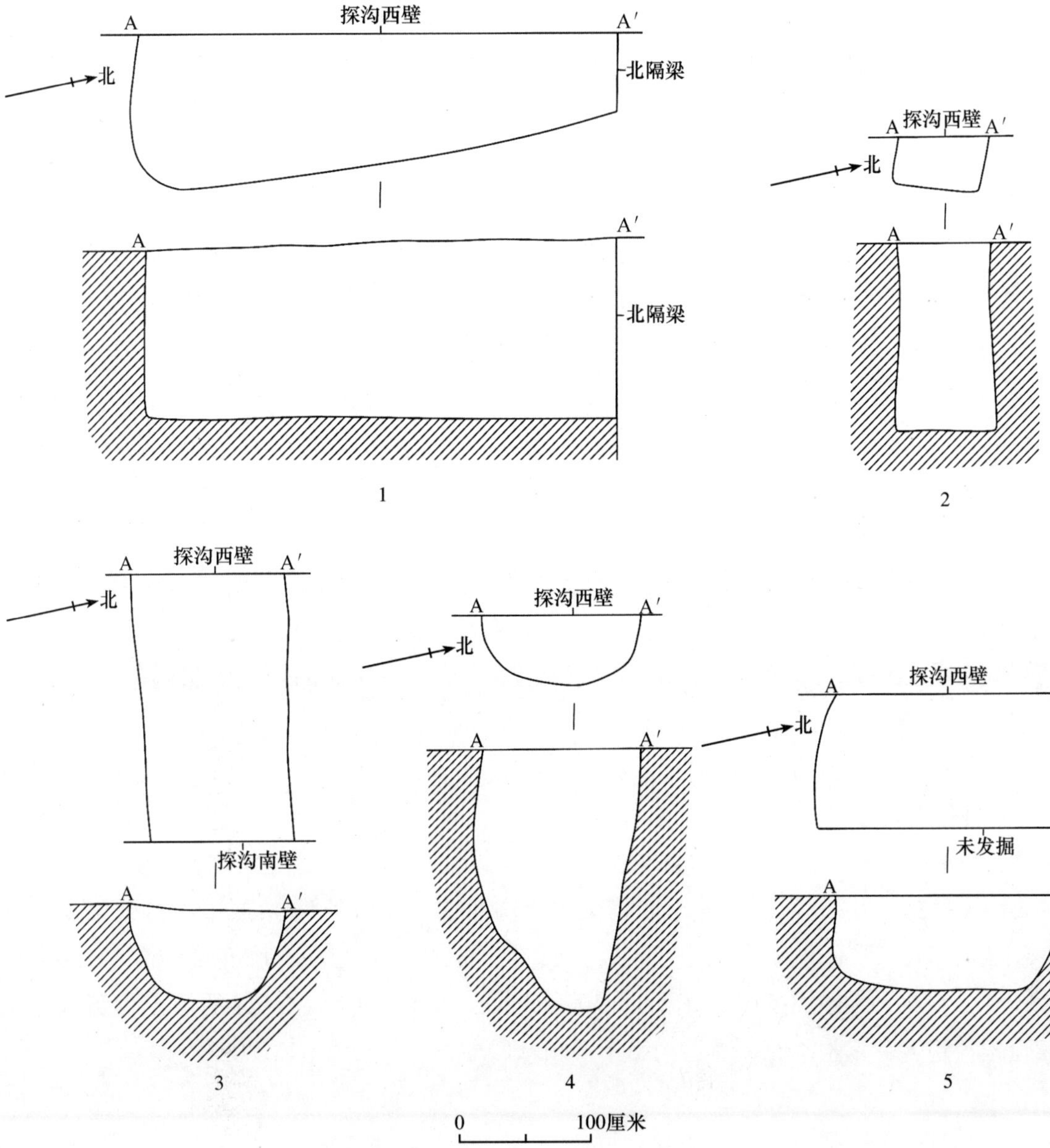

图八〇六　H116～H120平、剖面图

1. H116　2. H117　3. H118　4. H119　5. H120

H121。H120平面和剖面近长方形，坑壁较斜直且粗糙，坑底较不平整。H120开口距地表2.4米，南北延伸为1.9米，东西可见宽1米，深度0.6～0.7米。H120的填土为深灰色土，土质较疏松，包含少量木炭粒；无遗物出土（图八〇六，5）。

（六）H121

H121位于TG4008北部，延伸至探沟西壁，开口于第4b层下，打破第5a、6层，被H120打破。H121平面近长方形，剖面呈近椭圆形，坑壁较斜直且粗糙，坑底较不平整。H121开口距地表 2.4 米，南北延伸为 2.3 米，东西可见宽 1 米，深度约 0.95 米。H121 的填土为煤渣土，土质较疏松，包含大量煤渣和炭粒；无遗物出土（图八〇七，1）。

（七）H122

H122 位于 TG4008 南部，延伸至探沟西壁，开口于第 4b 层下，打破第 5a 层，被 H119 打破。H122 平面和剖面均呈近长方形，坑壁垂直且粗糙，坑底较平整。H122 开口距地表 2.3 米，南北延伸为 3.9 米，东西可见宽 1 米，深度 0.7 米。H122 的填土为煤渣土，土质较疏松，包含大量煤渣和炭粒；无遗物出土（图八〇七，2）。

（八）H123

H123 位于 TG4008 南部，延伸至探沟西壁和南壁，开口于第 5a 层下，打破第 6 层。H123 平面为不规则形，剖面呈近长方形，坑壁较斜直且粗糙，坑底较平整。H123 开口距地表 3 米，南北可见延伸为 0.9 米，东西可见宽 0.47 米，深度 0.65 米。H123 的填土为灰褐色土，土质较疏松，包含少量煤渣粒；无遗物出土（图八〇七，3）。

（九）H124

H124 位于 TG4009 北部，延伸至北隔梁和探沟西壁，开口于第 3a 层下，打破第 4a、4b、6 层和 H127。H124 平面近梯形，剖面呈长方形，坑壁较垂直且粗糙，坑底较平整。H124 开口距地表 1 米，南北延伸为 1.5 米，东西可见宽 1.7 米，深度 1.9 米。H124 的填土为黄灰色土，土质较疏松，包含少量木炭粒；无遗物出土（图八〇七，4）。

（一〇）H125

H125 位于 TG4009 中部，延伸至北隔梁和探沟西壁，开口于第 3a 层下，打破 4a、4b、夯 6 和磉墩。H125 平面近半椭圆形，剖面呈长方形，坑壁较斜直且粗糙，坑底较平整。H125 开口距地表 0.9 米，南北延伸为 1.25 米，东西可见宽 0.5 米，深度 1.1 米。H125 的填土为浅灰色土，土质较疏松，包含少量木炭粒；无遗物出土（图八〇七，5）。

（一一）H126

H126 位于 TG4009 南部，延伸至探沟南壁，开口于第 4a 层下，打破第 4b、5a、6 层。H126 平面剖面均为不规则形，坑壁呈坡状且粗糙，坑底较不平整。H126 开口距地表 1.4 米，南北可见延伸为 2.1 米，东西可见宽 0.6 米，深度 0.3 ~ 0.8 米。H126 的填土为浅灰色土，土质

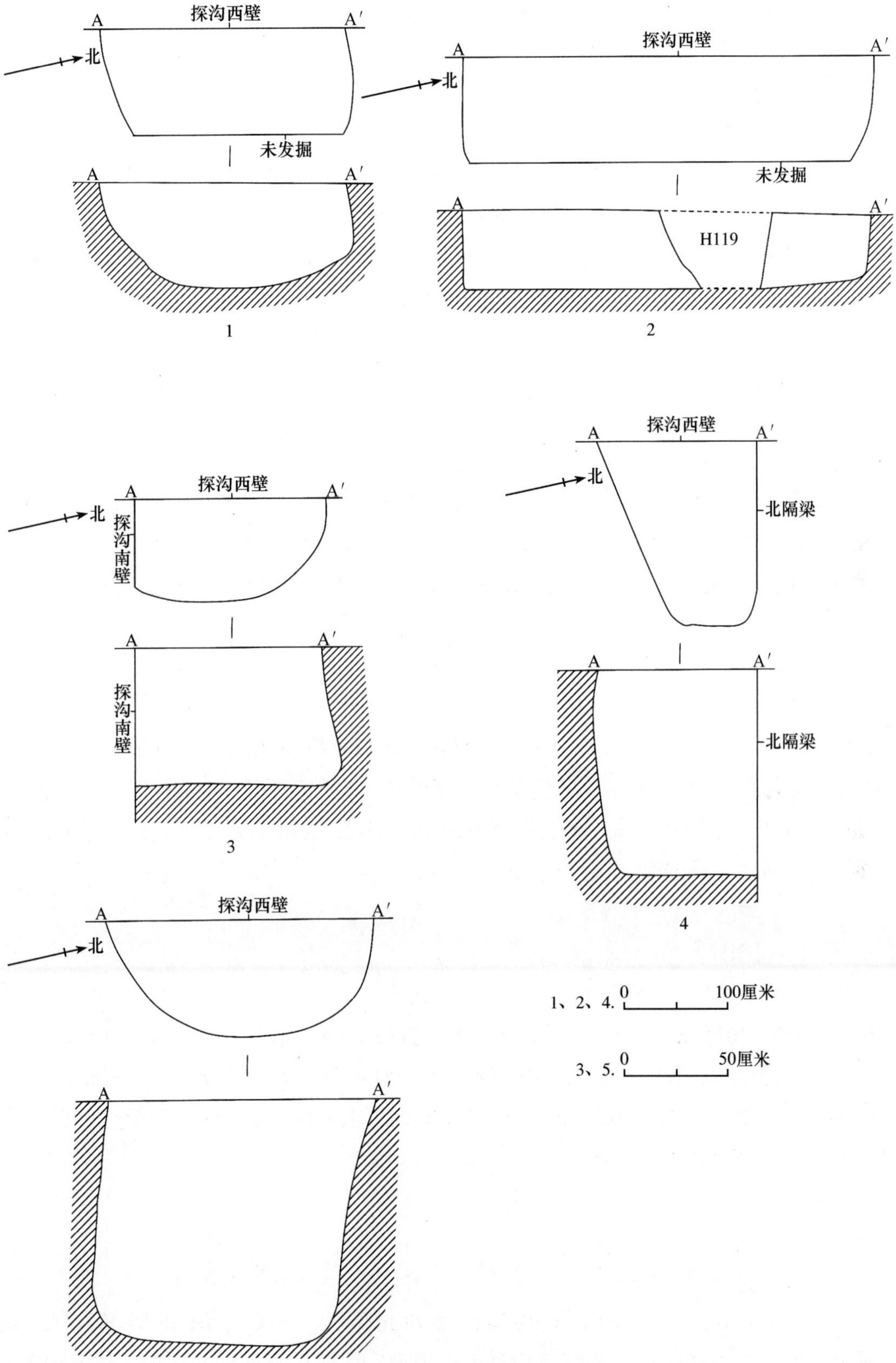

图八〇七　H121 ~ H125平、剖面图

1. H121　2. H122　3. H123　4. H124　5. H125

较疏松，包含少量木炭粒；无遗物出土（图八〇八，1）。

（一二）H127

H127位于TG4009中北部，延伸至探沟西壁，开口于第4b层下，打破第5a、6层，被H124打破。H127平面近梯形，剖面呈不规则形，坑壁呈斜坡状且粗糙，坑底较不平整。H127开口距地表2.6米，南北延伸为4.8米，东西可见宽1米，深度0.3～0.5米。H127的填土为浅灰色土，土质较疏松，包含少量木炭粒；无遗物出土（图八〇八，2）。

（一三）H128

H128位于TG4011中北部，延伸至探沟西壁，开口于第3a层下，打破第4a、4b层。H128平面近椭圆形，剖面呈长方形，坑壁较垂直且粗糙，坑底较平整。H128开口距地表1米，南北延伸为1.05米，东西可见宽0.5米，深度0.3米。H128的填土为黄褐色土，土质较疏松，包含少量木炭粒；无遗物出土（图八〇八，3）。

（一四）H129

H129位于TG4011中北部，延伸至探沟西壁，开口于第4b层下，打破H131。H129平面呈不规则形，剖面呈半椭圆形，坑壁呈斜坡状且粗糙，坑底较平整。H129开口距地表2.1米，南北延伸为1.5米，东西可见宽1米，深度0.35米。H129的填土为煤渣土，土质较疏松，包含大量红黑色木炭粒；无遗物出土（图八〇八，4）。

（一五）H130

H130位于TG4011南部，开口于第3a层下，打破第4a、4b和5a层。H130平面和剖面均呈不规则形，坑壁呈斜坡状且粗糙，坑底较平整。H130开口距地表1.3米，南北延伸为1.25米，东西可见宽0.25米，深度0.2～0.45米。H130的填土为煤渣土，土质较疏松，包含木炭颗粒；无遗物出土（图八〇八，5）。

（一六）H131

H131位于TG4011中部，延伸至探沟西壁和北隔梁，开口于第4b层下，打破第5a、6层，被H129打破。H131平面和剖面均呈不规则形，坑壁呈斜坡状且粗糙，坑底较不平整。H131开口距地表2.1米，南北延伸为6.4米，东西可见宽1米，深度1.9米。H131的填土为黄褐色土，土质较疏松，包含少量木炭粒；无遗物出土（图八〇八，6）。

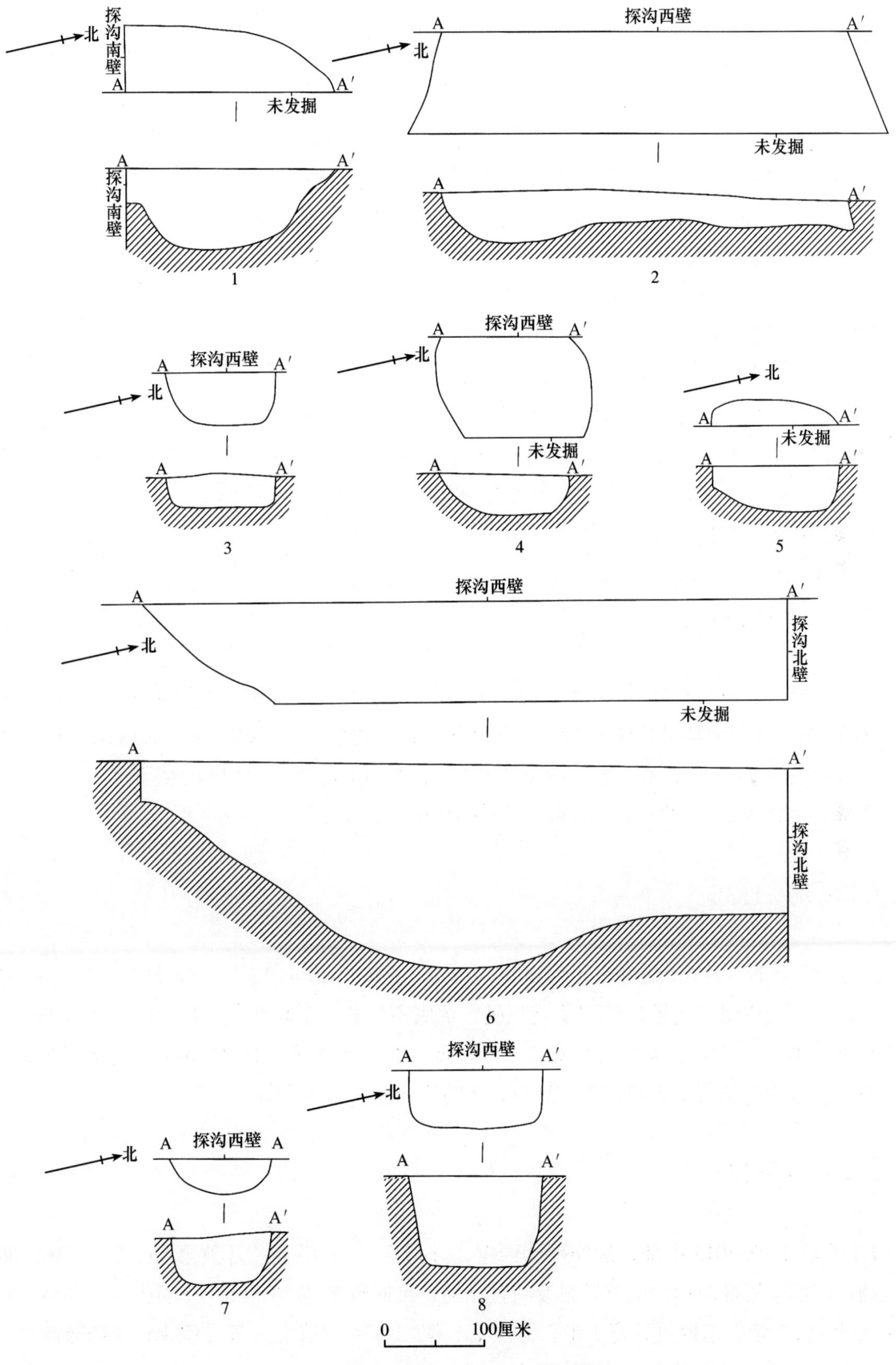

图八〇八　H126～H133平、剖面图

1. H126　2. H127　3. H128　4. H129　5. H130　6. H131　7. H132　8. H133

（一七）H132

H132位于TG4012中部，延伸至探沟西壁，开口于第4a层下，打破第4b层。H132平面近半椭圆形，剖面呈长方形，坑壁呈斜坡状且粗糙，坑底较平整。H132开口距地表1.5米，南北延伸为1米，东西可见宽0.35米，深度0.45米。H132的填土为浅灰色土，土质较疏松，包含少量木炭粒；无遗物出土（图八〇八，7）。

（一八）H133

H133位于TG4012南部，延伸至探沟西壁，开口于第4a层下，打破第4b、5a层。H133平面和剖面均为近长方形，坑壁较斜直且粗糙，坑底较平整。H133开口距地表1.5米，南北延伸为1.3米，东西可见宽0.55米，深度0.85米。H133的填土为浅灰色土，土质较疏松，包含红黑色炭粒；无遗物出土（图八〇八，8）。

（一九）H134

H134位于TG4013北部，延伸至探沟北隔梁和探沟西壁，开口于第4a层下，打破第4b层。H134平面和剖面均呈近长方形，坑壁呈斜坡状且粗糙，坑底较平整。H134开口距地表3米，南北可见延伸为1.05米，东西可见宽0.4米，深度0.65米。H134的填土为灰褐色土，土质较疏松，包含少量黄土块和白灰碎渣；无遗物出土（图八〇九，1）。

（二〇）H135

H135位于TG4013中北部，延伸至探沟西壁，开口于第4a层下，打破第4b层。H135平面和剖面呈不规则形，坑壁呈斜坡状且粗糙，坑底不平整，南高北低。H135开口距地表2米，南北可见延伸为2.25米，东西可见宽2米，深度0.35～0.55米。H135的填土为灰褐色土，土质较疏松，包含少量黄土块和红黑色炭粒；无遗物出土（图八〇九，2）。

（二一）H136

H136位于TG4013中部，延伸探沟西壁，开口于第4b层下，打破第5a层。H136平面呈不规则形，剖面近椭圆形，坑壁呈斜坡状且粗糙，坑底较平整。H136开口距地表3.1米，南北可见延伸为1.2米，东西可见宽1米，深度0.4米。H136的填土为灰褐色土，土质较疏松，包含少量黄土块和红黑色炭粒；无遗物出土（图八〇九，3）。

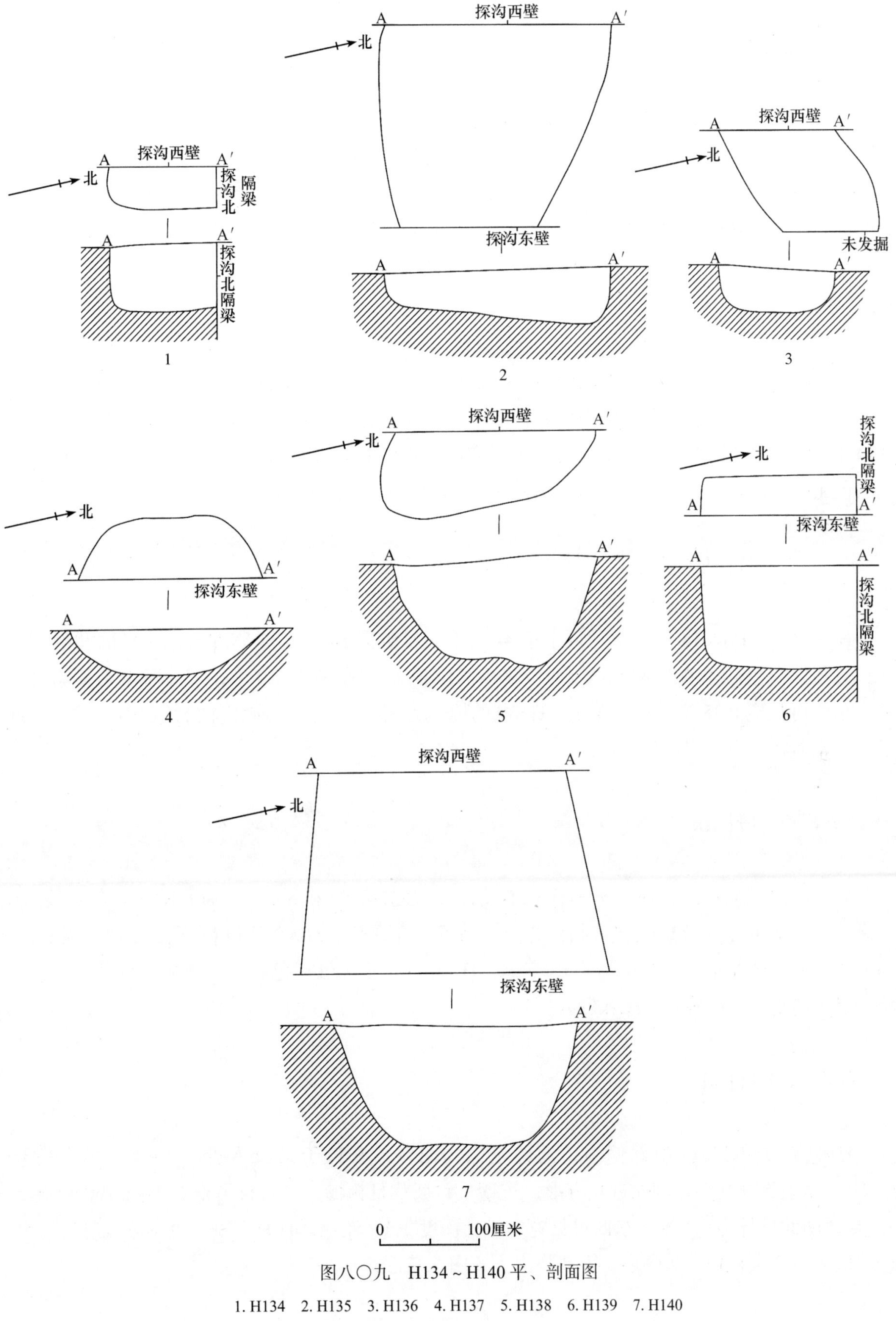

图八〇九　H134～H140平、剖面图

1. H134　2. H135　3. H136　4. H137　5. H138　6. H139　7. H140

（二二）H137

H137 位于 TG4014 中东部，开口于第 2 层下，打破第 3a、4a 层。H137 平面和剖面均为近椭圆形，坑壁呈斜坡状且粗糙，坑底较平整。H137 开口距地表 1.3 米，南北可见延伸为 1.8 米，东西可见宽 0.6 米，深度 0.4 米。H137 的填土为红褐色黏土，土质较疏松，包含少量黄土块和白灰碎渣；出土遗物有瓷碗残片、陶罐残片和陶盆残片（图八〇九，4）。

（二三）H138

H138 位于 TG4014 南部并延伸至 TG4015 北部，开口于第 4a 层下，打破第 5a、5b 层。H138 平面呈不规则形，剖面呈袋状，口大底小，坑壁呈斜坡状且粗糙，坑底较不平整。H138 开口距地表 1.9 米，南北可见延伸为 2 米，东西可见宽 0.85 米，深度 1.05 米。H138 的填土为灰黑色土，土质较疏松，包含大量红黑色炭粒；无遗物出土（图八〇九，5）。

（二四）H139

H139 位于 TG4014 中部，开口于第 4a 层下，打破第 5a、5b 和 6 层。H139 平面和剖面均近长方形，坑壁较垂直且粗糙，坑底较平整。H139 开口距地表 1.9 米，南北可见延伸为 1.55 米，东西可见宽 0.35 米，深度 1 米。H139 的填土为灰黑色土，土质较疏松，包含大量红黑色炭粒；无遗物出土（图八〇九，6）。

（二五）H140

H140 位于 TG4015 北部，开口于第 5a 层下，打破第 5b 和 6 层。H140 平面近梯形，剖面呈袋状，口大底小，坑壁呈斜坡状且粗糙，坑底较不平整。H140 开口距地表 2.3 米，南北延伸为 3.1 米，东西可见宽 2 米，深度 1.7 米。H140 的填土为红褐色黏土，土质较疏松，包含炭粒；出土遗物有瓷碗残片（图八〇九，7）。

（二六）H141

H141 位于 TG4017 中部偏南，延伸至探沟西壁，开口于第 5a 层下，打破第 5b、6 层。H141 平面呈不规则形，剖面近长方形，坑壁呈斜坡状且粗糙，坑底较平整。H141 开口距地表 2.9 米，南北延伸为 3.1 米，东西可见宽 1 米，深度 1.35 米。H141 的填土为黑褐色黏土，土质较疏松，包含炭粒和白灰碎块；无遗物出土（图八一〇，1）。

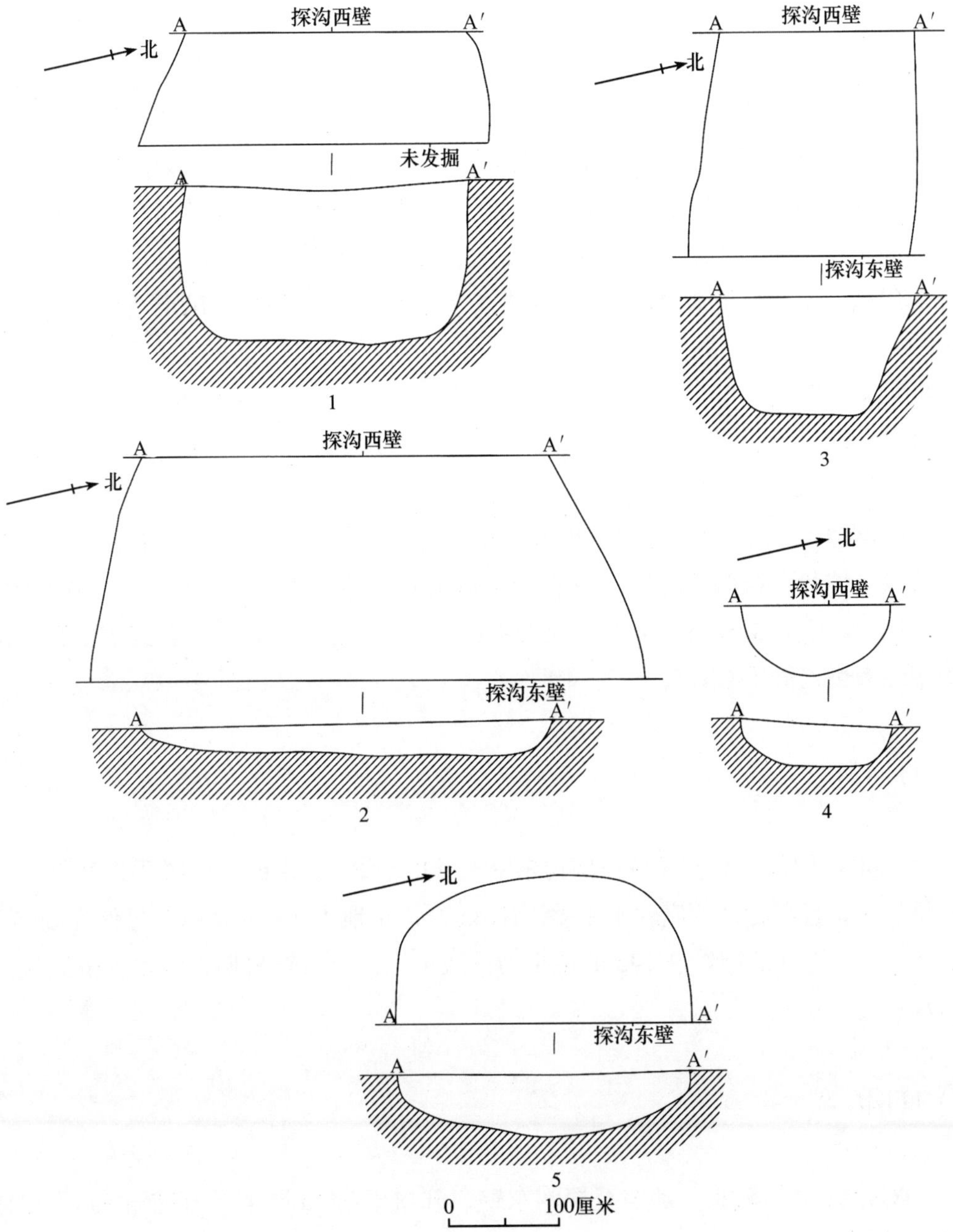

图八一〇　H141～H145 平、剖面图

1. H141　2. H142　3. H143　4. H144　5. H145

（二七）H142

H142 位于 TG4018 中部偏南，延伸至探沟西壁，开口于第 4a 层下，打破夯 9。H142 平面和剖面均为不规则形，坑壁呈斜坡状且粗糙，坑底较不平整。H142 开口距地表 1.9 米，南北延伸为 4.95 米，东西可见宽 2 米，深度 0.25 米。H142 的填土为红褐色土，土质较疏松，包含红烧土和炭粒；出土遗物有筒瓦和脊兽（图八一〇，2）。

（二八）H143

H143 位于 TG4020 中部偏南，延伸至探沟西壁，开口于第 3a 层下，打破第 4a、5a 层和夯 9。H143 平面近方形，剖面呈袋状，口大底小，坑壁呈斜坡状且粗糙，坑底较平整。H143 开口距地表 1.8 米，南北延伸为 2 米，东西可见宽 2 米，深度 1 米。H143 的填土分为 5 层，由 3 层黑色填土和 2 层红色炉渣交替组成，土质较疏松，包含红烧土和炭粒；出土遗物有瓷碗残件（图八一〇，3）。

（二九）H144

H144 位于 TG4021 中部偏南，延伸至探沟西壁，开口于第 5a 层下。H144 平面和剖面均为半椭圆形，坑壁呈坡状且粗糙，坑底较平整。H144 开口距地表 2.7 米，南北延伸为 1.35 米，东西可见宽 0.6 米，深度 0.35 米。H144 的填土为灰黄色土，土质较疏松，包含红烧土和炭粒；出土遗物有陶罐、陶甑和板瓦（图八一〇，4）。

（三〇）H145

H145 位于 TG4022 中部偏北，延伸至探沟东壁，开口于第 5a 层下。H145 平面和剖面均近椭圆形，坑壁呈斜坡状且粗糙，坑底较不平整。H145 开口距地表 3.8 米，南北延伸为 2.65 米，东西可见宽 1.25 米，深度 0.55 米。H145 的填土为浅灰色土，土质较疏松，包含少量炭粒；无遗物出土（图八一〇，5）。

（三一）H146

H146 位于 TG4022 中部偏北，延伸至探沟东壁，开口于第 4a 层下，打破第 5a 层。H146 平面近椭圆形，剖面呈长方形，坑壁斜直且粗糙，坑底较平整。H146 开口距地表 2.2 米，南北延伸为 1.25 米，东西可见宽 0.45 米，深度 1.2 米。H146 的填土为浅灰色土，土质较疏松，包含少量炭粒；无遗物出土（图八一一，1）。

（三二）H147

H147 位于 TG4023 中部偏北，延伸至探沟西壁，开口于第 5a 层下。H147 平面和剖面均近半椭圆形，坑壁呈斜坡状且粗糙，坑底较不平整。H147 开口距地表 2.2 米，南北延伸为 2.15 米，东西可见宽 1.95 米，深度 0.4 米。H147 的填土为浅灰色土，土质较疏松，包含少量炭粒；无遗物出土（图八一一，2）。

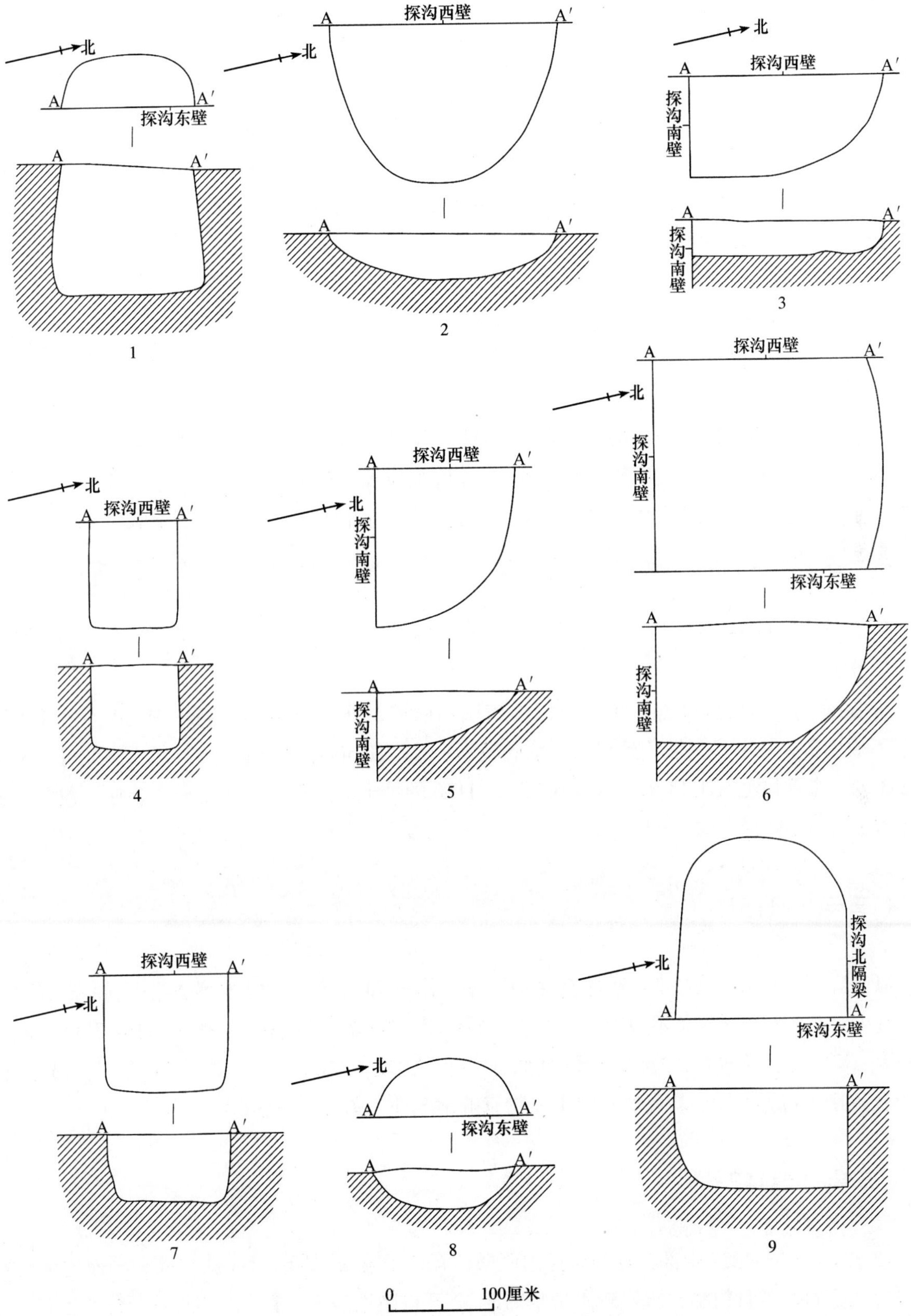

图八一一　H146～H154平、剖面图

1. H146　2. H147　3. H148　4. H149　5. H150　6. H151　7. H152　8. H153　9. H154

（三三）H148

H148 位于 TG4023 南部，延伸至探沟南壁和西壁，开口于第 5a 层下。H148 平面和剖面均呈不规则形，坑壁呈斜坡状且粗糙，坑底较平整。H148 开口距地表 3.6 米，南北延伸为 1.9 米，东西可见宽 0.9 米，深度 0.35 米。H148 的填土为浅灰色土，土质较疏松，包含少量炭粒；出土遗物有陶罐残件（图八一一，3）。

（三四）H149

H149 位于 TG4024 中部，延伸至探沟西壁，开口于第 5a 层下。H149 平面和剖面均近方形，坑壁较垂直且粗糙，坑底较平整。H149 开口距地表 3.5 米，南北延伸为 0.85 米，东西可见宽 1 米，深度 0.8 米。H149 的填土为深灰褐色土，土质较疏松，包含少量炭粒；无遗物出土（图八一一，4）。

（三五）H150

H150 位于 TG4024 南部，延伸至探沟南壁和西壁，开口于第 5a 层下。H150 平面和剖面均呈不规则形，坑壁呈斜坡状且粗糙，坑底较不平整。H150 开口距地表 3.6 米，南北可见延伸为 1.3 米，东西可见宽 1.45 米，深度 0.5 米。H150 的填土为浅黄色土，土质较疏松，包含少量碎石块；出土遗物有陶罐残件（图八一一，5）。

（三六）H151

H151 位于 TG4027 南部，延伸至探沟南壁、东壁和西壁，开口于第 2 层下，打破第 3a、4a 层。H151 平面和剖面呈不规则形，坑壁呈斜坡状且粗糙，坑底较不平整。H151 开口距地表 1.4 米，南北可见延伸为 2.2 米，东西可见宽 2 米，深度 1.15 米。H151 的填土为深灰褐色土，土质较疏松，包含大量煤炭碎块；出土遗物有陶罐残件（图八一一，6）。

（三七）H152

H152 位于 TG4027 中部，延伸至探沟西壁，开口于第 5a 层下。H152 平面和剖面均呈长方形，坑壁呈斜坡状且粗糙，坑底较不平整。H152 开口距地表 3.3 米，南北可见延伸为 1.15 米，东西可见宽 1.05 米，深度 0.6 米。H152 的填土为浅黄色土，土质较疏松，包含少量碎石块；无遗物出土（图八一一，7）。

（三八）H153

H153位于TG4027南部，延伸至探沟南壁，开口于第5a层下。H153平面和剖面均呈半椭圆形，坑壁呈斜坡状且粗糙，坑底呈锅底状。H153开口距地表3.2米，南北可见延伸为1.35米，东西可见宽0.55米，深度0.35米。H153的填土为浅黄色土，土质较疏松，包含少量碎石块；无遗物出土（图八一一，8）。

（三九）H154

H154位于TG4027北部，延伸至探沟北隔梁和东壁，开口于第5a层下。H154平面和剖面均呈不规则形，坑壁较垂直且粗糙，坑底较平整。H154开口距地表3米，南北可见延伸为1.65米，东西可见宽1.7米，深度0.9米。H154的填土为浅黄色土，土质较疏松，包含少量碎石块；无遗物出土（图八一一，9）。

（四〇）H155

H155位于TG4029中部，开口于第3a层下，打破第4a、5a、5b层。H155平面近长方形，剖面呈袋状，口大底小，坑壁斜直且粗糙，坑底较平整。H155开口距地表0.96米，南北可见延伸为1.85米，东西可见宽1.2米，深度2.1米。H155的填土为红褐色土，土质较硬，包含少量碎石块；无遗物出土（图八一二，1）。

（四一）H156

H156位于TG4029中部，延伸至探沟西壁，开口于第2层下，打破第3a、4a层。H156平面和剖面均为半椭圆形，坑壁呈坡状且粗糙，坑底较平整。H156开口距地表1米，南北可见延伸为1.05米，东西可见宽0.6米，深度0.45米。H156的填土为红褐色土，土质较硬，包含少量碎石块；无遗物出土（图八一二，2）。

（四二）H157

H157位于TG4030中部，延伸至探沟四壁，开口于第4a层下，打破第5a、5b层。H157平面近长方形，剖面呈不规则形，坑壁呈斜坡状且粗糙，坑底较不平整。H157开口距地表1.7米，南北可见延伸为8.8米，东西可见宽2米，深度0.3～0.8米。H157的填土为红褐色土，土质较硬，包含少量碎石块；出土遗物有瓷盘残件（图八一二，3）。

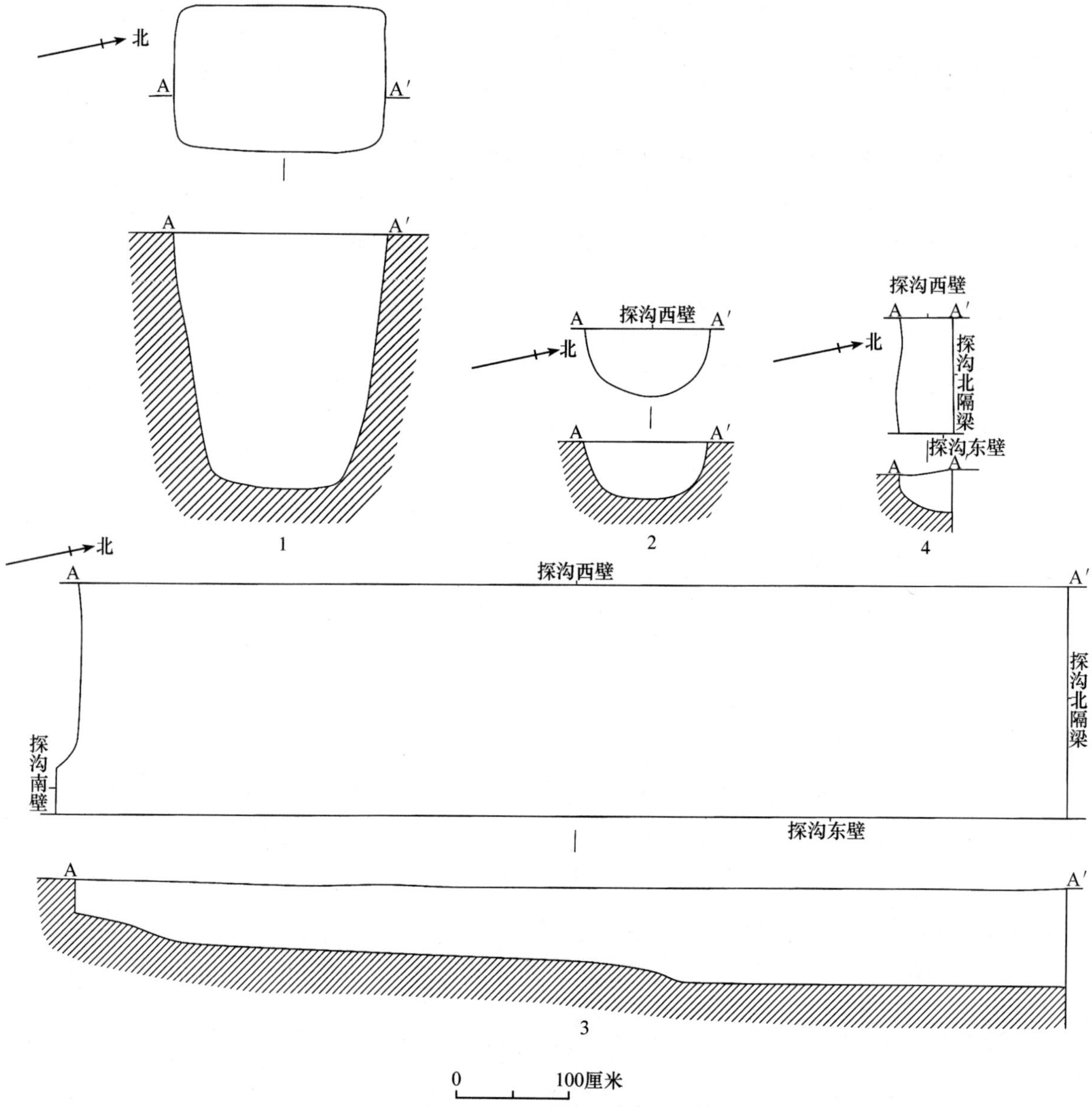

图八一二　H155 ~ H158 平、剖面图

1. H155　2. H156　3. H157　4. H158

（四三）H158

H158 位于 TG4034 北部，延伸至探沟西壁和北隔梁下，开口于第 6 层下。H158 平面近方形，剖面呈不规则形，坑壁呈坡状且粗糙，坑底较不平整。H158 开口距地表 2.8 米，南北可见延伸为 0.5 米，东西可见宽 1 米，深度 0.35 米。H158 的填土为红褐色土，土质较硬，包含少量碎石块；无遗物出土（图八一二，4）。

三、灶　　址

第七段探沟内发现灶址7处，这7处灶的结构多有差别，现分别概述如下。

（一）Z21

Z21位于T4001东北部，开口于第4a层下。灶口近圆形，灶膛呈袋状，底较圜，制作较简单。Z21距地表1.75米，东西延伸0.5米，灶深0.38米，灶口直径0.16米，周围有0.17米宽的红烧土。Z21填土为红烧土块和灰烬，土质疏松，内含大量炭粒；无遗物出土（图八一三，1）。

（二）Z22

Z22位于TG4002中部偏西，开口于第4a层下。灶口近圆形，灶膛呈长方形，底较平，灶膛由内外两层六块板瓦向内对扣拼成，制作较简单。Z22距地表1.7米，东西延伸0.75米，灶深0.5米，灶口直径0.35米。Z22填土为红烧土块和灰烬，土质疏松，内含大量炭粒；无遗物出土（图八一三，2；图版一二〇，1）。

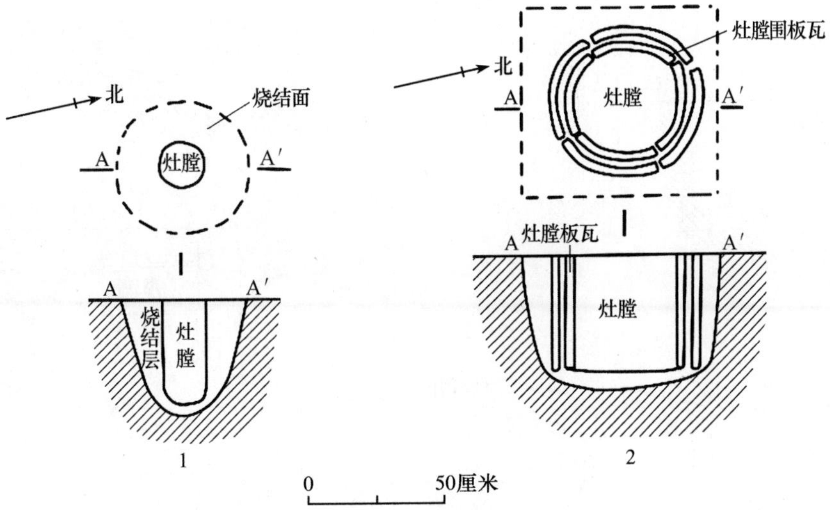

图八一三　Z21、Z22平、剖面图
1. Z21　2. Z22

（三）Z23

Z23位于TG4020北部偏西，Z24西侧，开口于第4a层下。灶口近圆形，灶膛呈袋状，底较圜。一无底倒置陶罐作为灶膛，在陶罐中部连接一个由两个筒瓦对扣的风道，风道残长0.3米。Z23距地表2米，东西延伸0.87米，深0.5米，灶口直径0.3米。Z23填土为灰黑色灰烬，土质疏松，内含大量炭粒；无遗物出土（图八一四，1；图版一二〇，2）。

（四）Z24

Z24 位于 TG4020 北部偏东，Z23 东侧，开口于第 4a 层下。灶口近圆形，灶膛呈不规则袋状，底较圜。一无底倒置陶罐作为灶膛，在陶罐中部连接一个由两个筒瓦对扣的风道，通风道残长 0.8 米。Z23 距地表 2 米，东西延伸 0.9 米，深 0.35 米，灶口直径 0.18 米。Z24 填土为灰黑色灰烬，土质疏松，内含大量炭粒；无遗物出土（图八一四，2；图版一二〇，3）。

（五）Z25

Z25 位于 TG4021 中部偏西，Z26 西北侧，开口于第 4a 层下。灶口近椭圆形，灶膛呈袋状，底较圜，制作较简单。Z25 距地表 2.8 米，南北延伸 0.65 米，东西延伸 0.4 米，灶深 0.25 米，

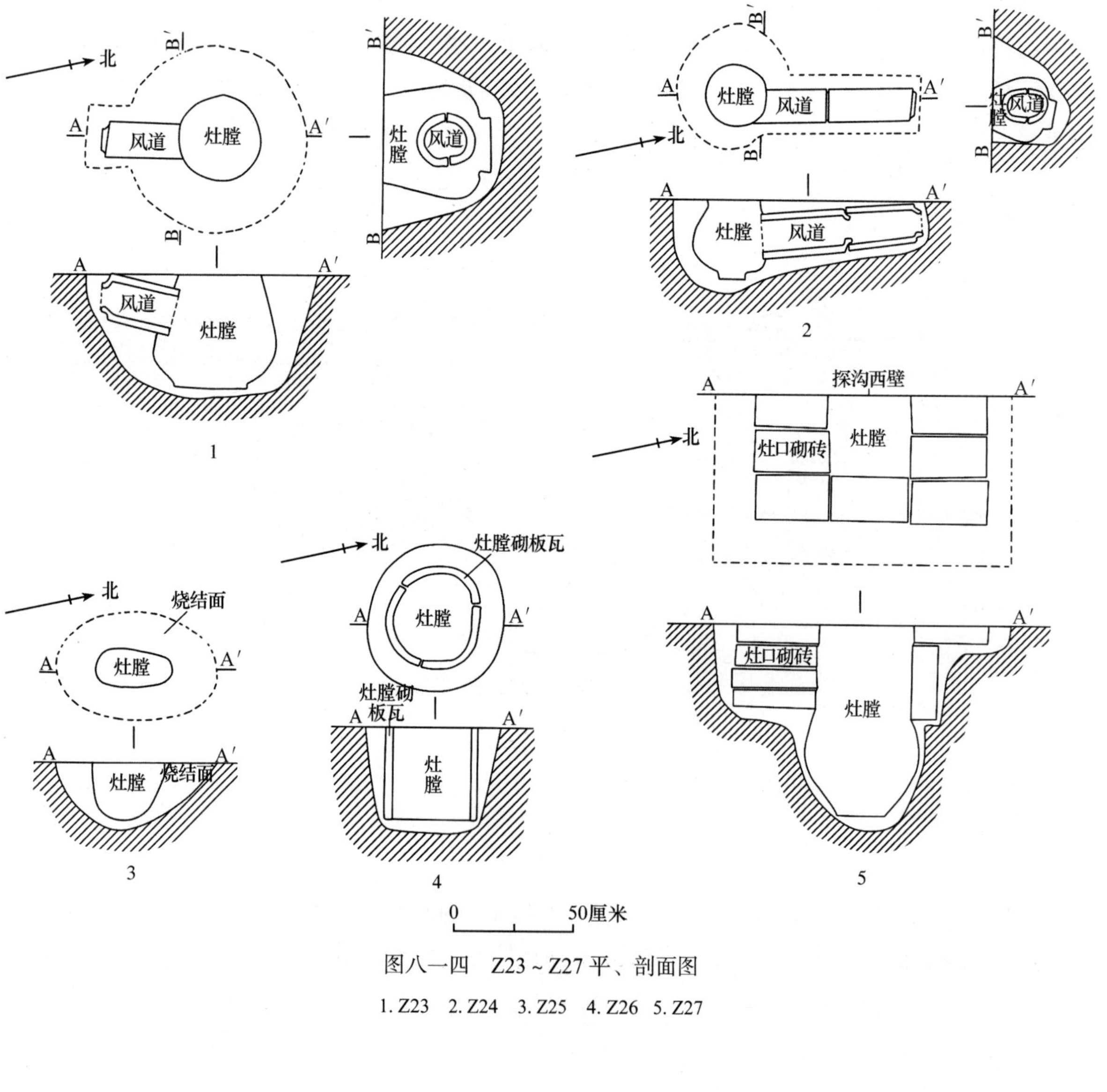

图八一四　Z23～Z27 平、剖面图

1. Z23　2. Z24　3. Z25　4. Z26　5. Z27

灶口南北长 0.22 米，东西宽 0.13 米。Z25 填土为红烧土块和灰黑色灰烬，土质疏松，内含大量炭粒；无遗物出土（图八一四，3）。

（六）Z26

Z26 位于 TG4021 南部偏东，Z25 东南侧，开口于第 4a 层下。灶口近圆形，灶膛呈长方形，底较平，灶膛由三块板瓦向内对扣拼成，制作较简单。Z26 距地表 2.8 米，东西延伸 0.45 米，灶深 0.32 米，灶口直径 0.24 米。Z26 填土为红烧土块和灰黑色灰烬，土质疏松，内含大量炭粒；无遗物出土（图八一四，4）。

（七）Z27

Z27 位于 TG4031 中部偏西，延伸至西壁下，开口于第 4a 层下，打破第 5a 层。灶口近方形，灶膛呈不规则长方形，底部较圜，灶口有 4 层长方形砖上下平砌而成，砖下倒置一无底陶罐作为灶膛。Z27 距地表 1.8 米，东西可见延伸 0.5 米，南北延伸 0.9 米，灶深 0.6 米，灶口边长 0.25 米。Z26 填土为红烧土块和灰黑色灰烬，土质疏松，内含大量炭粒；无遗物出土（图八一四，5）。

第三节　遗　　物

本段探沟出土遗物比较丰富，有建筑构件、陶器、瓷器、釉陶器等。共出土标本遗物 445 件，其中出土东周、汉代标本遗物 9 件，魏晋十六国标本遗物 5 件，北朝至五代标本遗物 424 件，宋至清代标本遗物 7 件。

一、东周、汉代遗物

共出土标本遗物 9 件，其中有建筑构件 4 件和陶器 5 件。

（一）建筑构件

共出土标本遗物 4 件，其中有板瓦 2 件和瓦当 2 件。

1. 板瓦

共 2 件。

C 型　共 1 件。

标本 TG4020⑥：1，残存上端部分。泥质灰陶，模制，制作较规整。瓦端呈尖圆形且上翘。凸面饰斜粗绳纹，绳径 0.4 厘米，端头绳纹被抹平 3.1 厘米，瓦体部有数条宽约 0.9 厘米的绳纹被抹平，凹面为素面。青灰色。残长 13.1 ~ 14、瓦头残宽 3、厚 0.8 ~ 1.1 厘米（图八一五；图版一二一，1）。

E 型Ⅱ式　共 1 件。

标本 TG4021H144：3，残存上端部分。泥质灰陶，模制，制作较规整。瓦端齐平，侧棱内切。凸面饰竖向细绳纹，绳径 0.2 ~ 0.3 厘米，瓦端有宽 4.5 厘米的抹平痕；凹面饰布纹。浅灰色。残长 7.3 ~ 12.4、残宽 12.5、厚 1.3 ~ 1.6 厘米；切痕深 0.2 厘米（图八一六；图版一二一，2）。

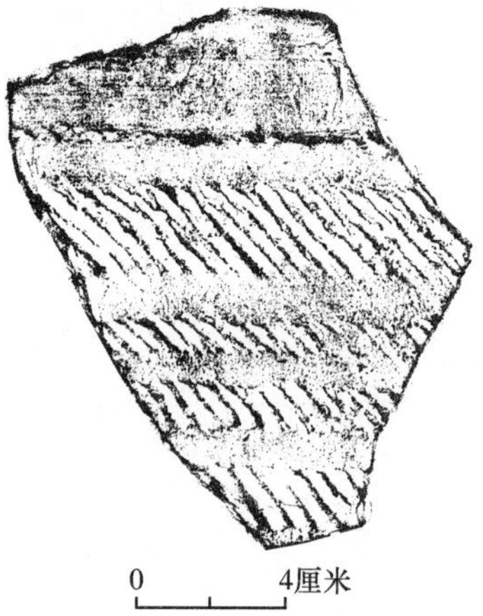

图八一五　东周、汉代 C 型板瓦（TG4020⑥：1）纹饰拓本

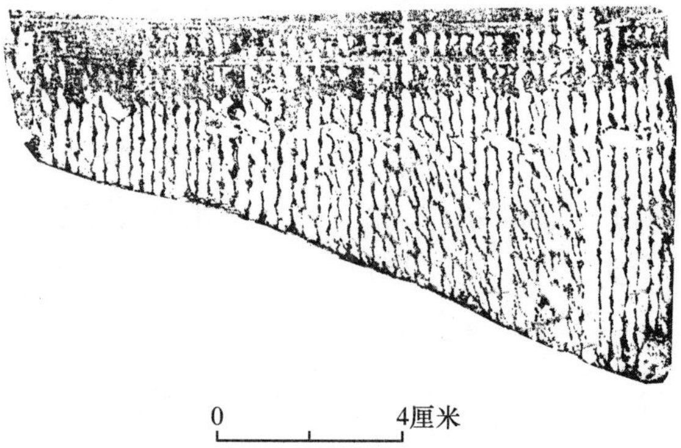

图八一六　东周、汉代 E 型Ⅱ式板瓦（TG4021H144：3）纹饰拓本

2. 瓦当

Bc 型　共 2 件。均为泥质灰陶，模制，制作规整。当面主题纹饰为乳钉卷云纹。边轮较宽且平，边轮内由 1 条单线弦纹将圆当括成内外两个圆圈。内圈中心饰高凸的乳钉纹；外圈由四个连接边轮和弦纹的单线界格将外圈分为四个扇面，每个扇面内饰一朵蘑菇状云纹，云纹由边轮开始，自上而下向内卷曲。

标本 TG4011⑥：1，残存三分之一。云纹构图较简单，迂曲部分断笔，云纹卷曲部分较小，呈平顶状；背面素面，较平。面径 13、厚 1.6 ~ 2.1、边轮宽 1.8 ~ 2.2 厘米（图八一七、图八一八；图版一二一，3）。

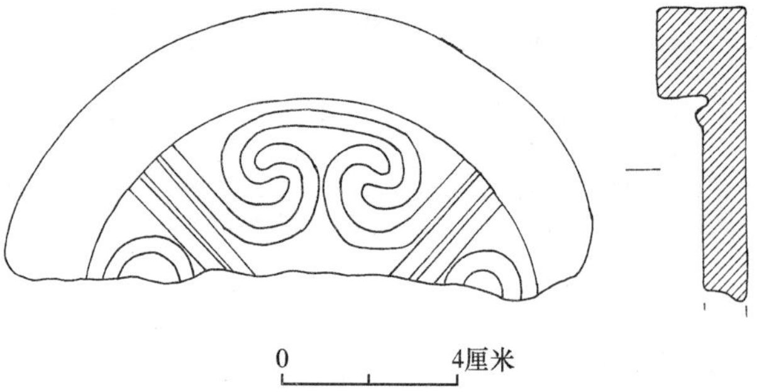

图八一七　东周、汉代 Bc 型瓦当（TG4011⑥：1）

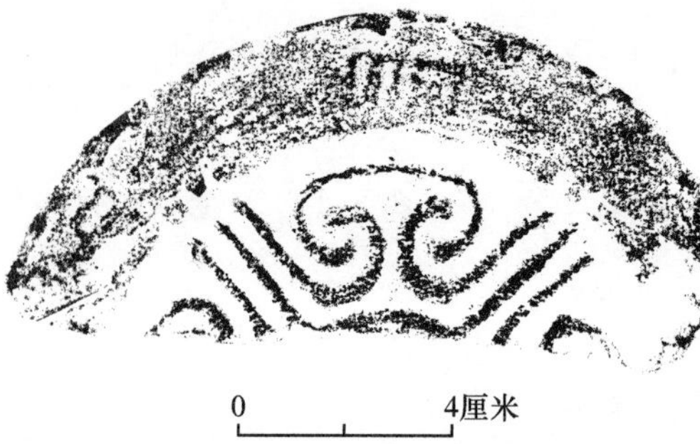

图八一八　东周、汉代 Bc 型瓦当（TG4011⑥：1）纹饰拓本

标本TG4015⑤a：4，残存四分之一。云纹构图较简单，迂曲部分不断笔，云纹卷曲部分较小，呈平顶状；背面饰绳纹，较平。面径14、厚1.8～2.1、边轮宽1.4～1.7厘米（图八一九、图八二〇；图版一二一，4）。

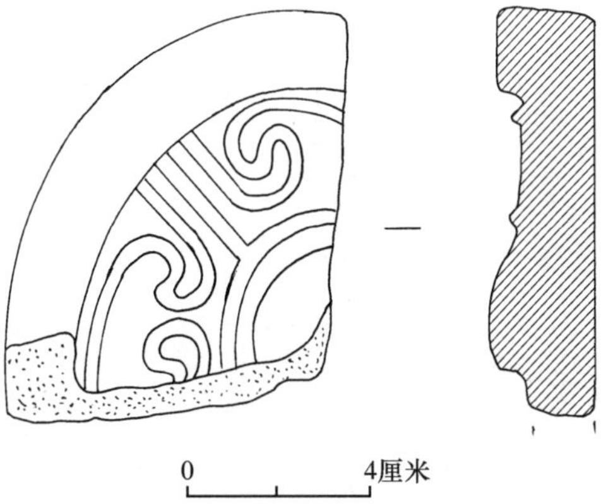

图八一九　东周、汉代Bc型瓦当
（TG4015⑤a：4）

图八二〇　东周、汉代Bc型瓦当
（TG4015⑤a：4）纹饰拓本

（二）陶器

共出土标本遗物5件，其中有陶盆1件、陶瓮1件、陶甑1件和陶豆2件。

1. 陶盆

Bb型　共1件。

标本TG4023H148：1，残。泥质灰陶。方唇，外折窄沿，侈口。外壁饰粗斜绳纹，有一周绳纹被抹平。残高4.8、厚0.4～0.6厘米（图八二一）。

2. 陶瓮

A型　共1件。

标本TG4024H150：1，残。泥质灰陶。方唇，直口，折肩。外壁饰竖向细绳纹。口径14、残高6.5、厚1～1.2厘米（图八二二）。

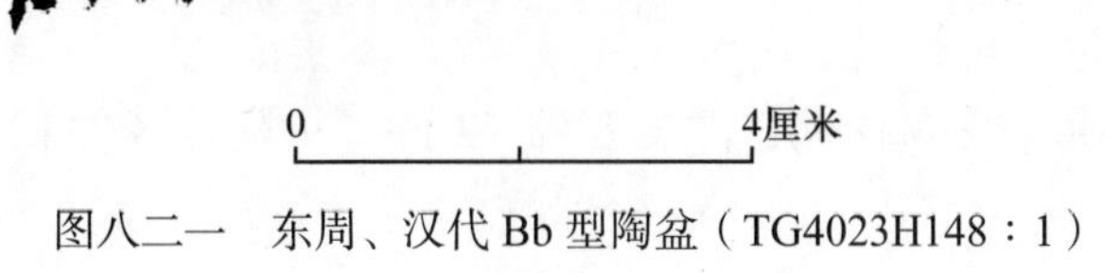

图八二一　东周、汉代Bb型陶盆（TG4023H148：1）
纹饰拓本

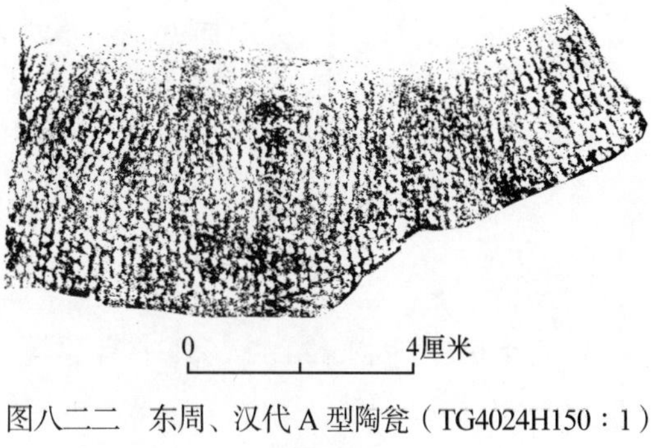

图八二二　东周、汉代A型陶瓮（TG4024H150：1）
纹饰拓本

3. 陶甑

标本 TG4021H144：2，残底。泥质灰陶。残留数孔。残高 1.4、孔径 3.5、厚 1.1 ~ 1.2 厘米。

4. 陶豆

共 2 件。均为泥质灰陶。豆柄中空，喇叭形足。

标本 TG4007 ⑥：2，残足。底径 9、残高 4.3、厚 0.5 ~ 0.6 厘米。

标本 TG4022 ⑤ a：2，残足。底径 8.2、残高 7.6、厚 0.4 ~ 0.9 厘米。

二、魏晋十六国遗物

共出土标本遗物 5 件，其中有陶罐 2 件、陶盆 2 件和陶片 1 件。

1. 陶罐

B 型Ⅰ式　共 2 件。均为泥质灰陶。方唇，侈口，长颈，鼓腹。

标本 TG4024H150：2，残。口径 18，残高 8.3，厚 1 ~ 1.1 厘米。

标本 TG4011 ⑥：2，残。外壁肩部饰三周凸弦纹，其下饰水波纹。口径 17、残高 10.5、厚 0.7 厘米（图八二三）。

2. 陶盆

B 型　共 2 件。均为泥质灰陶。方唇，外折窄平沿，侈口，斜弧腹。

标本 TG4021H144：1，残。内壁饰有数周带状短竖条纹。口径 23、残高 7.7、厚 0.7 ~ 0.9 厘米。

标本 TG4019 ⑥：1，残。内壁饰有数周带状“＞”纹。口径 27、残高 9.1、厚 0.7 ~ 0.8 厘米（图八二四、图八二五）。

3. 陶片

共 1 件。

标本 TG4007 ⑥：3，泥质灰陶。内壁饰点状戳印纹，外壁饰一周“＜”纹，其下饰竖向细绳纹。残长 9.5、厚 0.6 ~ 0.9 厘米（图八二六）。

三、北朝至五代遗物

共出土标本遗物 424 件，其中有建筑构件 106 件、陶器 73 件、瓷器 72 件、釉陶器 8 件和其他 165 件。

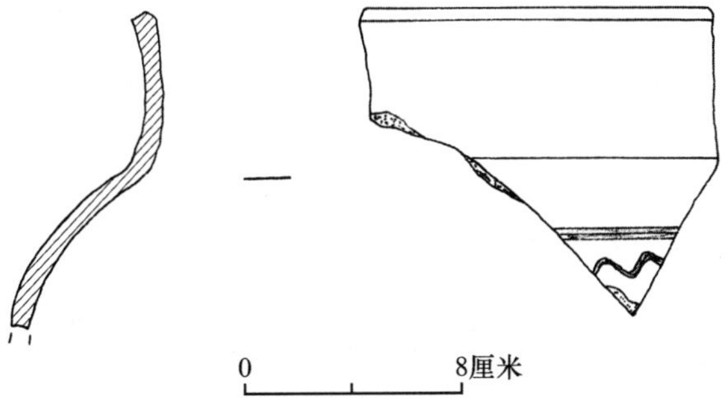

图八二三　魏晋十六国B型Ⅰ式陶罐（TG4011⑥：2）

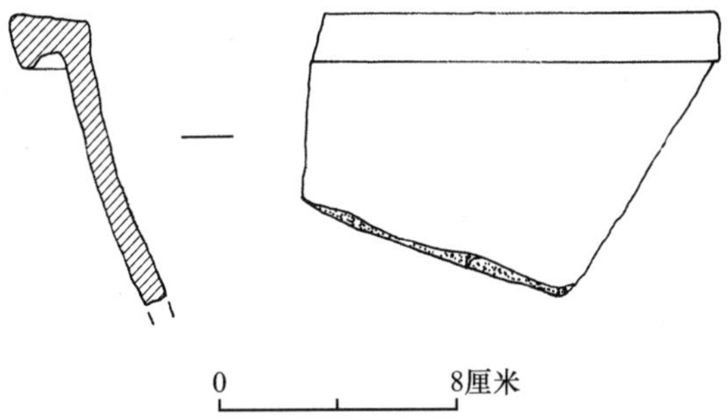

图八二四　魏晋十六国B型陶盆（TG4019⑥：1）

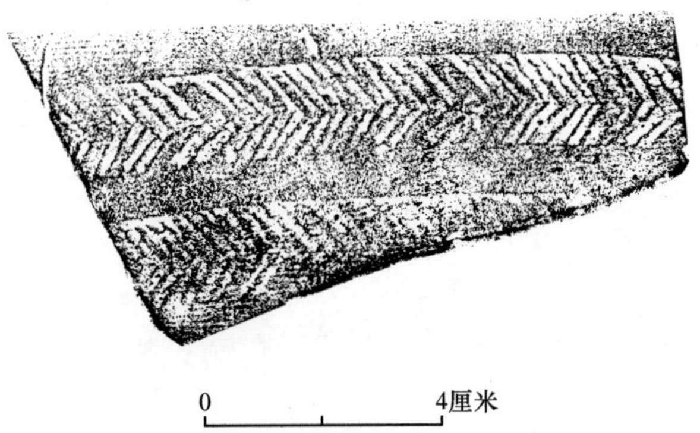

图八二五　魏晋十六国B型陶盆（TG4019⑥：1）纹饰拓本

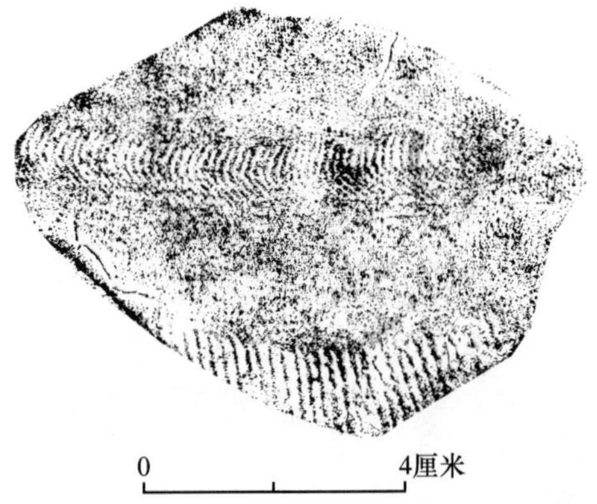

图八二六　陶片（TG4007⑥：3）纹饰拓本

（一）建筑构件

共出土标本遗物106件，其中有板瓦16件、筒瓦11件、瓦当59件、砖9件、脊兽10件和脊头瓦1件。

1. 板瓦

共16件。

Aa型　共1件。

标本TG4018④a：1，残存下端部分。泥质灰陶。瓦体较厚，模制，制作规整。下端端面饰刀削单层斜向波浪纹花边，花边下有一周刀削凹槽。凸面素面；凹面饰布纹，有褶皱痕。侧棱内切，浅灰色。残长9.1、残宽12.2、厚2.1厘米；切痕深0.3厘米（图八二七、图八二八）。

Ab型　共3件。均为泥质灰陶，模制，制作规整。瓦体较厚，凸面和凹面均为青掍磨光，下端端面上层饰单层花边，侧棱内切。

标本TG4008⑥：1，残存下端部分。下端端面手捏单层正向波浪纹花边。黑灰色。残长13.1、残宽16.7、厚1.7～2厘米；切痕深1厘米（图八二九、图八三〇）。

标本TG4008④a：3，残存下端部分。下端端面手捏单层正向波浪纹花边。浅灰色。残长4.3～7.3、残宽10.3、厚1.6～1.8厘米（图八三一）。

标本 TG4014 ⑥：3，残存下端部分。下端端面手捏单层斜向波浪纹花边。瓦头处有一道压痕，黑灰色。残长 6～11.2、残宽 20.9、厚 1.7～2.2 厘米；切痕深 0.2～0.4 厘米（图八三二）。

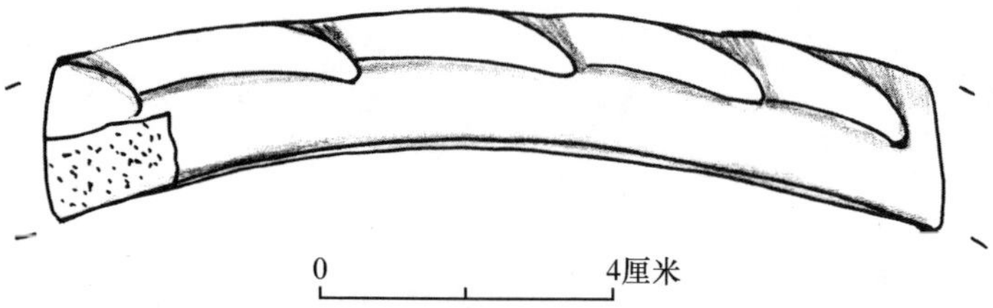

图八二七　北朝至五代 Aa 型板瓦
（TG4018 ④ a：1）

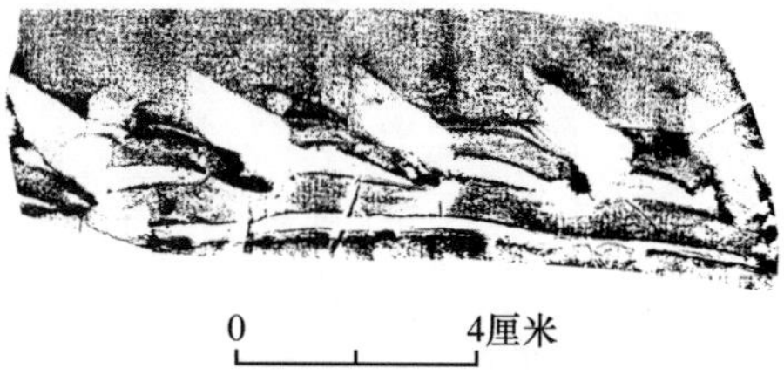

图八二八　北朝至五代 Aa 型板瓦
（TG4018 ④ a：1）端面纹饰拓本

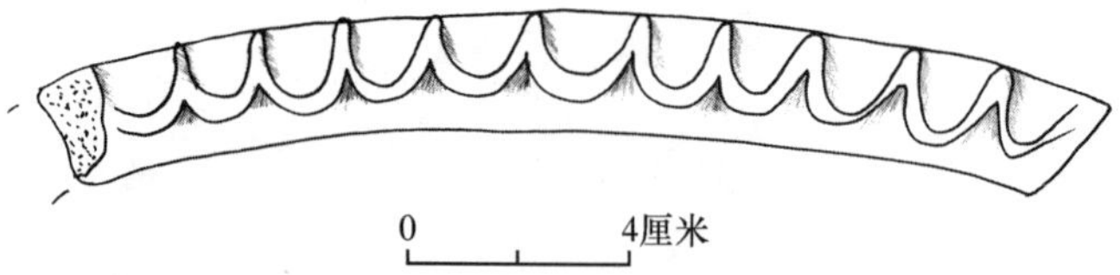

图八二九　北朝至五代 Ab 型板瓦
（TG4008 ⑥：1）

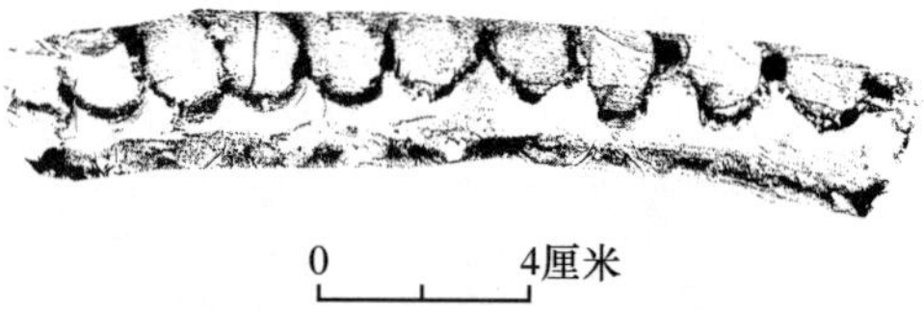

图八三〇　北朝至五代 Ab 型板瓦
（TG4008 ⑥：1）端面纹饰拓本

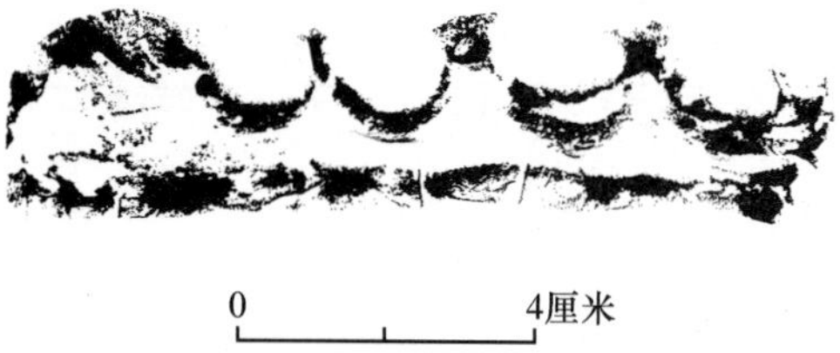

图八三一　北朝至五代 Ab 型板瓦
（TG4008 ④ a：3）端面纹饰拓本

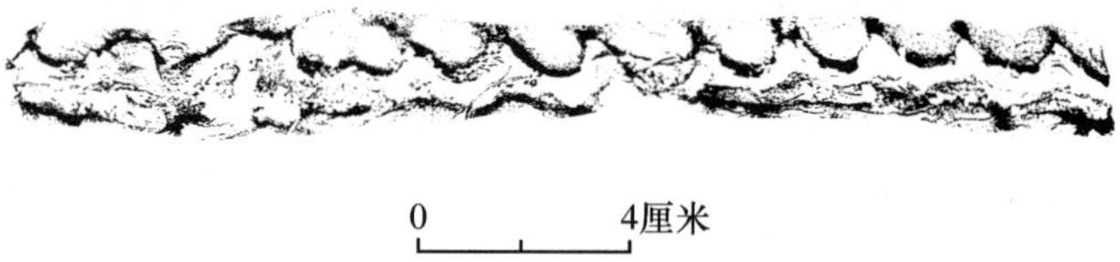

图八三二　北朝至五代 Ab 型板瓦
（TG4014 ⑥：3）端面纹饰拓本

Ac 型　共 6 件。均为泥质灰陶，模制，制作规整。瓦体较厚，下端端面饰双层花边，侧棱内切。

标本 TG4009 ⑤ a：2，残存下端部分。下端端面饰手捏双层斜向波浪纹花边。凸面素面；凹面饰布纹。深灰色。残长 14、残宽 15.1、厚 2.2～2.6 厘米；切痕深 0.8 厘米（图八三三）。

标本 TG4008 ⑥：2，残存下端部分。下端端面饰手捏和刀削出上下两层正向波浪纹花边。凸面青掍磨光，瓦头花边处有一道宽约 0.4 厘米的横向凹槽；凹面青掍磨光至花边。青灰色。残长 1.5～4.5、残宽 16.3、厚 1.5～1.8 厘米；切痕深 0.6 厘米（图八三四、图八三五）。

标本 TG4011 ④ a：2，残存下端部分。下端端面饰手捏和刀削出上下两层斜向波浪纹花边。凸面和凹面皆为青掍磨光。黑灰色。瓦残长 10、瓦头残宽 7.5、厚 2.1～2.5 厘米；切痕深 0.9 厘米（图八三六）。

标本 TG4014 ⑥：4，残存下端部分。下端端面饰手捏和刀削出上下两层斜向波浪纹花边，瓦头花边微上翘。凸面青掍磨光，瓦头花边处有一条横向细凸棱；凹面青掍磨光至花边。残长 3.3～4.2、残宽 9.5、厚 1.3～1.5 厘米；切痕深 0.4 厘米（图八三七、图八三八）。

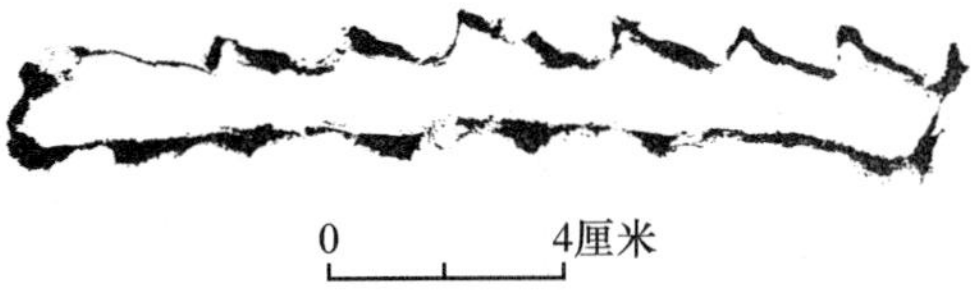

图八三三　北朝至五代 Ac 型板瓦
（TG4009⑤a：2）端面纹饰拓本

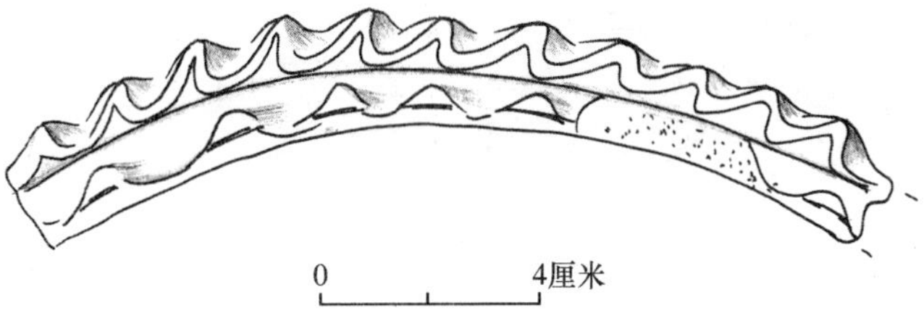

图八三四　北朝至五代 Ac 型板瓦
（TG4008⑥：2）

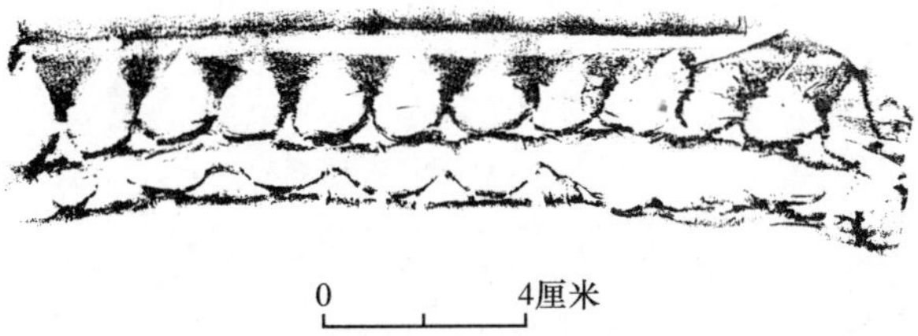

图八三五　北朝至五代 Ac 型板瓦
（TG4008⑥：2）端面纹饰拓本

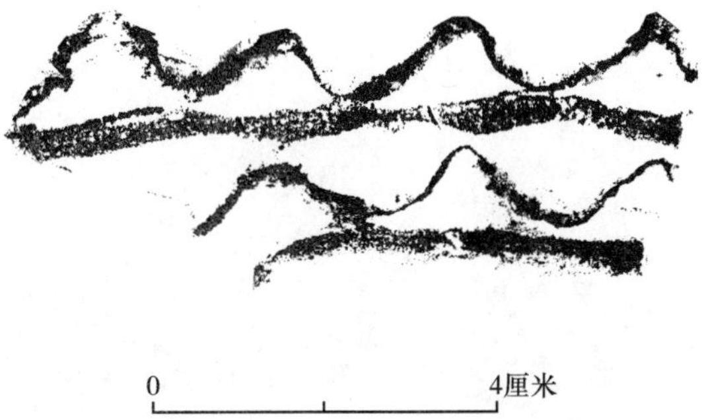

图八三六　北朝至五代 Ac 型板瓦
（TG4011④a：2）端面纹饰拓本

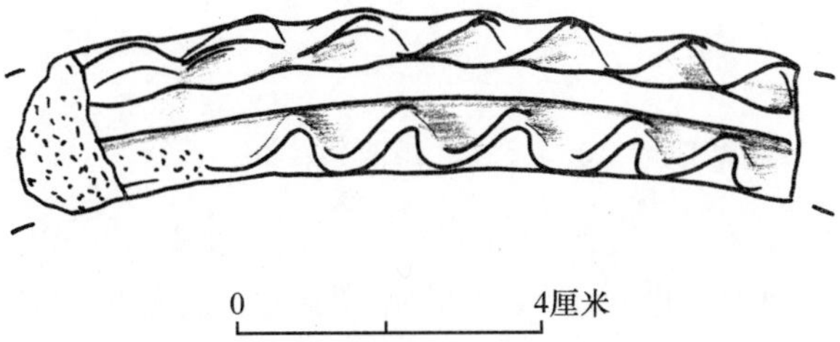

图八三七　北朝至五代 Ac 型板瓦
（TG4014⑥：4）

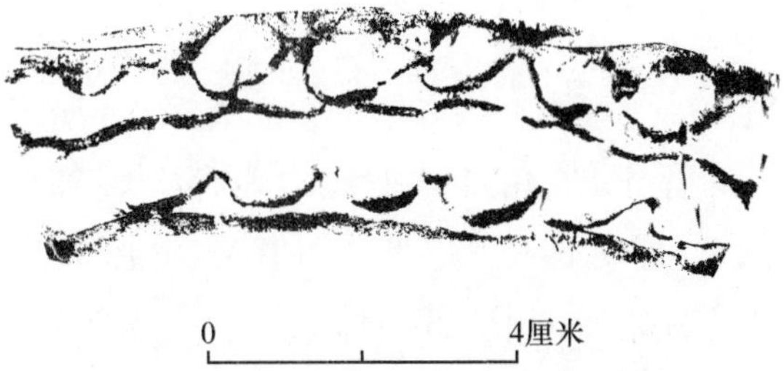

图八三八　北朝至五代 Ac 型板瓦
（TG4014⑥：4）端面纹饰拓本

标本 TG4014⑥：5，残存下端部分。下端端面饰手捏和刀削出上下两层正向波浪纹花边，瓦头花边上翘。凸面和凹面皆为青掍磨光。颜色黑亮。残长 6.6 ~ 10、残宽 6、厚 1.3 ~ 1.7 厘米；切痕深 0.6 厘米（图八三九）。

标本 TG4005H116：17，残存下端部分。下端端面饰刀削单层斜向波浪纹花边。凸面素面，沿瓦头花边凹槽处刀削出 6 道斜向刻划痕迹；凹面青掍磨光。残长 8.7 ~ 9.8、残宽 15.2、厚 1.8 ~ 2.2 厘米（图八四〇）。

Ba 型　共 5 件。均为泥质灰陶，模制，制作规整。瓦体较厚，凸面为素面，凹面为布纹，侧棱内切。

标本 TG4013④a：4，残存四分之三。上端端面呈圆形，下端端面齐平。浅灰色。长 17.5 ~ 35、宽 23.2、厚 1.6 厘米；切痕深 0.8 厘米（图八四一）。

标本 TG4017④a：3，残存四分之三。上端端面呈圆形，下端端面齐平。凹面饰布纹，有明显褶皱痕。长 36.2、残宽 18.3、厚 1.6 厘米；切痕深 0.5 厘米。

标本 TG4020④a：5，残存近半。上端端面呈圆形，下端端面齐平。浅灰色。长 37、残

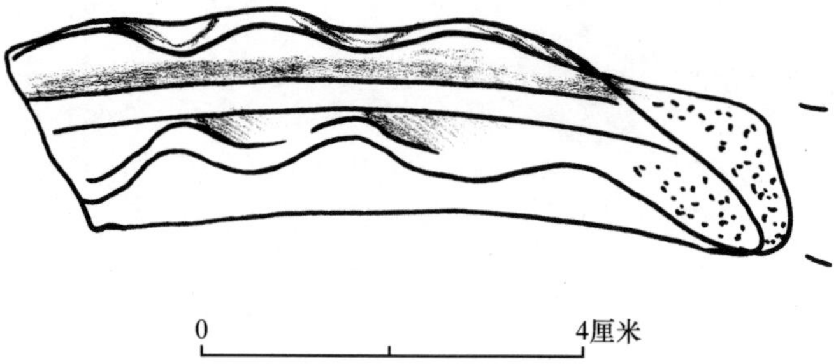

图八三九　北朝至五代 Ac 型板瓦（TG4014 ⑥：5）

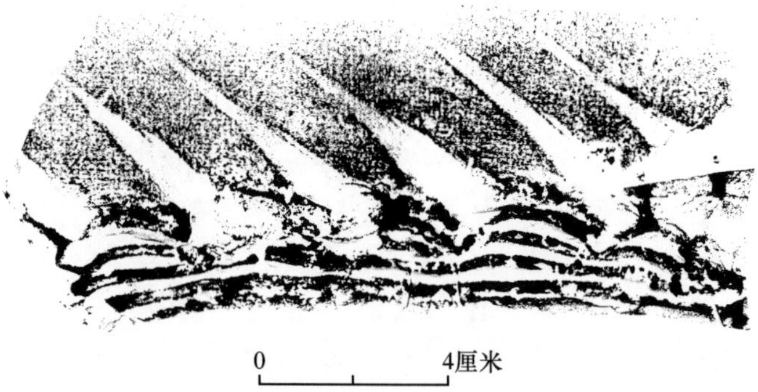

图八四〇　北朝至五代 Ac 型板瓦（TG4005H116：17）端面纹饰拓本

图八四一　北朝至五代 Ba 型板瓦（TG4013 ④ a：4）布纹拓本

宽 13.5、厚 1.3 ~ 1.9 厘米；切痕深 0.4 厘米。

标本 TG4024 ④ a：2，残存上端部分。端面呈圆形。浅灰色。残长 10.5 ~ 13.5、残宽 12.6、厚 1.2 ~ 1.5 厘米；切痕深 0.4 厘米。

标本 TG4033 ⑤ a：6，残存上端部分。端面呈圆形。凹面布纹有明显褶皱痕。浅灰色。残长 7 ~ 12.8、残宽 13.5、厚 1.3 ~ 1.7 厘米；切痕深 0.3 厘米。

Bb 型　共 1 件。

标本 TG4006 ③ a：1，残存上端部分。泥质灰陶，模制，制作较为规整。端面较圆。凸面素面；凹面青掍磨光，侧棱边缘处有宽约 2 厘米的布纹残留。侧棱内切，黑灰色。残长 21.6、残宽 10.5、厚 1.1 厘米；切痕深 0.2 厘米。

2. 筒瓦

共 11 件。

A 型Ⅰ式　共 2 件。均为泥质灰陶，模制。凸面青掍磨光，凹面饰布纹，瓦舌较长，侧棱内切。

标本 TG4001 ⑥：3，残存上端部分。黑灰色。瓦舌呈圆弧形，坡状下斜，端面齐平；布纹有明显褶皱痕。残长 15.5、宽 13.5、厚 1.3 ~ 2.8 厘米；瓦舌长 4.6、宽 7.9 ~ 9.6、厚 1.1 ~ 1.5 厘米；侧棱切痕深 0.2 ~ 0.3 厘米。

标本 TG4017 ⑤ a：1，残存上端部分。黑灰色。瓦舌呈圆弧形，坡状下斜，端面齐平；布纹有明显褶皱痕。残长 11.5、宽 14.5、厚 1.7 ~ 2.1 厘米；瓦舌长 4、宽 10.5、厚 0.9 ~ 1 厘米；

侧棱切痕深 0.1 ~ 0.2 厘米。

B 型Ⅰ式　共 3 件。均为泥质灰陶，模制。凸面素面，凹面饰布纹，瓦舌较长，侧棱内切。

标本 TG4001 ④ a：5，下端略残。浅灰色。瓦舌圆弧形，坡状下斜，端面内斜削；布纹有明显褶皱痕。长 30、宽 13.8 ~ 14、厚 2 ~ 2.3 厘米；瓦舌长 3.4、宽 8.5 ~ 11、厚 1.2 ~ 1.5 厘米；侧棱切痕深 0.3 ~ 0.8 厘米。

标本 TG4001 ③ a：1，基本完整。浅灰色。瓦舌圆弧形，坡状下斜，端面内斜削；布纹有明显褶皱痕。长 35.9、宽 12.9 ~ 13.3、厚 1.1 ~ 2 厘米；瓦舌长 2.5、宽 9.2、厚 1.8 厘米；侧棱切痕深 0.4 ~ 0.6 厘米（图八四二；图版一二一，5）。

标本 TG4001 ③ a：2，基本完整。浅灰色。瓦舌圆弧形，坡状下斜，端面内斜削；布纹有明显褶皱痕。长 34.7、宽 13.2 ~ 13.4、厚 1 ~ 1.9 厘米；瓦舌长 2.6、宽 6.8 ~ 9.9、厚 1 ~ 1.4 厘米，侧棱切痕深 0.2 ~ 0.5 厘米。

B 型Ⅱ式　共 5 件。均为泥质灰陶，模制。凸面素面，凹面饰布纹，瓦舌较短，侧棱内切。

标本 TG4002 ③ a：1，基本完整。深灰色。瓦舌圆弧形，端面内斜削；布纹有明显褶皱痕。长 33.1、宽 13.5 ~ 13.7、厚 1.5 ~ 2.5 厘米；瓦舌长 1.8、宽 10.3、厚 0.7 ~ 0.9 厘米；侧棱切痕深 0.4 ~ 1 厘米（图八四三；图版一二一，6）。

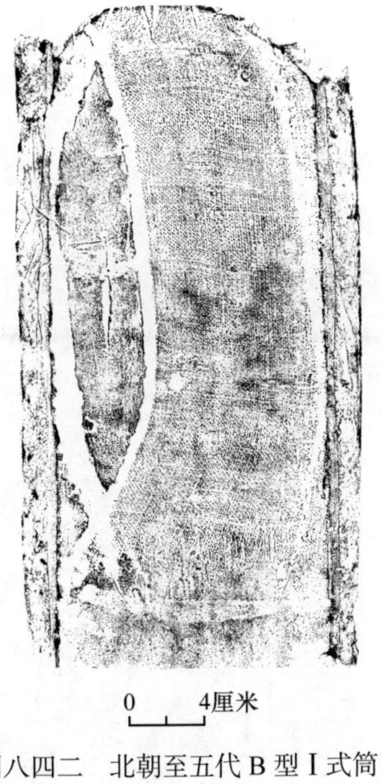

图八四二　北朝至五代 B 型Ⅰ式筒瓦（TG4001 ③ a：1）布纹拓本

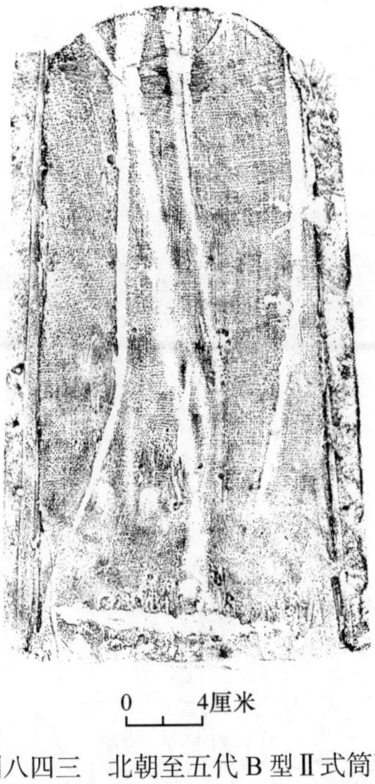

图八四三　北朝至五代 B 型Ⅱ式筒瓦（TG4002 ③ a：1）布纹拓本

标本 TG4018H142：2，基本完整。浅灰色。瓦舌圆弧形，端面内斜削；布纹有明显褶皱痕。长 15.7、宽 13.2、厚 1.8 ~ 1.9 厘米；瓦舌残长 1.6、宽 8.7 ~ 10.3、厚 0.9 ~ 1.2 厘米；侧棱切痕深 0.2 ~ 0.5 厘米。

标本 TG4031Z27：1，残存下端部分。浅灰色。瓦舌圆弧形，端面内斜削；布纹有明显褶皱痕。长 32、宽 14 ~ 14.4、厚 1.4 ~ 2.6 厘米；瓦舌残长 2.2、宽 11.3、厚 1 厘米；侧棱切痕深 0.2 ~ 0.3 厘米。

标本 TG4001⑤a：3，残存下端部分。浅灰色。瓦舌圆弧形，端面内斜削；布纹有明显褶皱痕。长 22、宽 13.8 ~ 14、厚 2.4 ~ 2.6 厘米；瓦舌残长 2.8、宽 9.5 ~ 10.6、厚 1.5 ~ 1.6 厘米；侧棱切痕深 0.5 ~ 1.2 厘米。

标本 TG4031⑤b：6，残存下端部分。深灰色。瓦舌圆弧形，端面齐平；布纹有明显褶皱痕。残长 18.3、宽 13.4、厚 1.9 ~ 3.1 厘米；瓦舌长 1.6、宽 8.5 ~ 9.8、厚 1.5 厘米；侧棱切痕深 1.5 ~ 1.8 厘米。

C 型　共 1 件。

标本 TG4011⑤a：6，残存上端部分。泥质灰陶。黑灰色，模制。凸面青掍磨光，瓦舌呈圆弧形，坡状向前端下斜，端面齐平；凹面饰有布纹，有明显褶皱痕；侧棱内切。残长 5.7 ~ 6.6、宽 8、厚 1 ~ 1.2 厘米；瓦舌长 2.3、残宽 5.4、厚 0.5 ~ 0.9 厘米；侧棱切痕深 0.3 ~ 0.8 厘米。

3. 瓦当

共 59 件，其中有莲花纹瓦当 38 件、兽面纹瓦当 21 件。

（1）莲花纹瓦当

共 38 件。

Ab 型Ⅰ式　共 1 件。

标本 TG4015⑥：1，残存三分之一。泥质灰陶。黑灰色，模制。当面主题纹饰为宝装单瓣莲花纹，莲蓬为凸台状，装饰有 6 个椭圆形莲籽纹饰，莲籽间有“I”字形凸棱间隔，莲瓣呈肥硕椭圆形，以细弧凸棱包裹，莲瓣间以“T”字形凸棱间隔，边轮略低于当面纹饰。边轮较宽，呈斜坡状，背面较平，与筒瓦连接处有泥刀刻划的痕迹。面径 14、边厚 1.2 ~ 1.4、边轮宽 1.2 ~ 1.6 厘米（图八四四、图八四五；图版一二二，1）。

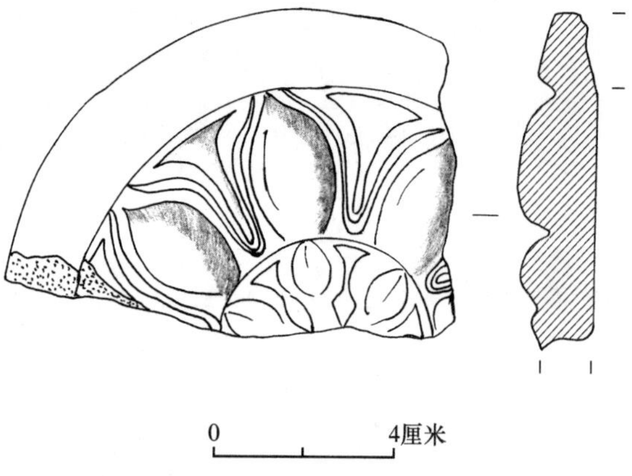

图八四四　北朝至五代 Ab 型Ⅰ式莲花纹瓦当（TG4015⑥：1）

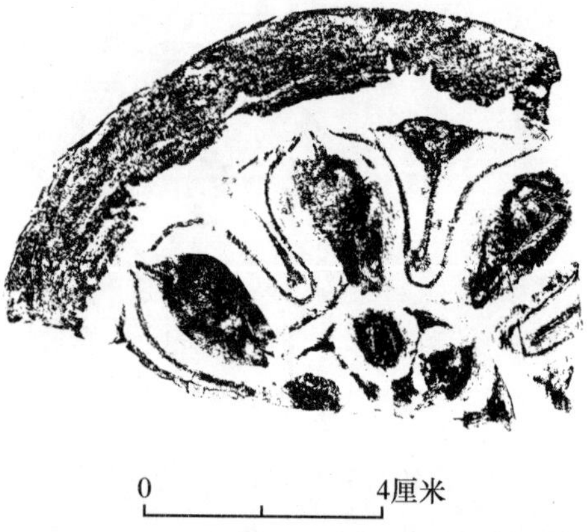

图八四五　北朝至五代 Ab 型Ⅰ式莲花纹瓦当（TG4015⑥：1）纹饰拓本

Ab 型Ⅱ式　共 3 件。泥质灰陶，模制。当面主题纹饰为宝装单瓣莲花纹，莲蓬无凸台，以圆圈凸线为莲蓬界边，莲瓣近圆形或椭圆形，以弧形凸棱包裹，莲瓣间以“T”字形凸棱或短横凸线相隔，边轮低于当面纹饰，呈斜坡状。

标本 TG4034 ⑤ a：1，基本完整。深灰色。莲蓬内饰宝珠，宝珠外饰 7 个莲籽状纹饰，莲花共 6 个花瓣，莲瓣间以“T”字形凸棱相隔，部分莲瓣及“T”字形凸棱有压痕，莲花外饰一周凸线。背面不平整。面径 14、边厚 1～1.3、边轮宽 2～2.2 厘米（图八四六、图八四七；图版一二二，2）。

标本 TG4034 ⑤ a：2，基本完整。浅灰色。边轮斜坡坡度较大。面径 14、边厚 1～1.1、边轮宽 2.5～2.7 厘米（图八四八）。

标本 TG4027 ⑤ a：1，残存近四分之一。浅灰色。莲蓬内饰宝珠，宝珠外饰 7 个莲籽状纹饰，莲花共 6 个花瓣，莲瓣呈椭圆形，莲瓣间以短横凸线相隔，部分莲瓣及短横凸线有压痕。背面不平整，与筒瓦连接处有泥刀刻划的痕迹。面径 13、边厚 1.3～2、边轮宽 1.7～2.1 厘米（图八四九）。

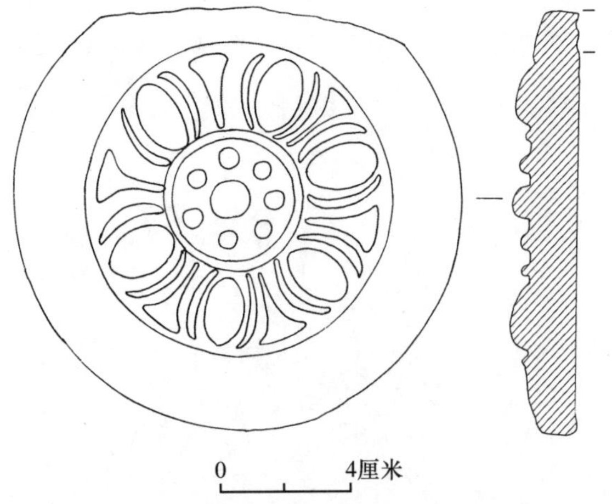

图八四六　北朝至五代 Ab 型Ⅱ式莲花纹瓦当（TG4034 ⑤ a：1）

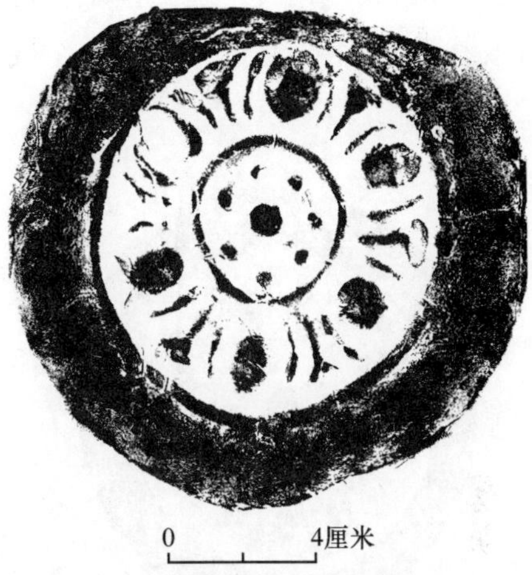

图八四七　北朝至五代 Ab 型Ⅱ式莲花纹瓦当（TG4034 ⑤ a：1）纹饰拓本

图八四八　北朝至五代 Ab 型Ⅱ式莲花纹瓦当（TG4034 ⑤ a：2）纹饰拓本

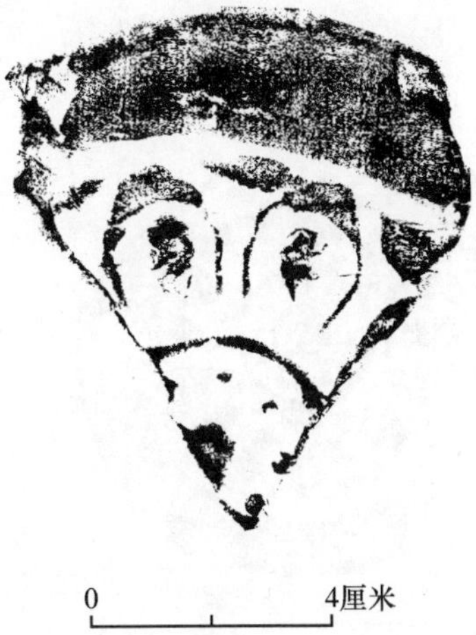

图八四九　北朝至五代 Ab 型Ⅱ式莲花纹瓦当（TG4027 ⑤ a：1）纹饰拓本

Ba 型　共 4 件。均为泥质灰陶，模制。当面主题纹饰为普通单瓣莲花纹，莲蓬无凸台，以圆圈凸线为莲蓬界边，内饰宝珠和莲籽状纹饰，莲瓣呈椭圆形，莲瓣间以“T”字形或“I”字形凸棱相隔。

标本 TG4021 ④ a：1，完整。浅灰色。莲蓬内饰由圆圈凸线纹包裹的宝珠，宝珠外饰 20 个莲籽状纹饰，莲花共 14 个花瓣，莲瓣呈瘦长椭圆形，“T”字形凸棱较窄，当面纹饰有压痕，边轮较宽且平，背面较平整，与筒瓦连接处有泥刀刻划的痕迹。面径 14.4、边厚 1.4、边轮宽 1.5 ~ 2.1 厘米（图八五〇；图版一二二，3）。

标本 TG4005 ④ a：2，边轮略残。浅灰色。泥质灰陶。莲蓬内饰宝珠，宝珠外饰 12 个莲籽状纹饰，莲花共 16 个花瓣，莲瓣呈瘦长椭圆形，“I”字形凸棱较窄，当面纹饰有压痕，边轮较窄，呈斜坡状，背面较平整，与筒瓦连接处有泥刀刻划的痕迹。面径 13.6、边厚 0.5 ~ 1.5、边轮宽 1.4 ~ 1.9 厘米（图八五一、图八五二；图版一二二，4）。

标本 TG4008 ⑤ a：5，残存四分之一。浅灰色。莲蓬内饰宝珠，宝珠外饰 14 个莲籽状纹饰，莲花共 12 个花瓣，莲瓣呈瘦长椭圆形，“T”字形凸棱较窄，当面纹饰有压痕，边轮较宽，呈斜坡状，背面较平整，与筒瓦连接处有泥刀刻划的痕迹。面径 14、边厚 0.7 ~ 0.9、边轮宽 2 ~ 2.1 厘米（图八五三）。

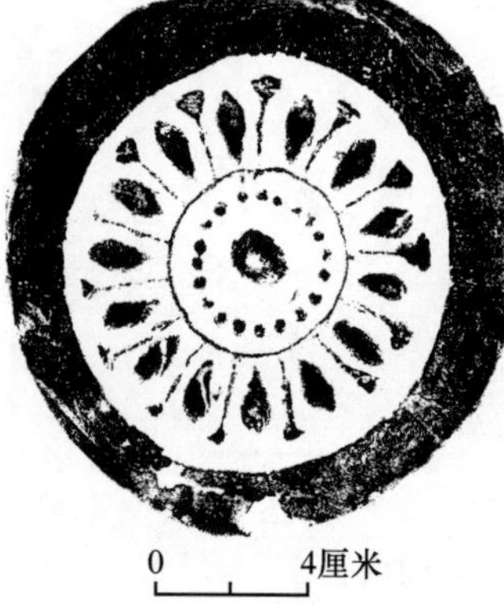

图八五〇　北朝至五代 Ba 型莲花纹瓦当（TG4021 ④ a：1）纹饰拓本

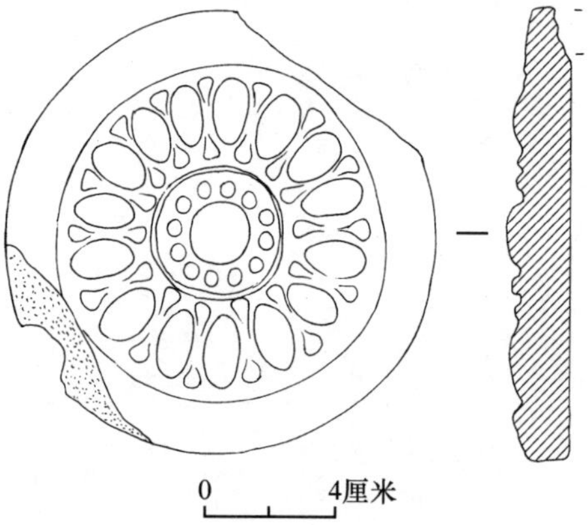

图八五一　北朝至五代 Ba 型莲花纹瓦当（TG4005 ④ a：2）

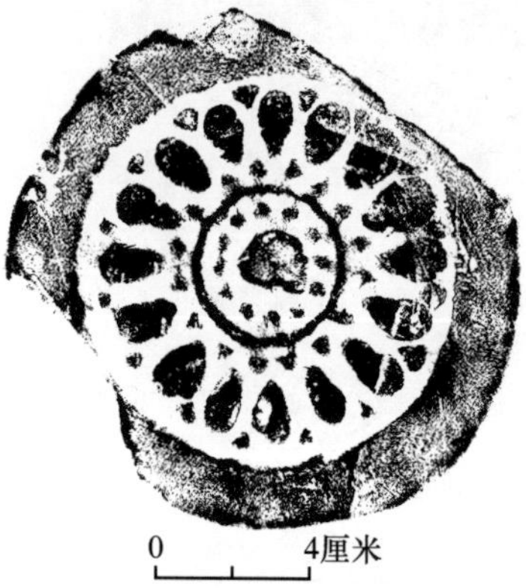

图八五二　北朝至五代 Ba 型莲花纹瓦当（TG4005 ④ a：2）纹饰拓本

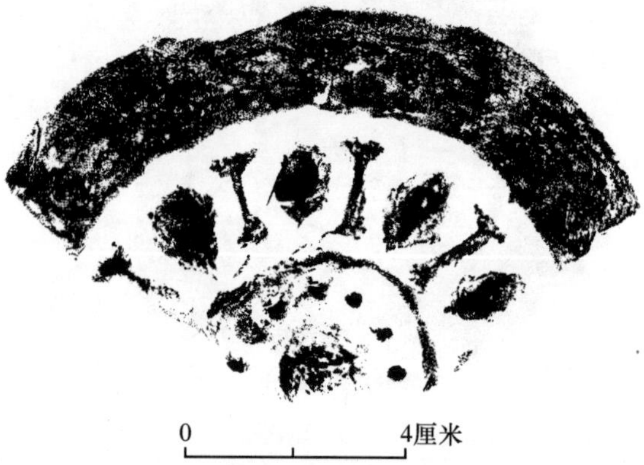

图八五三　北朝至五代 Ba 型莲花纹瓦当（TG4008 ⑤ a：5）纹饰拓本

标本TG4021⑤a：1，残存近四分之一。浅灰色。莲蓬内饰宝珠，宝珠外饰18个莲籽状纹饰，莲花共16个花瓣，莲瓣呈瘦长椭圆形，“T”字形凸棱较窄，莲花纹外饰两周凸线纹，当面纹饰有压痕，边轮较宽，呈斜坡状，背面较平整，与筒瓦连接处有泥刀刻划的痕迹面径13、边厚1.4～1.7、边轮宽1.3～2厘米（图八五四、图八五五）。

Bb型Ⅰ式 共5件。均为泥质灰陶，模制。当面主题纹饰为普通莲单瓣花纹，莲蓬凸台状，凸台较高，莲瓣呈椭圆形，莲瓣间以“T”字形凸棱相隔。边轮略高于当面纹饰。

标本TG4008⑤a：1，边轮略残。灰黑色。莲蓬高凸并饰6个莲籽状纹饰，莲花共8个花瓣，花瓣呈肥硕椭圆形且中间有捏合线，呈脊状，边轮较宽且平，背面较平整，与筒瓦连接处有泥刀刻划的痕迹。面径14、边厚1.5～1.7、边轮宽1.5～1.9厘米（图八五六、图八五七；图版一二二，5）。

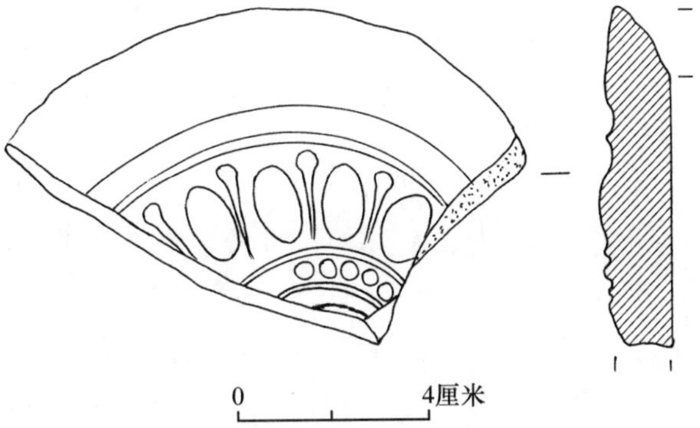

图八五四 北朝至五代Ba型莲花纹瓦当（TG4021⑤a：1）

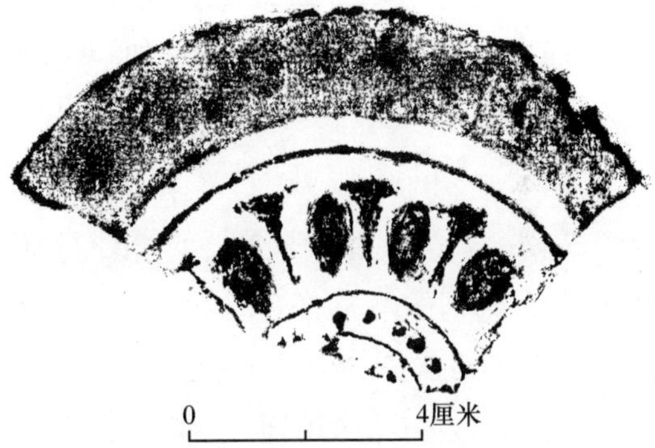

图八五五 北朝至五代Ba型莲花纹瓦当（TG4021⑤a：1）纹饰拓本

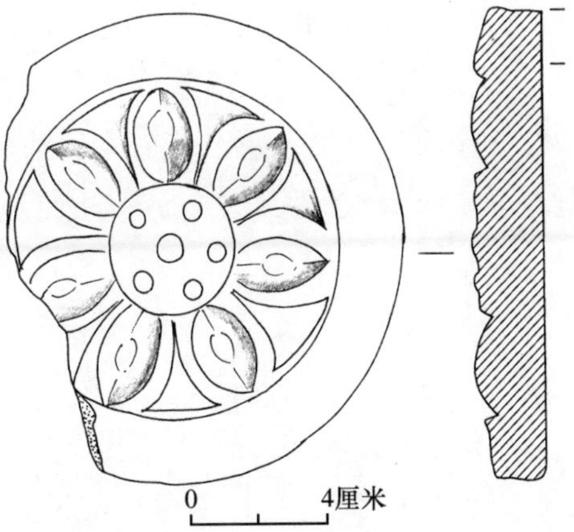

图八五六 北朝至五代Bb型Ⅰ式莲花纹瓦当（TG4008⑤a：1）

图八五七 北朝至五代Bb型Ⅰ式莲花纹瓦当（TG4008⑤a：1）纹饰拓本

标本TG4008⑤a：4，残存近四分之三。深灰色。莲蓬高凸并饰7个莲籽状纹饰，莲花共9个花瓣，花瓣呈椭圆形状且中间有捏合线，呈脊状，边轮较宽且平，背面不平整。面径14、边厚1.4～1.8、边轮宽1～1.2厘米（图八五八）。

标本TG4007⑥：1，边轮略残。深灰色。莲蓬高凸并饰8个莲籽状纹饰，莲花共9个花瓣，花瓣呈椭圆形且中间有捏合线，呈脊状，个别花瓣不规整，边轮较宽且平，背面较平整，与筒瓦连接处有泥刀刻划的痕迹。面径 14、边厚 1.5 ~ 1.7、边轮宽 1.7 ~ 2 厘米（图八五九）。

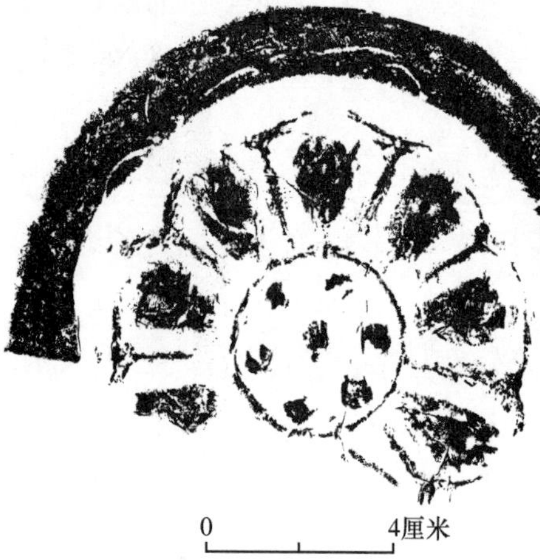

图八五八　北朝至五代 Bb 型Ⅰ式莲花纹瓦当（TG4008 ⑤ a：4）纹饰拓本

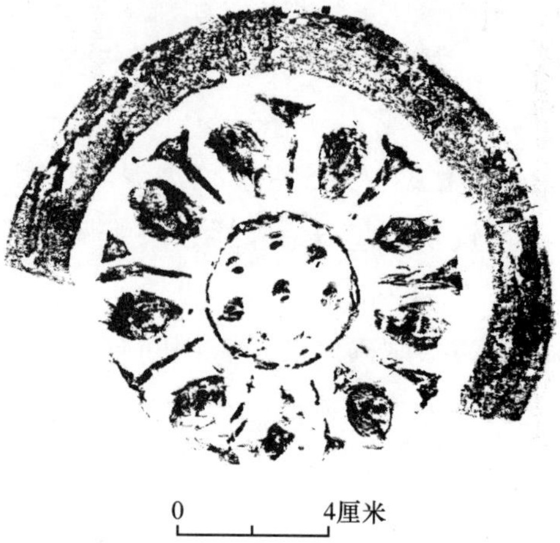

图八五九　北朝至五代 Bb 型Ⅰ式莲花纹瓦当（TG4007 ⑥：1）纹饰拓本

标本 TG4008 ⑤ a：2，残存近二分之一。深灰色。莲蓬高凸并饰 8 个莲籽状纹饰，莲花共 9 个花瓣，花瓣呈肥硕椭圆形，“T”字形凸棱较窄，边轮较宽且平，背面不平整，与筒瓦连接处有泥刀刻划的痕迹。面径 14.8、边厚 1.5 ~ 1.8、边轮宽 1.5 ~ 1.8 厘米（图八六〇）。

标本 TG4013 ⑤ a：1，残存四分之一。深灰色。莲蓬高凸并饰 9 个莲籽状纹饰，莲花共 12 个花瓣，花瓣呈椭圆形，莲瓣较瘦，“T”字形凸棱较窄，边轮较宽且平，背面较平整。面径 13、边厚 1.1 ~ 1.3、边轮宽 1.4 ~ 1.5 厘米（图八六一、图八六二；图版一二二，6）。

Bb 型Ⅱ式　共 2 件。均为泥质灰陶，模制。当面主题纹饰为普通单瓣莲花纹，莲蓬凸台状，凸台较低，莲瓣呈椭圆形，莲瓣间以“T”字形凸棱相隔。边轮低于当面纹饰。

标本 TG4012 ⑤ a：1，残存近三分之二。黑灰色，当面青掍磨光。莲蓬饰 7 个莲籽状纹饰，莲花共 9 个花瓣，花瓣呈椭圆形，且中间有捏合线呈脊状，“T”字形凸棱较窄，边轮较宽且平，背面较平整，与筒瓦连接处有泥刀刻划的痕迹。面径 15、边厚 1.5 ~ 1.9、边轮宽 1.7 ~ 2 厘米（图八六三）。

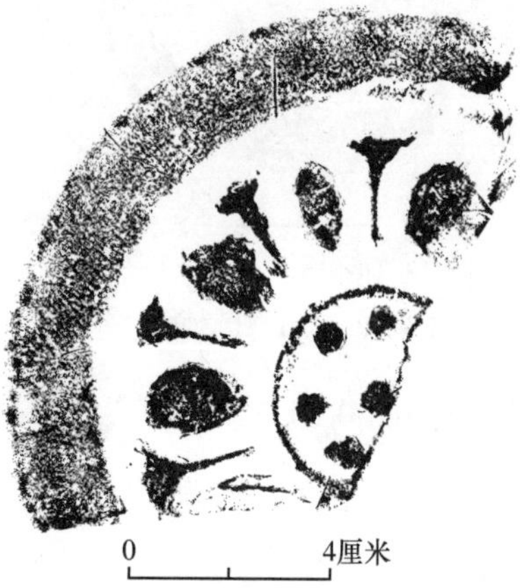

图八六〇　北朝至五代 Bb 型Ⅰ式莲花纹瓦当（TG4008 ⑤ a：2）纹饰拓本

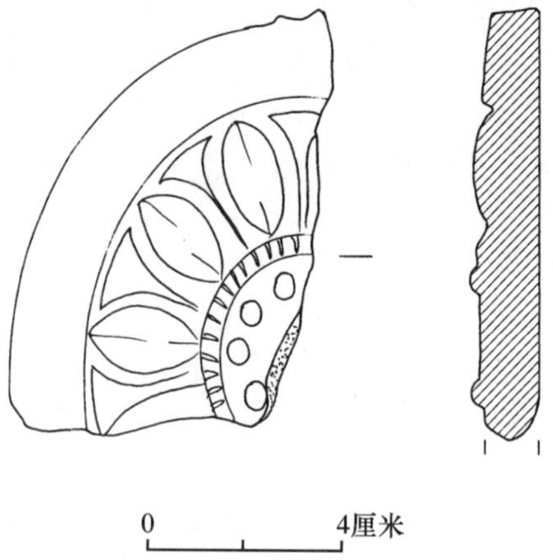

图八六一　北朝至五代 Bb 型Ⅰ式莲花纹瓦当（TG4013 ⑤ a：1）

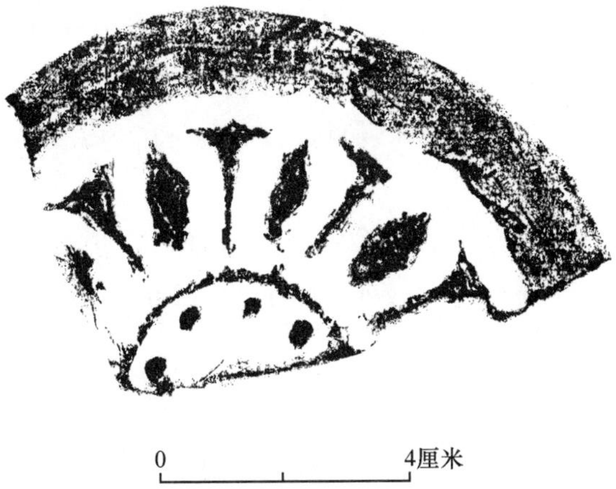

图八六二　北朝至五代 Bb 型Ⅰ式莲花纹瓦当（TG4013 ⑤ a：1）纹饰拓本

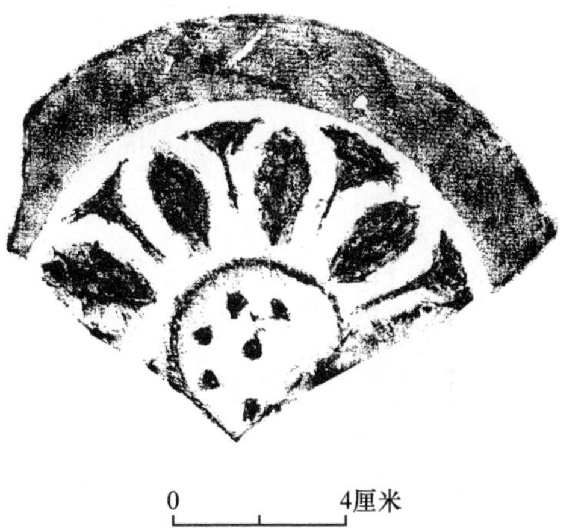

图八六三　北朝至五代 Bb 型Ⅱ式莲花纹瓦当（TG4012 ⑤ a：1）纹饰拓本

标本 TG4008 ⑤ a：3，残存近四分之一。深灰色。莲蓬内凹并饰 7 个莲籽状纹饰，莲花共 9 个花瓣，花瓣呈肥硕椭圆形，且中间有捏合线呈脊状，“T”字形凸棱较窄，边轮较窄且平，背面不平整。面径 13.8、边厚 1.4 ~ 1.7、边轮宽 1 ~ 1.2 厘米（图八六四）。

Bb 型Ⅲ式　共 6 件。均为泥质灰陶，模制。当面主题纹饰为普通单瓣莲花纹。莲蓬无凸台，以圆圈凸线为莲蓬界边，凸线内饰莲籽状纹饰，莲瓣呈椭圆形，莲瓣间以“T”字形凸棱相隔。边轮低于当面纹饰，呈斜坡状。

标本 TG4015 ④ a：3，边轮略残。浅灰色。莲蓬饰 7 个莲籽状纹饰，莲花共 10 个花瓣，花瓣呈椭圆形，“T”字形凸棱较宽，莲瓣纹外饰一周凸线纹，边轮较宽，背面不平整。面径 14、边厚 0.5 ~ 2.1、边轮宽 2 ~ 2.4 厘米（图八六五；图版一二三，1）。

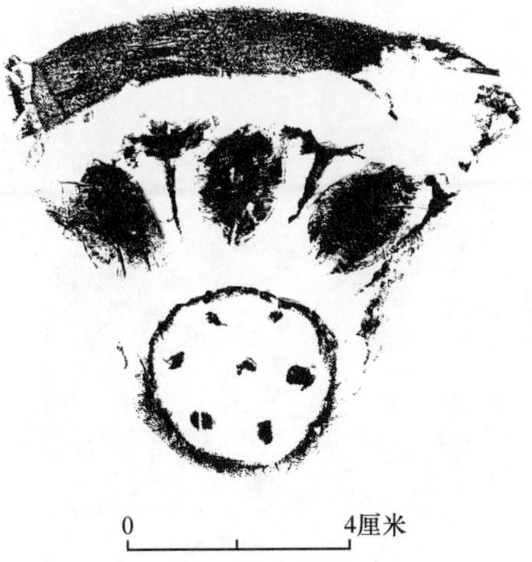

图八六四　北朝至五代 Bb 型Ⅱ式莲花纹瓦当（TG4008 ⑤ a：3）纹饰拓本

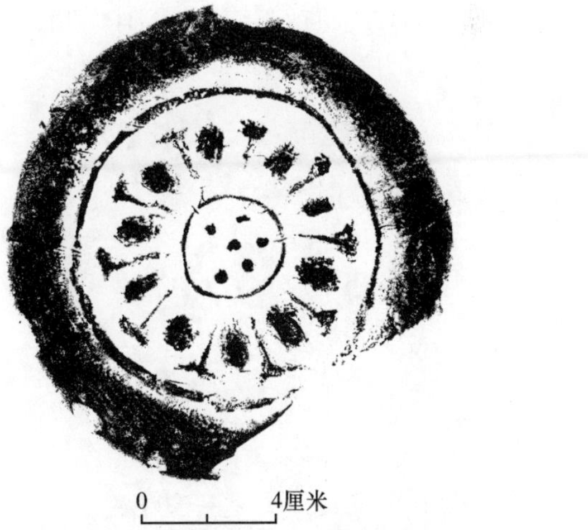

图八六五　北朝至五代 Bb 型Ⅲ式莲花纹瓦当（TG4015 ④ a：3）纹饰拓本

标本 TG4002 ④ a：1，完整。浅灰色。莲蓬饰 7 个莲籽状纹饰，莲花共 10 个花瓣，花瓣呈椭圆形，“T”字形凸棱较宽，莲瓣纹外饰一周凸线纹，边轮较宽，背面不平整，与筒瓦连接处有泥刀刻划的痕迹。面径 13.4、边厚 1.1 ~ 1.3、边轮宽 1.7 ~ 2.4 厘米（图八六六；图版一二三，2）。

标本 TG4010 ③ a：1，残存近四分之一。浅灰色。莲蓬饰 7 个莲籽状纹饰，莲花共 10 个花瓣，花瓣呈椭圆形，“T”字形凸棱较宽，部分莲瓣及“T”字形凸棱有压痕，莲瓣纹外饰一周凸线纹，边轮较宽，背面不平整，与筒瓦连接处有泥刀刻划的痕迹。面径 14.6、边厚 0.6 ~ 1、边轮宽 2.2 厘米（图八六七）。

标本 TG4007 ⑤ a：1，残存近四分之一。浅灰色。莲蓬饰 7 个莲籽状纹饰，莲花共 10 个花瓣，花瓣呈椭圆形，“T”字形凸棱较窄，边轮较宽，背面较平整。面径 12.5、边厚 1.1 ~ 1.3、边轮宽 1.5 ~ 2.1 厘米（图八六八）。

标本 TG4005H116：1，残存近四分之三。浅灰色。莲蓬饰 7 个莲籽状纹饰，莲花共 10 个花瓣，花瓣呈椭圆形，“T”字形凸棱较窄，部分莲瓣及“T”字形凸棱有压痕，莲花纹外饰一周凸线纹，边轮较宽，背面较平整。面径 13、边厚 0.6 ~ 1.5、边轮宽 1.3 ~ 2.5 厘米（图八六九）。

图八六六　北朝至五代 Bb 型Ⅲ式莲花纹瓦当（TG4002 ④ a：1）纹饰拓本

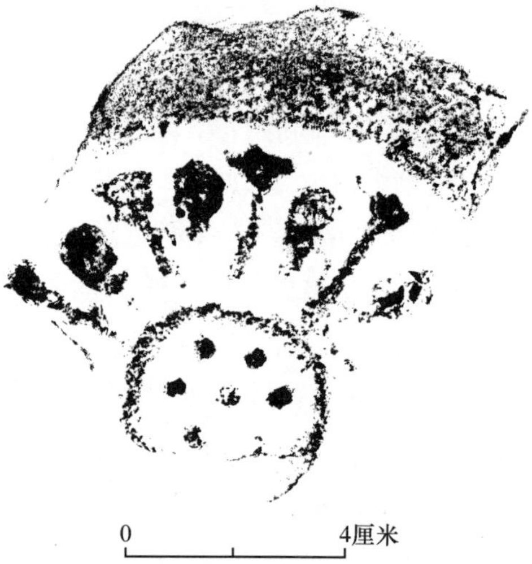

图八六七　北朝至五代 Bb 型Ⅲ式莲花纹瓦当（TG4010 ③ a：1）纹饰拓本

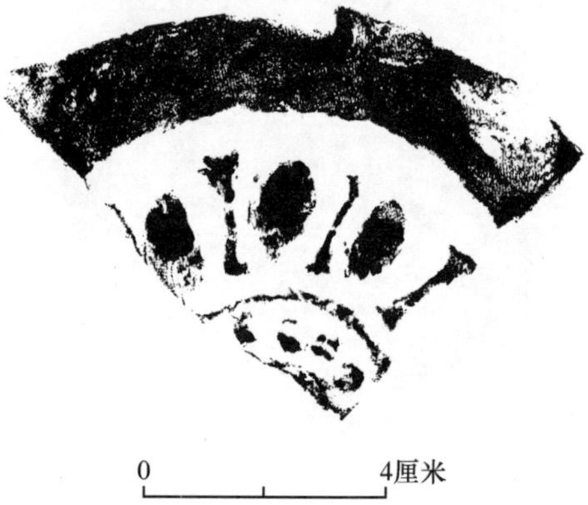

图八六八　北朝至五代 Bb 型Ⅲ式莲花纹瓦当（TG4007 ⑤ a：1）纹饰拓本

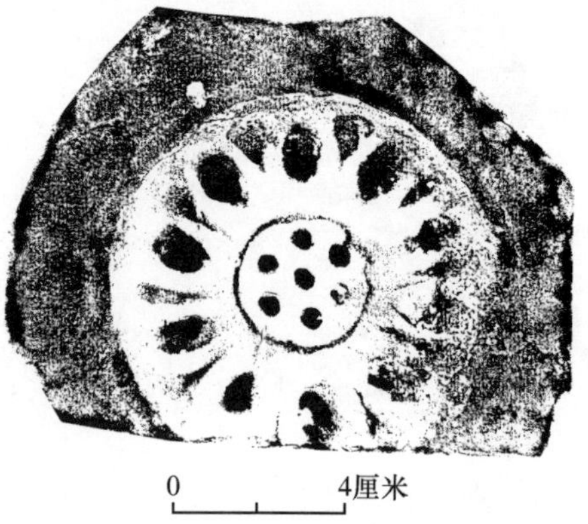

图八六九　北朝至五代 Bb 型Ⅲ式莲花纹瓦当（TG4005H116：1）纹饰拓本

标本 TG4005 ④ a：1，残存二分之一。浅灰色。莲蓬饰 7 个莲籽状纹饰，莲花共 10 个花瓣，花瓣呈椭圆形，“T”字形凸棱较窄，莲花纹外饰一周凸线纹，边轮较宽，背面不平整。面径 13、边厚 1 ~ 1.5、边轮宽 1.5 ~ 2.2 厘米（图八七〇）。

Bc型Ⅱ式　共13件。均为模制。当面主题纹饰为普通单瓣莲花纹，莲蓬无凸台，以圆圈凸线为莲蓬界边，内饰宝珠和莲籽状纹饰，或无界边，莲瓣近圆形，莲瓣间以“T”字形、“I”字形或“V”字形凸棱相隔，莲花外饰一周联珠纹。边轮低于当面纹饰，呈斜坡状。

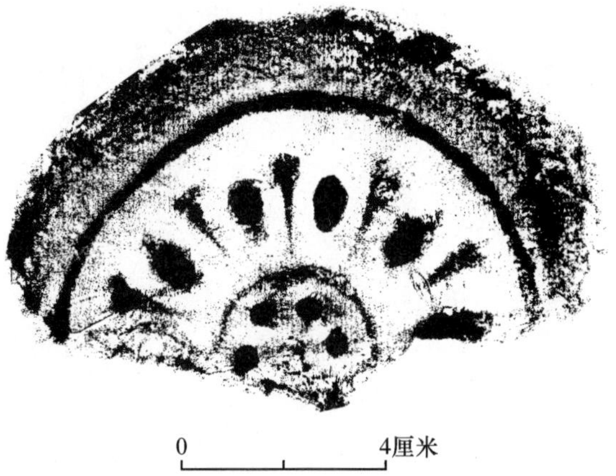

图八七〇　北朝至五代Bb型Ⅲ式莲花纹瓦当（TG4005④a：1）纹饰拓本

标本TG4011⑤a：5，边轮略残。泥质灰陶。深灰色。莲蓬无凸台，以圆圈凸线为莲蓬界边，凸线内饰宝珠，宝珠外饰9个莲籽状纹饰，莲花共14个花瓣，莲瓣间无界隔，联珠纹内外各饰一圆圈凸线纹，边轮较窄，背面不平整。面径15、边厚0.7~1.6、边轮宽1.4~1.7厘米（图八七一、图八七二；图版一二三，3）。

标本TG4024⑤a：1，残存三分之一。泥质红陶。红褐色。莲花共8个花瓣，莲瓣间以短凸线相隔，联珠纹内外各饰一圆圈凸线纹，边轮较窄，背面不平整，与筒瓦粘接处有泥刀刻划的痕迹。面径12、边厚1~1.1、边轮宽1.6~2厘米（图八七三、图八七四；图版一二三，4）。

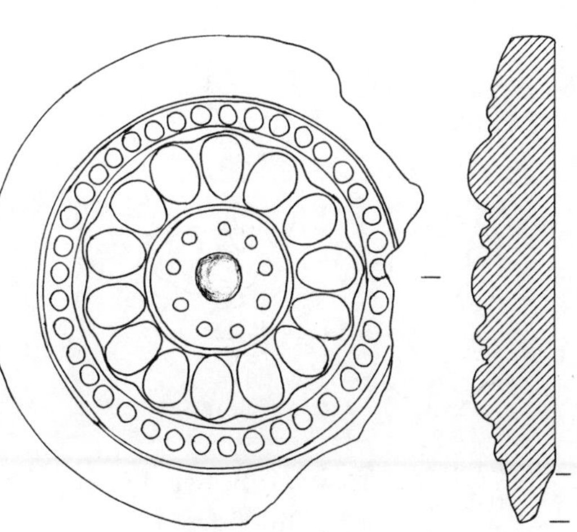

图八七一　北朝至五代Bc型Ⅱ式莲花纹瓦当（TG4011⑤a：5）

图八七二　北朝至五代Bc型Ⅱ式莲花纹瓦当（TG4011⑤a：5）纹饰拓本

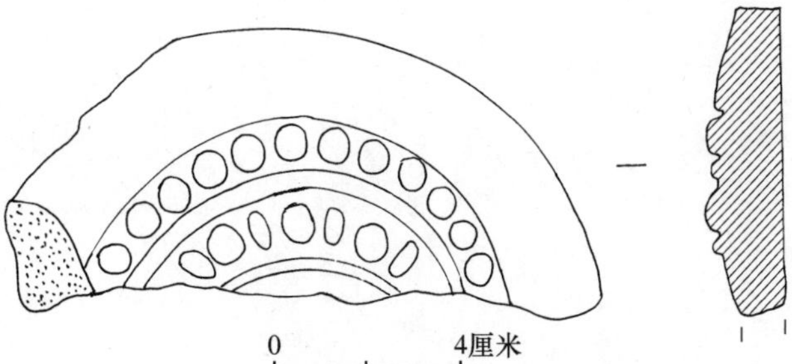

图八七三　北朝至五代Bc型Ⅱ式莲花纹瓦当（TG4024⑤a：1）

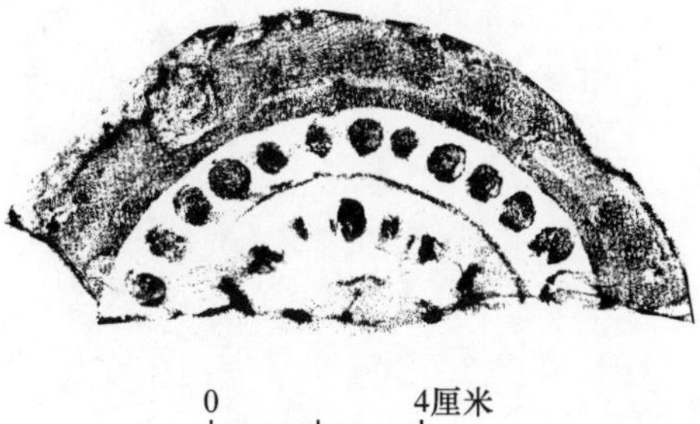

图八七四　北朝至五代Bc型Ⅱ式莲花纹瓦当（TG4024⑤a：1）纹饰拓本

标本 TG4024 ④ a：1，残存二分之一。泥质红陶。红褐色。莲蓬无界边，内饰圆圈凸线包裹的宝珠，宝珠外饰圆圈凸线纹，宝珠外饰 13 个莲籽状纹饰，莲花共 8 个花瓣，“I”字形凸棱较窄，边轮较宽，背面不平整，与筒瓦粘接处有泥刀刻划的痕迹。面径 13.2、边厚 1.6、边轮宽 1.9 ~ 2.3 厘米（图八七五）。

标本 TG4016 ④ a：1，残存近二分之一。泥质灰陶。浅灰色。莲蓬无界边，内饰圆圈凸线包裹的宝珠，宝珠外饰圆圈凸线纹，宝珠外饰 13 个莲籽状纹饰，莲花共 8 个花瓣，“I”字形凸棱较窄，边轮较宽，背面不平整，与筒瓦粘接处有泥刀刻划的痕迹。面径 16、边厚 1.8 ~ 2、边轮宽 1.5 ~ 2.1 厘米（图八七六、图八七七）。

标本 TG4013 ⑤ a：2，基本完整。泥质灰陶。当面青掍磨光，黑灰色。莲蓬无凸台，以圆圈凸线为莲蓬界边，凸线内饰宝珠，宝珠外饰 9 个莲籽状纹饰，莲花共 8 个花瓣，“V”字形凸棱较宽，边轮很宽，背面不平整，与筒瓦粘接处有泥刀刻划的痕迹。面径 13 ~ 16、边厚 1.3 ~ 1.6、边轮宽 2.7 ~ 3.5 厘米（图八七八、图八七九；图版一二三，5）。

标本 TG4031 ⑤ b：2，残存二分之一。泥质灰陶。深灰色。莲蓬无界边，内饰圆圈凸线包裹的宝珠，宝珠外饰圆圈凸线纹，宝珠外饰 14 个莲籽状纹饰，莲花共 8 个花瓣，莲瓣有压痕，“I”字形凸棱较窄，边轮较宽，背面不平整，与筒瓦粘接处有泥刀刻划的痕迹。面径 12.9、边厚 1.5 ~ 1.7、边轮宽 1.5 ~ 2 厘米（图八八〇）。

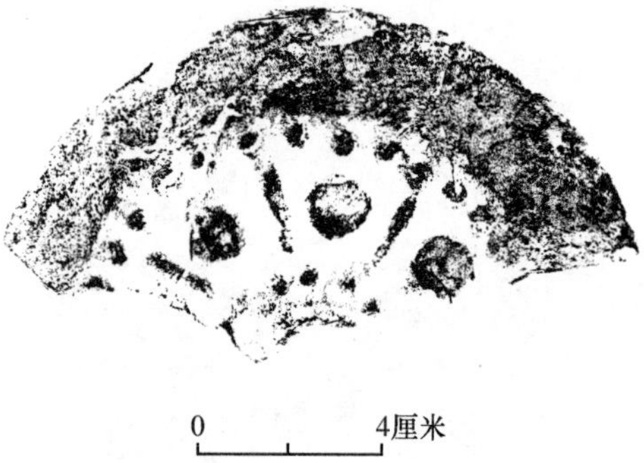

图八七五　北朝至五代 Bc 型Ⅱ式莲花纹瓦当（TG4024 ④ a：1）纹饰拓本

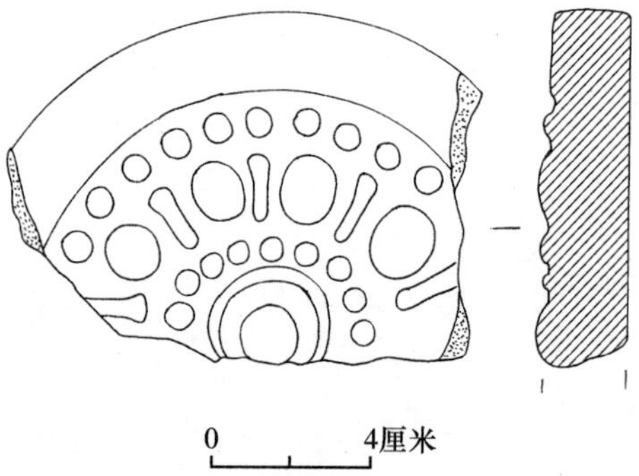

图八七六　北朝至五代 Bc 型Ⅱ式莲花纹瓦当（TG4016 ④ a：1）

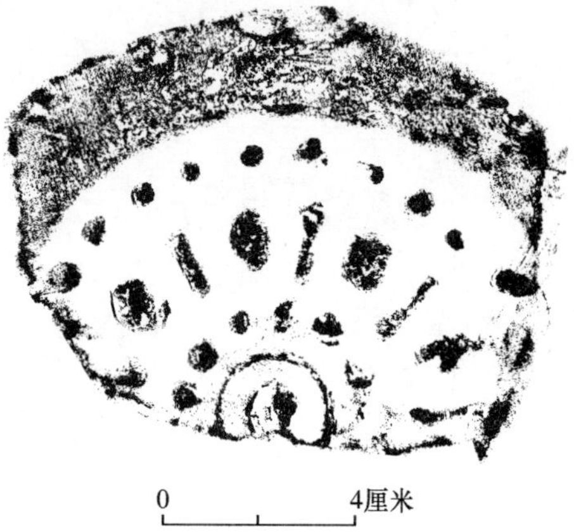

图八七七　北朝至五代 Bc 型Ⅱ式莲花纹瓦当（TG4016 ④ a：1）纹饰拓本

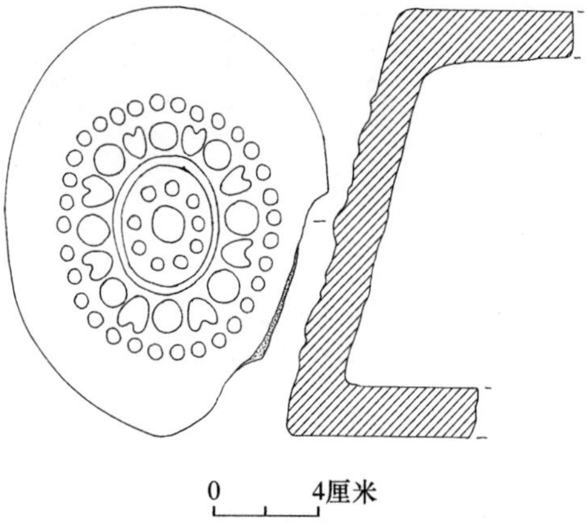

图八七八　北朝至五代 Bc 型Ⅱ式莲花纹瓦当（TG4013 ⑤ a：2）

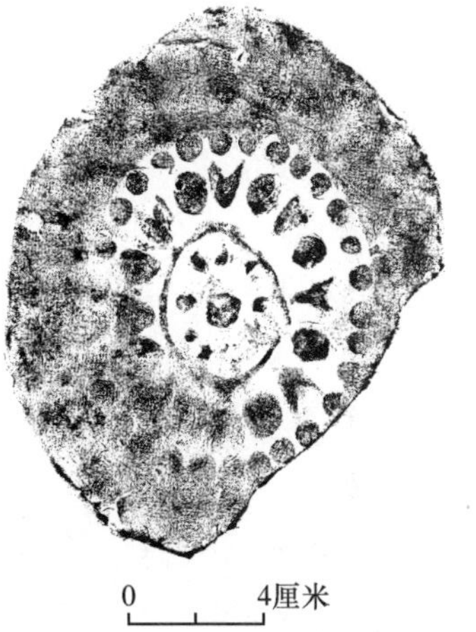

图八七九　北朝至五代 Bc 型Ⅱ式莲花纹瓦当（TG4013⑤a：2）纹饰拓本

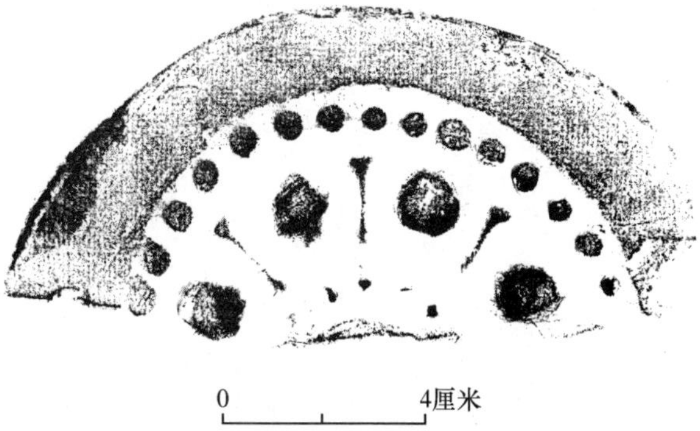

图八八〇　北朝至五代 Bc 型Ⅱ式莲花纹瓦当（TG4031⑤b：2）纹饰拓本

标本 TG4023⑤a：1，边轮略残。泥质灰陶。深灰色。莲蓬无界边，内饰圆圈凸线包裹的宝珠，宝珠外饰圆圈凸线纹，宝珠外饰 15 个莲籽状纹饰，莲花共 8 个花瓣，“I”字形凸棱较窄，莲瓣及“I”字形凸棱有压痕，边轮较宽，背面不平整，与筒瓦粘接处有泥刀刻划的痕迹。面径 12.8、边厚 1.1～1.3、边轮宽 2 厘米（图八八一）。

标本 TG4022⑤a：1，完整。泥质灰陶。深灰色。莲蓬无凸台，以圆圈凸线为莲蓬界边，凸线内饰宝珠，宝珠外饰 9 个莲籽状纹饰，莲花共 8 个花瓣，“V”字形凸棱较窄，当面纹饰有压痕，边轮较宽，背面不平整，与筒瓦粘接处有泥刀刻划的痕迹。面径 13.2、边厚 1.5～2、边轮宽 1.5～2.1 厘米（图八八二；图版一二三，6）。

图八八一　北朝至五代 Bc 型Ⅱ式莲花纹瓦当（TG4023⑤a：1）纹饰拓本

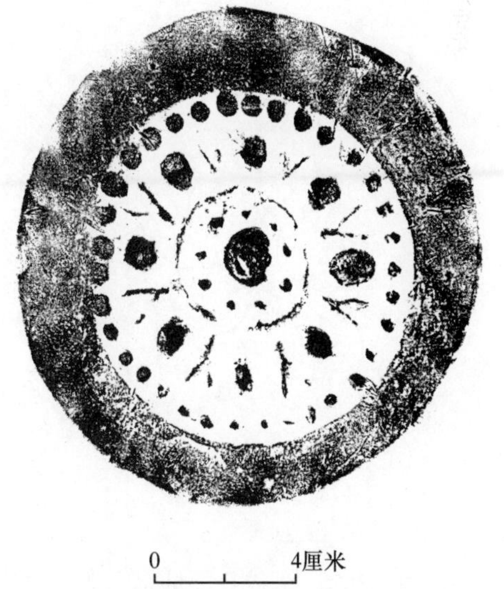

图八八二　北朝至五代 Bc 型Ⅱ式莲花纹瓦当（TG4022⑤a：1）纹饰拓本

标本 TG4031⑤b：1，残存二分之一。泥质灰陶。深灰色。莲蓬无界边，内饰圆圈凸线包裹的宝珠，宝珠外饰 14 个莲籽状纹饰，莲花共 8 个花瓣，“I”字形凸棱较宽，莲瓣及“I”字形凸棱有压痕，边轮较宽，背面较平整，与筒瓦粘接处有泥刀刻划的痕迹。面径 13、边厚 1.2 ~ 1.5、边轮宽 1.4 ~ 1.7 厘米（图八八三）。

标本 TG4010 ③ a：2，残存二分之一。泥质灰陶。浅灰色。莲蓬无凸台，以圆圈凸线为莲蓬界边，凸线内饰圆圈凸线包裹的宝珠，宝珠外饰 12 个莲籽状纹饰，莲花共 14 个花瓣，“I”字形凸棱较窄，边轮较宽，背面不平整，与筒瓦粘接处有泥刀刻划的痕迹。面径 15、边厚 0.4 ~ 1.4、边轮宽 2 ~ 2.5 厘米（图八八四）。

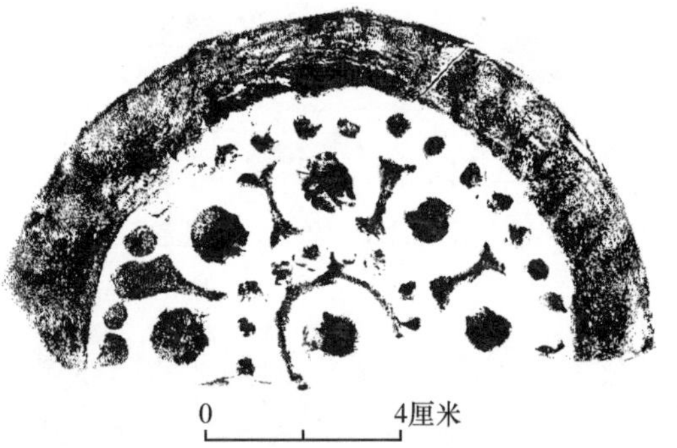

图八八三　北朝至五代 Bc 型Ⅱ式莲花纹瓦当（TG4031 ⑤ b：1）纹饰拓本

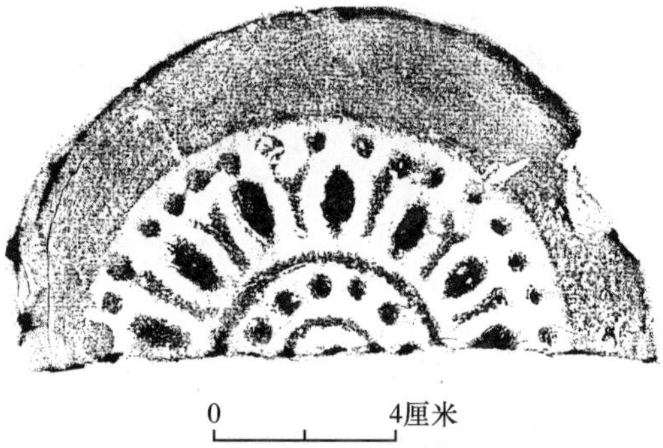

图八八四　北朝至五代 Bc 型Ⅱ式莲花纹瓦当（TG4010 ③ a：2）纹饰拓本

标本 TG4032 ⑤ a：1，残存近四分之三。泥质灰陶。深灰色。莲蓬无界边，内饰圆圈凸线包裹的宝珠，宝珠外饰 15 个莲籽状纹饰，莲花共 8 个花瓣，“I”字形凸棱较宽，当面纹饰有压痕，边轮较宽，背面较平整，与筒瓦粘接处有泥刀刻划的痕迹。面径 13.2、边厚 1.5 ~ 2.1、边轮宽 1 ~ 1.2 厘米（图八八五、图八八六；图版一二三，7）。

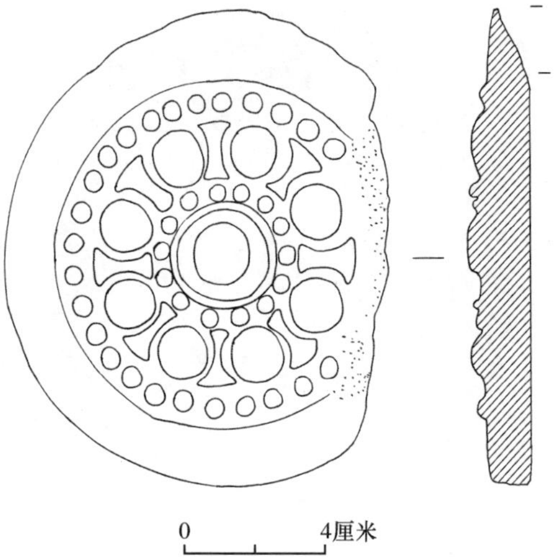

图八八五　北朝至五代 Bc 型Ⅱ式莲花纹瓦当（TG4032 ⑤ a：1）

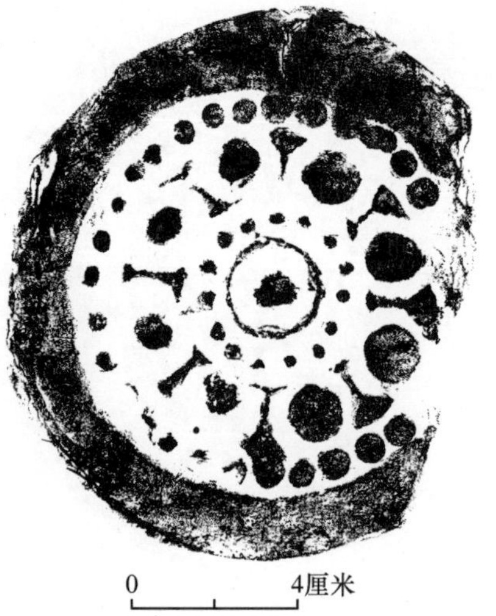

图八八六　北朝至五代 Bc 型Ⅱ式莲花纹瓦当（TG4032 ⑤ a：1）纹饰拓本

标本 TG4006 ④ a：1，残存四分之三。泥质灰陶。浅灰色。莲蓬无凸台，以圆圈凸线为莲蓬界边，凸线内饰宝珠，宝珠外饰 10 个莲籽状纹饰，莲花共 12 个花瓣，“I”字形凸棱较窄，边轮较宽，背面不平整，与筒瓦粘接处有泥刀刻划的痕迹。面径 14.2、边厚 1.1 ~ 1.5、边轮宽

1.8 ~ 2.2 厘米（图八八七、图八八八）。

标本 TG4023 ④ a：1，边轮略残。泥质灰陶。浅灰色。莲蓬无界边，内饰圆圈凸线包裹的宝珠，宝珠外饰 13 个莲籽状纹饰，莲花共 9 个花瓣，“I”字形凸棱较宽，联珠纹外饰一周凸线纹，当面纹饰有压痕，边轮较宽，背面不平整。面径 15、边厚 0.9 ~ 1.7、边轮宽 1.8 ~ 2.6 厘米（图八八九）。

C 型　共 4 件。均为泥质灰陶，模制。体形小，当面主题纹饰为普通单瓣莲花纹，莲蓬凸台状，凸台较高，莲瓣呈椭圆形，莲瓣间以“T”字形凸棱相隔。边轮低于当面纹饰。

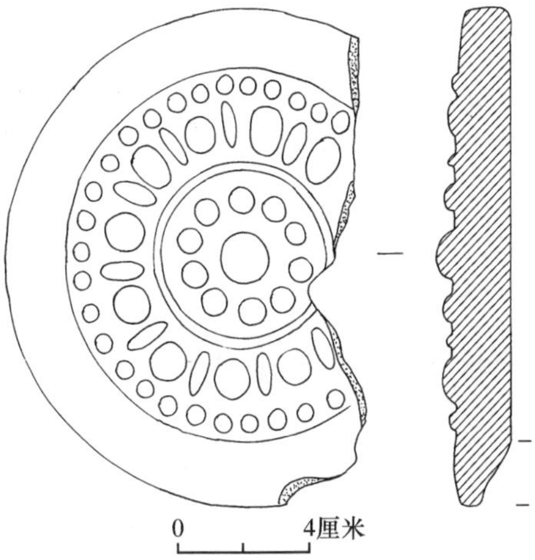

图八八七　北朝至五代 Bc 型Ⅱ式莲花纹瓦当（TG4006 ④ a：1）

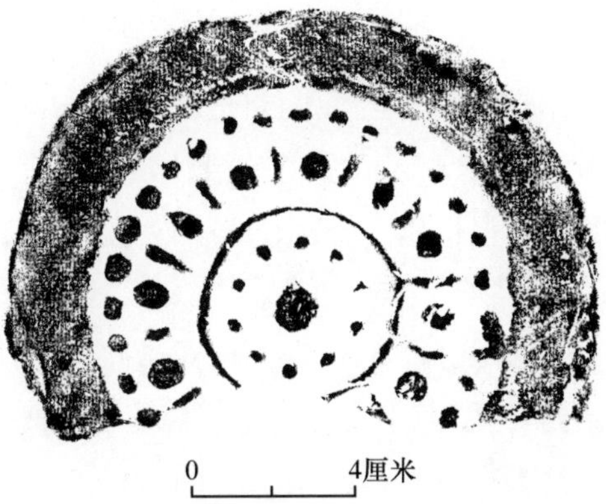

图八八八　北朝至五代 Bc 型Ⅱ式莲花纹瓦当（TG4006 ④ a：1）纹饰拓本

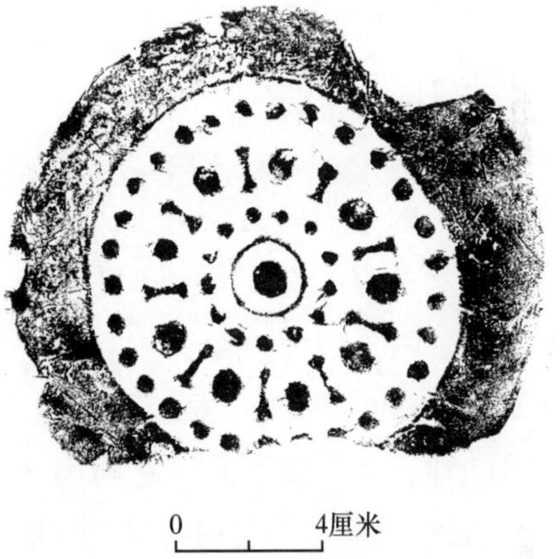

图八八九　北朝至五代 Bc 型Ⅱ式莲花纹瓦当（TG4023 ④ a：1）纹饰拓本

标本 TG4015 ⑤ a：1，边轮略残。黑灰色，当面青掍磨光。莲蓬饰 8 个莲籽状纹饰，莲花共 13 个花瓣，花瓣呈瘦长椭圆形，“T”字形凸棱较窄，边轮较宽且平，背面较平整，与筒瓦连接处有泥刀刻划的痕迹。面径 7.8、边厚 0.8 ~ 1、边轮宽 1.3 厘米（图八九〇、图八九一；图版一二三，8）。

标本 TG4015 ⑤ a：2，残存近四分之一。黑灰色，当面青掍磨光。莲蓬饰 8 个莲籽状纹饰，莲花共 13 个花瓣，花瓣呈瘦长椭圆形，“T”字形凸棱较窄，边轮较宽且平，背面较平整，与筒瓦连接处有泥刀刻划的痕迹。面径 7.8、边厚 0.8 ~ 1、边轮宽 0.8 厘米。

标本 TG4015 ⑤ a：3，残存近三分之一。黑灰色，莲蓬饰 8 个莲籽状纹饰，莲花共 13 个花瓣，花瓣呈瘦长椭圆形，“T”字形凸棱较窄，边轮较宽且平，背面较平整，与筒瓦连接处有泥刀刻划的痕迹。面径 8、边厚 0.7 ~ 0.9、边轮宽 1 ~ 1.2 厘米。

标本 TG4011 ⑤ a：3，残存近四分之三。黑灰色，当面青掍磨光。莲蓬饰 8 个莲籽状纹饰，莲花共 13 个花瓣，花瓣呈瘦长椭圆形，“T”字形凸棱较窄，边轮较宽且平，背面较平整，与筒瓦连接处有泥刀刻划的痕迹。面径 8、边厚 0.8 ~ 1.1、边轮宽 0.8 ~ 1.3 厘米。

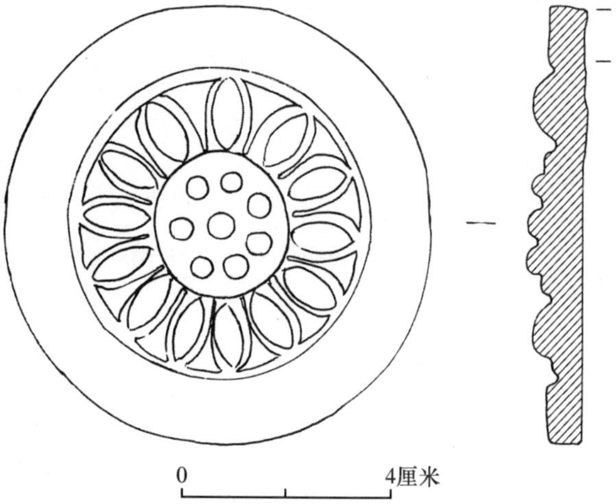

图八九〇　北朝至五代 C 型莲花纹瓦当
（TG4015 ⑤ a：1）

图八九一　北朝至五代 C 型莲花纹瓦当
（TG4015 ⑤ a：1）纹饰拓本

（2）兽面纹瓦当

共出土 21 件。

Aa 型Ⅱ式　共出土 13 件。泥质灰陶，模制，制作较规整。当面两重或三重纹饰，外重为圆弧凸棱纹，内重为兽面纹，兽面高凸，线条较清晰，兽头单竖犄，犄较粗壮，额上有鬓，扇形、锥形或贝壳状耳，两眉高突呈雁形且与鼻相接，眉梢上翘，怒目圆睁，三角形鼻，有鼻翼，单排齿，嘴角边饰两颗獠牙，眼和鼻两侧饰弧状须，吻部下饰三缕鬃。

标本 TG4005 ③ a：1，残存四分之三。边轮较宽，宽 2.2 厘米。当面两重纹饰。贝壳状塌耳，怒目圆睁，上下饰眼睑。背面不平，与筒瓦粘接处有泥刀刻划的痕迹。胎质较粗，掺杂有小砂粒，胎体致密。面径 14、厚 2.8 厘米（图八九二、图八九三；图版一二四，1）。

标本 TG4013 ④ a：1，残存四分之三。边轮较宽，宽 2.6 厘米。当面两重纹饰。贝壳状塌耳。背面较平，与筒瓦粘接处有泥刀刻划的痕迹。胎质较粗，掺杂有小砂粒，胎体致密。面径 12.5、厚 3.3 厘米（图八九四）。

标本 TG4005H116：2，残存近四分之三。边轮较宽，宽 2.5 厘米。当面两重纹饰。贝壳状

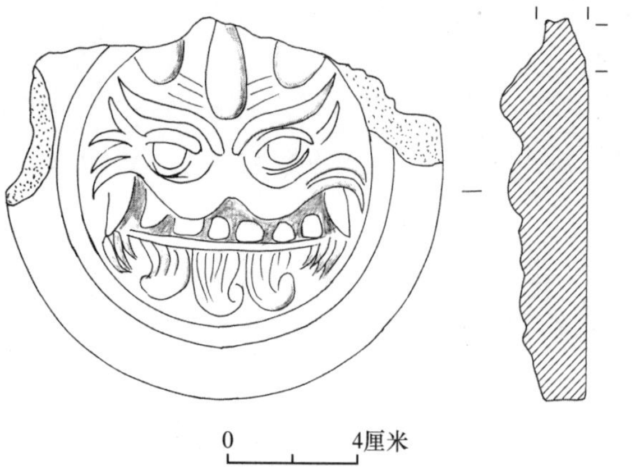

图八九二　北朝至五代 Aa 型Ⅱ式兽面纹瓦当
（TG4005 ③ a：1）

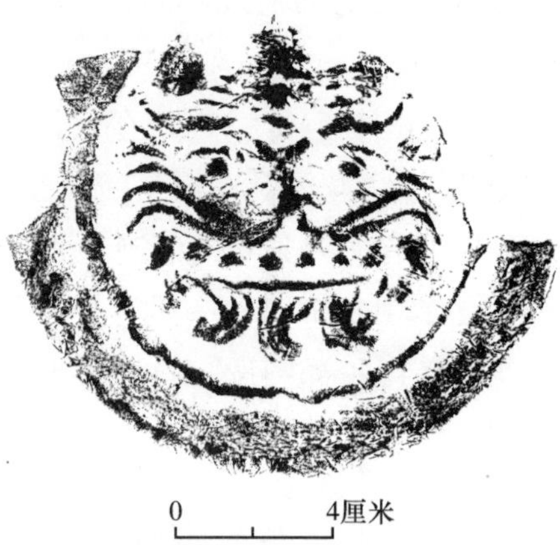

图八九三　北朝至五代 Aa 型Ⅱ式兽面纹瓦当
（TG4005 ③ a：1）纹饰拓本

塌耳，犄较粗壮，端部被压平。背面较平。胎质较粗，掺杂有小砂粒，胎体致密。面径 14.5、边厚 3.2 厘米。

标本 TG4005H1116：3，残存近三分之二。模制，边轮较宽，宽 2.2 厘米。当面两重纹饰。贝壳状塌耳。背面不平。胎质较粗，掺杂有小砂粒，胎体致密。面径 14、边厚 3.2 厘米。

标本 TG4005H1116：4，边轮残缺，残存近二之一。当面两重纹饰。贝壳状塌耳。背面不平。胎质较粗，掺杂有小砂粒，胎体致密。面径 14、厚 3.3 厘米。

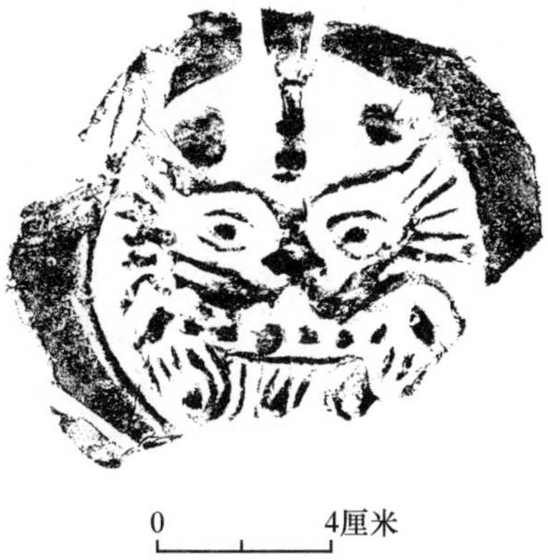

图八九四　北朝至五代 Aa 型Ⅱ式兽面纹瓦当（TG4013④a：1）纹饰拓本

标本 TG4005H116：5，残存近二之一。当面两重纹饰。贝壳状塌耳，犄较粗壮，端部被压平。背面不平。胎质较粗，掺杂有小砂粒，胎体致密。残存面径 10、厚 3.2 厘米。

标本 TG4005H116：6，边轮残缺，残存近三之一。当面两重纹饰。贝壳状塌耳。背面不平。胎质较粗，掺杂有小砂粒，胎体致密。残存面径 8、厚 2.4 厘米。

标本 TG4005H116：7，边轮及吻部残缺，残存不足三之一。当面两重纹饰。贝壳状塌耳，犄较粗壮，端部被压平。背面较平。胎质较粗，掺杂有小砂粒，胎体致密。残存面径 8.8、边厚 3.3 厘米。

标本 TG4005H116：8，边轮及右侧兽面残缺，残存不足三之一。当面两重纹饰。贝壳状塌耳。背面不平，与筒瓦粘接处有泥刀刻划的痕迹。胎质较粗，掺杂有小砂粒，胎体致密。面径 14、边厚 3 厘米（图八九五）。

标本 TG4005H116：9，残存近三分之二。边轮较宽，宽 2.2 厘米。当面两重纹饰。贝壳状塌耳。背面较平。胎质较粗，掺杂有小砂粒，胎体致密。面径 14、厚 3.1 厘米（图八九六）。

标本 TG4005H116：10，残存近三分之二。边轮较宽，宽 2.5 厘米。当面两重纹饰。锥状耳，尖三角形鼻。背面不平，与筒瓦粘接处有泥刀刻划的痕迹。胎质较纯净，胎体致密。面径 16、厚 2.5 厘米（图八九七、图八九八）。

图八九五　北朝至五代 Aa 型Ⅱ式兽面纹瓦当（TG4005H116：8）纹饰拓本

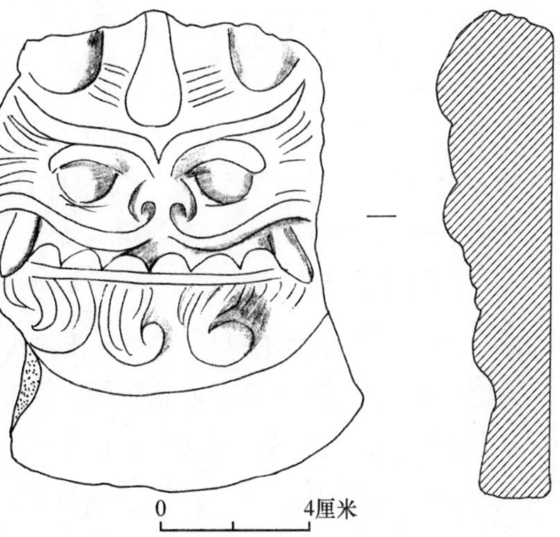

图八九六　北朝至五代 Aa 型Ⅱ式兽面纹瓦当（TG4005H116：9）

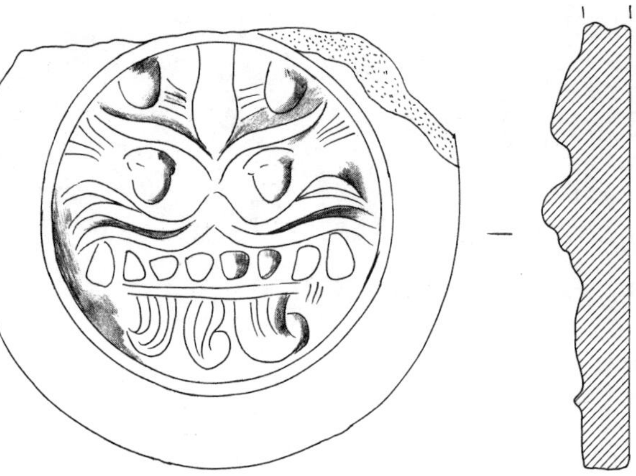

图八九七　北朝至五代 Aa 型Ⅱ式兽面纹瓦当（TG4005H116：10）

图八九八　北朝至五代 Aa 型Ⅱ式兽面纹瓦当（TG4005H116：10）纹饰拓本

图八九九　北朝至五代 Aa 型Ⅱ式兽面纹瓦当（TG4021④a：2）纹饰拓本

标本 TG4009③a：1，残存近三分之二。边轮较宽，宽 2.7 厘米。当面两重纹饰。贝壳状塌耳。背面较平。胎质较粗，掺杂有小砂粒，胎体致密。面径 15、厚 3.1 厘米。

标本 TG4021④a：2，兽面左面和鼻部以下残缺，残存近三分之一。模制，边轮较窄，宽 1.5 厘米。当面三重纹饰，从外至内依次为联珠纹、圆弧凸棱纹和兽面纹。兽面高凸，线条清晰，兽头单竖犄，犄较粗壮，扇形耳，额上有鬃，两眉高突呈雁形且与鼻相接，眉梢上翘，怒目圆睁，饰圆凸棱眼睑，三角形鼻，有鼻翼，眼和鼻两侧饰弧状须。背面较平。胎质较纯净，胎体致密。面径 16、边厚 1.3～2.2、边轮宽 1.9 厘米（图八九九）。

Ab 型Ⅱ式　共 3 件。均为泥质灰陶，模制，制作较规整。当面两重纹饰，外重为圆弧凸棱纹，内重为兽面纹。兽面高凸，线条清晰，兽头双挑犄，犄不甚清晰，圆形塌耳，额中饰宝珠且有鬃，两眉粗壮呈倒“八”字形，怒目圆睁，三角形塌鼻，眼和鼻两侧饰弧状须，单排齿，嘴角边饰两颗獠牙，下衔一近三角形的环，齿下饰辐状须。

标本 TG4011③a：1，完整。边轮较宽，宽 2.4 厘米。背面较平。胎质较粗，掺杂有少量小砂粒，胎体致密。面径 15、厚 2.8 厘米（图九〇〇；图版一二四，2）

标本 TG4011③a：2，边轮较宽，宽 2.7 厘米。背面较平。胎质较粗，掺杂有少量小砂粒，胎体致密。面径 15、厚 2.7 厘米（图九〇一）。

标本 TG4015④a：2，残存近四分之三。边轮较宽，宽 2.3 厘米。背面较平。胎质较粗，掺杂有少量小砂粒，胎体致密。面径 14.5、厚 2.8 厘米。

Ab 型Ⅲ式　共 3 件。均为泥质灰陶，模制，制作较规整。当面二重纹饰，外重为圆弧凸棱纹，内重为兽面纹。兽面高凸，线条清晰，额中饰宝珠且有鬓，两眉粗壮呈倒“八”字形，眉上饰斜凸棱，怒目圆睁，饰圆弧凸棱眼睑，三角形鼻，鼻梁上饰三道横向凸棱，有鼻翼，眼和鼻两侧饰弧状须，单排齿，嘴角边饰两颗獠牙，下衔一弧形环，齿下饰辐状须。

标本 TG4005H116：11，部分边轮残缺，残存近四分之三。背面较平。胎质较粗，掺杂有少量小砂粒，胎体致密。面径 14.5、厚 2.2 厘米（图九〇二、图九〇三；图版一二四，3）。

标本 TG4005H116：12，部分边轮和衔环残缺，残存近三分之二。背面较平。胎质较粗，掺杂有少量小砂粒，胎体致密。面径 15、厚 2 厘米（图九〇四）。

标本 TG4005H116：13，瓦当残件，边轮及部分衔环残缺，残存近二分之一。背面较平。胎质较粗，掺杂有少量小砂粒，胎体致密。残存面径 9.4、厚 2 厘米（图九〇五）。

Ba 型　共 1 件。

标本 TG4015 ④ a：1，残存二分之一。泥质灰陶，模制，制作较规整。边轮较宽，宽 2.3

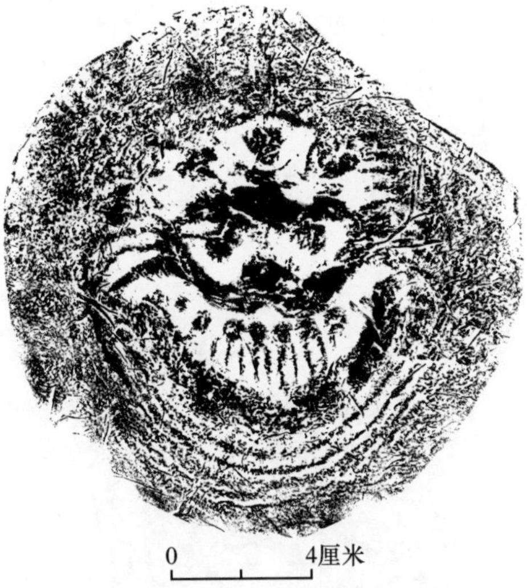

图九〇〇　北朝至五代 Ab 型Ⅱ式兽面纹瓦当（TG4011 ③ a：1）纹饰拓本

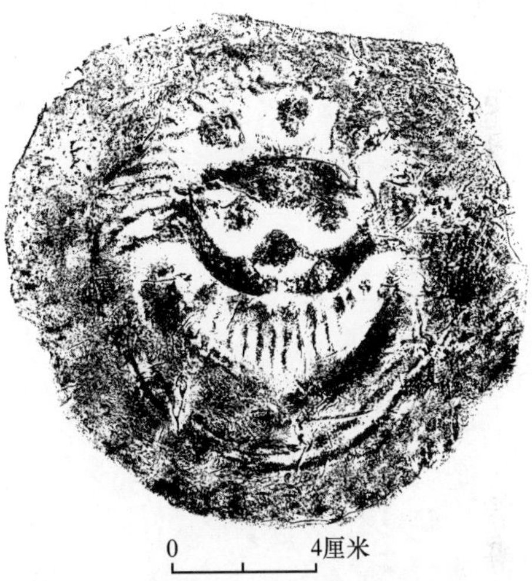

图九〇一　北朝至五代 Ab 型Ⅱ式兽面纹瓦当（TG4011 ③ a：2）纹饰拓本

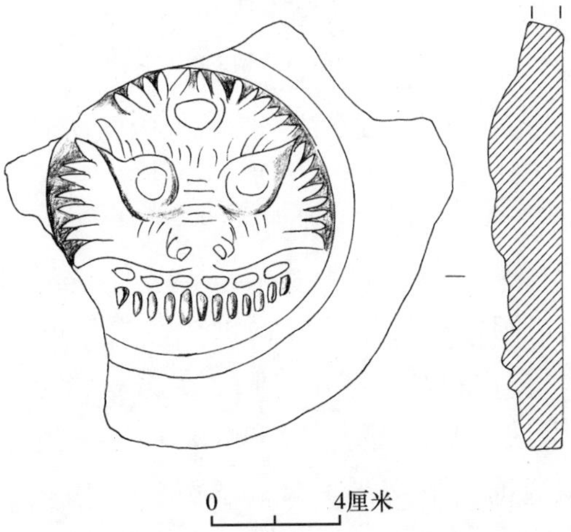

图九〇二　北朝至五代 Ab 型Ⅲ式兽面纹瓦当（TG4005H116：11）

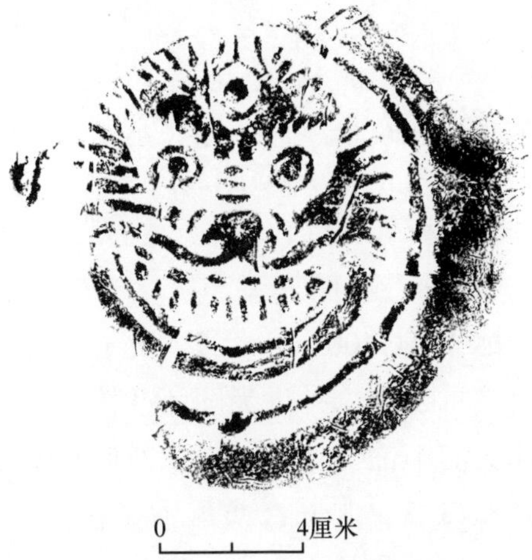

图九〇三　北朝至五代 Ab 型Ⅲ式兽面纹瓦当（TG4005H116：11）纹饰拓本

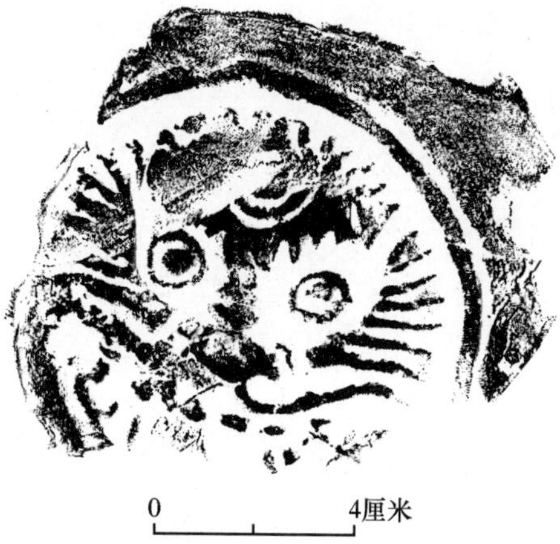

图九〇四　北朝至五代 Ab 型Ⅲ式兽面纹瓦当（TG4005H116：12）纹饰拓本

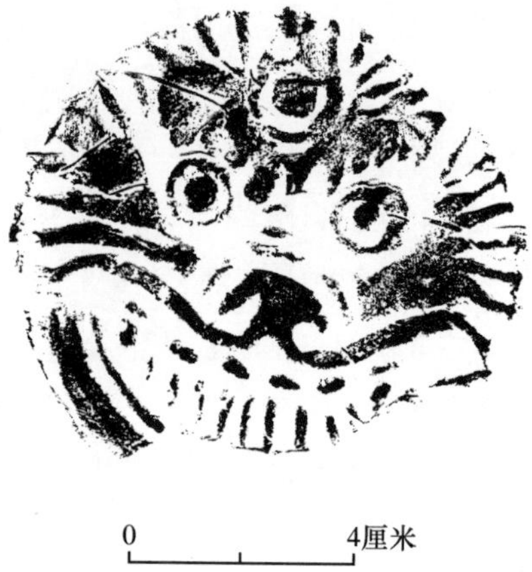

图九〇五　北朝至五代 Ab 型Ⅲ式兽面纹瓦当（TG4005H116：13）纹饰拓本

厘米。当面二重纹饰，外重为圆弧凸棱纹，内重为兽面纹。兽面高凸，线条清晰，兽头双挑犄，扇形耳，额中饰宝珠且有鬓，两眉粗壮呈倒“八”字形，怒目圆睁，三角形鼻，有鼻翼，眼和鼻两侧饰弧状须，双排齿，嘴角边饰两颗獠牙，吻部下饰须。背面较平。胎质较粗，掺杂有少量小砂粒，胎体致密。面径 14.5、厚 2.8 厘米（图九〇六、图九〇七；图版一二四，4）

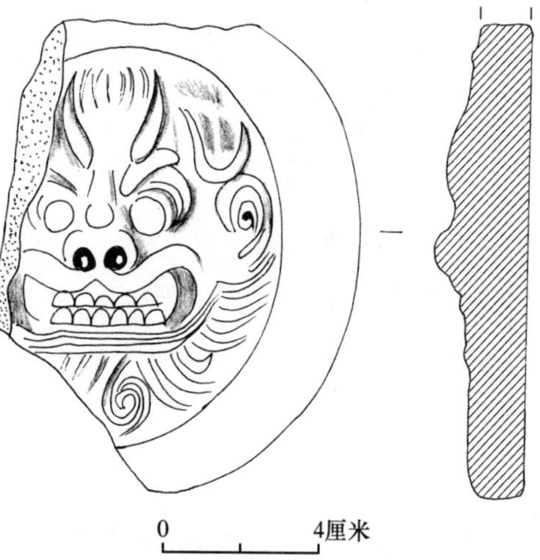

图九〇六　北朝至五代 Ba 型兽面纹瓦当（TG4015④a：1）

图九〇七　北朝至五代 Ba 型兽面纹瓦当（TG4015④a：1）纹饰拓本

Bb 型　共 1 件

标本 TG4005③a：2，完整。泥质灰陶，模制，制作较规整。边轮较宽，宽 2.3 厘米。当面二重纹饰，外重为圆弧凸棱纹，内重为兽面纹。兽面高凸，线条清晰，兽头双挑犄，扇形耳，额中饰宝珠且有鬓，两眉高凸呈雁形，眉梢上翘，怒目圆睁，上部饰眼睑，三角形塌鼻，有鼻翼，眼和鼻两侧饰弧状须，双排齿，嘴角边饰上下交错獠牙，下衔一近三角形的环。背面较平，与筒瓦相接处有泥刀划痕。胎质较粗，掺杂有少量小砂粒，胎体致密。面径 13.5、厚 3.2 厘米（图九〇八；图版一二四，5）。

4. 砖

图九〇八　北朝至五代 Bb 型兽面纹瓦当（TG4005 ③ a：2）纹饰拓本

共 9 件，其中有长方形砖 2 件、正方形砖 6 件和长方形空心砖 1 件。

（1）长方形砖

共 2 件。

A 型　共 1 件。

标本 TG4021 ⑤ a：3，完整。泥质灰陶，模制，制作规整。四边齐平，砖体厚大。除背面饰绳纹外其余皆素面，绳纹较粗，绳径 0.3 ~ 0.5 厘米，绳纹不规则，斜向。泥胎含少量细砂粒，胎色青灰偏白，砖体有粉状侵蚀现象。长 32、宽 17.5 ~ 17.7、厚 6.7 厘米（图九〇九）。

C 型　共 1 件。

标本 TG4027 ④ a：3，完整。泥质灰陶，模制，制作规整。四边齐平，砖体较小。除背面饰绳纹外其余皆素面，绳纹较细，绳径 0.3 厘米，绳纹规则，部分地方没有绳纹，竖向垂直，不平整。泥胎较纯净，胎色青灰，砖体致密。长 30.5、宽 12.3 ~ 13.3、厚 4.3 ~ 4.9 厘米（图九一〇）。

图九〇九　北朝至五代 A 型长方形砖（TG4021 ⑤ a：3）纹饰拓本

图九一〇　北朝至五代 C 型长方形砖（TG4027 ④ a：3）纹饰拓本

（2）正方形砖

共 6 件。

Aa 型　共 1 件。

标本 TG4007 ④ a：2，完整。泥质灰陶，模制，制作规整。砖边齐平，砖体厚大。除背面饰绳纹外其余皆素面。绳纹较粗，绳径 0.3 ~ 0.5 厘米。绳纹不甚规则，斜向，不平整。泥胎含少量细砂粒，胎色青灰偏白，砖体有粉状侵蚀现象。边长 39、厚 7 厘米（图九一一）。

Ab 型　共 1 件。

标本 TG4027 ③ a：2，完整。泥质灰陶，模制，制作规整。砖边齐平，砖体较小。除背面饰绳纹外其余皆素面。绳纹较粗，绳径 0.3 ~ 0.5 厘米。绳纹不太规则，部分地方没有绳纹，弧状，不平整。泥胎较纯净，胎色青灰，砖体致密。边长 30、厚 5 厘米（图九一二）。

图九一一　北朝至五代 Aa 型正方形砖（TG4007 ④ a：2）纹饰拓本

图九一二　北朝至五代 Ab 型正方形砖（TG4027 ③ a：2）纹饰拓本

C 型　共 4 件。均为泥质灰陶，模制，制作规整。表面模印莲花纹和忍冬蔓草纹以及乳钉纹等的组合纹饰，背面素面。砖边齐平，砖体厚大。

标本 TG4002 ④ a：2，残存四分之一。印纹较深，由两条凸棱圆弧形和四条直线凸棱界格把纹饰区分为四重，由内至外依次为：八瓣莲花纹，莲瓣为凸棱三角形；联珠乳钉纹；忍冬蔓草纹（饰于凸棱界格内角处）；联珠乳钉纹。泥胎较纯净，胎体致密。残宽 22.5、残长 21.5、厚 5 厘米（图九一三；图版一二四，6）。

标本 TG4002 ④ a：3，残存四分之一。印纹较深，主体图案已残，可见由一条凸棱圆弧形和四条直线凸棱界格把纹饰区分为三重，由内至外依次为：联珠乳钉纹；忍冬蔓草纹（饰于凸棱界格内角处）；联珠乳钉纹。泥胎较纯净，胎体致密，砖体有粉状侵蚀现象。边长 32.5、残宽 13、厚 4.5 厘米（图九一四；图版一二四，7）。

标本 TG4017 ④ a：4，残存六分之一。印纹较深，主体图案已残，可见由一条凸棱圆弧形和四条直线凸棱界格把纹饰区分为二重，由内至外依次为：忍冬蔓草纹（饰于凸棱界格内角处）；联珠乳钉纹。泥胎较纯净，胎体致密。残长 17.5 ~ 20、宽 7.3 ~ 11.7、厚 4 厘米（图九一五；图版一二四，8）。

标本 TG4019 ④ a：11，残存不足八分之一。印纹较深，主体图案已残，砖角由凸棱界格分隔出的纹饰区内饰四瓣莲花纹，莲瓣为凸棱三角形；其下边纹饰区饰忍冬纹，纹饰残缺。泥胎较纯净，胎体致密。残长 14.6、宽 5 ~ 12.3、厚 5 厘米（图九一六）。

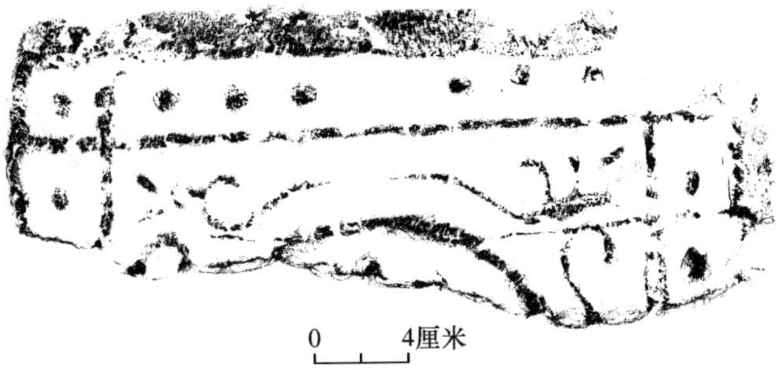

图九一三　北朝至五代 C 型正方形砖
（TG4002 ④ a：2）纹饰拓本

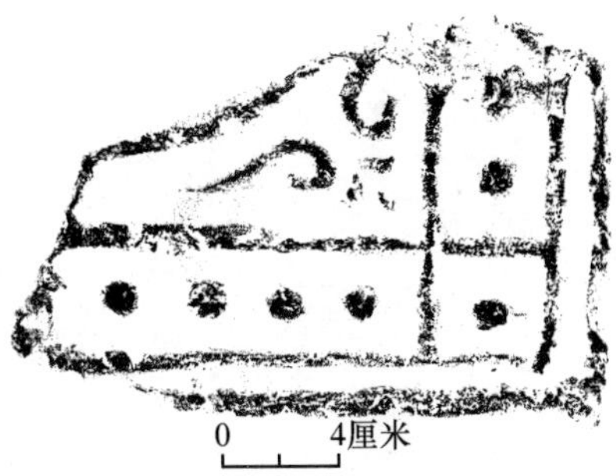

图九一四　北朝至五代 C 型正方形砖
（TG4002 ④ a：3）纹饰拓本

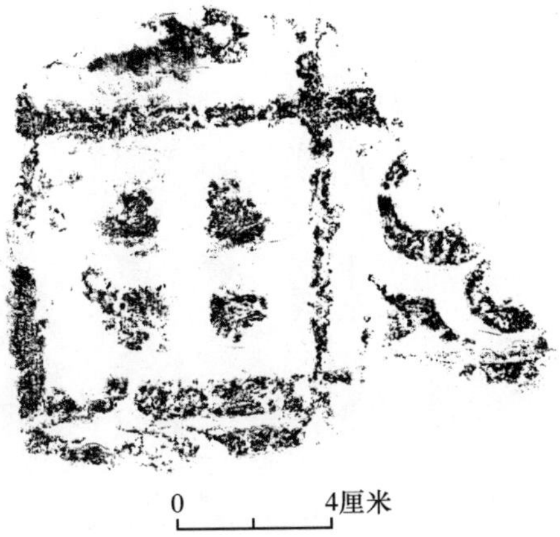

图九一五　北朝至五代 C 型正方形砖
（TG4017 ④ a：4）纹饰拓本

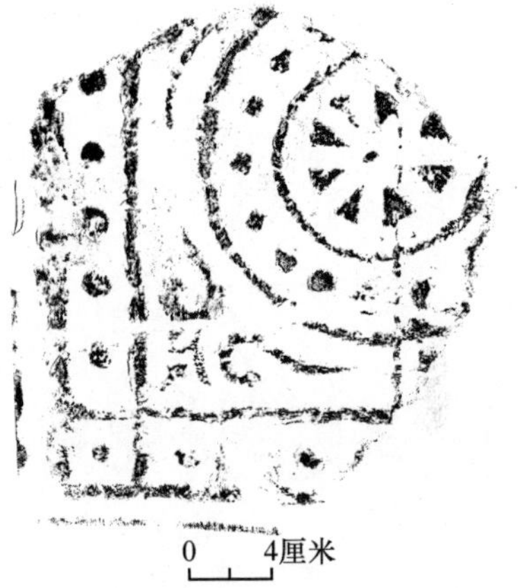

图九一六　北朝至五代 C 型正方形砖
（TG4019 ④ a：11）纹饰拓本

（3）长方形空心砖

共 1 件。

标本 TG4007 ⑥：4，残。泥质灰陶，模制，制作规整。模印较深，正面主题纹饰为圆形八瓣复瓣莲花纹、方形四叶变形忍冬纹与圆形同心弦纹相间隔的组合纹饰，砖面青掍磨光；背面不平。胎质细腻，胎体致密。残长 23.5、残宽 19、厚 5 厘米（图九一七；图版一二五，1）。

5. 脊兽

共 10 件。均为泥质灰陶，模制。

标本 TG4003 ②：1，残。怒目圆睁，眉毛粗壮，眼睛左侧残存五缕胡须。残长 22.5、残宽 3 ~ 6.2、高 20.5 厘米（图九一八）。

标本 TG4001 ④ a：4，残存一桃形耳及耳朵旁边的鬃毛。残长 16、残宽 10、残高 6 厘米（图九一九）。

标本 TG4018H142：1，残存一眼睛、眉毛以及眼睛周围的鬃毛。残长 19、残宽 15、残高 8 厘米（图九二〇；图版一二五，2）。

标本 TG4004 ③ a：1，残存六缕鬃毛。残长 18、残宽 11、残高 9 厘米（图九二一）。

标本 TG4003 ④ a：2，仅存一颗獠牙及三缕胡须。残长 11.2、残宽 3.8、高 8.9 厘米（图九二二）。

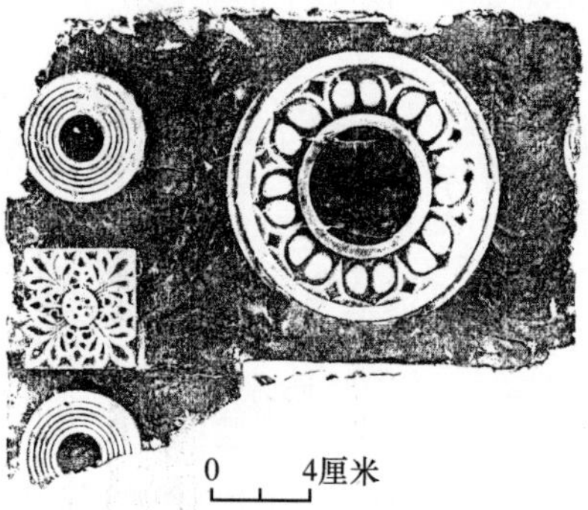

图九一七　长方形空心砖（TG4007 ⑥：4）纹饰拓本

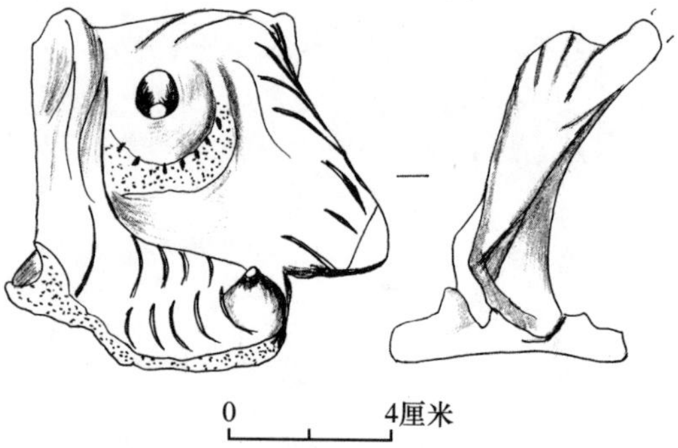

图九一八　脊兽（TG4003 ②：1）

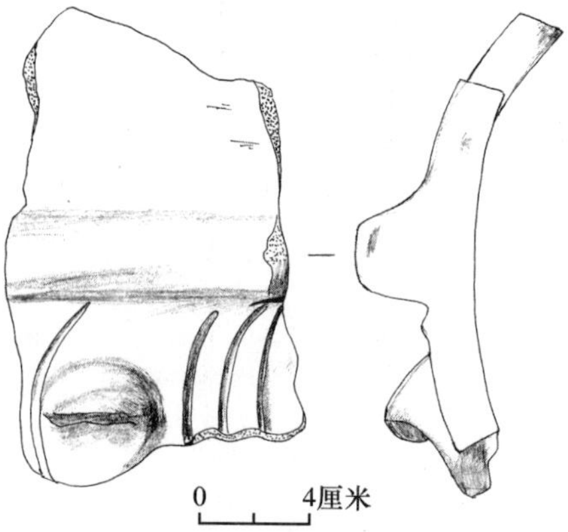

图九一九　脊兽（TG4001 ④ a：4）

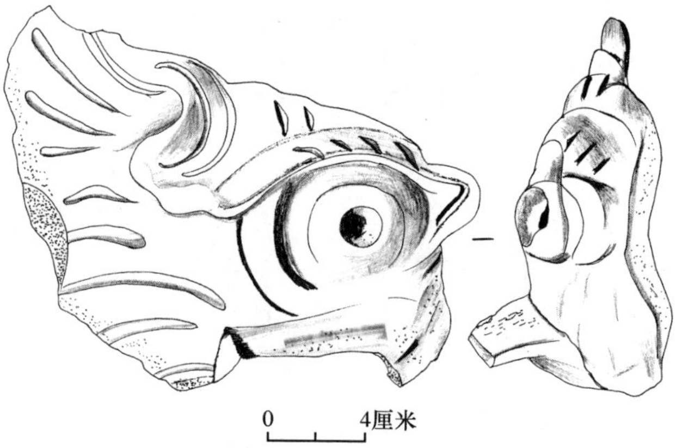

图九二〇　脊兽（TG4018H142：1）

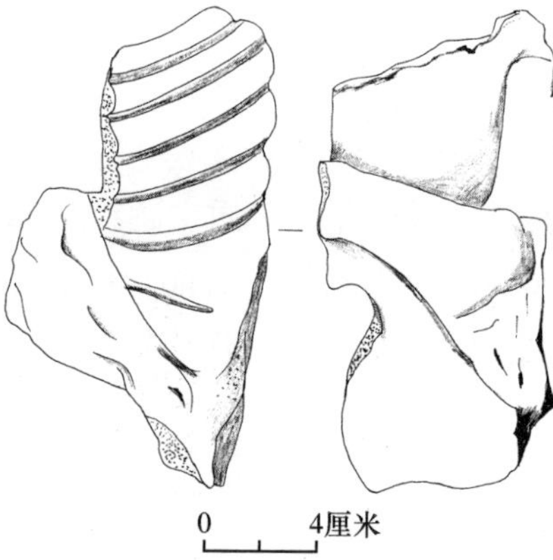

图九二一　脊兽（TG4004 ③ a：1）

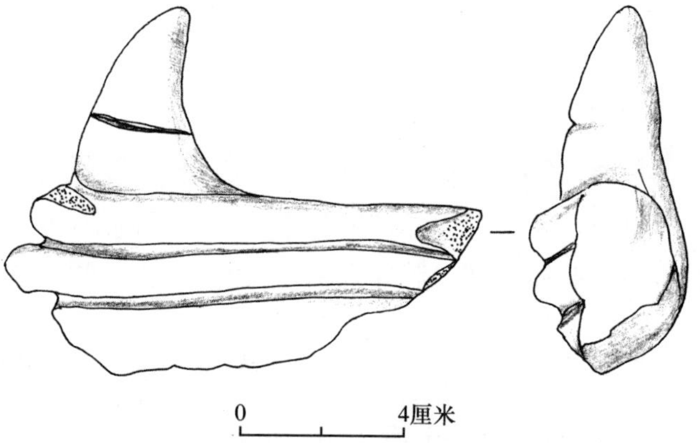

图九二二　脊兽（TG4003 ④ a：2）

标本 TG4025 ④ a：3，残存半个鼻子、一眼睛、眉毛以及眼睛周围的鬓毛。残长 22、残宽 15、残高 9 厘米（图九二三）。

标本 TG4005H116：18，残件。怒目圆睁，眉毛粗壮，仅存左侧獠牙外露，圆形鼻孔。残长 17.6、残宽 4 ~ 9.8、高 10.1 厘米（图九二四；图版一二五，3）。

标本 TG4003 ④ a：3，残。獠牙外露，圆形鼻孔，鼻下饰两缕胡须。残长 13.9、残宽 6.1、高 6 厘米（图九二五）。

标本 TG4032 ④ a：4，残存一大张的嘴以及外伸的舌头。残长 28、残宽 17、残高 7.5 厘米（图九二六）。

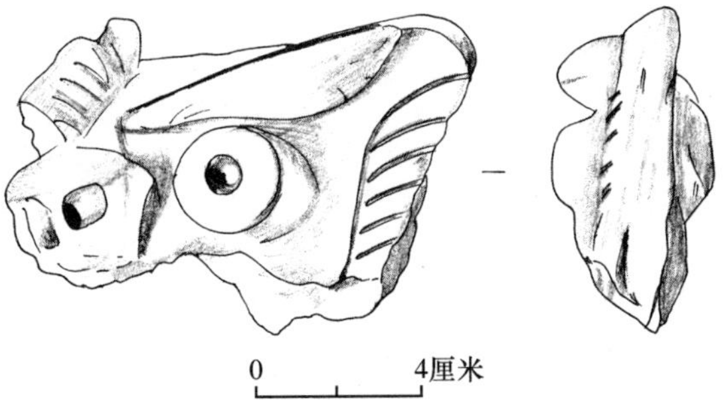

图九二三　脊兽（TG4025④a：3）

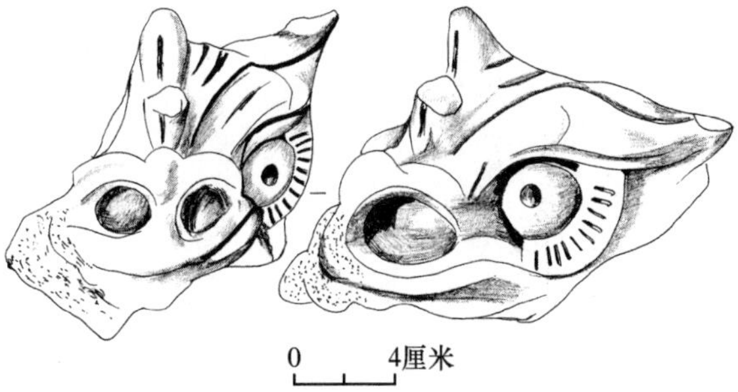

图九二四　脊兽（TG4005H116：18）

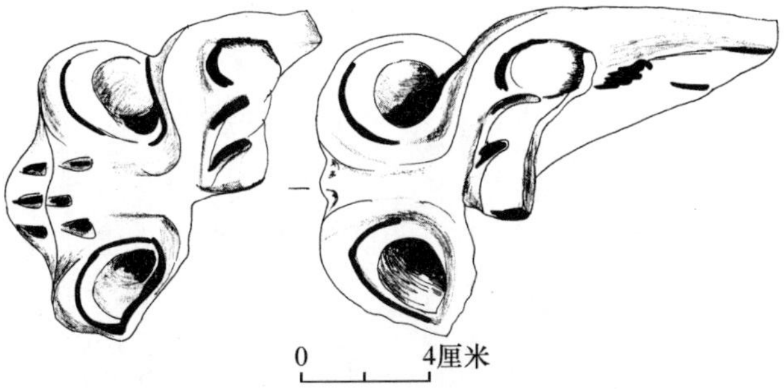

图九二五　脊兽（TG4003④a：3）

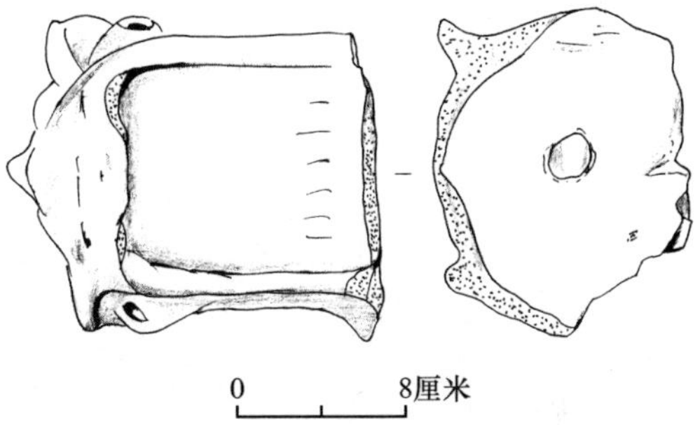

图九二六　脊兽（TG4032④a：4）

标本TG4032④a：3，仅存下颌，嘴大张，舌尖呈三角形伸出齿外，下齿残。残长15.4～18、残宽17、高4.8厘米（图九二七）。

6.脊头瓦

共1件。

标本TG4020⑤a：3，残存一缕眉毛，较粗壮。残长17.5、残宽16.5、残高8.5厘米（图九二八）。

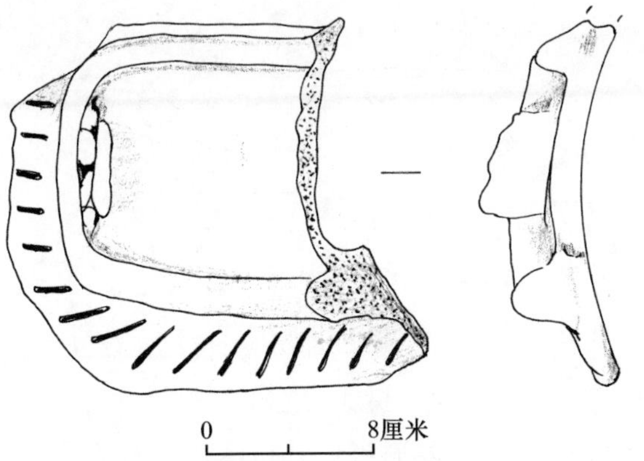

图九二七　脊兽（TG4032④a：3）

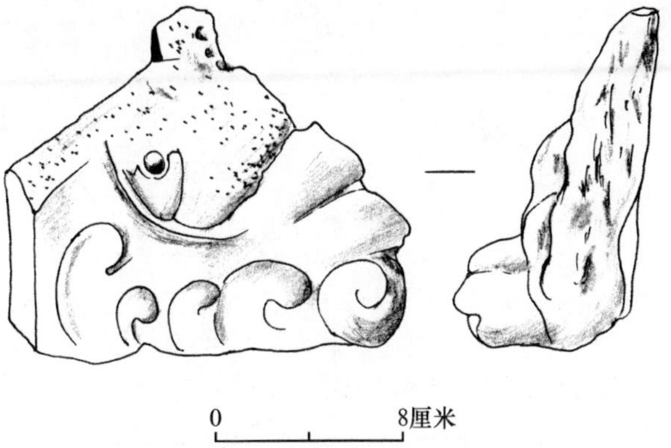

图九二八　脊头瓦（TG4020⑤a：3）

（二）陶器

共出土标本遗物73件，其中陶罐8件、陶盆24件、陶瓮3件、陶钵10件、陶碾钵1件、陶碗 3 件、陶盂 1 件、陶盘 3 件、陶塔形器 3 件、陶莲蓬形器 1 件、匣钵 1 件、陶纺轮 5 件、陶支钉 1 件和陶片 9 件。

1. 陶罐

共 8 件。

B 型Ⅱ式　共 2 件。均为泥质灰陶。方唇，外折平沿，侈口，长颈，鼓腹。

标本 TG4015 ④ a：7，残。口径 16、残高 11.1、厚 0.6 ~ 0.8 厘米。

标本 TG4015 ⑤ a：10，残。口沿上有数周拉坯弦纹。口径 16、残高 6.5、厚 0.5 ~ 0.6 厘米。

B 型Ⅲ式　共 2 件，均可复原。均为泥质灰陶。圆唇，折沿，侈口，溜肩，鼓腹，平底。

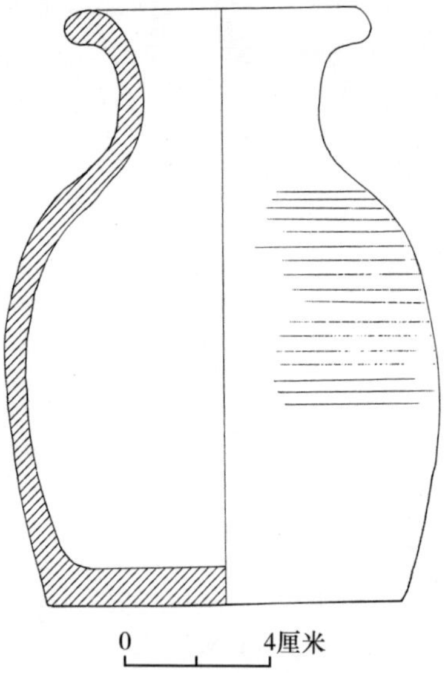

图九二九　北朝至五代 B 型Ⅲ式陶罐（TG4011 ③ a：4）

标本 TG4011 ③ a：4，短颈。外壁饰有暗弦纹。口径 8.5、底径 10、高 17、厚 0.3 ~ 0.6 厘米（图九二九；图版一二五，4）。

标本 TG4022 ④ a：3，长颈，溜肩，鼓腹。口沿上有 2 周凹槽，外壁饰有暗弦纹。口径 13.2、底径 15、高 44.5、厚 0.8 ~ 1.2 厘米（图版一二五，5）。

C 型　共 3 件，完整 2 件，可复原 1 件。均为泥质灰陶。尖圆唇，卷沿，敞口，束颈，溜肩，鼓腹，平底。

标本 TG4017 ④ a：1，完整。外壁及口沿饰暗弦纹。罐内出土较多铜钱，有“开元通宝”和“乾元重宝”。口径 12、底径 9.2、高 15.7、厚 0.4 ~ 0.8 厘米（图九三〇；图版一二五，6）。

标本 TG4011 ④ a：1，可复原。外壁饰暗弦纹。口径 12、底径 7.8、高 14.7、厚 0.2 ~ 0.5 厘米（图九三一；图版一二五，7）。

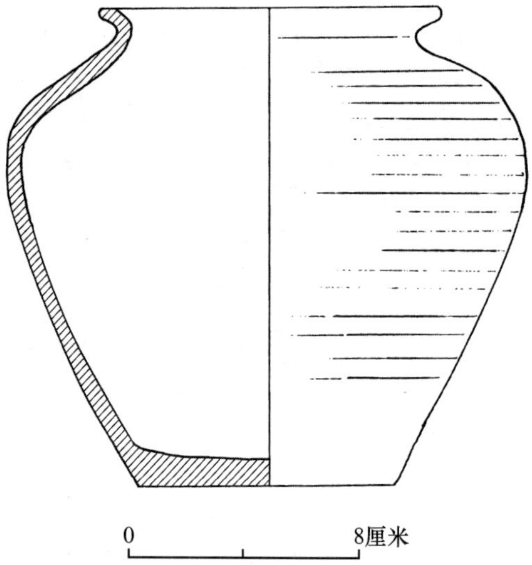

图九三〇　北朝至五代 C 型陶罐（TG4017 ④ a：1）

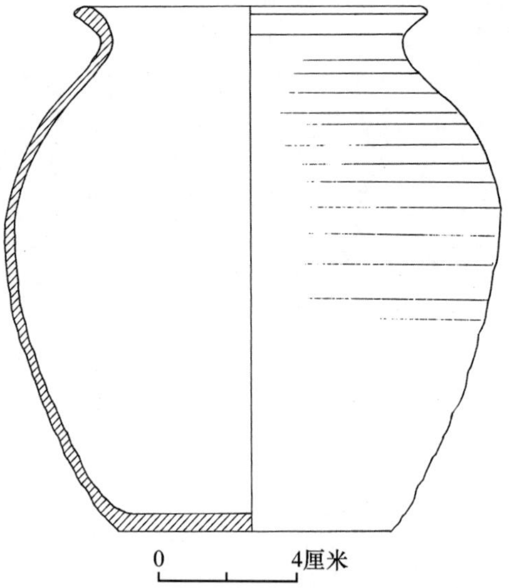

图九三一　北朝至五代 C 型陶罐（TG4011 ④ a：1）

标本 TG4001 ④ a：2，完整。外壁及口沿饰暗弦纹。口径 10、底径 10.3、高 11.6、厚 0.4 ~ 0.8 厘米（图版一二五，8）。

D 型　共 1 件。

标本 TG4015H137：5，残。泥质灰陶。圆唇，内折沿，敛口，口沿上有一周凸棱。外壁及口沿饰暗弦纹。口径 12、残高 4.5、厚 0.5 ~ 0.6 厘米。

2. 陶盆

共 24 件。

A 型Ⅰ式　共 1 件。

标本 TG4024 ⑤ a：2，残。泥质灰陶。方唇，外折窄平沿，侈口。外壁饰两周凹弦纹，其下饰附加堆纹。口径 23、残高 7.8、厚 1.1 ~ 1.3 厘米（图九三二）。

A 型Ⅱ式　共 2 件。均为泥质灰陶。外折宽平沿，侈口，口缘向上翘起呈凸棱状，斜腹。

标本 TG4001 ⑤ a：2，残。内壁饰有数周带状斜“回”纹，两组纹饰相接的部分被抹平。残高 11.5、厚 0.7 ~ 0.8 厘米（图九三三）。

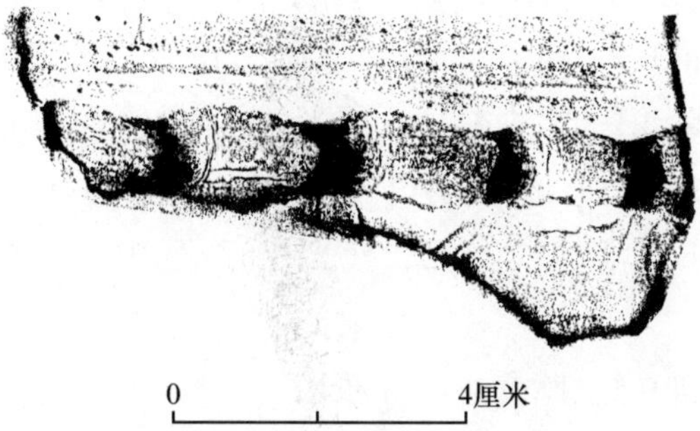

图九三二　北朝至五代 A 型Ⅰ式陶盆（TG4024 ⑤ a：2）纹饰拓本

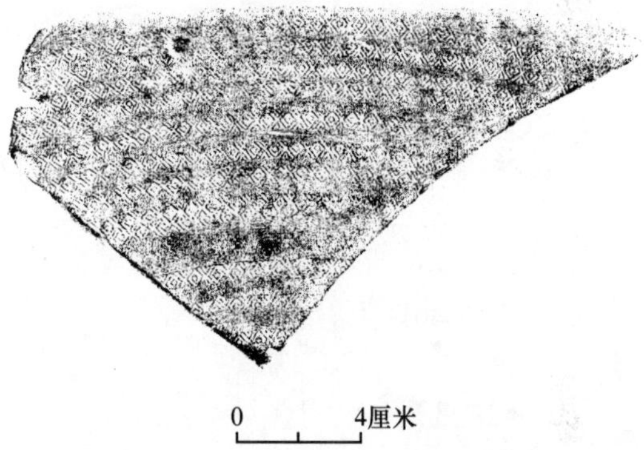

图九三三　北朝至五代 A 型Ⅱ式陶盆（TG4001 ⑤ a：2）纹饰拓本

标本 TG4027 ④ a：2，残。内壁饰有数周斜“回”纹，两组纹饰相接的部分被抹平。口径 30、残高 10、厚 0.5 ~ 0.7 厘米。

A 型Ⅲ式　共 2 件，均可复原。均为泥质灰陶。尖圆唇，外折平沿，斜弧腹，内壁及口沿磨光并饰有暗弦纹。

标本 TG4015 ③ a：13，残。口径 28、底径 16、高 7.5、厚 0.6 ~ 0.8 厘米（图版一二六，4）。

标本 TG4015 ④ a：8，残。口径 23.5、底径 13、高 6.5、厚 0.4 ~ 0.8 厘米（图九三四；图版一二六，5）。

B 型Ⅰ式　共 4 件。均为泥质灰陶。坡折沿，侈口，斜腹。

标本 TG4015 ⑤ a：11，残。尖圆唇。外壁口沿下有一周凸棱，腹部饰瓦棱纹，内壁饰暗弦纹。口径 40、残高 17、厚 0.5 ~ 1.2 厘米。

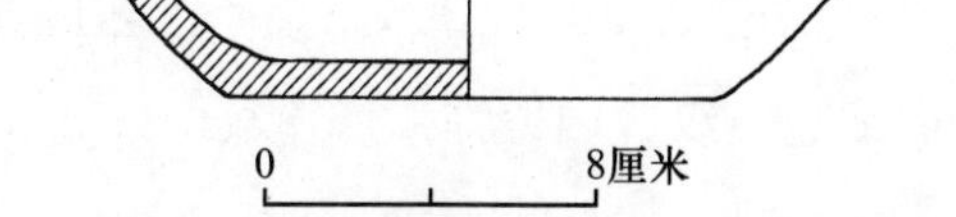

图九三四　北朝至五代 A 型Ⅲ式陶盆（TG4015 ④ a：8）

标本 TG4031 ⑤ a：1，残。尖圆唇。外壁口沿下有一周凸棱，内壁饰暗弦纹。口径 42、残高 9、厚 0.7 ~ 1.3 厘米。

标本 TG4015 ③ a：5，残。方唇，沿上有两周凹槽。外壁饰瓦棱纹，内壁饰暗弦纹和水波纹。口径 54、残高 12.2、厚 0.7 ~ 1.2 厘米。

标本 TG4014 ④ a：3，残。尖圆唇，沿上有两周凹槽。内壁饰暗弦纹和水波纹。口径 29、残高 9、厚 0.5 ~ 0.6 厘米。

B 型Ⅱ式　共 1 件。

标本 TG4019 ④ a：7，残，可复原。泥质灰陶。尖圆唇，坡折沿，侈口，斜弧腹，平底。内壁及口沿饰暗弦纹，外壁饰瓦棱纹。口径 28、底径 13.5、高 11、厚 0.7 ~ 1 厘米（图版一二六，1）。

D 型Ⅰ式　共 2 件，可复原 1 件。均为泥质灰陶。尖圆唇，卷沿，敛口，斜弧腹。

标本 TG4033 ⑤ a：4，残。内壁饰暗弦纹。口径 29、残高 10.2、厚 0.5 ~ 0.9 厘米。

标本 TG4014 ④ a：2，可复原。平底。口径 26、底径 15.2、高 8.1、厚 0.8 ~ 1.1 厘米（图九三五；图版一二六，2）。

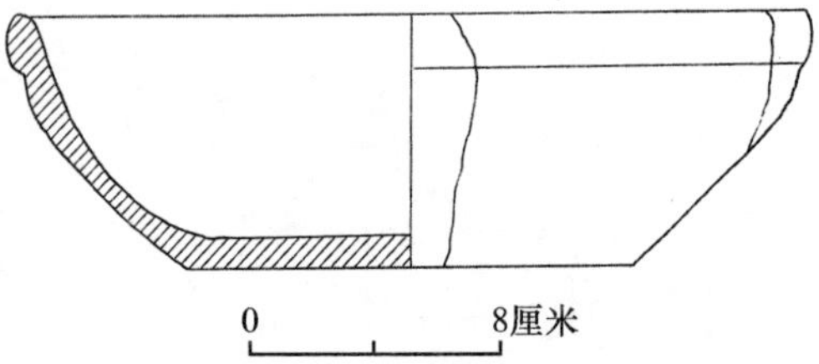

图九三五　北朝至五代 D 型Ⅰ式陶盆（TG4014 ④ a：2）

D 型Ⅱ式　共 3 件。均为泥质灰陶。卷沿，敛口，弧腹。

标本 TG4019 ④ a：8，残。方唇，卷沿，敛口。口径 22、残高 4.1、厚 0.2 ~ 0.4 厘米。

标本 TG4015 ④ a：9，残。尖圆唇。外壁饰有瓦棱纹，内壁不光滑。口径 22、残高 7.8、厚 0.5 ~ 0.7 厘米。

标本 TG4032 ④ a：1，残。尖圆唇。口沿 25、残高 9.5、厚 0.5 ~ 0.6 厘米。

E 型　共 5 件，可复原 1 件。均为泥质灰陶。尖圆唇，折沿，沿上饰花边，斜弧腹。

标本 TG4015 ④ a：12，可复原。内折沿，敛口，平底。口缘饰一周锯齿纹花边，沿上有两周凹槽和一周细竖条纹。口径 12、底径 6、高 7、厚 0.5 ~ 1 厘米（图九三六；图版一二六，3）。

标本 TG4019 ④ a：9，残。内折沿，敛口。沿上有一周锯齿纹和一周细竖条纹。残高 5.1、厚 0.6 ~ 2.6 厘米（图九三七）。

标本 TG4028 ⑤ a：1，残。内折沿，敛口。口缘饰一周锯齿纹花边，沿上有两周凹槽和两周细竖条纹。残高 5.7、厚 0.6 ~ 2.6 厘米（图九三八）。

标本 TG4027 ⑤ a：5，残。外折沿，敞口。口缘饰有手捏波浪纹花边，沿上有一周细竖条纹。残高 4、厚 0.5 ~ 0.6 厘米。

标本 TG4024 ⑤ a：4，残。外折沿，敞口。口缘饰一周锯齿纹花边，沿上有两周凹槽和两周细竖条纹，内壁饰弧形篦纹。残高 4.2、厚 0.5 ~ 1.3 厘米（图九三九）。

F 型　共 1 件。

标本 TG4024 ⑤ a：3，残。泥质灰陶。圆唇，内折双沿，内沿上翘，沿上有一周凹槽，敛

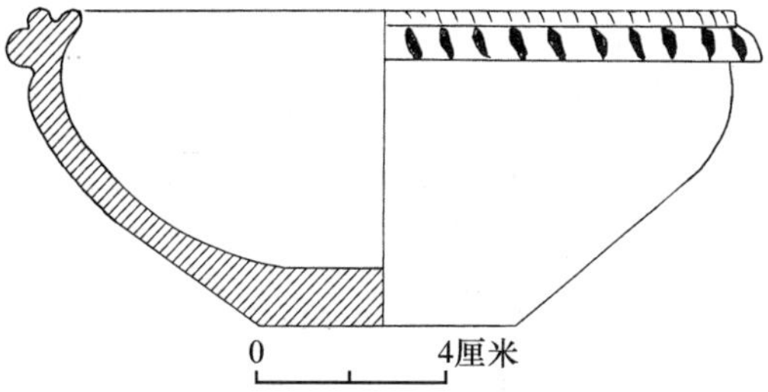

图九三六　北朝至五代 E 型陶盆（TG4015④a：12）

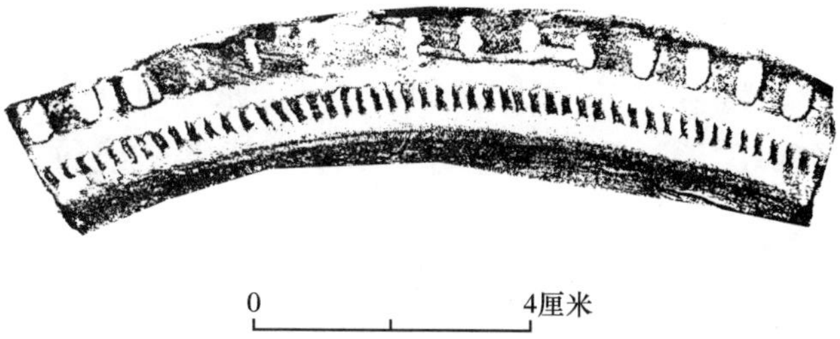

图九三七　北朝至五代 E 型陶盆（TG4019④a：9）口沿纹饰拓本

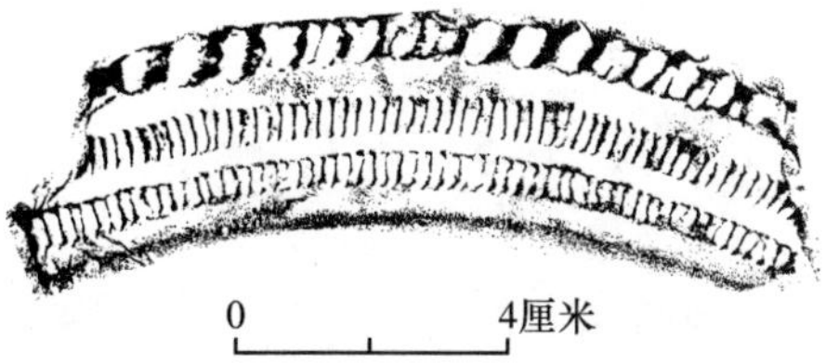

图九三八　北朝至五代 E 型陶盆（TG4028⑤a：1）口沿纹饰拓本

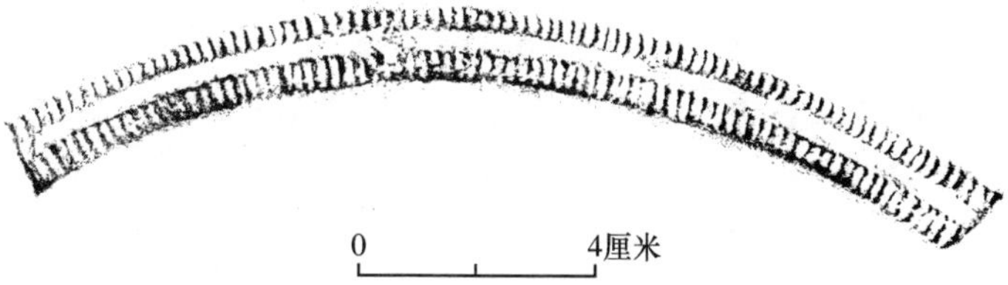

图九三九　北朝至五代 E 型陶盆（TG4024⑤a：4）口沿纹饰拓本

口，弧腹。残高 10.3、厚 0.9～1.4 厘米。

G 型　共 2 件。均为泥质灰陶。尖圆唇，卷沿，侈口，斜腹。

标本 TG4023⑤a：3，残。内壁及口沿饰暗弦纹。口径 24、残高 7.7、厚 0.7～0.8 厘米。

标本 TG4001④a：3，残。内壁及口沿饰暗弦纹。口径 20、残高 8.3、厚 0.6～0.7 厘米。

H 型　共 1 件。

标本 TG4031Z27：2，残。泥质灰陶。方唇，直口，斜腹。外壁饰瓦棱纹。口径 28、残高 8.7、厚 0.7～0.9 厘米。

3. 陶瓮

共 3 件。

A 型　共 2 件。均为泥质灰陶。圆唇，直口，圆肩。

标本 TG4019④a：6，残。口径 26、残高 9.1、厚 0.8～1.1 厘米。

标本 TG4011③a：5，残。外壁肩部饰两周锯齿状附加堆纹。残高 20.1、厚 1.1～1.7 厘米（图九四〇）。

B 型Ⅱ式　共 1 件。

标本 TG4027H151：1，残。泥质灰陶。圆唇，敛口，无领，圆肩。外壁及口沿饰暗弦纹。口径 29、残高 8.2、厚 0.5～0.8 厘米。

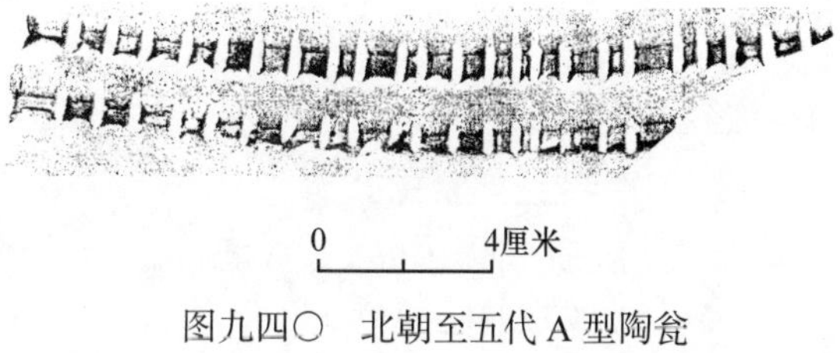

图九四〇　北朝至五代 A 型陶瓮（TG4011③a：5）纹饰拓本

4. 陶钵

共 10 件。

A型　共2件，可复原1件。均为泥质灰陶。圆唇，折沿，敞口，弧腹，平底。

标本TG4015④a：10，可复原。口缘饰小锯齿状花边，沿上饰两周凸弦纹，中间饰联珠纹；内底饰四周凸弦纹和弧形凸线纹。口径14、底径10、高4、厚0.3～0.4厘米（图九四一；图版一二六，6）。

标本TG4015③a：6，残。口缘饰小锯齿状花边，沿上饰一周凸弦纹和一周莲瓣纹。残高4.3、厚0.5～1厘米。

C型　共8件，均可复原。均为泥质灰陶。尖圆唇，内折沿，敛口，平底。

标本TG4031④a：2，沿上有一周凹槽，弧腹。底部有轮制痕。口径13.6、底径15.5、高7、厚0.4～0.7厘米（图版一二六，7）。

标本TG4014⑤a：3，沿上有一周凹槽，弧腹。口径13.3、底径14.5、高7、厚0.6～0.7厘米（图九四二；图版一二六，8）。

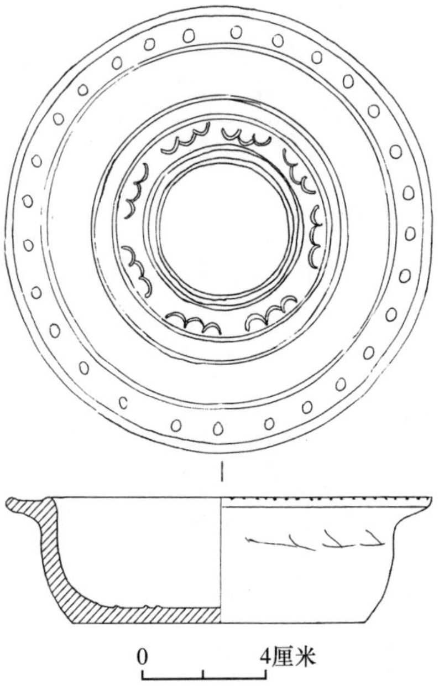

图九四一　北朝至五代A型陶钵
（TG4015④a：10）

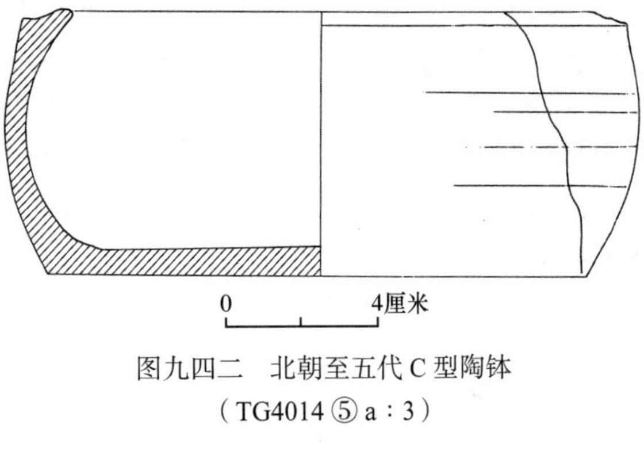

图九四二　北朝至五代C型陶钵
（TG4014⑤a：3）

标本TG4008④a：1，沿上有一周凹槽，弧腹。底部有轮制痕。口径15.5、底径15、高8.5、厚0.7～1.1厘米。

标本TG4008⑤a：9，沿上有一周凹槽，弧腹。底部有轮制痕。口径15.5、底径13.8、高8、厚0.5～0.9厘米。

标本TG4015④a：11，沿上有一周凹槽，弧腹。口径10.5、底径11、高5.5、厚0.4～1厘米（图九四三；图版一二七，1）。

标本TG4014④a：4，沿上有一周凹槽，弧腹。口径12、底径13、高7、厚0.5～0.7厘米（图九四四；图版一二七，2）。

标本TG4008⑤a：10，沿上有一周凹槽，斜弧腹。口径13、底径8、高7.5、厚0.7～1.3厘米。

标本TG4015⑤a：2，沿上有两周凹槽，斜腹。口径7.2、底径2.9、残高2.5、厚0.3～0.5厘米（图版一二七，3）。

5. 陶碾钵

共1件。

标本TG4015H137：4，可复原。泥质红陶。圆唇，侈口，弧腹，饼形足。内壁饰点状

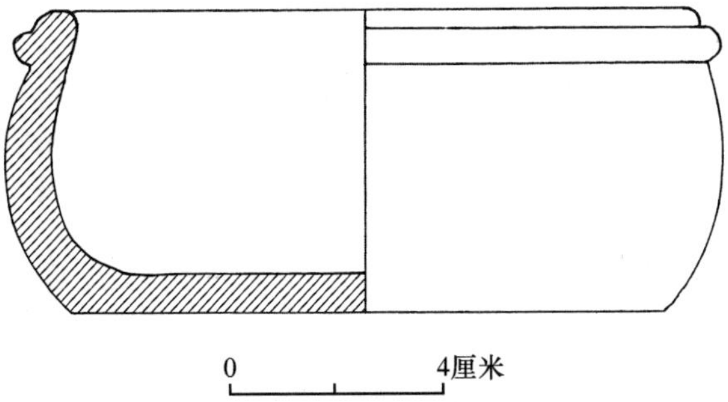

图九四三　北朝至五代C型陶钵（TG4015④a：11）

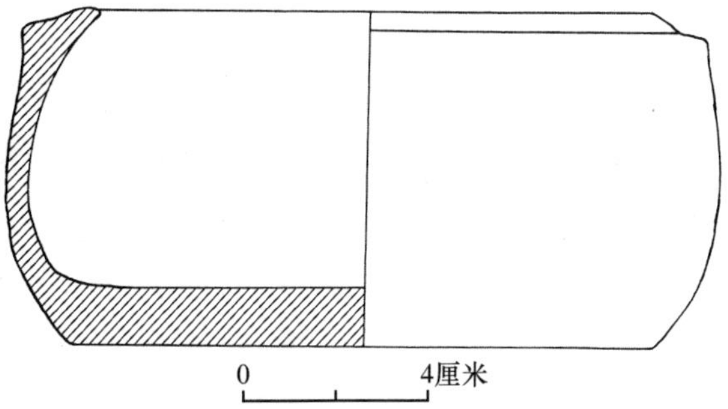

图九四四　北朝至五代C型陶钵（TG4014④a：4）

戳印纹。口径18、底径8、高7、厚0.4～0.8厘米（图版一二七，4）。

6. 陶碗

共3件。

A型Ⅱ式　共1件。

标本TG4014⑥：1，可复原。泥质红陶。圆唇，侈口，浅弧腹，饼形足。口径11、底径5.2、高3.6、厚0.4～1.1厘米（图九四五；图版一二七，5）。

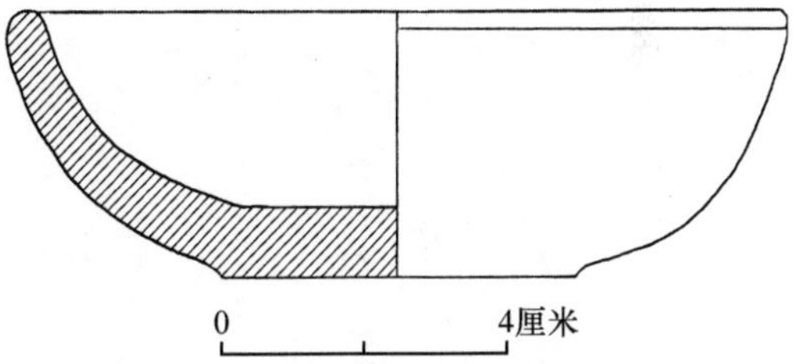

图九四五　北朝至五代A型Ⅱ式陶碗
（TG4014⑥：1）

B型Ⅰ式　共1件。

标本TG4019④a：13，可复原。泥质灰陶。圆唇，侈口，弧腹，饼形足。内壁有明显的拉坯痕迹，底部有轮制痕迹。口径19.5、底径10、高7.8、厚0.4～0.9厘米（图版一二七，6）。

B型Ⅱ式　共1件。

标本TG4019④a：12，可复原。泥质灰陶。圆唇，敛口，弧腹下收，平底。口径13.5、底径8、高6.6、厚0.3～1.3厘米（图版一二七，7）。

7. 陶盂

B型　共1件。

标本TG4019④a：10，可复原。泥质灰陶。尖圆唇，外折沿，侈口，短颈，折腹，平底。内壁及口沿饰暗弦纹，外壁有数周凹弦纹。口径19、底径8.5、高9、厚0.6～0.9厘米（图版一二七，8）。

8. 陶盘

共3件。

A型　共2件。均为泥质灰陶。平底，锥形足。

标本TG4003④a：1，残。底部残留一锥形足。残高3.2、厚0.3～0.7厘米。

标本TG4024⑤a：5，残。内底饰一周莲花纹，底部残留两锥形足。残高2.4、厚0.2～0.4厘米。

B型　共1件。

标本TG4032④a：2，可复原。尖唇，平沿，侈口，斜腹较，平底。沿上饰一周以三条凸线为一组的纹饰；内壁饰麦粒纹。口径9.6、底径7、高1.8、厚0.3～0.5厘米（图九四六；图版一二八，1）。

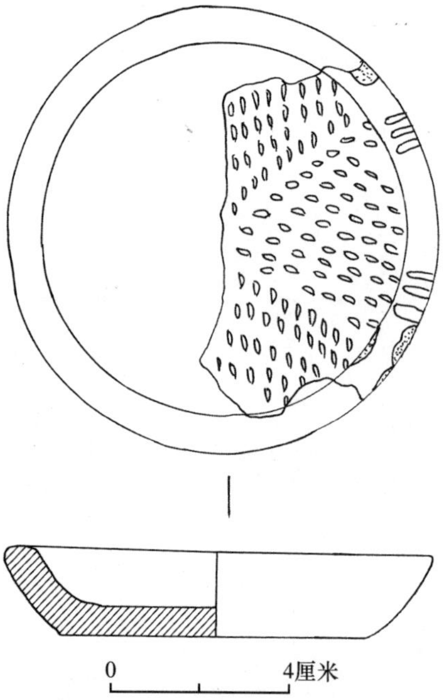

图九四六　北朝至五代B型陶盘（TG4032④a：2）

9. 陶塔形器

共3件。

标本TG4016④a：4，残存三层。泥质红陶。圆形，平底，自下至上逐层变细。通高4.2厘米。

标本TG4008④a：2，残存三层。泥质红陶。圆形，平底，自下至上逐层变细。通高2.6厘米。

标本TG4033④a：1，残存一层。泥质灰陶。圆形，平底。底径11.6、高1.8厘米。

10. 陶莲蓬形器

共1件。

标本TG4025④a：2，完整。泥质红陶。上面为圜形，有四个近圆形凹槽，似莲蓬状；下面半圆形，中间有一圆形凹槽。径9、高5.1厘米。

11. 匣钵

共1件。

标本TG4017④a：2，残。泥质夹砂红陶。砂粒含量很大，斜方唇，直口，折腹。口径17、残高4.9、厚0.8～1.8厘米。

12. 陶纺轮

共5件，均完整。近圆形。

标本TG4014⑤a：4，泥质灰陶。中间有一圆孔。直径3.2、孔径1.3、厚0.9～1厘米。

标本TG4003③a：2，泥质灰陶。直径2.6、厚0.5～0.7厘米。

标本 TG4028⑤a：2，泥质红陶。直径 3.5、厚 1.5～1.7 厘米。

标本 TG4020④a：4，泥质灰陶。中间有一圆孔。直径 4、孔径 0.7、厚 0.6～1.5 厘米。

标本 TG4023④a：5，泥质灰陶。直径 7、厚 1.1～1.3 厘米。

13. 陶支钉

共 1 件。

标本 TG4017③a：1，完整。泥质灰陶。平底，呈锥形。底径 2、高 3.1 厘米。

14. 陶片

共 9 件。

标本 TG4031⑥：1，泥质灰陶。外壁饰弦纹，弦纹间饰水波纹。残长 10.5、厚 0.6～0.8 厘米（图九四七）。

标本 TG4021④a：4，泥质灰陶。内壁饰弧形篦纹。残长 9、厚 0.6～0.8 厘米。

标本 TG4027⑤a：4，陶钵残片。泥质红陶。尖唇，平沿，沿上有一周凹槽，敛口。内壁饰带状"<"形纹。残高 3.7、厚 0.5～0.8 厘米。

标本 TG4033⑤a：2，陶钵残片。泥质红陶。尖唇，平沿，沿上有一周凹槽，敛口。内壁饰点状戳印纹。残高 3.7、厚 0.5～0.7 厘米。

标本 TG4014⑥：2，陶碗残底。泥质红陶。饼形足外撇，足心内凹。底径 8、残高 3.3、厚 0.4～0.6 厘米。

标本 TG4016⑤a：1，陶盆残片。泥质红陶。方唇，外折沿，侈口，斜腹。口径 26、残高 4.7、厚 0.5～0.6 厘米。

标本 TG4013⑤a：4，陶碗残片。泥质红陶。圆唇，直口。口沿下和腹部各有一周凹槽。口径 24、残高 6.9、厚 0.4～0.6 厘米。

标本 TG4007⑤a：3，泥质灰陶。外壁饰有两周锯齿状附加堆纹。残长 13.5、厚 0.6～0.9 厘米。

标本 TG4033⑤a：5，残执柄。泥质灰陶。正面饰网格纹和莲花纹。长 7.5、宽 2.7、厚 0.8 厘米（图九四八）。

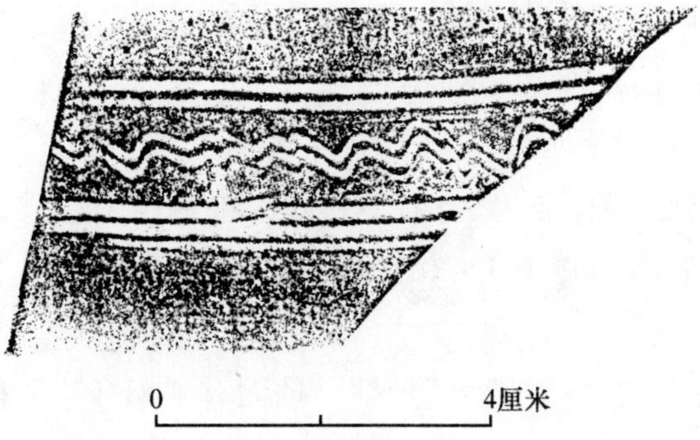

图九四七　陶片（TG4031⑥：1）纹饰拓本

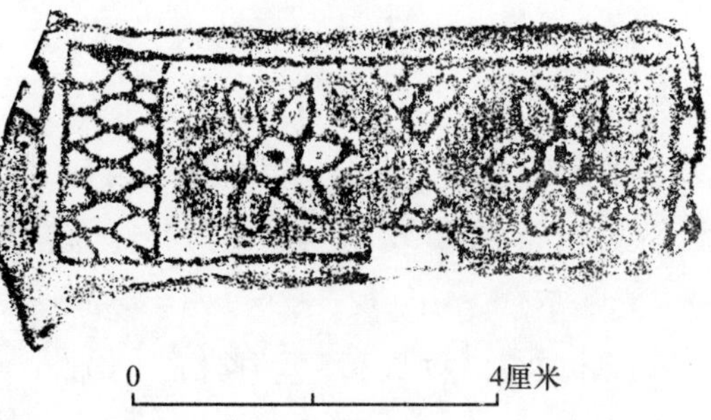

图九四八　陶片（TG4033⑤a：5）纹饰拓本

（三）瓷器

出土标本遗物共72件，可复原53件。其中有瓷碗40件、瓷盘5件、瓷钵1件、瓷瓶1件、瓷盒2件、瓷灯盏6件、瓷塑1件、瓷器盖1件和瓷片15件。

1. 瓷碗

共40件。

Ba型Ⅰ式　共9件。圆唇，饼形足。

标本TG4014③a：1，侈口，斜弧腹。内壁施满釉，外壁施釉不到底，且有流釉现象；釉色灰白；胎色灰白，胎质较细。口径8.3、底径3.6、高2.5、厚0.5～0.8厘米（图版一二八，2）。

标本TG4019④a：1，侈口，斜弧腹。内壁施满釉，外壁施釉不到底；釉色黄白；胎色黄白，胎质较粗。口径9、底径5、高3.3、厚0.4～0.6厘米（图九四九；图版一二八，3）。

标本TG4013③a：1，侈口，斜弧腹。内壁施满釉，外壁施釉不到底，且釉面有细小开片；釉色黄白；胎色黄白，胎质较粗。口径9、底径5、高2.6、厚0.3～0.7厘米。

标本TG4006④a：2，敛口，弧腹。内壁施满釉，外壁施釉不到底，釉面有细小开片；釉色白中泛青；胎色灰白，胎质较细。口径9.5、底径5.5、高3.2、厚0.3～0.4厘米（图九五〇；图版一二八，4）。

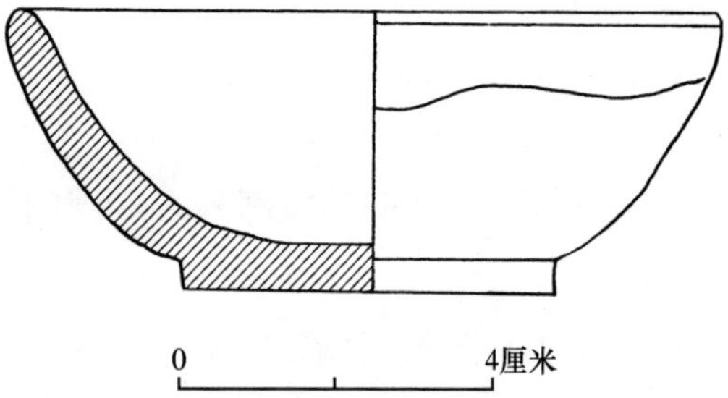

图九四九　北朝至五代Ba型Ⅰ式瓷碗
（TG4019④a：1）

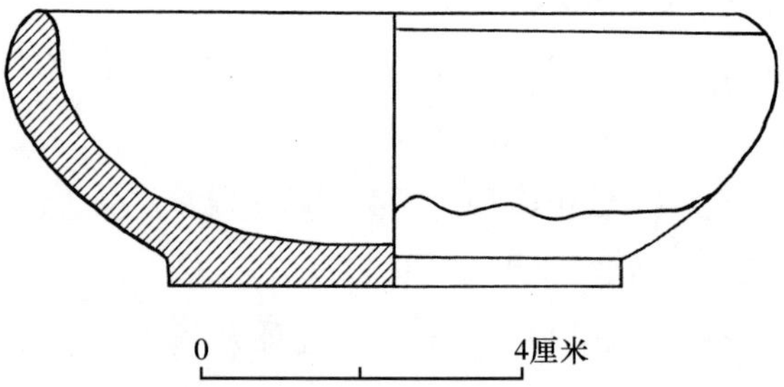

图九五〇　北朝至五代Ba型Ⅰ式瓷碗
（TG4006④a：2）

标本TG4008⑤a：8，侈口，斜腹。内壁施满釉，外壁施釉不到底；釉色白中泛黄，胎色灰白，胎质较粗。口径13、底径6、高3.5、厚0.4～0.6厘米（图九五一；图版一二八，5）。

标本TG4020④a：2，敛口，弧腹。内壁施满釉，外壁施釉不到底；釉色黄白；胎色灰白，胎质较细。口径10.4、底径4.7、高3.6、厚0.3～0.5厘米（图九五二；图版一二八，6）。

标本TG4013④a：3，侈口，斜弧腹。内壁施满釉，外壁施釉不到底；釉色白中泛青；胎色灰白，胎质较粗。口径13.5、底径5.2、高4.1、厚0.3～0.7厘米（图九五三；图版一二八，7）。

标本TG4027⑤a：2，侈口，斜腹。内壁施满釉，外壁施釉至足部，釉面有细小开片；釉色黄白；胎色灰白，胎质较粗。口径13.8、底径6.8、高3.3、厚0.4～0.5厘米。

标本 TG4027⑤a：3，侈口，斜弧腹，足心内凹。内壁施满釉，外壁施釉不到底，釉面有细小开片；釉色白中泛黄；胎色黄白，胎质较粗。口径 14.3、底径 7.9、高 4、厚 0.5 ~ 0.7 厘米（图九五四；图版一二八，8）。

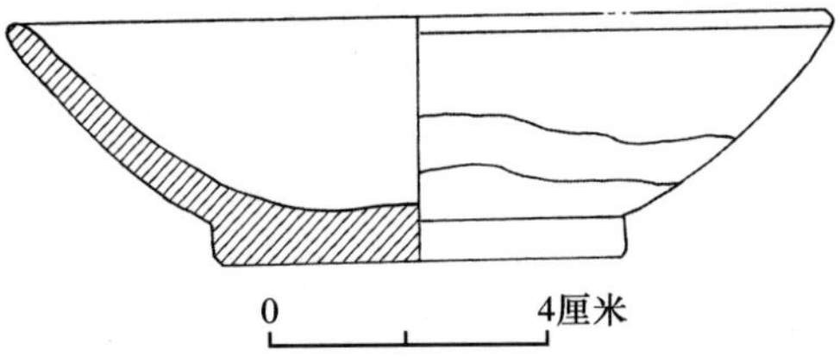

图九五一　北朝至五代 Ba 型Ⅰ式瓷碗
（TG4008⑤a：8）

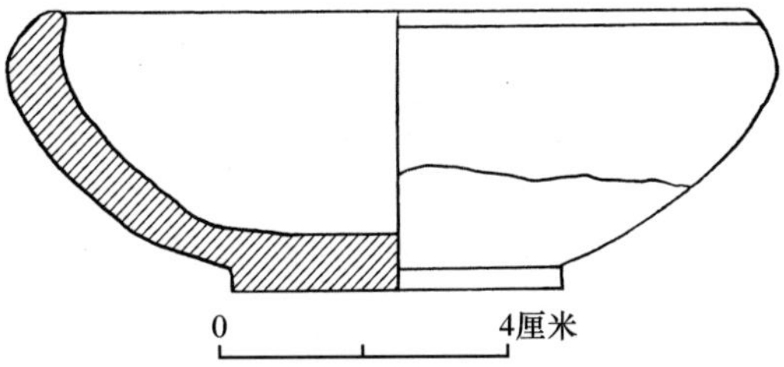

图九五二　北朝至五代 Ba 型Ⅰ式瓷碗
（TG4020④a：2）

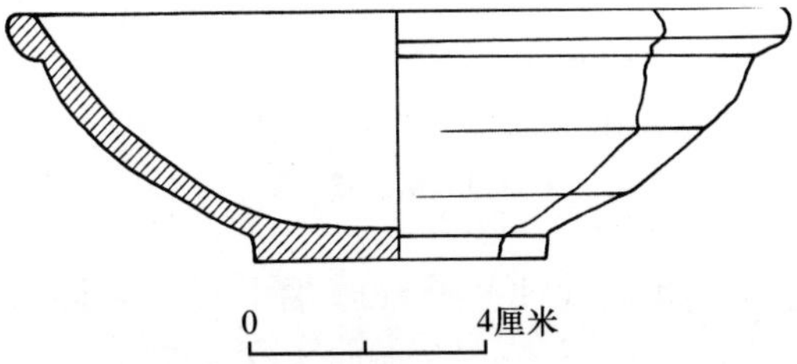

图九五三　北朝至五代 Ba 型Ⅰ式瓷碗
（TG4013④a：3）

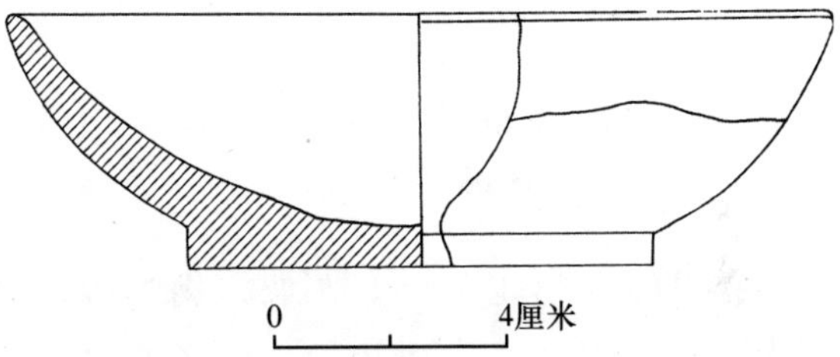

图九五四　北朝至五代 Ba 型Ⅰ式瓷碗
（TG4027⑤a：3）

Ba 型Ⅱ式　共 3 件。圆唇，侈口，斜腹，玉璧形足。

标本 TG4031⑤b：4，斜弧腹。内壁施满釉，外壁施釉不到底；釉色白中泛青；胎色灰白，胎质较粗。口径 13.1、底径 5.7、高 4、厚 0.3 ~ 0.5 厘米（图九五五；图版一二九，1）。

标本 TG4031④a：1，斜弧腹。内壁施满釉，外壁施釉不到底；釉色白中泛青；胎色灰白，胎质较细。口径 14.8、底径 6.9、高 4.2、厚 0.2 ~ 0.4 厘米（图九五六；图版一二九，2）。

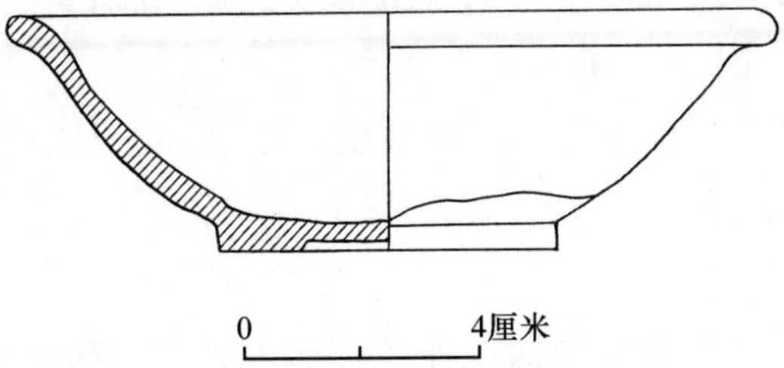

图九五五　北朝至五代 Ba 型Ⅱ式瓷碗
（TG4031⑤b：4）

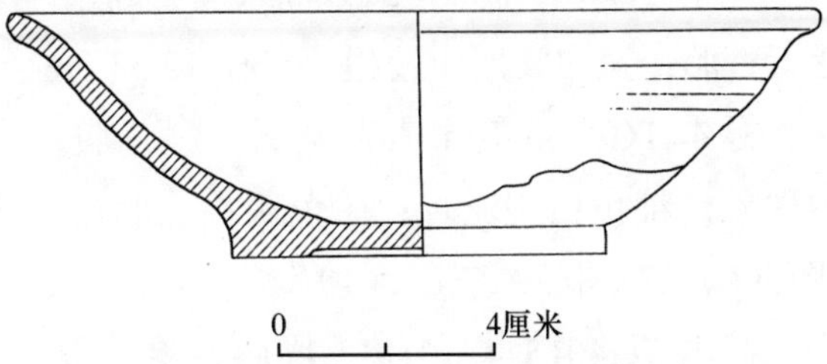

图九五六　北朝至五代 Ba 型Ⅱ式瓷碗
（TG4031④a：1）

标本 TG4030⑤b：1，内外壁均施满釉，釉面有细小开片；釉色黄白；胎色灰白，胎质较粗。口径 15、底径 7.6、高 3.7、厚 0.6 ~ 1 厘米（图九五七；图版一二九，3）。

Ba 型Ⅲ式　共 13 件。侈口，斜腹，圈足。

标本 TG4015④a：14，尖唇，小圈足。内壁施满釉，外壁施釉不到底；釉色白中泛青；胎色灰白，胎质较细。口径 15.3、底径 5、高 4.7、厚 0.2 ~ 0.6 厘米（图版一二九，4）。

标本 TG4015④a：15，圆唇，宽圈足。外壁有数周拉坯弦纹。内壁施满釉，外壁施釉不到底；釉色白中泛青；胎色灰白，胎质较细。口径 17.5、底径 6.4、高 6.3、厚 0.4 ~ 0.6 厘米（图版一二九，5）。

标本 TG4020H143：2，圆唇，斜弧腹，小圈足。口缘作花口状。内壁施满釉，外壁施釉不到底；釉色黄白；胎色黄白，胎质较细。口径 16.6、底径 5、高 6.5、厚 0.2 ~ 0.4 厘米（图九五八；图版一二九，6）。

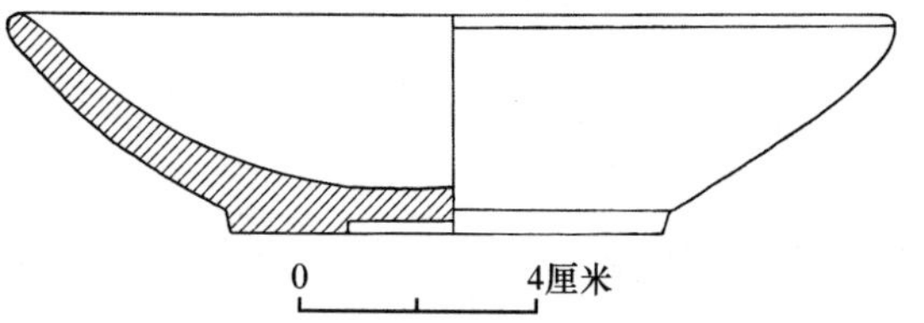

图九五七　北朝至五代 Ba 型Ⅱ式瓷碗
（TG4030⑤b：1）

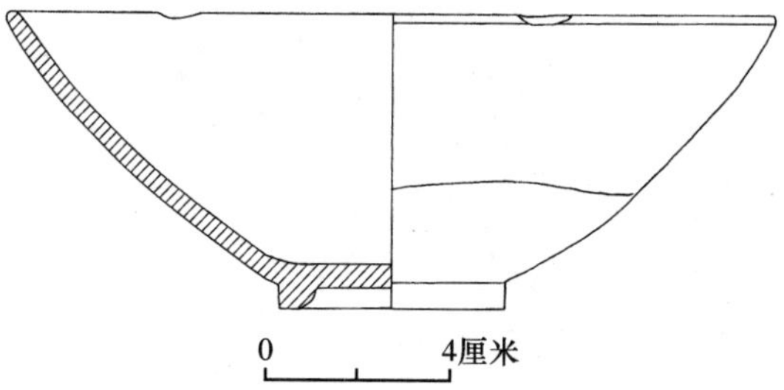

图九五八　北朝至五代 Ba 型Ⅲ式瓷碗
（TG4020H143：2）

标本 TG4015H137：1，圆唇，斜弧腹，宽圈足。内壁施满釉，外壁施釉不到底；釉色白中泛黄；胎色黄白，胎质较细。口径 13.8、底径 5.3、高 4、厚 0.2 ~ 0.4 厘米（图九五九；图版一三〇，1）。

标本 TG4015③a：2，圆唇，斜弧腹，窄圈足，足心微凸。内壁施满釉，外壁施釉不到底；釉色白中泛青；胎色灰褐，胎质较细。口径 12.3、底径 4.6、高 3.7、厚 0.3 ~ 0.6 厘米（图九六〇；图版一三〇，2）。

标本 TG4014④a：1，圆唇，斜弧腹，宽圈足。内壁施满釉，外壁施釉不到底；釉色白中泛黄；胎色黄白，胎质较细。口径 14、底径 5.5、高 4.5、厚 0.4 ~ 0.6 厘米（图九六一；图版一三〇，3）。

标本 TG4015④a：5，圆唇，斜弧腹，窄圈足。内壁施满釉，外壁施釉不到底；釉色白中泛青；胎色灰白，胎质较粗。口径 12.5、底径 5、高 4.1、厚 0.5 ~ 0.7 厘米。

标本 TG4033⑤a：1，圆唇，斜弧腹，窄圈足。内壁施满釉，外壁施釉不到底，且有流釉现象；釉色白中泛青；胎色灰白，胎质较细。口径 13.4、底径 5、高 4.5、厚 0.3 ~ 0.4 厘米（图九六二；图版一三〇，4）。

标本 TG4015④a：13，圆唇，斜弧腹，窄圈足。内壁施满釉，外壁施釉不到底；釉色黄白；胎色青灰，胎质较粗。口径 12、底径 4.7、高 4、厚 0.3 ~ 0.4 厘米。

标本 TG4015③a：1，圆唇，斜弧腹，窄圈足，足心微凸。内壁施满釉，外壁施釉不到底；釉色白中泛青；胎色黄白，胎质较细。口径 13、底径 5、高 3.6、厚 0.4 ~ 0.6 厘米（图九六三；图版一三〇，5）。

标本 TG4015④a：4，圆唇，斜弧腹，宽圈足。内壁施满釉，外壁施釉不到底；釉色白中泛黄；胎色黄白，胎质较粗。口径 12.5、底径 4.8、高 3.5、厚 0.3 ~ 0.4 厘米（图九六四；图版一三〇，6）。

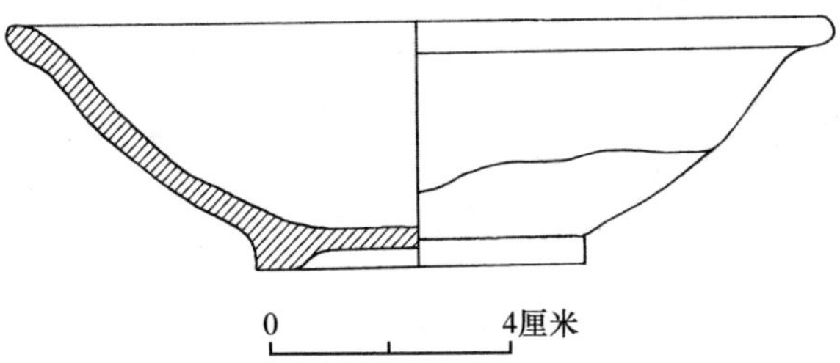

图九五九　北朝至五代Ba型Ⅲ式瓷碗
（TG4015H137：1）

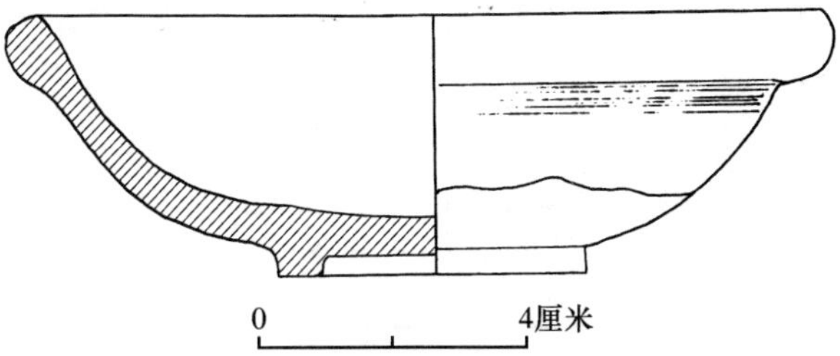

图九六〇　北朝至五代Ba型Ⅲ式瓷碗
（TG4015③a：2）

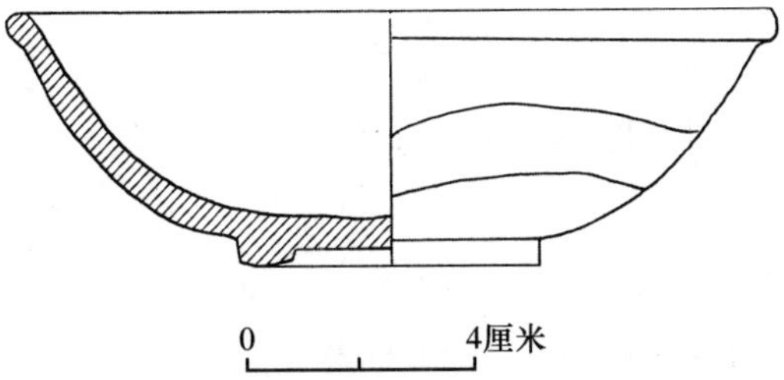

图九六一　北朝至五代Ba型Ⅲ式瓷碗
（TG4014④a：1）

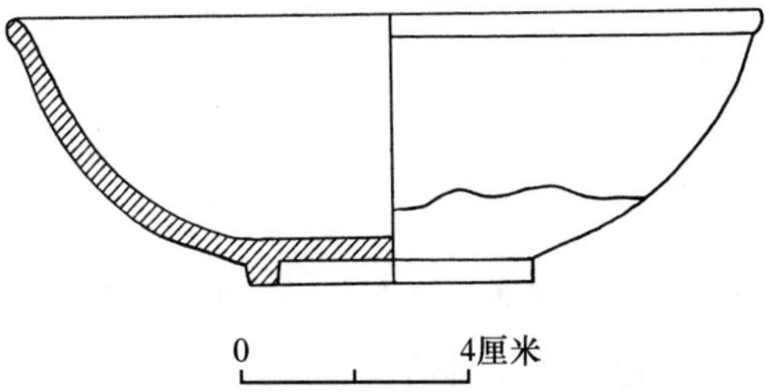

图九六二　北朝至五代Ba型Ⅲ式瓷碗
（TG4033⑤a：1）

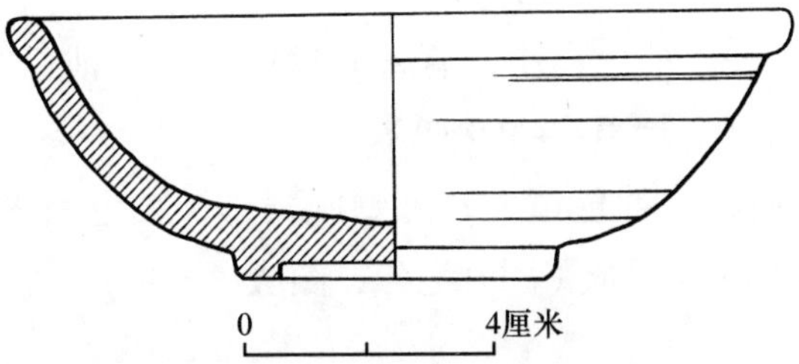

图九六三　北朝至五代Ba型Ⅲ式瓷碗
（TG4015③a：1）

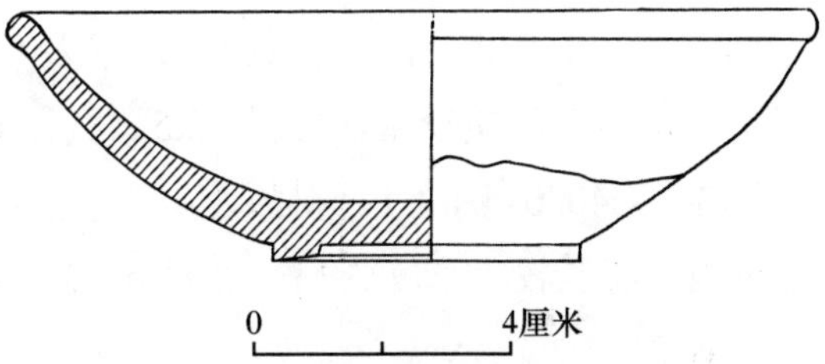

图九六四　北朝至五代Ba型Ⅲ式瓷碗
（TG4015④a：4）

标本TG4015H137：2，圆唇，斜弧腹，窄圈足，足心微凸。内壁施满釉，外壁施釉不到底；釉色白中泛青；胎色灰白，胎质较细。口径12.6、底径4.7、高3.6、厚0.3～0.7厘米。

标本TG4005④a：3，圆唇，斜直腹，小圈足。口缘作花口状。内壁施满釉，外壁施釉不到底；釉色灰白；胎色青灰，胎质较粗。口径10.2、底径3.4、高3、厚0.3厘米（图版一三〇，7）。

Bb型Ⅰ式　共11件。圆唇，侈口，斜腹，饼形足。

标本TG4023④a：2，斜弧腹。内壁及口沿施白釉，釉色黄白；外壁施黑釉，釉色黑褐；胎色黄白，胎质较粗。口径11.5、底径6.3、高3.5、厚0.4～0.6厘米（图九六五；图版一三一，1）。

标本TG4031⑤b：3，斜弧腹。内壁及口沿施白釉，釉色灰白；外壁施褐釉；釉色黄褐；胎色黄白，胎质较粗。口径13、底径6.5、高4、厚0.5～0.7厘米（图九六六；图版一三一，2）。

标本TG4021④a：3，斜直腹。内壁及口沿施白釉，釉色黄白；外壁施褐釉，釉色灰褐；

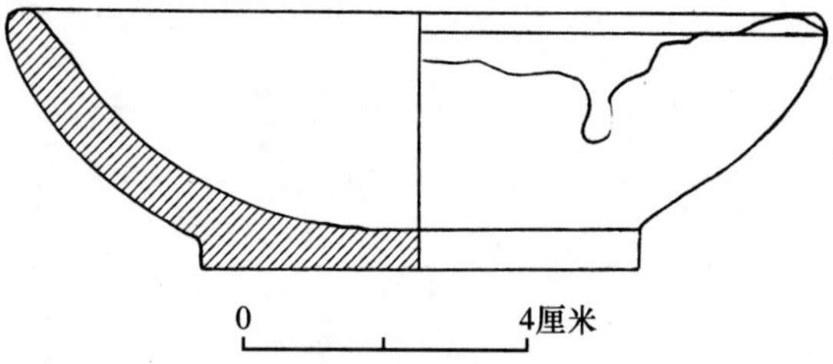

图九六五　北朝至五代 Bb 型 I 式瓷碗（TG4023 ④ a：2）

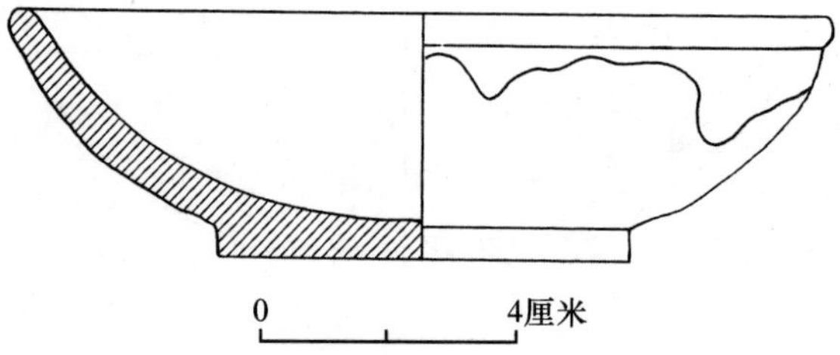

图九六六　北朝至五代 Bb 型 I 式瓷碗（TG4031 ⑤ b：3）

胎色灰白，胎质较粗。口径 13、底径 6、高 4、厚 0.5 ~ 0.8 厘米（图九六七；图版一三一，3）。

标本 TG4014H140：1，斜直腹。内壁及口沿施白釉，釉色白中泛黄；外壁施褐釉，釉色红褐；胎色黄白，胎质较粗。口径 12.8、底径 6.8、高 4、厚 0.5 ~ 0.7 厘米（图九六八；图版一三一，4）。

标本 TG4008 ⑤ a：7，斜弧腹。内壁及口沿施白釉，釉色白中泛黄，外壁施褐釉，釉色红褐。胎色黄白，胎质较粗。口径 11.2、底径 5.5、高 3、厚 0.5 ~ 0.7 厘米（图九六九；图版一三一，5）。

标本 TG4005H116：14，斜弧腹。内壁及口沿处施白釉，釉色黄白；外壁施褐釉，釉色灰褐；胎色黄白，胎质较粗。口径 11、底径 6、高 4、厚 0.6 ~ 1 厘米。

标本 TG4008 ②：1，斜弧腹。内壁及口沿施白釉，釉色白中泛青，外壁施褐釉，釉色红褐；胎色黄白，胎质较粗。口径 12.5、底径 6.3、高 3.9、厚 0.6 ~ 0.9 厘米。

标本 TG4020 ④ a：1，斜弧腹。内壁及口沿施白釉，釉色黄白；外壁施褐釉，釉色黑褐。胎色黄白，胎质较粗。口径 11、底径 6、高 4、厚 0.2 ~ 0.9 厘米（图九七〇；图版一三一，6）。

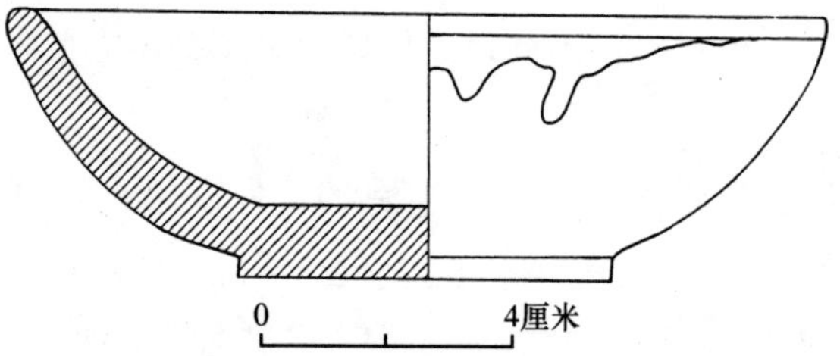

图九六七　北朝至五代 Bb 型 I 式瓷碗（TG4021 ④ a：3）

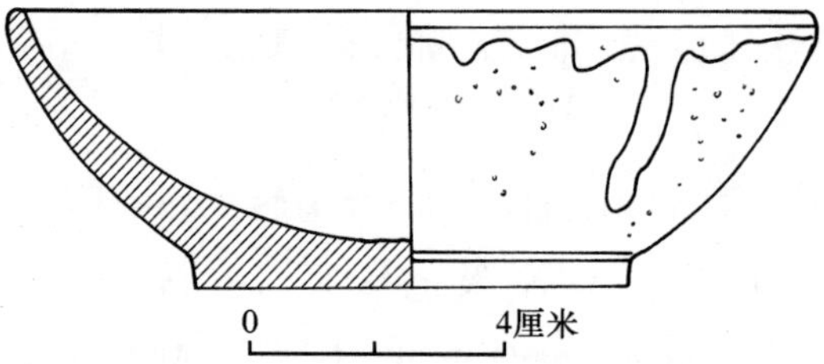

图九六八　北朝至五代 Bb 型 I 式瓷碗（TG4014H140：1）

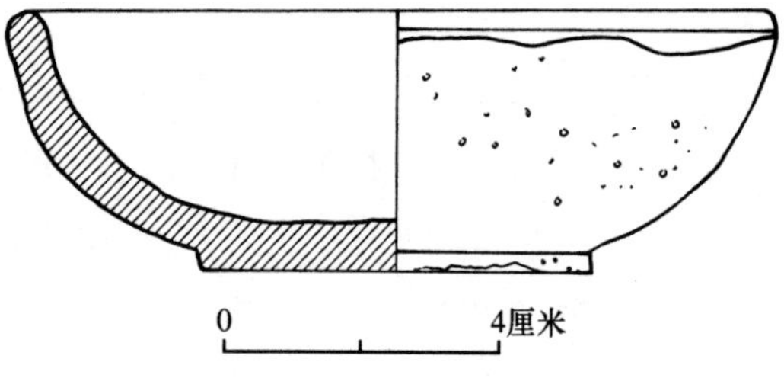

图九六九　北朝至五代 Bb 型 I 式瓷碗（TG4008 ⑤ a：7）

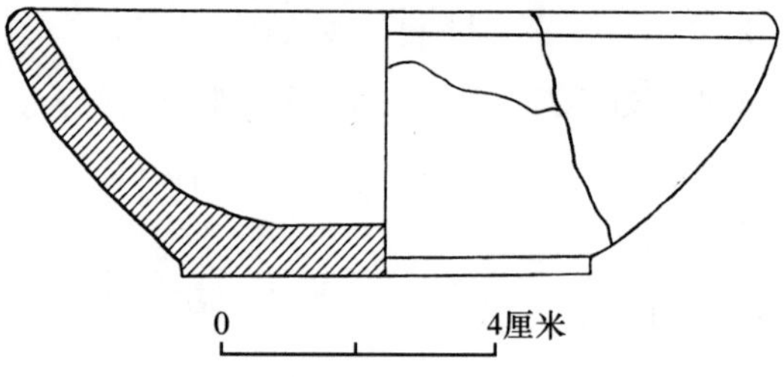

图九七〇　北朝至五代 Bb 型 I 式瓷碗（TG4020 ④ a：1）

标本 TG4023 ⑤ a：2，斜直腹。内壁施白釉，釉色灰白；外壁施褐釉，釉色灰褐；胎色灰白，胎质较粗。口径 11.8、底径 5.8、高 3.5、厚 0.4 ~ 0.5 厘米（图版一三六，7）。

标本 TG4015 ⑤ a：5，斜弧腹。内壁及口沿处施白釉，釉色黄白，釉面有细小开片；外壁施褐釉，釉色黑褐；胎色黄白，胎质较粗。口径 12.2、底径 5.8、高 4、厚 0.5 ~ 0.6 厘米（图九七一；图版一三二，1）。

标本 TG4019 ④ a：2，斜弧腹。内壁及口沿施白釉，釉色灰白；外壁施褐釉，釉色黄褐，釉面有细小开片；胎色黄白，胎质较粗。口径 19.2、底径 9.5、高 6.5、厚 0.6 ~ 0.8 厘米（图九七二；图版一三二，2）。

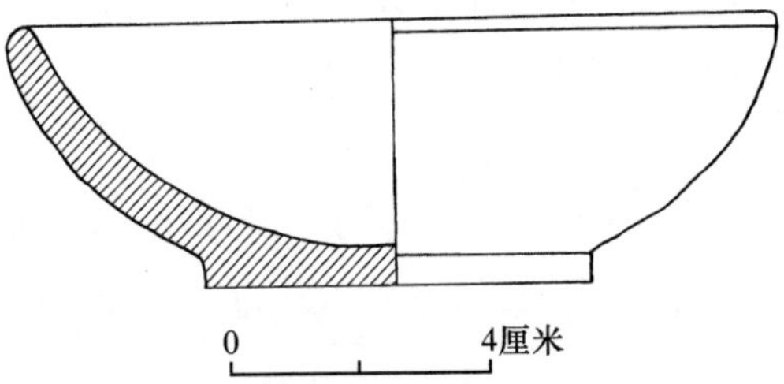

图九七一　北朝至五代 Bb 型 Ⅰ 式瓷碗
（TG4015 ⑤ a：5）

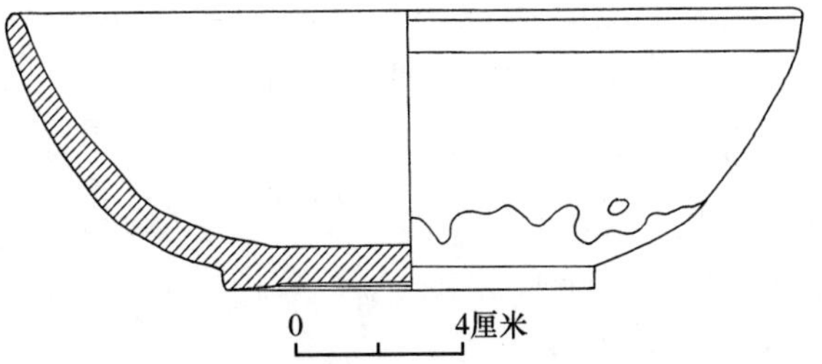

图九七二　北朝至五代 Bb 型 Ⅰ 式瓷碗
（TG4019 ④ a：2）

Bc 型　共 4 件。圆唇，侈口，斜腹，平底。

标本 TG4008 ⑤ a：6，斜弧腹。内壁施满釉，外壁施釉不到底，口沿未施釉；釉色灰褐；胎色黄白，胎质较粗。口径 11.4、底径 5、高 3.2、厚 0.5 ~ 0.6 厘米（图版一三二，3）。

标本 TG4009 ⑤ a：1，斜弧腹。内壁施满釉，外壁施釉不到底，口沿未施釉；釉色黑褐；胎色黄白，胎质较粗。口径 10.4、底径 5、高 3.5、厚 0.6 厘米（图九七三；图版一三二，4）。

标本 TG4013 ④ a：2，弧腹。内壁施满釉，外壁施釉不到底，口沿未施釉；釉色红褐；胎色灰白，胎质较粗。口径 13.3、底径 7、高 4.3、厚 0.5 ~ 0.8 厘米（图九七四；图版一三二，5）。

标本 TG4021 ⑤ a：2，斜弧腹。内壁施满釉，外壁施釉不到底，口沿未施釉；釉色黑褐，胎色黄白，胎质较粗。口径 11.2、底径 5、高 3.2、厚 0.5 ~ 0.6 厘米（图九七五；图版一三二，6）。

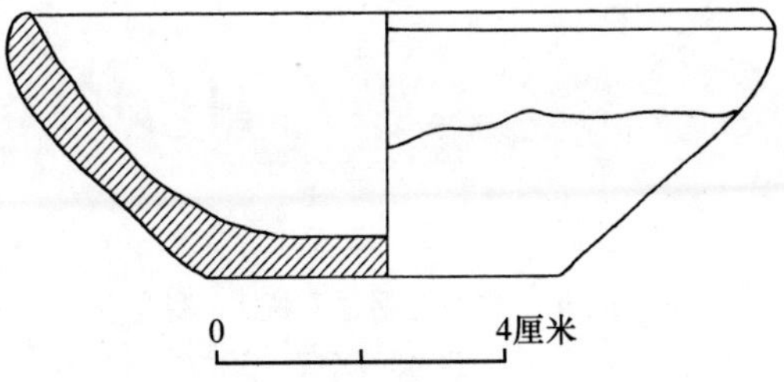

图九七三　北朝至五代 Bc 型瓷碗
（TG4009 ⑤ a：1）

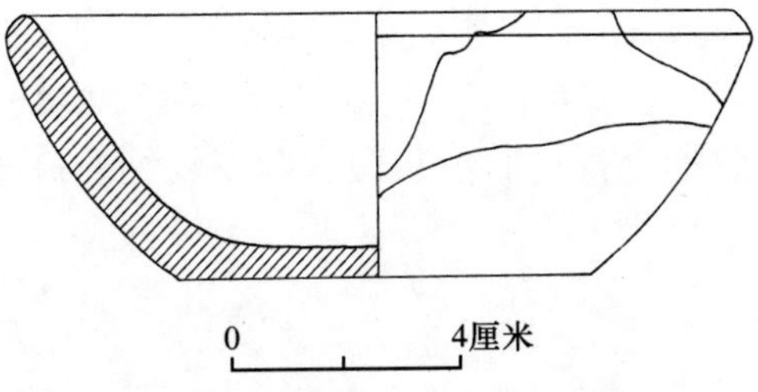

图九七四　北朝至五代 Bc 型瓷碗
（TG4013 ④ a：2）

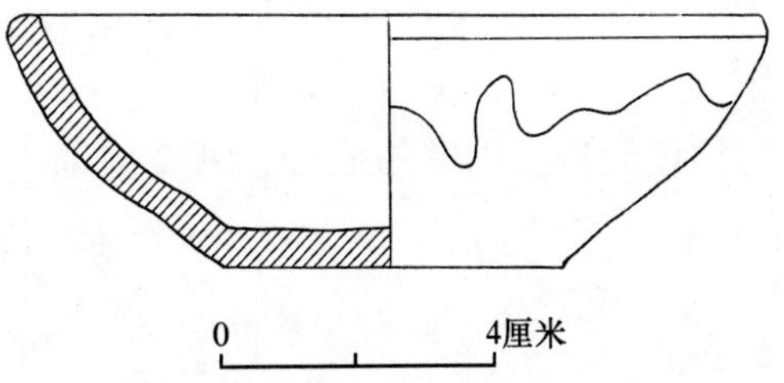

图九七五　北朝至五代 Bc 型瓷碗
（TG4021 ⑤ a：2）

2. 瓷盘

共 5 件，均可复原。

Ba 型　共 1 件。

标本 TG4031Z27：3，圆唇，侈口，斜腹，窄圈足，盘内底较圜。口缘作五组花口状。内壁施满釉，外壁施釉不到底；釉色白中泛灰；胎色黄白，胎质较细。口径 15.8、底径 5.8、高 4.3、厚 0.2 ~ 0.4 厘米（图九七六；图版一三三，1）。

Bb 型　共 4 件。圆唇，斜腹，圈足。

标本 TG4001 ⑤ a：1，直口，腹较浅，盘内底较平，宽圈足。外壁有明显的拉坯痕迹。仅内壁及口沿处施白釉；釉色黄白；胎色灰白，胎质较粗。口径 10、底径 5.5、高 2.3、厚 0.3 ~ 0.4 厘米（图版一三三，2）。

标本 TG4019 ④ a：3，侈口，浅腹斜直，盘内底较平，窄圈足。外壁有明显的拉坯痕迹。仅内壁及口沿处施白釉；釉色黄白；胎色灰白，胎质较粗。口径 12、底径 6、高 2.5、厚 0.4 ~ 0.5 厘米（图版一三三，3）。

标本 TG4019 ④ a：4，侈口，斜弧腹，盘内底较平，宽圈足，足心微凸。外壁有明显的拉坯痕迹。仅内壁及口沿处施白釉；釉色黄白；胎色灰白，胎质较粗。口径 12.5、底径 7.3、高 2.6、厚 0.2 ~ 0.6 厘米（图版一三三，4）。

标本 TG4015 ⑤ a：6，侈口，斜弧腹，宽圈足，盘内底较圜。内壁施满釉，外壁施釉不到底，口沿下有细小开片；釉色白中泛黄；胎色黄白，胎质较细。口径 18.6、底径 7、高 4.3、厚 0.3 ~ 0.7 厘米（图九七七；图版一三三，5）。

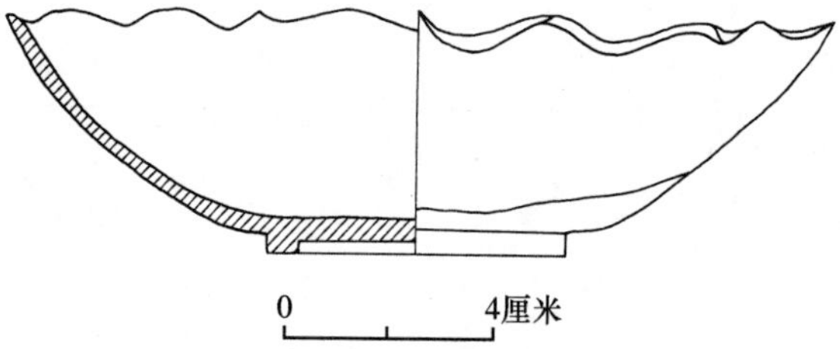

图九七六　北朝至五代 Ba 型瓷盘
（TG4031Z27：3）

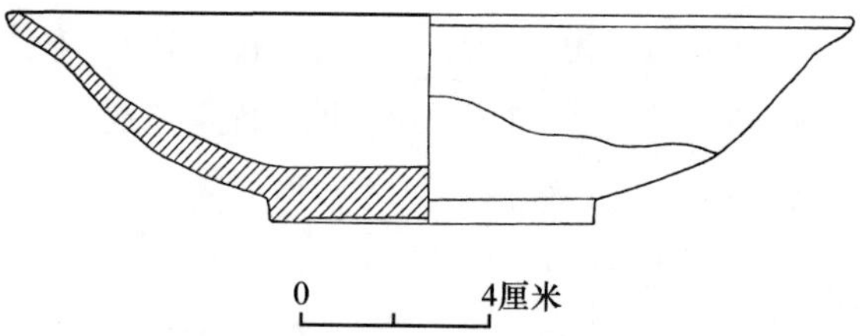

图九七七　北朝至五代 Bb 型瓷盘
（TG4015 ⑤ a：6）

3. 瓷钵

A 型　共 1 件，可复原。

标本 TG4015 ④ a：6，圆唇，侈口，深腹微弧，宽圈足，足心微凸，内底微凸。外壁有明显的拉坯痕迹。内壁施满釉，外壁施釉不到底；釉色白中泛青；胎色灰白，胎质较细。口径 21.2、底径 9.2、高 11、厚 0.3 ~ 0.5 厘米（图版一三三，6）。

4. 瓷瓶

A 型　共 1 件，完整。

标本 TG4029④a∶1，圆唇，侈口，外折沿，短颈，溜肩，鼓腹，圈足，肩部有对称双系。外壁及口沿施褐釉；釉色黑褐；胎色灰白，胎质较粗。口径 3.3、底径 4、高 9 厘米（图九七八；图版一三四，1）。

5. 瓷盒

共 2 件。

（1）盒盖

共 1 件，可复原。

标本 TG4007⑤a∶2，盖顶微圜，折肩，直口，方唇。内外壁皆施满釉。釉色白中泛青，胎色灰白，胎质较细。口径 7.5、高 1.7、厚 0.2～0.4 厘米（图版一三四，2）。

（2）盒底

C 型Ⅱ式　共 1 件，可复原。

标本 TG4018⑤a∶1，尖唇，敛口，折肩，折腹，饼形足。内壁施褐釉，釉色黑褐；外壁施白釉，釉色白中泛青；胎色灰白，胎质较细。口径 4.1、底径 3.3、高 3、厚 0.2～0.3 厘米（图九七九；图版一三四，3）。

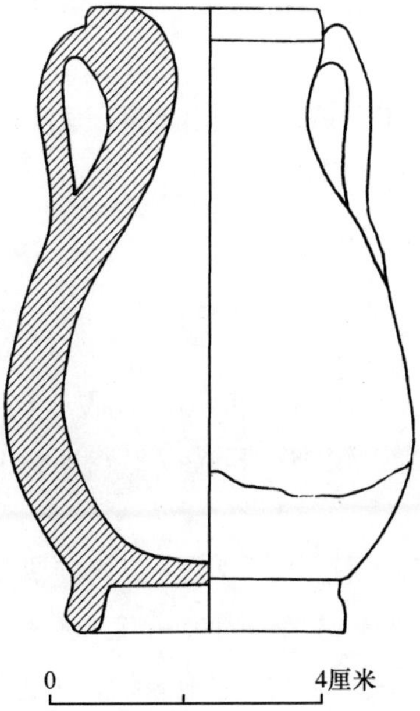

图九七八　北朝至五代 A 型瓷瓶
（TG4029④a∶1）

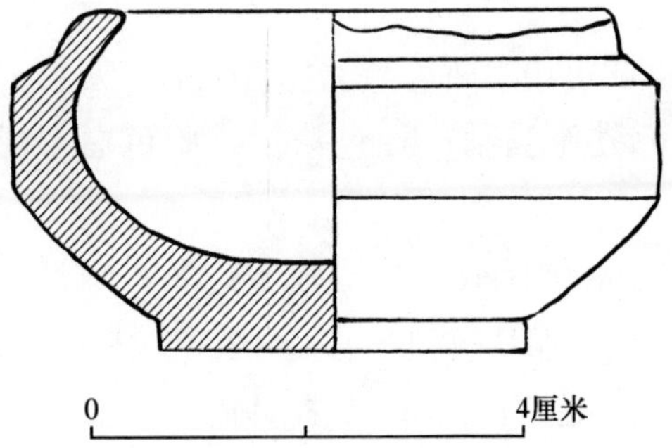

图九七九　北朝至五代 C 型Ⅱ式瓷盒
（TG4018⑤a∶1）

6. 瓷灯盏

共 6 件。其中 1 件完整，可复原 5 件。侈口，斜腹，平底。

标本 TG4023④a∶4，基本完整。圆唇，浅斜腹。内壁施满釉，外壁施釉不到底，釉面有细小开片；釉色白中泛青；胎色黄白，胎质较粗。口径 3、底径 2.1、高 0.8、厚 0.3～0.4 厘米。

标本 TG4026③a∶1，圆唇，浅斜腹。内壁及口沿施白釉，外壁未施釉；釉色黄白；胎色黄白，胎质较粗。口径 5.8、底径 2.5、高 1.5、厚 0.3 ~ 0.4 厘米。

标本 TG4015 ③ a：3，尖圆唇，浅斜腹。内壁施满釉，外壁部分施釉；釉色白中泛青；胎色黄白，胎质较粗。口径 3.5、底径 3、高 0.8、厚 0.3 ~ 0.4 厘米。

标本 TG4023 ④ a：3，圆唇，斜直腹。内壁施满釉，外壁及口沿未施釉；釉色黑亮；胎色灰白，胎质较细。口径 7、底径 3.6、高 2.7、厚 0.3 ~ 0.5 厘米。

标本 TG4022 ④ a：1，圆唇，斜直腹。内壁施满釉，外壁及口沿未施釉；釉色黑亮，胎色灰白，胎质较细。口径 8、底径 3.2、高 2.3、厚 0.4 ~ 0.6 厘米。

标本 TG4016 ④ a：2，圆唇，斜直腹，平底。内壁施满釉，外壁及口沿未施釉；釉色红褐；胎色黄白，胎质较粗。口径 7.3、底径 4.3、高 2.7、厚 0.5 ~ 0.8 厘米。

7. 瓷塑

共 1 件。

标本 TG4014H140：2，宝髻如来，头残。泥质白陶。身披短衫，结跏趺坐于六边台座之上，怀抱一小动物。胎色黄白，胎质较细。残高 8 厘米（图版一三四，4）。

8. 瓷器盖

共 1 件。

标本 TG4023 ⑤ a：4，可复原。宝珠形钮，瓷胎通体由黄、红褐和黑褐三种颜色的瓷土相绞呈水波纹。外壁施透明釉。高 2、口径 3.5 厘米（图版一三四，5）。

9. 瓷片

共 15 件。

标本 TG4020 ④ a：3，瓷盒残片。尖唇，内折沿，敛口，折肩，直腹。内壁施满釉，外壁除肩部外施满釉；釉色洁白；胎色白中泛青，胎质较细。口径 7、残高 3.3、厚 0.2 ~ 0.5 厘米。

标本 TG4005H116：15，瓷碗残底。圈足，底部刻“晋”字。内外壁均施满釉；釉色灰白；胎色黄白，胎质较粗。底径 8.2、残高 3.1、厚 0.5 ~ 0.9 厘米（图版一三四，6）。

标本 TG4022 ④ a：4，瓷碗残底。底部刻“晋□”字。内外壁均施满釉；釉色洁白；胎色洁白，胎质细腻。残长 3.3、厚 0.4 厘米（图版一三五，1）。

标本 TG4005H116：16，瓷碗残片。尖圆唇，侈口，斜直腹，口缘作花口状。内外壁均施满釉，釉面有细小开片；釉色青中泛蓝；胎色灰白，胎质较粗。口径 10、厚 0.2 ~ 0.5 厘米。

标本 TG4014 ⑤ a：1，瓷碗残片。圆唇，侈口，斜直腹。内外壁均施满釉，釉面有细小开片；釉色青中泛蓝；胎色灰白，胎质较粗。口径 12、厚 0.2 ~ 0.3 厘米。

标本 TG4030H157：1，瓷盘残片。圆唇，侈口，斜折腹。口缘作花口状，每组花口由两个圆花瓣中间夹着一个三角形花瓣组成。内壁施满釉，外壁施釉不到底，釉面有细小开片；釉色白中泛黄；胎色黄白，胎质较粗。口径 15、残高 2.3、厚 0.2 ~ 0.4 厘米。

标本 TG4023④a：8，瓷碗残底。圈足，粘有少量砂粒。底部刻“新官”字。内外壁均施满釉；釉色洁白；胎色洁白，胎质细腻。底径 9、残高 2.2、厚 0.2～0.3 厘米（图版一三五，2）。

标本 TG4031②：1，瓷钵残片。尖唇，内折沿，敛口，口沿下有一周凸棱，棱上饰一周花边。内外壁均施满釉；釉色白中泛青；胎色灰白，胎质较粗。口径 11、残高 3.6、厚 0.2～0.4 厘米。

标本 TG4023④a：7，瓷碗残底。窄圈足。底部刻“官”字。内外壁均施满釉；釉色洁白；胎色洁白，胎质细腻。底径 6.5、残高 1.5、厚 0.2 厘米（图版一三六，8）。

标本 TG4016④a：3，瓷钵残片。直口，圆唇，深腹微弧，口沿下有一周凸棱。除口沿外均施满釉；釉色黑亮；胎色较灰白，胎质较粗。口径 17、残高 8.8、厚 0.5～0.9 厘米。

标本 TG4019④a：5，瓷碗残底。底部刻“官”字。内外壁均施满釉；釉色灰白；胎色洁白，胎质细腻。底径 7、残高 2、厚 0.2 厘米（图版一三六，9）。

标本 TG4027④a：1，瓷钵残片。尖唇，内折沿，敛口，口沿下有一周凸棱，棱上饰一周花边。内外壁均施满釉；釉色白中泛青；胎色灰白，胎质较粗。口径 10、残高 3.9、厚 0.2～0.6 厘米。

标本 TG4008③a：1，瓷碗残底。饼形足。内壁施满釉，外壁施釉不到底，且釉面有细小开片；釉色白中泛黄，胎色灰白，胎质较粗。底径 8、残高 4.4、厚 0.5～1.4 厘米。

标本 TG4015⑤a：9，瓷钵残片。圆唇，侈口，口沿下有一周凹槽。内外壁皆施满釉；釉色白中泛青；胎色灰白，胎质较粗。厚 0.3～0.4 厘米。

标本 TG4012④a：1，瓷瓶残底。窄圈足。底部刻“官”字。内壁有数周拉坯弦纹。内壁不施釉，外壁施满釉；釉色洁白；胎色洁白，胎质较细。底径 11、厚 0.6 厘米（图九八〇；图版一三五，3）。

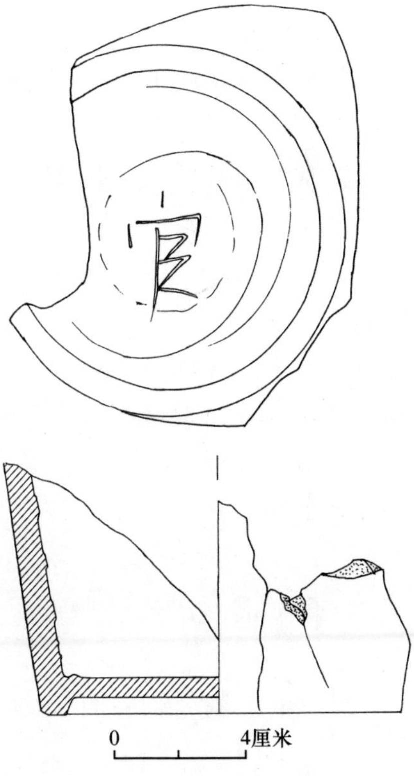

图九八〇　瓷片（TG4012④a：1）

（四）釉陶器

共出土标本遗物 8 件，其中有釉陶碗 2 件和釉陶片 6 件。

1. 釉陶碗

共 2 件，均可复原。

B 型　共 1 件。

标本 TG4024⑤a：8，泥质红陶。圆唇，侈口，斜腹，小平底。内壁施满釉，外壁部分施

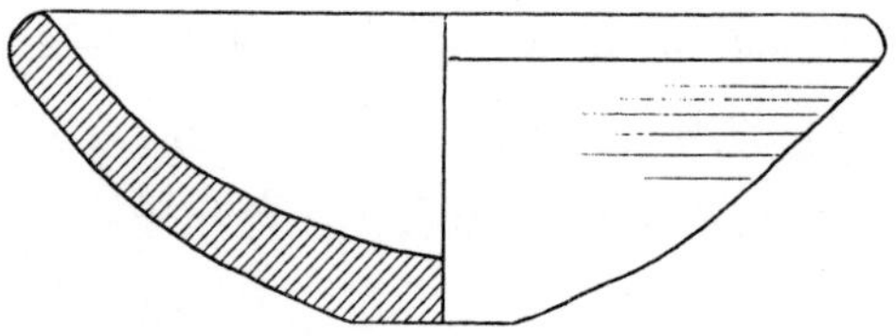

图九八一　北朝至五代C型釉陶碗
（TG4020H143：1）

釉；釉色翠绿；胎色红褐，胎质较粗。口径11.5、底径3.5、高3.2、厚0.6～0.8厘米（图版一三五，4）。

C型　共1件。

标本TG4020H143：1，泥质红陶。尖圆唇，侈口，斜直腹，小平底。内壁施满釉，外壁未施釉；釉色红褐；胎色黄白，胎质较细。口径11、底径2.5、高3.5、厚0.3～0.5厘米（图九八一；图版一三五，5）。

2. 釉陶片

共6件。

标本TG4025④a：1，釉陶碗残片。圆唇，侈口，施有白绿两色釉，釉下饰菱形纹。厚0.2～0.3厘米。

标本TG4023⑤a：3，釉陶壶残片。泥质红陶。残留有兽头形流。施有黄白绿三色釉。厚0.4～0.6厘米（图版一三五，6）。

标本TG4011⑤a：4，釉陶钵残片。泥质红陶。平底。外壁施黄绿釉，内壁不施釉。底径12、厚0.5～0.8厘米。

标本TG4020②：1，釉下饰有菱形纹。施黄白绿三色釉，釉面有细小开片。厚0.4～0.5厘米。

标本TG4013⑤a：3，釉陶罐残片。泥质红陶。施有黄白绿蓝四色釉，且釉面有细小开片。厚0.5～0.7厘米。

标本TG4001④a：1，釉陶碗残底。饼形足，有明显的拉坯痕迹。外壁施绿釉，内壁施黄釉。底径10、厚0.4～1.5厘米。

（五）其他

共出土标本遗物165件，其中有瓷铃1件、石器3件、铜器1件、残碑1件和铜钱159枚。

1. 瓷铃

标本TG4012④a：2，残。呈圆形，上面有一钮，钮上有一穿孔，未施釉。直径1、高2.1厘米（图版一三六，1）。

2. 石器

共3件。

标本TG4002④a：5，石磨盘，完整。砂岩石质，圆形，正面由每组六道，共八组辐状凸棱平均分布，中间三个穿孔排列成行，孔径分别为3、3.5、3厘米。直径38、高11厘米（图九八二）。

标本 TG4031 ③ a：1，石器盖可复原。滑石，质地较软。盖顶微圜，有一圆形钮，溜肩，直口，方唇。口径 4.7、高 2.8、厚 0.4 ~ 0.5 厘米（图九八三；图版一三六，2）。

标本 TG4032 ④ a：6，石夯完整。砂质岩石，平面呈锥形，截面呈方形，上面有榫眼。长 20.5、宽 19.5、高 64 厘米（图九八四）。

图九八二　石磨盘
（TG4002 ④ a：5）拓本

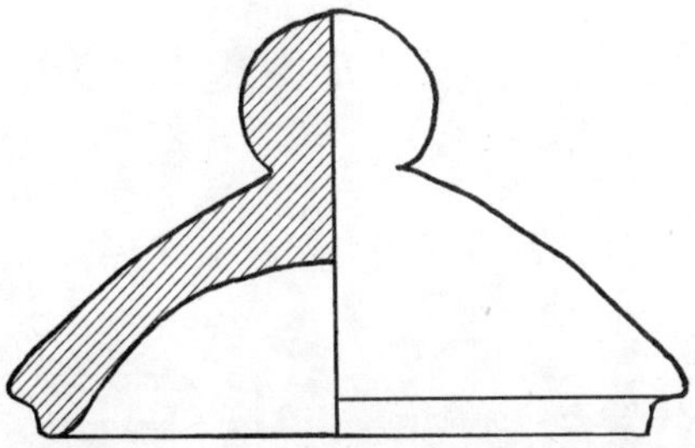

图九八三　石器盖
（TG4031 ③ a：1）

图九八四　石夯
（TG4032 ④ a：6）拓本

3. 铜器

共 1 件。

标本 TG4011 ④ a：3，铜弩构件，仅存弩身。长 9.8、宽 2.7、高 1.6 厘米（图版一三六，3）。

4. 残碑

标本 TG4004 ④ a：1，金刚经碑，青石质，残。字残存 22 行，共计 702 字，完整字 583 个，阴刻楷书字体。碑面极为光滑平整，有部分字被凿去。残长 67.6、残宽 51.3 厘米（图九八五；图版一三六，5）。释文如下：

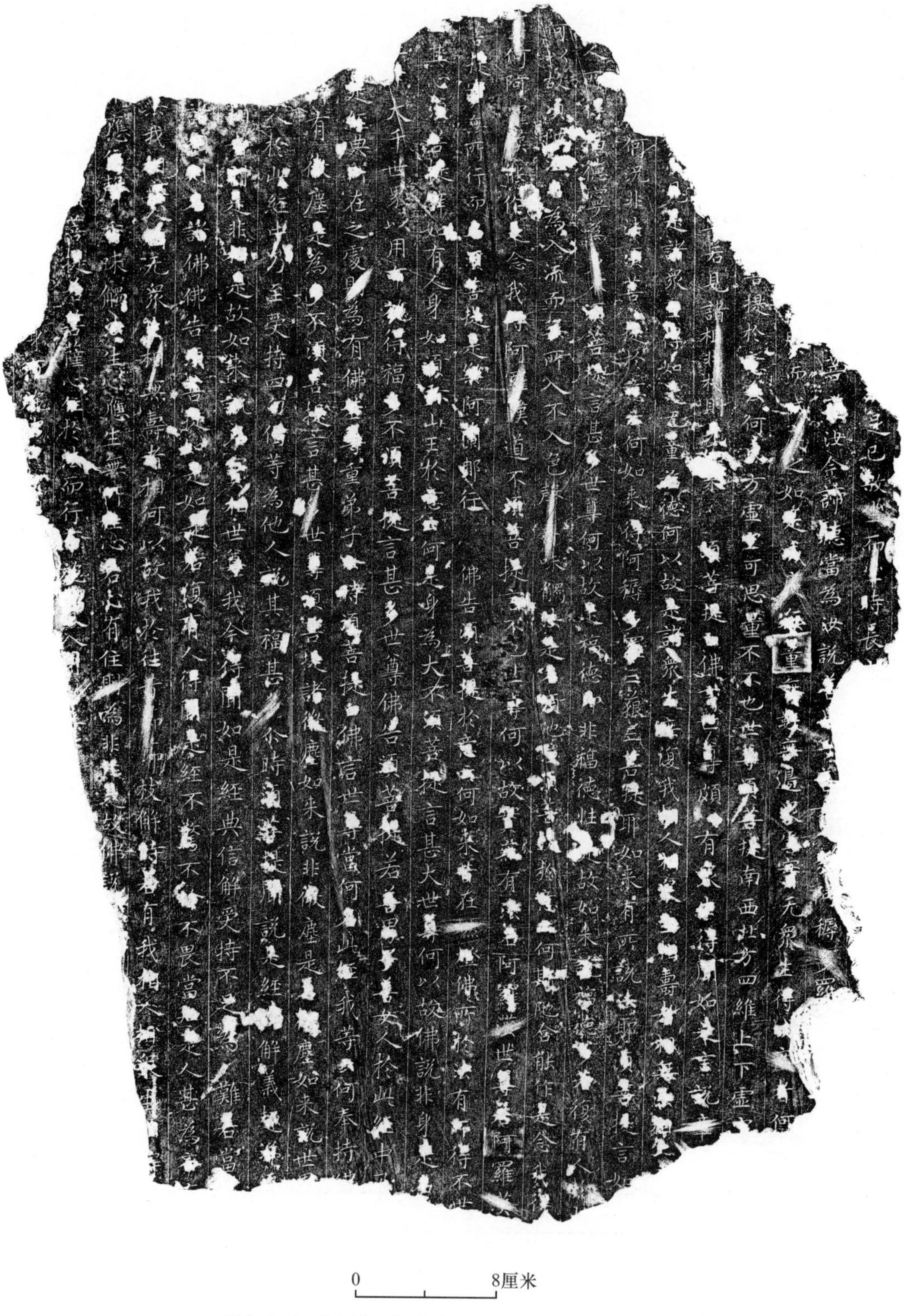

图九八五　《金刚经》残碑（TG4004 ④ a：1）拓本

“□足已□座而坐时长

菩□汝今谛听当为汝说善□□□□□□阿耨多罗

□而□度之如是□度无量无□无边众□得□度者何

菩提于□□何□方虚□可思量不不也世尊须菩提南西北方四维上下虚□

□若见诸相非相则□□□须菩提□佛□世尊颇有□□得闻如□言说章

□见是诸众生□如□无量□德何以故是诸众□□复我□人□□□□寿□□无□□□

何况非法须菩提于意□何如来得阿耨多罗三藐三菩提耶如来有所说法耶须菩提言如

人所得福德宁为□不须菩提言甚多世尊何以故是福德即非福德性□故如来说福德□若复有人□□

何以故须陀□□为入流而□所入不入色声香味触法是□须陀□须菩提于意云何斯陀含能作是念我□

云何阿罗汉能作□念我得阿罗汉道不须菩提言不也世尊何以故实无有法名阿罗汉世尊若阿罗汉

菩提□无所行而□须菩提是乐阿兰那行　佛告须菩提于意云何如来昔在燃灯佛所于法有所得不世

其心须菩提□如有人身如须□山王于意云何是身为大不须菩提言甚大世尊何以故佛说非身□□

□大千世界以用布施得福多不须菩提言甚多世尊佛告须菩提若善男□善女人于此经中□

是经典所在之处则为有佛□□重弟子□时须菩提白佛言世尊当何名此经我等云何奉持佛

□有微尘是为□不须菩提言甚多世尊须菩提诸微尘如来说非微尘是□□尘如来说世□

人于此经中乃至受持四句□等为他人说其福甚多尔时须菩提闻说是经□解义趣□□

相□□是非相是故如来说多实□世尊我今得闻如是经典信解受持不足为难若当

诸相则□□诸佛佛告须菩提如是如是若复有人得闻是经不惊不□不畏当□是人甚为□□

无我相□人□无众生相无寿者相何以故我于往昔节节支解时若有我相人相众生□□

应住声香味触法生心应生无所□心若心有住则为非□□故佛说

菩提若菩萨心住于法而行布施□□入□

身布施□□□□”

5. 铜钱

共出土159枚铜钱，部分锈蚀较严重。有“开元通宝”“乾元重宝”和“五铢”三种。

（1）开元通宝

A型Ⅰ式　共64枚。背面素面，钱文清晰、规整，穿郭俱佳，铜质优良，铸造工艺考究。

标本TG4017④a：20，钱径2.5、穿径0.7、郭宽0.2厘米（图九八六）。

标本TG4017④a：5，正面“元”字第二笔左右双挑。钱径2.5、穿径0.7、郭宽0.2厘米（图九八七）。

标本TG4017④a：12，正面“元”字第二笔右挑。钱径2.5、穿径0.7、郭宽0.2厘米（图九八八）。

图九八六　开元通宝铜钱（TG4017④a：20）拓本

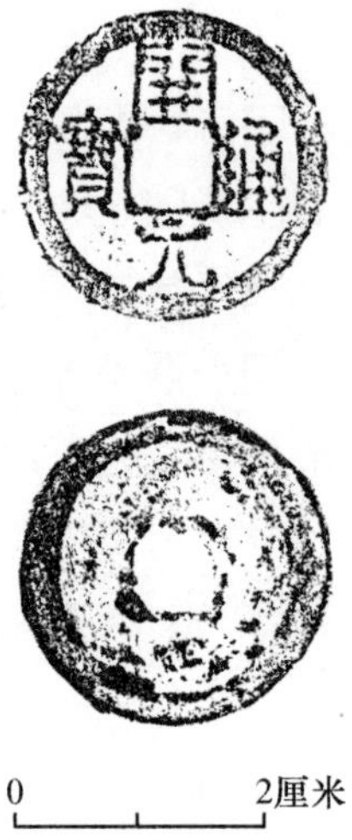

图九八七　开元通宝铜钱（TG4017④a：5）拓本

图九八八　开元通宝铜钱（TG4017④a：12）拓本

标本 TG4017④a：8，钱径 2.5、穿径 0.7、郭宽 0.2 厘米（图九八九）。

标本 TG4017④a：27，钱径 2.45、穿径 0.6、郭宽 0.2 厘米（图九九〇）。

标本 TG4017④a：36，钱径 2.4、穿径 0.7、郭宽 0.2 厘米。

A 型Ⅱ式　共 26 枚。背面素面，钱文不甚清晰、规整，穿郭较差，铜质粗劣，铸造工艺较差。

标本 TG4017④a：46，钱径 2.3、穿径 0.7、郭宽 0.1 厘米（图九九一）。

图九八九　开元通宝铜钱（TG4017④a：8）拓本

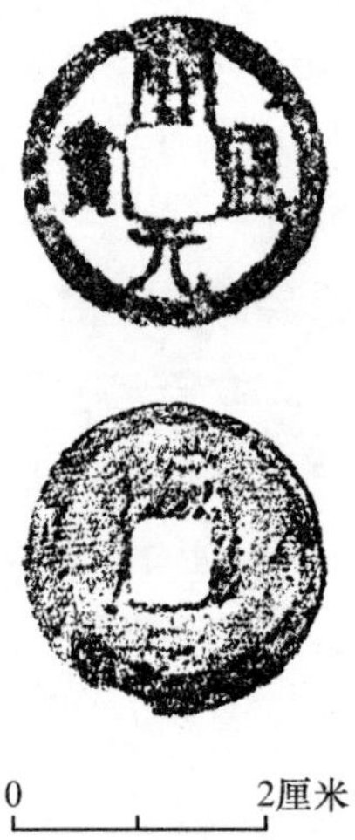

图九九〇　开元通宝铜钱（TG4017④a：27）拓本

图九九一　开元通宝铜钱（TG4017④a：46）拓本

标本 TG4017④a：40，钱径 2.3、穿径 0.6、郭宽 0.2 厘米。

B 型Ⅰ式　共 38 枚。背面加铸掐痕或圆珠纹，钱文清晰、规整，穿郭俱佳，铜质优良，铸造工艺考究。

标本 TG4017④a：25，背面穿上加铸掐痕。钱径 2.5、穿径 0.7、郭宽 0.2 厘米（图九九二）。

标本 TG4017④a：10，背面穿上加铸掐痕。钱径 2.5、穿径 0.7、郭宽 0.2 厘米（图九九三）。

标本 TG4017④a：33，背面穿下加铸掐痕。钱径 2.5、穿径 0.7、郭宽 0.2 厘米（图九九四）。

图九九二　开元通宝铜钱（TG4017④a：25）拓本

图九九三　开元通宝铜钱（TG4017④a：10）拓本

图九九四　开元通宝铜钱（TG4017④a：33）拓本

标本 TG4017④a：30，背面穿左加铸掐痕。钱径 2.5、穿径 0.7、郭宽 0.2 厘米（图九九五）。

标本 TG4017④a：11，背面穿上加铸圆珠纹。钱径 2.5、穿径 0.7、郭宽 0.2 厘米（图九九六）。

标本 TG4017④a：33，背面穿下加铸掐痕。钱径 2.4、穿径 0.7、郭宽 0.2 厘米。

标本 TG4017④a：35，背面穿上加铸掐痕。钱径 2.4、穿径 0.7、郭宽 0.2 厘米。

B 型Ⅱ式　共 10 枚。背面加铸掐痕，钱文有的清晰、规整，有的模糊，有的穿郭俱佳，有的较差，铜质和铸造工艺不如Ⅰ式。

标本 TG4017④a：44，背面穿上加铸掐痕，钱文清晰、规整，穿较规整，保存较好。钱径 2.3、穿径 0.6、郭宽 0.2 厘米（图九九七）。

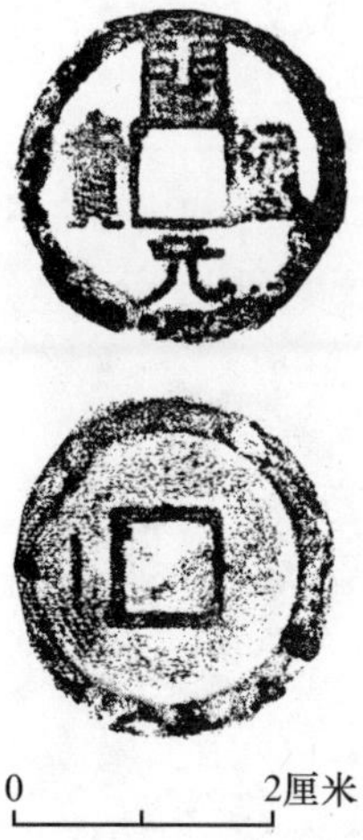

图九九五　开元通宝铜钱（TG4017④a：30）拓本

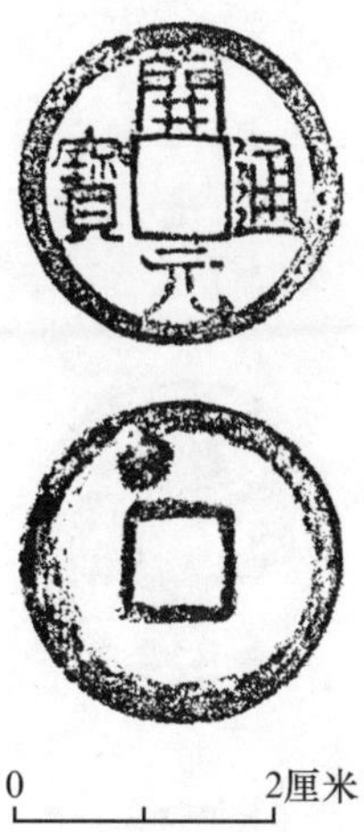

图九九六　开元通宝铜钱（TG4017④a：11）拓本

图九九七　开元通宝铜钱（TG4017④a：44）拓本

C 型　共 11 枚。背面加铸有“洛”“梁”“京”“洪”“昌”等，钱文有的清晰、规整，有的模糊，有的穿郭俱佳，有的较差，铜质和铸造工艺一般。

标本 TG4017④a：49，背面穿左加铸“梁”字，钱文清晰、规整，穿较规整，保存较好。钱径 2.4、穿径 0.6、郭宽 0.2 厘米（图九九八）。

标本 TG4017④a：50，背面穿上加铸“昌”字，钱文清晰、规整，穿较规整，保存较好。钱径 2.3、穿径 0.7、郭宽 0.2 厘米（图九九九）。

标本 TG4017④a：38，背面穿上加铸“洛”字，钱文清晰、规整，穿较规整，保存较好。钱径 2.4、穿径 0.6、郭宽 0.2 厘米（图一〇〇〇）。

标本 TG4017④a：26，背面穿上加铸“梁”字，钱文清晰、规整，穿较规整，保存较好。钱径 2.45、穿径 0.6、郭宽 0.2 厘米（图一〇〇一）。

标本 TG4017④a：45，背面穿上加铸“梁”字，正面“元”字第二笔右挑，钱文清晰、规整，穿较规整，保存较好。钱径 2.45、穿径 0.6、郭宽 0.2 厘米（图一〇〇二）。

标本 TG4017④a：37，背面穿右加铸“洪”字，钱文清晰、规整，穿较规整，保存较好。钱径 2.3、穿径 0.7、郭宽 0.15 厘米（图一〇〇三）。

D 型　共 1 件。

标本 TG4017⑤a：52，边郭略残。铅制钱，钱文清晰、规整，穿较差，保存较差。钱径

图九九八　开元通宝铜钱
（TG4017④a：49）拓本

图九九九　开元通宝铜钱
（TG4017④a：50）拓本

图一〇〇〇　开元通宝铜钱
（TG4017④a：38）拓本

图一〇〇一　开元通宝铜钱
（TG4017④a：26）拓本

图一〇〇二　开元通宝铜钱
（TG4017④a：45）拓本

图一〇〇三　开元通宝铜钱
（TG4017④a：37）拓本

2.5、穿径 0.7、郭宽 0.2 厘米（图一〇〇四）。

（2）乾元重宝

共 7 枚。

A 型Ⅰ式　共 3 枚。背面素面；正面钱文清晰、规整，有的字体较大，呈扁宽形，有的字体偏小，呈瘦长形，穿郭俱佳，铜质优良，铸造工艺考究。

标本 TG4017④a∶16，正面钱文字体偏小，呈瘦长形。钱径 2.4、穿径 0.7、郭宽 0.2 厘米（图一〇〇五）。

标本 TG4017④a∶15，正面钱文字体较大，呈扁宽形。钱径 2.4、穿径 0.7、郭宽 0.2 厘米（图一〇〇六）。

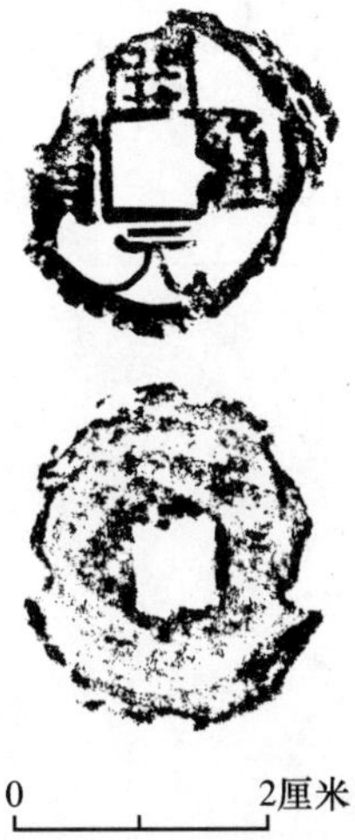

图一〇〇四　开元通宝铜钱（TG4017⑤a∶52）拓本

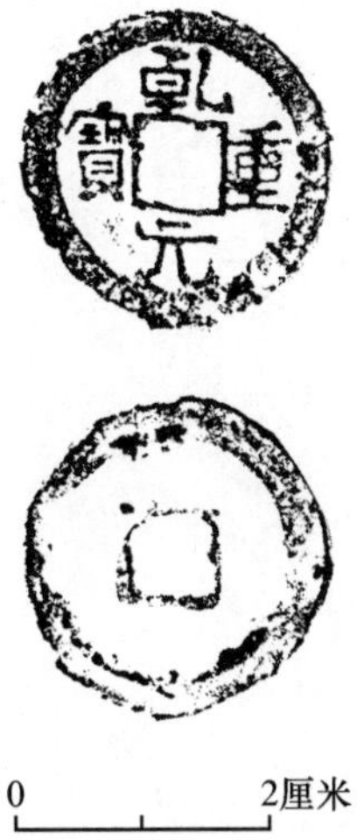

图一〇〇五　乾元重宝铜钱（TG4017④a∶16）拓本

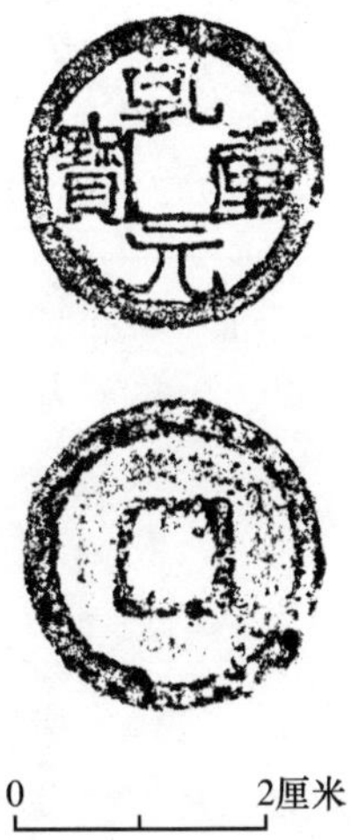

图一〇〇六　乾元重宝铜钱（TG4017④a∶15）拓本

标本 TG4017④a∶54，正面钱文字体较大，呈扁宽形。钱径 2.4、穿径 0.7、郭宽 0.2 厘米。

A 型Ⅱ式　共 2 枚。背面素面，正面钱文模糊、不规整，字体偏小，呈瘦长形，穿郭较差，铜质粗劣，铸造工艺一般。

标本 TG4017④a∶43，钱径 2.3、穿径 0.7、郭宽 0.2 厘米（图一〇〇七）。

标本 TG4017④a∶53，钱径 2.3、穿径 0.7、郭宽 0.2 厘米。

B 型　共 2 枚。背面加铸掐痕，钱文清晰、规整，字体较大，呈扁宽形，穿郭俱佳，铜质优良，铸造工艺考究。

标本 TG4017④a∶42，背面穿上加铸掐痕，正面钱文字体较大，呈扁宽形。钱径 2.5、穿径 0.7、郭宽 0.3 厘米（图一〇〇八）。

标本 TG4017④a∶14，背面穿下加铸掐痕，正面钱文字体较大，呈扁宽形。钱径 2.5、穿径 0.7、郭宽 0.2 厘米（图一〇〇九）。

（3）五铢

共 2 枚。

标本 TG4013⑤a∶5，背面素面，正面“五”字直笔。剪边，钱文钱文清晰、规整，穿郭俱佳，铜质优良，铸造工艺考究。钱径 1.9、穿径 0.9、残存郭宽 0.05 厘米（图一〇一〇）。

标本 TG4017④a∶41，背面素面，正面“五”字曲笔。钱文钱文清晰、规整，穿郭俱佳，铜质优良，铸造工艺考究。钱径 2.6、穿径 1.1、郭宽 0.1 厘米（图一〇一一）。

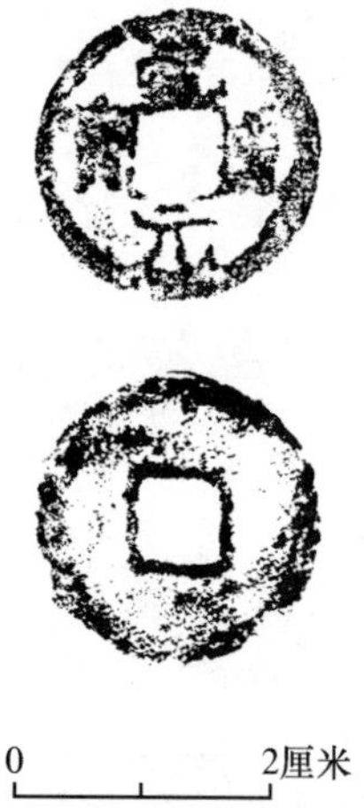

图一〇〇七　乾元重宝铜钱（TG4017④a∶43）拓本

图一〇〇八　乾元重宝铜钱（TG4017④a∶42）拓本

图一〇〇九　乾元重宝铜钱（TG4017④a∶14）拓本

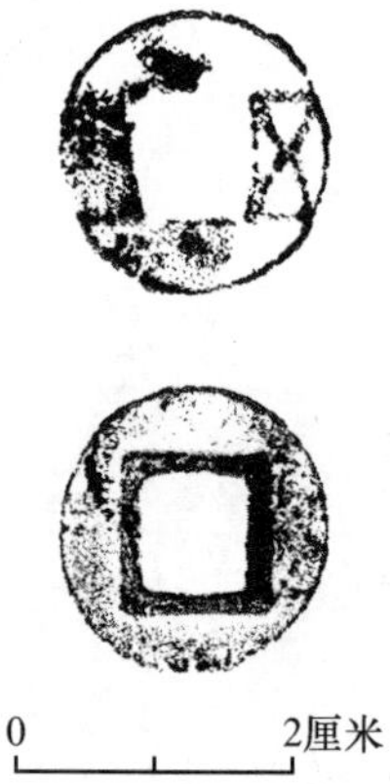

图一〇一〇　五铢铜钱（TG4013⑤a∶5）拓本

图一〇一一　五铢铜钱（TG4017④a∶41）拓本

四、宋至清代遗物

共出土标本遗物 7 件，其中有建筑构件 1 件和瓷器 6 件。

（一）建筑构件

标本 TG4007③a∶1，花卉纹滴水，残。泥质灰陶。制作较规整，残存不到二分之一。模制，呈橄榄形，边郭宽 0.6 ~ 0.8 厘米。主题纹饰为花卉，线条清晰，边郭与纹饰之间以凹弦纹相隔。背面较平。胎质较纯净，胎体致密。面径13.5、厚2厘米（图一〇一二）。

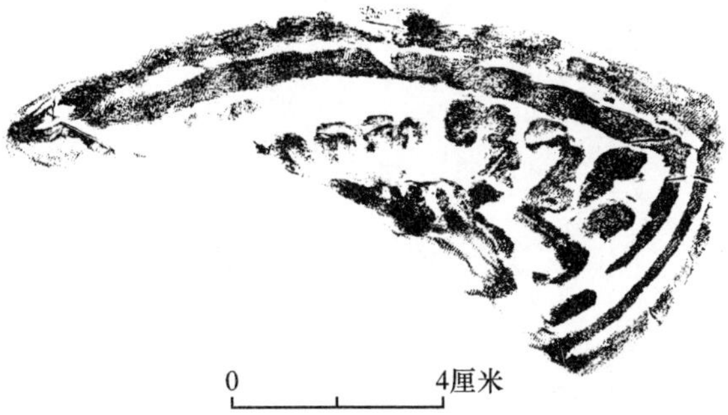

图一〇一二　滴水（TG4007③a：1）纹饰拓本

（二）瓷器

共出土遗物6件，可复原4件。

1. 瓷盘

共1件。

标本TG4032③a：2，可复原。圆唇，侈口，浅斜腹，窄圈足，盘内底较平。内壁施满釉，外壁施釉不到底；釉色天青；胎色红褐，胎质较细。口径11、底径4、高2、厚0.3～0.6厘米（图版一三六，4）。

2. 瓷杯

共1件。

标本TG4010②：1，可复原。尖圆唇，侈口，斜弧腹，窄圈足。内壁施满釉，外壁施釉不到底；釉色白中泛黄；胎色灰白，胎质较粗。口径6、底径2.7、高3、厚0.2～0.4厘米（图一〇一三）。

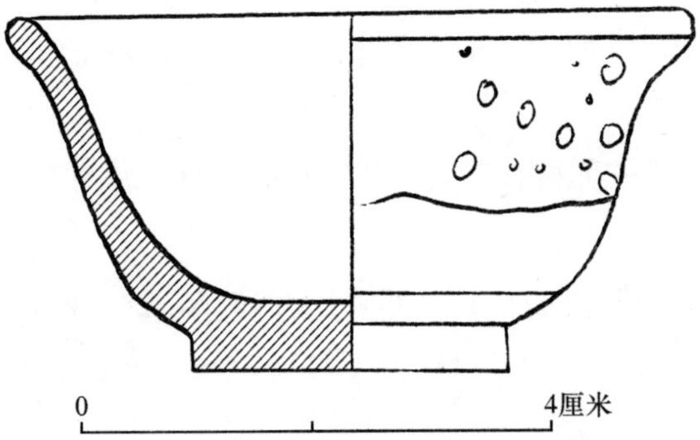

图一〇一三　瓷杯（TG4010②：1）

3. 瓷灯盏

共1件。

标本TG4031②：2，完整。圆唇，侈口，深弧腹，平底。仅内壁底部部分施釉；釉色灰褐；胎色黄白，胎质较粗。口径4、底径2.5、高2、厚0.3～0.4厘米。

4. 瓷片

共3件。

标本TG4011③a：3，瓷瓶残片。圆唇，侈口，短颈。内外壁均施满釉；釉色黑褐；胎色灰白，胎质较粗。口径7、残高4.5、厚0.5～0.9厘米。

标本TG4027③a：1，瓷碗残底。宽圈足。内壁施满釉，且釉下绘有褐彩；外壁施釉至足部；釉色白中泛青；胎色灰白，胎质较粗。底径7、残高2.4、厚0.4～0.8厘米。

标本TG4014②：1，瓷碗残底。圈足。釉下饰有青花纹饰，胎色洁白，胎质较细。底径6.5、残高2.2、厚0.3～0.6厘米。

第九章　结　　语

通过五段东西向与两段南北向探沟的试掘，我们对晋源苗圃区域的埋藏情况基本有了了解，对不同时期晋阳古城的城市布局也有了一些初步认识。

一、地层概况

东西向的五段探沟基本是连续的：探沟所在区域的地表，西高东低，西侧起点高度为798.414米，东侧终点高度为787.82米，落差10余米。因现代道路所分割，每一地块的地表基本平整，主要落差发生在不同地块的交界处。

第1层：近现代耕土层，厚度0.2～1.85米，越到东部堆积越厚，TG1060～TG1070之间厚度变厚，TG1070开始略变薄，以东逐渐平缓。

第2层：明清文化层，厚度0.09～2.2米，最厚的堆积位于TG1084～TG1086，探沟断面成沟状，应该为明清时期自然冲沟或池塘，最薄的堆积位于TG1111～TG1114，其受下层建筑坍塌堆积凸起影响，堆积较薄。

第3层：宋元文化层，分两个文化层，分别为第3a和第3b，分布不广泛。第3a层分布于整个发掘区，厚度0.08～1.85米，最厚的堆积位于TG1082～TG1084，最薄的堆积位于TG1111～TG1114；第3b层仅在TG1002～TG1007内发现，厚0.2～1.2米。第3层部分堆积受下层建筑坍塌堆积凸起影响，堆积较薄。

第4层：晚唐五代文化层，分两个文化层，分别为第4a和第4b，分布不广泛。第4a层分布于整个发掘区，厚度0.05～1.75米，最厚的堆积位于TG1002～TG1003，向东变薄，最薄的堆积位于TG1034，堆积极不均匀，主要为后期扰乱所致。第4b层间断分布，厚0.1～1.1米，最厚的堆积位于TG1009～TG1010，底部凹状，应为晚唐时期自然冲沟，最薄的堆积位于TG1034，亦不均匀。

第5层：唐代文化层（初唐至中唐），分两个文化层，分别为第5a和第5b，分布不广泛。第5a层分布于整个发掘区，厚度0.1～1.5米，最厚的堆积位于TG1108，最薄的堆积位于TG1057。第5b层分布少，未在东西向探沟内出现。

第6层：北朝文化层，分布不广泛。厚度0.1～2.2米，最厚的堆积位于TG1082，最薄的堆积位于TG1062～TG1063。因该层出土重要遗迹，为了减少破坏，多条探沟未向下发掘。

第7层：魏晋十六国文化层，分布不广泛，厚度0.25～0.75米，较平缓。由于发掘深度有限，大部分未发掘至此层，仅在TG1110～TG1111内出现。因此，该文化层在此区域内的分布与堆积情况并不完全清楚。

南北向共两段，分别为第六段和第七段。

第六段发掘总长280米，地表北高南低，由北侧起点最高的792.962米至最南侧终点最低的791.65米，落差1.31米。整体地表呈缓坡状向南渐低。在TG2022至最南端探沟发现一条河道，该河道打破第4a层，部分区域叠压在第3a层下，可知该河道不晚于元代，并延续至明清和近代。第1层，近现代耕土层，厚度0.2～1.1米。TG2003～TG2004较厚，其余较平缓。第2层，明清文化层，厚度0.2～1.3米，TG2001～TG2010逐渐变厚，TG2012～TG2015逐渐变薄，以南较平缓。第3层，宋元文化层分两个文化层，第3a和第3b，分布不广泛。第3a层，分布整个发掘区，厚度0.1～1.3米，TG2008～TG2010最厚，TG2024最薄，第3b层未在该发掘区出现。第4层，晚唐五代文化层，分为两个文化层，即第4a和第4b，分布不广泛。第4a层分布于整个发掘区，厚度0.3～1.3米，最厚的TG2021～TG2023，最薄的TG2024，并被河道打破，其余较平缓，第4b层未在探沟发掘区出现。第5层，唐代文化层（初唐至中唐），分两个文化层，第5a和第5b，分布不广泛。第5a层分布于整个发掘区，厚度0.2～1.3米，最厚的堆积位于TG2012和TG2014，因位于夯土墙两端，断面沟状，应为夯土墙所在建筑基址排水所用。最薄的堆积位于TG2023～TG2024，断面呈不规则状，应为晚期打破，其余较平缓。第5b层未在探沟发掘区出现。

第七段发掘区总长340米，地表北高南低，由北侧起点最高的783.51米至最南侧终点最低的780.41米，落差3.1米。因现代道路所分割，每一地块的地表基本平整，主要落差发生在不同地块的交界处。第1层，近现代耕土层，厚度0.25～1.3米，TG4001～TG4027较厚，以南逐渐变薄。第2层，明清文化层，厚度0.2～1.3，最厚的TG4026～TG4027，其余较平缓。第3层，宋元文化层分两个文化层，第3a和第3b，分布不广泛。第3a层分布于整个发掘区，厚0.18～1.1米，TG4020～TG4025较厚，TG4001～TG4011较薄；第3b层未在探沟发掘区出现。第4层，晚唐五代文化层，分为两个文化层，第4a和第4b，分布不广泛。第4a层分布于整个发掘区，厚度0.1～0.96米，最薄的TG4001～TG4011；第4b层分布不广泛，仅在TG4001～TG4013内发现，厚度0.5～1.2米，较平缓。第5层，唐代文化层（初唐至中唐），分两个文化层，第5a和第5b，分布不广泛。第5a层分布于整个发掘区，厚度0.3～2米，最厚的堆积位于TG4012～TG4013，断面沟状，应为冲积所致。最薄的堆积位于TG4017，被上层建筑基址打破，第5b层间断分布于发掘区，厚0.3～1米，最厚的堆积位于TG4032，最薄的堆积位于TG4017～TG4020。第6层，北朝文化层，分布于整个发掘区。厚度0.2～1.47米，最厚的堆积位于TG4001，最薄的堆积位于TG4020。第7层，魏晋十六国文化层，分布不广泛，由于发掘深度深度限制，仅TG4007～TG4009内发现。厚度0.3～1.5米，堆积厚度TG4007～TG4008较薄，而TG4009较厚。

二、主要遗迹

（一）建筑基址

共发现建筑基址 14 处。

第一段探沟发现 2 处建筑基址，其中一处位于 TG1025 ~ TG1028 中，开口于第 4a 层下，距地表约 1.85 米，总长度约为 32 米。地层堆积自上而下依次为近现代耕土层、明清文化层、宋元文化层、晚唐五代文化层，可推测该建筑基址建造使用和废弃均在晚唐五代时期。建筑基址整体平面布局为南北向，其中轴线的方向与晋阳古城西城墙的方向大体一致，为 198° 左右，该建筑基址破坏严重且发掘面积太小未能知其建筑布局和建筑用途。另一处位于 TG1030 内，仅发现一段墙基及少量铺地砖，开口于第 5a 层下，距地表约 2 米，总长度约为 3.8 米。地层堆积自上而下依次为近现代耕土层、明清文化层、宋元文化层、晚唐五代文化层、初唐至中唐文化层，该建筑基址下叠压北朝文化层，推测建筑基址年代为唐代早期营建，至晚唐废弃。

第二段探沟发现 2 处建筑基址，其中一处位于 TG1036 ~ TG1037 内，开口于第 4a 层下，距地表约 2.25 米。地层堆积自上而下依次为近现代耕土层、明清文化层、宋元文化层、晚唐五代文化层，该建筑基址下未发掘，根据地层和出土遗物判断该建筑基址为晚唐五代建筑。另一处位于 TG1039 ~ TG1040 中，开口于第 5a 层下，距地表 2.2 ~ 2.6 米。地层堆积自上而下依次为近现代耕土层、明清文化层、宋元文化层、晚唐五代文化层、初唐至中唐文化层，该建筑基址下未发掘。仅发现一段夯土及少量柱础石，根据地层和出土遗物判断该建筑基址为唐代建筑。

第四段探沟内发现 2 处建筑基址。其中一处位于 TG1093 ~ TG1095 内，距地表深 3.2 ~ 3.7 米，可见长 30 米，延伸至 TG1096 内，开口于第 5a 层下。地层堆积自上而下依次为近现代耕土层、明清文化层、宋元文化层、晚唐五代文化层，初唐至中唐文化层，该建筑基址下未发掘，根据地层判断该建筑为唐代建筑基址。另一处建筑基址位于 TG1096 ~ TG1097 中，向东延伸至现代道路下，与第五段 TG1100 ~ TG1103 内的建筑基址和第七段 TG4001 ~ TG4012 内的建筑基址是一个的建筑基址，编号为二号建筑基址，另在 TG1097 内发现有该建筑西侧的台基，具体情况见第八段探沟的二号建筑基址。

第五段探沟内发现 2 处建筑基址，其中一处位于 TG1100 ~ TG1103 内，与第四段 TG1096 ~ TG1097 内的建筑基址和第七段 TG4001 ~ TG4012 内的建筑基址是一个建筑基址，编号为二号建筑基址，在 TG1100 内发现散水和建筑台基。另一处建筑基址位于 TG1113 ~ TG1116 内，距地表 1.9 ~ 2.2 米，可见长 40 米，开口于第 5a 层下。地层堆积自上而下依次为近现代耕土层、明清文化层、宋元文化层、晚唐五代文化层、初唐至中唐文化层，该建筑基址下未发掘。该建筑基址可见三个柱础石和夯土台基，以及铺砖地面、铺砖路和排水渠等。根据地层和出土遗物判断该建筑基址可能始建于北朝，延续使用至初唐和盛唐时期。

第六段探沟发现 2 处建筑基址，其中一处位于 TG2001 ~ TG2008 中，开口于第 5a 层下，距地表 2.6 ~ 3.4 米，可见总长度为 80 米。地层堆积自上而下依次为近现代耕土层、明清文化层、宋元文化层、晚唐五代文化层、初唐至中唐文化层，该建筑下未发掘。该基址发现有 9 道石砌墙和少量铺地砖以及一条砖砌路，根据地层和出土遗物可知该建筑基址为唐代建筑。另一处位于 TG2015 ~ TG2019 中，开口于第 5a 层下，距地表 2 ~ 2.5 米，可见总长度为 50 米，该建筑整体被位于探沟东侧的现代扰沟打破。地层堆积自上而下依次为近现代耕土层、明清文化层、宋元文化层、晚唐五代文化层、初唐至中唐文化层，该建筑下未发掘。该基址发现有 4 道石砌墙和少量铺地砖，根据地层和出土遗物可知该建筑基址为唐代建筑。

第七段探沟发现 6 处建筑基址。

TG4001—TG4012 建筑基址，与第四段 TG1096 ~ TG1097 内的建筑基址和第五段 TG1100 ~ TG1103 内的建筑基址是一个建筑基址，该建筑规模较大，编为二号建筑基址。开口于第 4a 层下，开口于第 4a 层下，距地表 1.5 ~ 1.85 米，可见长 114 米，宽 72 米。地层堆积自上而下依次为近现代耕土层、明清文化层、宋元文化层、晚唐五代文化层，该建筑下为初唐至中唐文化层、北朝文化层和魏晋十六国文化层，其下未发掘。基址发现有大量柱础磉墩和少量铺地砖等。二号建筑基址规模较大，且保存较完整，根据地层和出土遗物判断为晋阳古城晚唐五代时期的重要建筑基址。

TG4012—TG4013 建筑基址，开口于第 4b 层下，仅有一道砖砌墙和少量石块，由于发掘面积和出土现象太少，总体情况不明。

TG4017—TG4020 建筑基址，距地表 1.8 ~ 2.3 米，开口于第 4a 层下，可见长 34 米。该建筑地层堆积自上而下依次为近现代耕土层、明清文化层、宋元文化层、晚唐五代文化层，该建筑下为初唐至中唐文化层和北朝文化层，其下未发掘。发现有两个柱础石和碎砖、石块铺的地面，该建筑基址分为两期，根据地层和出土遗物判断第一期为唐代建筑，第二期为晚唐五代建筑。

TG4021—TG4022 建筑基址，距地表 2.8 米，开口于第 4a 层下，发掘长度 20 米。该建筑地层堆积自上而下依次为近现代耕土层、明清文化层、宋元文化层、晚唐五代文化层，该建筑下为唐代文化层，其下未发掘。发现有砖砌路和砖砌墙以及铺地砖，根据地层和出土遗物判断该建筑基址为晚唐五代建筑。

TG4025—TG4026 建筑基址，距地表 2.3 米，开口于第 4a 层下，可见长 13.7 米。该建筑地层堆积自上而下依次为近现代耕土层、明清文化层、宋元文化层、晚唐五代文化层，其下未发掘。残存一小段砖砌路和一道东西向砖砌墙以及铺地砖，根据地层和出土遗物判断该建筑为晚唐五代建筑。

TG4028—TG4029 建筑基址，距地表 1.8 米，开口于第 4a 层下，可见长 14 米。该建筑地层堆积自上而下依次为近现代耕土层、明清文化层、宋元文化层、晚唐五代文化层，该建筑下为唐代文化层。基址发现有砖石砌墙，和柱础石以及磉墩等，根据地层和遗物判断该建筑基址为晚唐五代建筑。

根据统计，在整个发掘区内共发现 14 处建筑基址。开口于第 4a 层下的建筑基址有 7 处，分别是 TG1025—TG1028 建筑基址、TG1036—TG1037 建筑基址、二号建筑基址、TG4017—

TG4020 建筑基址第二期、TG4021—TG4022 建筑基址、TG4025—TG4026 建筑基址、TG4028—TG4029 建筑基址；开口于第 4b 层下的有 1 处，是 TG4012—TG4013 建筑基址；开口于第 5a 层下的有 6 处，分别为 TG1030 建筑基址、TG1039—TG1040 建筑基址、TG1093—TG1095 建筑基址、TG1113—TG1116 建筑基址、TG2001—TG2008 建筑基址和 TG2015—TG2019 建筑基址。

（二）道路

共发现道路 2 条，L1 位于第二段探沟 TG1041 ~ TG1047 内，长 60.8 米，东西向，西高东低，距地表 1.7 ~ 2 米，宽度未发掘清楚，时代为初唐至中唐。L2 位于第三段探沟 TG1051 ~ TG1060 内，长 95.5 米，东西向，西高东低，距地表 1.9 ~ 3.3 米，车辙痕迹明显，宽度未发掘清楚，时代为初唐至中唐。

（三）夯土墙

共发现 10 处，其中属于建筑基址的有 7 处，另有 3 处为墙体。墙体为夯 1、夯 5 和夯 8。夯 1 位于探沟 TG1020 ~ TG1022 内，宽 24 米，开口于五代层下，打破晚唐层，时代为五代。夯 5 位于探沟 TG1080 ~ TG1082 内，宽 24.75 米，基槽开口于北朝层，时代为北朝。夯 8 位于探沟 TG2012 ~ TG2014 内，宽 19.5 米，基槽开口于初唐至中唐层下，时代为唐代。

（四）灶

灶共发现 27 处。主要有两类：一类为临时修建的旷野型灶，共 9 处，分布广泛；另一类为建筑内灶，共 18 处。有 2 处时代为初唐至中唐时期，其余均为晚唐五代时期。在建筑基址内的灶结构工艺都较旷野型灶复杂，使用时间也长。

（五）水渠与水井

水渠发现了 4 处，S1 位于 TG1030 东部，砖砌，带有圆形水池，可能为一作坊使用的用水渠，时代为唐代。S2 位于 TG1110 ~ TG1111 内，砖砌，东西向，修建考究，时代为北朝。S3 位于 TG1111 中部偏东，砖砌，南北向，时代为唐代。S4 位于 TG1115 中部偏东，砖砌，南北向，时代为北朝。水井发现 1 处，位于 TG1088 内，圆形竖穴井，时代为五代。

（六）灰坑

发现的灰坑共 158 处，均为垃圾坑，坑内回填物以陶器及建筑构件为主，坑形状不规整，有很多为取土形成及掘取建筑构件所致。

三、出 土 遗 物

共出土标本1549件，其中建筑构件436件、陶器461件、瓷器341件、釉陶器22件、三彩器5件、铜器8件、铁器5件、石器14件和其他257件。

东周汉代遗物，出土154件，约占总标本数10%。发掘区均有分布，主要分布于第五段探沟。主要器形为板瓦、筒瓦、瓦当、砖、陶罐、陶盆、陶豆、陶甑、陶鬲等。

魏晋十六国遗物，出土29件，约占总标本数1.8%。主要分布于第五段探沟，在第三、四、七段也有少量发现。主要器形为板瓦、陶罐、陶盆、陶瓮、石碑等。

北朝至五代遗物，出土1290件，约占总标本数83.4%。发掘区均有分布，主要集中于第四、五、七段探沟。主要器形为板瓦、筒瓦、瓦当、砖、陶罐、陶盆、陶瓮、陶钵、陶碗、瓷碗、瓷盘、瓷钵、瓷罐、石器、骨器、铜钱等。北朝遗物绝大多数集中在北朝晚期，即东魏北齐时期，隋、初唐、盛唐、中唐遗物并不多，而最多的为晚唐五代。

宋至清代遗物，出土76件，约占总标本数4.8%。发掘区均有分布，主要集中于第四、五、七段探沟。主要器形为瓷碗、瓷盘、瓷罐、砚、铜钱等。

四、初步认识与未来工作规划

在探沟试掘中，晚唐五代的遗迹分布很广泛，保存状况也较好，为了尽可能地保护这些遗迹，很多探沟发掘至这一层面后就没有继续向下发掘；有的探沟发掘至北朝文化层后只是部分地向下发掘；还有的探沟为了防止垮塌，也是部分向下发掘。所以，一些探沟并没有发掘到生土层，这给全面认识该区域堆积状况带来困难。尽管如此，本次晋源苗圃内的探沟试掘对解决一些城市布局问题也将会起到重要的作用。

东周两汉时期的遗迹，埋藏太深，未发现建筑遗迹，出土遗物也不多。魏晋南北朝时期的遗物是第一次发现，其主要分布区域在晋源苗圃靠东部的位置；北朝时期的遗迹遗物较多，也主要分布在晋源苗圃东部区域；唐代的全部堆积较厚，并且对北朝时期的地层破坏较大，这时期的地层很好辨认，大量的煤渣是显著特征，发现的建筑基址不多，可能是早期建筑工艺较好、建筑延续时间较长的原因；晚唐五代地层是比较连续的地层，堆积比较丰富，出土遗迹遗物都很多，但遗迹历时短，从遗迹完整程度看，短期骤然性强；从遗物残破看，破坏强度大，凸显社会动荡；进入宋代，地层均以耕地的堆积为主，基本没有人类活动形成的“面”，遗物出土较少，钱币几乎没有出土。元代以后，这里有不少地方当作墓地，说明已经比较远离人们活动的中心。宋以后较少的人类活动，对保存晚唐五代遗存有重要意义。

从发掘的遗迹看，道路发现少，这是引起我们注意的问题。对于一个城市来说，道路就像人体的血管，是连接城市各功能区域的纽带，发掘1000余米长的探沟基本没有发现什么像样的道路，这是不应该的。我们反复思考，认为探沟试掘在实际中存在问题。我们知道现代道路与古代道路多有重合，这一现象，在发掘时没有重视。为了节省土地，布设探沟都紧贴道路，另外，每一段探沟都是以现代道路为界限，两段探沟之间布设的探沟都没有发掘，这一失误说明了我们对城市考古的方法与理论认识明显不足。

在发掘的遗迹来看，晋源苗圃区域内历代都有人类活动，可见晋阳古城的重要性和延续性。但是，频繁的活动极大地破坏了前期的遗存，使得遗迹现象非常复杂，考古工作十分困难。尽管遗迹与遗物所揭示的城市延续性与历史记载相同，但不同的区域，不同时期的遗存，分布是不均匀的。从发掘情况看，晋阳城市人口最大规模时应在晚唐五代。在东魏北齐的北朝后期，虽然作为重要的权力中心，但是主要活动区域相比较晚唐五代要小得多。也就是说，不同时期城市活动的重点不完全重合，但最主要的区域，基本能确定在晋源苗圃的东部，即今天明太原县城以北的区域。

本次考古工作发现了一个大型建筑基址，这是继“一号建筑基址”被发现后的最大规模的建筑基址，我们编为二号建筑基址。结合它的位置与我们在其西侧发现的夯土墙的位置，我们判断——这可能就是宫城区。推测不能代表事实，但让我们意识到一些重要的关于城市布局的问题，这也是非常重要的收获。

本次晋源苗圃内的考古发掘，为我们进一步做好晋阳古城的考古工作积累了很好的经验和难得的教训：①从方法上，长距离的线形解剖，对遗址最小破坏，收获最大，这是在地表调查、考古勘探都无效的情况下采取的方法。实践下来，基本完成了当时方案设计时的一些目标和任务。应该说，在晋阳古城西部区域，探沟试掘是目前最好的调查方法。②由于现代道路不允许发掘，完整的探沟被隔成多段，随着晋阳古城考古工作积累和关于城市考古方法与理论认识的不断加深，有一些当初没有意识到的问题，今后会修订和补充完善。③多个队伍共同发掘一个遗址，给后期资料整理带来了极大困难，很多地层不能整合，需要再次到原来发掘地点发掘、核准地层和确定遗迹，此安排并不合理。④探沟试掘经验不足，目的性不明确，没有发掘至生土，致使认识受到限制等。

晋阳古城的考古工作才刚刚起步，在城市布局的问题上无从下手时，我们通过晋阳苗圃探沟的试掘，提供了城市布局的重要信息。根据这些考古成果，今后我们将进一步细化“井”字形试掘计划并完成剩余全部探沟发掘工作。随后，也将对二号大型建筑基址开展大面积发掘。

后　　记

晋源苗圃发掘区是为了搞清楚晋阳西城布局而设计的，它位于古城营村和晋源北街之间，晋源侨友化工厂附近，因属于太原市园林局晋源苗圃的土地，而命名为“晋源苗圃发掘区”。发掘虽然结束，但有很多学术目的没有达到，不过对于晋阳城唐代及其以后的埋藏我们有了更加清晰的认识，这也算是收获不少。在晋阳古城从事考古工作已近七年，在这七年里，田野工作从未间断，持续的工作积累了大量的资料。为了防止时间久了很多资料遗失，一有时间我们就抓紧整理，晋阳苗圃的这本发掘报告就是挤出来时间整理完成的。

晋源苗圃发掘区工作环境十分恶劣，发掘区之北三四十米就是化工厂，主要生产苯、甲苯、二甲苯、顺酐、富马酸等。2012～2014 年，绝大多数日子里，我们和技工、民工就在化工厂排放的废气中度过。刺鼻的味道和对废气毒性的恐惧，把考古的“新奇”与“浪漫”摧毁殆尽。当此报告完成之际，谨以本书献给那些曾和我们一起工作的张喜斌、赵辉、石力、牛秀平、赵鹏飞、程刚、张帅等业务人员，李跃根、赵利生、赵有生、李保生、刘新玉及众多记不起名字的民工。希望他们健康无恙！

发掘期间，国家文物局、山西省文物局、太原市人民政府、太原市文物局、晋源区人民政府给予了大力支持，各位同行专家多次莅临考古工地指导工作，对此我们深表感谢。还要感谢薛新明、吉琨璋、李永敏三位先生最初来这里参加发掘；感谢 2012 年以来山西省考古研究所历任所领导——宋建忠、张庆捷、谢尧亭、王万辉诸先生，以及太原市文物考古研究所周富年所长的支持与帮助。

报告摄影由赵辉和石力完成，绘图由赵鹏飞完成，器物拓片由赵鹏飞完成。报告第一至六章、第九章由韩炳华执笔，第七、八章由王普军执笔，韩炳华最后审阅完成终稿。

编　者

2018 年 9 月

图版一

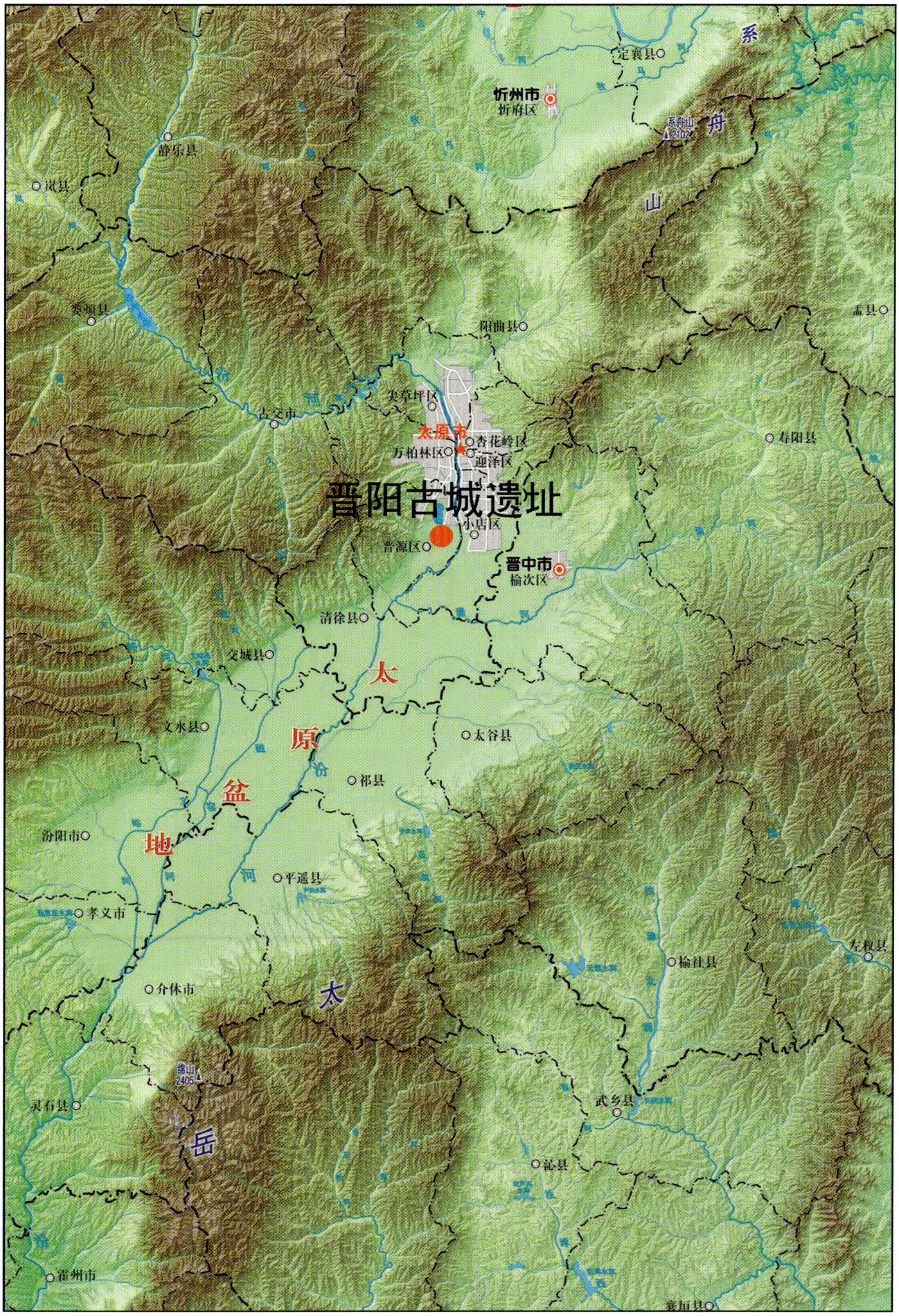

晋阳古城地理位置

图版六

TG1025—TG1028建筑基址全景（西—东）

1. TG1025内建筑基址（西—东）

2. TG1026内建筑基址（西—东）

TG1025、TG1026内建筑基址

图版八

1. TG1027内建筑基址（西—东）

2. TG1028内建筑基址（西—东）

TG1027、TG1028内建筑基址

1. TG1020内夯1剖面（西—东）

2. TG1021内夯1（西—东）

3. TG1031内S1（西—东）

TG1020内夯1剖面、TG1021内夯1及TG1031内S1

图版一〇

1. TG1021内Z2、Z3（南—北）

2. TG1029内Z4、Z5（北—南）

TG1021内Z2、Z3及TG1029内Z4、Z5

1. 东周、汉代E型Ⅰ式板瓦（TG1002④a：4）

2. 东周、汉代E型Ⅰ式板瓦（TG1030H20：1）

3. 东周、汉代B型Ⅰ式筒瓦（TG1015⑥：2）

4. 陶罐（TG1016H4：1）

5. 东周、汉代C型陶盆（TG1015⑥：1）

东周、汉代板瓦、筒瓦、陶罐、陶盆

图版一二

1. 东周、汉代Ⅰ式陶豆（TG1002④a：3）

2. 东周、汉代Ⅱ式陶豆（TG1016⑥：3）

3. 陶豆柄（TG1022夯1：1）

4. 陶鬲（TG1016⑥：1）

5. 陶甑（TG1016⑤a：2）

东周、汉代陶豆、陶豆柄、陶鬲、陶甑

1. 陶鼎（TG1008④a：2）

2. 北朝至五代Aa型板瓦（TG1028H17：3）

3. 北朝至五代Ac型板瓦（TG1008④a：3）

4. 北朝至五代Ba型板瓦（TG1026H16：8）

5. 北朝至五代Bb型板瓦（TG1004④a：5）

东周、汉代陶鼎及北朝至五代板瓦

1. 北朝至五代Bb型Ⅰ式莲花纹瓦当（TG1018⑤a：4）

2. 北朝至五代Bb型Ⅰ式莲花纹瓦当（TG1005④a：10）

3. 北朝至五代Bb型Ⅱ式莲花纹瓦当（TG1025⑤a：3）

4. 北朝至五代Bb型Ⅱ式莲花纹瓦当（TG1024⑤a：2）

5. 北朝至五代Bb型Ⅲ式莲花纹瓦当（TG1028④a：4）

6. 北朝至五代Bb型Ⅲ式莲花纹瓦当（TG1007④a：2）

北朝至五代莲花纹瓦当

1. 北朝至五代Bc型Ⅰ式莲花纹瓦当
（TG1015④a：5）

2. 北朝至五代Bc型Ⅰ式莲花纹瓦当
（TG1016④a：6）

3. 北朝至五代Bc型Ⅱ式莲花纹瓦当
（TG1016④a：5）

4. 北朝至五代Bc型Ⅱ式莲花纹瓦当
（TG1024④a：1）

5. 北朝至五代Bc型Ⅱ式莲花纹瓦当
（TG1017⑤a：3）

北朝至五代莲花纹瓦当

1. 北朝至五代Bd型莲花纹瓦当（TG1004④a：4）

2. 北朝至五代Bd型莲花纹瓦当（TG1031⑤a：5）

3. 北朝至五代Ab型Ⅱ式兽面纹瓦当（TG1018④a：1）

4. 北朝至五代A型长方形砖（TG1031⑤a：7）

5. 脊头瓦（TG1026H16：6）

6. 脊头瓦（TG1013④a：2）

北朝至五代莲花纹瓦当、兽面纹瓦当、长方形砖、脊头瓦

1. 北朝至五代A型陶罐（TG1030④a：1）

2. 北朝至五代B型Ⅱ式陶罐（TG1022夯1：2）

3. 北朝至五代C型陶罐（TG1031④a：1）

4. 北朝至五代C型陶罐（TG1028④a：5）

5. 北朝至五代C型陶罐（TG1019⑤a：3）

6. 北朝至五代D型陶罐（TG1031④a：5）

北朝至五代陶罐

1. 北朝至五代A型Ⅱ式陶盆（TG1031⑤a：3）

2. 北朝至五代A型Ⅲ式陶盆（TG1012⑤a：2）

3. 北朝至五代B型Ⅰ式陶盆（TG1015④a：8）

4. 北朝至五代E型陶盆（TG1024⑤a：1）

5. 北朝至五代F型陶盆（TG1012⑤a：7）

北朝至五代陶盆

1. 北朝至五代A型陶瓮（TG1003④a：4）

2. 北朝至五代B型Ⅱ式陶瓮（TG1003④a：3）

3. 北朝至五代A型陶钵（TG1012⑤a：4）

4. 北朝至五代A型陶钵（TG1031④a：2）

5. 北朝至五代B型陶钵（TG1003④a：2）

6. 北朝至五代C型陶钵（TG1028④a：1）

北朝至五代陶瓮、陶钵

图版二二

1. 北朝至五代A型Ⅰ式陶碗（TG1026H16：1）

2. 北朝至五代B型Ⅱ式陶碗（TG1012⑤a：5）

3. 北朝至五代A型陶盂（TG1028④a：2）

4. 北朝至五代A型陶盘（TG1029⑤a：4）

5. 陶纺轮（TG1014⑤a：3）

北朝至五代陶碗、陶盂、陶盘、陶纺轮

1. 陶扑满（TG1028④a：18）

2. 陶扑满（TG1031④a：6）

3. 陶片（TG1015⑤a：1）

4.北朝至五代A型瓷碗（TG1028H17：2）

5. 北朝至五代Ba型Ⅰ式瓷碗（TG1006④a：1）

6. 北朝至五代Bb型Ⅰ式瓷碗（TG1002④a：1）

北朝至五代陶扑满、陶片、瓷碗

图版二四

1. 北朝至五代Bb型Ⅰ式瓷碗（TG1005④a：1）

2. 北朝至五代Bb型Ⅱ式瓷碗（TG1002④a：2）

3. 北朝至五代Bc型瓷碗（TG1029④a：1）

4. 北朝至五代Bc型瓷碗（TG1005④a：9）

5. 北朝至五代Aa型瓷罐（TG1004④a：3）

北朝至五代瓷碗、瓷罐

1. 瓷片（TG1015④a：2）

2. 瓷片（TG1014④a：2）

3. 瓷片（TG1030⑤a：4）

4. 北朝至五代B型釉陶碗（TG1016⑤a：1）

北朝至五代瓷片、低温釉陶碗

图版二六

1. 铜佛像（TG1031⑤a：9）

2. 铜镞（TG1015⑥：4）

3. 石雕佛像（TG1019H5：5）

4. 带刃石器（TG1015⑥：3）

北朝至五代铜佛像、铜镞、石佛像、带刃石器

1. 第二段探沟全景（西—东）

2. TG1046地层（西南—东北）

第二段探沟全景及TG1046地层

1. TG1037内建筑基址（西—东）

2. TG1039—TG1040建筑基址（南—北）

TG1037内建筑基址及TG1039—TG1040建筑基址

1. TG1039内建筑基址础石（西—东）

2. TG1039内夯4剖面（南—北）

TG1039内建筑基址础石及TG1039内夯4剖面

图版三〇

1. TG1040内夯4剖面（东—西）

2. TG1043内L1（东—西）

3. TG1045内L1（东—西）

TG1040内夯4剖面、TG1043内L1及TG1045内L1

1. 东周、汉代C型板瓦（TG1044④a：2）

2. 东周、汉代E型Ⅰ式板瓦（TG1043L1：1）

3. 陶罐（TG1046⑥：1）

4. 东周、汉代Bb型陶盆（TG1039夯4：3）

5. 东周、汉代C型陶盆（TG1035H32：1）

6. 陶鬲（TG1040H38：1）

东周、汉代板瓦、陶罐、陶盆、陶鬲

1. 魏晋十六国A型陶罐（TG1035H33：1）

2. 魏晋十六国D型陶罐（TG1039夯4：1）

3. 魏晋十六国D型陶罐（TG1039夯4：2）

4. 北朝至五代Aa型板瓦（TG1045L1：3）

5. 北朝至五代Ab型板瓦（TG1045⑥：2）

6. 北朝至五代Ac型板瓦（TG1047④a：4）

7. 北朝至五代Ac型板瓦（TG1036H34：2）

8. 北朝至五代C型板瓦（TG1037H36：3）

魏晋十六国陶罐及北朝至五代板瓦

1. 北朝至五代A型Ⅰ式筒瓦（TG1042L1：1）

2. 北朝至五代B型Ⅰ式筒瓦（TG1038H36：2）

3. 北朝至五代Ba型莲花纹瓦当（TG1034④a：5）

4. 北朝至五代Bb型Ⅰ式莲花纹瓦当（TG1034④a：6）

5. 北朝至五代Bb型Ⅱ式莲花纹瓦当（TG1036⑤a：5）

6. 北朝至五代Bb型Ⅲ式莲花纹瓦当（TG1038④a：1）

北朝至五代筒瓦、莲花纹瓦当

图版三四

1. 北朝至五代A型陶罐（TG1035H32：3）

2. 北朝至五代B型Ⅱ式陶罐（TG1036⑤a：2）

3. 北朝至五代C型陶罐（TG1034④a：2）

4. 北朝至五代A型Ⅰ式陶盆（TG1040H38：3）

5. 北朝至五代C型Ⅰ式陶盆（TG1038⑤a：1）

6. 北朝至五代D型Ⅰ式陶盆（TG1034④a：3）

北朝至五代陶罐、陶盆

图版三五

1. 北朝至五代F型陶盆（TG1047④a：3）

2. 北朝至五代B型陶钵（TG1047H40：4）

3. 北朝至五代A型Ⅰ式陶碗（TG1036⑤a：3）

4. 北朝至五代B型Ⅱ式陶碗（TG1033③a：1）

5. 北朝至五代A型陶盘（TG1034③a：1）

6. 北朝至五代A型瓷碗（TG1040H38：4）

北朝至五代陶盆、陶钵、陶碗、陶盘、瓷碗

图版三六

1. 北朝至五代Ba型Ⅰ式瓷碗（TG1035④a：1）

2. 北朝至五代Bb型Ⅰ式瓷碗（TG1034④b：1）

3. 北朝至五代C型Ⅰ式瓷盒（TG1035④a：2）

4. 瓷纺轮（TG1036⑤a：1）

5. 釉陶琉璃砖（TG1048③a：2）

6. 铜簪（TG1039⑤a：3）

7. 骨梳（TG1039⑤a：2）

8. 陶模具（TG1041L1：1）

北朝至五代瓷碗、瓷盒、瓷纺轮、琉璃砖、铜簪、骨梳、陶模具

1. 第三段探沟全景（西—东）

2. TG1055地层（西南—东北）

第三段探沟全景及TG1055地层

1. 东周、汉代B型板瓦（TG1067⑥：7）

2. 东周、汉代E型Ⅰ式板瓦（TG1068H51：1）

3. 东周、汉代E型Ⅰ式板瓦（TG1054⑤a：2）

4. 东周、汉代A型筒瓦（TG1064⑥：1）

5. 东周、汉代B型Ⅰ式筒瓦（TG1073⑥：1）

6. 东周、汉代B型Ⅱ式筒瓦（TG1071⑥：3）

东周、汉代板瓦、筒瓦

1. 陶罐（TG1069H52：2）

2. 东周、汉代A型陶盆（TG1069H52：1）

3. 东周、汉代C型陶盆（TG1066H48：1）

4. 东周、汉代C型陶盆（TG1071⑥：1）

5. 东周、汉代B型陶瓮（TG1066H48：3）

6. 东周、汉代Ⅰ式陶豆（TG1066H48：6）

7. 东周、汉代Ⅰ式陶豆（TG1066H48：7）

8. 魏晋十六国B型Ⅱ式陶罐（TG1053⑤a：1）

东周、汉代陶罐、陶盆、陶瓮、陶豆及魏晋十六国陶罐

图版四二

1. 北朝至五代Aa型板瓦（TG1067H49：9）

2. 北朝至五代Ab型板瓦（TG1067H50：5）

3. 北朝至五代Ab型Ⅰ式莲花纹瓦当（TG1054④a：4）

4. 北朝至五代Ab型Ⅰ式莲花纹瓦当（TG1067⑥：2）

5. 北朝至五代Ab型Ⅰ式莲花纹瓦当（TG1067⑥：4）

6. 北朝至五代Bb型Ⅰ式莲花纹瓦当（TG1065③a：2）

北朝至五代板瓦、莲花纹瓦当

1. 北朝至五代Bb型Ⅲ式莲花纹瓦当
（TG1068⑤a：4）

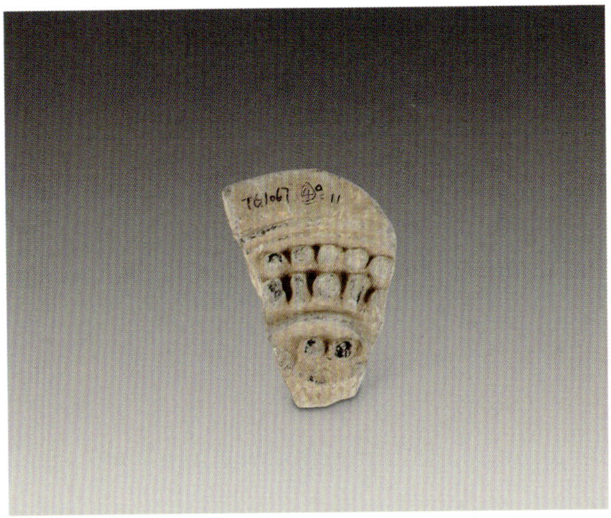

2. 北朝至五代Bd型莲花纹瓦当
（TG1067④a：11）

3. 北朝至五代D型莲花纹瓦当（TG1072⑥：2）

4. 鸱尾（TG1067H49：13）

5. 屋脊（TG1067H49：14）

6. 北朝至五代A型陶罐（TG1067④a：8）

北朝至五代莲花纹瓦当、鸱尾、屋脊、陶罐

图版四四

1. 北朝至五代B型Ⅰ式陶罐（TG1067⑤a：1）

2. 北朝至五代A型Ⅰ式陶盆（TG1072⑥：1）

3. 北朝至五代A型Ⅱ式陶盆（TG1067⑥：1）

4. 北朝至五代B型Ⅰ式陶盆（TG1062④a：3）

5. 北朝至五代B型Ⅱ式陶盆（TG1072H55：1）

6. 北朝至五代C型Ⅱ式陶盆（TG1074④a：1）

北朝至五代陶罐、陶盆

1. 北朝至五代A型Ⅰ式陶碗（TG1054H43：2）

2. 北朝至五代A型Ⅰ式陶碗（TG1054H43：3）

3. 北朝至五代A型Ⅰ式陶碗（TG1067H49：2）

4. 北朝至五代A型Ⅱ式陶碗（TG1061③a：3）

5. 北朝至五代A型Ⅱ式陶碗（TG1054H43：1）

6. 陶杯（TG1067H49：3）

7. 陶杯（TG1067H49：4）

8. 陶杯（TG1067H49：5）

北朝至五代陶碗、陶杯

1. 北朝至五代A型瓷碗（TG1067H49：1）

2. 北朝至五代Ba型Ⅰ式瓷碗（TG1062④a：1）

3. 北朝至五代Ba型Ⅲ式瓷碗（TG1075④a：3）

4. 北朝至五代Ba型Ⅲ式瓷碗（TG1067④a：3）

5. 北朝至五代Bb型Ⅰ式瓷碗（TG1064④a：1）

6. 北朝至五代Bb型Ⅱ式瓷碗（TG1067④a：4）

北朝至五代瓷碗

1. 北朝至五代Bc型瓷碗（TG1061③a：1）

2. 北朝至五代Bc型瓷碗（TG1067④a：2）

3. 北朝至五代Ba型瓷盘（TG1067④a：5）

4. 北朝至五代Bb型瓷盘（TG1067④a：7）

5. 北朝至五代B型瓷钵（TG1075④a：2）

6. 瓷片（TG1063③a：2）

7. 三彩碗（TG1073②：1）

北朝至五代瓷碗、瓷盘、瓷钵、瓷片、三彩碗

图版四八

1. 石砚（TG1052④a：1）

2. 石雕狮子（TG1070H53：3）

3. 石球（TG1069④a：1）

4. 铜钱（TG1073④a：1）

5. 瓷盘（TG1069②：1）

6. 瓷盘（TG1071③a：5）

北朝至五代石砚、石雕狮子、石球、铜钱及宋至清代瓷盘

1. 第四段探沟全景（东—西）

2. TG1080地层（西—东）

第四段探沟全景及TG1080地层

图版五〇

1. TG1093内建筑基址（西—东）

2. TG1095内建筑基址（西—东）

TG1093内建筑基址及TG1095内建筑基址

1. TG1097内建筑基址（东—西）

2. TG1097内建筑基址包砖台基（南—北）

TG1097内建筑基址及TG1097内建筑基址包砖台基

图版五二

1. TG1080内夯5平面（俯视）

2. TG1081内夯5平面（东—西）

TG1080及TG1081内夯5平面

1. TG1080内夯5东壁（西—东）

3. TG1088内J1（西—东）

2. TG1080内夯5北壁（南—北）

TG1080内夯5东壁、北壁及TG1088内J1

图版五四

1. 东周、汉代A型板瓦（TG1089H70：1）

2. 东周、汉代E型Ⅰ式板瓦（TG1094⑤a：2）

3. 东周、汉代E型Ⅱ式板瓦（TG1094⑤a：3）

4. 东周、汉代B型Ⅰ式筒瓦（TG1079④a：1）

5. 东周、汉代B型Ⅱ式筒瓦（TG1094⑤a：9）

6. 东周、汉代A型陶盆（TG1094⑤a：4）

7. 东周、汉代B型陶瓮（TG1086④a：1）

8. 陶鬲（TG1086④a：2）

东周、汉代板瓦、筒瓦、陶盆、陶瓮、陶鬲

图版五五

1. 魏晋十六国C型板瓦（TG1080夯5：1）

2. 魏晋十六国A型陶罐（TG1091⑤a：1）

3. 魏晋十六国D型陶罐（TG1081H64：6）

4. 魏晋十六国A型陶盆（TG1085④a：15）

5. 魏晋十六国C型陶盆（TG1081H61：1）

6. 北朝至五代Aa型板瓦（TG1078④a：1）

魏晋十六国板瓦、陶罐、陶盆及北朝至五代板瓦

图版五六

1. 北朝至五代Ab型板瓦（TG1079⑤a：1）

2. 北朝至五代Ac型板瓦（TG1080⑤a：6）

3. 北朝至五代Bb型板瓦（TG1080⑤a：2）

4. 北朝至五代A型Ⅰ式筒瓦（TG1080④a：3）

5. 北朝至五代A型Ⅱ式筒瓦（TG1085④a：11）

6. 北朝至五代B型Ⅱ式筒瓦（TG1084④a：6）

北朝至五代板瓦、筒瓦

1. 北朝至五代Bb型Ⅱ式莲花纹瓦当（TG1080⑤a：1）

2. 北朝至五代Bb型Ⅲ式莲花纹瓦当（TG1092④a：2）

3. 北朝至五代C型莲花纹瓦当（TG1093④a：3）

4. 北朝至五代Aa型Ⅲ式兽面纹瓦当（TG1096④a：2）

5. 北朝至五代长方形空心砖（TG1092⑤a：1）

6.北朝至五代B型Ⅱ式陶罐（TG1089④a：1）

7. 北朝至五代B型Ⅲ式陶罐（TG1086④a：3）

8. 北朝至五代C型陶罐（TG1085④a：5）

北朝至五代莲花纹瓦当、兽面纹瓦当、长方形空心砖、陶罐

图版五八

1. 北朝至五代C型陶罐（TG1090⑤a：3）

2. 北朝至五代C型陶罐（TG1088④a：2）

3. 北朝至五代C型陶罐（TG1092④a：3）

4. 北朝至五代C型陶罐（TG1091④a：3）

5. 北朝至五代C型陶罐（TG1091③a：2）

6. 北朝至五代C型陶罐（TG1096H77：1）

北朝至五代陶罐

1. 北朝至五代C型陶罐（TG1082④a：2）

2. 北朝至五代C型陶罐（TG1085③a：2）

3. 北朝至五代C型陶罐（TG1084③a：7）

4. 北朝至五代C型陶罐（TG1088④a：3）

5. 北朝至五代C型陶罐（TG1086④a：5）

6. 北朝至五代C型陶罐（TG1086④a：11）

北朝至五代陶罐

1. 北朝至五代D型陶罐（TG1085④a：7）

2. 北朝至五代D型陶罐（TG1084③a：8）

3. 北朝至五代A型Ⅰ式陶盆（TG1086④a：4）

4. 北朝至五代A型Ⅱ式陶盆（TG1096⑥：1）

5. 北朝至五代C型Ⅱ式陶盆（TG1087③a：3）

6. 北朝至五代D型Ⅰ式陶盆（TG1087④a：9）

7. 北朝至五代D型Ⅰ式陶盆（TG1087H69：3）

8. 北朝至五代D型Ⅱ式陶盆（TG1081H64：7）

北朝至五代陶罐、陶盆

1. 北朝至五代E型陶盆（TG1085④a：8）

2. 北朝至五代F型陶盆（TG1093③a：2）

3. 北朝至五代G型陶盆（TG1081H63：2）

4. 北朝至五代G型陶盆（TG1085④a：14）

5. 北朝至五代B型Ⅱ式陶瓮（TG1091④a：4）

6. 北朝至五代A型陶钵（TG1079H60：4）

7. 北朝至五代陶碾钵（TG1096④a：5）

8. 北朝至五代陶碾钵（TG1085H67：4）

北朝至五代陶盆、陶瓮、陶钵、陶碾钵

图版六二

1. 北朝至五代B型Ⅰ式陶碗（TG1094⑤a：7）

2. 北朝至五代B型Ⅱ式陶碗（TG1094⑤a：8）

3. 陶砚（TG1090④a：2）

4. 陶砚（TG1095④a：1）

5. 陶纺轮（TG1092⑤a：3）

6. 陶扑满（TG1083④a：5）

北朝至五代陶碗、陶砚、陶纺轮、陶扑满

1. 北朝至五代Ba型Ⅰ式瓷碗（TG1087④a：1）

2. 北朝至五代Ba型Ⅰ式瓷碗（TG1088③a：2）

3. 北朝至五代Ba型Ⅰ式瓷碗（TG1085④a：4）

4. 北朝至五代Ba型Ⅰ式瓷碗（TG1082④a：1）

5. 北朝至五代Ba型Ⅰ式瓷碗（TG1079③a：1）

6. 北朝至五代Ba型Ⅰ式瓷碗（TG1084③a：2）

北朝至五代瓷碗

图版六四

1. 北朝至五代Ba型Ⅱ式瓷碗（TG1094⑤a：1）

2. 北朝至五代Ba型Ⅲ式瓷碗（TG1096④a：6）

3. 北朝至五代Ba型Ⅲ式瓷碗（TG1090④a：3）

4. 北朝至五代Ba型Ⅲ式瓷碗（TG1084③a：10）

5. 北朝至五代Ba型Ⅲ式瓷碗（TG1091③a：1）

6. 北朝至五代Ba型Ⅲ式瓷碗（TG1080④a：1）

北朝至五代瓷碗

1. 北朝至五代Bb型Ⅰ式瓷碗（TG1084③a：1）

2. 北朝至五代Bb型Ⅰ式瓷碗（TG1082⑤a：1）

3. 北朝至五代Bb型Ⅰ式瓷碗（TG1084③a：3）

4. 北朝至五代Bc型瓷碗（TG1097④a：1）

5. 北朝至五代Bc型瓷碗（TG1096④a：1）

6. 北朝至五代Bc型瓷碗（TG1093④a：1）

北朝至五代瓷碗

图版六六

1. 北朝至五代Bc型瓷碗（TG1088③a：1）

2. 北朝至五代Bc型瓷碗（TG1092③a：1）

3. 北朝至五代Aa型瓷罐（TG1085④a：2）

4. 北朝至五代Ba型瓷盘（TG1084③a：4）

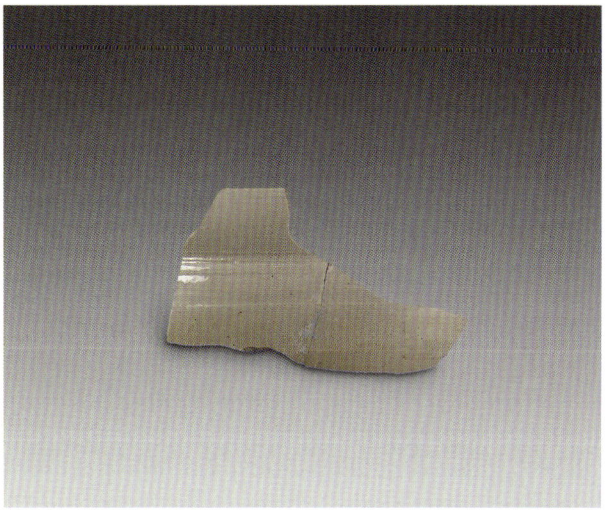

5. 北朝至五代A型瓷钵（TG1091④a：2）

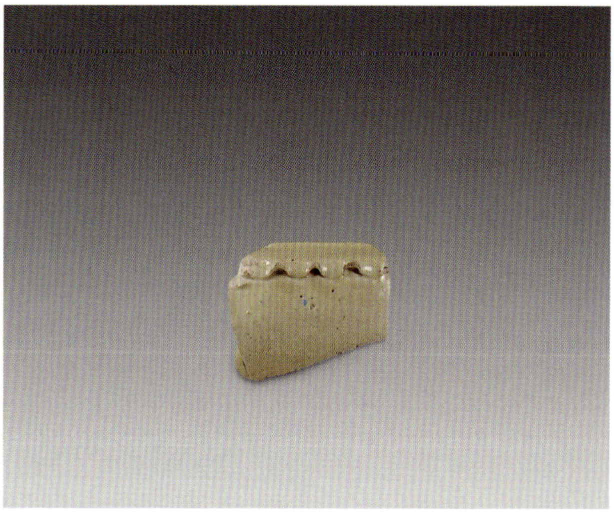

6. 北朝至五代B型瓷钵（TG1088④a：1）

北朝至五代瓷碗、瓷罐、瓷盘、瓷钵

1. 瓷执壶（TG1090⑤a：2）

2. 瓷碾钵（TG1084④a：10）

3. 北朝至五代CD型釉陶碗（TG1094④a：1）

4. 釉陶罐（TG1082⑤a：2）

5. 三彩盘（TG1083③a：2）

北朝至五代瓷执壶、瓷碾钵、釉陶碗、釉陶罐、三彩盘

图版六八

1. 石造像（TG1084⑤a：1）正面

2. 石造像（TG1084⑤a：1）背面

3. 瓷碗（TG1096②：1）

4. 瓷盘（TG1088②：1）

北朝至五代石造像及宋至清代瓷碗、瓷盘

1. 第五段探沟全景（西—东）

2. TG1100地层（西南—东北）

第五段探沟全景及TG1100地层

1. TG1101内建筑基址（西—东）

2. TG1115及TG1116内建筑基址（西—东）

TG1101、TG1115及TG1116内建筑基址

1. TG1113内建筑基址（西—东）

2. TG1113—TG1116建筑基址内柱础石（俯视）

TG1113内建筑基址及TG1113—TG1116建筑基址内柱础石

1. TG1110内S2（东—西）

2. TG1111内S2（西南—东北）

TG1110及TG1111内S2

1. TG1111内S3（南—北）

2. TG1115内S4（南—北）

TG1111内S3及TG1115内S4

1. TG1101内Z13~Z16灶群（俯视）

2. TG1101内Z13~Z16灶群（东—西）

3. TG1101内Z17（俯视）

TG1101内Z13~Z16灶群及TG1101内Z17

1. 东周、汉代C型板瓦（TG1109⑤a：4）

2. 东周、汉代D型Ⅰ式板瓦（TG1116H103：3）

3. 东周、汉代D型Ⅱ式板瓦（TG1109⑤a：3）

4. 东周、汉代E型Ⅰ式板瓦（TG1109⑤a：5）

5. 东周、汉代E型Ⅱ式板瓦（TG1114⑥：4）

6. 东周、汉代E型Ⅱ式板瓦（TG1112H99：4）

东周、汉代板瓦

图版七六

1. 东周、汉代A型瓦当（TG1111⑤a：5）

2. 东周、汉代Ba型瓦当（TG1112H99：1）

3. 东周、汉代Ba型瓦当（TG1112H99：2）

4. 东周、汉代Bb型瓦当（TG1111H94：4）

5. 东周、汉代Aa型正方形砖（TG1116H103：5）

6. 东周、汉代Ab型正方形砖（TG1112H99：5）

东周、汉代瓦当、正方形砖

1. 东周、汉代Ab型正方形砖（TG1114⑥：5）

2. 东周、汉代Ab型正方形砖（TG1114H101：19）

3. 东周、汉代Ab型正方形砖（TG1114H101：20）

4. 东周、汉代Ab型正方形砖（TG1114H101：21）

5. 东周、汉代Ba型正方形砖（TG1112H99：6）

6. 东周、汉代Ba型正方形砖（TG1114H101：22）

东周、汉代正方形砖

1. 东周、汉代Ba型正方形砖（TG1114H101：24）

2. 东周、汉代Bb型正方形砖（TG1114H101：25）

3. 东周、汉代Bb型正方形砖（TG1114H101：27）

4. 东周、汉代Bc型正方形砖（TG1114H101：23）

5. 东周、汉代Bd型正方形砖（TG1114H101：28）

6. 东周、汉代A型陶盆（TG1108⑤a：3）

东周、汉代正方形砖、陶盆

1. 东周、汉代A型陶瓮（TG1108H89：1）

2. 东周、汉代C型陶瓮（TG1108⑤a：2）

3. 东周、汉代Ⅲ式陶豆（TG1108⑥：1）

4. 东周、汉代Ⅲ式陶豆（TG1109H92：1）

5. 东周、汉代Ⅲ式陶豆（TG1108⑥：2）

6. 东周、汉代Ⅲ式陶豆（TG1108⑥：3）

东周、汉代陶瓮、陶豆

1. 陶甑（TG1108⑥：4）

2. 魏晋十六国A型板瓦（TG1113H101：1）

3. 魏晋十六国C型板瓦（TG1114H101：13）

4. 魏晋十六国B型Ⅰ式陶罐（TG1110⑤a：3）

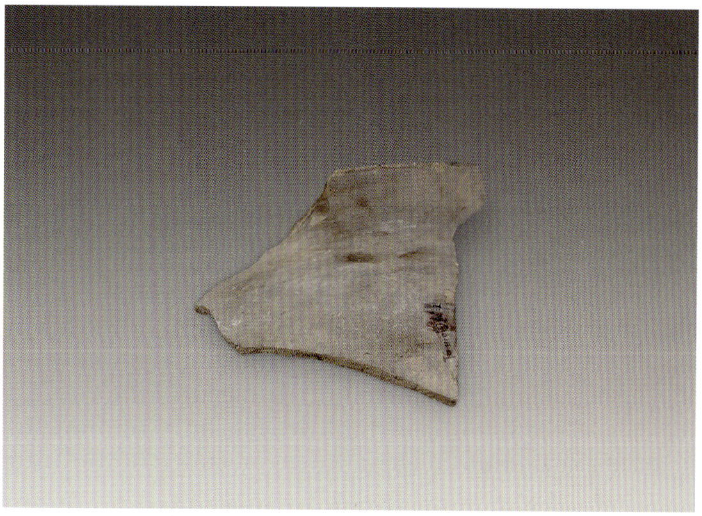

5. 魏晋十六国陶瓮（TG1110⑤a：2）

东周、汉代陶甑及魏晋十六国板瓦、陶罐、陶瓮

1. 北朝至五代Ac型板瓦（TG1101④a：3）

2. 北朝至五代Ba型板瓦（TG1116Z18：5）

3. 北朝至五代A型Ⅰ式筒瓦（TG1115⑤a：2）

4. 北朝至五代A型Ⅰ式筒瓦（TG1114H101：6）

5. 北朝至五代B型Ⅰ式筒瓦（TG1108④a：3）

6. 北朝至五代C型筒瓦（TG1100⑥：1）

北朝至五代板瓦、筒瓦

1. 北朝至五代Ba型莲花纹瓦当（TG1111⑤a：6）

2. 北朝至五代Bb型Ⅰ式莲花纹瓦当（TG1108④a：1）

3. 北朝至五代Bb型Ⅰ式莲花纹瓦当（TG1114H101：71）

4. 北朝至五代Bb型Ⅲ式莲花纹瓦当（TG1115⑤a：1）

5. 北朝至五代Bc型Ⅱ式莲花纹瓦当（TG1112⑤a：4）

6. 北朝至五代Bd型莲花纹瓦当（TG1114H101：5）

北朝至五代莲花纹瓦当

1. 北朝至五代Aa型Ⅱ式兽面纹瓦当（TG1100④a：4）

2. 北朝至五代B型正方形砖（TG1100④a：6）

3. 北朝至五代B型正方形砖（TG1100④a：7）

4. 长方形空心砖（TG1114H101：17）

5. 长方形空心砖（TG1100H81：2）

6. 长方形空心砖（TG1113⑥：1）

北朝至五代兽面纹瓦当、正方形砖、长方形空心砖

图版八四

1. 北朝至五代C型陶罐（TG1116Z18：7）

2. 北朝至五代C型陶罐（TG1107④a：1）

3. 北朝至五代A型Ⅱ式陶盆（TG1116H102：3）

4. 北朝至五代A型Ⅱ式陶盆（TG1112⑥：3）

5. 北朝至五代A型Ⅱ式陶盆（TG1112⑥：4）

6. 北朝至五代A型Ⅲ式陶盆（TG1100H80：10）

北朝至五代陶罐、陶盆

1. 北朝至五代A型Ⅲ式陶盆（TG1115⑤a：6）

2. 北朝至五代E型陶盆（TG1111H94：9）

3. 北朝至五代E型陶盆（TG1109⑤a：2）

4. 北朝至五代B型式陶碗（TG1111H93：3）

5. 北朝至五代B型Ⅱ式陶碗（TG1111H93：2）

6. 北朝至五代B型Ⅱ式陶碗（TG1110H93：1）

北朝至五代陶盆、陶碗

1. 北朝至五代Ba型Ⅰ式瓷碗（TG1100H81：1）

2. 北朝至五代Ba型Ⅱ式瓷碗（TG1111⑤a：3）

3. 北朝至五代Ba型Ⅱ式瓷碗（TG1116④a：1）

4. 北朝至五代Ba型Ⅱ式瓷碗（TG1113⑤a：2）

5. 北朝至五代Ba型Ⅲ式瓷碗（TG1104④a：1）

6. 北朝至五代Ba型Ⅲ式瓷碗（TG1100H80：3）

北朝至五代瓷碗

1. 北朝至五代Ba型Ⅲ式瓷碗（TG1100H80：2）

2. 北朝至五代Ba型Ⅲ式瓷碗（TG1100H80：1）

3. 北朝至五代Bb型Ⅰ式瓷碗（TG1108⑤a：1）

4. 北朝至五代Bb型Ⅰ式瓷碗（TG1100⑤a：1）

5. 北朝至五代Bb型Ⅰ式瓷碗（TG1104H84：2）

6. 北朝至五代Bc型瓷碗（TG1100⑤a：2）

北朝至五代瓷碗

图版八八

1. 瓷盒盖（TG1104④a：2）

2. 北朝至五代C型Ⅲ式瓷盒底（TG1116⑤a：1）

3. 瓷器盖（TG1103④a：1）

4. 瓷炉（TG1100④a：1）

5. 瓷盏托（TG1101Z13：1）

6. 瓷片（TG1111H94：1）

北朝至五代瓷盒盖、瓷盒、瓷器盖、瓷炉、瓷盏托、瓷片

1. 瓷片
（TG1112⑥：1）

2. 釉陶碗
（TG1116Z18：1）

3. 三彩残足
（TG1104H84：1）

4. 骨梳
（TG1102④a：2）

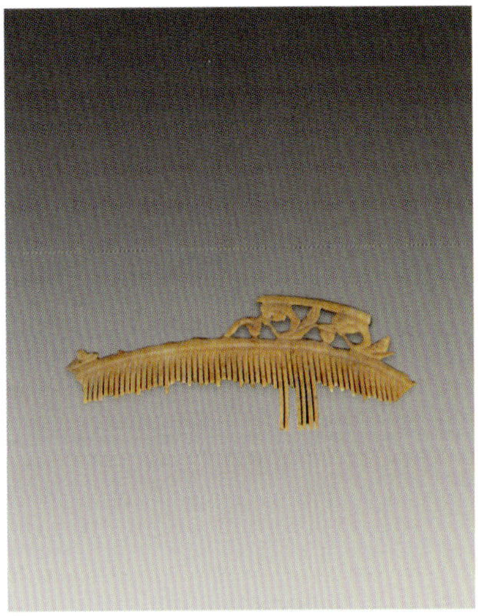

5. 骨梳
（TG1102④a：1）

6. 骨簪
（TG1115④a：4）

7. 铜镞
（TG1107H88：1）

8. 铜镞
（TG1106⑤a：1）

9. 瓷器盖
（TG1104②：1）

北朝至五代瓷片、釉陶碗、三彩残足、骨梳、骨簪、铜镞及宋至清代瓷器盖

第六段探沟全景（北—南）

1. TG2022地层（东北—西南）

2. TG2001内建筑基址（北—南）

TG2022地层及TG2001内建筑基址

1. TG2002内建筑基址（北—南）

2. TG2003内建筑基址（北—南）

TG2002、TG2003内建筑基址

1. TG2005内建筑基址（北—南）

2. TG2006内建筑基址（北—南）

TG2005、TG2006内建筑基址

1. TG2008内建筑基址（北—南）

2. TG2015内建筑基址（北—南）

TG2008、TG2015内建筑基址

1. TG2016内建筑基址（北—南）

2. TG2017内建筑基址（北—南）

TG2016、TG2017内建筑基址

1. TG2018内建筑基址（北—南）

2. TG2019内建筑基址（北—南）

TG2018、TG2019内建筑基址

1. TG2012内夯8剖面（东北—西南）

2. TG2012内夯8夯窝（俯视）

TG2012内夯8剖面及夯窝

1. TG2021内H110（北—南）

2. TG2017内Z19（俯视）

TG2021内H110及TG2017内Z19

1. 东周、汉代Bc型瓦当（TG2012⑤a：1）

2. 陶罐（TG2021H109：1）

3. 东周、汉代A型陶盆（TG2007H104：4）

4. 东周、汉代A型陶盆（TG2013夯8：1）

5. 东周、汉代C型陶盆（TG2023⑤a：3）

6. 东周、汉代A型陶瓮（TG2005⑤a：1）

东周、汉代瓦当、陶罐、陶盆、陶瓮

图版一〇〇

1. 北朝至五代Aa型板瓦（TG2007⑤a：11）

2. 北朝至五代Ab型板瓦（TG2007⑤a：10）

3. 北朝至五代Ac型板瓦（TG2023④a：5）

4. 北朝至五代Ab型Ⅰ式莲花纹瓦当（TG2024④a：2）

5. 北朝至五代Ab型Ⅱ式莲花纹瓦当（TG2008⑤a：5）

6. 北朝至五代Ba型莲花纹瓦当（TG2020⑤a：7）

北朝至五代板瓦、莲花纹瓦当

1. 北朝至五代Ba型莲花纹瓦当（TG2008⑤a：4）

2. 北朝至五代Ba型莲花纹瓦当（TG2021H109：5）

3. 北朝至五代Bb型Ⅰ式莲花纹瓦当（TG2021H109：4）

4. 北朝至五代Bb型Ⅲ式莲花纹瓦当（TG2018⑤a：3）

5. 北朝至五代Bb型Ⅲ式莲花纹瓦当（TG2020⑤a：9）

6. 北朝至五代Bc型Ⅱ式莲花纹瓦当（TG2021H109：7）

北朝至五代莲花纹瓦当

图版一〇二

1. 北朝至五代Bc型Ⅱ式莲花纹瓦当（TG2004④a：5）

2. 北朝至五代Bc型Ⅱ式莲花纹瓦当（TG2009⑤a：8）

3. 北朝至五代E型莲花纹瓦当（TG2008⑤a：7）

4. 雕刻砖（TG2006⑤a：1）

5. 门窝砖（TG2007⑤a：12）

6. 北朝至五代B型Ⅱ式陶罐（TG2021④a：3）

7. 北朝至五代C型陶罐（TG2001④a：1）

北朝至五代莲花纹瓦当、雕刻砖、门窝砖、陶罐

1. 北朝至五代A型Ⅰ式陶盆（TG2020⑤a：4）

2. 北朝至五代A型Ⅱ式陶盆（TG2002⑤a：6）

3. 北朝至五代B型Ⅰ式陶盆（TG2013夯8：2）

4. 北朝至五代D型Ⅱ式陶盆（TG2019⑤a：2）

5. 北朝至五代E型陶盆（TG2021⑤a：6）

6. 北朝至五代F型陶盆（TG2021⑤a：5）

7. 北朝至五代G型陶盆（TG2021⑤a：4）

8. 北朝至五代H型陶盆（TG2012夯8：2）

北朝至五代陶盆

图版一〇四

1. 北朝至五代A型陶瓮（TG2007⑤a：7）

2. 北朝至五代B型Ⅱ式陶瓮（TG2021④a：5）

3. 北朝至五代A型陶钵（TG2007H104：5）

4. 北朝至五代B型陶钵（TG2023⑤a：4）

5. 北朝至五代C型陶钵（TG2023H115：2）

北朝至五代陶瓮、陶钵

1. 北朝至五代A型Ⅰ式陶碗（TG2021H109：3）

2. 北朝至五代A型Ⅰ式陶碗（TG2020H106：1）

3. 北朝至五代A型Ⅰ式陶碗（TG2010⑤a：3）

4. 北朝至五代B型Ⅰ式陶碗（TG2020⑤a：6）

5. 北朝至五代B型Ⅱ式陶碗（TG2024⑤a：2）

6. 北朝至五代B型Ⅱ式陶碗（TG2020⑤a：5）

北朝至五代陶碗

图版一〇六

1. 陶盒底（TG2007④a：4）

2. 北朝至五代B型Ⅰ式瓷碗（TG2001④a：3）

3. 北朝至五代B型Ⅰ式瓷碗（TG2002⑤a：1）

4. 北朝至五代Ba型Ⅱ式瓷碗（TG2007H104：1）

5. 北朝至五代Ba型Ⅱ式瓷碗（TG2002⑤a：2）

6. 北朝至五代Ba型Ⅲ式瓷碗（TG2009⑤a：5）

北朝至五代陶盒、瓷碗

1. 北朝至五代Ba型Ⅲ式瓷碗（TG2010④a：1）

2. 北朝至五代Bb型Ⅰ式瓷碗（TG2009⑤a：4）

3. 北朝至五代Bb型Ⅰ式瓷碗（TG2009⑤a：3）

4. 北朝至五代Bb型Ⅰ式瓷碗（TG2023H115：1）

5. 北朝至五代Bc型瓷碗（TG2009⑤a：1）

6. 北朝至五代Bc型瓷碗（TG2021⑤a：1）

北朝至五代瓷碗

图版一〇八

1. 北朝至五代Bc型瓷碗（TG2007④a：1）

2. 北朝至五代Bc型瓷碗（TG2007④a：2）

3. 北朝至五代Bc型瓷碗（TG2023④a：6）

4. 北朝至五代Ab型瓷罐（TG2022H112：1）

5. 北朝至五代B型瓷罐（TG2007⑤a：1）

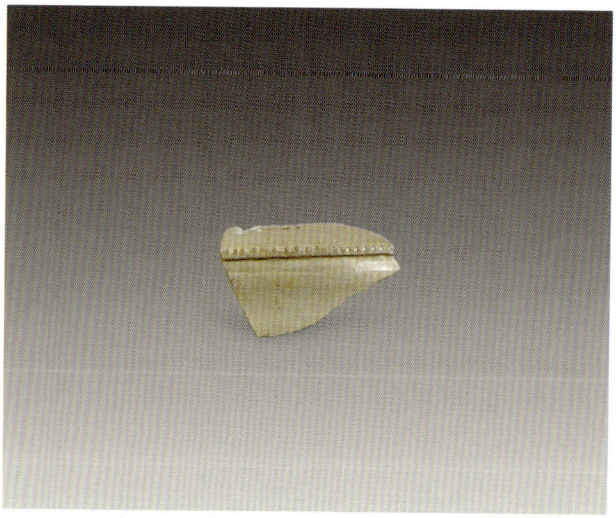

6. 北朝至五代B型瓷钵（TG2004④a：2）

北朝至五代瓷碗、瓷罐、瓷钵

1. 瓷器盖（TG2023⑤a：1）

2. 瓷器盖（TG2002⑤a：3）

3. 三彩碗（TG2022⑤a：2）

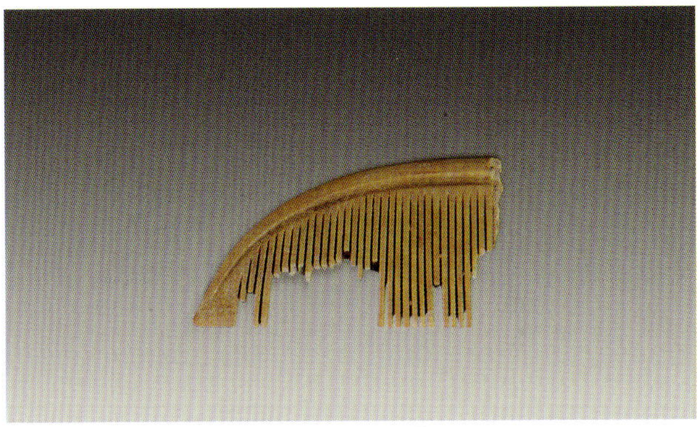

4. 骨梳（TG2009⑤a：9）

5. 骨梳（TG2021H109：9）

6. 陶塑（TG2008⑤a：2）

7. 陶塑（TG2008⑤a：3）

8. 陶塑（TG2001⑤a：3）

北朝至五代瓷器盖、三彩碗、骨梳、陶塑

图版一一○

1. 石杵（TG2019H105：1）

2. 石砚（TG2021H108：3）

3. 瓷罐（TG2021H108：1）

4. 瓷罐（TG2021H108：2）

5. 瓷灯盏（TG2007③a：1）

6. 镇墓瓦（TG2015③a：1）

北朝至五代石杵及宋至清代石砚、瓷罐、瓷灯盏、镇墓瓦

1. 第七段探沟全景（北—南）

2. TG4013地层（东北—西南）

第七段探沟全景及TG4013地层

1. TG4001内建筑基址（北—南）

2. TG4002内建筑基址（南—北）

TG4001、TG4002内建筑基址

1. TG4003内建筑基址（北—南）

2. TG4004内建筑基址（北—南）

TG4003、TG4004内建筑基址

1. TG4005内建筑基址（北—南）

2. TG4006内建筑基址（北—南）

TG4005、TG4006内建筑基址

1. TG4007内建筑基址（北—南）

2. TG4010内建筑基址（北—南）

TG4007、TG4010内建筑基址

1. TG4011内建筑基址（北—南）

2. TG4012内建筑基址（北—南）

TG4011、TG4012内建筑基址

1. TG4017内第二期建筑基址（北—南）

2. TG4018内第二期建筑基址（南—北）

TG4017、TG4018内第二期建筑基址

1. TG4020内第二期建筑基址（南—北）

2. TG4017内第一期建筑基址（北—南）

TG4020内第二期建筑基址及TG4017内第一期建筑基址

1. TG4018内第一期建筑基址（北—南）

2. TG4025内建筑基址（北—南）

3. TG4026内建筑基址（北—南）

TG4018内第一期建筑基址及TG4025、TG4026内建筑基址

1. TG4002内Z22（俯视）

2. TG4020内Z23和Z24（南—北）

TG4002内Z22及TG4020内Z23和Z24

1. 东周、汉代C型板瓦（TG4020⑥：1）

2. 东周、汉代E型Ⅱ式板瓦（TG4021H144：3）

3. 东周、汉代Bc型瓦当（TG4011⑥：1）

4. 东周、汉代Bc型瓦当（TG4015⑤a：4）

5. 北朝至五代B型Ⅰ式筒瓦（TG4001③a：1）

6. 北朝至五代B型Ⅱ式筒瓦（TG4002③a：1）

东周、汉代板瓦、瓦当、筒瓦

图版一二二

1. 北朝至五代Ab型Ⅰ式莲花纹瓦当
（TG4015⑥：1）

2. 北朝至五代Ab型Ⅱ式莲花纹瓦当
（TG4034⑤a：1）

3. 北朝至五代Ba型莲花纹瓦当
（TG4021④a：1）

4. 北朝至五代Ba型莲花纹瓦当（TG4005④a：2）

5. 北朝至五代Bb型Ⅰ式莲花纹瓦当
（TG4008⑤a：1）

6. 北朝至五代Bb型Ⅰ式莲花纹瓦当
（TG4013⑤a：1）

北朝至五代莲花纹瓦当

1. 北朝至五代Bb型Ⅲ式莲花纹瓦当（TG4015④a：3）

2. 北朝至五代Bb型Ⅲ式莲花纹瓦当（TG4002④a：1）

3. 北朝至五代Bc型Ⅱ式莲花纹瓦当（TG4011⑤a：5）

4. 北朝至五代Bc型Ⅱ式莲花纹瓦当（TG4024⑤a：1）

5. 北朝至五代Bc型Ⅱ式莲花纹瓦当（TG4013⑤a：2）

6. 北朝至五代Bc型Ⅱ式莲花纹瓦当（TG4022⑤a：1）

7. 北朝至五代Bc型Ⅱ式莲花纹瓦当（TG4032⑤a：1）

8. 北朝至五代C型莲花纹瓦当（TG4015⑤a：1）

北朝至五代莲花纹瓦当

1. 北朝至五代Aa型Ⅱ式兽面纹瓦当（TG4005③a：1）

2. 北朝至五代Ab型Ⅱ式兽面纹瓦当（TG4011③a：1）

3. 北朝至五代Ab型Ⅲ式兽面纹瓦当（TG4005H116：11）

4. 北朝至五代Ba型兽面纹瓦当（TG4015④a：1）

5. 北朝至五代Bb型兽面纹瓦当（TG4005③a：2）

6. 北朝至五代C型正方形砖（TG4002④a：2）

7. 北朝至五代C型正方形砖（TG4002④a：3）

8. 北朝至五代C型正方形砖（TG4017④a：4）

北朝至五代兽面纹瓦当、正方形砖

1. 长方形空心砖（TG4007⑥：4）

2. 脊兽（TG4018H142：1）

3. 脊兽（TG4005H116：18）

4. 北朝至五代B型Ⅲ式陶罐（TG4011③a：4）

5. 北朝至五代B型Ⅲ式陶罐（TG4022④a：3）

6. 北朝至五代C型陶罐（TG4017④a：1）

7. 北朝至五代C型陶罐（TG4011④a：1）

8. 北朝至五代C型陶罐（TG4001④a：2）

北朝至五代长方形空心砖、脊兽、陶罐

图版一二六

1. 北朝至五代B型Ⅱ式陶盆（TG4019④a：7）

2. 北朝至五代D型Ⅰ式陶盆（TG4014④a：2）

3. 北朝至五代E型陶盆（TG4015④a：12）

4. 北朝至五代A型Ⅲ式陶盆（TG4015③a：13）

5. 北朝至五代A型Ⅲ式陶盆（TG4015④a：8）

6. 北朝至五代A型陶钵（TG4015④a：10）

7. 北朝至五代C型陶钵（TG4031④a：2）

8. 北朝至五代C型陶钵（TG4014⑤a：3）

北朝至五代陶盆、陶钵

1. 北朝至五代C型陶钵（TG4015④a：11）

2. 北朝至五代C型陶钵（TG4014④a：4）

3. 北朝至五代C型陶钵（TG4015⑤a：2）

4. 北朝至五代陶碾钵（TG4015H137：4）

5. 北朝至五代A型Ⅱ式陶碗（TG4014⑥：1）

6. 北朝至五代B型Ⅰ式陶碗（TG4019④a：13）

7. 北朝至五代B型Ⅱ式陶碗（TG4019④a：12）

8. 北朝至五代B型陶盂（TG4019④a：10）

北朝至五代陶钵、陶碾钵、陶碗、陶盂

1. 北朝至五代B型陶盘（TG4032④a：2）

2. 北朝至五代Ba型Ⅰ式瓷碗（TG4014③a：1）

3. 北朝至五代Ba型Ⅰ式瓷碗（TG4019④a：1）

4. 北朝至五代Ba型Ⅰ式瓷碗（TG4006④a：2）

5. 北朝至五代Ba型Ⅰ式瓷碗（TG4008⑤a：8）

6. 北朝至五代Ba型Ⅰ式瓷碗（TG4020④a：2）

7. 北朝至五代Ba型Ⅰ式瓷碗（TG4013④a：3）

8. 北朝至五代Ba型Ⅰ式瓷碗（TG4027⑤a：3）

北朝至五代陶盘、瓷碗

1. 北朝至五代Ba型Ⅱ式瓷碗（TG4031⑤b：4）

2. 北朝至五代Ba型Ⅱ式瓷碗（TG4031④a：1）

3. 北朝至五代Ba型Ⅱ式瓷碗（TG4030⑤b：1）

4. 北朝至五代Ba型Ⅲ式瓷碗（TG4015④a：14）

5. 北朝至五代Ba型Ⅲ式瓷碗（TG4015④a：15）

6. 北朝至五代Ba型Ⅲ式瓷碗（TG4020H143：2）

北朝至五代瓷碗

1. 北朝至五代Ba型Ⅲ式瓷碗（TG4015H137：1）

2. 北朝至五代Ba型Ⅲ式瓷碗（TG4015③a：2）

3. 北朝至五代Ba型Ⅲ式瓷碗（TG4014④a：1）

4. 北朝至五代Ba型Ⅲ式瓷碗（TG4033⑤a：1）

5. 北朝至五代Ba型Ⅲ式瓷碗（TG4015③a：1）

6. 北朝至五代Ba型Ⅲ式瓷碗（TG4015④a：4）

7. 北朝至五代Ba型Ⅲ式瓷碗（TG4005④a：3）

北朝至五代瓷碗

1. 北朝至五代Bb型Ⅰ式瓷碗（TG4023④a：2）

2. 北朝至五代Bb型Ⅰ式瓷碗（TG4031⑤b：3）

3. 北朝至五代Bb型Ⅰ式瓷碗（TG4021④a：3）

4. 北朝至五代Bb型Ⅰ式瓷碗（TG4014H140：1）

5. 北朝至五代Bb型Ⅰ式瓷碗（TG4008⑤a：7）

6. 北朝至五代Bb型Ⅰ式瓷碗（TG4020④a：1）

北朝至五代瓷碗

1. 北朝至五代Bb型Ⅰ式瓷碗（TG4015⑤a：5）

2. 北朝至五代Bb型Ⅰ式瓷碗（TG4019④a：2）

3. 北朝至五代Bc型瓷碗（TG4008⑤a：6）

4. 北朝至五代Bc型瓷碗（TG4009⑤a：1）

5. 北朝至五代Bc型瓷碗（TG4013④a：2）

6. 北朝至五代Bc型瓷碗（TG4021⑤a：2）

北朝至五代瓷碗

1. 北朝至五代Ba型瓷盘（TG4031Z27：3）

2. 北朝至五代Bb型瓷盘（TG4001⑤a：1）

3. 北朝至五代Bb型瓷盘（TG4019④a：3）

4. 北朝至五代Bb型瓷盘（TG4019④a：4）

5. 北朝至五代Bb型瓷盘（TG4015⑤a：6）

6. 北朝至五代A型瓷钵（TG4015④a：6）

北朝至五代瓷盘、瓷钵

图版一三四

1. 北朝至五代A型瓷瓶（TG4029④a：1）

2. 瓷盒盖（TG4007⑤a：2）

3. 北朝至五代C型Ⅱ式瓷盒（TG4018⑤a：1）

4. 瓷塑（TG4014H140：2）

5. 瓷器盖（TG4023⑤a：4）

6. 瓷片（TG4005H116：15）

北朝至五代瓷瓶、瓷盒盖、瓷盒、瓷塑、瓷器盖、瓷片

1. 瓷片（TG4022④a：4）

2. 瓷片（TG4023④a：8）

3. 瓷片（TG4012④a：1）

4. 北朝至五代B型釉陶碗（TG4024⑤a：8）

5. 北朝至五代C型釉陶碗（TG4020H143：1）

6. 釉陶片（TG4023⑤a：3）

北朝至五代瓷片、釉陶碗、釉陶片

图版一三六

1. 瓷铃（TG4012④a：2）

2. 石器盖（TG4031③a：1）

3. 铜弩构件（TG4011④a：3）

4. 瓷盘（TG4032③a：2）

5. 残碑（TG4004④a：1）

6. Bb型Ⅰ式瓷碗（TG4023⑤a：2）

7. 瓷片（TG4023④a：7）

8. 瓷片（TG4019④a：5）

北朝至五代瓷铃、石器盖、铜弩构件、残碑、瓷碗、瓷片及宋至清代瓷盘

K-2894.01

www.sciencep.com

ISBN 978-7-03-058757-2

9 787030 587572 >

定价：520.00 元

科学出版社互联网入口

赛博古二维码

文物考古分社
部门：(010) 64009636
部门E-mail：arch@mail.sciencep.com